재건시대의

인간과 사회

현대사회구조연구

역자 약력

서울대학교 사범대학 졸업
서울대학교 환경대학원 졸업
영국 쉐필드 대학교(Univ. of Sheffield) 도시 및 지역계획학과 졸업
(도시 및 지역계획학 박사)
전남대학교 경영대학(원)장 (역임)
한국지역개발학회장 (역임)
국토정책위원회 위원 (역임)
중앙도시계획위원회 위원 (역임)
전남대학교 경영대학 경제학부 지역개발전공교수 (정년퇴임)
전남대학교 경영대학 경제학부 명예교수 (현재)

저서 및 역서
도시계획학원론 (박영사)
계획이론 (박영사)
도시관리론 (박영사)
(중역판: 城市管理學, 杨开忠・李順成・宋映鉉, 譯, 北京: 科學出版社, 2015)
반동의 길 (헤르만 파이너 저, 전남대학교출판부)

재건시대의
인간과 사회
현대사회구조연구

인 쇄 2016년 1월 20일
발 행 2016년 1월 25일

역 자__정환용
발행인__지병문
발행처__전남대학교출판부
등 록__1981. 5. 21. 제53호
주 소__61186 광주광역시 북구 용봉로 77
전 화__(062) 530-0571~2
영업부__(062) 530-0573
팩 스__(062) 530-0579
홈페이지__http: //www.cnup.co.kr
이메일__cnup0571@hanmail.net

값 33,000 원

ISBN 978-89-6849-272-3 (93300)

이 도서의 국립중앙도서관 출판예정도서목록(CIP)은 e-CIP홈페이지(http://www.nl.go.kr/ecip)와
국가자료공동목록시스템(http://www.nl.go.kr/kolisnet)에서 이용하실 수 있습니다.
(CIP제어번호: CIP2016002104)

재건시대의 인간과 사회

|현대사회구조연구|

칼 만하임 저 · 정환용 역

전남대학교출판부

■ 역자 서문

본 역서는 칼 만하임(Karl Mannheim)의 『재건시대의 인간과 사회』(Man and Society in an Age of Reconstruction, 영어판: 1940년간)를 번역한 것이다.

칼 만하임(1893년~1947년)은 헝가리태생의 사회학자로, 부다페스트대학교((Univ. of Budapest)에서 철학박사학위를 취득했으며, 1921년에 독일 하이델베르크(Heidelberg)에 이주하여, 하이델베르크대학교(Univ. of Heidelberg)에서 5년간 강의했고, 프랑크푸르트대학교(Johan Wolfgang Goethe Univ. of Frankfurt am Main)에서 사회학 및 정치경제학 교수로 1930년~1933년까지 근무했다. 그는 귀화인이고 유태인이었기 때문에 나치정권에 의해 교수직에서 추방된 후, 영국에 망명하여 1933년부터 10년간 런던경제대학(London School of Economics)에서 사회학강사로 강의하였고, 1945년~1947년까지 런던대학교(Univ. of London)의 교육연구소(Institute of Education)에서 교육사회학 교수로 근무했다.

20세기 고전사회학의 창설자 중 한 사람이고, 지식사회학이라는 새로운 사회학분야를 개척한 그는, 영국망명이후 민주적 계획과 관련된 저술에 몰두했다. 그의 대표저서는 『이데올로기와 유토피아』(독어판; Ideologie und Utopie, 1929: 영어판; Ideology and Utopia, London: Routledge,

1936)와 본 번역서이며, 그의 사후에 출간된『자유, 권력, 그리고 민주계획』(Freedom, Power and Democratic Planning), (N. Y.: Oxford Univ. Press, 1950)도 있다.

독일과 영국의 양쪽 시각에서 현대사회문제를 고찰할 기회를 가진 저자는, 어떻게 특정한 사회적 조건하에서 자유질서의 무계획성이 무정부로 변하고, 한때 사회적 과정의 균형을 유지했던 자유방임의 원리가 정치적 및 경제적 생활의 양면에서 혼돈을 가져왔는가를 바이마르공화국(Weimar Republic)의 자유민주장치의 실패를 통해 주시하였다. 그는 현대사회의 불안이 단기적인 것이 아니라 근본적인 구조적 변화에 직면했다고 생각하고, 위기 속의 서양사회가 어떻게 붕괴의 단계를 벗어나고 있는가를 알 수만 있다면, 아직도 여러 문제들에 직면해 있는 많은 국가들이 사회적 변화과정의 부정적 측면들을 회피할 수 있을 것으로 생각했다. 저자는 현대사회문제를 여러 각도에서 연구하고 지난 십여 년의 변화들에 대한 상이한 해석들을 숙고한 후에, 현시대에서는 계획이 불가피할 것이라는 결론에 이르렀다.

저자는, 이상적으로 계획된 사회는 계획하지 않은 사회에서의 견딜 수 없는 삶과 비교하더라도 감옥이나 구속복이 아닌가, 즉, 계획사회는 개인을 완전한 노예상태로 인도 하지는 않는가, 그렇지 않으면 계획을 통해 사회문제를 제거하고 개인의 발전을 물론 사회진보를 가져오는 사회적 통제의 수단인가라는 근본적인 철학적 질문을 제기한다. 계획에 대한 이러한 상반된 태도는 인간사에 대한 간섭을 혐오하는 자유주의의 사상과, 인성의 새로운 가능성들을 탐구하기 바라는 실험의 열정에서 기인한다고 생각한다.

이러한 계획과 비개입에 대한 이론적 논의의 뿌리는 계획옹호론자와 자유시장주의자 사이에 1930년대~1940년대 사이에 벌어진 대논쟁에서 그 기원을 찾을 수 있다. 논쟁의 핵심은 계획이 사회적 행동에 대한 선택과 장애를 명료화하여 자유를 신장하는 것인가 또는 자유시장질서와 개인행동에 과도한 개입과 통제로 자유를 제약하는 것인가이다. 계획, 규제, 그리고 정부규모를 줄이고 민간기업과 시장의 경쟁력을 제고를 모색하는 시장주의자의 주장에 대해 계획을 통해 시장실패에 대처하고 사회의 진보를 유도하려는 계획옹호론자들 사이에의 논쟁은 오늘날까지 지속되고 있다.

본 역서는 사회심리학적 시각에서 계획의 필요성을 제시한 고전적 저서이다. 계획의 적법성에 대한 대부분의 논의가 경제적 관점에서 접근하는데 비해, 본서는 경제적 과정들도 사회적, 심리적, 문화적 과정들과 연계되어 있다는 시각에서 계획과 규제의 원리를 경쟁의 원리와 대비하여 설명하고 있다.

본 역서는 서론과 6개의 편(編), 그리고 참고문헌으로 구성되어 있다. 3개편(제1편, 제2편, 그리고 제4편)은 저자의 독일에서의 경험을 바탕으로 1935년에 독일어판으로 출간했고, 나머지 4개편(서론, 제3편, 제5편, 그리고 제6편)은 영국에 정착한 후 강의나 논문으로 발표한 내용을 보완하여 본서의 내용으로 정리하여 출간하였다,

서론은 저서의 저술배경과 목적, 구성 및 내용에 대해 간략히 정리했다. 제1편과 제2편은 대중사회의 붕괴에 따른 부정적 현상들과, 현대문명의 최근변화들과 관련된 문제들과 함께, 심리적 위기들에 대한 관심을 기술했다. 제3편은 정신적 부패, 독재정권, 그리고 전쟁을 조장하는 경제적, 사회적, 그리고 심리적 원인들을 검토하여 이들의 사회생활에 대한 부정적인 효과를 논의했다. 제4편은 사고가 사회적 과정에서의 욕구들과 계획을 필요로 하는 새롭고 어려운 문제들에 순응하는 것을 고찰했다. 제5편과 제6편은 당면한 사회문제를 해결하면서, 민주주의와 조화되는 계획, 자유를 신장할 수 있는 계획의 방향을 제시하면서, 결론을 맺고 있다.

본 역서에서는 규제되지 않은 경기순환, 자유경쟁, 경쟁적 자본주의에 기초한 자유방임적 자본주의는 더 이상 작동하지 않기 때문에 계획된

민주주의의 필요성을 역설하고 있다. 최대한의 자유와 자결을 허용하는 계획형식의 발견이 중요하고, 계획하지 않은 사회에서 발생하는 혼돈을 피하고자 노력해야 한다고 주장한다. 이를 위해 자유와 계획의 원리가 결합하는 사회적 장치의 발견이 중요하고 사회의 재건과 인간의 개조를 위한 계획을 강조한다.

저자는 합리성을 주어진 상황에서 사상(事象)들의 상호관계에 대해 지적통찰이 발현되도록 하는 사고행위로 보면서, 실체적 합리성과 기능적 합리성으로 구분한다. 전자는 합리적인 목표수립과 수단의 합리화를 추구하는데 비해, 후자는 주어진 목표를 달성하기 위한 수단을 가장 효율적으로 조화시키기 위한 관련 조직 및 조정에 대한 숙려성을 의미한다고 이해한다.

저자는 국가가 사회개혁을 책임지고, 과세를 통해 소득에서 형평성의 증가를 가져오며, 부자로부터 가난한 사람에게 재산이전을 시도하는 경우에는, 이미 자유주의적인 의미에서 비(非)개입의 전통은 포기한 것으로 생각한다. 사회보험은 적극적인 개념의 국가를 지향하는 거대한 진전이다. 국가의 경기순환조정, 상이한 통화조작, 대기업이나 은행 등의 붕괴에 따른 여러 형태의 보조금이나 공적지원, 공공토목사업의 조장, 확대되는 공공시설 등은 사회복지에 기초한 적극적인 국가개념으로의 변환을 의미하고, 이는 조금도 민주적인 책임을 포기하는 것을 의미하지는 않는다고 생각한다. 그리고 계획은 궁극적으로 근본적인 평등이라는 의미에서 민주주의의 확산을 인도하고, 장기적으로 계획된 사회에서 기회의 평등을 만드는 요인들 중 하나로 여긴다.

민주국가들에서 진정한 자유주의는 개성을 함양해야 하고, 모든 유형의 계획과 사회적 기법을 암시하는 보완자로서 행동해야 하며, 자유를 희생하여 질서를 획득해서는 안 된다고 생각한다. 이러한 의미에서 계획은 자유를 위한 계획을 의미하고, 사회의 원활한 작동이 의존하는 사회진보의 그러한 영역들을 지배하지만, 동시에 창조적인 진화와 개성을 위한 최대의 기회를 제공하는 영역들을 규제하려는 어떠한 시도도 없는 것을 의미한다.

본서를 번역함에 있어 우리말로의 의미가 통하지 않는 경우를 제외하고, 가급적 의역을 삼가고 직역(直譯)하여 저자의 뜻을 전달하려했다. 그러나 의미전달을 위해 필요한 부분에는 괄호 안에 한자(漢字)를 넣어 이해의 편의를 도모했고, 독자의 이해를 위해 역자의 간략한 설명이 필요한 부분은 괄호 안에 밑줄을 쳐서 나타냈다. 본서 각 페이지의 측면번호(側面番號)는 원저의 페이지를 나타낸다.

본 역서는 계획의 적법성논거의 일면을 제시함으로서 계획이론의 학적기반을 확립하는데 중요한 의미를 갖고 있다. 아울러 시장과 정부, 경쟁과 규제 자유와 계획 등의 대립되는 시각에서 상호의 역할과 범위에 대한 이해의 시각을 다양화하여 조화로운 접근을 모색할 수 있다. 따라서 본 역서는 계획과 계획이론을 공부하는 학자 및 학생들의 학문적 정체성 확립과 연구방향설정을 위한 중요한 참고자료로 활용될 수 있다. 아울러 본서는 실무적인 측면에서 효율적인 정책수립집행의 방향과 내용을 제시하는 참고서로 활용될 수 있다.

역자는 대학에서 계획이론을 공부하고 강의하면서, 앞으로 시간이 되면 계획관련분야의 고전적인 저서들을 번역해서 학계에 소개해야겠다는 생각을 갖게 되었다. 본 역서는 역자의 정년퇴직을 계기로 평소의 생각에 따라 번역한 결과물의 하나이다. 처음의 의욕과는 달리 예정보다 많이 지체되어 이제야 출간하게 되었다. 본 역서를 출간하도록 정년퇴직 교수에게도 도움을 준 전남대학교 관계자 여러분과 출판부 관계자 여러분께도 감사한다. 본 역서의 출간에 많은 관심과 배려를 해준 학과의 여러 교수님들께도 고마움을 전한다. 아울러서 항상 격려해주고 원고의 일부 내용을 교정해준 아내(김혜경)의 도움은 큰 힘이 되었다.

■ 목 차

제3편
위기, 독재정권, 전쟁

제5편
자유를 위한 계획

I

II

제6편
계획 수준에서의 자유

자유는 소여의 사회와 소여의 사회적 기법과 관련해서만 가능하다. 두 가지 사례: 개인적 관계에서의 자유와 자기표현 그리고 조직된 집단에서의 자유와 자기표현. 사회적 기법의 단계들과 관련한 자유의 문제.

1. *우연한 발견*의 단계. 동물적 생활수준에서의 자유. 도구의 의미.

2. *발명*의 단계. 자유는, 비록 근본적인 목표는 아직도 모호해도, 집단행동의 중간목표들의 결정에 있다. 재산권과 개인운명을 구현하는 권리. 자연의 고난으로부터 우리를 자유롭게 하는 기법이 새로운 의존형태들을 발생시킨다. 문명의 누적적 효과들이 자연에 대한 우리의 관계와 우리의 특성 양자 모두를 바꾼다.

3. *계획*의 단계. 핵심지위들로부터의 누적적 효과들에 대한 통제가 자유의 준거가 된다. "자유의 보장 장치들"은 상이한 역사발달수준에서 변화되고 있다: (a) 억압에 대한 탈출 가능성, (b) 제도들 간의 견제와 균형체계, (c) 민주적으로 통제되는, 계획으로 통합되는 자유로운 인간행동의 범위. 자유의 질은 연령 뿐 아니라 단일사회 내의 상이한 행동영역 내에서도 변화한다. 보다 큰 자각은 장래를 위한 보다 큰 책임의 기반을 준비한다.

참고문헌

■ 감사의 글

본서가 지난 5~6년에 걸쳐서 만들어졌기에, 저서의 어떤 부분은 이미 다양한 형태로 출간되었다: 제1편, 제2편, 그리고 제4편은 『재건시대의 인간과 사회』 [*Mensch und Gesellschaft im Zeitalter des Umbaus* (A. W. Sijthoff's Uitgeversmaatschappij, N. V.: Leiden, 1935)]라는 제목 하에 축약된 형태로 독일어판으로 출간되었다. 영어로는 일부 편(編)들의 초안들은 강의나 논문들로 발표되었다. 제1편은 현재의 제목으로 런던대학교(University of London)의 브레드포드대학(Bredford College)에서 홉하우스기념강연(*Hobhouse Memorial Lecture*)으로 1934년에 강의했고, 옥스퍼드대학교출판부(Oxford University Press)에서 강의원고로 출간되었다. 제2편의 초고는 1934년 런던에서 *Sociological Review* 제26권 제2호에 출간되었다. 제3권의 주요 부분은 런던경제대학(London School of Economics)에서의 강의와 동일하고, 맨닝(C. A. W. Manning)이 편집한 『평화로운 변화: 국제적 문제』(*Peaceful Change: An International Problem*)라는 책 속에 하나의 장(章)으로 1937년에 런던의 맥밀란 출판사(Macmillan and Co.)에서 출간되었다. 제5편의 하나의 짧은 절(節)은 "사회건설의 현재 추세들"(Present trends in building of society)이라는 제목으로 캐텔 등(R. Cattell, J. Cohen & R. Travers)이 편집한 『인간사』(*Human Affairs*)라는 책으로 출간되었다.

나는 홉하우스기념강연(*Hobhouse Memorial Lecture*)의 평의원, *Sociological Review*의 편집부, 그리고 시쓰홉(A. W. Sijthoff) 및 맥밀란(Macmillan and Co.) 출판사들이 이들 부분들을 다시 사용할 수 있도록 허락해 준 것에 감사드린다.

여러 부분들의 출간시기에 차이가 있음을 지적하는 것은 의미가 있는데, 이는 1935년에 출간된 독일어판은 특히 우리 현대사회의 특정한 최근추세를 예측했지만 그 후에 나타난 예상들은 오히려 당황스러운 것이었기 때문이다. 그 시기 이래로 사상(事象)들은 암시된 방향으로 움직였을 뿐만 아니라, 유망한 새로운 추세인 것처럼 진단된 사유와 연구방법도 타당성을 확보한 것 같다. 이것은 우리가 사회과학에서 예측이 도대체 가능한가 여부를 논의할 경우에는 언급할 가치가 있을 수 있다. 작은 것이지만, 이 특정한 가정들에 대한 명백한 확증은 우리 사회의 현재변화 중 일부를 이해하는데 자신의 방법으로만 탐색하는 xxii
저자를 고무시키고 있다.

본서의 절반이상을 차지하는 새로운 부분들은, 서론에서 지적한데로, 저자의 사유에서 최근의 발전을 반영하고 있다.

본서는 저자의 친구들과 학생들의 헌신적인 도움이 없이는 가능하지 않았을 것이다. 독일어판에서, 저자는 저자의 기본적인 관심사에 항상 적극적으로 참여한 저자의 아내와, 많은 이슈들을 명료화하는 논의에 도움을 준 유사한 배경과 경험을 가진 아돌프 뢰베(Adolf Lőwe)에게, 이미 사의를 표명했다. 본 영어판에서, 저자는 독일어판과 일치하는 편(編)들의 번역을 준비했을 뿐만 아니라, 저자가 오래 동안 수집해왔던 일부 유사항목들과 함께 참고문헌을 보완한 시카고대학교(University of Chicago)의 에드워드 실즈(Edward Shils)에게 먼저 감사한다. 그의 매우 소중한 이해와 폭 넓은 지식은 감동 뿐만 아니라 새로운 자극을 의미했다. 저자는 한스 거쓰(Hans Gerth)박사로부터 매우 많은 자극적인 제안을 받았다. 새로운 부분들은 원래 영어로 저술되었지만, 저자의 아이디어들에 대해 새로운 언어로서 어느 정도 적절하게 표현하는 것은, 조안 트레시(Joan Tracey, B. A., Oxon)양, 제인 풀라우드(Jane Floud, B. Sc. Econ., London)여사, 헬렌 히트(Helen Hiett, B. A., Chicago)양 들과의, 거의 모든 항목들에 대한 철저한 토론이 없이는 가능하지 않았을 것이다. 원고를 윤독한 오 딕(O. Dick, B. A., London)씨와 길버트 파(Gilbert Parr)씨에게도 감사한다. 저자는, 특히 색인을 준비하고 서지의 참고문헌을 검토하는데 헌신적인 도움을 준, 슈바르쯔쉴드(A. Schwarzschild)박사에게 많은 감사를 드린다.

서 론

사회재건시대의 유의의

I
대륙과 앵글로 색슨의 관점에서 본 자유주의와 민주주의의 위기

3 본서의 독일어판은 "독일에 있는 저자의 은사들과 학생들"에게 헌정되었다. 따라서 그 책은 원래 자신들의 삶 속에서 변환시대의 엄청난 변화를 경험했던 그 사람들에게 바쳤다. 만일 본서가 영어판으로 출간된다면, 그 책의 기능은 자동적으로 바뀐다. 본서의 영역판은 이 경험들을 바탕으로 실제로 살아온 그 사람들을 위한 자기계몽적인 시도가 더 이상 아니고; 그러한 변화에 대해 단지 풍문의 지식만을 가지고 있고 아직도 전통적인 안정성의 환상에 둘러 싸여있는 세상에 대해, 이 사람들의 입장을 설명하려는 것이다.

우리는 이러한 관점들 간의 차이를 축소하거나 은폐하려해서는 안된다. 서방제국에서 자유주의와 민주주의의 붕괴 그리고 전체주의체제의 채택은 소수의 국가들에 국한된 지나가는 위기의 징후들로 보이는 한편, 위험지대 내에서 살고 있는 사람들은 이 변환을 현대사회의 바로 그 구조 속의 변화로서 경험한다는 사실을 가장 분명하게 표현하였다.

이러한 격동을 모면한 그 사람들의 경우에, 세상은 아직도 전쟁의 영향에서 고통 받고 있다고 생각하는 것이 위안이 되고 있다. 그들은, 독재정권들이 종종 역사의 노선에서 비상사태의 임시해결책들로서 확립되었다는 것을, 반성하면서 기꺼이 자위한다. 이와 반대로 위기에 관해 직접적인 지식을 가지고 있는 그 사람들에게는, 비록 그들이 독재정권에 대한 신랄한 반대자들이라고 하더라도, 사회질서와 인간들의 심리상태 양자는 철저히 변화하고 있다는 신념으로 결합되어있다. 게다가 만일 이 독재정권이 해악이라면 조만간 확산될 해악이다. 그 사람들은, 우리가 이러한 순간의 고요함에 우리스스로가 기만당하지 않아야 할 뿐만 아니라, 새로운 상황에 직면하는 것을 불가능하지 않 4
도록 하면서, 새로운 기법들을 획득하는데 그 지식을 사용해야한다고, 더욱더 확신한다. 경험의 차이는 서로 조화되지 않고; 그 차이는 고립된 사실들의 해석과 전체로서 입장의 진단이라는 양면에 영향을 미친다. 인간과 사회문제에 관한 한, 서로 다른 국가들과 집단들 간에 아이디어의 지속적인 교환이 있어야한다. 사실들 자체보다는 오히려 국가에 만연된 풍조에 의해 정당화된 준거의 틀에 부합되도록, 잘못된 가정(假定)들에 국가스스로가 싫증나게 하거나 사상(事象)들의 의미를 왜곡하는 것은 너무나 쉬운 일이다. 여기서 과장된 비관주의는 과장된 낙관주의와 똑 같이 위험할 수 있다. 여러 상이한 국가들에서 살고 있으면서 다양한 관점들을 스스로 확인할 기회를 운명적으로 제공받은 그러한 사람들의 과업은, 의견의 차이들이 새로운 통합을 위해 정반대가 되도록 하거나 혼합되도록 하는 형식으로, 항상 이 태도들의 갈등을 고려하고 그 사람들 스스로 잘 해결하도록 했다.

저자는 독일의 관점과 영국의 관점 양면에서 바로 이 문제에 대해 사유하는 것을 학습할 최대의 혜택을 받았다. 본서의 현재 형태는 먼저 저자의 독일에서의 경험에 의해, 그리고, 나중에는 영국식 사유방식에 의해 영향을 받았으며, 그래서 본서는 두 경험들을 조정하기 위한 것이다.

본서에는 "모든 책은 저마다의 운명을 지니고 있다."(*Hlibent sua fata libelli*) 라는 옛 격언을 확실히 적용할 수 있다. 본서의 여러 편(編)들을 저술할 때, 저자는 자유민주사회의 붕괴하는 경향들에 의해서 길러진 경험들의 철저한 영향아래 있었다. 저자의 관심은 바이마르

(Weimar)공화국에서 주로 자유민주장치의 실패를 주시했고; 저자는 현대대중사회의 문제를 해결하는데 그 공화국의 무력함을 입증했다. 저자는 어떻게 특정한 사회적 조건 하에서 자유질서의 무계획성이 무정부로 변하고, 어떻게 한때 사회적 과정의 균형을 유지했던 자유방임의 원리가 이 발전단계에서, 정치적 및 문화적 생활의 양면에서, 혼돈의 결과를 가져 왔는가를 검토했다.

이 경험들 때문에, 저자는 낡은 관념의 자유방임은 더 이상 작동하지 않을 수도 있다고 느꼈고; 산업사회의 현재단계가 아니라면 어떤 형태든 계획이 불가피했다는 것을 인식했다. 저자는, 만일 계획이 사회의 자발적 세력들의 뜻을 곡해하지 않는다면, 이 계획이 어떤 형태를 취
5 해야 하는가에 대해서 조금도 분명하지 않았다. 저자는 그 당시에는 자유 및 민주국가들에 관한 연구로부터 무언가를 배우는 것에 대해 많은 희망을 갖지 않았는데, 이는 저자가 민주체제는 이미 갈 데까지 갔다는, 중부유럽에 널리 파급된 느낌을 본의 아니게 공감했기 때문이다.

이 회의적 사고방식은 저자의 개인적 취향들과 조화되지 못했다. 본서는, 그렇다고 해도, 자유와 개인적 책임이 모든 가치 중에서 최고라고 생각하는 사람의 견해에 의거하여 저술되었다. 그러나 저자와 저자를 좋아하는 그 사람들은 자기기만으로부터 몹시 보호받고 싶어 했다. 자유민주의의 위기에서 발생한 것에 대한 실제적인 기술과 이론적 분석이, 저자에게는 자유와 자결의 장점들에 관한 단순한 이념적 주장보다도 더 중요하게 생각되었다.

저자는, 이 실패에 대한 구체적 분석이, 적어도 해악의 원인에 대해 주의를 끌 수 있다고 생각했다. 사회조직은, 순수한 열의에 의해서가 아니라, 질병의 원인에 대한 진지한 연구에 의해서만 치유될 수 있다.

본서의 독일어판은 이러한 의미에서 기본적으로 완전하고, 현대사

회의 작용을 설명하려는 저자의 시도에서 하나의 단계를 표상한다. 독일어판과 비교하여, 영어판은 거의 새로운 작업인데; 이는 일부는 거기에 새로운 편(編)들이 포함되어 있기 때문이지만, 또한 원래의 부분들은 재작성하고 더욱 정교화 했기 때문이다. 이미 지적한 것처럼, 사고방식의 가장 중요한 차이는 최근에 저자가 자유민주주의가 거의 흔들리지 않고 작용하는 국가에 살았다는 것이다. 이것이 자유민주주의의 원리들에 대한 효과를 근거리에서 연구할 기회를 저자에게 제공했다. 비록 그것이 저자의 경험구조를 확대하고 우리시대의 민주주의 활력에 관해 저자의 뿌리 깊은 회의론에서 저자를 자유롭게 하는데 도움을 주었다고 하더라도, 새로운 환경에서 저자가 단순한 탐구자의 정신에서 직면하기를 바라지 않았던 특정한 사실들에 당면했다. 저자는, 이 국가의 일시적인 안정 때문에, 우리 모두가 일촉즉발의 상태에 있고, 폭발을 실제로 경험한 그러한 사람들은 우리 서양사회의 기저에 틈이 크게 벌어져 있는 분화구의 본질과 깊이에 대해 보다 큰 지식을 가지고 있다는 것을, 저자로 하여금 망각하게 만드는 낙관론에 항상 양보하고 싶어진다.

Ⅱ

자유방임의 원리와 현대사회에서 조절불량의 주요 원인으로서 무계획규제원리의 충돌 6

저자는 우리사회가 단기간의 불안이 아니라 구조의 근본적인 변화에 직면했다는 것을 기억하는 것이 중요하다고 생각하는데; 이는 이러한 인식이 예방적 조치들에 대한 유일한 보증이기 때문이다. 왜 위기지대 속의 서양사회가 붕괴의 단계를 통과하고 있는가를 우리가 알 수만 있다면, 아직도 상대적인 평화를 향유하고 있는 국가들이 민주적인 계획에 의해 사상(事象)들의 장래추세를 통제하는 것을 배우고, 그래서 그 과정의 부정적 측면들, 즉, 독재, 국교신봉, 그리고 야만을 회피하는데, 얼만가의 희망은 있는 것이 아닌가? 저자에게는, 문제를 여러 각도에서 연구하고 지난 십년의 변화들에 대한 상이한 해석들을 숙고한 후에, 우리의 당면시대에서는 계획이 불가피할 것이라는 결론에 이를 수밖에 없다고 여겨졌다. 우리는 자연스럽게 계획은 독재정권들이 생각했던 것과는 매우 다른 형태를 취할 것이라고 기대한다. 계획된 사회체제의 본질은 물론 기능도 우리의 진정한 자유들이나 민주적 자주결정의 아이디어에 대해 어떠한 희생도 요구하지 않는다.

자연히 누구든지 계획이 독재정체와 모든 자유의 억압으로 쉽게 타락될 수도 있다고 생각하는 현실주의자이기에 충분하다. 그러나 그것이 저자가 계획에 대한 사고를 즉석에서 거부하는 것을 방지하려는 바로 그 현실적인 태도이다. 사회구조와 정부의 현대기법에서 변화에 대한 정확한 분석은- 본서에서 제시하려는 것처럼-우리에게 어떠한 다른 대안도 일임하지 않았다. 때문에 본서의 진단에 대한 합의는 현대사회의 기술적 및 구조적 기반들이 완전히 변환되었는가를 독자가 시인할 것인지 여부에 좌우된다. 이 가정이 주어진다면, 계획과 자유방임 간에는 더 이상 어떠한 선택도 없고, 오직 좋은 계획과 나쁜 계획 간의 선택만이 존재한다. 저자 자신은 사회질서와 통제의 기법들이 한 인민집단의 "선량한 생활"에 대한 개념을 다른 인민집단에게 강요하는 것을 허용되지 않은 시대에 살고 싶다. 그러나 우리는 사회질서와 그것에 대한 통제기법들을 선택할 수 있는 어떠한 권력도 보유하지 못
7 했다. 그 기법들은 이미 존재하고, 우리가 할 수 있는 대부분은 최고로 유익하게 그것들을 결합하거나 주조하는 것이다.

이러한 상황들 가운데서, 기본적으로 전제적인 남용의 방지를 담보하는 어떠한 계획의 형태가 존재하는가 여부에 대한 질문을 밝히는 모든 이론적 기여, 그리고 계획의 소중한 현대적 요소들과 독재정권의 퇴행하는 개념 사이를 판별하는 모든 탐구는, 이론적 중요성 이상의 의미를 갖는다. 현재에 이르기까지 역사는 계획을 진정으로 시도하지 않았다는 것을 우리는 망각해서는 안 되는데, 이는 우리가 알고 있는 실험들은 동양의 전제정치 또는 군사독재전통들의 정신과 혼합되었기 때문이다. 따라서 현재의 전체주의국가들에 대한 고지식한 연구와 기술은 매우 부적절하고; 지난 십년의 구체적 경험들에 비추어 사실들에 대한 이론적 분석으로서만 가치 있는 것과 그렇지 않은 것을 구별할 수 있다.

현실주의는 인간이 이상주의적인 미래를 예언하는 것을 방지한다. 뿌리 깊은 민주전통을 가진 서양제국이, 적시에 국면을 이해하고 새로운 상황에 충족되도록, 그 국가들의 옛 전통을 재활성화 하는데 아주 열정적이어야 하는 단 한 번의 기회만 있다는 것을 매우 심각하게 논의해야한다. 그러나 오늘날 이 재생은 단순히 분위기의 문제가 될 수는 없다. 새로운 정책도 역시 이론적 해석과정이 동반되어야하므로, 최대한의 자유와 자결을 허용하는 계획의 형식이 발견될 수 있다. 현재의 발전단계에서, 사회의 성공적인 조직을 운에 맡길 수는 없다. 널리 보급되어 있는 추세는 "얼렁뚱땅"의 정신으로는 성공적으로 영향을 받거나 왜곡될 수 없다. 상황의 압력이 증가하고 민주적 문명에 대한 위협이 점점 명백해지는 한, 왜 우리의 사고관행이 변환되지 않아야 하는가에 대한 어떠한 논리도 없다.

만일 우리가 사회세력들을 효과적으로 감독하려한다면, 우리는 단기적인 이익들을 지속적으로 추구하는 것에 몰입해서는 안 된다. 새로운 정책형태는 아주 높은 차원의 지각, 그리고 실험을 좋아하는 의식에서만 성공할 수 있다.

만일 이 역사의 국면에서, 상황이 우리를 통제하도록 하는 대신에 우리가 당면한 상황을 통제하기를 바란다면, 우리는 모든 이용가능한 과학적 에너지들을 민주체제의 위기와 파멸의 원인들을 연구하는데 사용해야한다. 동시에 우리는, 독재국가들에서의 심리적 변화와 제도상 조직의 발달이 기본적 상황- 후기산업시대에서 보편적이 되고 있는 상황-에 반응하는 상이한 방법들이 있다는 것을, 편견 없이 이해하려고 해야 한다.

이러한 상황에서 우리의 연구는, 비록 우리가 독재적인 해결책들을 모방해야한다는 의미는 아니더라도, *너와 관련된 문제*(*tua res agitur*) 라는 느낌에 의해 널리 보급되어져야한다. 반대로, 우리는 그 상황을 연구하는데 우리스스로 몰두함으로써, 우리 가운데 유사한 위기가 발생한 때에는, 우리 자신의 방법인 서양민주전통의 정신으로 그 상황에 대처할 수 있다. 전체주의적 해결책은 이 국가들이 갑자기 연루되어 구체적인 난관들을 다루어야 하는 현혹적 시도일 뿐이라는 것을 우리는 망각하지 않아야한다. 사생활에서조차, 개인은, 그가 상황을 이론적이며 실제적으로 통제하지 않을 때에는, 공격적으로 행동하고 타인의 자유에 독재적 제약을 가하려한다. 정신적 속박은 종종 무지의 무력함과 알지 못하는 것에 대한 공포 때문이다. 때문에 위기의 시대에 자유민주사회의 난점들과 그 사회의 실패를 이해하고, 독재정체라 불리는 강요된 해결책들을 연구하는, 양자 모두가 중요하다.

이것이 독재적 요소들을 계획과 분리되어야 얼마간의 희망이라도 있을 수 있는 유일한 길이다. 아마도 정치사의 다음 국면에서, 사회적 장치들은, 한편으로는 계획되지 않은 사회적 과정에서 발생되는 혼돈을 피할 수 있으며 다른 한편으로는 권력과 독재의 팽창을 기본적으로 목표로서 취급되지 않도록 보장하기 위해서, 자유와 계획의 원리들을 결합할 사회적 장치들이 발견될 수 있다. 이것은 오직 사고, 실험, 그리고 정치적 행동에 의해서만 달성될 수 있다. 어떤 사람이 정치적 문제를 권력의 문제로도 그리고 성공적이거나 또는 성공적이지 않은 사회조직의 문제로도 사료하는 버릇이 들면 들수록, 그 사람이 전자의 측면은 물론 후자의 측면도 강조해야 되는 것처럼 보여서 이상주의자가 덜 되지는 않는다. 이것이, 얼마나 개인적 자유들(individual liberties)*을 개인의 자유와 공동체의 효율성 양자를 보전하기 위해 제약하지 않고 남겨둘 것인가를 결정하는, 사회적 통제들의 결합을 발견하는데 우리의 모든 지적에너지를 사용하는 것이 중요하도록 만든다.

본서에서 채택한 민주주의와 자유주의를 옹호하는 방법은 통상적 9
방법과는 차이가 있다. 그 통상적 방법은, 문제를 단순히 이념적인 것으로 사료하지 않고, 어떤 종류의 자유, 민주주의, 그리고 문화가 개조된 사회체제하에서 가능할 것인가에 대한 문제를, 구체적인 사회적 분석의 수단으로 설명하려한다. 자유, 민주주의, 그리고 문화에 대한 통상적인 옹호는, 자유가 본질적으로 연대화보다 양호하고, 자결은 독재보다 좋고, 자생문화가 개성표현에 대한 검열보다 좋다는 것을 제시함으로서 논의를 일반적으로 종료시키기 때문에, 이념적이라고도 기술할 수 있다. 어떠한 이성적인 사람도, 문제가 추상적인 형태로 발생하는 한, 이 이념적 방법을 부정하지 않을 것이다. 그러나 저자에게는 이것이 너무나 시시한 승리로 보인다. 우리는 오늘날 어떠한 추상적 형태의 자유가 어떠한 추상적인 형태의 연대화보다 나은가 여부에 대해 관심을 갖지 않는다. 오히려, 문제는 서로 다른 국가들에서 어떠한 구조적 변화가 19세기에 널리 보급되었던 자유, 문화, 그리고 민주주의

* 자유를 지칭하는 “freedom”과 “liberty”는 거의 동의적으로 사용되고 있으나 본서에서는 주로 전자를 사용하고 있고, 후자를 사용할 때는 괄호를 써서 전자와 구별한다(역자).

의 유형이 몰락에 이르게 됐는가를 발견하는 것이다. 우리가 깨달은 재난적인 상황은 진단될 수 없고, 고전적 자유주의에 관한 논쟁들이 상대적으로 발달되지 않은 사회학과 함께 그 논쟁을 그저 반복하고, 이전의 사회발달단계에서 그리고 완전히 다른 구조에서만 타당한 분석들에 적용하여 스스로 치유되도록 홀로 놔둔다.

이 긴급한 문제들은, 자유와 민주주의를 단지 이념적 가정들 또는 보편적인 적용을 위한 추상적 원리들로서 사료하는 한, 해결될 수 없다는 점은 분명하다. 우리는 자연과학자가 동물학상의 종(種)을 조사하면서 그 종이 생존할 수 있는 독자적인 환경과의 관계를 연구하는 것처럼, 우리가 사회학적으로 그 문제들을 분석하는 위치에 있을 때만, 그 문제들을 진정으로 해결하려고 고심하기 시작한다. 동일한 방법으로 정치조직에 관한 원리들과의 관련성은, 기구(機構)가 사회에서 기능하도록 허용하거나 그렇지 않으면 그 기구를 폐지시키는 사회과정들을 인지하는, 경험적 수단에 의해서만 발견될 수 있다.

그러나 사회만을 대상으로 하는 경험적 분석에 의존하는 것은 충분하지 않다. 경험주의는, 만일 이론이 새로운 문제들과 확대된 경험에 적합하도록 구성된다면, 이론적 질문들에 대해서만 응답한다. 한때 자유와 계획에 관한 대립된 개념들이 진정으로 조화되지 않는가 여부에 대한 가설적 질문은, 우리가 기꺼이 자유와 민주주의에 대한 전통적인
10 해석을 바꾸고 새로운 사고수준에 도달하지 않으면 응답할 수 없다. 오로지 양자가 사상(事象)들에 대한 가설적인 자연 질서를 방해하기 때문에, 맹목적 규제와 충분히 숙고된 계획 간의 명확한 구별을 하지 않는, 그 사람들은 사려 깊게 계획된 사회와 독점적 집단의 이기적 책략 간의 차이를 절대로 이해할 수 없다. 전제주의자의 관료제를 방어하는데 유용했던 말투를 아직도 사용하고 있는 사람들은, 왜 계획이 오늘날 자유주의가 국가간섭에 대해 투쟁했던 시대의 관료적 간섭이

의미했던 것과는 약간 다른 의미여야 하는가를 절대 이해할 수 없다. 계획이라는 말이, 만일 그것이 우연한 간섭과 조정된 통제 간을 구별함이 없이 모든 종류의 규제를 포함한다면, 왜 바로 이 세대에서 계획이 진정한 유의의를 갖기 시작해야 하는가에 대해 너무 모호하여 어떠한 단서도 제공할 수 없다.

누구든지 모든 정치적 사유가, 시대의 특수한 여건에 따라서, 그 사유의 근본적 의미인 *특별한 목적을 위하여*(ad hoc)가 자동적으로 형성된다는 것을, 이 보기에 의해 논증할 수 있다. 이 기본개념들에 대한 보다 철저한 분석은, 사람의 연령에 따른 사회적 및 정신적 경험들의 고유한 특질들을 절대적인 것처럼 고려하고 그래서 아이디어에 대한 일반적 정의에 그 경험들을 포함하는, 무의식적 경향을 항상 나타낼 것이다.

때문에, 예를 들면, 19세기는 그 자체의 사회질서 속에서 가능했고 또한 관습적이었던 그러한 형식의 자유를 필연적으로 의미했다. 이 질서가 변화되었을 때는 새로운 상황들이 발생했고, 오래된 정의(定義)는 범위가 너무 제한된 보기들에 기초했으며, 이 근본적 용어들은 새로운 경험적 재료와 보다 광범한 문제의 측면들을 포용하기위해 개정되어야 했던 것은 점차 분명해졌다.[1] 이것이 모든 신시대가 그 시대의 전문어를 재정의하는 것으로부터 시작하는 논리일 것이다. 국가, 주권, 권위, 재산, 법률 등등은 역사의 노정에서 끊임없이 재정의 된다. 그러나 그것은 보다 광의를 구비할 책무가 있는 협의의 정치적 아이디어들만은 아니다. 역사적으로 기술되어야하는 모든 아이디어들은, 본질적
으로 그 시대의 문화적 환경 속에서 배태되기 때문에, 인성에 대한 변 11
화하는 개념과 그 인성과 동행하는 윤리 및 심리상태와 함께 변한다.

1) 참조 제Ⅵ편. "계획의 수준에서 자유."

정치적, 도덕적, 그리고 심리적 사고가 자연과학의 사고보다 덜 과학적이기 때문에 이들 역사적 용어들이 변한다고 가정하는 것은 오류일 것이다. 모든 시대에서 이 용어들은 새롭게 정의되는데, 이는 역사과학에서 새로운 경험적 제재(題材)는 변화하는 역사의 노정 중에서만 획득할 수 있기 때문이다. 자연과학들은 지식의 성장과 보조를 맞추기 위해 그들의 용어들을 항상 재정의 한다. 자연과학들은 새로운 사실들이 그 과학들에게 현상들에 대한 현재의 명칭 부여를 개정하도록 강요하자마자 그 과학들의 정의를 확대한다. 그러나 자연과학자는 언제든지 더욱더 많은 자료들을 취급하기 위해 새로운 경험적 사실들의 범위를 확대할 수 있지만, 사회학자는 새로운 환경에서 사실들이 나타나는 새로운 사회적 질서의 출현을 아주 자주 기다려야한다. 역사과학에서 사회적 질서의 변이성은 역사의 노정에서만 스스로 발현되고, 변화하는 사회적 상황만이 얼마나 변이성의 범위가 넓은가를 보여준다.

사회적 해체와 재건이 아직까지는 크게 진전되지 않은 국가들은, 자유와 계획과 같은 친숙한 용어들에 대한 이러한 재해석을 가장 먼저 거부할 것이다. 그 국가들은, 그 이전의 형세가 단지 가능한 존재형태 중의 하나일 뿐이었고, 오래된 사고의 관습들은 그것들의 개념들이 제한되었다는, 즉, 그것들 자체의 신시대에 대한 근본적인 관계들로 해석하는데 만 기여할 될 수 있었다는 것을, 인식하는 위치에는 아직까지 도달하지 않았다. 그러나 그러한 반대에도 불구하고, 우리는 우리 시대의 근본적인 문제들을, 변환과정이 사고자체를 포용한다는 것을 우리가 인지할 때까지는 파악할 수 없다는 사실을 강조해야한다.

우리 사회의 본질적 변화에 대한 경험적 분석과 유사하다는 이 이유 때문에, 사고자체에 대해 사유하게하고, 사회적 과정의 일부로서 현재 갈등상태에 처해있는 사고의 방법들을 해석하도록 하는, 시도가 이루어지고 있다. 우리는 이 사회적 해석이, 왜 현시대의 문제들을 이

전문제들의 구조 속에서 또는 아이디어들 대한 오래된 장치를 가지고는 해결될 수 없는가를, 밝히는데 도움을 줄 수 있기를 바란다.

만일 어떤 사람이 위기감에 의해 괴롭힘을 당한 관찰자의 관점에서
서양세계의 변화들을 고찰한다면, 이 변화들은, 일련의 불유쾌한 사건 12
들과 고립된 혼란들로 이루어지지는 않았지만, 구사회질서의 완만하거나 가끔은 신속한 붕괴, 즉, 재건의 첫 번째 흔적들이 이미 가시적인 붕괴, 로 이루어진 것은 분명하다. 우리는, 오늘날 역사의 노정을 하나의 사회질서에서 다른 종류로의 급격한 변화처럼 생각하고, 급진적인 재건에 대해 언급하는 경향은 혁명적 집단들의 풍조를 반영하고, 약간의 화려한 사건들을 무의식적으로 최대한 강조하는 것을 알고 있다. 이것은 소위 혁명시대들에서조차 옛것과 새로운 것이 혼합되었다는 사실을 묵인하기위한 것이다. 이 시대들에서도, 역시, 중대한 변화들은 너무 자주 주목받지 못한 사회조정의 과정들에서 발견된다. 혁명의 불길이, 인간의 품행과 사회조직의 이 지속적인 변화 속에서, 보다 분명한 국면들의 극히 일부만을 밝게 한다. 혁명의 열정은 조용한 준비 없이는 그 개혁들을 두루 전파할 수 없고, 이러한 이유로, 만일 혁명가가 크게 성공하고 너무 많은 변화들을 천명한다면, 시간이 경과함에 따라 반작용이 뒤따르거나, 또는 신제도들은 전체로서의 과정에 작용하고 있는 다양한 요인들에 대한 지속적인 조정을 통해 구제도들과 융합한다. 비유적으로 말하면, 변화하는 사회를 재건하는 것은, 새로운 터전에 주택을 재건하는 것보다는, 달리는 기차의 바퀴를 교체하는 것과 같다.

매력과 사건을 거의 강조하지는 않지만 절대적인 안티테제 보다는 변천이라는 의미에서 사유하는, 사회과정에 대한 본 연구는, 만약 그 과정들이 특정한 방법으로 통합된다면, 전적으로 새로운 건설원리들도 사소한 미시적인 과정들에서조차 종종 발견될 수 있다는 사실을 간

과해서는 안 된다. 그래서 주요한 원리들은 매우 사소한 것들의 가면 뒤에 드물지 않게 숨겨져 있다. 만일 관심을 진보와 혁명 간의 대비보다는 변화자체의 내용에 집중한다면, 오늘의 모든 고도산업국가가 변환의 노정에 처해 있는 것은 분명하다. 그 모든 국가들은 그들의 정상적인 존재양식에 대해서도 동일한 혼란을 겪고 있다. 일부 국가는 명백히 위기의 징후들을 보이고, 다른 국가들은 사회적 평화에 숨어서 보다 완만한 속도로 유사한 변화를 경험하고 있다는 사실은, 단지 서로 다른 국가들에 대한 압력의 불균형한 배분과 특정한 국가들에서보다 많은 정신적 및 물질적 자원들이 존재하기 때문이다.

13 우리 중 누구도 미래의 사회가 어떠한 형태를 취할 것인가에 대해 오늘날 명료하게 예측할 수 없다. 그러나 우리는, 무엇이 현재의 상황에서 기본적으로 새로운 것인가 조차도 더 뒤의 현실에서는 보통 하나의 요인일 뿐이라는 것을, 역사로부터 알고 있는데, 이는 역사는 단일의 만병통치약을 찾는 개혁주의자들이 받아들이고자 하는 것보다 현장에서 보다 많은 세력들을 항상 보유하고 있기 때문이다. 최근에 혁명적 체제들조차 그들의 원래구조 중 많은 것을 포기한 반면에, 외견상으로는 평화로운 국가들도 대립되는 체제에 점점 더 마지못해 강제로 순응되었다는 것을, 특히 우리에게 가르쳤다. 사회적 평화의 허식 아래에서, 그 평화로운 국가들 중 적어도 절반이 전체주의국가가 되었고, 이와 반대로 전체주의국가들은 그들의 이전 계획들 중 많은 것을 포기할 수밖에 없었다. 민주국가들에서 규제와 국가개입, 러시아공산주의에서 만든 개조, 그리고 독일에서 여러 중요한 경제적 영역들에서의 자본주의의 영향에 대한 무언의 배제 때문에, 이 국가들의 대단히 많은 풍조들은, 그 국가들과는 크게 다른 사고방식들과 함께, 수렴되기 시작한다. 이 모든 것은 우리가 후기산업시대에 존재했지만 현대사회의 변환만을 드러나게 했던 심연의 세력들이 조만간 반드시 출현하

게 될 것이라는 점을 의심하는 마음이 생기도록 한다. 이 모든 국가들에서는, 오래된 자유방임과 새로운 규제원리가 통제 없는 병존이 허용될 때 불가피하게 발생하는, 긴장과 난점이 존재한다. 국제영역에서, 이러한 적대관계의 효과는 각국의 생산이 국제경제거래를 향해 논리적으로 이동한다는 사실로서 이해될 수 있다. 이것을 수용하는 대신, 우리는 보호라는 미묘한 수단을 통해 국가의 경제적 자급자족을 창조한다. 현대의 통화와 신용경제와 함께, 기술진보는 공익을 제고한다는 온갖 약속을 제시하지만, 그럼에도 불구하고 대중들은 위기들로 인해 변함없이 빈곤해지고, 증가된 생산은 시장의 축소에 직면한다. 우리는 국가주권의 권력과 자원을 집중화하고, 국내에서 마지막 저항기회들인, 자치의 마지막 잔존물들을 파괴한다. 그러나 이러한 보다 큰 단위들과의 사회적 통합과정은, 최신의 군사기술장치에 의해 강화되었고, 세계의 질서가 아니라 세계의 파괴를 위해 작동되고 있는 대·소의 전제국가들의 전제적 요구들에 의해 좌절되었다.

이들 국가의 내부질서에 관한 것에서 조차도, 우리는 독재국가들 뿐 14
아니라 민주국가들에서도 활동 중인 적대적인 사회세력들을 발견한다. 후자, 즉, 민주국가들, 에서, 내부조직을 규제하는 경향들은, 대중들이 사실을 인지하거나 사실에 대한 어떠한 이론적 필요성도 고찰함도 없이, 서로 대립관계에 놓여있다. 정치가들과 이론가들은 아직까지도 자유주의에 관하여 생각하지만, 계획국가에 길을 열어주는 제도들과 법령들의 수는 날로 증가한다. 사람들의 원칙들과 그들의 실제행동 간의 간극을 고정시키는 의식의 단층 때문에, 이 법령들과 규제들은 지하에서 작용한다. 그러나 이것들 때문에 그것들의 유의의가 결코 작아지지 않지만; 반대로 어느 누구도 결과를 고려하기 위해 멈추게 할 수 없기 때문에 그 사람들은 더욱 더 피해를 당한다. 때문에 그 사람들은 언제나 보다 더 자유로운 체제와 충돌하고, 그 체제의 작용을 무력하게 만든다.

이와 반대로, 전체주의국가들에서는 보다 큰 신축성을 조장하는 요인들을 표출시키기 위해 분투하고 있다. 계획을 정치단체에 대한 구속조끼의 일종으로서 사료하면서 규제에 열광하는, 독재정권은 비판을 억압하고 자기개혁을 주장할 위치에 있지 않다. 독재정권의 사회체제는 폭발 직전에 있는 증기주전자와 같다. 어떠한 제도도 안전판처럼 작동하도록 준비되어 있지 않기 때문에, 그 사회체제는 항상 폭발할 위험이 처해있다. 추방은 지적 재건에 대한 대체물로서는 매우 부적절하다. 이러한 모든 징후들은 모든 나라가 유사하게 산업사회를 구성하는 새로운 방법을 모색하고 있다는 것을 증명하려고 애쓴다. 민주국가들에서 사회과정의 어떤 측면들이 규제에 의해 통제될 수 있는가를 결정하는 공식을 아직까지는 발견하지 못했고, 독재국가들에서 모든 것을 간섭하는 것은 계획이 아니다 라고 이해할 수는 없을 것 같다. 왜냐하면, 만일 계획이 사회에서 창조적 경향들에 기초한다면, 즉, 만일 계획이 현존세력들을 억압하지 않고 통제만 한다면, 계획은 긍정적 가치만을 가질 수 있기 때문이다.

절차들은, 새로운 형태의 계획에서만 수행방법을 발견할 수 있는, 국내 및 국제 문제들 양자 모두에서 작용한다. 사회세력들을 방임하는 한, 갈등은 그 세력들이 해결지점에 도달하자마자 바로 발생한다. 그러나 사람들이 이들 잠재적 성향들을 작동 가능한 체계로 구축하는데 막판에 실패하는 것은, 인간의 부족함 때문이지, 사회세력들 자체 때문만은 아니다. 특정한 사회발달단계에서, 외부추세들을 그 자체에 일
15 임한다는 것은 충분하지 않고; 우리는 수행해야 하는 올바른 일을 이해할 수 있는 새로운 인간유형과 그 일을 이행해야 할 새로운 정치집단이 필요하다.

지금까지는 역사의 주요한 변화들을 개인들과 부분적 집단들 양자

모두에서 아주 종종 이해할 수 없었지만, 사회의 진보는 이제 행위자들 편에서 적절한 통찰이 없이는 이 변화의 과정들을 조정할 수 없는 지점에 도달했다. 더욱이 지금까지는 어떠한 특정집단도 사회통합을 조정할 책무가 없었는데-이는 발생한 것은 무엇이든 대립되는 경향들 간의 우연한 타협의 결과이기 때문이다-, 오늘날에는, 만일 정치에 관여하고 있는 집단들이 아직도 그들 자신의 직접적인 이익들을 넘어서 생각하려 하지 않는다면, 사회는 파멸할 것이라는 징조들이 있다. 사상(事象)들의 현재단계에서 우리는 새로운 종류의 선견, 그리고 과거에 획득했던 방법들과는 여러 측면에서 완전히 다른 심리상태, 도덕 그리고 행동계획과 함께, 새로운 갈등관리의 기법이 필요하다. 사회의 재건은 인간자체의 개조에 의해서만 이루어질 수 있다. 인간의 목표들에 대한 재해석, 인간능력들의 변환, 그리고 우리의 도덕률에 대한 부흥은 교훈적인 설교나 환상적인 유토피아의 주제가 아니다. 그것들은 우리 모두에게 중요하지만, 유일한 문제는 이 방향에서 무엇이 합리적으로 이루어질 수 있는가이다.

Ⅲ
사회적 및 역사적으로 타당한 심리상태의 필요

이 요구에 직면하여, 본서의 중심적 논제를 이루고 있는 문제들; 즉, 어떻게 심리적·지적·도덕적 발달이 사회적 과정과 관련되었는가 하는 문제, 그리고 왜 문명은 우리의 목전에서 붕괴하고 있는가를 설명할 수 있는 여러 가지 사회적 요인들을 발견하는 문제, 에 이른다.

경제이론은, 비록 논쟁들에 시달리지만, 생산과 분배 체계의 불균형에 의해 나타나는 현재의 위기와 관련된 많은 징후들을 설명할 수 있다. 그러나 만일 우리가 왜 우리의 심리적, 도덕적, 그리고 문명적 생활이 동일한 붕괴의 자취를 보이고 있는가에 대해 물어본다면, 우리는
16 조리 있는 과학적 설명을 제시할 입장에 놓여있지 않다. 여기저기서 우리는 징후들에 대한 기술적인 개요를 제공하기 위한 시도들을 발견한다. 진정한 설명의 관점에서 그 시도들은 겨우 애가(哀歌)이다[2]. 인간들의 급격한 변화 - 그들의 행태에서의 돌연한 변경 - 와 사회체제에서 현대의 커다란 변화들 간의 연계를 설명하는 단일의 과업을 제시하기는 불가능하다.

이 인문학들의 분파에서 우리가 실패한 주요한 이유는 지금까지 우리는 어떠한 역사적 또는 사회학적인 심리학을 보유하지 못했다는 점이다. 우리는 인간품행에 대한 일반법칙에 관해 실험적 연구를 하는 실험심리학과, 자기관찰의 수단에 의해 인간정신의 일반적 특징을 이해하기위해 자기반성을 기반으로 하는 고전심리학을, 보유하고 있다. 그러나 이런 종류의 심리학은 인간을 추상적으로 취급하는 반면에, 역사와 현재의 행동에 대한 이해는 어떻게 특정한 역사적 유형들이 인간의 일반적인 재능으로부터 도출되었던가를 설명할 수 있는 상이한 심리학을 의미한다. 왜 중세와 르네상스는 전적으로 상이한 인간유형을 만들어 냈는가? 왜 전쟁과 혁명이 평화의 시기를 계승할 때 어떤 뚜렷한 변화들이 인간행태에서 발생되는가?

또 다른 시각에서는, 지금이 심리학과 사회과학 사이의 연결고리를 만들 적기라는 것이다. 경제학과 사회과학은, 자료들은 점검되었는가

2) 휘징가[Huizinga, J.(역: Huizinga, J. H.)], 『내일의 그늘에서』(*In the Shadow of Tomorrow*, London, Toronto, 1936)와, 가세트(Gasset, J. O. y), 『대중의 반란』(*The Revolt of Masses*, London, 1932)은, 징후들에 대한 가치 있는 수집물들이지만, 사회학적 시각에서 사상(事象)의 원인과 구조를 분석하지는 않았다.

여부 또는 인간행태의 획일성과 같은 대단히 문제가 많은 가정(假定)들이 경제적 및 정치적 사상(事象)들에 관한 연구들에 무의식적으로 끼어들지 않았는가 여부에 대해 고찰하지 않고, 관련과학들에 의해 신뢰를 확보한 특정한 심리적 가정들에 기반하고 있다. 이윤동기 및 그것의 다른 인적유인책들의 항구성이나 변이성에 대해 전혀 감을 잡을 수 없는 경제연구, 특히 경제사, 는 없고; 권력의 본질과 명성의 욕구에 대한 무의식적인 이론들과 관련되지 않은 정치과학은 없다.

이 모든 영역들에서, 인성이 특정한 과학의 분파와 관련되는 한 영구
적인가 여부, 또는 인성의 기본적 태도가 변화하는 사회체제에 따라 17
변화하는가 여부는 항상 미해결의 문제이다. 완만한 변환의 시기에서
는 인성을 그 본질적인 것이 불변이라고 간주하는 경향이 있는데, 이
는 모든 사람은 자기 자신의 시대에 통용되고 있는 인성의 역사적 형
태가 영구적이라고 무심코 사료하기 때문이다. 따라서 혁명의 시대에
는 인성의 변이성에 관한 문제에 대해 항상 새로운 견해가 등장한다.
오늘날 사상(事象)들의 급격한 이동과, 이 변이성의 범위에서 축적된
지식, 양자 모두는 역사적 변화와 관련하여 이론적 및 경험적 견해 양
쪽에서, 그 문제의 연구를 다시 한 번 절대 필요한 것으로 만든다. 우
리에게는 실험들과 전공논문들에서 발견하게 될 인간심리학에 대한
많은 새로운 발견들을 요약할 수 있고, 이러한 기반에서 우리시대의
큰 변화를 해석하려고 하는, 어떠한 현대적 사상가도 아직까지는 없었
다. 대신에 가장 중요한 정치가들과 역사가들은, 오래전부터 시대에
뒤지고 표면적인 것조차 이해할 수 없어, 사상(事象)들의 심연에 존재
하는 원인들을 방기하는 일종의 세속화된 심리학에 만족한다.

물론 역사적 경험들을 분석하고 현시대의 징후들을 진단하는데 과학적 심리학이 발휘되도록 하는 것은 용이하지 않다. 주요한 난점은 우리가 사회적 상황의 변화와 관련하여 인간정신에 대해 연구하는 것

은 아직도 익숙하지 않다는 것이다. 그 정신에 대한 측정의 어려움들 때문에, 개인과 그의 특성에 관해서든 또는 전형적인 단순화에 의해 소수의 모호하게 이해된 요인들의 결합으로 해석될 수 있는 외부세계에 관해서든 간에, 일상생활에서 거의 배타적으로 집중하는 경향이 이미 존재한다. 우리가 진정으로 필요로 하는 것은, 모든 심리적 현상의 사회적 측면을 반드시 인식하고, 개인과 사회 간의 지속적인 상호작용의 의미를 꼭 해석하려는 어려운 관찰이다.

우리의 일상적인 경험들 속에서 사회적 상황으로부터 심리상태를 고립시키는 바로 그 동일한 접근방법이, 우리가 사상(事象)들에 대해 과학적인 연구를 시작할 때, 우리의 사유에 만연해있다. 때문에, 우리가 사회구조의 변화들과 밀접하게 관련 지워 역사적 환경에서 인간정신의 변화들을 연구할 수 있을 때만, 새로운 각도에서 역사를 고찰하는 것이 가능해질 것이다.

18 마르크스주의가, 인간정신의 각 국면을 개별적으로 연구한 관념철학에서의 진보에 관한 개념과는 다르게, 의식의 발달을 자율적인 과정이 아니라 사회사의 전체과정에 깊이 관련된 것으로 사료할 때에는, 이 방향에서 중요한 한 발걸음을 뗀 것이다. 때문에 마르크스주의는 사회의 사상(事象)들에 대해 보다 광범한 맥락을 고구하기 위한 소중한 사고패턴을 만들었다. 자연과학들-특히 물리학-은, 복합적 과정을 필수적 요소들로 환원해야 하고, 중요성이 작은 원인들의 뒤엉킴 속에서 길을 잃지 않고자 할 때, 그러한 사고의 패턴들과 함께 작동한다. 경제, 정치, 그리고 심리적 과정들 간의 매개적 연결고리들을 우리가 고찰하도록 하는, 가설적 구상안은 사고에서 위대한 질서로 이끈다. 이러한 장점이 지적되었을 때, 사고의 패턴이 현실을 연구하기 위한 도구로서는 물론 작업가설로서가 아니라 독단적 주장으로 사용되자마자, 그 패턴은 관찰자가 자신의 아이디어들에 너무 고착되도록 인도할

수 있고, 소여의 사례를 대체나 보완으로서, 타 모형들을 사용하는 것을 방해할 위험이 있다는 점을 그 패턴에 바로 추가해야한다. 각각의 사고체계는 특정한 과정에만 적용할 수 있다. 가설적 해석은, 사실들의 내면적 속성에 대한 왜곡이 없이 제한된 경험의 영역에서 사실들을 배열할 수 있는 한, 본래의 목적과 부합된다. 그것이 이러한 종류의 체계를 즉각적으로 일반화할 수 없는 이유이다. 그 사고체계는 하나의 영역에서는 작동하고 다른 영역에서는 작동하지 않을 수 있거나, 또는 수정을 통해서만 작동할 수 있다. 이것은 물리학자들과 사회학자들이 사용한 체계들에 대해, *필요한 변경을 가하여*(*mutatis mutandis*)와 똑같이 사실이다. 그 사고체계를, 예를 들면, 역사에 대한 경제적 해석을 위해 마르크스체계에 적용한다. 특정한 시대들에서, 원인과 효과의 순서인 사상(事象)들의 전방행로는 개요안과 조화될 수 있는데, 이는 시대의 주요 진원지들이 기술적이며 경제적이기 때문이다. 그러나 강력한 영향들을 가진 중요한 변화들은, 경제적 기법 이외의 영역에서 발생하거나, 인간의식에 대한 격렬한 충격으로부터 발원하는 또 다른 시대들이 될 수 있다.

우리의 정신생활에 대한 직·간접적인 경제적 영향들의 모든 효과들
을 추적하는 것이 연구의 매우 중요한 부분이 될 수도 있다. 때문에,
물론, 거래와 마케팅에 집중된 자본주의 아래에서는 모든 것이 상품처
럼 사료되는 경향이 있다는 점을 인식하는 것은 아주 중요하다. 더욱
이, 이 체제 아래서 성장한 특정한 사람들은 소매상인의 시각으로 모 19
든 관계를 고찰하려 할 것이라는 점은 의심의 여지없는 사실이다. 그
사람들은 자연의 객체들을 점점 더 상품들로서 묘사할 것이고, 화폐
목적적 시각에서 개인적 관계를 이해한다. 이 과정에서, 그렇게 많이
토의된 심리적 현상들, 자기소외, 그리고 비인간화가 발달할 것이고,
나무를 나무가 아니라 목재라고 생각하는 인간의 유형이 출현된다.

더욱이 짐멜(Simmel)[3]이 연구했던 것처럼, 화폐경제제도는 경제문제들뿐만 아니라 모든 생활영역에서 추상적 사고 및 경험과 관련된 우리의 능력을 발전시켜 왔다는 것을 제시하는 것이 가능하고; 그래서 화폐가 우리의 경제적 사고는 물론 우리의 건전한 의식도 역시 형성한다.

그러나 경제적 과정의 시각에서 우리의 내면생활을 사색하는 이 방법은 현대사와 관련한 생각을 해석하는데 있어 모든 가능성들을 자세히 구명하지는 않았다. 우리의 의견으로는 경제적 측면과는 조금도 관련이 없지만, 아직도 사회적인 의미를 갖는 많은 관계들이 있다. 이 관계들은, 우리가 방금 논의했던 경제적 요소들처럼, 심리적 및 문화적 과정들의 내용과 발전에 대해 상당히 많은 효과를 나타낸다. 이들 비경제적인, 사회학적 관계들의 존재를 인지하기 위해서, 우리는 어린애가 보육원과 거실에서 매우 다르게 행동하고, 성인은 그의 친족과 일정한 생활을 하고 클럽에서는 또 다른 삶을 보낸다는 단순한 사실을 고려해야만 한다. 보육원과 그 곳의 사회적 여건에서는, 다른 사회적 환경에서 금지된 많은 사상(事象)들이 허용된다. 심리학적 용어로, 이것은 금지와 그것의 결여가 서로 다른 집단들에 서로 다른 정도로 그리고 서로 다른 모습으로 작용한다는 것을 의미한다. 자기표현의 양식들과 궁극적으로 문화적 여건들은, 따라서, 상이한 사회집단들의 유형들과 그 집단들에서 발생하는 과정들과 항상 관련된다. 어느 누구도 보육원이나 거실, 가정이나 클럽이, 비록 약간의 경제적 요인들이 있다고 하더라도, 경제적 관계들에 의해 지배된다고 주장할 수 없다. 때문에 권위와 복종, 거리두기와 소외, 위신과 지도력과 같은 무수한 관
20 계들과 과정들이 있고, 그것들의 심리적 표현과 문화에 대한 효과는

[3] 짐멜(Simmel, G.), 『화폐의 철학』(*Philosophie des Gelds*, Leipzig, 1900).

서로 다른 사회적 환경들로 이해된다.

본서에서, 우리는 내면생활과 문화에 대해, 그리고 보통 등한시하는 정신적 삶의 사회적인 조건화의 여러 측면들에 대해, 이들의 진정한 사회적 관계들과 과정들에 대한 효과들을 주로 연구하는데 집중해야 한다. 이것과는 별도로, 만일 우리가 기초적인 사회적 과정들의 심리적 효과들에도 주의를 환기시킬 수 있다면, 전체로서 문명에 대한 사회학적 영향의 진정한 범위를 겨우 이해할 수 있다는 것을 우리는 믿는다. 그 영향의 범위는, 인간정신의 변천에 반영된 사회의 경제적 구조뿐만 아니라, 사람들이 투쟁하거나 협력하는, 넓거나 좁은, 다른 환경들의 변화이다. 어떻게·언제·왜 사람들이 만나는가, 어떻게 권력과 영향, 위험과 책임이 배분되는가, 사람들은 즉흥적으로 행동 하는가 또는 명령에 따라 행동하는가, 어떠한 사회적 통제들이 가능한가; 개별적이거나 집단적으로 파악한 이 모든 사상(事象)들은, 무엇이 언급되고, 어떻게 언급되며, 무엇이 의식적으로 억압되거나 또는 무의식을 억누르는가, 그리고 어떤 제약 속에서 사회도덕의 명령들이 모두를 결속하거나 특정집단들 내에서만 타당한 것인가를 결정한다. 어떻게 *마주 앉아서 하는*(*téte-à-téte*) 대화가 구경꾼이 도착했을 때에는 주제와 음색 양자가 바뀌는가에 대해 주목한 사람은 누구라도, 어떻게 사회의 구조, 사회집단들의 기능, 그리고 주요한 사회적 과정들에서의 모든 변화가 자기표현의 형태들 그리고 궁극적으로는 문명의 상태에 대해 상응하는 효과를 주는가를 인식할 것이다.

경제적이 아니라 사회적인 영향임에도 불구하고, 이 영향들에 대한 연구는, 만일 마르크스주의자가 자신의 문제에 대해 진정으로 이해하고 개방적인 마음으로 그 문제에 접한다면, 그에게도 매우 유의의해야 한다. 마르크스주의자는, 심리학적 변화들이, 그가 사회사에서 원초의 기술적 충격이 전파되었던 사회사에서의 모든 연결고리들이 재건될 때까지, 궁극적으로 생산의 기술적 과정들에서의 변화들 때문이라는, 그의 주장을 경험적 의미로서는 입증할 수 없다. 때문에, 만일 시대의 변환을 분석하는데 있어, 마르크스주의자는 원인과 결과의 사슬에서 첫 번째 중간연결고리들로서 노동의 분화와 계급층화에서의 변화들을 다루려 할 것이고, 다음으로 재산의 개념과 법의 집행에서의 변화에
21 대한 분석이 뒤따르며, 그 다음에는 정부조직의 변화와 계급역사를 고찰하는데, 이 지점에서 그는 우리가 방금 언급한 그러한 중간적인 사회적 연결고리들에 대해 논의하려 할 것이다. 그러나 마르크스주의자의 연구는, 경제적 및 정치적 요인들을 절대적으로 간주하여, 진전을 막고, 그 연구는 사회학적 요인들이 적절하게 처리되는 것을 불가능하게 만든다. 때문에 경제적은 물론 정치적도 아니지만 사회적인 이 관계들이 사회적 변화들을 심리적 변화들로 직접적으로 변환시키는 드라마의 실제적인 중심을 형성한다. 정확히 이해했다면, 이 비경제적인, 사회적 요인들은 많이 논의된 "중재"(Vermiittlung)의 문제에 대한 응답인데, 이는 그 요인들이, 우리 사회(그중에서 의문의 여지없이 경제적인 것이 매우 중요하다)의 기초가 되는 여러 기본원리들을, 심리적 과정들로 변환시키는, 전달수단으로서 작용하는 변속벨트들을 표상하기 때문이다.

우리의 의견으로는 인간의 심리상태에 영향을 주는 사회학적 관계들과 과정들의 숫자는 보통 상상한 것보다 훨씬 많다. 우리는, 원칙적으로 사회적 통합에서 최소의 변화도 심리적 및 문화적 표현의 변화로 즉시 전환시키지 않고서는 발생할 수 없다고 생각하는 경향이 있다. 잘못된 관찰기법 때문에, 우리는 이것을 항상 인지하지는 못한다. 우리의 대부분은 아직도 사회학적으로 분별력이 없고, 그래서 사회를 체계적으로 연구하지 못함은 물론, 사회에서 무엇이 발생하고 있는가에 대해서도 주목하는 처지에 있지 않다. 지금은 이러한 사회적이지만 비

경제적인 관계들이 모두 동등한 중요성을 갖는 것은 아니다. 심리적 측면에서 사회사의 전체행로를 체계적으로 연구하는 접근방법을 바라는 사람은 누구라도 당연히 가장 중요한 요점들과 함께 시작해야한다.

이러한 사회적 관계들의 다양성 중에서, 반대쪽의 한 짝은 현재의 변환시대에서 현저한 중요성을 갖는 경쟁과 규제에 관한 대립되는 원리들이다. 본서의 가장 절박한 과제들 중 하나는, 이 원리들의 효과에 대한 우리사회의 정신적 사고방식 및 문화에서의 변화들에 대해 많은 부분을 추적하고, 경제학뿐만 아니라 생활의 모든 영역에서 규제의 원리가 경쟁의 원리를 대체하는 것을 밝히는 것이다.

중요한 심리적 변화들은 항상 경제적 영역에서 발생하고, 아직도 경쟁과 규제가 경제적 원리라는 진술을 우리가 바로 반박했던 것에 대해, 반론을 제기할 수도 있다. 그러나 이 반론은 정당한 근거가 없다. 22
왜냐하면 이 원리들은, 사회의 어떠한 영역에서도 동일하게 작용하는, 일반적인 사회학상의 원리들이기 때문이다. 사랑·예술·종교·정치 등에서 성공을 위한 경쟁이 있고, 이 모든 영역들에서 문제의 사회적 측면은 지적업적에 반영된다. 경쟁의 원리들이 경제영역에서 처음 발견되었고 그 원리들의 경제적 효과들이 아주 상세하게 기술된 것은, 단지 산업의 발흥을 가져온 그 사회과학들에서 지배적인 특정한 사고추세 때문이었다. 그 경쟁원리의 일반적 타당성은 점진적으로만 인지되었는데, 이는 어느 누구도 그 원리의 이 특수한 사례 이상은 고찰할 수 없고, 그 원리의 심리적 및 문화적 효과들은 절대 명확하게 기술되지 않았다는 바로 그 이유 때문이다. 어떠한 영역-정치학, 과학, 또는 예술과 같은-에서든 경쟁에서 규제로의 변화가 특정사례들에서는 경제적 원인들 때문일 수 있지만, 그 경쟁원리의 영향이 사회활동의 모든 영역에서 느껴지기 때문에, 자체적인 중요성을 가지고 있다는 것을 부인할 수 없다.

만일 이 문제들이 이러한 방법으로 취급된다면, 문화에 대한 사회학적 연구에서의 다음 과업은, 가능하다면 심리적 및 문화적 변화들의 기저에 있는, 사회적 변화들을 매우 상세하게 이해하는 것이 될 것이다. 이러한 종류의 경험주의는 사회에 대한 관찰이 일반적으로 추측한 것처럼 단순하지 않다. 오늘날 만일 일부 과학자들이 그들 스스로 사회연구의 분과에 몰두하고 그들이 발견한 모든 것을 분류하고·열거하여·기술할 수 있다면, 그들 중에는 사회와 문명에 관한 우리의 지식에 대해 과학적인 기여를 했다고 생각하는 사람들조차 있다. 더욱이 사회학적 조건들은 대체로 왜곡된 모습으로 나타나고, 그 사회현상의 정체를 밝히기 위해서는 이론적 지식과 훈련된 관찰이 요구되고, 그 현상들의 부침에 대해 그것들의 기저에 존재하는 과정들의 함수로 해석하기 때문에, 사회현상들에 대한 약간의 깊은 연구에서도 사실들에 대한 고지식한 관찰들로는 충분하지 않음을 입증할 수 있다. 만일 우리가, 심리적 및 문화적 과정들의 사회학적 의미가 훈련되어있지 않은 관찰자에게는 항상 거의 모호하고, 사회학은 표면아래서 작용하는 사회적 요인들을 분석하는데 있다는 것을 증명하기위해, 보다 단순한 몇 가지 보기들을 제공한다면, 그것을 불필요한 여담으로 간주해서는 안 된다.

우리는, 사회의 도태과정이 심리적 변화들의 이면에서 작용하고 있
23 다는 보기와 함께 시작할 수도 있다. 보통사람에게는 모든 의견이 명확한 사람의 착상인 것처럼 보이고, 그래서 다른 사람들이 그 의견을 수용한다. 이와 반대로, 일상생활에서 우리는 상황을 시작부터 논리적으로 숙고하는 경우는 거의 없다. 우리는 보통 일상생활의 단편적인 부분들과 그 부분들의 가장 대중적이고 전통적인 측면들만을 다룬다. 만일 이것이 사실이라면, 모든 개별적 의견은 장기적인 사회도태과정의 결과이다. 유사한 상황에서 몇 백 몇 천의 사람들은 우리가 관심을

가진 문제들을 처방하기 위한 개별적인 시도들을 했었다. 우리는 발생할 것 같은 다양한 상황들의 단편적 정의들에 무의식적으로 몰두했었다. 이러한 유사하지만 다양한 개별적 해석들로부터, 우리는 사례들에 대한 우리자신의 견해를 표명한 것으로 여겨지는, 소신을 형성한다. 만일 상황이 변한다면, 우리가 이전에 거부했던 수정사항들을 고려하고, 동일한 의견의 다른 변형이 다시 통용될 것이다. 물론, 화자는 이 도태과정에 대해 아무것도 모르고, 비록 그가 자신의 욕구충족을 위해 통속적인 변화만을 수용했다고 하더라도, 그 자신의 의견을 스스로 형성했다고 진정으로 사유한다. 이것이 정치적 이념(보수주의, 자유주의, 또는 사회주의)의 점진적 변화를 설명할 수 있는 유일한 방법이다. 사람들은 무한한 변이 속에서 동일한 논쟁을 반복하고, 명백한 모방에도 불구하고 변화하는 상황에 매우 부합되는 의견의 추세에서, 변화가 영향을 미치도록 만든다. 이 사실들은, 이전 사고관행들의 재생에 의해 작동된 거대한 부분과 함께, 만일 재현상황이 그 관행들을 재활성화시킨다면, 사회도태가 자연의 영역은 물론 정신의 영역에서도 발생한다는 것을 입증한다.

또 다른 보기를 든다면, 보통사람은 그가 국민성의 급격한 변화에 관하여 말할 때 심리적 추세들을 또다시 오해한다. 세상 사람은, 독일인들이 어떻게 단기간 내에 그렇게 완벽하게 변할 수 있는가에 대해 전혀 설명할 수 없을 것이라는, 비평을 지난 몇 년 동안에 얼마나 자주 들었던가. 보통사람 그리고 사회학적인 훈련이 없었던 심리학자조차 저지르기 쉬운 가장 심각한 오류는, 그의 준거로서 단 한사람만을 선정하고, 그 다음에 발생했던 모든 변화들의 화신으로 그를 사료하는 것이다. 만일 거대한 공동체전체에 걸쳐 확산되었던 심리적 변화들의 서로 다른 국면들이 하나의 개인에게 투영된다면, 누구든지 사회심리 24
학자라고 자랑하기 위해 이 숫자를 한 백만 배쯤 증가시켜야만했다.

이 경우, 주요한 오류는 전국에 걸쳐 꾸준히 통과하고 있는 획일적 변화라는 허구를 만들었던 것은 분명하다. 만일 우리가 이런 종류의 오류들을 피하고자 한다면, 이 복합적인 변환을, 각각 작동하는 상이한 사회적 장치와 함께, 연속적인 국면들로 구분해야한다.

첫째, 우리는 추상적으로 "독일인"은 새로운 유형의 사고와 경험을 발전시켰다는 의미의, "독일인들"이라는 문구도 교정해야한다. "인간" 부류에 대한 이 추상적인 이야기는 가장 원시적인 형태의 사회학에 대한 보통사람의 무지를 드러낸 것이다. 국가사회주의자운동의 기원을 연구해온 모든 사람은, 모든 독일인들이 변하지는 않았고, 바이마르 공화국(Weimar Republic)의 시기에서조차, 이 새로운 사고방식의 첫 번째 조짐들인, 이 돌격대원들의 철학이 대표성 없는 과격파들과 집단들에서는 이미 명확했다는 것을 알고 있다. 혁명적 사회에서 사회적 상승과정에 의해 한때는 상류사회에서 혐오적인 것들로 여겨졌다가 나중에 권력에 이르게 된 이상들이 전체공동체의 규범을 표상하게 되었다. 그러나 차례로 발생할 수 없었던 이 과정은 두 개의 다른 사회학적 법칙들이 작동하지 못하도록 했다.

첫째로, 사람들이 지배계급들의 행동과 의견을 모방하려 하는, 통상적으로 경험에 의해 정당화된 법칙이 있었다. 이러한 의미에서 국민성은 실제로 지배계급들의 특징적인 행태이고, 그 계급들의 예하사람들이 점진적으로 수용한다. 오늘날 이 국민성은 다른 장치에 의해 강화되고 있다. 중앙집권화 된 선전의 현재의 선전단계에서, 새로운 패턴들의 사고와 행태가, 이전에 가능했던 것보다 훨씬 단시간 내에 그리고 보다 대규모적으로, 대중화될 수 있다. 지배계급들의 관습들과 전통들이 일반화되기도 전에 수세기가 지나가자마자; 이제는 그 지배계급들이 수년 내에 양도될 수도 있다. 때문에 우리는 어떻게 이 심리적 변화들이 서로 조화되는가를 살피기 위해, 세 가지 사회학적 장치들의 역할을 연구해야한다. 이 장치들은 하층계급의 발흥, 지배계급의 자발적인 모방, 그리고 사고와 행태의 새로운 규범을 선전하기 위한 현대적 장치들이다.

우리는 순진한 관찰자를 불가피하게 오도하는 축약된 시각에 대한
추가적인 사례를 제시할 것이다. 19세기 사상가들과 정치가들의 삶과 25
저술은 진보에 대해 놀랄만한 낙관주의와 신념을 제시했다는 것은 잘 알려졌다. 이러한 태도는, 이 낙관주의의 원인들을 그 사람들의 사생활들에 관한 사상(事象)들까지 추적하여 설명하거나, 또는 진보에 대한 이 자신만만한 신념의 최초흔적을 추적하기 위해 과거를 탐색하는, 시대의 심리적 경향들에 대한 역사연구에 의하여 설명할 수 있다. 그러나 어떠한 방법도, 평범한 사회적 상황이라는 의미로서 개인들의 낙관주의를 해석함으로서만 석명될 수 있는, 보편적인 풍조에 대한 최종적 설명이라고는 정말로 수긍할 수 없다.

18세기 중반에, 지식인들과 유산계급들에 관한 한, 프랑스는 경제적 과정들과 정치적 영역에서의 발달 때문에 매우 긍정적인 위치에 있었다. 이 계급들내의 전체집단들에게는 사회적 척도에서 상승하는 기회들이 주어졌다. 진보에 대한 보편적인 즐거움 그리고 행동과 개혁에 대한 신념은 일반적인 경험으로부터 발생했다. 이것이 역사자체에 대해 낙관적 견해를 취하거나 그러한 해석들을 신뢰하는 일반적인 성향의 기원이 되었다. 세계대전에서 패배한 이후 독일에 광범하게 퍼진 비관론적 경향은, 비록 자신감이 절망으로 대체되었다고 하더라도, 동일한 사회학적인 의미를 가지고 있다. 이러한 경향은 슈펭글러(Spengler)의 저서 『서양의 몰락』의 인기에 반영되어있다. 경험의 공통적인 배경을 형성했고 이 진보정신의 발흥을 제공한 사회학적 여건들을 무시하고, 개별저자들의 삶들에만 집중한 특화된 그 연구는, 이 개별적인 사람들에게 무엇이 실제로 발생했는가를 결코 이해할 수 없

도록 했다. 현실의 한 부분에 틀어박힌 학생은, 그가 이 고립된 개별적 생애들이 원래 완성된 것처럼 취급하는, 일종의 축약적인 시각의 희생자가 된다.

만일 우리가 물질적 생산을 고찰한다면, 우리 모두는 모든 과정이 사회전체를 망라하는 노동 분화의 한 요소일 뿐 이라는 것을 알고 있다. 그러나 우리가 정신생활을 연구하고 풍조·태도·사고방식의 발전을 추적할 때, 우리는 여기서도 역시 집단적 역사의 일부와, 예를 들면, 그의 사적인 낙관적 철학이 획일적인 사회적 및 심리적 발달에서 아주
26 종종 단하나의 반응인 개인의 관점만을, 고찰한다는 것을 망각하는 경향이 있다.

진정한 사회학적 경험주의는, 단편적인 관찰로는 절대 이루어질 수 없지만, 세세한 상세함의 강조는 물론 전체과정의 본질에 대한 이론적 재구성을 항상 포함해야한다. 이는 두 가지 방법으로 이루어 질 수 있는데, 아주 자주 단일의 슬기롭게 선택된 대표적인 사건은, 분석하지 않은 질료덩어리라기보다는, 사회의 바로 그 구조(構造)에 대해서 보다 더 많이 말해 준다. 그러나 다른 사례들에서는, 원칙을 가지고 시작하고 그 원칙이 뜻을 드러내는 것을 통해 사실(事實)들을 발견하는 것이 유용할 수도 있다. 그러나 우리가 선택할 수 있는 것이 무엇이든간에, 사실들과 구조는, 만일 그것들이 전체 구조에서 사실들의 기능이 적절하게 인식된다면, 지속적으로 상호 관련되고 그 사실들은 자료 이상이 될 것인데, 이는 부분들의 진정한 기능과 의미를 노정하는 것은 사회의 전체구조뿐이기 때문이다.

우리는 부분들을 조립하고, 그것들 모두의 상이한 측면들을 참작하면서 항상 시작해야하고, 그래서 그 부분들을 사회적 과정들의 바탕에 있는 위상들로 이해할 수 있다. 만일 사실들을 과학적으로 연구할 수 있다면, 그 사실들은 그것들 모두의 사회학적 의미를 파악해야한다.

떨어지는 사과를 사과로서가 아니라 중력의 법칙으로 본 뉴턴(Newton)의 업적은 예외적으로 사회학적 또는 문화적 영역에 뒤지지 않았다. 이 현상들은 아직까지 다른 사건들과 대비하여 적절하게 분석되거나 연계되지 않았고, 그래서 그 현상들의 변화와 발달을 지배하는 사회학적인 원리들을 일관성 있는 논제로서는 거의 취급되지 않았다. 우리는 아직도 사과에 대해서 말하지만 중력의 법칙에 대해서는 거의 언급하지 않는 단계에 놓여있다. 화폐를 보이는 현실의 흔한 물건으로 간주되는 한 어떠한 화폐이론도 형성될 수 없고, 화폐의 변화들과 그 변화들과 관련된 과정들을 화폐의 경제적 및 사회적 기능의 관계로 옮겨 해석되었을 때만 진정으로 지성적이 되는 것처럼, 우리는 인간 및 사회사의 다른 현상들을 기능적 및 구조적인 분석의 의미로 해석해야 한다. 고전경제학자들이 경제적 행태를 위해 했던 모든 것을 사회적 행태를 위해서도 해야 할 때이다.

이것이 우리가 사회학 이외에 인간이나 문명에 관한 심리학, 미학, 법학, 또는 다른 모든 학문에 대한 타당성의 수용을 거부하는 것을, 의 27
미하지는 않는다. 우리는 이 모든 분리된 학문들이 그들의 개별적인 결론들을 사회학적 의미로 해석할 수 없는 한, 그 학문들은 그들의 주제의 가장 중요한 측면의 하나를 무시하고 있음만을 의미한다. 오늘날, 그 학문들의 사회적 의미들을 고려함이 없이, 종교, 예술 또는 법률에 대한 체계적이며 역사적 연구를 수행할 수 없다. 그리고 전체로서 사회적 여건에서 그 학문의 상대학문들을 취급하는데 있어 개별적인 정신의 반응들과 관련지우지 않고는 심리학 역사와 내면생활의 역사를 탐구하는 것은 불가능하다.

Ⅳ
본서의 제약점들과 결점들

몇 편의 사회학적 논문에 너무 많은 정당성을 부여하는 것은 아마도 너무 야심차다. 만일 모든 새로운 학문이 지지를 받는데 유사한 난점들을 갖게 된다는 것을 저자가 경험에 의해 배우지 않았다면, 저자는 저자의 연구들이 자명해지도록 했을 수도 있었다. 그러나 다름 아닌 이 난점들이 아이디어들의 전파를 지배하는 과정들에 대해 우리에게 많은 것을 가르치는 것처럼, 우리는 이 논제에 대해 상당히 오랜동안 논의해야한다.

직접적으로 하나의 새로운 학문이 등장하면, 방법상의 문제들이 반드시 발생하는데, 이는 기존학문들은 신생학문을 무의식적으로 경시하려 하거나 또는 그것이 불가능하다면 새로운 학문의 발견을 기존과 학문의 사고습관과 준거의 틀에 의하여 해석하려하기 때문이다.

물론 이론적으로 연구의 유일한 목적은, 사례의 사실들을 확증하고 진실을 파악하도록 하는 것이며, 모든 성과는 감정되어야 한다는 의미에서 장점을 갖춘 공개토론회(포름)가 과학적인 공표방식이다. 사실 사회학적 관점에서는, 그러한 과학적 공표와 같은 것은 없다. 단지 역사학자·심리학자·인류학자·경제학자 등등의 관련 학계의 모임이 있고, 그 모임들은 인간집단들의 여러 특징들을 물려받고 있으며, 특히 아주 자주 분파적인 사고의 모든 징후들을 무심코 드러낸다. 그러나 이 집단적 태도에 대한 신중한 분석에 의하면, 모든 학문분야는 특정한 생
28 활영역을 대상으로 연구하는 방법을 도출할 뿐만 아니라, 사회에 대한 완전하고 적절한 지식에 도달하는 방법을 가로막는 금지조항과 방어장치를 만드는 것도 보여주고 있다.

역사학자는 그의 학생들에게 기록물과 고문서에서 제외된 것들 중에서 사실로 평가받을만한 가치가 있는 것은 아무것도 없으며, 현대사 전체는, 따라서, 과학적으로 취급할 가치가 없는데, 이는 기록물로 보존된 비밀에의 접근방법이 없기 때문이라는 인상을 주는 경향이 너무 자주 있다. 모든 사람은, 얼마나 기록물보관인이 잘난 체하고, 그것은 그의 연구 그리고 기록물을 위한 사실들의 수집과 관련된 희생에 대한 일종의 보상의 중요성을 과장하여 산정하는 이 오만함과 방법들에 귀착시키지 않을 수 없다는 점을 알고 있다.

사실들에 대한 특별한 접근방법에 관한 동일한 과장된 강조는, 비록 그 접근방법이 다른 모습으로 나타난다고 해도, 인류학적 및 사회학적인 현장의 학자에게서도 종종 관찰될 수 있다. 그는, 만일 가능하다면 이론적 추론의 도움이 없이 직접적인 관찰방법으로 사실을 확보했을 때만, 분석을 "현실적"이라고 기술한다. 통계학자가 측정에 맹목적으로 열광하고 오직 측정 가능한 요소들만을 지식의 진정한 실체로 사료하려는 것을 제외하고는, 동일한 논리를 통계학자에게도 종종 적용할 수 있다.

교감적인 직관이나 무의식의 심연에 대한 타진(打診)을 통해 숨겨진 동인들을 면밀히 조사하기 위해 상담실에서 연구할 기회를 가진 심리학자나 정신과학자에게 관심을 돌려보면, 누구든지 피상적인 처리만을 하는 기록물보관인들이나 현장작업자들의 거만한 방법들로 간주되는 자기만족의 새로운 종류로 이해한다. 그 학자의 의견으로는 이 사람들은 인간역사의 제도적인 표면, 즉, 생동하는 정신을 감추는 외관, 에 불과한 것만을 논한다고 생각한다. 심리학자들과 정신병학자들에게는 경험의 개인적 측면만이 문제이고; 개인들의 숨겨진 동인들이 사상(事象)들의 주요 동인이라고 생각한다.

그러나 사회사에 관한 이 모든 연구자들은, 때로는 경제학자들로서 또는 때로는 사회학자들로서 이론가들의 반대들, 즉, 이 모든 접근방법의 형태들은 그것들의 맥락이 부자연스럽게 찢어진 조각들에 불과하고, 그 조각들의 진정한 의미는 사회기능들의 모든 측면을 포함하도록 설계한, 사회에 관한 작업모형의 한 종류로서 상상함으로써만 드러날 수 있다는 점에서, 반론에 직면하고 있다.

이론가는, 진정한 경험주의의 관점에서 세부사항에 대한 세심한 관
29 심으로서 얻을 수 있는 더 고도의 정밀함이, 나무들로 이루어진 숲을 보지 못하는, 시각의 상실보다 더 중요하다고 생각한다. 일단 한 분야의 지식이 격리되어 연구된다면, 그 지식은 이상하게 들릴 정도로 비현실적이고 모순적이지만, 현실적으로 행동하는 유일한 사람은, 응집성력 있는 시안을 작성하기 위해 이 단편적인 관찰들을 이어 맞추는, 이론가이다. 그 이론가의 이론적인 힘이 강하면 강할수록; 현실이라는 이름으로서 가치 있는 그 인상들에 대한 그의 인식이 더욱 더 명료할수록, 그 대상들은 조사와 통계적 연구의 단계를 통과했으며, 신중하게 기술된 추론을 통해 도출할 수 있는 윤곽인, 완전한 사회적 질서의 단편들로서 모든 사상(事象)들의 상이한 측면들을 해석할 수 있도록 한다. 경제이론가들은, 연역적 추리가 큰 역할을 하는, 가상적 사고모형들을 통해 연구하는데 익숙하다. 이는 과학계의 고위층이 그러한 사고과정들에 애착을 가지고 있도록 그 경제이론가들이 사유하는데 반해, 모든 사람은 이 연역들은 취급해야 하는 현실의 특별영역을 정당하게 다루는 다른 어떠한 도구보다도 현실을 파악하는 수단에 지나지 않는다는 것을 알고 있다.

비록 의견들에 대한 갈등이 실제로는 단지 가상적이라고 하더라도, 소위 개념논자들과 경험주의자들 간의 이 무익한 논쟁이 지속되고 있는데, 이는 신중하게 정의된 개념들이 없는 경험주의가 없고, 경험주의 없는 현실주의적 개념들은 없기 때문이다.

학문들에 대한 경멸은 서로 간에 너무 자주 느끼고 있기 때문에, 각자의 방법들에 대해 스스로를 보호하기 위해 그 학문들이 고안한 방어장치가 전문가들 사이에 통용되고 있지만, 그것은 그 기원이 모호한 일종의 직업적 이념이다. 모든 전문가는 그 자신의 방법이 올바른 방법이라고 믿을 때 성의를 가지고 행동하는데, 이는 그가 현실자체와 함께 연구하는 현실의 부분에 대해 무의식적으로 혼란스러워하기 때문이고, 만일 하나의 방법이 그 자신의 주제를 다루는 최선의 수단이라면, 그는 모든 영역에서 그 방법의 수용을 주장하기 때문이다. 일상적인 방법들에 대한 호의처럼, 어느 정도 이해할 수 있는 이 환상은 그렇다 하더라도, 이 상호혐오는, 비록 초기적인 형태라고 하더라도, 순전히 사회학적인 기원이 있다. 대학교들에서 서로 다른 학부들 간에 명성을 위한 싸움이 있다는 것을 부인할 수 없고, 이 방법들에 대한 갈등이 전개되는 신랄함은, 종종 더 오래된 학문적 전통에 의해 지지
되거나 보다 큰 방법론상 정밀성이 요구할 수 있는 학부가 자신의 학 30
문적 위명을 제고한다는 사실 때문이라는 것도 역시 부정할 수 없다.

어쨌거나, 원래 더 정확한 방법들은 어디에도 없는데; 이는 수학적 계산은 숨겨진 동기들에 관한 지식과 마찬가지로 존경받지 못하고, 구체적인 기술이 어떠한 건설적인 추론보다 더 현실에 근접되고; 수학적 처리의 가치는 그것이 탐구하려고 한 범위의 본질에 의해 결정된다. 측정은 적절하게 측정 가능한 경우에만 적용할 수 있고; 그것은 동인들을 탐구하는데 사용할 때에는 부정확할 수 있기 때문이다. 기술(記述)은 주제들과 관계들을 그것들이 실제로 무엇인가를 그것들의 직접적인 외형에 의해서 전달하여 처리할 때, 건설적인 추론보다도 더 현실적인 반면에; 만일 우리가 사회학적 사실들이 일부를 형성하는 전체적인 사회적 맥락을 재구성하여서만 발견될 수 있다는 의미로서 그 사실을 다룬다면, 이론적 추론은 구체적인 상세함을 주장하는 것보다 그

결과는 더 정확할 것이다.

오늘날 우리는 방어 장치들이 사고의 모든 분야에서 작동하고 있음을 더욱더 분명하게 인지하고 있다. 그리고 국가들이 서로 사용한 방어 장치들의 재난적인 영향들에 대해 그 장치들의 진정한 근원이 추적되었을 때에만 국제공조가 가능한 것처럼, 서로 다른 사회과학들 간의 필요한 협력도, 이 방법론적인 방어 장치들이 드러날 때까지는, 똑같이 불가능하다.

만일 사회과학자들이 사실들에 대한 자료수집 및 기술뿐만 아니라 새로운 문제들에 대한 이론적 형식화도 역시 변화하는 사회적 과정과 보조를 맞추어야 한다면, 그것은 굉장한 진전이 될 것이다. 사회과학들에서는, 관련된 질문들이 분명한 사실로 드러나지 않고, 적절한 분석에 의해서만 설명될 수 있는 일련의 갈등들과 위기들의 모습으로 나타난다.

사실들이라 불리는 것에 대한 현대의 열광 때문에, 만일 서로 다른 접근방법, 형식화의 힘, 그리고 복합적인 현상들에 대한 분석이 자료수집에 뒤쳐지지 않는다면, 시대만이 스스로 아는 것을 학습할 수 있다는 것을, 우리가 망각하는 경향이 있다. 우리 시대는, 새로운 경험들을 위한 광범한 시야를 제공하는, 근본적 사실에 관한 지식이 풍부해야 한다는 것만으로는 충분하지 않고; 그 시대의 문제들에 대해 적절
31 하게 이론적인 틀을 구성해야 한다. 만일 이론적 형식화의 전통이 순수한 사실발견의 기법으로서 동일하게 존중된다면, 이 사회는 작동할 수 있다.

이제, 우리의 최고사회학자들조차도 최대의 논제들을 회피했더라도, 이 전문화된 사실발견의 시대에 의해 만들어진 방어 장치 때문에 그 사회를 부인할 수 없다. 그러나 사회과정의 본질과 추세에 대한 약간의 관심이 모든 사회에 불가결한 것처럼, 사회학에 관한 건설적인 논

제들도 문외한들에게 남겨졌다. 그 사회학자들의 공헌을 중요한 이익관계의 보호자들로 얕잡아보지 않고, 상황이 심각하다는 것을 받아들여야하는데, 이는 이 아마추어 이론가들은 사실의 과학적 검증과 경험적 분석에 의해 획득한 가치 있는 결과들을 무시하기 때문이다. 따라서 앞으로의 단계에서는 그 사회학자들의 통합작업은, 분별적인 분석적 지식에 바탕을 두고 있는 것이 아니라, 비록 그 통합작업들이 일시적으로 의미를 가졌다고 할지라도, 지금은 시대에 뒤떨어진 주로 소수의 기초적 가정들에 대한 사변적인 노작으로 구성되어있다. 이러한 상황들 속에서 사실발견에 불과한 이 시기는 상당히 오랫동안 지속되었던 것은 분명하다. 우리는, 전문가들이 그들의 특정한 문제들에 접근하는데 항상 느끼는 것과 동일한 책임감을 가지고 실행해야하는 통합으로서, 이론적 통합의 시대를 창조하려고 해야 한다. 통합적 가설들은, 상세한 종합적 지식의 도움에 의해서 해석하기위해, 그 가설들이 설정한 변화들을 형식화하는 경우에만 가치가 있다.

나는 필수적 문제들과 관련된 우리의 사회학적 지식의 빈약함은, 전문화된 사회과학들을 상세함에 몰두하게 했고, 본의 아니게 타 직업들에 억지로 떠맡겼던, 필수적인 문제들로부터 그 사회과학들 스스로가 제외되었다는, 사실이 원인이라는 것을 확신한다. 이 매우 중요한 문제들의 해결책은, 물론 일종의 사회적 엘리트로서 중요하지 않은 것은 아니지만, 과학적 사실들의 책임 있는 노작(勞作)을 위해 필요한 전통과 훈련의 혜택을 거의 받지 못했던, 정치적 독단주의자들과 문학수필가들의 수중에 들어갔다. 정치적 독단주의자는, 지식에 대해 무관심한 사람이 아니라, 그의 정당을 정당화시키기 위해 사회학적 문제들에 관심을 갖는다. 문학평론가는, 과학적으로 연구된 자료의 증빙으로서 보다는, 개별저자들의 운명전기들에 포함되어있는 문제의 실마리인, 일종의 자기혼자만의 통합을 달성하고자 한다. 사색적 기반에서 정치적

32 삶을 종종 해석하고자하는, 철학자는 실제사실에서의 초연함 때문에 사회적 경험주의에 대한 접근이 없었고, 그 자신의 사상학파가 가지고 있는 소수의 형이상학적 교의들을 정당화하는데 보통 만족한다. 우리의 사회에 대한 지식을 과학의 수준까지 제고하는 것을 어렵게 하는 것은 자료의 부족이 아니라 이 무익한 노동의 분화이다.

전문가들이 그들의 문제들을 전체로서 고찰하는 것을 거부하고 통합을 어법연구가에게 미루는 한, 사회학은 필수적인 문제들을 계속하여 무시할 것이다. 과학적 지식이 서로 다른 전문가들에게 분산되어 있는 한, 어느 누구도 문제를 전체로서 고찰해야하는 책임이 없고, 그 문제를 불확실한 딴 속셈을 가진 사람들에게 넘긴다. 만일 사회과학자들이 진정한 지식을 얻기 원한다면, 그들은 과학적 통합의 문제를 과학적 전문화의 문제처럼 철저하게 생각해서 해결해야한다. 만일 이 문제가 심각하게 처리된다면, 진부한 방어 장치들에 의해 야기된 억제는 극복될 것이고, 결과의 통합은 무책임한 보통사람이 아니라 과학자 자신에게 위임될 것이다.

다음의 연구들은 우리 시대에 발생했던 다수의 고립된 사상(事象)들을 사회학적 과정들의 의미에서 설명하려는 시도를 기술한다. 우리 자신의 삶들 또는 지역사회의 생활에 대한 사상(事象)들을, 설화적 형태가 아니라 일련의 사회학적 문제들과 갈등들로서, 용이하게 기술하게 될 시대가 아마도 도래 할 것이다. 그 사상(事象)들을 이러한 문제들과 갈등들로 변환시키려면, 오늘날은 새로운 세기의 탐험과 같을 것이고, 그래서 저자는 궁극성이나 절대적 증거의 환상을 만들기보다는 저자 자신의 방법을 모색하고 있다고 고백하는 것이 좋을 것처럼 느껴진다. 불완전성이-단어의 모든 의미에서- 본서의 형태에 영향을 주었다. 본서는, 이 중대한 시대의 징후들로부터 사회구조의 변화를 진단하기위한 하나의 시도로서, 동일한 주제에 대해 서로 다른 시기에 저술된 일련의 논문들이다. 본서가 사상(事象)들 자체에서, 말하자면, 발아되었기 때문에, 처음부터 획일적인 계획은 없었지만, 변경의 서로 다른 지점들에서 동심(同心)에 도달하고자했다. 때문에 일정한 양의 반복은 불가피하고; 여기저기서 모순적인 기술들은, 그것들이 우리 사고의 진정한 곤경을 표현하려 할 경우에는 조화되지 않고, 일반적으로, 저자는 우리가 우리의 주요 과업이 오래된 사고관행을 상당히 단절시키고 변화하는 세계를 이해하기 위한 새로운 열쇠를 발견하려고, 너무 초기 단계에 우리가 완전무결한 일관성을 지향해서는 안 된다고 생각한다. 33
저자는, 그의 논문들의 단편적인 성격을 고찰할 때, 그가 독단적 형태의 낡은 교육을 반복하는 것에 대해 스스로 만족하지 않는 한, 어느 누구도 그 자리에서 완벽한 그림을 그릴 수 있는 위치에 있을 수 없다는 회상과 함께, 종종 자위한다. 교과서들, 폐쇄체계들, 그리고 역사의 철학들은 대체로 이미 성취된 지식의 단편들을 열거하고, 그것도 보통 전통적인 방법으로 나열하지만, 우리의 당면문제는 우리 시대의 급격한 변화들로부터 등장한 새로운 종류의 사실들을 기록할 뿐만 아니라 우리의 소중한 아이디어들의 표면 아래에 있는 어느 곳이든 고찰할 수 있다. 이제 사회학적으로 필요한, 전통적인 접근방법들에 대한 이러한 경시는 물론 발작적으로는 가능하지만 기본적으로 익숙하지 않는데, 이는, 우리가 이미 고찰한 것처럼, 우리가 사상(事象)들 자체뿐만 아니라 그것들을 생각하는 방법에 대해서도 명확한 아이디어를 형성해야 하기 때문이다. 모든 사고체계는 특정집단에게는 비할 바 없이 빠르게 습관화하는 경향이 있지만, 반면에 사상(事象)들 속의 새로운 요소에 대한 이해를 추구하는 사람은 누구나 왜 이전의 탐구원리들이 그가 발견하고자했던 바로 그 사실들을 숨기는가를 증명할 수 있어야 하고, 또한 새로운 접근방법이 진정으로 무엇과 같은가를 설명할 수 있어야

한다. 오늘날에도 이렇게 하고자 하는 모든 저자는, 그 집단들의 특별한 가정에 의해, 그가 탐색하고 있는 준거의 틀에 최대한으로 영향을 행사하기를 바라는 특정집단의 압력을 느꼈을 것이다. 아주자주, 정신영역에서 이 압력집단들이 그들 자신의 목표들을 쟁취하는데 그들에게 맡겨진 모든 재량권을 행사해야한다는 것은 아주 자연스러운데, 이는 그들의 직업적 과업은 진리탐구가 아니라 특정한 계획안을 성취하는 것이기 때문이다. 정치가는, 만일 그가 추종자를 확보하는 것이라면, 명료하고 확실한 프로그램의 입안을 강요한다. 정치가는 마치 모든 것에 답을 가지고 있는 것처럼 행동해야한다. 그러나 만일 정치의 과학과 사회의 과학이 되어야한다면, 시간이 성숙되기 이전에 명확한 해결책을 발견해야할 어떠한 의무도 없어야한다. 사회학자들은, "내가 여기까지는 왔지만 더 이상은 아니다. 나머지는 내 후계자에게 위임한다", 라고 말할 수 있어야한다.

본 연구들은 정치적 선전에 의해 조장된 세상에 관한 개념으로 인도
34 할 의도는 아니고, 사회과학들의 종합적 연구에, 아무리 작더라도, 기
여하기 위한 것이다. 이 통합은 특별한 학문들에 의해 획득한 결과들을 단순하게 공동 관리해서는 절대 달성할 수는 없지만, 누구가의 사고를 방수격실에 보관하지 않고도 생각하는 것을 학습함으로서만 달성할 수 있다는 것은 점점 더 분명해지고 있다. 나중에 우리는 이 독립적 사고의 성격에 대해 더 많이 논의해야한다.[4] 통합의 기법은, 전문화된 학문들의 경계들에 대한 과도한 존중함이 없이, 도처에서 발생하는, 개별적인 구체적 문제들에서 시작하여 모든 장래의 문제들을 수행함에 의해서만 달성될 수 있다. 이러한 방법으로, 확실히 사회구조에 대한 종합적 개념과 같지는 않지만 이 통합목표를 지향하는 첫 번째

4) 본서의 제4편 참조.

단계의 견해로서, 사회적 조건들에 대한 다차원적 견해를 확보할 수 있다. 따라서 본서의 모든 편(編)은 본래 완전하고 명확한 문제에서부터 시작하여, 점차 우리 시대의 중심적 문제로 진행하려하고, 현대사회와 밀착된 모습을 만드는데 약간의 기여를 하고자한다.

처음 두개의 연구들에서 우리는 대중사회의 붕괴에 따른 부정적 현상들과, 우리 문명의 가장 최근의 변화들에 깊여 관여된 문제들과 함께, 심리적 위기들에 관심을 가진다. 세 번째 연구에서 우리는 정신적 부패와 전쟁을 향한 표류에 따른 보다 급진적인 결과들을 조사한다. 다만 네 번째 연구는, 현재의 체제를 분쇄하고 있는 파괴적 세력들과 병행하여, 다른 과정들이 인간과 사회의 변환을 가져올 수도 있다는 희망을 불러일으키는 과업이 있는가 여부에 대한 것이다. 이와 관련하여 급진적 변화는 우리의 사고[5]뿐만이 아니라 우리의 본성 그 자체에서도 발생한다는 것은 명백하다. 현대를 평가함에 있어 인간행태에 영향을 주는 사회학적 및 심리학적 방법들이 발견되고 점차 중요한 역할을 한다는 것을 주목하지 않으면 안 된다. 이러한 맥락을 고려할 때, 서로 다른 심리학의 학파들에 대한 사회적 중요성은 명확해지고 있다. 마지막 연구에서 우리는 어떻게 새로운 사회질서의 문제가 해결될 수 35
도 있는가를 제시해야한다. 비록 우리가 할 수 있는 최상의 것은 해결책의 광범한 개요를 묘사하는 것이라고 하더라도, 이것은 시도할 만한 가치가 있는데, 이는 우리는 적어도 필수적인 것들에 대한 명료한 아이디어를 가져야 하기 때문이다.

우리는 본서가, 현시대에 대해 과학적 지식을 획득하고자 하는, 그런 사람들이 사용할 수도 있기를 바란다. 때문에 교육받은 보통사람이나 전문가 모두, 논쟁의 중대한 단계들에 추가했던 문헌적 주석들을

---

5) 인식론적 질문들에 특별히 흥미를 가지고 있지 않는 독자들도 그 질문들에는 너무 기술적일 수도 있는 그러한 페이지들은 아마도 무시해야 할 것이다.

환영할 것이고, 책의 말미에 있는 더욱 종합적이고 체계적인 문헌에 감사할 것이다. 이 문헌들의 목적은 다양한 방향에서 앞으로의 연구를 조장하고, 학생이 다양한 영역들에서 작용하고 있는 요인들의 상호의존성에 관해 그 자신의 설명을 한층 더 철저히 할 수 있도록 하기위한 것이다. 여기서 문헌들은 보통 전문화된 지식영역의 관점에서 편집되었고, 극히 제한된 경우만 실제, 좀 더 정확히 말하자면 사회사상(社會事象)들의 다차원적 성격, 를 이해하는데 도움을 줄 수 있는 그러한 연구논문들은 접할 수 있다는 사실에 의해 우리는 주로 어려움을 겪었다. 만약 그렇지 않았다면 널리 분산된 출처들에서만 발견될 수 있는 저서들과 독자적인 논문들을 여기서 동일한 문헌 가운데서 논의하고 있다는 단순한 사실은, 본질적으로 기존지식에 대한 새로운 유형의 탐구를 촉진할 수도 있다. 그러한 문헌은 완전성에 대한 아이디어를 암시조차하지 않고, 저자의 지식한계를 대단히 자주 드러낼 것이라는 것은 말할 필요도 없다.

제 1 편

현대사회의 합리적 및 비합리적 요소들

I
계몽의 문제

39 위기는 자체의 교훈들을 가지고 있고, 우리는 그 교훈들을 배워야 한다. 우리들 대부분은 인성의 문제와 그것을 변화시킬 가능성에 대해서 지난 몇 년 사이의 사상(事象)들을 통해 겨우 제기했을 뿐이다. 두 가지 선입견들이 동시에 붕괴된 것으로 보이는데, 첫째는 항구적인 "국민성"에 대한 신뢰이고, 둘째는 "역사에서 이성의 점진적 진보"에 대한 신념이다.

우리의 일상생활이, 그리고 종종 우리의 과학적 심리상태도 똑같이, 잘 통합되고 안정된 사회를 함축한 가정(假定)들에 무의식적으로 의거하고 있음이 갑자기 분명해졌다. 개인들과 대중들에 관한 가장 신중한 연구조차도 그들이 살고 있는 사회의 전체적 상황을 무시할 때는 잘못된 상황을 만든다는 점은 분명해졌다. 항구적인 국민성과 완만하게 변하는 관습은 정지되었거나 완만하게 변하는 사회들에서만 발견된다. 사회구조가, 예를 들면 사회의 심리적 발달이 기술발달과 보조를 맞추는 때와 같이, 조화로운 성장을 위한 일정한 조건을 충족하는 동안에는, 이성은 진보하고 혼돈세력들은 억압된다.

이 두 개의 광범하게 신봉된 이론들 중에서, 후자가 우리에게는 더 적절한 것으로 여겨진다. 우리는 국민성의 불변성에 관한 신조의 유지보다는, 우리의 개성형성과 사회형성에서 합리적 및 비합리적 요소들의 역할에 더 흥미가 있다. 어떤 경우든 국민성에 관한 신조는 현상유지를 바라는 그 사람들이 항상 소중히 여겼다. 반대로 진보에 대한 신념은 인간과 사회의 가변성을 향한 적극적 태도와 주로 관련되었다.

사회의 특정집단들은 잠재적인 비합리적 충동들에 의해 고무된다는 것을 우리는 항상 알았다. 근년에 사상(事象)들의 가장 비참한 효과는 이 집단들이 비합리주의에 결코 그저 빠지지는 않았다는 것이다. 훨씬 40
더 심각한 것은, 사상(事象)들이, 우리가 과장된 비합리성에 대해 약간의 저항을 예상했고 이제는 사회에서 이성의 힘에 대한 그 집단들의 신뢰를 돌연히 상실하도록 만든, 그 타 집단들을 진퇴양난으로 만들었던 방법이다.

지금까지 사회를 지배했고, 적어도 **이성의 시대** 이래로 우리의 문화에 특별한 기품을 부여해온 집단들의 이러한 급작스런 무기력은 인간의 사명에 대해 신념을 갖는다는 것이 얼마나 중요한가를 다시 한 번 입증했다[1]. 어떻게 사회집단들이 역사의 일반적 노선과 역사에서 그들의 역할을 생각하는가는 결코 중요하지 않은 것은 아니라는 점을 논증했다. 우리는 그러한 이유로 역사과정의 주요 특징들에 대한 우리의 견해를 수정해야한다.

우선 첫째로, 현재의 혼란을 일으킨, 비합리의 힘에 대한 우리의 최근 경험을 역사발달에 관한 우리의 상황묘사에 포함해야한다. 역사에서 이성의 진보에 대한 신념이 단지 망상이라는 사실도 당연하다. 그렇지만 사람들이 역사에서 이성의 계속적인 성장을 예언한다면 전체과정에서 하나의 요소만을 고려했고, 오직 최근에서야 우리는 잠재적인 다른 요인들의 충만한 힘을 인지할 수 있었을 것이라는 점도 또한 옳을 것이다.

---

1) 이 문제에 대한 최선의 논법은 소렐(Sorel)의 『폭력에 대한 반성』(*Réflexions fur la violence*, Paris, 1912), (영어판, N. Y., 1912). 보다 최근에 라스웰(Lasswell, H. D.)은 『세계정치와 개인불안』(*World Politics and Personal Insecurity*, N. Y., 1935)과 『정치학: 누가, 무엇을, 언제, 어떻게 갖는가』(*Politics: Who gets What, When, and How*, N. Y., 1936). 만하임(Mannheim, K.)의 『이데올로기와 유토피아』(*Ideology and Utopia*)와 『지식사회학입문』(*An Introduction to the Sociology of Knowledge*, N. Y., 1936)의 제3장, 제4장, 참고문헌 참조.

분명히 그러한 질문들은 **이성의 시대**에서 제기되었던 문제들, 즉, 우리는 전문화에 대한 우리의 기도를 잊는 경향이 있지만 전문가의 부분적 관찰에 대해서만 의미를 부여한 보다 더 종합적인 문제들, 의 이면으로 우리를 인도한다. 그러나 우리는 우리의 세계관(Weltanschauung)의 근원에 되돌아가고 특정한 근본적 질문들을 소생시키는 것을 두려워해서는 안 된다. **이성의 시대**에서 제기되었던 모든 질문들-즉, 어느 정도 역사는 합리적 반성에 의해 관리되었으며 얼마만큼 비합리적 세력들에 의해서 조정되었는가, 어느 정도 도덕적 행위들이 사회에서 인식될 수 있는가, 또는 얼마만큼 맹목적이며 충동적인 반동들이 역사의 전환점에서 결정적인 역할을 하는가 등과 같은 것들-은 현시대의 사
41 상(事象)들의 영향 아래서 이제 다시 문제시 된다. 오늘날 이 질문들은 이전보다 더 정밀하게 형식화하는 것이 가능하다. 우리에게 그 질문들은 역사의 철학에서 더 이상 단순한 사색적 주제들이 아니다. **이성의 시대**이래로 우리는 많은 심리학적 및 사회학적 통찰력을 확보했고, 이제 우리가 진정으로 필요한 것은 다양한 학습영역에서 지역과 조화할 수 있는 새로운 지식의 종합적인 네트워크이다.

II
본 연구의 세 가지 출발점

본 연구의 세 가지 주요 테제들을 명료하게 할 다음의 탐구를 예증과 함께 시작하자. 대도시의 번잡한 도로모퉁이에 서있는 우리 자신을 상상해 보자. 우리 주변의 모든 것이 움직인다. 왼쪽에서는 한 사람이 손수레를 애써서 밀고 있고, 오른쪽에서는 말과 수레가 일정한 속도로

지나가고 있다. 다른 방향에서는 자동차들과 버스들이 달리고 있다. 공중의 어딘가에는 비행기의 윙윙거리는 소리를 들을 수 있다. 이 모든 것이 유별난 것은 아무 것도 없고, 오늘날 놀라움이나 경악을 불러일으키는 것도 전혀 없다. 우리가 일상적인 현상들의 기저에 있는 사회학적인 문제들을 발견한다는 것은, 상세한 분석으로 생활 속의 가장 분명한 사상(事象)들에서 예상하지 못한 함의가 발현되었을 때뿐이다. 손수레들, 짐마차들, 자동차들, 그리고 비행기들, 이 모든 것들은 서로 다른 역사적 시대, 따라서 기술발달에 대한 서로 다른 역사적 국면, 의 전형적인 교통수단들을 상징한다. 그 수단들의 상이한 역사적 기원과 서로 다른 시대에 발흥했다는 사실에도 불구하고, 그것들 모두는 전술한 장면처럼 서로 조화되어있다. 그 교통수단들의 동시적인 운영도 심각한 마찰로 인도하지는 않는다. 이 "비동시대성의 동시대성"은 예술사학자 핀더(W. Pinder)가 그의 분야에 대한 연구과정에서 처음으로 인지했다[2]. 그리고 확실히, 예술에서 기원이 매우 상이한 형태들과 영향들의 공존은 필연적으로 심각한 긴장이나 위기로 이끄는 것은 아니
다. 따라서 예를 들면, 오래된 대성당에서, 로마네스크 양식의 성벽들, 42
고딕양식의 기둥들, 그리고 바로크양식의 장식들이 흐트러지지 않은 평화와 함께 공존할 수 있다.

그러나 비록 다양한 시대의 발명품들이 거의 마찰 없이 사회적 및 지적 생활의 많은 영역들에서 공존할 수 있다고 하더라도, 이 비동시대성이 파국으로 인도할 수 있는 상황들도 존재한다. 우리는 발생할 수 있는 긴장들과 그것들이 가져올 수도 있는 비참한 결과들을 즉시 살펴보기 위해, 위에서 묘사한 장면들에 일정한 수정을 고려할 필요가 있다. 매우 평화롭고 무해하게 우리의 상공을 이제 방금 비행했던 비

2) 핀더(Pinder, W.), 『유럽미술사에서 세대문제』(*Das Problem der Gereration in der Kunstgeschichte Europas*, Berlin, 1926).

행사가 갑자기 많은 폭탄을 투하한다고 가정해 보자. 단 한순간에 그 비행사 밑에 있는 모든 것이 파괴되고, 살아있는 모든 것이 사살된다. 우리의 현재 상황에서, 이러한 발전은 결코 멋진 환상은 아니고, 오히려 언제든지 현실화될 수도 있는 그러한 공포로 분류될 수 있다는 것을 우리 모두는 인정해야한다.

이 무서운 광경에도 불구하고, 이전세대들의 기본적 교조였던, 인간 진보에 대한 우리의 무한한 열의는 본의 아니게 감소한다. 정말로, 기술적으로 과학적인 지식과 관련하여 말하자면, 사람들은 손수레의 발명이래로 위대한 문물을 만들어왔다. 그러나 우리는 다음과 같이 자문한다. 즉, 다른 영역들에서의 인간정신은 손수레가 중요한 교통수단이었던 시대의 그것과 오늘날의 그것은 실제로 아주 다른가? 우리의 동인들과 충동들이, 우리 선조들의 그것들보다도, 다른 교통수단 또는 더 높은 비행기에 실제로 작용하는가?

비행사가 폭탄을 투하하는 것의 유의의(有意義)는 무엇인가? 인간은 원초적인 충동들과 동인들을 만족시키기 위해 창의력이 풍부한 천재의 가장 최신의 창작물들을 사용할 수 있도록 한다. 그래서 도시가 현대적인 군사과학의 기술수단에 의해 파괴되는 때에는, 그것을 자연에 대한 현대의 기술지배발달이 인간의 도덕적 능력과 사회질서 및 사회통제에 관한 지식의 발달에 많이 앞서 있다는 사실에 귀인 시켜야한다. 이 전체적인 유추가 암시한 현상을 이제 인간재능의 *비비례적 발달*(*disproportionate development*)이라는 사회학적 용어로 기술할 수 있다. 특정한 여건 하에 있는, 역사적 및 사회적 집단들은 물론 개인들도, 자신들의 능력들이 동등하게 그리고 조화롭게 발달하지 못하기 때
43 문에, 붕괴의 위험을 겪는다. 아동심리학의 영역에서, 어린아이는 그의 도덕적 판단과 기질은 유아기수준을 유지하지만 지적으로는 매우 빠르게 발달할 수도 있고, 동일한 것이 사회집단들의 삶에서도 가능하다

는 것을, 우리는 잘 알고 있다. 만일 총체적인 발달에서 그러한 불균형이 개인에게 위험하다면, 사회에서는 그 불균형은 조만간 파국으로 인도할 것이다.

여기에서, 우리의 첫 번째 논제는, 만일 합리적인 사회적 통제와 자신의 충동들에 대한 개인의 지배가 기술발달과 보조를 같이 하지 않는다면, 현대의 사회질서는 붕괴해야 한다는 것이다.

인간능력발달의 비비례성(非比例性)은 2중의 의미를 지니고 있다. 소여의 사회에서 기술 및 자연과학적 지식은 도덕적 능력과 사회적 세력에 작용하는 통찰력 이상으로 진보해온 사실에 관한 한, 우리는 "*인간능력발달의 일반적 비비례성*" 이라는 말을 사용해야한다. 마찬가지로 보다 복합적인 사회들 중 어떤 사회도 사회적 및 경제적 문제들을 해결하는데 필요한 분별력과 도덕성이 모든 집단들과 계급들 사이에 균등하게 배분되지는 않는다. 이 비비례성의 두 번째 유형을 우리는 인간사회의 합리적 및 도덕적 능력의 배분과 관련한 "*사회적 비비례성*"이라고 부를 것이다.

우리의 두 번째 논제는 이성의 전개, 충동의 배열, 그리고 도덕성에 의해 취해진 형식이 결코 우연이 아닐 뿐만 아니라, 그것들이 주로 단지 단일의 개인들 그리고 그 개인들이 우연히 보유한 특성들에 관련되는 것도 아니다. 반대로 그 논제는 사회의 기존질서에 의해 설정된 문제들에 좌우된다.

만일 우리가 우리의 관심을 이러한 질서에 돌린다면, 우리는 그 질서가, 인간의 사회적 신분을 결정하고, 지적 및 감성적 엘리트들을 형성하는데 서로 다른 종류의 기회들을 창출하는, 주로 사회에서 기존의 기능배분이라는 것을 깨달아야한다. 그 질서가 어떤 사람에게는 특정한 사고와 결정의 행위를 요구하는 과업들을 배정하고, 다른 사람들에 대해서는 모든 통찰이나 창의를 단념시킴으로서 그들의 지위에 맞게 순응하도록 하기 때문에, 특정집단들에게는 호의적이고 다른 집단들에게는 수동적이라고 비난한다는 의미에서 사회구조이다. 인도에서, 예를 들면, 지적이며 감성적인 자질들에 대한 기능배분이, 성직자 카스트에게는 본질적으로 모든 지적 및 심리적인 문화와 업적에 집중하
44 는 한편, 무사카스트에게는 권력의 행사를 위한 심리적 능력을 실제적으로 독점하는 것과 같이, 성곽과 같은 형태를 취했다. 이와 유사한 것은, 비록 일반적인 것은 아니지만, 중세의 귀족계급과 성직자들 간의 심리적 및 지적 가능들의 사회적 배분이었다.

제3의 논제로서 다음 사항을 생각해보자. 즉, 이전시대들에 존재했던 사회들은 합리성과 도덕적 힘의 배분에서 일정한 비비례성을 감당할 여유가 있었는데, 이는 그 사회들이 합리적 요소들과 도덕적 요소들 간에 이 사회적 비비례성에 정확하게 기초했기 때문이다. 전제군주에 의해 지배된 사회는-우리가 순수한 형상(形相)으로서 현상을 관찰할 수 있도록 극단의 사례를 인용하자면- 사회지배를 위해 필요한 통찰과 창의력이 그 전제군주 자신 속에서 최대치가 발견된다는 사실 덕분에 존재하지만, 다른 사람들, 노예들, 그리고 신민들은 전체로서 사상(事象)들을 파악할 수 없고 창의력도 결여되어있다. 이와는 대조적으로 현대사회의 기발한 요소는 이 사회의 지속적인 존립과 관련한 이 두 가지 비비례성 유형간의 근본적인 비(非)양립성에 있다. 전체과정에 대한 통제에서 합리성과 도덕성의 일반적 결여도 아닐 뿐만 아니라, 물론 그것들의 불균형된 사회적 배분도 사회가 지속될 여지를 남기지도 않는다.

이 비례의 이중적 결여가 장기적으로 우리의 사회유형과 양립할 수 없는 이유는, 우리가 사회의 작동에 필수적인 사실들에 대해 두 개의 집단을 감안하면 분명해진다. 한편으로 현대산업사회는 이전에는 단지 정치적인 생활에서 수동적 부분으로 작용했던 그 계급들에게 행동을 선동한다. 이 대중의 새롭고 광범위한 활동을 *사회의 근본적 민주*

*화*라고 부르자. 다른 한편으로는, 또 다른 요인은 *증가하는 상호의존성*의 과정이라고 우리가 불러야 할 것이 우리의 사회에서 작용한다. 이 과정은 개별행위들이 보다 더 거대한 전체 속에서 서로 연결되고 있는 가운데 계속하여 증가하고 있다.

우리는 이제 이 두 개 과정들에 대한 보다 정확한 분석에 스스로 관심을 가질 것이다.

Ⅲ
근본적 민주화의 원리

오늘날 증가하는 다수의 사회집단들은, 사회적 및 정치적 통제에 공헌하고자 애쓰고, 그 집단들 자체의 이익이 표상(表象)되도록 요구한다. 이 사회집단들이 지적으로 퇴보하는 대중에서 발생했다는 사실은
이전에는 대중이 낮은 지적수준을 유지하도록 시도했던 그 엘리트들 45
에게는 위협이다. 그 지배계층이 대중의 무지가 대중을 탈정치적으로 만들 수 있다고 가정할 수 있는 한, 이 지배계층이 대중을 지적으로 억압할만한 가치가 있었다. 오늘날에서조차 독재자들은, 권력을 장악하여 그들을 현재의 지위에 오르도록 했던, 새롭게 동원된 에너지들을 통해 바로 그 대중의 행동의지를 둔화시키고자한다. 물론, 이것은 잠시 동안 계속될 수도 있지만, 장기적으로는 산업체제가 대중에 항상 새로운 활력을 부여하는 생활방식으로 인도하고, 대중이 어떻게 해서라도 정치에 입문하자마자 그들의 지적인 단점 그리고 보다 더 정확히는, 그들의 정치적 단점이 일반적인 관심사가 되고, 엘리트들 자신들까지도 위협하게 된다. 만일 위기의 시기에 대규모의 정신병들이 사회

를 지배한다는 생각을 오늘날 우리가 종종 갖게 된다면, 과거에는 비합리성이 보다 적게 존재했기 때문이 아니라 지금까지로 봐서는 과거보다 더 협소한 사회적 교제범위와 사생활로부터 출구를 발견했기 때문이고; 겨우 오늘날에서야, 산업사회에 의해 야기된 일반적인 계기(契機)의 결과로, 공공생활의 무대 속에 그리고 때때로 그 무대를 지배하는 데에도 그 사회의 방법을 강요한다.

민주주의가 정치적 권력을 처음에는 소규모의 유산(有産)집단과 교육집단에만 부여했고 점진적으로 무산계급에도 부여했다는 의미에서 의사(擬似)민주주의일 뿐이며, 실제로는 겨우 그 집단자체의 이해관계에 대한 합리적 표상과 매한가지인 때에서도, 민주주의는 합리성의 성장으로 인도했다. 그러나 민주주의가 시행된 이래로, 즉, 모든 계급들이 민주주의에서 적극적 역할을 수행한 이래로, 민주주의는 막스 셸러(Max Scheler)가 "감성민주주의"(*Stimmungsdemokratie*)라고 지칭한 것으로 점차 변환되었다. 그 자체로도, 민주주의는 다양한 사회집단들의 이익관계들에 대한 표상으로는 잘 인도하지 못하고, 대중들 가운데서의 급격한 감정폭발로 더 자주 인도한다. 마치 오늘의 세상에서 이해관계들의 격렬해진 갈등이, 비록 원래는 대립되는 것이라도, 결국 합리적 타협으로 인도될 수 있거나 조직의 합리적 형태에 조화될 수도 있는 이해관계들의 통합이 될 수도 있는 것처럼, 한때 생각되었다. 그러나 지금은 마치 비합리적인 것이 결국 널리 보급될 것처럼 여겨진
46 다. 최근 혁명들의 격동기에, 그러한 집단에너지들은 그것들의 방법을 상위층에 더욱 격렬하게 강요했다. 이 에너지들을 사용할 수 있다고 믿을 정도로 순박했던 어떠한 지배집단도 압출하기보다는 압출 당하는 이상한 지위에 처한 것을 스스로 곧 깨닫게 될 것이다.

여기서 우리는 합리적인 사고관행이 불평등하게 배분된 사회가 반드시 불안정해지는 사유들 중 하나를 깨닫게 된다. 민주화과정이 일반

화됨에 따라 대중들이 이전의 무지상태에 머물도록 하는 것은 점점 더 어려워진다. 어떤 사람은 모든 사람이 어느 정도 유사한 이해수준에 이르도록 해야 한다는 입장에서 민주주의를 바라고, 다른 사람은 필시 독재정당들도 당연히 시도하고 있는 민주화과정에 역행하기를 바란다.

사회적 위기에 대한 독재적 해결책이 항구적으로 성공적일 수 있는 유일한 길은 개별적인 의지들에 대한 통제를 집중화하는 것이다. 어쨌거나, 진정한 문제는 어느 정도 이러한 시도들을 현대산업사회의 생활여건에 의해 중화될 수 있는가를 아는 것이다. 오늘날 이 민주화과정의 진전에 대해 찬성하고 반대하는 세력들 간에 균형을 도출하는 것은 어렵다. 칼 마르크스(Karl Marx)와 막스 베버(Max Weber)에 의해 기술된-정치적 및 군사적 무기는 물론 생산수단의 집중-것처럼, 사회의 물질적 장치에 대한 통제를 집중시키는 모든 발걸음은, 민주화의 동적인 원리에 대한 위협의 증가이고, 공산주의는 물론 자본주의 하의 소규모 소수파들의 지배를 초래한다. 전자에게 그것은 정치적, 경제적, 그리고 문화적인 봉건제도로 인도하는 경향이 있고, 후자에게는 지적 및 집행적 기능들이 극도로 관료화되는 경향이 있다[3].

---

[3] 자본주의아래서 새로운 귀족정치의 형성 가능성에 대해, 브린크만(Brinkmann, C.), "자본주의시대의 귀족정치"(Die Aristokratie im kapitalistischen Zeitalter), 『사회경제학입문』(*Grundriss der Sozialőkonomik*, Tübingen, 1931) 제9절, 제1권, 22쪽 참조.

소련의 상황과 관련된 자료는 결코 명료하거나 항상 신뢰할 만 한 것은 아니다. 최근의 저자들 중에서, 리용(Ryon, E.), 『유토피아의 과제』(*Assignment in Utopia*, N. Y., 1937)와 윌리암스(Williams, A.),『소비에트』(*The Soviets*, N. Y., 1937)에 상당한 자료가 포함되어 있다. 또한 웹스들(Webbs, S. and B.), 『소비에트공산주의』(*Soviet Communism*, London, 1937), 참조. 이 모든 저술들에 대해서는 상당히 신중해야 한다. 막스 베버(Weber, M.)의 논문, "사회주의"(Der Sozialismus) 『사회학과 사회정치학에 관한 편집논문』(*Gesammelte Aufsätze zur Soziologie und Sozialpolitik*, Tübingen, 1924)는 사회주의하의 관료제문제

47 자본의 집중과 집권은 별문제로 하드라도, 특히 사회적 권력의 지위가 독점화되는 데는 세 가지 방식들이 있고, 그것들 모두는 근본적인 민주화의 과정과 상충된다.

(a) 지배적 엘리트가 이전에는 그들의 결정들을 광범하고 포괄적인 집단들이 접근 가능했던 일반적인 삶의 개념에 기초했는데 반하여, 합리화과정은 제한된 영역에서 (우리가 나중에 보다 상세하게 제시할 기회가 있는 바와 같이) 고도로 훈련되고 특화된 전문가의 유의의를 고양한다. 게다가, 의사결정에서 *사회적 지식*과 권력은 순전히 실제적 이유 때문에 소수의 정치가들, 경제적 지도자들, 행정가들, 그리고 법학자들에게 점점 더 집중되고 있다.

(b) 이 지식의 독점화가, 다른 사회계층으로부터 점점 분리되고 있는 관료제에서, 행정활동의 집중과 협력하여 나아가고 있다[4].

자유주의시대의 개별적 조직과 현재 및 가까운 장래의 조직 간의

와 관련하여 아직도 정독할 가치가 있다.

미국에서는, 미어스(Myers, G.), 『위대한 미국운명의 역사』(*The History of the Great American Fortunes*, N. Y., 1936)이라는 탁월한 오래된 저술에 추가하여, 미국금권정치의 형성과 기능에 관한 많은 가치 있는 자료가 포함된 여러 저술들이 최근에 등장했다. 이들은 로체스터(Rochester, A.), 『미국의 지배자』(*Rulers of America*, N. Y., 1935); 웩터(Wector, D.), 『미국사회의 무용담』(*The Saga of American Society*, N. Y., 1936); 린데만(Lindeman, E.), 「부와 문화」(*Wealth and Culture*, N. Y., 1937); 룬드버그(Lundberg, F.), 『미국의 60 가족』(*America's Sixty Families*, N. Y., 1937); 라이들러(Leidler, H.), 『미국 산업에서 통제의 집중』(*Concentration of Control in American Industry*, N. Y., 1931); 그리고 엠 벌레(Berle, M)와 가드너 민스(Means, G.)의 『현대기업과 민간재산』(*Modern Corporation and Private Property*, N. Y., 1932). 또한 본서 말미의 "사회통제"에 있는 참고문헌 참조,

4) 막스 베버(Weber, M)의 "가정과 공동체"에서 관료제에 관한 장章)(『사회경제학개요』(*Grundriss der Sozialoekonomik*, Tübingen, 1925)의 제2권, 제3편, 제6장, 제3절의 650~678쪽)의 막스 베버 참조. 또한 가브렌츠(Gablentz, O. H. von der)의 (『슈몰러 연감』(*Schmollers Jahrbücher*) 제50권(1926년), 539~572쪽) 참조. 참고문헌 III, 4, a와 b 참조.

커다란 차이는 현대의 노동 분화에 따른 보다 큰 효율성과 새로운 이익집단들의 형성에서 주로 발견되는 것은 아니다. 이러한 요인들은 의심할 여지없이 매우 중요하지만, 그 질서의 결과들 중에서 거의 카스트와 유사한 관료적 질서의 창설이 장기적으로 이 요인들 중 다른 어떤 것 보다 더 중요하고 예리할 것이다. 대립하는 사회집단들 간의 조
정자로서 또는 특정계급의 협력자로서 불가결한, 새로운 기능단위인 48
관료제가 어떻게 통제의 독점을 구축하는가를 알아야 할 것이다. 시간이 경과함에 따라 관료제도 역시 자신의 직무를 세습하게 만들어도 좋을 정도로 자신의 계급을 국외자들에게는 폐쇄하고자 할 것이다.

(c) 가까운 장래의 결정적인 정치적 갈등들에서, 어쨌거나, 최대의 유의의(有意義)는 *병력수단들의 집중*에 애착을 가져야 한다는 것이다. 초기의 사회질서들에서조차, 이 영역은 권력의 통제를 획득하는데 성공한 그 소수자들에게 권력의 독점을 위한 특별한 기회가 제공됐다. 목하 전진되고 있는 전투수단의 집중은 아마도 좌·우익의 새로운 독재자들이 군대기술자들과 전문가들로 이루어진 일종의 근위병부대를 조직하게 할 것이다. 터키의 권력을 지지하고 있는 군대처럼, 군사력은 일반국민으로부터 사회적으로 고립되어 있기에 언제나 일반국민에 반하여 사용될 수 있다. 군사수단의 집중은 민주적 대중의지의 실행은 물론 모든 유형의 봉기와 혁명의 기회를 가르친다.

18세기와 19세기에 발생한 민주화의 비밀은 한 사람은 하나의 총을 의미하고, 천명의 저항은 천개의 총을 의미했던 단순한 사실에 있다. 오늘날 반대세력의 상대적 강점은 머릿수 세기가 아니라 한 개의 폭탄에 의해 사살되거나 테러를 억제할 수 있는 사람의 수에 의해 측정된다. 이전세대에서 일반적인 민주화의 담보물은 산업화라고 주장할 뿐만 아니라, 일반징집제가, 특히 패전이후, 일반적인 봉기의 수단이 될 수 있다는 사실에 있다. 장래에는 모든 것이 군사기법에, 비교적 작은 직업군

대는 물론 일반주민의 지지가 요구되는 한도까지, 의존할 것이다.

이러한 강력한 반대의 경향들에도 불구하고, 근본적인 민주화의 진전에 대한 전망이 전적으로 희망도 없는 것은 아니다. 민주화를 창시했고 유지한 세력들은, 산업사회에서 불가결한 요소들이고, 민주화 역시 파괴되어야만 파괴될 수 있다. 여론의 형성과 다양한 품행의 영역
49 들에서 점점 폭력적 방법들이 민주화에 반하여 사용되어져야한다는 사실은, 근본적인 민주적 추세가 아직도 작용하고 있고 현대사회구조의 난삽하게 짜여 진 구조에서 계속하여 새롭게 만들어지고 있다는, 가장 좋은 증거이다. 이 사회는 바로 그 본질에서 증가하는 내부차별화에 바탕을 두고 있고, 그래서 사회의 더욱더 작은 단위들을 중앙기관에서 모두 통제할 수 없다. 때문에 이 더욱더 작은 단위들에서 저항을 바라는 개인이 탈출할 가능성과 새로운 활동형태들의 조성을 향한 항구적인 추진력이 항상 존재 한다[5]. 압력요인들은 군사적인 것들 까지를 포함하여 모든 종류의 위협들에 그들의 전술을 적용하는 것을 학습 한다[6]. 때문에 경제 관료는 물론 정치 관료도, 소규모의 개인적 집

---

5) "상황에 관한 장(章)은 357~366쪽(원저 299~306쪽)참조.

6) 군사기법의 집중과 특별경비대는 군사력의 해체를 목적으로 하는 새로운 혁명 전략의 일종이 뒤따를 것이라고 예측할 수 있다. 완전히 익살스럽게 무장한 혁명군은 선전의 도움으로 승리할 수 있다는 것을 이미 관찰할 수 있었다. 예를 들면, 라스웰(Lasswell)은, 이와 관련하여, 켄튼(Canton: 스위스의 주 이름)에서의 2000명의 돌격대 봉기는 겨우 200개의 폭탄과 27개의 권총을 가졌다고 언급한다. 상해에서는 6000명이 150개 무기만을 보유했다. 페트로그라드(Petrograd)수비대는 1917년에 볼셰비키들과 스스로 동맹하기 이전에는 선전에 의해 움직였다. 라스웰(H. D. Lasswell)의 "혁명 및 전쟁 선전의 전략", [라이트(Wright, Q.), 편, 『여론과 세계정치』(*Public Opinion and World Politics*, Chicago: 1935)], 215쪽 참조. 현대쿠데타의 기법에 관하여, 말라퍼쓰(Malaperts, C.), 『쿠데타의 기법』(*The Technique of the Coup d'Etat*, N. Y., 1933)과 보다 최근의 포스트게이트(Postgate, R.), 『어떻게 혁명을 일으키는가』(*How to make Revolution*, London: 1934) 참조. 트로쓰키(Trostsky, L.), 『러시아혁명의 역사』(History of Russian Revolution, N. Y., 1936)에는 1917년 11월의 볼셰비키 봉

단들과, 산업공장주변을 정리하거나 또는 공동이익추구를 위해 자발적으로 조직된 그러한 집단들의 묵인이 적어도 어느 정도까지 확실한 한, 사회의 복합적 장치에 겨우 대처할 수 있다.

IV
증가하는 상호의존성의 원리

지적 및 도덕적 능력의 비비례적 발달에 따른 두 번째 위험은, 현대
사회가 사회의 구성부분들 간의 커다란 상호의존성의 결과로서, 이전
의 사회질서들보다 훨씬 더 용이하지 않은 이 비합리적, 감성적 쇼크
들을 흡수할 수 있다는 사실에서, 발견할 수 있다. 많은 관점에서, 기 50
술사진보 때문에, 현대사회는, 그 마음대로 처리할 수 있는 보다 많은
비축량을 확보하고 있기에, 이전사회들보다 훨씬 더 신축적인 것도 사
실이다. 따라서 예를 들면, 자본주의에 대한 어떠한 비평가들도 몇 년
동안 그와 같이 거대한 실업자군을 지지할 수 있을 것이라고는 아마도
전연 생각하지 못했을 것이다. 다른 한편으로는, 사회의 모든 구성부
문들 간의 상호의존성은 현대의 질서를 더 단순한 경제조직형태보다
도 훨씬 더 민감하게 만든다. 필시, 거대장치의 개별구성부문들이 더
세세하게 서로 조화될수록, 그리고 단일요소들이 더 밀접하게 함께 작
용하면 할수록, 최소의 동요조차도 그 충격은 더욱 심각할 것이다. 예
를 들면, 잘 조직된 철도에서 사고의 영향은 사고와 탈선이 처음부터

기의 빈틈없는 분석은 물론 많은 훌륭한 비평을 포함한다. 노이베르그(Neuberg, A.), 『무장봉기: 이론적 서술의 시도』(*Der bewaffnete Aufstand: Versuch einer theoretischen Darstellung*, Zurich, 1928)과 참고문헌 제5장 4, "사회변화의 형태" 참조.

인정되었던 역마차중시의 교통체계에 따른 영향보다도, 훨씬 더 멀리까지 미친다. 전전(戰前)러시아의 다소간 단순한 경제에서는 수십만 명 그리고 수백만 명 까지도 세계의 다른 지역에 수급불균형을 일으키지 않으면서 기아로 사망할 수 있었다. 이것과는 대조적으로, 현대의 세계경제에서는 한 시장의 과잉생산이 다른 시장들의 불운이 된다. 한 나라의 정치적 광기는 타국의 운명을 결정하고, 활동 중인 대중의 잔인하고 충동적이며 감정적인 폭발은 전체사회와 전체세계에도 파국을 의미하는데, 이는 현대의 사회적 유기체는 증가된 강도로 모든 불균형의 효과를 전달하기 때문이다[7].

만일 단기에 우리가 사회통제에서 이성 및 도덕성의 단계와, 우리가 기술로는 이미 도달한, 우리자신의 본성에 대한 단계가 동일한 수준에 도달할 수 없다면, 사회질서는 붕괴될 것이다. 만일 우리가 문제를 그러한 일반적 진단과 모호한 예언에 맡기려 한다면, 우리는 사회학자는 물론 과학자조차도 될 수 없을 것이다. 우리 사회의 합리적 요소들의 성장과 그 요소들의 비합리적 요소들과의 관계에 관해 여기서 우리가 제기한 문제들은, 이 세력들의 발달과 특정한 사회적 상황들 간
51 에 존재하는 명료한 관계들이 분명한 것처럼, 사회학적 연구에 의해서만 해결할 수 있다. 철학자들과 사회학자들은 인간정신 속에 선천적으로 합리적 및 도덕적 진보를 지향하는 경향이 있다고 한때 생각했다. 이것이 사실이 아니라는 것은, 무엇이 현재의 세상에서 발생되고 있는가를 아는, 모든 사람에게는 분명하다. 왜냐하면 지난 수십 년 간에 도덕과 합리성의 진보에 관한 한, 발전보다는 퇴보했다고 자신 있게 주장할 수 있기 때문이다. 우리는 바람직하지 못한 상황이 갑자기 발생했을 때, 인간의 사고는 그 발달의 이전단계들로 아주 직접적으

---

7) 상호의존의 원리에 관하여, 무어(Muir, R.)의 『상호의존적 세계 그 문제』(*The Interdependent World and Its Problems*, London, 1932) 참조.

로 퇴보할 수 있다는 것을 더욱 분명하게 이해할 수 있다. 그렇지만, 우리가 문제를 사회적으로 기술하고, 사회진보에 대한 철학적 이론-상황과는 독립된 사고에서 단지 철학적 신념이 될 수 있는-이라는 의미에서 기술하는 때에, 우리는 무엇보다도 먼저 어떠한 상황이 이기주의와 무모함의 특정한 형식에 호의적이고, 어떤 것이 책임의 능력을 조성하는데 역효과를 가져오는가에 대해 자문해야한다. 만일 우리가 우리의 문제들을 이와 같은 방식으로 언급한다면, 우리는 일반적인 철학문제를 해체하여 구체적으로 관찰될 수 있는 특정한 관계들로 만든다. 이러한 방법으로, 아마도, 우리와 관련된 광범하고 다각적 측면의 문제들에 대해 유의미한 기술을 할 수 있게 만든다. 물론, 우리가 과학적으로 답할 수 없는 하나의 질문이 있는데, 그것은, 소정(所定)의 인간이 합리적이고 도덕적인 삶의 방법을 달성하기 위해 추구해야 할 독특하고 개별적인 노선은 무엇인가?, 이다. 어쨌거나, 우리는 합리적 및 비합리적 행위로 인도하는 전형적인 상황을 용이하게 진단할 수 있다.

V

"합리성"이라는 말의 다양한 의미에 대한 명료화

합리성과 비합리성에 관한 특정한 형태들이 발생하는 산업사회의 전형적인 상황과 관련된 중심적인 질문을 시작하기 전에, 우리는 먼저 합리성과 비합리성의 일반적인 본질과 종류에 관해 일정한 의견을 제시해야한다. 극히 소수의 논쟁만이 노골적인 모순적 방법으로 사용되고 있다. 바로 이러한 이유로, 우리의 의견으로는, 사회학적 분석에서

52 필수불가결한 "합리성"과 "비합리성"이라는 말의 두 가지의 가장 중요한 용도를 석명하는데 우리 스스로를 제한해야 할 것이다.

사회학자들은 "합리성"과 "비합리성"이라는 말을 두 가지 의미로 사용하는데, 그것을 우리는 "본질적" 그리고 "기능적"인 합리성 또는 비합리성이라 부를 것이다[8].

---

8) 만일 우리가 "합리성"과 "비합리성"에 관해 가장 중요한 참고문헌만을 인용했더라도, 이러한 문제의 기술과 관련된 다양한 관점들을 이해하기위한 시도는 말할 것도 없고 우리를 너무 상쇄를 벗어나도록 할 수도 있을 것이다. 때문에, 우리는 사회학자에게 가장 유용한 그런 이론들과의 관계에 우리 스스로를 제한할 것이다. 독일의 사회학은 "합리적"과 "비합리적" 개념들을 관심의 중심에 위치시켜왔다.

이와 관련하여 게오르그 짐멜(Georg Simmel)과 막스 베버(Max Weber)가 가장 중요하다. 전자의 『화폐의 철학』(*Philosophie des Geldes*, Leipzig, 1990)은 화폐의 사용에 의해 야기된 삶의 합리화에 따른 사회학적 결과들을 결정하고자 한다. 막스 베버의 전체저술에서 가장 마지막 분석은, "어떠한 사회적 요인들이 서양문명의 합리화특징을 발생시켰는가?"하는 문제를 지향하고 있다. 그의 저술들에서 "목적적 합리적 행태"(Zweckrationales Handeln)유형에서 많은 의미의 "합리적" 개념이 사용된 것은 가장 잘 알려졌다. 비록 우리는 그랍(Grab, H.)의 작은 저서인 『막스 베버 사회학에서 합리성의 개념』(*Der Begriff des Rationalen in der Soziologie Max Weber*, Karlsruhe, 1927)을 알고 있지만, 우리는 아직도 이 논제에 대해 더 깊은 탐구와 조명이 필요하다. 셸팅(Schelting, A. von), 『막스 베버 학문 강의』(Max Webers Wissenschaftslehre, Tübingen, 1934) 참조, 막스 베버의 "합리적"의 사용에 추가하여, 우리는 파레토(Pareto)의 "일탈"과 "잔여"간의 구별은 물론 그의 "논리적"과 "비논리적" 행위간의 구별을 언급하는데, 이 모든 것은 정치적 사고의 사회적 분석에 중요한 지침이다. 그의 『일반사회학의 특징』[*Traité de Sociology générale*, Paris and Lausanne, 1917(영역판: A. Bongiorno and A. Livingstone, *Mind and Society*, N. Y., 1935)], 그의 『사회주의체제』(*Les systémes socialistes*, Paris, 1926), 그리고 보스케(Bousquet, G. H.)에 의한 파레토 저술의 간략한 요약인 『빌프레토 파레토에 의한 사회학 요약』(*Précis de sociologie d'apres Vilfredo Pareto*, Paris, 1925) 참조. 또한 보르케나우(Borkenau)와 프란츠(Franz), 『파레토』(*Pareto*, London, 1936) 참조.

앵글로-색손 문헌에서는, 사고의 개념을 정의하고자 한 존 듀이(John Dewey)의 다양한 저술들이 사회학자들에 가장 풍요로운 것으로 보인다. 여기서 우리

"본질적" 합리성의 본질을 설명하는 것은 아주 어렵지는 않다. 우리는 본질적으로 합리적인 것을 주어진 상황에서 사상(事象)들의 상호관 53 계에 대해 지적통찰이 발현되도록 하는 사고행위로 이해한다. 따라서 지적인 사고행위 자체는 "본질적으로 합리적"이라고 기술될 것이고, 이에 반하여 허위이거나 도대체 사고행위가 아닌 것(예를 들면 운전, 충동, 소망, 그리고 의식과 무의식 양자의 감각)을 제외한 모든 것은 "본질적으로 비합리적"이라고 불릴 것이다.

그러나 일상 언어는 물론 사회학에서, 우리가, 예를 들면, 여기저기의 산업이나 행정막료가 "합리화"되었다라고 말할 때, 우리는 여전히 다른 의미의 "합리적"이라는 말로도 사용한다. 그러한 경우들에 대해서 우리는 어떤 사람이 사유 및 지식에 관한 행위들을 수행한다는 사실을 "합리적"이라는 말로는 조금도 이해할 수 없고. 오히려 일련의 행위들이 사전에 정의된 목표에 의해 인도되고, 이 일련의 행위들의 모든 요소가 기능적인 지위와 역할을 부여받는 그러한 방법으로 조직되어 있다는 사실을 "합리적"이라는 의미로 이해할 수 있다. 더욱이,

---

는 오직 『우리는 어떻게 사유 하는가』(*How We Think*, Boston, 1933)과 『인간 속성과 행위』(Human Nature and Conduct, N. Y., 1922)만 언급할 것이다. 미드(Mead, G. H.)의 사후 출간된 『정신, 자아, 그리고 사회』(*Mind, Self, and Society*, Chicago, 1934)는 이 문제에 대한 우리의 이해에 가장 중요하다. 산타야나(Santayana, G.), 『이성과 사회』(*Reason and Society*, London, 1937, 제3판)에도 역시 관심을 기울여야한다. 이 이론들은 "이데올로기의 이론"과 "지식의 사회학"의 구조 내에서, 비록 약간 다른 방법이지만, 독일문헌에서 부수적으로 힘껏 연구했던 문제로서, 지식과 행위간의 관계를 다룬다. 파슨스(Parsons, T.), 『사회적 행동의 구조』(*The Structure of Social Action*, N. Y,: 1937)도 역시 이 문제를 다룬다. 더 이상의 참고문헌은 82~206쪽 참조.

이에 더하여, 홉하우스(Hobhouse, L. T.)의 이론들도 고려되어야 한다. 많은 가운데서 그의 『합리적 선: 실제의 논리에 대한 연구』(*The Rational Good: A Study in the Logic of Practice*, London, 1921) 참조. 이 주제에 관한 영국의 학도 중에 긴스버그(Ginsberg, M.)는 그의 『사회의 심리학』(*Psychology of Society*, London, 1928, 제3판) 제3장 "이성의 역할"에서 이 문제를 다루었다.

그러한 일련의 행동들은 주어진 목표를 달성하기 위해서, 수단을 가장 효율적으로 조화시킬 때 최선의 상태가 될 것이다[9]. 어쨌거나, 이러한 최적조건이 달성되거나 또는 목표자체조차도 일정한 표준에 의해 측정된 것처럼 합리적이라고 생각될 수 있다는 것은 우리의 분별력으로는 결코 기능적 소식의 특징이 아니다. 어떤 사람은 그의 금욕적 행태가, 구원과 같은, 이 비합리적인 종말론적 목표 또는 적어도 비합리적 희열로 인도하도록, 그의 행태를 조직하여 그 목표를 달성하도록 노력할 수도 있다. 그럼에도 불구하고, 우리는 그것이 조직되었기 때문에 이 행태를 합리적이라고 지칭해야하는데, 이는 모든 행동은 최종적 목표를 달성하기 위해 수행하는 기능적 역할을 포함하고 있기 때문이다. 일련의 행동이 기능적으로 합리적인가 아닌가 여부는 다음 두 준거에 의해 결정된다. 그것은 (a) 명확한 목표와 관련된 기능적 조직, 그리고 (b) 스스로 조정을 모색하는 관찰자 또는 제3자의 관점에서 고찰할 때의 결과적인 숙려성이다.

일별하면 실체적 합리성과 기능적 합리성의 구별은 그렇게 중요하지 않은 것처럼 보인다. 어떤 사람은, 기능적으로 합리적인 일련의 행동들은 누군가에 의해 상상으로 계획을 세워야하고, 계획의 집행 중에
54 그것을 집행하는 사람에 의해 계획이 안출되어져야 하는 것을 반대할 수도 있는데, 결과적으로 양자 모두의 계획형태는 동일한 합리성 유형의 서로 다른 측면이다. 어쨌거나, 이것은, 결코 또는 적어도 항상은, 진실이 아니다. 그리고 이것을 인정하기위해 어떤 사람은 군대만을 생각할 필요가 있다. 예를 들면, 보통의 군인은 그의 행동들에 대한 궁극적인 목표 또는 전체의 구조 속에서 각 개인행동의 기능적인 역할에 대해 어떠한 아이디어도 없이 정확하게 기능적으로 합리적인 행동들

9) 아래에서 이 연구의 중심논제로서 특별한 중요성이 없기 때문에 우리는 *최적*의 기능적 합리성에 관심을 갖지 않는다.

의 전체 시리즈를 수행한다. 그럼에도 불구하고 각각의 행동은, (a) 명확한 목표와 관련되어 조직되었고, (b) 누군가 자신의 행동을 숙고하는데 있어 스스로 조정할 수 있는, 두 개의 준거를 적용할 수 있기 때문에 기능적으로 합리적이다. 우리는, 어쨌거나, 조직이, 군대에서처럼, 행위자들로부터 멀리 떨어진 특정한 기관들의 계획들에 관한 최종적인 분석에 의존할 때뿐만 아니라, 이 조직과 숙고가능성을 전통적으로 계승된 규제들까지 추적할 수 있을 때에도, 행위의 기능적 합리성에 관하여 언급해야한다. 전통에 집착된 사회들도, 그 사회들의 행동들을 명확하게 숙고할 수 있고, 개별행동들은 전체적인 행동노선과 관련된 목표를 달성을 하는데 그 개별행동들이 수행한 부분에서 그 행동들의 의미를 도출하기 때문에, 기능적 의미에서는 합리적이다. 어떤 사람이 그 개별행동들에 대해 말할 수 있는 대부분은 아주 자주 그 행동들은 아직도 완전히 조직되지 않았다는 점이다.

때문에, 만일 기능적 합리성을 정의함에 있어 강조점을 명확한 목표와 관련한 행동의 조화에 둔다면, 이 기능적 질서를 돌파하고 파괴하는 모든 것은 기능적으로 비합리적이다. 그러한 붕괴는, 가장 극단적인 사례들을 언급한다면, 백일몽과 무법적인 개인들의 격렬한 폭발과 같은 본질적인 비합리성을 통해서 뿐만 아니라, 관심이 집중된 일련의 행동들을 조화시키지 못한 완전히 지성적인 행동들을 통해서도 발생될 수 있다. 본질적 비합리성으로부터 발생할 수도 있는 혼란의 분명한 사례는, 예를 들면, 국가의 외교참모가 일련의 행동을 신중하게 생각하고 일정한 단계들을 동의한 상황에서, 갑자기 그 참모들 중 한 사람이 소심한 의기소침에 빠져서 계획과 반대로 행동하고 그에 따라 계획을 못 쓰게 만드는 경우도 상정할 수 있다. 외교사절단의 행동에서 나타난 기능적 합리성은, 동일한 정도의 주의와 철저함으로 조직된 전시내각의 특정한 행위들에 의해 그 합리성이 방해를 받고 무기력해 질

55 때, 어쨌거나, 교란될 수 있다. 이 경우에 전시내각의 합리화는 외교참모의 관점에서는 기능적으로 비합리적이라고 기술할 수 있다[10]. 때문에 "기능적 합리성"은 기본적으로 행동의 특성을 나타내지 못하지만, 전체적인 행위복합체에서 그 행동의 위치와 관련해서 만 특징지을 수 있는 것은 분명하다.

이제 우리가 이러한 판별들을 시행했음으로, 우리는 다음과 같이 안전하게 기술할 수 있다. 사회가 더 산업화되고 노동과 조직의 분화가 더 진전될수록 기능적으로 합리적이고, 그래서 미리 예측해야 할 인간의 활동영역 수가 더욱 많아질 것이다. 이전의 사회들에서 개인은 기능적으로 합리적인 방법을 오직 제한된 영역에서 이따금씩 행동한 반면에, 현대사회에서 개인은 더욱 많은 삶의 영역들에서 이러한 방법으로의 행동이 강요되었다. 이것은 우리를, 행위의 기능적 합리화, 즉 자기합리화의 현상, 와 가장 내밀하게 연결된, 특정한 합리화유형의 기술로 직접적으로 인도한다.

자기합리화에 의해, 우리는 그 개인의 충동들의 체계적인 통제-만일 개인이 자신의 모든 행동을 원칙에 따라 인도하고 자신의 마음속에 간직하고 있는 목표를 지향하도록 자신의 삶에 대해 계획을 세우고자 한다면, 항상 취해야할 첫 번째 발걸음인 통제-를 이해한다. 나의 행동양식, 나의 충동들에 대한 통제와 규제는, 내가 광범위한 조직의 구성원이고 그 조직에서의 모든 행동이 다른 모든 구성원들과 신중하게

10) 가장 인상적인 예증의 하나는, 불평하고 비난하는 장군들에 의해 정치가들이 만들었던 계획들을 망치는 결과를 항상 초래한 지속적인 갈등으로서, 제1차 세계대전의 말기 중에 루덴도르프(Ludendorff)와 힌덴부르크(Hindenburg)로 대표된 일반참모들과 정치지도자들 간의 갈등에 의해 제시되었다. 갈등의 가장 두드러진 단계는 슈베르트페거(Schwertfeger, B.), 『독일작전에 대한 세계대전사상』[*Das Weltkriegsende Gedanken über die deutsche Kriegsführung*, 1918 (Potsdam, 1937)], 35～41, 119～142쪽 참조.

조정되어져야 하는 때는, 내가 다소간 고립되고 독립적이며 옳다고 생
각하는 것은 무엇이든지 할 수 있을 때와는, 분명히 매우 다를 것이다
[11]. 공장노동자로서 나는, 나의 직업활동들이 작업 중ㅇ 업무와ㅏ 지겁
적으로 항상 연계되지는 않는 욕구들도 종종 만족할 수 있도록 느슨하 56
게 조직할 수 있는, 독립적인 장인 보다는 훨씬 더 완전하게 나의 충동
들과 욕구들을 통제해야한다. 현대사회는 그 사회의 행정막료 가운데
서 아마도 최고단계의 기능적 합리화를 달성한다. 이는 그 행정막료에
서 개인들은 규정된 특정행동들 — 이러한 종류의 과업에 대한 합리화
는 산업공장의 노동자들에 대한 테일러화(Taylorization)에서 아마도
보다 더 진전된 것일 수 있다 — 뿐만 아니라, 추가하여, 개별적 단계
들을 미리 상세화한, 대부분을 "경력"의 형식으로 부과하는, 그들의
생애계획에도 참여하기 때문이다.[12] 경력에 대한 관심은, 노동의 실제
과정 뿐만 아니라 어떤 사람에게 소유하도록 허용된 아이디어들 및 감
정 그리고 그 사람의 여가시간 양자에 대한 처방적인 규제와도 관련되

---

11) 단일 목표에 대한 모든 행동의 예속은 막스 베버(Max Weber)의 앞서 인용한 책에 훌륭하게 취급되었다. 역사에서 이 과정의 괄목할 만한 또 다른 취급은 쉬킹(Schücking, L.), 『청교도가정』(*Die Familie im Puritanismus*, Leipzig, 1929).

12) 만하임(Mannheim, K.), "성공노력의 본질과 의미", 『사회과학과 사회정책을 위한 문고』(*Archive für Sozialwissenschaft und Sozialpolitik*), 제63권(1930) 참조. 사회심리학과 에서 가장 중요한 것 중의 하나인 "경력"이라는 개념은 현대 사회학에서 대단하게 취급하지 않았다. 막스 베버(Weber, M.)의 『프로테스탄트윤리와 경제 및 이익단체』[(*Protestand Ethic and Wirschaft und Gesellschaft*) (특히 "Bürokratie" 주제 아래에)]에 다수의 가치 있는 소견이 있다. 또한 쿨리(Cooley, C.)의 "개인적 경쟁", 『사회학적 이론과 사회적 연구』(*Sociological Theory and Social Research*, N. Y., 1930), 163～228쪽 참조. 라자스펠드-야호다(Lazarsfeld-Yahoda, M.)와 자이슬(Zeisl, H.), 『실업』(*Die Arbeitslosen von Marienthal*, Leipzig, 1933). 라스웰(Lasswell, H.), 『세계정치와 개인불안』(*World Politics and Personal Insecurity*, N. Y., 1935). 이 현상의 보다 분명한 분석의 하나는 휴스(Hughes, E.), "제도적 직무와 개인", *American Journal of Sociology*, 제43권(Nov. 1937): 404～413쪽.

기 때문에, 최대한의 자제(自制)가 요구된다.

때문에 우리는 기능적 합리화의 상이한 형태들은 서로 밀접하게 연계되어 있다는 것, 즉 객관적 행동들의 기능적 합리화는 궁극적으로는 자기합리화를 불러일으키는 것으로 이해한다. 그러나 우리가 지금까지 접한 자기합리화는 활동주체의 합리화에 대한 가장 급진적 형태를 표상하는 것은 아니다. 성찰과 자기관찰은, 순수한 자기합리화와는 식별되는, 한층 더 급진적인 형태이다.

만일 주어진 목표를 달성하기 위해서 내가 나의 즉흥적인 소망들이
나 갑작스런 충동들을 조정한다면, 그것은 자기합리화에 관한 예증의
하나이다. 때문에 만일 내가 사고의 기법에 관한 법칙들에 따르거나
또는 육체노동의 특정유형에 대한 기법에 의해 규정된 활동을 유지한
다면, 나는 정신훈련과정에 의해 나의 내부동기를 외부목표에 종속시
킨다. 자기관찰은, 반대로, 그러한 정신훈련형태 이상이다. 자기관찰은
주로 내적인 자기변환을 겨냥한다. 사람은 보다 급진적으로 스스로의
57 개주(改鑄)나 변혁을 위해 그 자신과 그의 행동 대부분을 성찰한다. 인
간의 관심은 보통은 자기 자신이 아니라 그가 조작하고 변화시키고 형
성하고자 바라는 사상(事象)들을 지향한다. 그는 어떻게 그 스스로가
역할을 수행하가를 관찰하지 않는 것이 보통이다. 그는 경험에 의한
즉각적 행동들 속에서 생활하고, 보통은 그 행동들에 대한 이해 없이
그 행동들에 몰두한다. 그가 어떤 예측된 행동을 추진하는데 실패하
고, 이 실패의 결과로, 말하자면, 스스로에게 의존하는 때에, 그는 스
스로 반성하고, 처음으로 자신을 관찰한다. "성찰", "자기관찰", "자신
의 상황 고려"는, 그 순간들에, 자기개혁의 기능들을 가정한다. 그들이
습관적으로 그리고 생각 없이 행동할 수 없고, 그들이 항상 새롭게 재
조직해야하는 상황들에 보다 자주 당면한 사람들은, 단 한번 순응한
사람들 보다는 더 자주 스스로 반성하고 상황을 곰곰이 생각할 것이라

는 점은 분명하다. 후자의 충동들과 본능적 의욕들은, 그것들에 중요한 약간의 상황들에 관한 한, 체계화되었으며, 그것들은, 말하자면, 마찰 없이 기능 한다[13]. 그 때문에 기동적인 유형의 사람들은- 그 중에서 유대인들-소위 "안정적"이며 뿌리 깊은 유형보다는 더 자주 추상적이고 숙고적인 경향이 있다. 동시에 의도하는 목표를 가진 사유와 행동에 기초한 보다 더 복합적인 과정을 수행해야 하는 사회는, 어떤 상황에서는, 숙고적인 유형의 사람을 만드는 경향이 있다는 것은 분명해진다. 이러한 견지에서 성찰을-많은 낭만적 사상가들이 하는 것처럼-모든 상황이 삶을 소멸시키는 세력아래 있는 것으로 간주하는 것은 분명히 오류이다. 반대로, 대부분의 사례에서, 성찰은 새로운 상황들에서 순진하고 반성적이지 못한 사람이 완전히 난처해 질 수 있을 정도로 복합적인 그러한 상황들에 순응할 수 있도록 도와줌으로써, 삶을 유지시킨다.

VI

실체적 합리성의 증가 없는 기능적 합리성

그래서 여기서도, 우리는 합리화의 사회적 근원은 명료하게 결정될 58
수 있고, 필시 우리 사회에서 합리성의 다양한 형태를 고안하는 세력은 사회조직의 특별한 형태인 산업화로부터 연원한다고 이해한다. 증

13) 토마스(W. I. Thomas)의 창조적인 필리스틴인(팔레스타인 남쪽에 살던 민족으로 유태인의 강적)과 보헤미안유형 간의 구별은 서로 다른 관점에서 이 현상을 인식한 것을 나타낸다. 토마스는 3가지 개성유형의 변화에 대해 차별화된 반응을 연구한 반면에, 우리는 변화하는 또는 상대적으로 안정적인 상황에 의해 만들어지는 개성유형에 관심을 갖는다. 토마스(Thomas, W.)와 자니키(Znaniecki, F.)의 『유럽과 미국의 폴란드 농부』(*Polish Peasant in Europe and America*, N. Y., 1927), 제2권 1853행.

가하는 산업화는, 정말로, 기능적 합리화, 즉, 객관적 목표들과 관련한 사회구성원들의 활동에 관한 조직, 를 의미한다. 그 산업화는 같은 정도로 "본질적 합리성", 즉, 사상(事象)들의 상호작용에 대한 자기 자신의 통찰을 기초로 하여 주어진 상황에서 지적으로 행동하는 능력, 을 제고하지는 않는다. 사회에서 더 진전된 산업화는 독자적 판단을 위한 평균적인 능력을 제고할 것이라고 예측했던 사람은 누구라도 지난 수년 동안의 사상(事象)들로부터 자신의 실수를 배워야한다. 위기와 혁명의 격렬한 충격은, 내면에서 지금까지 작용하고 있었던 경향, 즉, 합리적 판단을 위한 능력에 관한 기능적 합리화를 마비시키는 효과, 을 밝혔다[14].

만일, 최근의 변화를 분석함에 있어, 사람들이 다양한 합리성 유형들 간의 판별에 유의했었다면, 그들은 산업합리화가 가능적 합리화를 증가시키는데 기여했지만, 독자적 판단능력이라는 의미에서 본질적 합리성의 발달에 훨씬 협소한 범위를 제공했던 것을 분명하게 이해했을 것이다. 더욱이, 만일 이 설명에 등장한 두 가지 합리성유형간의 구별을 생각했다면, 사람들은 기능적 합리성이, 바로 그 속성에서, 평균적인 개인으로부터 사고, 통찰, 그리고 책임을 박탈하고, 이러한 능력들을 합리화과정을 지향하는 개인들에게 전이시킬 것 같다는 결론을 강요했을 것이다.

기능적으로 합리화된 사회에서 일련의 복합적인 행동으로부터 발현
59 된 사유가 소수의 조직자들에 국한한다는 사실은, 사회에서 핵심적 지위에 있는 이 사람들을 안심시킨다. 소수의 사람들은 한층 더 확대된 영역에 대해 점점 더 명료하게 사상(事象)들을 이해할 수 있는 반면에,

14) 본질적 합리성의 가능성에 관해 산업화의 영향에 대한 발산적인 해석의 상설을 위해서는, 베블렌(Veblen, Th. B.), 『기득권과 보통사람』(*The Vested Interests and the Common Man*, N. Y., 1920) 참조.

합리적 판단을 위한 평균적인 사람의 능력은, 일단 그가 의사결정의 책임을 조직자에게 위임한다면, 꾸준히 감소한다. 현대사회에서는 생산수단의 소유권이 극소수자의 수중에 집중되었을 뿐만 아니라, 우리가 방금 살펴 본바와 같이, 서로 다른 행동들 간의 주요한 구조적 연계들을 인지할 수 있는 아주 극소수의 지위들만이 있고, 극소수자만이 이러한 유리한 위치에 도달할 수 있다.

이것이 엘리트와 대중간의 거리를 멀어지게 하고, 최근에 점점 더 광범해지는 "지도자에의 호소"로 인도된 상황이다. 평균적인 사람은, 기능적으로 합리화된 활동들의 복합체를 통합하려는 모든 새로운 행동과 함께, 그 자신의 문화적 개체성에 관한 부분을 포기한다. 그는 타인들에 의해서 인도되는 것에 점차 익숙해지고, 타인들이 자신에게 부여한 사상(事象)들에 대한 그 자신의 해석을 점진적으로 포기 한다[15]. 사회생활의 합리화장치가 위기의 시대에 붕괴한 때에는, 개인은 자신의 통찰력으로는 그것을 교정할 수 없다. 대신에 그 자신의 무능은 그를 무서운 무력(無力)의 상태로 떨어뜨린다. 사회적 위기에서 그는 지적결정을 위해 필요한 노력과 에너지를 낭비한다. 원시인이 자연에 무지했던 것처럼, 그의 심연에 있는 불안감은 자연력에 대한 비예측성에서 발생했기 때문에, 현대의 산업화된 사람에게도 경제위기, 인플레이션 등과 함께 그가 살고 있는 사회체계에서 작용하는 세력들에 대한 비예측성이 동등하게 널리 퍼진 위험의 근원이 된다.

자유사회의 질서는, 실체적 합리성의 성장을 위한 심리적 준비를 위해, 훨씬 더 양호한 기회를 제공한다. 상대적으로 소규모의 경제단위와 적절한 개인재산소유에 기초한, 산업화시대의 이 첫 번째 단계는 구성원들의 판단이 어느 정도 독립적이었고, 사상(事象)들의 노선에서

15) 참고문헌 제4장 4, "지도력" 참조.

그들 스스로 다소간 합리적 해석에 따라 그 경제 단위들을 관리하고
60 조직했던, 상대적으로 거대한 엘리트를 배출했다. 이 독립적 기업들과
그 기업들의 지적인 사욕에 병행하여, 상대적으로 독립적인 지식계급이
성장했다. 이와 함께 그 기업들은 실체적 합리성의 존재를 보장했다.

Ⅶ
사회생활에서 비합리성의 사회적 원인들은 추적할 수 있는가?

근본적인 질문으로서, 이제 우리가 현대사회의 비합리적 요소들은 물론 합리적 요인들의 기원을 발견할 수 있을 것인가 없을 것인가가 제기된다. 산업화노선에서 현대사회는 매우 많은 사람들과 더 많은 인간생활의 영역들을 합리화하고, 많은 사람들이 거대한 도시지역들에 군집한다. 이제 우리는, 대도시의 대중 속에서 생활이 사람들을 유기체적으로 통합하고, 보다 더 소규모의 집단유형에 확고하게 소속된 그러한 사람들 보다는, 암시, 억제되지 않은 충동들의 폭발, 그리고 정신적 퇴보에 훨씬 더 복속되도록 만드는 경향이 있다는 것을, 사회문제들에 열중인 심리학 덕분에 알게 되었다. 때문에 산업화된 대중사회는 사회뿐만 아니라 개인의 사적생활에서도 가장 자기모순적인 행태를 만드는 경향이 있다[16).]

16) 현대사회에서 대중의 비합리성의 문제와 관련하여, 107쪽에 인용한 참고문헌에 추가하여, 파레토(Pareto)의 『사회주의체계』(*Les systémes socialistes*, Paris: 1904) 참조하고, 색인의 다음과 같은 제목에 특히 유의: "관련연상에 의한 논리", "감상", "인도적 감정", 등. 또한 라스웰(Lasswell, H.), 『세계정치와 개안불안』(*World Politics and Personal Insecurity*, N. Y., 1935), 겐트(Ghent, W.), 『대중과

대규모산업사회에서는 최고의 수준까지 합리적으로 숙고가능하고 61
충동적 만족의 억제와 자제에 관한 전체적인 시리즈에 의존하는, 행동의 전체적인 시리즈를 고안한다. 대중사회에서는, 반대로, 무정형의 인간집합체적 특질을 지닌 모든 비합리성들과 감정적 폭동들을 만들어 낸다. 산업사회에서는 가장 사소한 비합리적 혼란도 가장 광범위한 효과들이 발휘될 수 있도록 사회장치를 순화하고, 대중사회에서는 다수의 비합리적 충동들과 암시들에 호의를 보이며, 매순간 사회생활의 전체적인 정교한 장치를 분쇄시킨다고 위협하는, 승화되지 않은 정신적 에너지들의 축적을 만들어낸다. 막스 베버(Max Weber)는 이러한 이율배반들의 많은 부분을 이미 인식했지만, 그는 분명히 그 이율배반들로부터 발생한 가장 최근의 위기를 예측할 수는 없었다. 그러나 이 과정이 *무조건적*으로 그리고 모든 *상황아래서* 오늘날 매우 자주 발생하는

계급: 사회분화의 조사』(*Mass and Class: A Survey of Social Division*, N. Y.: 1904), 발베제(Balbéze, R.), 『대중과 농촌의 신경쇠약』(*Mass and La neurasthénie rurale*, Paris, 1911); 케이스(Case, C.), "집단갈등에서 직관적이고 문화적 요인들", *American Journal of Sociology*, 제28권(July 1922); 트로터(Trotter, W.), 『평화와 전쟁에서 군중의 본능』(*Instincts of Herd in Peace and War*, London, 1915); 왈라스(Wallas, G.), 『정치에서 인간속성』(*Human Nature in Politics*, Chicago: 1930); 라스웰(Lasswell, H.), 『정신병리학과 정치학』(*Psychopathology and Politics*, Chicago: 1930); 미첼스(Michels, R.), "반자본주의 집단운동의 심리학", *Grundriss der Sozialőkonomik*, 제9권(Tübingern: 1926); 동서 241～359; 바쉬비츠(Baschwitz, K.), 『대중환상』(*Der Massenwahn*, München, 1913); 모드(Moede, W.), 『실험적 대중심리학』(*Experimentelle Massenpsychologie*, Leipzig: 1930); 가이거(Geiger, Th.), 『대중과 그의 행동』(*Die Masse und ihre Aktion*, Stuttgart, 1926); 콜름(Colm, G.), "대중", *Arch. für Sozialwissenschaft*, 제54권(1924); 고타인(E. Gothein), "공포의 사회학", 파크(Park, R.)와 버제스(Burgess, E.), 『사회과학입문』(*Introduction to the Science of Sociology*, Chicago, 1921), 제8장, "집단적 행태"에서 구체적인 저술의 가치 있는 참고문헌이 부록으로 첨부되어 있다. 그리고 보다 최근에는, 가세트(Gasset, J. O. y), 『대중의 반란』(*The Revolt of the Masses*, London, 1932)와 글로버(Glover, E.), 『전쟁, 사디즘, 그리고 평화주의』(*War, Sadism, and Pacifism*, London, 1933).

파국으로 인도된다고 믿는 것은 잘못된 것이다.

르봉(Le Bon)과 같은 작가의 단순화된 대중심리학에 대한 응답으로서, 우리는, 비록 대중(즉, 군중, 또는 분화되지 않고, 형태도 없는 혼합체)에 응집하는 사람들이 암시와 전염에 시달린다고 하더라도, 다수는 기본적으로 대중을 반드시 구성하는 것은 아니고, 더 나아가서 비합리성은 사회를 필연적으로 분열시킬 필요는 없다고 주장해야한다. 오늘날 우리는, 사회적 여건들이 대중가운데서 비합리성을 격발시키는 경향이 있고, 어떤 여건들 아래서는 이 파열이 사회에 해롭다고, 아주 명확하게 지적할 수 있다. 우리는 여기에 약간의 논평들만을 제시할 수 있다.

맨 먼저 우리가 이미 언급했던 것처럼, 다수가 기본적으로 의식혼미상태와 비합리성을 필연적으로 조성하는 것은 아니다. 전체로서 사회에 대해-예를 들면 프랑스나 영국에서와 같이-오래되고 잘 통합된 형태에 집착하는 한, 그 사회는 혼란스런 대중적 반응과 같은 어떠한 징
62 후도 나타내지 안 는다[17]. 심리학적 견지에서 잘 통합된 유기체적 사회들에 대한 이해의 핵심은, 이 사회들에서 집단적인 충동들과 소망들은 그 사회들을 구성하는 보다 소규모 집단들에 의해 흡수된다는 사실에서 발견된다. 그 다음에 이 소규모 집단들은 이 에너지들이 그 집단들 자체의 특정한 목표를 지향하도록, 방향을 제시하고 인도한다. 충동들의 영역에서도, 역시, 분할정복이라는 사회학적 법칙이 통용된다.

---

17) 뢰베(Löwe, A.)의 『자유의 가격』(*The Price of Liberty*, London: 1936)은 영국 사회구조의 명료도에 대해 많은 암시적 생각들을 제시한다. 동일한 주제에 대해 디벨리우스(Dibelius, W.), 『잉글랜드』(*England,* London, 1930), 와일드하겐(Wildhagen, C.), 『영국인의 정치적 구조와 독일정신』(*Die politische Struktur des englischen Menschen, und der deutsche Geist*, Breslau, 1932), 및 그의 『선천적 및 역사적 기초에서의 영국 국민성』(*Der englische Volkscharakter seine natürlichen und historischen Grundlagen*, Leipzig, 1925) 참조.

원시사회들에서 터부의 비밀과 상징의 집단적 형성은, 주로 충동에 관한 자유로운 표현이 사회통제를 위한 다양한 장치들에 의해 억제되고, 집단에 혜택을 제공하는 특정한 객체와 행동을 지향하도록 하는 것이다. 사회의 분열에 의해 자유로워졌고 새로운 객체에 대해 통합을 추구하고 있는, 충동적 에너지들만이 모든 대중행태유형의 특징으로서 관례적으로 그리고 모호하게 사료되었던 그러한 폭발적인 파괴적 속성들을 보유하고 있다. 특정한 현대대중사회에서 독재정권들이 노력하는 것은 조직들을 통해 혁명의 시기에 속박을 푼 충동들을 조정하고, 그 충동들이 규정된 소망스런 객체들을 지향하도록 하는 것이다. 새로운 객체들에 대한 대중의 충동들을 의식적으로 교도시킨 집착은, 말하자면, 완만한 선택과정을 통해 그 충동들의 목표들을 조직적으로 발견하는, 소망에 대한 병적인 집착의 초기형태를 대신한다. 그래서, 예를 들면, 새로운 종교를 창시하려는 시도가 이루어지는데, 그 기능은 먼저 낡은 감정적 환경을 파괴하고, 그 다음에 이 분해된 충동들을 새로운 상징들의 사용을 통해 자기 자신의 목표에 더 도움이 되도록 만드는 것이다. 이러한 과정들은 종교개혁 중에도 이미 작동했고, 게다가 중세 봉건사회해체 후에도, 그 시대에서 자체적으로 확립된 정치권력들이, 우리의 일부 독재자들처럼, 그들의 권력을 되찾고 자유로워진 비합리적 요소들을 억제하고 통제하는데, 새로운 종교적 감정을 사용할 필요성을 발견하는 것은, 불가능한 것은 아니고 필시 한층 더 가능하다.

우리는, 더욱이, 비합리적인 것이 항상 해로운 것은 아니지만, 반대로 그 비합리적인 것이 합리적 및 객관적 목표들을 지향하는 추진력처럼 행동하거나, 또는 승화를 통한 문화적 가치를 창출할 때, 또는 순수한 예지로서 계획의 결여 때문에 사회질서를 해체하지 않고도 삶의 즐거움을 제고하려할 때, 그 비합리적인 것이 인간의 소유물중 가장 가치 있는 권력이라는 것을 인지해야한다[18]. 실제로, 정당하게 조직된 63

대중사회조차도 충동들을 주조하기 위한 이 모든 가능성들을 고려한다. 널리 보급된 합리화 때문에 일상생활에서의 평범함은 부단한 충동의 억압을 의미하기에, 충동들의 정화를 위한 출구를, 정말로, 만들어야한다. 사회의 더 일반적인 문화적 목표들의 기능은 물론, 대중사회의 "스포츠"와 "축제들"의 기능이 발견되어야하는 것도 이러한 임무들 가운데 있다. 역사에서 모든 위대한 문명들은 지금까지, 비합리적인 정신적 에너지들에 배출구를 마련하고 형태를 제공하는데, 승화를 사용할 수 있었다.

우리는 이제 무엇이 비합리성의 특정한 위험을 구성하고 있는가를 명료화해야 할 입장에 처해 있다. 대중들이 지배하려는 경향이 있는 사회에서, 사회구조에 통합되지 못했던 비합리성들은 그 대중들의 방법을 정치적인 생활에 강요할 수도 있다. 이러한 상황은, 대중민주주의의 선택장치가 합리적인 감독이 필수적인 그러한 장소들에서, 비합리성들에 문을 개방하기 때문에 위험하다. 따라서 민주주의 자체는 자신의 안티테제를 만들고, 심지어 그 민주주의의 적들에게조차 무기를 제공 한다[19]. 우리는 보다 정확하게 "부정적 민주화"라고 묘사한다.

대중사회의 비합리적 요소들이 그들의 방법을 점점 더 정치의 영역에 강요한다는 사실은 심리학적으로가 아니고 사회학적으로 설명되어

---

18) 뒤르깽(Durkheim), 할브왁스(Halbwachs) 등의 영향아래서, 이 현상은 최근에 다수의 흥미 있는 연구의 대상이 되었다. 메이요(Mayo, E.), 『산업문화의 인간문제』(*The Human Problems of an Industrial Civilization*, N. Y., 1933); 뢰쓰리스버거(Roethlisberger, F.)와 딕슨(Dickson, W.), 『관리와 노동자』(*Management and the Worker*, Cambridge, Mass., 1934); 그리고 화이트헤드(Whitehead, T.), 『자유사회에서의 지도력』(*Leadership in a Free Society*, Cambridge, Mass.: 1936) 참조. 또한 망(Man, H.), 『일의 즐거움』(*Joy in Work*, N. Y., 1931) 참조. 불행하게도, 위락시간과 레크리에이션의 사용과 관련된 사회 안정과 관련하여 근본적으로 중요한 문제들은 사회학자들로부터 큰 관심을 받지 못했다.

19) 본서의 97쪽(원저 85쪽) 참조.

야한다. 어떠한 비합리성들이 그리고 노이로제의 형태로서 충동들의 어떠한 왜곡들이, 인간정신에서 일반적으로 발견되는가를 설명하는 것은 심리학의 문제이다. 주어진 사회의 어떤 지점들에서 이 비합리성들이 표현되고, 어떠한 사회적 기능들과 형태들을 그 비합리성들이 가정하는 가를 설명하는 것은, 사회학의 과업이다. 사회학적 관점을 무시하는 심 64
리학은, 가학성과 같은 일정한 파괴적인 심리적 세력들을 발견한 후, 순수한 심리적 용어로서 그 세력들의 효과들과 유의의들을 기술할 수 있는 반면에, 진정한 문제는 소정의 사회에서 이러한 결함들을 보유한 기능이라고 믿는다. 이러한 의미에서 현재의 현대산업사회형태는 스스로는 전체적으로 합리화할 수 없다는 것을 인정해야한다. 현대산업사회는 폭력의 형태로서 정치적 비합리성을 인정한다. 인간정신에 존재하는 비합리적 충동들은, 만일 폭력이 발붙일 곳을 발견할 수 있는 사회의 정치적 질서 속에서 약점들이 항상 그 충동들을 끌어 들이지 않는다면, 폭력적 목표들을 위해 동원될 수 있기 때문에, 문화적 가치를 정화시키거나 창조하기 위해 다른 영역들로 관심을 돌릴 수도 있다[20].

현대사회의 거대한 조직과 산업체계의 비교적 순조로운 작용의 이면에는, 폭력에 호소할 가능성이 잠복해있다. 외교정책 또는 지배를

---

20) 현대사회과학은 폭력의 역할과 그것의 출현조건들에 대한 이론적 또는 체계적 분석에 많은 관심을 불행하게도 갖지 않았다. 물론, 예외도 있는데, 그중에서도 특히 전쟁에 관해, 라이트(Wright, Q.), 『전쟁의 원인과 평화의 조건』(*The Causes of War and the Conditions of Peace*, N. Y., 1935); 스타인메츠(Steinmetz, S.), 『전쟁사회학』(*Soziologie des Krieges*, Leipzig, 1929); 그리고 특정한 개인범죄의 유형 참조. 정치학에서 폭력의 중요성은 심각하게 취급되지 않았지만, 예외는 라스웰(Lasswell, H.), 『정치학: 누가, 무엇을, 언제, 어떻게 갖는가』(*Politics: Who gets, What, When, and How*, N. Y., 1936), 제3장 "폭력"이다. 스파이어(H. Speier)의 논문, "사회계층화", 레만(Lehmann, F.)과 아스콜리(Ascoli, M.), 편, 『정치적 및 경제적 민주주의』(*Political and Economic Democracy*, N. Y., 1937), 은 사회계층간에 발생하는 폭력의 조건들에 대해 약간의 흥미 있는 소견들을 담고 있다. 본서의 제3편과 그 속에 있는 참고문헌 참조.

위한 내부투쟁의 영역에서, 정확히 언제 그리고 어디서 유혈폭력이 평화적 타협을 대신할 것인가를 결정하는 것은 어렵다. 이러한 아직도 무장해제 된 비합리성은 현대사회의 실제작용에서 항상 발현되고, 종종 대중들의 충동들을 동원한다. 산업조직영역의 노동생활에서 광범위하게 합리화되었던, 똑같은 사람들이 언제라도 "기계파괴자"와 무자비한 전사들로 변질될 수 있다.

이 조화되지 못한 성장의 근원들은 유사이전으로 곧바로 되돌아간다. 민족학자들과 사회학자들의 탐구들 덕분에, 역사에서 모든 고도의 선진문화들은, 보통 평화로운 농민들인 원시공동체들을 유목집단들이
65 폭력적으로 정복한데서 발생했다는 것을, 우리는 알고 있다[21]. 이러한 세력의 요소가, 그 사회의 구조에 영구적인 영향을 주고 그 사회의 장래발전에 영향을 미치는, 상대적으로 평화로운 소규모 농업사회들에 매우 깊게 침투했다. 오늘날에서조차 이 모순은 해결되지 않았다. 산업사회는 힘에 의해 규제되었고, 마지막으로 그 힘과 합병한 정치적 질서 속에서 성장했다. 생산과 분배의 과정은 다양한 거래기법으로 구체화되는 숙고와 타협의 수단에 의해 지배되지만, 폭력은 국내·외 정치에서 지혜의 결정판인 "최후의 담판"이다.

심리학자들이 단일의 개인을 관찰하고 그 개인의 사회와의 관계를 무시하는 만큼, 그들은, 우리가 언급했던 것처럼, 이 비극적인 비합리성의 지속적인 실존이 인성의 "영원한 죄악" -가학적 충동- 때문이라고 생각하는 경향이 있다. 그렇지만 심리학자들은, 사회가 유목민정복시대이래로 이 비합리적 세력들을 위해 항상 노력한다는 것을, 망각한다. 바로 이러한 이유 때문에, 이 논의의 주요 목적들 중 하나는, 인간

---

21) 오펜하이머(Oppenheimer, F.), 『국가』[(*Der Staat*), *System der Soziologie*(Jena: 1926)] 제2권 그리고 맥레드(MacLeod, W.), 『정치학의 기원과 역사』(*The Origin and History of Politics*, N. Y., 1931) 참조.

사회의 모든 합리적 및 비합리적 세력의 이면에, 그 세력이 언제 나타나고 어떤 형태를 취할 것인가를 결정하는 사회적 장치가 있다는 것을 설명하는 것이다. 이 사회적 장치는 또한 개인생활에서 합리적 및 비합리적 요소들의 성장과 억제를 규제한다. 이것으로부터, 이 사회적 장치는 이러한 문제의 과학적 치유를 위해 심리학자들, 역사학자들, 그리고 사회학자들 간에 더 긴말한 협력이 요구되지만,[22], 보통사람은 사회학적 문제들과 심리학적 문제들 간의 연계를 고찰하는 것을 학습해 66
야 한다는 것을 따른다. 사회혁명은 물론 전쟁도 가장 합리적이고 숙려적인 행태의 유형들 아주 가까이서 끊임없이 맴돌고 있고; 그것은, 사람들의 불변의 인성 때문이 아니라, 어떤 인간들도 한편으로는 그들의 행동들을 매우 상세하게 계획을 세우는 숙고적인 피조물들이고, 다른 한편으로는 주어진 시간에 인간의 야만성과 가학성으로 최악의 타락을 발현하는 것을 올바르다고 생각하는 격렬한 존재들이라는, 사회구조상 그들의 이중적 성격에 의해, 지금은 한 방향으로 다음에는 다른 방향을 추구하기 때문이다.

---

22) 문화와 개성 간의 상호의존성의 문제와 관련하여, 미국의 사회학 문헌에서 유사하면서도 매우 가치 있는 추세가 발견될 수 있다. 이전세대들의 저작들 중에서, 무엇보다 쿨리(Cooley), 미드(Mead), 토마스(Thomas), 파크(Park), 버제스(Burgess), 파리스(Faris) 등을 참조. 이 저자들의 견해들은 카프(Karpf, F.), 『미국의 사회심리학』(*American Social Psychology*)에 요약되어 있다. 파리스(Faris), 파크(Park) 등의 논문들과 함께 이와 관련된 연구에 관한 참고문헌들이 포함된 영(Young, K.), 편, 『사회적 태도』(*Social Attitude*, N. Y., 1931) 참조. 지난 수년 사이에 동일한 논제에 새로운 경향이지만 보다 정신분석학에 영향을 받은 것이 라스웰(H. Lasswell), 돌라드(J. Dollard), 프롬(E. Fromm), 하니(K. Horney) 등의 저술에서 등장했다. 수 년 동안 사회과학연구평의회(Social Science Research Council)은 "개성과 문화에 관한 특별위원회"를 구성했다. 영국에서 동일한 추세로, 캐텔(Cattell, R.), 트래버스(Travers, R.), 및 코헨(Cohen, J.), 편, 『인간사』(*Human Affairs*, London, 1937), 그리고 나의 논문, "대중교육과 집단분석", 코헨(Cohen, J.)과 트레버스(Travers, R.), 편, 『민주주의를 위한 교육』(*Educating for Democracy*, London, 1939), 제3장, 1. f, "심리학의 사회학적 측면, 등"의 참고문헌 참조.

Ⅷ

도덕성에서 합리성과 비합리성의 사회적 원인들은 추적할 수 있는가?

지적 영역에서 합리성의 성장과 붕괴를 만드는 요인들과 도덕성의 성장과 붕괴를 만드는 요인들 간에는 완전한 유사성이 있다. 게다가, 여기서 우리가 한편으로는 현대산업사회가 크게 증가된 책임능력을 발생시키는 것은 훌륭한 교육수단이라는 것을 깨달았다. 이와 반대로, 우리의 독특한 사회형태 속에서 폭력은 전자단기회로와 유사하게 작용하는 비합리성을 촉진한다. 여기서도, 역시, 사람은 원래 상반되는 감정을 가진 충동들을 보유하고 있고, 심리적 유산으로서, 동일한 조치로서도 선악 양자를 동반한다고 말할 수 없다. 또한 여기서도, 우리는 정확하게 어떤 지점에서 지배적인 사회적 장치가, 한때는 시민들로부터 특정한 종류의 행태를 요구하고 다른 때는 다른 종류의 행태를 요구하는가를, 제시할 수 있다. 때문에, 우리는 이 양쪽의 실마리들을 추적하고, 어떠한 사회적 장치가 도덕적 행태의 일종으로 인도하고, 어떤 것이 그 행태의 붕괴로 인도하는가에 관해 고찰하려한다.

67 아주 광범한 개요에서도 인간도덕성의 역사를 기술함에 있어, 그 도덕성발달의 다양한 단계들중에서 인간품성은 두 개의 관점에서 고찰해야한다. 이 관점들은 다음의 질문들에 의해 편리하게 요약할 수 있다. 즉, 얼마나 멀리, 인간의 *비전의 범위*, 즉, 의식적인 오성과 예지, 를 어떤 주어진 연령에게도 그의 사회적 행태의 영역을 확대할 수 있는가? 어느 범위까지 특정시대의 대표적인 개인이 *책임*들을 떠맡을 수 있는가? 명백하게 이 두 질문들은 도덕성에 대한 사회학적인 이해와 관련된 모든 문제들을 자세히 구명하는 것은 아니지만, 여기서 우

리는 현재의 논의를 위해 중요한 그 측면에 대해서만 관심을 갖는다.

도의(道義)의 영역에서도, 역시, 우리는 약간의 수정과 함께, 기능적 관점과 본질적 관점을 사용할 수 있다. 주어진 도의유형의 기능적 측면은, 행위가 이루어졌을 때, 사회가 순조롭게 작용하는 것을 보장하는 그러한 규범들 속에 존재한다. 이 규범들은 여러 유형이 있고, 그것들은 사회구조에 따라 변한다.

본질적 도덕성은, 신념의 명령과 같은 특정한 구체적 가치들, 그리고 속성이 완전히 비합리적일 수 있는 상이한 감정의 종류, 규범들로 구성되어있다. 가장 원시적인 시대부터 현재에 이르는 역사의 전범위에서 우리는 두 개 유형의 금지나 터부, 즉, 문제가 되는 사회의 기능을 보장하는 것 그리고 특정한 감정적 태도, 전통 또는 집단의 특이성까지, 를 구별할 수 있다[23].

현대대중사회가 기능적으로 합리화할수록 실체적 도덕성을 더욱더 무력화하거나 "사적" 영역으로 빠지게 하는 경향이 있다. 공공문제에 있다. 공공문제에 있어 그 사회는 순전히 기능적인 의미를 함유한 보편적 규범들에 국한시켜서 탐구한다. 관용의 아이디어는, 공적 논의에서 모든 주관적 또는 분파적 신념을 제외하는 경향, 즉 실체적 비합리성을 제거하고 사회적 관계의 순조로운 작동을 촉진하는 그러한 관습을 그저 보유하는 것, 의 철학적 형식화에 지나지 않는다.

본 연구의 제1편에서 우리가 기술했던 것처럼, 대중사회의 장치를 통해 실체적 비합리성들이 사회생활의 다른 영역들에서도 승리하고 이 68
성과 합리화를 전복시킬 때만, 내재가치에 대한 학리상의 논쟁과 싸움은 윤리적 영역에서도 역시 그러한 비합리성들의 현상을 만든다. 이미

23) 브리폴트(Briffault, R.), "인간속성에 관한 터부", 칼버튼(Calverton, V.)과 쉬말하우센(Schmalhausen, S.), 편, 『신세대』(*New Generation*, London, 1930). 참조.

언급한 바와 같이, 도덕성의 변화들과 특정업무와 관련된 그 변화들의 효과를 우리가 판단할 수 있는 두 개의 주요 준거가 있는데, 그것은 사람들의 예지범위와 책무범위이다.

세 개의 필수적인 역사단계를 여기서 구별할 있다. 즉, (1) 유목민적 결속단계의 인간; (2) 개인적 경쟁단계의 인간; (3) 초개인적 집단결속 단계의 인간.

(1) 인간도덕에 대한 초기역사는 뒤르켐(Durkheim)이 유목민도덕의 기계적 결속이라고 부른 수준에서, 어떤 의미에서는, 시작된다. 그 구성원들이 모두 불가피한 결속과 순종에 고착되어 있었던, 고대가 끝날 무렵에 유럽에 난입한 독일의 유목민을, 예를 들어, 상정해 보자. 그 집단의 행동들은, 전통과 공포에 의해 궁극적으로 강요된, 상대적으로 동질적인 행태의 산물이었다. 도덕·예지범위·자각·책무능력의 관점에서, 이 단계는 개인이 분리된 존재자로서 자신의 존재에 대한 자각이 아직 각성되지 않았다는 사실에 의해 특징 지워진다. 그는 독자적인 견지에서 삶을 고찰하고 개별적 책임을 가정할 수는 없다. 이러한 종류의 사회적 행태에 대한 사회학적 석명은 전체집단이 집단생활의 여건과 상황에 스스로 순응하고, 때문에 개인은 이 집단적 순응과정의 본질적인 부분으로서 스스로를 지킬 수 있는데, 그는 집단과 함께 생존하거나 소멸해야한다.

(2) 기계적 결속의 *이 세계와 대비되게,* 그 결속으로부터 발흥한 *개*
69 *인경쟁의 세계*는 부분적으로 엄청난 진전을 시현했다. 거기에서 처음으로 개인이 탄생했는데- 그 사람은 집단의 풍습 및 전통과는 다른 안목으로 세상을 볼 수 있고, 개인적 책임을 두려워하지 않는 사람이다. 개별적 경쟁에 참여하는 모든 사람은 개별적인 적응을 강요한다. 그는 자신의 이익에 최대한 기여할 수 있는 방법으로 사상(事象)들에 순응해야 한다. 개인적 책임의 증대를 가져오는 주요한 자극제는 소규모의

재산소유에 관한 체제였다. 이 체제에서 개인은, 만일 그가 경쟁적 투쟁에서 굴복되기를 바라지 않는다면, 그의 행동노선의 모든 단계를 사전에 결정해야한다. 때문에 개인적 경쟁은 주관적 합리성, 즉, 자기 자신의 견지에서 기회를 숙고하고 자기행동의 즉각적인 결과(그러나 전체로서 사회의 원인과 효과 간의 근본적인 관계일 필요는 없다)를 예측할 수 있는 능력, 의 출현으로 인도한다. 이 주관적 합리성이 일종의 경쟁적 사고였다. 사회는 미리 생각했던 계획의 결과는 아니지만, 많은 적대적인 활동들에 대한 기회의 통합을 통해 발달되었다. 모든 사람은, 어떤 종류의 사회가 이 상충하는 활동들과 제한된 개인적 책임들의 혼돈 속에서 형성된 것인가를 배려함이 없이, 독자적인 힘으로 다른 사람들과 대항해야했다.

비록 이 체제가 많은 사람들이 그들 자신의 이익들과 그들의 행동들에 대한 즉각적인 결과를 예민하게 인지하게 만들 수 있었다고 하더라도, 그들은 전체로서 사상(事象)들의 노선과 함께 이 개인적 활동들의 네트워크연결에 대해 아직도 이해하지 못한 상태에 머물렀었다.

(3) 우리의 현대세계는, 지금까지 서로 점점 더 분리되었던 개인들이, 그들의 사적이익들을 부정하고 보다 큰 사회단위들의 이익들에 그들 스스로가 종속될 수밖에 없는 대규모집단 중의 하나이다. 한편에서는 대규모산업의 기법은 개별재산소유자들이 서로 그들의 경쟁적 태도를 포기할 것을 강요하고, 그들의 자본을 결합하고 점점 거대해지는 기업들과 산업조직들을 구성한다. 이들은, 그들 스스로가 부분적으로는 이미 갈등과 상호적대를 포기한 산출물로서 다른 매머드산업재벌들과 경쟁시키는, 대규모군대들과 같다. 이와 반대로, 노동조합에 가입된 노동자들은, 비록 그들이 고용자조직들과의 갈등을 통해서 학습했다고 하더라도, 결속과 협력적 행동을 배운다. 환언하면, 적대적인 개인 70
들 간의 경쟁적 행동에 의해 만들어진 태도는, 비록 그 태도가 시작된 집단들이 포괄적이지 않더라도, 집단결속에 관한 새로운 태도로 변환된다. 그렇지만 이 결속은, 이론적 및 역사적인 양면의 수준에서 개별화와 개인책임의 성장에 선행하는 수준에서 인간을 구별한, 기계적인 유목민결속이 더 이상 아니다. 오늘날 아무리 고통스럽더라도 스스로 억제하는 것을 학습하는 개인은, 그의 사회적 경향들의 본질에 관해 완만하게 각성하는 통찰과 그 자신의 다소간 숙고된 판단에 의해, 그렇게 하도록 강요된다. 그는 부분적인 이점을 포기함으로써 사회 및 경제체제를 구제할 수 있도록 돕고, 그것에 의해 그 자신의 이익도 확보할 수 있다는 것을 점차 실감한다. 이것은, 처음에는 사람들의 상호경쟁을 초래했고 그래서 그들의 예지범위를 사회과정의 고립된 부분에만 확장했던, 바로 그 과정이 이제 그들이 사상(事象)들의 상호의존성에 대해 그들이 이해하도록 하고, 전체적인 사회구조에 대한 통찰력의 확보를 도와주는 것을 의미한다. 간략히 이성과 도덕성의 최고수준은, 비록 미약하지만, *계획*의 필요성을 사회구성원들이 각성하게 한다. 개인은 사회의 일부가 아니라 사회전체를 계획해야하고, 더욱이 이 계획과정에서 사회전체의 운명에 대해 일정한 관심을 보여야 한다는 점을 인식하기 시작한다. 현재, 우리는 지배적인 사회집단들 각각이 계획의 기회를 독자적으로 확보하고, 이 권력이 경쟁 집단들에 대항하도록 사회를 통제하는 그러한 발전단계에 우리가 속해 있다는 것도 사실이다. 그러나 현재의 세대가, 이 갈등들은 모든 사람이 그 자신의 이익을 위하지만, 그의 근린이익과는 상반되게 행동하는 시대의 최후의 잔존물인, *편견을 가진 계획*을 위한 그러한 투쟁에 지나지 않는다는 것을 경험하도록 운명 지워진 것은 당연할 수도 있다. 오늘날 개인은, 공동체나 전체로서 인류의 복지라는 의미가 아니고, 그 자신의 특정한 집단이익이라는 의미에서 사유한다. 아직도 이 전체적 과정은 개인이 점진적으로 보다 장기적 견해를 취하도록 훈련하려하고; 동시에, 그 과정은 숙고된 판단능력을 그에게 주입하고 그가 활동하는 사회의 전체적인 사상(事象)들의 노선을 계획하는 책임을 분담하는데 적합하게 하려 한다.

Ⅸ
도덕성의 비합리적 경향

기계적 집단결속단계에서 자유경쟁단계로의 인류발달에 따른 거대 71
한 진보, 그리고 한 단계에서 다른 단계로의 변이를 의미하는 사회적 관계들 속에서의 완전하고 근본적인 변화는, 정신생활과 품행에서의 광범위한 변화들이 적응을 통해 발생할 수 있고, 따라서 그러한 일괄적인 인간변혁이 불가능하지 않다는 것을 증명하기 위해 진행한다. 그래서 이 진보는 산업화와 민주화가 가져온 발달의 한 측면이고, 이 측면은 그 진보와 다투는 난점들에도 불구하고 유망한 발달이다. 여기서, 또한, 대중들에 대한 현대적인 통합과 민주화과정의 특정한 함의는, 우리가 방금 논의했던, 도덕적 세력의 완만하지만 지속적인 성장에 대한 위협이다. 민주화는, 그것이 인도되는 방향에 따라 건설적은 물론 파괴적인 성과를 만들 수 있는, 라디오와 신문과 같은, 현대기술의 타 업적들과 그 점에서는 유사하다. 과학이 점점 더 질병치료제의 발명이나 대규모의 독가스생산에 사용될 수 있는 것과 똑 같이, 민주주의의 현대적인 업적은 사회적으로 파괴적 요인들에 관한 권력의 촉진에도 기여할 수 있다. 이러한 의미에서 민주주의는, 도덕적으로 건설적인 방법은 물론 파괴적인 방법으로도 작용할 수 있는, 사회적 영향이 사방으로 발산하게 하는 수단이다. 우리는 이와 관련하여 다른 예증을 인용할 수도 있다.

프리드리히 마이네케(Friedrich Meinecke)는 그의 저서『국가이성의 이념』(*Die Idee der Staatsräson*)[24)]에서, 기독교적 및 부르주아적 도덕성은 국제정치에서는 통용되지는 않는다는 점을 많은 사상가들이 발견했을 때, 어떻게 긴담이 서늘한 도덕적 동요가 그들의 정신에서 발흥했던가를 보여주는 많은 증거들을 제시했다. 우리가 보통 "마키아벨리주의"(Machiavellianism)라고 부르는 것은 오랜 역사가 있고, 지배계급들은 권력의 유지는 물론 획득에서도, 다른 맥락에서는 비도덕적이라고 생각될 수 있다고 하더라도, 모든 수단들이 적법했다고 점진적
72 으로 확신했다는 사실과 일치한다. 때문에 지배계급-제후들과 그들의 조언자들-을 위한 이중적인 도덕성이 아주 초기에 발생했다. 위에서 언급한, 완만하게 출현한 기독교적-부르주아적 도덕성은 사생활에서 획득되었는데, *존재사유*(*raison d'état*)의 범주에 포함될 수 있는 그러한 모든 활동들 속에서, 폭력의 도덕성은 타당하다고 간주되었다. 역사의 노정에서 이 모순을 논의했던 학자들의 수는 증가했지만, 그들이 문제를 해결하지는 못했다. 마이네케(Meinecke)는 이 이론들을 매우 조심스럽게 기술하지만, 그가 사회학적 방법들을 사용하지 않았기 때문에, 이 마키아벨리적인 문헌의 증가는 점점 더 계층들을 적극적인 정치생활의 경기장에 점점 더 끌어들인 일반적인 정치동원의 이론적 표현에 불과하다는 것을 설명하지 못했다. 지배의 문제가 증가됨에 따라, 두 개의 도덕률들 간에 갈등이 커졌다. 이전에는, 말하자면, 소시민이 그의 훌륭한 덕성을 보존할 수 있고, 단지 지배계급들만이 이 민주적 추세의 결과로서 이 갈등적 여건들에의 예속을 통해서, 사회적 및 도덕적인 노동의 분화가 있었던데 반하여, 문제는 중요성이 가장

---

24) 마이네케(Meinecke, F.),『새로운 사건에서 국시의 이념』(*Die Idee der Staatsräson in der neueren Geschichte*, Berlin, 1925).

적은 사람들에게 조차도 점차 심각해졌다. 지금까지는 강도의 윤리성이 극단적인 사례들에서만 정당하다고 의식적으로 간주한 것과는 반대로, 지배집단들에 대해서는, 사회의 민주화에도 불구하고, 이 폭력의 요소는 감소되지 않았을 뿐 아니라 (예상과는 매우 다르게) 실제로는 공개적이며 일반적으로 인지되었다. 일단 폭도가 이전에는 소규모의 세련된 선도 집단들까지도 지적능력을 압도하게 만든 비밀을 확보한다면, 사회도덕을 기대하는 운명을 예측한다는 것은 불가능하다. 만일 강도행위가 국가 및 국제관계에 대한 현재의 토대는 물론 역사적 기원이 있고, 또한 강도행위와 약탈을 통해 성공하고 사회적 지위를 전체 집단을 위해 획득할 수 있다는 것이 광범한 대중들에게 명료해진다면, 산업화의 점진적인 교육적 영향과 사회척도에서의 상승은 허사가 될 것이다. 폭력의 수용이 사회도덕의 일반원리가 되고나면, 노동과 경쟁의 영역에서 장기적인 도덕함양의 결실들은 거의 자동적으로 소멸될 것이다.

민주주의의 원리는, 모든 사회계급들이 정치적으로 적극적이어야 하고, 따라서 독특한 이중적 기능을 수행한다. 기능적으로 합리적인 행태와 대중의 정신이상 사이의 갈등 — 우리는 이전에 언급했다 — 에서, 민주화과정은 일종의 사회적 승강기처럼 행동했다. 때때로 그것은 73
군중의 울적한 비합리성들과 통제되지 않은 충동들을, 사회에서, 예를 들면 전쟁에 대한 태도에서, 보다 개별화되고, 존경받고, 합리적인 엘리트의 수준으로 제고했다. 이제, 일상생활에서의 정직과 "국가의 이성"으로서 이중적 도덕성 간의 긴장에서, 민주화과정은 상위에서 하위의 사회계층으로 끌어내리는 승강기와 같다. 극단적인 사례로, 그것과 관련된 냉소는 상위계층이 전쟁의 비도덕성을 옹호했다는 점이다.

어쨌거나, 냉소와 풍자가 원래 곤경의 승화된 형태들 또는 궁극적으로 불일치한 행동들에 대해 책임을 추구했던 복합적인 영혼의 탈출 장치인 까닭에, 일단 이 냉소가 대중사회의 폭도들에 침투한다면 그것은 천부적인 야만성을 대범하게 표현하도록 촉진하는 공식이 될 것이다. 이것은 체임벌린(H. S. Chamberlain)과 파레토(Pareto)가 엘리트에 대해 묘사했던, 인종과 폭력에 관한 오래된 이론들과 필시 같은 운명인데; 그 이론들은, 이전에는 선도적인 정치인들의 비밀협상에서만 발견되었던 것과 같은, 폭력의 술수를 오늘날에도 익히는 소시민의 일상적인 도덕이 되었다. 여기서, 역시, "선전"의 민주적 원리는, 과거에는 비밀리에만 허용되었던, 공적인 행위와 사고를 만든다.

요약하면, 한편으로는 우리가 인성과 도덕원리가 계획의 수준과 자아책임을 달성할 수 있다는 것을 깨닫고; 다른 한편으로는 어떻게 동일한 동적 추진력을 가지고 파괴를 지향하는 의지가 공적세력이 되는가를 이해한다. 그러나 이것은 아무것도 아니다. 이러한 발달의 최악의 측면은 지적발달과 정신발달 사이의 비대칭적 상징으로서 우리가 묘사했던 "손수레 정신"을 가진 인간유형이, 대중정신의 조작을 위해 민주사회가 그의 재량아래 둔, 언론, 라디오, 기타 모든 기법들을 어떻게 사용할 것인가를 배웠다는 것이다. 결과적으로 그는 인간을 그 자신의 생각에 따라 형성할 수 있고, 이러한 방법으로 그 자신의 인간유형을 백만 배로 배가할 수 있다[25].

---

25) 선전의 현대기법과 관련한 문헌으로서, 라스웰(Lasswell, H.), 케이시(Casey, R.), 그리고 스미스(Smith, B.), 『선전과 진흥활동: 주석달린 문헌』(*Propaganda and Promotional Activities: An Annotated Bibliography*, Minneolis, 1935); 칠드스(Childs, H.), 『선전과 독재』(*Propaganda and Dictatorship*, Princeto, 1936); 라스웰(Lasswell, H.), 『세계대전에서 선전기법』(*Propaganda Technique in the World War*, London, 1927); 스턴-루바쓰(Stern-Rubarth, E.), 『정치도구로서 선전』(*Die Propaganda als politisches Instrument*, 베르린: 1921); 라사크(Rassak, J.), 『선전정치를 다룬 심리학발달』(*Psychologie delopinion et de la propaganda politique*, Paris, 1927); 룸니(Lumley, F.), 『선전의 위협』(*The Propaganda Menace*, N. Y., 1933); 아이켄-스니쓰(Aiken-Sneath, F.), "현대독일의 언론", 『독일생활과 문학』

이와 함께, 새로운 요인이 인성의 도야에 관여했다. 이제까지, 우리는, 74
교육과 선전의 서로 다른 형태들 간의 비교적 자유로운 경쟁은, 적자생존에 의해, 최고의 지위에 오르는데 현대적인 여건에 가장 잘 적응한 합리적이며 교육받은 인간유형을 허용할 것이라고 믿었다. 그러나 선전도구들이 소수의 수중에 집중되는 경우에는, 그 도구들은 보다 더 원시적인 전형으로 독점될 수 있으며, 이미 등장했던 정신적 퇴보가 영속화 될 것이다. 이것들은, 사실, 역사가 이전처럼 인류자신의 계획하지 않는 노선을 추종하도록 허용하는 대신에, 인류가 스스로 자신의 문제를 규제할 때만 발생하는 새로운 문제들이다.

개인적 경험의 형태로 실제로 제기되는 질문과 함께 본 논의를 결론 맺도록 하자. 우리는 인간이 그의 사회를 계획하는데 이용할 수 있는 무한한 가능성들을 친구들과 함께 간략하게 논의했다. 어떤 사람은, "우리는 사회를 계획하고 인간자신도 계획할 정도로 진보해왔다. 계획을 해야 할 그들을 누가 계획하는가?", 라고 말했다. 이 질문에 대해 내가 오랫동안 곰곰이 생각할수록 더욱 더 그 질문이 나를 따라 다닌다. 그럼에도 한 가지는 분명한데, 그것은 그 질문은 양면적 의미-종교적 및 정적주의자적인 의미와 현실적 및 정치적 의미-를 가지고 있다는 점이다. 첫째로, 우리는 필시 우리자신의 계획에 따라 행동하는 것처럼 행동하지만, 실제로는 우리에게 부과되었고 우리 위에 놓인 법률에 따라 행동한다. 우리는 확실히 특정영역들의 합리적 및 비합리

[*German Life and Letters*, 1(October, 1936)]; 넬슨(Nelson, R.), "히틀러의 선전기계", *Current History*, 제39권(1933): 287; "독일 파시즘의 선전기법", *Propaganda Analysis*, 제1권(1938): 37～53 참조. 또한 영(Young, K.)과 로렌스(Lawrence, R.), 『검열과 선전에 관한 문헌』(*Bibliography on Censorship and Propaganda*, Univ. of Oregon, Journalism Series No. 1, Eugene, Oregon: 1928), 그리고 두브(Doob, L.), 『선전』(*Propaganda*, N. Y., 1936); 리겔(Riegel, O.), 『혼돈으로의 동원』(*Mobilizing for Chaos*, New Heaven, 1934) 참조.

적 세력들을 지시하고 통제할 수는 있지만, 특정지점이후에는 그 세력들은 우리의 범위 밖에 있고 우리를 압도한다.

그러나, 현실적이며 정치적 의미에서, 문제는 어느 누구도 계획가를 계획하지 않았다는 것을 함축한다. 그러므로 계획가들은 기성집단들
75 에서만 징양(靜養)할 수 있다는 점을 추종한다. 때문에 기존의 견해를 보유한 이 집단들 중 어떤 집단이 현대생활의 광대한 사회적 장치를 지배할 수 있는 에너지, 결단성, 그리고 능력을 생성할 수 있는가에 모든 것이 좌우될 것이다. 그 인간집단들은 자유롭게 작용하는 원시성-"회개이전의 아담"-을 추구하는 그러한 집단들이어야 하는가? 또는 그 집단들은, 점진적인 교육을 통해 자신들의 합리적이며 도덕적 능력을 발전시켜서, 지금까지 제한된 집단을 위해 행동할 수 있을 뿐만 아니라 사회전체를 위해서도 행동할 수 있으며, 그 행동에 책임을 지는 그러한 집단들이어야 하는가? 그러한 집단들은 오늘날 매우 작은 소수파들인 것은 틀림없다. 그러나 이 갈등도, 역시, 역사의 모든 갈등들처럼, 작은 소수파들에 의해 결정될 것인데, 이는 대중들은, 사회를 통제하는 창조적 소수파들이 그 대중들에게 제공하기 위해 선택한 형태를 항상 취하기 때문이다. 우리는 해결되지 않은 문제들의 세계에서 살고, 때문에 미해결문제에 결론을 내리기 보다는 낙관적 해결책을 제공하는 것이 아마도 보다 덜 유용할 것이다. 각자가 종교적 및 정적주의(靜寂主義)적인 형태의 질문, 즉 "누가 계획가를 계획할 것인가?"를 선택할 것인가, 또는 정치적 및 현실적 형태의 질문, 즉 "현존 집단들 중 누가 우리를 위해 계획해야 하는가?"를 스스로 결정하도록 하자.

제 2 편

현대문화위기의 사회적 원인

I

지적생활에서 사회적 요인들의 역할발견을 가로막는 장애물들

79 지금까지 우리는 우리 시대의 심리학적 위기에 반영된 현대사회의 붕괴와 변환의 징후들을 논의했다. 이제 우리는 문화발달에 따른 사회붕괴의 영향을 분석해야한다. 이제까지, 문화의 생산은 특정한 잘 정의된 사회적 요인들의 작용에 의존하고, 게다가 더 나아가서, 보완적 과정-말하자면, 문화제품의 용도, 문화의 소비, 그리고 공중의 선정-도 역시 특정한 조건들에 좌우되고, 만일 이 조건들이 관철되지 않는다면 혼란과 봉기가 발생한다는 사실에 대해, 너무 관심을 기울이지 않았다.

만일 정말로 과학자가 문화생활과 사회구조 간의 관계를 발견할 수 없는 사람이라면, 그것은 평화시대에 우리가 깨닫는 진보된 사회분화수준에 관해, 두 개의 영역이 서로 독립적으로 작용하기 때문이다. 어느 정도의 복합성을 보유한 모든 사회에서는, 문화생활이 자체의 제도들을 발전시킬 뿐만 아니라, 많은 점에서, 필시, 그 생활의 모든 것과 연속성을 보유하고 있는 세계와 분리하여 존재한 것처럼 보이기조차 한다.

안정되고 고도로 분화된 사회에서, 저자와 공중(公衆)은, 그들이 우리가 오늘날 경험하고 있는 큰 변동의 진정한 유의의를 간과하는 경향이 있을 만큼, 그들의 제도들에 대한 고착성과 전통으로부터의 독립에서 유래되었다. 사회의 전체구조가 흔들릴 때, 그들은 이것이 소위 사회적 세력들 이라고 불리는 것들의 단지 일시적 효과일 뿐이라는 망상을 아직도 굳게 믿고 있다. 그러나 사회적 세력들은 항상 문화에 표현되고, 그 세력들이 눈에 보이지 않게 작용하는 경우에도 문화에 나타난다. 그리고 만일 문화와 사회가 서로 분열되고 서로 반작용하는 것처럼 완전히 독립된 영역들로 사료된다면, 문화는 잘못 기술된 것이 다. 사회적 과정은 문화생활자체의 바로 그 구조 속에 내포되어 있고, 그래서 한 순간도 그 과정의 영향에서 자유로울 수 없다[1]. 80

때문에, 우리가 사회(기본구조)를 말할 때, 경제학과 정치학을 배타적으로 생각하고, 이 영역들이 문화에 영향을 준 경우에만 문화의 사회학에 관해 말한다는 것은 잘못이다.

뒤 따르는 내용에서, 우리는 **서론**에서 단지 지적되기만 했던 논제, 즉, 경제생활에서 그러한 고통을 야기한 동일한 긴장상태들이 문화영역에서도 역시 작용하고 있다는 것, 를 구체화하고자한다[2]. 자유방임과 규제라는 두 개의 크게 상호대립적인 원리들이, 경제영역에서 싸우는 것과 아주 동일한 방법으로, 우리의 문화생활이 두 측면으로부터 위협받고 있다. 즉, 자유주의의 의미에서 민주대중사회가 교도나 통제 없이 역할을 다하도록 허용되는 한, 우리의 문화생활은 어떤 구체적인 위험들에 노출되지만; 문화생활의 독재적 형식들이 자유주의적 형식들로 대체할 경우에는 보다 큰 위험들에 직면하게 된다. 때문에, 이 두 사실들에 맞추어서, 제3의 길이 부가되어야 하는데, 다시 말하자면, 자유주의사회의 문화적 붕괴를 초래하는 이 동일한 사회적 원인들이 독재정권의 길을 스스로 준비한다.

우리의 논의의 최전방에 위치했던 이 3가지 관점, 즉, 자유방임, 규

---

1) 우리는 문화에 대한 사회의 영향에 관해 말하는 그러한 방법으로 우리의 문제들을 형성하곤 한다. 문화적 범위와 분리된 독립적인 분야로서 "사회"를 생각한다면 이것은 오류적인 용어이다. 그러나 어떤 요인들과 원리들(사회생활과 인간행위를 규제하는 것)의 합계로서 사회를 생각하고, 이러한 의미에서 문화에 대한 그것의 영향을 연구한다면 그것은 정당화된다. 우리가 문화에 대한 사회생활의 효과를 말할 때는, 우리는 후자의 의미, 즉. 어떻게 사회조직의 다양한 원리들이 문화의 형태와 내용에 영향을 주는가?, 를 취한다.

2) 본서의 14쪽(원저 13쪽) 이하 참조.

제, 그리고 제3의 길은, 어쨌거나, 예를 들면, 슈펭글러(Spengler)가 언급했던 것처럼, 우리가 단지 문화에 대한 위협들과 일반적인 문화의 몰락에 관해서는 말하지 않지만, 문화의 붕괴를 초래한 이 사회적 세력들과 원인들을 상세하게 드러내고 분석할 수 있을 경우에, 과학적 타당성(그리고 우리의 문화를 지휘하는 그런 사람들의 실제적 가치)을 확보한다.

때문에, 예언을 만드는 것은 우리의 과업이 아니지만, 오히려 문화에 영향을 미치는 가장 필수적인 사회적 요인들의 효과를 관찰하는데 우리를 도울 수 있는 실마리를 찾아내는 것이 우리의 임무이다.

Ⅱ
문화에 대한 사회의 영향을 분석하는 두 가지 방법들

81 사회영역은 각자 스스로의 방법으로 문화적 과정에 영향을 주는 두 개의 완전히 상이한 부분들로 구성되어있다.

(a) 첫째, 우리는 사회생활에서 자유롭고 규제되지 않은 부분을 가지고 있는데, 그것은 자발적인 형태로서, 지적 및 문화적 생활을 형성한다.

(b) 둘째, 우리는 문화영역에서 제도의 형태를 취하는 사회조직들을 소유하고 있다. 우리는 여기서 교회, 학교, 대학교, 연구기관, 언론, 라디오, 그리고 모든 유형의 조직화된 선전들이 지적 및 문화적 생활에 진력하는 영향에 대해 생각한다.

현대의 자유주의대중사회에서 문화생활은 규제되지 않은 사회질서에 대해 주로 고유한 법률들에 의해 관리되는 반면에, 전제적으로 지배되는 대중사회에서는 사회생활에 대해 가장 큰 영향력을 가지고 있는 것은 제도들이다. 우리는, 따라서, 이 편(編)의 첫 번째 부분에서 문화에 대한 자유방임사회의 비규제, 비통제적 영향들을 보다 더 정밀하게 연구하고자 한다. 두 번째 부분에서 우리는 문화생활에 대한 제도적 조직으로부터 일어나는 주요한 결과들을 기술할 것이다.

우리는 그래서 최소한의 공식적 규제가 있는 자유사회의 유형에 대해 사회학적인 기술로부터 시작할 것이고, 그 사회 속에서 문화의 성장과정에 대한 추적을 시도할 것이다. 일별하면, 그러한 사회생활의 비조직 유형은 우연히 그리고 비논리적인 전체로서 나타난다. 그러나 보다 더 면밀한 점검에 의하면, 유사한 종류의 과정이, 예를 들면, 자유롭게 경쟁하는 시장과 같은 자유사회유형에 속하는 사회의 비경제적 영역에서도 작용하기는 하지만; 이를 제외하고는, 우리가 문화를 다루는 경우에, 우리는 이 과정들이 상이하게 작용하고 다른 방법들로 연구되고 있다는 것을 인지한다. 하여튼, 자유사회에서 문화에 대한 사회학적 연구는 문화를 창조한 사람들의 생활, 즉, 지식계급과 그들의 전체로서 사회에서의 지위, 에서 시작해야한다.

지식계급에 대한 사회학의 문제는, 그것에 상당한 에너지를 투여했 82
음에도 불구하고, 아직도 초기단계에 놓여있다[3].

---

3) 엘리트와 인텔리들에 대한 수 세기동안의 광범한 문헌이 있다. 이 서로 다른 세기들에서 그들의 변화하는 사회적 지위에서 예상되는 것처럼, 그 연구들은 상이한 관점들에서 이루어졌다. 그러나 주제가 매우 복합적인 것이고 문헌이 매우 광범하기 때문에, 우리는 여기서 매우 암시적인 수개의 항목들에 대해서만 언급하는 것에 국한한다. 그렇지만, 주제에 대한 체계적이며 종합적인 연구들이 없다.

그 문제는 "인텔리겐차"(intelligentsia)가 처음 사용되었던 재정러시아에서 아마도 처음 논의되었다. 우리는 이와 관련하여 라브로프(Lavrov, P.)의 『역사적인 문서』(*Historische Briefe*); 미하일로브스키(Mihailowsky)의 『논문집』(*Collected Essays*, 노어판); 오벤시안코-쿨리코브스키(Ovesianko-Kulikovsky), 『러시아지식계급의 역사』(*History of the Russian Intelligentsia*); 마살키(Masarky, T.), 『러시아의 정신』(*The Spirit of Russia*, 2권, London: 1919, 독어원본: 1913)을 참조한다. [나는

우리의 입장에서, 지적 엘리트들의 과업은 문화생활을 고무시키고 문화에 형태를 제공하고, 서로 다른 사회생활의 영역에서 생활문화를 창조하는 것이다. 우리는 주요한 엘리트유형들을 정치적, 조직된[4]), 지

이 참고문헌들에 대해 캠브리지대학교의 포스탄(W. Postan)교수의 도움을 받았다. 파레토(W. Pareto)의 저술들은 엘리트문제 전체의 이해에 매우 중요하다. 나는 여기서 『일반사회학개론』{*Traité de Sociologie générale*, Paris-Lausanne, 1917[영역판: 「정신과 사회」(*Mind and Society*), 봉기오르노(Bongiorno)와 리빙스턴(Livingston), 역, N. Y., 1935, 4권]}를 인용하고; 여기의 "목차분석표"에서, "사회계급 또는 카스트"를 참조하고, "엘리트들과 그들의 순환"은 먼저 참고하며; 그 위에 그의 『사회주의체제』(*Les systemes socialistes*, Paris, 1926), 특히 "귀족정치", "사회현상자체의 집요함", 그리고 "평등사회 내에서 귀족계급의 형성"의 색인 참조. 파레토(Pareto)의 저작들은 별문제로 하고, 논의는 프랑스에서 마우라스(Maurras, C.)의 『지성의 미래』(*L'avenir de l'intellogence*)에 의해 활발해졌고, 벤다(Benda, J.)의 『대배반』(*The Great Betrayal*: N. Y., 1927)과 『영원한 것의 종말』(*La fin de l'éternel*, Paris: 1929)에서 보다 더 종합적으로 논의되었다. 퍼란(Furlan, L.), 『엘리트의 순환』(*La circulation des élites*, Paris, 1911); 망로이스(Maurois), 『계급지도자: 특권계급, 귀족계급, 엘리트』(*Les classes dirigenates: Noblesse, Aristocratie, Élite*, Paris: 1910); 로시어스(Rousiers, P.) 『현대사회의 엘리트: 그의 역할』(*L'élite dans la société moderne, son róle*, Paris, 1911); 선더스(Saunders, A.)와 윌슨(Wilson, P.), 『직업』(*The Professions*, Oxford, 1937); 코쉬니히(Kotschnig, W.), 『학문적 직업에서의 실업』(*Unemployment in the Learned Professions*, Oxford: 1937); 맥도날드(MacDonald, W.), 『지식노동자와 그의 업무』(*The Intellectual Worker and his Work*, N. Y., 1924) 참조. 독일어의 논의는 만하임(Mannheim, K.), 『이데올로기와과 유토피아』(*Ideologie und Utopie*, 제2판, 1930, 121~134[영역판: 워쓰(Wirth, L.)와 쉴즈(Shils, E.) 역, *Ideology and Utopia*, N. Y. 1936), 136~146 과 참고문헌 참조. 그 위에 스파이어(Speier, H.), "부르주아인텔리겐차의 사회학에 대해", 『이익사회』(*Gesellschaft*, 1929), 그리고 "사회정책을 위한 단체", "정신노동자의 지위에 관하여"; 그리고 브르포드(Bruford, W.), 『18세기의 독일』(Germany in the Eighteenth Century, Cambridge, 1935)과 콘-브람스테트(Kohn-Bramstedt, E.), 『독일의 귀족정치와 중간계급』(*Aristocracy and the Middle Classes in Germany*, London, 1937) 참조. 현재연구의 출판물은 별문제로 하고, 나는 아직 출간되지 않은 연구에서 상세하게 지식인들의 전체적 문제를 다루었다.

4) 여기서 나는 중요성이 증가하고 있는 조직화된 엘리트들에 관한 다음의 문헌만을 인용할 것이다. 마르샬(Marshal, F.), 『엘리트 실업가와 금융인』(*Les élites*

적, 예술적, 도덕적, 그리고 종교적 엘리트로 구분할 수 있다. 정치적 및 조직된 엘리트들은 수많은 개별적 의지들의 통합을 겨냥하는데 반하 83 여, 지적, 심미적, 그리고 도덕적-종교적 엘리트들은 사회가 일상의 생존경쟁에서 완전히 소진하지 않을 그러한 정신적 에너지를 승화하고자 한다. 이러한 방법으로 그 엘리트들은 성찰, 내성, 숙고, 그리고 반성에 관한 경향들은 물론 객관적 지식을 촉진하고, 어떠한 사회도 그들이 없이는 존재하지 못함에도 불구하고, 그렇지만 다소간의 의식적인 통제와 인도 없이는 우리의 현재발전단계에서 완전한 역할을 할 수 없다.

우리는 여기서 승화, 성찰, 숙고 등의 난해한 심리적 문제들에 대해서 상세하게는 관심을 가질 수 없다. 우리는, 그러나, 문화승화의 상이한 방법들은 다음의 방법들; 첫째는 사회구성원들이 그들의 여유시간

---

industrieelles et financeiers, Revue de Paris(19), (5), I, x～29; 델라시(Delaisi, F.), 『민주주의와 금융인』(*La democratie et les financiers*, Paris: 1910); 그리고 특히 베버(Weber, M.), 『경제와 이익사회』(*Wirschaft und Gesellschaft*, Tübingen, 1925), 제3부, 제6장, "관료정치". 또한 타우시히(Taussig, F.)와 조세린((Joselyn, C.), 『미국의 기업지도자』(*American Business Leaders*, N. Y., 1932); 데메테르(Demeter, K.), 『역사-사회학적 기초로서 독일장교단』(*Das Deutsche Offizierskorps in seinen historisch-soziologischen Grundlagen*, Berlin, 1930); 비덴펠드(Wiedenfeld, K.), 『자본주의와 관료주의』(*Kapitalismus und Beamtentum*, Berlinand Leipzig: 1932); 비어드(Beard, M.), 『기업인의 역사』(*A History of Business Man*, N. Y., 1938); 팔레우스키(Palewski, J.), 『대기업에서 계획수장의 역할』(*Le Róle du chef d'entreprise dans la grande industrie*, Paris, 1924); 티드(Tead, O.), 『지도력의 예술』(*The Art of Leadership*, N. Y., 1935); 화이트헤드(Whitehead, J.), 『자유사회의 지도력』(*Leadership in a Free Society*, Cambridge, Mass., 1936) 참조.

전도적인 금융가들과 산업인들의 전기들 까지를 인용하는 것은 우리를 너무 동떨어지게 할 수 있지만, 한세만(Hansemann)과 발린(Ballin), 휘르스텡버그(Fürstenberg)와 블라이쉐더(Bleichrőder), 그리고 허스트(Hearst), 노르쓰클리프(Northcliffe), 포드(Ford) 등을 포함한 과거와 현재의 사람들의 자서전들, 편지들, 문서들을 공부하는 연구 작업의 광대한 범위가 아직도 존재한다. 이것은 지배계급이 선출되는 가장 두드러지고 사회학적으로 중요한 방법들을 나타내는 정치전기와 회고록의 방대한 영역도 똑같이 중요하다.

을 평소대로 사용하는 관습적인 방법이고, 둘째는 여가시간이 평균보다 많고 자신의 생활유형을 가지고 있는 지식층을 모집하는 방법, 이 이 부분적으로 작용하는 가운데 다양한 여건들에 의해 결정된다는 것을 인정해야한다. 조직에 자신의 에너지를 모두 소진하는 사회는 내성, 숙고, 그리고 성잘의 기회가 거의 없다. 그러한 사회에서는, 정치적 및 조직된 엘리트들이 지배적인 반면에, 반성적·과학적·예술적·도덕적·종교적 엘리트들은 거의 존재하지 않고, 만일 존재하더라도 매우 비효과적일 것이다. 승화집단이 발달하는 것을 허용하지 않은 사회는, 그 사회의 문화는 물론 창조적 권력도 관리하지 못한다. 한편으로는 평균적인 사람이 그의 잉여에너지를 승화시키는데 충분히 여유가 있
84 는 곳에서, 그리고 다른 한편으로는 지배적인 문화집단이 있는 곳에서, 문화를 창조하고 동화하는 상호 순응된 계층이 발생한다. 스파르타(Sparta)는 정치적 및 군사적 엘리트들이 다른 모든 엘리트들을 억압한 문명의 사례로 인용될 수 있고, 한편 미국에서는 엘리트가 조직의 문제들에 몰두했는데, 이것은 국가전체의 지적인 사고방식에 따라 대부분 결정되었다. 대중민주주의에서조차, 예를 들면 문화와 패션에서, 문화적 승화는 취미를 만들고 도야하는 소규모의 감정가들의 집단이 이미 존재하고, 사회의 나머지부분에 승화의 내용과 기법을 점진적으로 확산시킬 때에만 발생할 수 있다. 문화생활의 모든 영역에서 그 엘리트들의 기능은 제1차적인 형태로 문화적 및 심리학적 세력들을 표상하고 집단적인 외향성과 내향성을 인도하는 것이며; 그 엘리트들은 문화적 진취성과 전통에 책임지고 있다[5]. 만일 이 소규모집단들이

[5] 우리는 베토벤(Beethoven)시대의 비엔나의 귀족적인 살롱과 같은 동아리들을 예로 생각한다. 그 시대의 오스트리아와 헝가리의 귀족들은 음악에 몰두했고, 베토벤은 큰 이해와 관대한 지지를 받았다. 잘못 이해된 고독한 천재로 우리가 가진 그에 대한 초상화는 낭만적 전설임이 전점 더 드러났다[리즐러(Riezler, W.), 『베토벤』(*Beethoven*, Berlin and Zürich, Atlantis-Verlag, 1936)].

그 엘리트들의 선발에서 제외되거나 좌절된다면, 문화의 출현과 지속 85
을 위한 사회적 여건들은 소멸한다.

자유-민주사회에서 문화의 위기는, 첫째로, 이전에는 창조적 엘리

동등하게 중요한 것은, 엠켄도르프(Emkendorf)에서 클롭슈토크스(Klopstocks), 클라우디스(M. Claudius) 등을 만난 곳이며, 브라이텐부르크(Breitenburg)에서 란쯔아우스(Rantzaus)와 함께 머물렀던 덴마크의 조각가 쏘르발트센(Thorwaldson)이 있었던 북부 독일의 귀족적 살롱들이었다. 브랜드(Brand, O.), 『18세기가 바뀔 무렵의 슐레스비히와 홀스타인의 정신생활과 정치』(*Geistesleben und Politik in Schleswig-Holstein um die Wende des 18 Jahrhunderts*, Kiel, 1927).

우리는 바이마르(Weimar)법원이 괴테(Goethe), 쉴러(Schiller), 비랜드(Wieland), 그리고 뮌헨(Munich)법원이 바그너(Wagner)에게 보였던 중요성을 연구할 필요는 없다. 그러나 어떻게 현대자본주의의 발흥과 함께 부유한 상인들과 금융 명문가들이 문화생활에서 그들의 역할을 하는가를 언급하는 것은 중요하다. 보에레(Boisserée)형제들은 그들의 친구인 버트람(Bertram)과 함께 원래 벨기에(Belgium)에서 유래한 부유한 쾰른(Cologne)상인가에 속한 중세 독일예술의 응용에 큰 도움이 되었다. 그들의 중세회화의 수집과 연구는 낭만학파의 흥미를 유발했다. 쉴레겔(F. Schlegel)은 파리에서 그들과 교제하게 되었고, 그들과 함께 쾰른(Cologne)에 갔다. 괴테(Goethe)가 1810년에 하이델베르그(Heidelberg)에서 그 수집품을 보았을 때 그는 깊은 감명을 받았다. 베르린(Berlin)의 위대한 건축가인 쉰켈(Schinkel)은 고딕(Gothic)건축에 깊은 관심을 기졌고, 프로이센(Prussia) 왕들과 바바리아(Bavaria) 왕들도 보에레(Boisserée) 형제들 부근의 낭만적 집단에 의해 똑 같이 영향을 받았다. 만일 중세독일 회화와 예술에 대한 이러한 관심이 독일왕자들과 그들의 법원들이 프랑스와 이태리 예술에 대한 편애를 대신했더라면, "라틴예술"에 반하여 "독일적 예술"에 대한 애국심과 국가적 긍지를 일깨우는데 기여했을 것이다. 유사한 유력한 집단들이 룬게(P. Runge)가 귀족적인 상인가족들과 소통을 많이 했던 귀족적인 함부르크(Hamburg)에서 발견할 수 있었다. 지난세기의 말경에 이 사회집단의 진보정신이 황제(Kaiser)에 의해 육성된 공식적 학문적이며 메마른 분위기와 충돌했다. 새로운 베를린 부르주아 사회의 새로운 생활중심인 "티가르텐"(Tiegarten)은, 부유한 베를린 유태가정의 아들인 리버만(Liebermann)에 의해 인도된 "인상파"와 "분리주의자들"의 공적인 환경이 되었다. 예술품 판매상인 카시에르(Cassierer)가 이 영역에서 의미했던 것은 자력출판업자인 피셔(Fischer)가 현대독일문헌에 대해 말한 의미이다. [코헨-포트하임(Cohen-Portheim, P.), 『유럽의 발견』(*The Discovery of Europe*, London, 1932), 제3편 2, 베를린(Berlin)과 티가르텐(Tiergarten) 참조. 에넨(Ennen)의 『일반적인 독일의 전기』 (*Allgemeine*

트들의 발달에 호의적이었지만, 이제는 반대효과를 지닌, 즉, 인구의 보다 많은 부분들이 아직도 비우호적인 사회적 여건 하에 있기 때문에 엘리트들의 형성에 장애가 되었던, 사회적 과정들이 문화 활동들에 적극적으로 참여한다는 사실 때문이다. 유사한 상황이 경쟁의 원리가 유행하는 곳에서 발생한다. 특정여건 하에서 경쟁의 원리는 품질이 탁월하도록 노력하는 그러한 사람들에 의해 가능한 최대의 성과로 이끄는데 반하여, 동일한 원리가 불공정경쟁을 인도할 수 있기 때문에 사회수준을 하향하도록 만드는 것도 역시 관찰될 수 있다. 정확하게 동일한 방법으로 규제되지 않은 사회세력들의 작용이, 문화영역들에서 부정적인 결과로 인도될 수 있는 상황들이 있다. 뒤따르는 내용에서 우리는 대중사회시대에 자유주의와 문화민주주의의 파괴적 영향들에 관한 약간의 징후들을 지적할 것이다. 이 징후들을 우리는 "부정적 자유주의"와 "부정적 민주화"의 사례들이라고 부를 것이고[6], 초기에는 그
86 징후들을, 자유롭게 자동조절 되는 사회적 장치의 작동을 통해 자유주

Deutsche Biographie, Leipzig, 1876), 제3권 87쪽, 보에레(Boisserée)형제들에 관한 내용 참고. 또한 드레스드너(Dresdner, A.), 『예술비평의 기원』(*Entstehung der Kunstkritik*, München, 1915)과 벤자민(Benjamin, W.), "여우 수집가" 『사회연구를 위한 잡지』(*Zeitschrift für Sozialforschung*, 1937), 제2권 참조].

6) 오늘날 일반적인 도서시장의 경쟁적 상황에서 끌어낸 예증은 경쟁과 민주화과정이 부정적인 효과를 일으킬 수도 있는 방법을 다른 어떤 것보다 잘 설명할 것이다. 최근에, 이전에는 보다 고급판으로 선보였던 도서들이, 팽긴(Penguin)문고, 리클램 밴드챈(Reclam Baendchen), 파이돈(Phaidon)판, 울스타인(Ulstein)소설, 또는 로볼트(Rowohlt) 소설과 같은 매우 저가 시리즈들의 도서들로 출간되는 경향이 증가했다. 확실히 이 저가판(低價版)들은 그렇지 않고는 이 도서들을 구매할 수 없었던 보다 광범한 대중들이 접할 수 있지만, 그들의 출판은 매우 적은 위험과 보다 적은 비용과 관련되기 때문에, 새로운 저자들을 자주 발견하는 소규모출판업자는 시장상실을 두려워하기 때문에 그것들을 출간하지 않는다. 새로운 일들을 시작하는 위험은 너무 크고, 문화가치의 민주화를 향해 나아가는 동일한 경향은 독점과 전체적 관료적 영향으로 이끄는 기업집중과 시장동체를 향해 나아간다.

의와 민주화를 최고수준의 문화적 창조성으로 인도한, 그러한 과정들과 나란히 설정할 것이다. 자유사회에서 어떻게 엘리트들이 형성되는가하는 문제를 논의함에 있어, 오늘날 특별한 의미를 갖는 네 개의 과정들이 있다. 그것들은 —

(1) 증가하는 엘리트집단들의 수, 그리고 결과적으로 저감하는 그들의 권력

(2) 엘리트집단들의 독점성 파괴

(3) 엘리트들의 선발원리 변화

(4) 엘리트들의 내부구성 변화

Ⅲ
첫 번째 과정: 엘리트수의 증가

엘리트들의 형성에 관한 자유사회질서의 첫 번째 영향은 이 집단들에 유입을 증가시키고 그래서 이 집단들의 수를 증가시키는 것이다. 처음에는 이 증가는, 이전에는 보다 소규모이며 보다 잘 관리할 수 있는 사회들을 통제한, 상당히 제한된 수의 이 집단들과 관련한 경직성 및 독점성과 비교하여, 결실이 풍부한 다양성으로 인도했다. 그러나 특정지점을 넘어서면, 이 다양성은 산만함에 이른다. 필시, 사회에 많은 엘리트들이 있으면 있을수록, 각 개별엘리트는 지도자로서의 기능과 영향을 더 많이 상실하는 경향이 있는데, 이는 그 엘리트들 서로가 상쇄되기 때문이다. 민주대중사회, 특히 커다란 사회적 이동성을 가지고 있는 사회,에서는 어떤 집단도 사회전체에 깊은 영향을 주는데 성공할 수 없다.

Ⅳ
두 번째 과정: 엘리트들의 배타성 붕괴

두 번째로 악화된 것은, 민주대중사회의 개방적 특성이, 그 사회의
87 규모면에서의 성장과 일반대중의 참여를 지향하는 경향과 함께, 너무 나 많은 엘리트들을 생성할 뿐만 아니라 충동의 승화에 필요한 독점성을 이 엘리트들로부터 박탈한다는 사실에 있다. 만일 이 최소의 배타성도 상실된다면, 기호, 그리고 스타일의 지침원리에 대한 신중한 형성이 불가능해진다. 세상에 대한 새로운 충동들, 제도들, 그리고 신선한 접근방법들은, 만일 그것들이 소규모집단들에서는 성숙할 시간이 없다면, 그저 자극제들에 지나지 않는다고 대중들은 이해할 것이다. 이러한 결과로 그것들은 현대대도시생활에서 풍부한 여러 일시적인 센세이션들과 함께 사라져버린다. 창조적 능력과 성취대신에 우리는 항상 새로운 센세이션들을 더욱 많이 갈망하고 있음을 알 수 있다. 여기에, 지난세기말 저명한 예술역사가인 리글(Riegl)이 지적했던 것, 즉, 우직한 사람[Biedermeier: 19세기 중엽 루드윅 아이쉬로트(Ludwig Eichrodt)의 작중인물에서 유래) 아래로, 독일은 어떠한 독자적인 개별적 예술유형을 생산하지 못했지만, 확실히 과거에 속한 보다 오래된 양식을 신속하게 계승하여 재생하는 것으로부터 영감을 도출했던 것에, 징후의 사회적 원인이 존재한다. 상응하는 우유부단과 지도력결핍이, 어쨌거나, 문화생활이외의 영역, 철학적 해석의 영역, 정치학의 영역 등에서 또한 발견될 수 있다. 그러한 변화를 연구하는 학생은, 만일 그가 즉각적이며 구체적 사건들의 이면에서 작용하는 사회적 장치를 주목하는데 익숙하지 않다면, 그러한 시기들에 인성은 하룻밤사이에 변화되고, 오늘날의 인간은 이전시기보다 재능, 창조성, 그리고 진취성

이 더 적은 시기라고 믿는 경향이 있다. 최근의 자유대중사회에서 지도력결핍은, 어쨌거나, 엘리트 선발에서의 악화된 결과로서 훨씬 잘 진단될 수 있다. 우리는, 독재적 야심을 지닌 집단들에게 기회를 제공하는 것은 현대대중사회에서 이러한 일반적인 방향결핍 때문이라는 점을, 더욱 더 인지해야 한다. 만일 그 집단들이 어느 정도 정치적 통합을 달성하는데 성공했다면, 그 집단들은 사회에서 다른 집단으로부터 어떠한 큰 저항도 없이 그들의 프로그램을 수행할 수 있다. 그 집단들은, 판단의 가치, 취향, 그리고 규범을 확산시킬 수 있는 모든 엘리트들이 서로를 상쇄시켰기 때문에, 어떠한 진정한 저항과도 마주치지 않는다.

현대대중사회에서 일반적인 방향결핍은, 인플레이션의 결과로서 오
래된 중간계급이 경제적 및 심리학적으로 일소되었던, 전후독일에서
가장 명료하게 관찰될 수 있었다. 이러한 방법이 그들의 사회적 틈새 88
에서 심하게 동요되었던 집단들은 조직되지 않은 군중과 유사하고, 좀
처럼 통합되지 않는다.

이러한 상황에서 이 사람들은 새로운 경험에는 매우 민감해졌지만, 항구적인 반응패턴이 출현할 기회는 매우 낮다. 독일과는 반대로, 영국은 최근의 대중사회로의 추세들이, 보다 오래된 유기체적 연계들과 그것들에 동반된 영향들에 대한 집착에 의해, 지체되고 있는, 그러한 나라들 중 하나이다. 프랑스도, 역시, 대중사회의 장치에 대항하여 그 사회를 보호할 수 있는 대항세력들로, 소규모 도시들과 지방들이 있다.

V

세 번째 과정: 엘리트선발을 지배하는 원리의 변화

엘리트선발방법과 관련된 최근의 변화들도 역시 부정적 민주화를

촉진했다. 만일, 한편으로 엘리트들이 문화를 창조하기 위해서는 약간 배타적이어야 한다면, 다른 한편으로는 그들은 특정한 방법으로 사회에서 모집되어야 한다는 것도 동시에 중요하다. 카스트와 같은 배타성이 있는 지성집단은, 필시, 문화에 대한 과도한 정련(精鍊)조차도 — 누구든지 바빌론과 이집트의 비교적(秘敎的)인 성직자문화만을 생각할 필요가 있다 — 문화생활을 창조할 수 있지만, 정확하게 이러한 사회적 근친교배 때문에, 이 문화유형들은 생기와 활력을 상실하는 경향이 있다는 것을, 누구도 부인할 수 없다[7]. 그러한 이유로 이 지성집단들은, 문화가 번성하려면, 배타적일 뿐만 아니라 상당히 접근 가능해야 한다. 약간 다른 사회부문에서 엘리트가 된 모든 사람은 새로운 관심과 새로운 관점을 가져오고, 이 엘리트가 살고 있는 분위기를 풍성하게
89 만든다. 동시에, 그는, 엘리트와 그 엘리트가 자신의 추종자를 지향해야 하는 타 집단들 간의, 중재자이다.

그러나 이 선발의 영역에서조차, 대중민주주의는 부정적 징후들을 드러낸다. 만일 어떤 사람이 현재까지 역사적 무대에 등장했던 엘리트 선발의 주요한 방법들을 상기한다면, 3개의 원칙들을 구별할 수 있는데, 그것은 *혈연*, *재산*, 그리고 *성취*에 기반을 둔 선발이다. 귀족사회는, 특히 스스로의 입장을 공고히 한 후에, 주로 혈연원칙에 따라 엘리트를 선발했다. 부르주아사회는 부의 원칙에 대한 보완책으로, 지적엘리트를 확보하는 원리를 점진적으로 도입했는데, 이는 교육은 부유계급의 자손만 어느 정도 이용 가능했기 때문이다. 물론, 성취원칙이 이전의 시기들에서는 다른 두 개의 원칙들과 결합했던 것도 사실이다.

---

7) 오래되고 비유럽적인 문화에서 지식인들의 역할과 관련하여, 막스 베버(Weber, M.), 『종교-사회학에 대한 편집논문』(*Gesammelte Aufsätze zur Religions-soziologie*, Tübingen, 1920), 제1권(중국), 276~536쪽, 특히 제5장, "작가계급", 395쪽 이후, 제2권 제2장, "인도지성인의 정교 및 이교 구제론", 134~250쪽. 제3권 "고대의 유대교", 이후 참조.

그러나 성취원칙이 점차 사회적 성공의 준거가 되어가는 경향이 있다는 점은, 현대 민주주의(그것이 활력이 있는 한)에 대한 중요한 공헌이다[8]. 전체적으로 보아서, 현대 민주주의는 세 가지 원칙 모두를 결합

---

8) 17세기와 18세기중의 독일에서는 가난하지만 재능이 있는 소년이 교육을 통해 사회척도에서 상승하는 것은 19세기보다 훨씬 용이했다. 도시에 있는 오래된 중세학교들에서 라틴어를 가르쳤고, 대학교 입학 전까지는 특별한 시험이 없었다. 초등학교와 중학교간의 구별은 아직 없었다. 부유계층과 귀족계급이모든 학교에서 퇴교하고 그들의 자녀를 교육시키기 위해 민간가정교사를 고용한다면, 가정교사직무는 가난한 학생이 그의 일과 너무 동 떨어지지 않은 생활을 영위할 수 있는 기회가 제공되었다. 훔볼트(Humbolt)의 아비투르(Abitur: 고등학교 졸업시험)의 도입과 학습의 연장은, 19세기의 특징으로서, 재산과 교육의 연계가 처음으로 만들어졌다[브루포드(Bruford, W.), 『18세기의 독일』(*Germany in the Eighteenth Century*, London, 1935)].

1800년 이후 공무원을 위한 학생들과 지원자들 가운데서 보다 더 엄격한 선발경향은 두 가지 상이한 지식인유형의 구분을 야기했다. 그 두 가지 유형은 베를린(Berlin)과 바이마르(Weimar) 상류사회의 세련되고(그리고 종종 교양이 높은) 도시화된 지식인과 얀(Jahn)과 아른트(Arndt) 같은 사람들의 지도에 의한 튜톤 운동(Teutonic movement)에서 발견된 평민유형이다.

이 초기 평민적 지식인과 국가사회주의의 지식인 간의 태도, 몸짓, 상징에 광범위한 유사성이 있다고 기술하는 것이 흥미가 없는 것은 아니다. 한편으로는 자유와 혁명을 지향하고, 다른 한편으로는 국가주의와 반유대주의조차 이미 존재했다는 상반되는 경향들이 있었다는 점도 역시 지적되어야 한다. 지식인들을 하나 또는 다른 형상에 조화하게 만드는 것은 진보의 주요한 일반적 추세이다.

"조직화된" 엘리트들, 특히 경제적 및 금융적 상위계급, 은거의 폐쇄적인 새로운 귀족을 형성한다. 프리드히 찬(Zahn, Friedrich)이 "바이에른 주통계청"(Bavarian Statistical Landesamt)의 총재였을 때, 경제적 상위계급에 다음을 포함했다. 즉,

(1) 경작지가 100헥타르(약 250에이커)이상의 토지소유자들

(2) 무역, 상업, 그리고 운수업의 독립경영인, 그러나 모든 가내 산업들 그리고 직업의 숙련공들이 판단하여 중산층에 속할 것으로 보이는 모든 사람들은 제외한다. [『국가학 휴대사전』(*Handwőrterbuch der Staatswissenschaften*, 제4판, 부록, Jena, 1929), "독일의 경제상류층", 986쪽. 그러한 가정들로, 찬(Zahn)은 1923년의 센서스에 의하면 전체고용인구의 1퍼센트만이 상위계층으로 추정했다. 그는 『우리의 동시대인, 누가 첫 번째인가?』(*Unsere Zeitgenossen. Wer*

90 한 선택적 장치이다. 현대 민주주의의 엘리트들은 이 3개 원칙 중 적
어도 하나 이상의 수단에 의해 그들의 지위를 확보한 성공적인 남자들
과 여자들의 혼합집단이다. 사회정의의 관점에서 이 결합을 지향하는
91 사람들의 태도가 무엇이든 간에, 그 집단은 억제적인 보수적 선발원칙
과 기동성 있는 진보적 선발원칙을 적어도 다소 적절한 방법으로 결합
한다[9]. 성취에 의한 선발은 여기서는 동적 요소이다. 우리는 어떻게

Ist's?, Leipzig, 1925) [바이에른 통계청 공고(Veröffentlichung des Bayerischen Statistischen Landesamts), 독일민족의 상승과 하강(*Auf- und Abstieg im Deutschen Volk*), 61쪽)]에 등장했던 저명인의 전기들을 조사하여 다양한 지위에서 사회적 상승을 추산하고자 했다.

현대의 직업	부친의 소속(%)		
	상위계층		중하위층
	지식인	경제인	
대기업인	13.9	70.9	15.2
부유한 상인, 출판업자, 은행원	17.8	67.2	15.0
지주, 부유한 임차인	14.8	85.2	-
"사적 관리인"	38.8	36.9	24.3
대학교육을 받은 선도적 지위에의 고용자	40.5	37.2	22.3
공학자, 기술자, 건축가, 건설업자, 전문가	31.7	34.1	34.2
경제 및 개발이익의 대표자	42.6	35.0	22.4
전체	28.9	51.4	19.7

이 숫자들은 100의 선도산업인들 중 70은 선도산업인들의 아들이고, 100의 부유한 상인·출판업자·은행가들 중 67.2가 그들의 아들들이고, 100명의 지주 중 85명이 동일지위에 있는 사람들의 아들들임을 나타낸다. 약간의 신참도 있다. 중간 또는 하층에 속하는 아버지를 가진 사람의 15%, 아버지들이 지적 상위계층인 사람들이 선도산업, 상인·출판업자·은행원, 그리고 지주에 각각 13.9%,17.8% 그리고 14.8%가 되었다. 얼마나 자주 이 사회적 변화가 상위계층과의 계층 간 결혼에 의한 것인지는 잘 알려져 있지 않지만, 이 엘리트에 들어가는 수단으로서 성취의 중요성을 고려하여 설명해야 하는 하나의 요인이다.

9) 선도집단들로 마샬(Marshall, T.), "영국의 귀족정치", 『경제와 사회의 역사 연보』 *Annales d'histoire écon. et sociale*, 1937; 폰손비(Ponsonby, A.), 『귀족정치

엘리트들에 대한 선발이 오직 성취의 원칙만이 문제시되는 개방적인 대중사회에 작용할 수 있는가에 대해 명확한 아이디어가 없다. 그러한 사회에서, 엘리트들의 계승은 너무 급격하게 이루어질 수 있고, 지배적 집단들의 영향이 본질적으로 완만하면서 점진적으로 확대되기 때문에, 사회적 연속성이 결여될 수도 있다. 그러나 현대대중사회의 진정한 위협은, 성취원칙의 갑작스러운 지배보다는, 특정집단들에서의 권력투쟁에서, 하나의 요인으로서 성취원칙을 부정하려는 경향이 최근에 나타나고, 그 원칙의 광범위한 제외를 위해 주요 인자들로서 혈연과 다른 기준들이 갑자기 확립되었다는 것에 있다.

우리는 최근에 공표된 인종의 원칙이 흥미롭지만, 진정한 혈연원칙은 전혀 아니라는 사실을 상술할 필요는 없다. 그 혈연원칙은, 초기시대처럼, 귀족적인 소수혈통의 순수성과 전통은 더 이상 문제가 되지 않고; 여기서, 이에 반하여, 그 원칙은 민주적이 되었고, 어떠한 성취도 없이 사회적 주도권이라는 특권을 거대한 인구집단에게 아주 갑작스럽게 제안한다. 지금까지로 봐서는, 그 혈연원칙은 주로 생물학적인 상속의 구실로서 일정한 기능과 지위에 대한 권리를 주장하고, 그 원칙의 성공을 성취원칙 다음에 위치시키는 것만으로도, 귀족계급의 특권으로서 종종 부러워했었다. 그러나 이제 많은 국가에서, 소정의 집단 중 최소의 중요성을 가진 구성원들조차도, 특정한 성취에 대한 인식 때문이 아니라 단순히 그들의 생물학적 혈통의 덕택으로, 자신들이

의 몰락』(*The Decline of Aristocracy*, London-Leipzig, 1912); 웩터(Wector, D.), 『미국사회의 무용담』(*The Saga of American Society*, N. Y., 1937); 토식(Taussig, F.)과 조세린(Joselyn, C.), 『미국의 기업지도자』(*American Business Leaders*, N. Y., 1932), 룬드버그(Lundberg, F.), 『미국의 60개 가정』(*America's Sixty Families*, N. Y., 1937), 메이어즈(Mayers, G.), 『미국 대부호의 역사』(*The History of Great American Fortunes*, N. Y., 1937), 니커슨(Nickerson, H.), 『미국의 부자들』(*The American Rich*, N. Y., 1930) 참조.

우월하게 간주되기를 바란다. 여기서, 또한, 우리는 우리가 부정적 민
92 주화라고 불렀던 과정의 특징적 실례를 알고 있다. 현대 민주사회의 첫 번째 국면에서, 자유와 자유경쟁에 관한 구속 없는 원칙이 일반적 평등성 그리고 그것에 따라서 모든 사람에게 동일한 의무와 권리를 공포하는데 공헌한 반면에, 이 예증에서 그 혈연원칙은 역효과를 나타낸다. 전체로서 민중은 이제 이러한 의미에서 특권집단이 되고, 보통사람은 개인적 성취의 책임에서, 동시에, 그를 해방시키는 순수혈통의 구성원의 존재로서 특권적 자격을 갖는다. 의미가 급변하는 정치적 원칙들 간의 일반적인 갈등 속에서, 진실보다 편의주의가 결정적 인자이다. 때문에, 장기적으로 모든 사람에게 동일한 "특권"을 제공하는 것은 논리적으로 불가능하다는 반론을 개진하는 것은, 이 이념적 투쟁과는 관련이 없다. 우리는 성취원칙의 적용이 필요 없게 된, 대중사회의 문제적인 본성을 탐구하지는 않겠지만, 그 본성이 확실히 민주주의 자체의 발흥을 정당화하는 이 새로운 선발원칙이었다는 점만은 지적할 것이다. 이전에 유행했던 전통의 원칙에 반대하는 용기를 발견할 수 있는 것도 바로 이 새로운 원칙에 기초한 것이었다. 모든 사람은, 평등화된 기회의 원칙이 객관적인 성취기준 그리고 사회도태와 관련된 적절한 원칙과의 동맹이 없다면, 대중사회는 파시즘으로 퇴보할 것이라는 것을 이미 알고 있다.

Ⅵ
네 번째 과정: 엘리트구성의 변화

최근에 문화의 창조에서 더 많은 혼란이 엘리트구성의 인위적 변화들에서 발생했고, 지식계급내의 자생적 요소들과 동적 요인들 간의 관

계는 심각한 변화를 경험하고 있다[10]. 이 변화들이 의미하는 것이 무
엇인가를 이해하기 위해서는, 서양문명의 문화적 엘리트는 바로 그들 93
의 기원부터 지방문화, 국가에서 유래한 고정된 사회적 지위, 그리고 어떤 특정한 지방성에도 구속되지 않았던 지식인들, 각각의 대표들로서 융합된 것이라는 점을 기억해야한다. 현대문화생활이 성직자적 교육에서 기원한 까닭에, 그것은 시초부터 상당히 국제주의적인 요소를 흡수 동화했다. 성직자적 문화는 주로 국제질서의 표현이고, 그 다음으로서만 특별한 지방 및 국가의 상황을 반영했다. 세속적인 인간주의가 기독교적인 인간주의를 계승했고, 세계적인 기반위에서 국제적인 문화운동의 형태를 취했다. 그러나 문화의 민주화와 함께, 인본주의자들과 귀족들에 등급을 매기고, 지역주의를 지향하는 경향이 시작되었다. 이미 권력을 획득했고, 지역과 지방이라는 의미에서 창조되고 사

10) 독일의 장학금제도에서, 가치 있는 시도가 문학사에서 자생적인 사회적 요소들의 역할을 명료화했었다. 나들러(Nadler, J.), 『독일 수목과 풍광의 문학사』(*Literaturgeschichte der deutschen Stämme und Landschaften*, Regensburg: 1912-1928) 제4권 참조. 또한 클라이네(Klaine, H.), 『귀족혈통의 쇠퇴』(*Der Verfall der Adelsgeschlechter*, Leipzig, 1882) 참조. 퇴니스(Tonnies, F.), 19세기 독일 귀족사회에 대하여(Über den Adel Deutschlands im XIX Jhrdt), 『신 평론』(*Neue Rundschau*, 1912). 팔베크(Fahlbeck, P.), 『스웨덴인과 핀랜드인의 귀족』(*Der Adel Schweden und Finlands*) Eine demograhische Studies, Jeha, 1903. 사보르그난(Savorgnan), 귀족혈통의 사멸(Das Aussterben der adligen Geschlechter), 살로몬(Salomon, G.) 편, 『사회학연감』(*Jahrbuch für Soziologie*), 제1권 320쪽 이후. 우스펜스키(Uspensky, G.)와 터피고루(Terpigoriew, A.), 『러시아의 농민과 귀족의 몰락』(*Verlumpung der Bauern und des Adels in Russland*, Leipzig, 1892). 나의 의견으로는, 사회적 및 문화적 생활에서 동적요소들에 관한 중요성을 나타내는 것은 그 질문을 번복하는 것만큼은 최소한 중요할 것이다. 스톤퀴스트(Stonequist, E.), 『한계인』(*The Marginal Man*, N. Y., 1937); 파크(Park, R.), "인종적 혼혈인의 심리", *American Journal of Sociology*, 제36권(Jan. 1931): 534∼551쪽; 그리고 "인구이동과 한계인", 같은 도서, 제33권(May, 1928): 534∼551쪽; 그리고 특히, 토인비(Toynbee, A.), 『역사의 연구』(*A Study of History*, 제2판, London, 1935) 참조.

고하는, 진정한 지방색(地方色)을 갖춘 최근의 도시예술유형 속에서 처음 창조된 것은 부르주아였다. 때문에, 광범하게 확산된 의견과는 반대로, 서양문명의 역사는 지역과 지방으로부터 국가와 국제적 문화로 진보했다고 기술할 수는 없다. 오히려, 국제적인 문화통합의 거대한 파고(비록 엘리트들의 좁은 사회에 국한 하지만)에 따라서, 지방, 그리고 지역, 그리고 보다 나중에는 국가의 순서로 문화패턴들의 점진적인 성장이 있었다. 우리의 생각으로는, 문화생활은, 지역과 종족을 초월한 사고방식과 생활방식을 이방인들에게 강제한, 식민지개척자적인 수사(修士)들에 의해 북구(北歐)에서 처음으로 소생되었다. 오랫동안 이 전통을 우리 사회에 진전시켰던 사람들은 — 특정지역에 구속되
94 지 않는 개인들인 — 이주자들이었다. 매우 완만하게, 토착적인 요소들이 그들 자신의 문화에 이르게 된다. 모든 국가에서 그 시기 이후로 두 문화집단들이 서로 갈등상태에 처해 있었다. 그 집단들 중 하나는, 사고방식은 물론 실제에서도, 그 집단의 지방적인 활동무대에 구속되었고, 발생한 것은 무엇이든 간에, 심지어 이웃지방에서 발생한 것도, 낯설고 이국적인 것으로 간주했다. 그것과 병행하여, 토착민에 합병되지 못하고, 유럽의 문화공동체가 점점 더 단일의 동료의식이 형성되어 가는 장소와 사람들 가운데서 생활하는 것을 선호한, 특정한 동적인 개인들의 영향이 있었다. 지적인 측면에서 프랑스혁명은 이동성이 있고 도시적인 지식계급의 표현이었으며; 뒤따른 반혁명 및 낭만적 운동은, 반대로, 그들의 출생지의 지역과 지방의 독특하고 개별적인 발달에 더욱 깊게 영향을 받은 그러한 집단들의 발흥을 표상했다. 생물진화가 지속되는 한, 두 가지 유형의 인간과 사고의 흐름이 상호보강 된다. 기동성 유형의 영향은 재산, 토착지에 대한 감성적 애착, 그리고 안전한 미래에 대한 의식이 보다 더 안전한 뿐만 아니라 보다 더 평안하고 만족시키는 방법으로 보답해온, 그러한 자생적 유형들의 지적인

지방제일주의로부터 구제해 주었다. 동시에, 후자의 유형은 구체적 사실, 지방성, 그리고 그 유형들의 직접적인 환경에서 완만하게 성장하는 전통을 참작하고, 그것들을 심리학적으로 동화되도록, 더 추상적이며 과도한 이동성 요소들을 강요 한다[11].

---

11) 독일국가사회주의 내 지배집단의 많은 사람들은 지방을 대표하기 보다는 이동성적 요소를 대표했다는 주장은 이와 관련하여 유효하지 않다. 지도자들 중 많은 사람은 독일에서 상대적으로 외부지역출신이었다는 것과, 히틀러(Hitler)는 오스트리아인이고, 지방민으로서 "독일국적인"(Reichsdeutsche)의 열등감을 가졌다는 것은 잘 알려졌다. 로젠베르크(Rosenberg)는 발틱, 헤스(Hess)는 이집트, 슐래스비히(Schleswig) 홀스타인(Holstein)에서 반군소작농의 저명한 지도자인 클라우스 하임(Klaus Heim)은 남부아메리카 출신이었고, 레벤트로우(Reventlow) 백작은 전전에 수 년 동안 미국에 있었고, 폰 리벤트로프(von Ribbentrop)는 캐나다에서 일했다. [이 사실들은 권테르(Günther, J.)의 「유럽내부」(Inside Europe)와 하이덴(Heiden, K.)의 「국가사회주의역사」(*History of National Socialism*)에 기록되어 있다.] 그러나 우리가 사회적 이동성을 고려할 때는, 그것은 항상 동일한 것을 의미하는 것은 아니라는 점을 고려해야 한다. 독일 내부의 발달과 독일연방 밖의 독일인들, 즉 이전 식민지들 또는 루마니아나 헝가리처럼 독일농민들의 옛날 주거지에 사는 독일인들, 에 대한 그들의 효과 간에 문화적 간극이 있다. 이 사실은 쉬나이더(Schneider, W.)의 저서, 『우리시대의 재외독일인 시가』(*Die auslandsdeutsche Dichtung unserer Zeit*, Berlin, 1936), 9쪽 이하에 잘 기술되어 있다.

대개의 경우 이 정착민들은 그들을 받아들인 사람들의 압력에 대항하여 그들의 문화유산을 지켰고 소수민족을 형성했다. 이러한 방어적 지위 때문에 그들은 매우 자주 철두철미한 보수주의자들이 되었고, 오직 극도로 싫은 것만 변화시키며, 독일제국내의 국민통합을 위한 자극제가 그들의 문화발달을 보다 완만한 보조로 이동했다. 전후독일에서 재외독일인국가사회주의자들이 인기가 있어서 직업정치인들을 만든 것은 이 역행성이었다. 그들의 개인적 역행성은 독일의 하위중산층의 일반적 역행성 또는 세계위기 중에 방치되었던 역행성과 일치했다. 그래서 국자사회주의 직업정치인들의 극단적인 이동성집단들-괘벨스(Goebbels)박사는 그들이 배출할 수 있었던 가장 세련된 유형 이었다-은 그들의 개인적 경험, 혈연과 고향, 그리고 "토착성"(Bodenständigkeit)과는 정반대를 옹호할 수 있다. 재외독일인의 후진계급은, 거의 독서하지 않고 최저유형의 신문만을 구독하며 소규모상점과 사무실에서 점원노릇을 하면서도 어떠한 지적훈련도 받지 않은, 독일의 후진적인 하위중산층의 필요와 욕구를 반영했다.

95 우리가 현재의 경제상황에서 관찰할 수 있는 바와 같이, 독재적 추세와 동향은 최고의 기술과 국제교역의 발달 가운데서 발흥했기 때문에, 장애물들이 이제 문화영역에서 발생한다. 지방문화의 대표자들은 국제문화와 연계된 사람들을 제외하고자 했으며, 그것에 의해서, 인도주의의 발단이래로 우리 문화를 구성했넌 모든 것을 파괴하려고 위협한다. 경제생활에서 본(Bonn)교수가 기술했던, 반식민화의 과정은 현대세계의 일부 거대국가들의 경계 *내*에서 조차 역시 일정한 의미를 생성한다[12]. 보다 정확하게는, 토착집단들은 이동성 요소들로부터 그들 자신을 고립화시키고, 그것에 의해 우리 문화가 기독교성향과 세속적인 국제성향으로부터 도출된 모든 것으로부터 그들 스스로가 소원해진다.

필시 이 탈식민화과정과 동반한 심리학적 및 지적 현상의 많은 부분은 그러한 퇴보라는 점에서만 설명될 수 있다. 과거에는 정상적인 선발장치는 상류층에 문화적 가치의 지참인(持參人)들을 상류층에 데려오려 했었거나, 그렇지 않으면 그들이 입신출세했던 상승하는 집단들을 교육했던데 반하여; 현재는 부정적 선발이 현대문화의 규범을 지킬
96 수 없으며 자신들의 충동들을 지배하고 자기통제에 결함이 있는 그러한 사람들에게 지배적 지위를 제공한다. 그들의 승리 결과로, 그들의 가치는 지배적인 것들이 되고, 동인들에 대한 내부갈등은 개인의 심리적 생활에서도 발달한다. 마지막으로, 이 영역에서도, 역시, 부정적 선발은, 문화의 초기지참인들이 그들의 완만하게 획득한 문화 및 도덕적 가치들을 부끄러워하기 시작하고, 약점의 표명으로서 그리고 비겁함의 형태로서 그 지참인들을 간주하기에 이른다는 의미에서, 발생한다. 충동에 대한 승화의 실현에 수많은 세대가 요구되었던, 그 승화는 점

12) 본(Bonn, M.), 『반식민화의 시대』(*The Age of Counter-Colonization*). 런던정경대학에서 1933년에 공개강연을 했다.

차 붕괴되고, 정신가운데에서 혼란스럽고 무규율적인 요소들이 보다 더 분명해진다. 때문에 엘리트들에 대한 소극적 선발은 결국 인간정신의 지배적인 경험과 특징들에 대해 부정적인 선발로 변환된다. 문화영역에서, 모든 사회에 존재하는 효과적인 억압력으로서, 적극적 선발은 반사회적이며 원초적 충동들을 지배하지만, 소극적 선발에서는 획득하는데 너무 오래 걸리는 그러한 승화들을 단지 붕괴 시킨다[13].

Ⅶ
자유대중사회에서 공중의 형성

문화에 대한 사회학의 과업은 어떻게 엘리트들이 발흥했는가에, 어쨌거나, 국한하지 않는다. 그 과업은 전체로서 사회에서 엘리트들의 역할과 관련된다. 여기서 고려되어야할 다음 질문은, 엘리트들의 "대중"과의 관계이다. 이 점을 해결하기 위해, 공중이 형성되는 과정에 대해 몇 마디를 제일 먼저 언급할 필요가 있다.

엘리트들은 대중과 직접적인 접촉을 하지 않는다. 엘리트들과 대중사이에는 어떤 사회적 구조들이 존재하는데, 그 구조들은, 순전히 일시적이라고 하더라도, 어떤 내적인 연결과 항구성을 보유하고 있다. 그 구조들의 기능은 엘리트들과 대중사이를 조정하는 것이다. 여기서도 소수의 자유민주주의에서 진정한 대중민주주의로의 변이가 이 중

13) 회귀의 현상은 허버트 스펜서(Herbert Spencer)가 "재야만화"라고 불렀던 때만큼 초기에 이미 알려졌다. 그는 군국주의의 압력에 대한 징후들을 주로 추적했다. 그러한 징후들은 국가가 군대를 가지고 있을 뿐 아니라 군사적 사고방식이 민간적 그것을 대체할 때 나타난다. 문제가 되는 절은 그의 『사실과 논평』(*Facts and Comments*) 참조.

97 개구조를 파괴하고, 완전히 유동적인 대중의 유의의를 고양한다는 점을 제시할 수 있다. 문학과 연극의 영역에서, 이것은, 초기에 일단 작가가 자기혼자 힘으로 한 사람의 팬을 확보했다면, 그는 적어도 한 세대 동안 그 작품에 대한 관심을 기대할 수 있을 것이라는 사실에 의해, 논증될 수 있다. 붕괴된 대중사회에서, 청중은 오직 순간적으로만 통합되고 소여의 연극을 위해서만 이합 집산한다. 그러한 청중이전에는, 연극을 상연하기 위한 항구적 연극단원이 아니라, 이 특정한 연극을 공연하기 위해서만 함께 모인다. 그러한 대중이, 잘 설립되고 안정적인 집단들 가운데서 이전에 선발된 항구적인 공중을 보완하는 것은, 해체의 단계에 있는 사회에서 이루어진다. 그러한 변덕스럽고 기복이 있는 공중은 새로운 선전에 의해서만 다시 모집될 수 있다. 저자들에게는, 이러한 상황의 결과가 그들의 첫 번째 출간물만 성공하는 경향이 있고, 제2, 제3의 도서를 출간했을 때는 그들의 첫 번째 저작에 환호했던 공중은 더 이상 존재하지 않을 수도 있다. 유기적인 공중이 붕괴된 곳이 어디든 간에, 저자들과 엘리트들은 광범한 대중들에 직접적으로 호소한다. 결과적으로 그 대중들은 "공중(公衆)"이라는 부르는 사회단위의 매개수단을 통해 행동할 때보다도 더 대중심리학의 법칙에 지배된다. 이러한 필요에 대응하여, 자유대중사회의 가장 최근단계에서, *조직된* 공중의 형태로서 기발하면서 약간은 강요된 해결책에 도달하게 하려는 시도가 있었다. 때문에 노동자들의 연극은 노동조합이나 다른 유사한 조직화된 집단들 앞에서도 공연한다. 자유대중사회의 극단적인 사례들과 관련된 이 지점에서, 규제되고 계획된 사회에서 그 사회의 장래가 걸려있는 해결책이 등장한다. 때문에 우리는 유기체적인 공중이, 붕괴된 공중을 거쳐, 인위적으로 조직된 장래의 공중으로의 발달하는 변천을 고찰할 수 있다.

연극의 관점에서 우리가 고찰한 것처럼, 공중형성의 현상은 사회생활의 다른 영역, 예를 들면 정치영역, 에서도 역시 똑 같이 지적될 수 있다. 여기서도, 소수자를 위한 민주주의의 단계에서, 광범한 군중들과, 예를 들면, 언론에서 정의된 다소간 영구적인 선거추종자들과 서로 다른 정당들에 의해 표출된, 엘리트들 간에 매개기관이 있었다. 민
주주의가 대중민주주의로 확대되는 단계에서, 지금까지는 투표자가 98
아니었던 그런 사람들과 아직도 마음을 정하지 못한 보다 젊은 세대의 역할은, 위에서 기술한 다소간 명확하고 정치적이며 매개적인 집단에서, 지레받침대처럼 훨씬 더 결연해 진다[14]. 자유대중민주국가에서 약간의 중요성을 확보하기 위해 노력하는 정당들은, 바로 그러한 이유들로, 아직은 조직되지 않은 대중에 관심을 돌리고, 바람직한 방향으로 그 대중에 영향을 주기 위해, 사회심리학이 이해한 것처럼 감정적이며

---

14) 팅스텐(Tingsten, H.), 『정치적 행태』(*Political Behaviour*, London: 1937)는 사회계급이 정치적 기질이 되어가는 정도에 대해 기술하고 있다. 딕스(Dix, A.)의 『독일국회의원선거, 1871-1930과 민중조직의 변화』(*Die Deutschen Reichstagswahlen, 1871～1930 und die Wandlungen der Volksgliederung*, Tuebingen, 1930) 참조.

국가사회주의자당이 사회민주주의자들과 같은 전전의 정당유형보다는 훨씬 젊은 세대를 끌어들였다는 사실은 선거결과에 의해 보인 것뿐만 아니라 당원의 다양한 세대들에서 더욱더 명확하다.

1931년의 "국가사회주의 정당통신원"에 따르면, 국가사회주의자당의 구성은 다음과 같다. 즉

18～30세 당원	전체의 37.6%
31～40세	27.6
41～50세	19.6
50세 이상	14.9

그것은 당원의 65.2%는 40세 이상이 아니고, 약 15%만이 50세 이상이라는 말이다. 이 숫자들의 의미는 사회민주당의 동일한 숫자를 보면 명료해질 것이다.

18～30세 당원	전체의 19.3%
31～40세	27.4
41～50세	26.5
50세 이상	26.8

(Berliner Tageblatt, Nr. 27, 16.1. 1927).

비합리적 상징들에 호소를 추구한다. 그러나 여기서도, 극장의 청중처럼, 권력을 획득하자마자, 독재정권은 강력하면서도 일시적인 집단통합의 형태였던, 한때는 자발적인 그 정권의 추종자들을, 조직된 집단으로 변환시킨다.

Ⅷ
사회에서 지식계급의 지위

우리는 사회질서 속에서 엘리트들의 지위와 그들의 다양한 타 사회계급들과의 관계에 대한 것 이상의 문제에 직면한다.

지적문화의 보유자들이, 약간은 귀족적 "사회"의 구성원이거나, 또
99 는 그들이 자유롭고 자동적으로 자아 통합하는 공중, 또는 조직된 집
단에 대한 개별적 보호에 의존하는가 여부에 관한 질문은, 이 엘리트
들의 운명과 사회의 지배적인 사고방식유형과는 결코 무관하지 않다.
교육을 통한 사회적 전진의 기회를 현대적으로 확대한 첫 번째 부정적
100 결과는 지식계급의 프롤레타리아화이다[15]. 사회가 자체의 지적작업을

---

15) 사회척도에서 지식계급의 침몰은 전후시대에 중구와 동구에서 잘 연구될 수 있다. 무엇보다 먼저, 저축과 임대료는 인플레이션에 의해 소멸된다. 봉급과 다른 형태의 수입에 의존하는 중간계층의 단면들은 그들의 사회적 안전을 상실하고, 극단적인 노력에 의해서만 중산층가정은 그들 구성원중 하나를 대학에 보낼 여유가 있을 수 있다. 이와 관련하여, 가족의 규모는 상당히 문제가 된다는 것에 주목하는 것은 흥미롭다. 돌봐야 할 많은 어린이가 있는 부모들은 그들중 어느 누구에게도 너무 많은 시간을 소비하지 않고, 그들의 아들들이 대학교에 가기를 원하는 사람들은 출산을 제한했다. 독일학생의 거의 50%는 하나 또는 둘의 자녀를 가진 가정 출신이고, 약 25%는 두 명 이상의 형제나 자매가 있고, 오직 나머지 25%만이 네 명 이상의 형제나 자매가 있다. [『독일대학통계』(*Deutsche Hochschulstatistik*, Berlin, 1934)], 제12권 1933~1934, 21쪽.)

수행하는데 오늘날 요구하는 것과 같은 것보다는 지적노동시장에 관련된 사람이 더 많이 있다[16].

만일 중산층의 직업적 기회에 영향을 미치는 경제적 여건이 과밀한 대학교들을 조장한다면, 전후 정치적 변화인, 오스트리아-헝가리국의 붕괴와 분리이후 새로운 민족국가의 발흥은 전문계급의 생활을 어렵게 했다. 전전에 비엔나대학교(Univ. of Vienna)는 합스부르크(Habsburg)의 전체영역을 위한 변호사, 법률가, 공무원들을 훈련했다. 전후 루마니아, 헝가리, 유고슬로비아, 체코슬로바키아 등은 그들 자신의 종족 중에서 새로운 관료제를 구축했고, 토착의 중산층, 농민, 새로운 도시 부르주아에게 사회적 상승과 교양 있는 계층과의 동화를 위한 새로운 기회를 제공했다. 그들은 그들의 고유한 언어를 말하고, 그들 자신의 문학을 육성하고, 국가언론을 구축하는 등등을 그들에게 장려했다. 이는 비엔나대학교(Univ. of Vienna)의 졸업한 독일인을 위한 시장이 축소됨을 의미했다. 그러나 전문직시장에서의 조정은 특히 완만하고, 아마도 할당제, 법적 조치와 기타 정치적 조치의 도입에 의해서만 수급균형의 복원이 가능하다. [코트쉬히(Kotschnig, W.), 『학문적 직업에서의 실업』(*Unemployment in the Learned Professions*, Oxford Univ. Press, 1937), 직업과 교육계획에 관한 국제연구, 33쪽 도처에.] 코트쉬히(Kotschnig) 의 연구는 동구와 중구의 모든 국가들에서 과밀직업군의 비참한 상태를 나타내는 약간 인상적인 수치를 제공한다. 지식계층의 프롤레타리아화에 관해서 소수의 연구들에서만 언급하고 있는데, 그 연구들은 다음과 같다. 베커(Becker, W.), "개혁시대이후의 학자무산계급출신" 『문화사문고』(*Archiv für Kulturgeschichte*), 제8권, 1911; 미첼스(Michels, R.), "지적무산계급과 함께 방랑자와 그들의 연계에 대한 사회학에 대해", 『국민경제학과 통계학 연감』(*Jahrbücher für Nationalőkonomie und Statistik*, 제3차 시리즈, 81, 6, 1932년 6월; 카셀((Kassel, R.), 『인텔리의 사회적 문제』(*Soziale Probleme der Intellektuellen*, Wien, 1920); 라우에케르(Rauecker, B.), 『정신노동자의 무산계급화』(*Die Proletarisierung der geistigen Arbeiter*, München, 1920); 유렌베르크(Eulenberg, H.), 『독일대학의 설립부터 현제까지의 빈도』(*Die Frequenz der deutschen Universitäten von ihrer Gründnug bis zur Gegenwart*, Leipzig, 1907); 코트쉬히(Kotschnig), 전게서, 제2장; 쉬아이에르(Schairer, R.), 『대학의 직업적 곤경』(*Die akademische Berufsnot*, Jena, 1933)

16) 공화국독일의 이 상황을 예증하는 사례는 무엇을 우리가 의미했는가를 보여주는데 도움을 줄 수 있다. 지난수년동안의 수요에 대한 연간공급초과는 대략 의사 100~200%, 물리학자 100~200%, 화학자 100%였다.

이 숫자들은 이 직업들에 이제 방금 자격을 갖춘 사람들의 연간증가에만 관련된 것이고, 그 직업에 이미 존재한 그러한 실업자들의 예비군은 포함하지 않았

이러한 과잉공급의 진정한 유의의는 지적직업들이 그들의 사회적 가치를 상실한 것뿐만 아니라 문화적 및 지적활동 자체가 여론에 의해 신망을 잃게 되었다는 것이다. 보통사람은 지적문화가 그 자체를 위하여 항상 높게 평가된다고 믿는다. 어쨌거나 지적문화의 사회적 가치는, 그 문화를 생산하는 사람들의 사회적 지위들에 대한 함수라는, 사회학적 원리인 것처럼 여겨진다. 지적문화가 그 자체로 그러한 일반적인 인식을 확보하는데 오랜 시간이 소요되었을 뿐만 아니라, 이 발달의 노정에서, 그 문화를 생산했던 사람들의 사회적 지위에도 시간이 중요했고 그 문화를 평가했던 가치에도 역시 시간이 결정적이었다. 지적귀족이 귀족혈통에서 무사계급의 인접지위를 상당히 점진적으로 차지했다. 우리는 많은 진기한 사례들로, 자신으로부터 사사(師事) 받은 다수의 귀족청년들이 대학교의 교수지위를 결정하는 경우를 지적할 수 있다. 우리는 그리스역사에서 조형예술에 종사하는 사람들이 원래는 노예들이었기 때문에 그 예술을 오랫동안 멸시했다는 것을 알고 있다. 반대로, 절대주의국가에서는 갑자기 지적인 공무원을 요구했기 때문에 현대사회에서 지적문화의 사회적 진전은 매우 중요했다. 이러한 사회적 진전은 궁중신학과 특정한 기타 지적활동형태들에 대한 시장가치를 감퇴시킨 반면에, 법정교육의 가치를 상승하도록 했다.

오늘날 우리는 반대방향으로의 이동을 목격하고 있다. 지식인들의 공급과잉은 지식계급과 지적문화자체의 가치를 저하시킨다. 이러한 과밀이 민주사회의 이전단계에서는 출현하지 않았다는 사실은 그 단
101 계가 소수자민주주의시대라는 사실과 밀접하게 연계된다. 귀족사회에

다. 『대학의 직업상황에 대한 연구』(*Untersuchungen zur Lage der akademischen Berufe*, Berlin, 1932~1933) 참조.

코트쉰히(Kotschnig)는, 전게서에서, 많은 수의 다른 나라들의 모든 이용가능한 자료를 요약하고, 이 기술에 대한 명료한 사실에 입각한 확증을 제공한다.

속한 가정(家政)들은 별문제로 하고, 부(富)가 교육을 위한 불가분의 전제조건이 되었기에 교양인계급은 주로 지주계급에서 모집되었다. 때문에 지식계급은 "상류사회"에서 발생했다. 18세기에 많은 학자들을 하층계급에서 충원했다고 진술하는 것이 사실이라고 하더라도, 그들이 걷는 길은 매우 험난한 것이었고[17], 지배계급들의 열망에 대한 그들의 적응성은 여러 방법으로 그들이 이 지배계급들에 의존했다는 사실에 의해 보증되었다. 부유계급의 부르주아민주주의로부터, 문화가 더 이상 소수의 재산이 아닌 대중민주주의로의 현대적 변이는, 처음에는 유익한 결과를 가져왔다. 그 평민계급의 "상류사회"와의 과도하게 밀접한 연계는, 지식계급이 계급관행에 따라 자신들의 문화적 견해를 형성하도록 인도했다. 결과적으로, 지적문화는 상당한 범위에서 계급적 품성을 획득했다. "상류사회"로부터 지식인들의 자유와, 다른 부문들로부터 어느 정도 분리되어 하나의 부문이 되고, 모든 사회계급으로부터 재 충원되는, 지식인들의 발전은 자유로운 지적 및 문화적인 생활로의 경이로운 개화(開花)를 야기했다. 제정러시아의 지식계급, 또는 유럽전체에서 지난 백 년 동안의 진정으로 소중하고 대표적인 지식인들, 에 의해 표상된 정신의 거대한 가소성과 깊은 도덕적 책임감은, 이전에는 지적생활의 일부를 이룬 계급적 편견으로부터 거의 대부분 자유롭다는 바로 그러한 의미에서 인간의 업적이었다. 점점 더 광범한

---

17) 예를 들면, 빈켈만(Winckelmann)은 가난한 구두장사의 아들이었다. 그는 그 시대를 다음과 같이 살았다고 말한다. 즉, "그는 겨울 내내 침대에 가지 않았지만, 모서리에 있는, 양쪽에 책꽂이가 있는 테이블 앞의 독서용 의자에 앉았다. 그의 학급과 그의 제자들에 대한 교육을 마친 후 그는 자정까지 공부했다. 그리고 그는 램프의 불을 끄고 4시까지 의자에서 잠잤다. 4시에 그는 램프에 불을 켜고 6시까지 독서하고, 그의 제자들과 함께 바삐 일했다." 라이케(Reicke, E.), 『학자』(*Der Gelehrte*, Jena, 1910), 142쪽 참조. 브르포드(Bruford, W.), 『18세기의 독일』(*Germany in the Eighteenth Century*, London, 1936); 피히테(Fichte), 하이네(Heyne) 등과 관련해서도 동일하게 참조할 수 있다.

기반에서 이루어진, 이러한 선발은 지식인들의 공급증가와 함께 그들이 선발되었던 계급들이 문화적 창조의 목적에서, 점점 더 불모지가 되어가는 때에는 역효과를 보였다.

102 지적활동에 의심할 여지없이 가장 적합하지 않은 계급은, 경제적인 최빈 계급이 아니라, 현대적 생산과정에서 최소의 유망한 미래를 소유하고 있는 그러한 계급들이다. 이러한 이유로 전체주민가운데 이 부분들의 사람들에게서 발달한 근본적인 충동들은 보다 더 제한된 인간자질을 가진 유형들을 산출하는 경향이 있다. 만일 다양한 계급들이 매우 불평등한 삶의 질, 매우 불평등한 여가의 기회, 그리고 심리적 및 문화적 발달을 위한 기회가 차이가 있는 사회가 인구의 거의 대부분에 대해서 문화적 지도력의 기회를 제공한다면, 그것의 필연적인 결과는 삶에서 더 불행한 지위에 처하도록 운명이 정해졌던 그러한 집단들의 평균적인 사고방식이 점점 더 전체사회의 지배적인 사고방식으로 바뀌는 경향이 있다는 것이다. 귀족사회에서, 극소수인들 만 문화적으로 적극적인 반면에, 보다 적게 축복 받은 계급들의 문화에 대한 낮은 평균수준은 그들 자신의 삶의 영역에 국한되고; 이제 대규모적인 신분상승의 결과로서, 평균인들의 제한된 지성과 사고방식이 일반적인 경의와 중요성을 획득하고, 갑자기 사람들이 순응하고자 하는 모델이 되기까지 한다. 보다 낮은 계급들에서의 점진적인 유입은, 주로 오늘의 영국의 사례에서는 아직도 많이 진행되고 있는 것처럼, 상위계급으로 동화될 수는 있지만; 유입자들이 전체의 대부분을 차지하는 때는, 오래된 지식계급들은 그들의 동화력을 상실하고 그들 스스로가 침몰된다.

이러한 사실을 인지하고, 우리는 다음과 같이 질문할 수 있다. 즉, “왜 문화는, 프롤레타리아가 자신의 문화적 야심을 가지고 가장 먼저 나서고 문화적 영향을 행사하기 시작했을 그 시기에는, 대중적 특성을 지니지 않는가? 왜 문화적 몰락의 부정적 징후들이, 문화의 민주화가 프롤레타리아 이외의 계층에 영향을 미치기 시작할 때에만, 먼저 가시화될 수 있는가?" 이것을 설명하는데, 우리는 무엇보다도 먼저, 어떤 사회계급들이 그들의 수중에 문화적 지도력은 물론 정치적 지도력도 역시 진정으로 쟁취했는가를 질문해야한다. 응답은 하위중간계급이다. 그들은 이류종업원들, 하급공무원들, 기술공들, 소기업인들, 소농민들, 그리고 가난한 *금리생활자들*이다[18].

---

18) 저명인들의 전기들에 대한 이미 언급한(90쪽) 분석에서, 잔(Zahn)은 지적인 상위계층의 구성에 관한 약간의 자료를 제공하고 있다.

현재의 소속	부친의 소속(%)		
	상류층		중하위층
	지적	경제적	
지식인 및 공무원			
남	56.1	22.7	21.2
여	69.1	30.8	9.5
예술직업			
남	41.5	27.3	31.2
여	53.7	34.0	12.3
경제적 상류계층			
남	28.9	51.4	19.7
여	-	100.0	-
기타(정치인, 사회사업, 스포츠 등)			
남	11.0	17.9	71.1
여	32.9	13.7	53.4
합계			
남	46.2	26.9	26.9
여	53.0	30.8	16.2

[잔(Zahn, Fr.), 편, 독일민족의 사회적 상승과 하강, 바이에른 통계청의 과업들(Sozialer Auf- und Abstieg im deutshen Volke, Arbeiten des Bayerischen Statistischen Landesamtes), No.116 56쪽].

여기서도, 독일과 관련된 약간의 특징적 수치는 도움이 될 수 있다. 1830년에, 대학생의 약 절반은 고급관리들과 자유전문직들의 가정출신이었지만, 오직 5분의1은, 그 당시에는 주로 성직자와 교사를 포함한, 일반적으로 "중간관리"라고 부른 계층에 속했다. 1930년에는 부모가 고급관리나 자유전문직에 속한 이 학생들의 백분비는 5분의1로 떨어졌지만, 중간관리출신의 학생은 20%

103 본질적으로, 이 계급들이 다른 엘리트들은 물론 문화엘리트들을 공급해서는 안 될 뿐만 아니라, 이 집단들로 부터의 선발이 긍정적 가치를 갖지 않아야하는 어떠한 논리도 없다. 원론적으로 이것은 사실이
104 다. 그러나 보다 더 정밀한 분석은, 이 계층들이 엘리트들의 형성에 조력할 때, 왜 문화의 질이 변화하는가에 대한 이유를 제시한다. 마르크스(Marx), 막스 베버(Max Weber)등 이래로,[19], 우리는 상이한 사회계급은 상당히 상이한 사고방식을 가지고 있고, 계급의 정신적 재능은 대부분 경제적 생산과정에서 그 계급의 지위로 부터 획득할 수 있다는 것을 인지했다. 따라서 차후의 산업화과정과 기술적 합리화에서 집단

에서 30%로 증가했다. 저중산층 자녀들의 대학으로의 유별난 대규모 유입은 다음과 같은 어림수에 의해 증명될 수 있다. 즉, 1914년에는 30,000명, 1930년에는 60,000명의 학생이 저중산층 출신이었다.

이 주제에 대해 미첼스(Michels, R.), 『슈투트가르트와 베를린간의 전투이후의 지배계급 교대』(*Umschichtungen der herrschenden Klassen nach dem Kriege*, Stuttgart and Berlin, 1934), 특히 "대학교수의 문제"에 관한 문헌에 대해 162쪽 이후 도처 참조. 코트쉰히(Kotschnig), 전게서, 162쪽 이하 팜조. 또한 하손(Hartshorne, E.), 『독일대학과 국가사회주의』(*German Universities and National Socialism*, London, 1937) 참조. 동일 저자, "독일대학교와 정부", *Annals Am. Acad.*, Nov. 1938; and "독일학생기구의 숫자상 변화", *Nature*, 23rd, July 1938 참조. 뢰베(Lőwe, A.), "민주주의에서 교육의 과제", *Social Research*, 1932. 미국에 관해서는 레이놀드스(Reynolds, O.), 『대학생의 사회적 및 경제적 지위』(*The Social and Economic Status of College Students*, N. Y., 1927); 이태리에 관해서는 카스트릴리(Castrilli, V.)의 저명한 논문, 『사회학의 고문서』(*Archives de Sociologie*), Series B 5~6 (Institute internationale de sociologie), published by Comitato Italiana per lo Studio dei Problemi della Popolazione(Rome, 1935)

19) 이 영역에서 막스 베버(Max Weber) 연구의 최선의 요약은 그의 『경제와 공동체: 사회경제학개요』(*Wirschaft und Gesellschaft, Grundriss der Sozialoekonomik*, 제3편의 "신분, 계급, 그리고 종교"이라고 명명된 장에서 발견된다. 이 주제에서 많은 경험적 연구가 이루어졌다. 설명은 콘하우스(Kornhouse, A.)의 "경제적 집단의 태도", *Public Opinion Quarterly*, 제2권 1938년, 260쪽 참조. 또한 드로바(Droba, D.), "현재문헌의 주제별 요약: 사회적 의식", *Amer. Journ. of Sociology*, 제39권, 1934, 513~534쪽 참조.

이 가지게 되는 이해관계는 현 상황에서 매우 중요하다. 특정한 계급
들과 집단들은, 그들의 생존이, 차후 산업화의 성장과 대규모생산단위
의 조성에 의존한다. 그들의 경제적 지위는 기술적 합리성과 인간의
합리적 능력 및 인간정신에 관한 차후발달에 대한 공감을 그들에게 배
양한다. 자신의 존재를 산업화로부터 혜택을 받은 프롤레타리아, 대규
모공장의 기술적 발명, 그리고 특정한 사회적 관계의 합리화는, 이러
한 방향으로 사회발달을 무의식적으로 추진하는 경향이 있는 것은 분
명하다[20]. 때문에, 예를 들면, 독점적인 정치력을 보유한 러시아에서 105
는 프롤레타리아가 이 원칙을 지금까지 견지하고, 다른 사유가 없다면
소작농에 대항하여 사회계급으로서 스스로 팽창하기 위해 축적하고
투자를 계속한다.

그들 자신의 작은 경제 단위들을 관리하는 소기업인들, 그리고 그들의 적들이 기술발명과 대규모생산인 소규모소매상인과 기능공들은, 차후의 산업화와 합리화에 대해 매우 상이한 태도를 가지고 있다[21].

---

20) 그러나 중요한 적격인자를 인지해야한다. 고용되지 않은 노동자는, 사회학적으로 말하여, 정규적으로 고용된 노동자와는 다른 사고방식을 가지고 있다. 오래가는 실업의 문화에 대한 파괴적 효과는 거의 과대평가되지 않았는데, 이는 실업자들의 의식상 변화는 특정계층의 제약을 넘어서 영향을 자연스럽게 행사하기 때문이다. 실업의 가장 중요한 부정적 효과는 개인의 "생활계획"이라고 부를 수 있는 것의 파괴에 있다. "생활계획"은 개인이 모든 눈앞의 자극에 즉각적으로 반응하는 것을 억제하므로 개인적 합리화에 매우 중요한 형태이다. 그 계획의 파괴는 터무니없을 정도로 개인의 감수성이 암시에 민감하도록 하고, 기적적인 "만병통치약"에 대한 신념을 강화한다. 계속적인 작업과 합리적인 자활에 대한 전망은 저축이 경제영역에서 가졌던 것과 동일한 효과를 정신생활의 영역에서도 갖는다. 이 의식은 "생활계획"을 만들고, 사람의 정신적 에너지를 나중의 사회적 용도를 위해, 충동과 소망의 즉각적인 만족을 어느 정도 억제하는 방향으로 점진적으로 인도한다. ["경력"에 대해서 말한 것과 관련해서는, 65쪽(원저 56쪽) 이하 참조].

21) 페슬(Pesl, L.), "중산층수요(산업 및 상업의 중산층)", 『사회경제학개요』(*Grundriss der Soziałőkonomik*), ix, 1, "자본주의내의 공동체 계층" Tübingen, 1926, 70

그들의 독립을 유지하기 위해, 그들은 대재벌들, 대규모공장들, 그리고 백화점들을 파괴해야한다. 만일 그들이 그들 자신의 방법대로 물건을 소유하고 있다면, 기술적 합리화는 멈출 것이다. 사회학적 의미에서 조금이라도 사유할 수 있는 사람은 누구라도, 합리성이 인간의 사회적 및 경제적 생활 전체에 상응하는 퇴보를 야기함이 없이는, 어떠한 한 영역도 억압할 수 없다는 것을 잘 알고 있다. 자본주의이전시대의 사회 및 경제생활로 되돌아가기를 원하는 사람은 누구라도 자본주의이전의 노선에 맞추어 우리의 전체적인 사고방식도 개조해야한다. 수고를 아끼기 위해, 그는 기술적 합리성에의해 강요된 전체적인 사회발전과정이, 더욱 더 급격하게 차후의 산업화와 대규모조직을 향하여 이동하는 것을 인위적으로 억제시켜야한다. 산업프롤레타리아가 모든 사람을 프롤레타리아로 변모시키는 계급체계로 변화시키고자 노력하는 것처럼, "신 중산층"은 산업발달과정을 역행시키고, 합리화된 산업의 확장을 억제하고, 자비로운 이념을 가진 현대적인 합리적 유형의 사람의 발전을 방해하기위해, 사용할 수 있는 모든 정치적 기법들을 사용하여 스스로 보호하고자한다. 지금까지 우리가 언급한 것으로부터, 이 집단들이나 계급의 소망에 따른 사회질서의 변화는 스스로 생성되지는 않지만, 강제력에 의해 발생시켜야한다는 것은 분명하다. 비록 어떤 사람이 오직 프롤레타리아, 산업화, 그리고 이성과 계몽에 대해서만 호의적이라고 하더라도, 그러한 사회질서를, 현재의 단계에서는, 우리가 기술한 전(前)자본주의적 인간이 소유하지 못한 것처럼 즉흥적인
106 발전의 기회도 갖지 못했다. 그 사회는 힘의 사용 또는 어느 정도 계획된 개입을 요구하는 것처럼 보인다. 그 사회는 다양한 사회적 및 지적인 통제기법에 의해 체계적으로 도야되어야한다. 때문에 여기서도 민

쪽; 그리고 부라우에르(Brauer, T.), "중산층정치", in 제9권 2 참조.

주사회에서 조직되지 않은 성장은 독재정권을 정점에 이르게 한다. 게다가 그 사회는 강요된 제도들에 의한 즉흥적 발달과정을 대체하는 것으로부터 발생하는 모든 위험들을 문화영역에 가져온다.

IX
대중사회에서 지적생활의 문제

지금까지 우리는 자유 및 민주사회의 기능성에 대한-그 사회의 반대자처럼 오해할 걱정이 없이-왜곡된 발달에 관해 약간의 비판을 했다. 자유주의체계와 민주주의의 가장 큰 강점은, 그것들이 비판을 감내할 수 있고, 그리고 그것들이 활력이 있는 한 그것들은 개혁을 일으키는 방법과 수단을 발견할 정도로 탄력적이라는 사실에 있기 때문에, 우리가 비판할 수 있다. 우리의 비판의 근원은 오늘날 널리 퍼져있는 대중들의 속물적인 비난이 아닐 뿐 아니라, 자유주의와 민주주의의 원리에 대한 시시한 푸념도 아니다. 근원적인 동력은, 자유와 정의가 아직도 본원적 가치인 그러한 사람들에게 호소하도록 만들고, 현세계의 변화된 기술적 및 사회적 여건 하에서 자유와 정의를 획득하기 위해 적절한 수단에 대해 생각하는 약간의 욕구이고; 우선 첫째로 이러한 동력은 대중사회와 독점성장의 이 시기에 출현하는, 자유주의와 민주주의에서의 퇴락적인 경향에 대해 주의 깊은 시각을 견지해야 하는 것을 의미한다. 우리는 현대사회가 그 사회의 다양한 요소들을, 사회발달의 초기단계들에서 여러 사회들에 의해 어느 정도 달성한 것 같은, 안정적이며 창조적인 문화패턴들로 조만간 만들 수 있다고 확신한다. 현대사회의 주요한 난관은, 사회의 방대성 보다는, 조직의 자유로운

방법이 거대하고 복합적인 사회에 필요한 *유기적 연결*(*Gliederung*: 구
107 성)을 만들어 낼 수 있는 단계에 아직 이르지 않았다는 사실에 있다[22]. 현대의 심리학과 사회학은—우리가 이미 지적했던 것처럼 —, 동일한 사람들도 그들이 조정되지 않은 군중을 형성할 때는 상이하게 반응한다는 것을 증명했나[23]. 우리가 아수 많이 들었던 것들에 대한 경멸스러운 행동은 실제로는 조화되지 않은 군중 때문이고, 자유사회에서 작동되고 있는 흠결은 아마도 변환의 징후들이다. 지식인들에 대한 제한된 선발만을 보유한 사회에 적절했던 선발과정과 그것에 상응하는 제

---

22) 이 논의와 관련해서는 61쪽 이하 참조.

23) 시헬러(Sighele)와 르봉(Le Bon)의 잘 알려진 저작들로부터 시작되었고 그 이후 여러 나라들에서보다 광범한 수준에서 논의가 이루어졌던 군중과 대중에 관한 문헌 중에서 나는 독자가 더욱 더 서지적 참고문헌을 발견할 수 있도록 소수의 일반적인 저작들만을 인용할 것이다. 이 주제에 관한 독일어 문헌으로는 프로이겔스(Vleugels), "대중", (*Kőlner Vierteljahrshefte für Soziologie*), 1930, Ergänzungsheft No. 3; 콤(Colm), "대중", 비에르칸트(Vierkandt, A.), 편, 『사회학 중형사전』(*Handwőrterbuch der Soziologie*, Stuttgart, 1931); 프로이드(Freud, S.), 『집단심리학과 자아의 분석』(*Group Psychology and the Analysis of the Ego*, N. Y., 1922); 비세(Wiese, L.), 『일반사회학체계』(*System der Allgemeiner Soziologie*, 1933), 제2판, "대중"에 관한 장(章) 참조. 영어 문헌으로는, 『사회과학백과사전』(*Encyclopedia of the Social Science*, London., 1930-5)에서 "군중"과 "대중"에 관한 논문; 왈라스(Wallas, C.), 『위대한 사회』(*The Great Society*, 1914); 크리텐센(Christensen), 『정치학과 군중도덕』(*Politics and Crowd Morality*, N. Y., 1915); 토마스(Thomas), 『산업, 감성, 그리고 불안』(*Industry, Emotion, and Unrest*, N. Y., 1920); 테일러(Taylor, J.), 『사회생활과 군중』(Social Life and the Crowd, London: 1923) 참조. 또한 앞에서 언급한 가세트(Gasset, O.), 『대중의 반란』(*The Revolt of the Masses*, 1933); 가이거(T. Geiger), 『대중과 그들의 행동』(*Die Masse und iher Aktion*, Stuttgart, 1928); 프엘로프-밀러(Feuloep-Miller, R.), 『지도자, 몽상가, 그리고 반역자』(*Leaders, Dreamers, and Rebels*, N. Y., 1935); 드라보비치(Drabovich, W.), 『자유의 취약성과 독재자의 매력』(*Fragilité de la liberté et séduction des dictatures*); 사회심리학에세이, 피에르 자네트의 서문(Essai de psychologie sociale; Préface de Pierre Janet), Paris(Mercure de France 편), 1934년 참조. 또한 본서의 60쪽 이하의 참고문헌 참조.

도들은 그 지식인들이 취급하려고 생각하지 않았던 대규모적인 유입의 영향에 따른 결점을 해결하는 것이다.

그러나, 우리가 언급한 자유세계에서 작용하고 있는 결점들이 단지 과도기의 효과들이라고 하더라도, 그 결점들이 문화를 파괴할 수 없다는 의미는 아니다. 어쨌거나, 우리는, 이 시점에서, 독재정권은 자유주의의 병적인 생성물 그리고 부정적인 경향들과 필연적으로 대립되는 사회조직의 한 형태는 결코 아니라는, 즉, 독재정권은 자유-민주적 사회질서의 대안이 아니고, 따라서 그 사회에서 실패했던 모든 것에 대한 만병통치약이 자체적 및 본질적으로도 아니라고, 주장해야한다. 독재정권 자체는, 대중민주주의의 세력들에 대한 부정적인 작용 속에서 성장하고, 본래는 일시적인 자유사회발달에서의 한 단계를 안정화시키고, 특정집단의 일방적인 이해관계에 유리하게, 그 자유사회의 모든 결함들과 함께 그 발달단계를 강화하고 확장하는, 폭력적인 시도에 지나지 않다.

X
특히 독재정권에서, 문화생활의 규제에서 발생하는 일부 문제

우리는 전제적으로 관리된 사회의 전체적 장치가 문화에 끼친 영향 108
을 여기서 상세하게 기술할 수는 없다. 이를 위해서 우리는 *자유방임* 사회의 효과에 대한 분석에서 우리가 했던 것처럼 적어도 조심스럽게 문화에 대한 독재정권의 개별적 영향을 추적해야한다. 우리는 이러한 분석을 억제해야하는데, 이는 한편으로는 독재정권의 영향들은 매우 분명한 반면에 다른 한편으로는 문화영역에서 창조적 계획에 대해 현재까지는 극소수의 신중하게 관찰된 사례가 있을 뿐이기 때문이다. 이러한 관점에서의 모든 논평들은 소수의 매우 단순한 사실들에 근거해야한다.

첫째: 그러한 독재정권은 계획이 아니다. 완전한 독재적 권력은 계획과 관련된 특정한 수난이 필요할 수 있고- 이 *특정한 수단*은 장래의 연구와 실제생활의 실험실에서 보다 더 명료하도록 해야 한다[24]. 그러

---

24) 우리는 현대독재정권들은 전체주의적 형태를 취하게 된 결정적 원인들을 여기서 적어도 지적하려고 노력해야한다. 독재정권의 어떠한 오래된 형태들과 문화계획도 오늘날 존재하는 것과 구별되는 전체주의적 통제에 의해 특징짓는 것은 없다. 독재정치는 지배집단에 대한 정치적 또는 지적반대의 바로 그 중심에 있지 않은 사람들이 오늘날처럼 집권된 권력에 의해 지배되는 전제정치의 오래된 형태로 알려졌다. 때문에, 재정러시아는 오늘날의 독재정권들과 같은 "전체주의적"인 적이 없었다. 중세교회-의식에 속박되어 있음에도 불구하고-의 문화계획조차도 오늘의 독재정권에서 지배적인 문화 활동의 감독처럼 강력하거나 경직되지 않았다. 원인은 두 개의 필수요인에 있다. 첫째, 현대통신수단-철도, 전화, 그리고 라디오-의 속성은 집권된 통제가 어떠한 이전시대보다 오늘날 더욱더 가능하도록 한다. 둘째, 그러나 더욱 중요한 것은, 대중의 "근본적인 민주화"이다. 현대사회구성원의 광범위한 동원의 결과로서, 독재정권들이 극복해야 할 저항은, 그들은 그들의 권력을 획득하고 유지하기위해 최소의 세포들과 연합들에 (음식점들과 커피판매점들에서 토론하기위해 모이는 소집단들에 조차) 침투해야할 정도로 중요하다. 비판과 반대할 역량이 있는 지식인계급은 그 기원이 너무 다양하기에 약간의 강제요인을 사용함이 없이는 완전히 통제 아래 둘 수 없다. 중세의 교회문화계획은 너무 급진적일 수 없었는데 이는 대중은 아직도 문화적으로 의존적이었고 전통과 의식에 유순하고 순종적이었기 때문이지만, 지식계층은 교회에 직접적으로 서비스했다. 절대주의도, 역시, 일반대중의 문화적 및 정치적 수동성에 매우 광범위하게 의존할 수 있다. 이것과 반대로, 현대사회의 정치적 생활에서 광범위한 참여는 왜 현대의 독재정권들이, 그들의 수중에 집중했던 모든 거대한 물리력과 조직에도 불구하고, 거대한 선전 장치를 아직도 사용하고, 왜 산업 및 군사 독재정권들이 인구의 일정부문에 나머지 인구에 대한 통제수단을 주는 것이 현명한가를 설명한다. 우리는 현대사회에서 근본적인 긴장을 야기하는 그러한 요인들에 대해서만 여기서 제시한다. 우리는 동시에, 어쨌거나, 현재의 긴장에 대한 가능한 해결책, 즉, 계획을 사용하도록 하는 권위적 민주주의의 일종, 그리고 원리들에 대한 현재의 갈등으로부터 안정적인 체제, 에 대한

나 사회에 단지 독재정권을 수립하여 위기상태의 사회를 치유하기 바라는 것은 아픈 아이를 울지 못하게 하여 치료할 수 있다고 믿는 의사 109
와 유사하다.

단 하나의 사례로도 독재정권이 계획과 동일하지 않다는 것을 명료하게 할 수 있다. 전체주의국가라는 의미에서 모든 것을 계획할 수도 있는, 문화계획을 위한 교정안은 비판주의의 입장에서도 계획할 수 있다. 그 교정안은, 결실이 풍부한 자기비판의 결과들이 있는 곳, 즉 계획에 의해 영향을 받은 사람들의 경험들이 모여서 공개적으로 표현될 수 있는 곳, 인 공개토론장(포럼)을 제공할 수 있다. 독단적인 비판과 무책임한 공개적인 수다는 필시 파괴적인 영향이 있을 수 있겠지만, 비판에 대한 완전한 억압은 부정적인 결과만을 초래할 수 있다. 가장 확신에 찬 자유주의자조차도, 여건개선을 위해 단하나의 긍정적 제안도 스스로 제공하려하지 않는, 그러한 비평가들에게 관심을 얻으려는 유일한 목적으로, 권력보유집단들의 활동들을 무책임하게 비판하는 파괴적인 영향들이 있음을 인식해야한다. 여기서 다시, 우리는 부정적으로 발달하는 자유주의 — 대중지배의 시대에, 방해 없이 자유주의자체에 반대하는데 사용되도록 제공되는 자유들(liberties)을 허락하고, 자유주의에 대한 반대자들에 의해 오용되도록 자유주의 자체에서 형성된 사회적 장치를 허용한다 — 를 가지고 있다.

우리가 자유, 민주사회가 역사에서 더욱 발전하면 할수록, 그 사회에 대한 반대주의자들은 더욱 자주 모든 사람에게 무언가를 제공하는, 모호한 "잡동사니 가방" 프로그램들을 공표하거나, 또는 장래에 대해 그들 자신이 제안한 해결책들에 대해 한마디 말하는 것조차도 거부한

일반적인 개요를 볼 수 있다. 절대주의시대에서 집권된 통제의 행정적인 장애와 관련하여, 헥셔(Heckscher, F. [독어판의 영역: 샤피로(Shapiro, M.)], 『중상주의』(*Mercantlisim*, London, 1935) 참조.

다. 대중제안에 관한 심리학적 법칙의 주목할 만한 실례들로서, 이 양
110 노선들은 그 노선들이 우리를 합리적 해결에서 신앙적 치유로 급격히 되돌려 놓아서 사회적 위기를 취급하는 것을 극히 어렵게 만든다.

반대세력의 이 "잡동사니 가방" 프로그램들은, 그것들에 대한 평균인의 정신적 수동성에 대한 지지, 그리고 사회문제에 대한 판단력이 결여된 지적전문가의 제한된 견해에 의존한다. 선동적인 운동의 진보된 단계들에서는, 장래를 주조하는데 이성의 사용을 경시하고, 맹목적인 신뢰만을 요구하는 것에 대해서, 특별한 언급을 하지 않는 것을 일종의 높은 지혜로 사료되었다. 사람은 자신의 적대자들을 비판하는데만 이성을 사용하고, 동시에 자기 자신의 이해관계를 위해서는 거리낌없이 증오와 원한과 같은 모든 부정적 감정을 동원할 수 있는 것과 같은 이중의 이점을 향유한다. 짐멜(Simmel)의 "집단행태의 부정적 특성"원리[25]에 의하면, 그 부정적 감정은 어떠한 긍정적 프로그램들보다도 더 용이하게 수많은 사람들을 통합할 수 있다. 어떤 사람의 목표들에 대해 어떠한 적극적인 옹호도 하지 않고서도, 그 사람 자신의 추종자가 분파를 조성하는 위험을 회피할 수 있다. 한편으로는 사회적 반대세력의 오래된 형태들이, 실제가능성에서는 백일몽과 혼동된다는 의미에서 실제로는 비판적이지 않았던, 유토피아들을 적어도 고안했지만, 보다 후기단계에서는 백일몽을 만들고자하는 지적노력조차도 요구하지 않았고; 어떤 사람에게는 시민의 정신에서 좌절과 불만족의 감정을 부추기는 것만 필요하고, 그의 프로그램에서 도대체 지적일관성을 고려할 필요가 없다.

비판주의의 오래된 형태, 즉, 계획에 따라 사회질서와 통합하지 않은 자유롭고 통제하지 않은 유형, 의 불가능성과 관련하여, 가장 급진

25) 짐멜(Simmel, G.), "집단적 억제의 부정적임에 대한 여론(餘論)", 『사회학』(*Soziologie*, Leipzig: 1908), 473～8쪽 참조.

적인 민주주의자조차도, 정부업무가 점차 전문화된 지식을 요구하고,
가장 중요한 문제들은 위원회를 통해 해결하고, 적절한 통제는 일반적
인 찬성과 철저한 공개에 의존할 수 없는, 일반적인 의회제의회들의
숙려에 의해서는 해결되지 않는다는 것을. 오늘날 인정할 것이다. 정
확하게 동일한 것이, 주로 무책임한 수다를 통제할 수 없을 뿐만 아니
라 지침적인 가치도 없는 정련한 특별지식과 같은 것을 요구하는, 다
양한 문화생활의 영역을 고수한다. 계획된 사회는, 정말로 자유로운
토론이 많은 대중에 의해 시기상조이며 불충분하다는 비판에 노출되 111
지 않고서도 이루어질 수 있는, 우리의 클럽들, 조언위원회들, 또는 파
벌들과 유사한, 폐쇄된 사회집단들의 특정형태들을 제공할 것이라는
점은 매우 가능하다. 이 집단들 속에서, 토론은 어느 누구도 표현된 견
해들의 시기상조적인 확산에 대해 공포를 느낄 필요가 없기 때문에,
매우 자유로울 수 있다. 또 한편으로는, 이들 배타적이고 폐쇄적인 집
단들로부터 제기된 어떠한 조언이나 제안도 당시의 정부에 확실히 도
달하고 적절하게 영향을 미치도록 구조적으로 제공되어야한다. 다른
한편으로는, 이들 "비밀사회" 또는 "결사"는 민주적 기반에 입각해야
하고, 대중과 그것들의 상황과 수요에 밀접하면서도 활기찬 접촉을 유
지해야 한다. 먼저 여론의 원칙을 만들어 냈던 자유민주사회는 사회에
서 비밀엄수의 실제적 의미를 곧 바로 망각했다. 이전 사회에서는 아
주 자주 솜씨 있게 문제를 해결한 장치-예를 들면, 연령이나 사회척도
에서의 상승을 통해 상이한 비밀엄수단계에 점진적으로 전수하는 체
계-를 점진적으로 교란했다. 우리는, 여론발달의 초기단계들에서, 여
론이 부패를 훨씬 어렵게 만드는데 효력이 있었다는 것을 부정할 필요
가 없다. 그러나 우리가 대중사회로 발달하면 할수록, 사회적 창조성
의 근본적인 선행조건들과 그 창조성을 구체적 행동으로 변환하는 것
을 방해하는 경향이 있는 한, 모호한 광고의 원리(즉, 유기적인 세부구

분 없이 대중의 다수자모임이라고 말하는 것)는 점점 더 조화되지 않는다. 이 기초적인 선행조건들 중 하나는 대중이 사회적 아이디어가 작동 가능한 형태로 잘 다듬어지기 이전에는 그 아이디어를 비판할 수 없다는 것이다. 영역들의 증가하는 수 가운데서 광고의 해악적 결과들은, 세계대선이래로 어떤 의미에서 대외적인 정치는 점차 공개적이 되고, 이 영역들에서 이전에는 내부토론으로 충분했던 외교계에서도 대중정서의 물결을 고려해야하는, 숙명적인 사실에서 충분히 관찰할 수 있다. 이것은, 이전의 비밀엄수와 국제외교의 음모에 대해서, 당연히 어떠한 정당성도 없다. 그러나 우리는 비밀외교의 프라이팬에서 대중의 변덕과 애호 덕분에 점차 외교정책의 화염 속으로 떨어질 뿐 이라
112 는 것을 이해해야한다. 우리는 이 두 극단들의 왜곡에서 합리적 해결의 기초적인 원칙들을 최소한 배울 수 있다. 생각을 분명히 말할 수 있는 사회에서, 여론은 세상의 풍조에 대해 어림할 수 없는 임시적인 통합은 아니지만, 대중통제의 원칙은 스스로 비판기관들을 만든다. 이 기관들은 사회에 합병되었기에, 필요하다면 완전한 비밀엄수에 의존할 수 있다. 그러나 동시에, 그 기관들은 이 비밀엄수의 오용-친척편중, 독직 등-을 도덕적 제재의 행사를 통해 억제할 수 있는 보완적인 제도들과 규제들을 보유하고 있다. 자연히 이러한 비판주의를 위한 계획에 관해 정밀한 상술을 여기서는 만들어 낼 수 없다. 의술과 같은, 사회적 제도들은 서로 다른 비율로 서로 다른 성분들로 혼합될 수 있고, 장래에는 우리가 자연현상의 관찰에 익숙한 것과 같은 동일한 분석적 방법으로 사회를 관찰하려고 할 때 제공되는 구체적인 세목들을 제공할 것이다.

현재의 독재정권들에서 우리는 이 현상을 연구하기 위한 중요한 실험실을 보유하고 있다. 독재정권들이 계속하여 존재하는 한, 통제의 중심적 위치에 있는 사람들은, 현대사회의 광대성의 견지에서, 그들의

뜻대로 조종할 수 있는 특정한 정보와 비판의 채널들을 가져야한다. 독재정권하에서도, 역시, 피지배자들의 반응을 관찰할 수 있는 방법이 있어야한다[26]. 스파이활동의 비밀체계나 지방당국들의 통제되지 않은

26) 권위적 독재정권들은 필요한 정치적 변화를 여론의 발흥에 의해 발생한 내각의 변화를 통해 성취할 수 있는 민주적 정부형태보다 확실히 매우 덜 탄력적이다. 이것은 호래-라벨(Hoare-Laval)협약과 사무엘 호래 경(Sir Samuel Hoare) 퇴임시기인 아비시니아 전쟁(Abyssinian War) 중에 보았다. (그 이후로 여론의 힘은 영국에서 확실히 감소되고 있다.) 파시스트국가들에서는 "여론"이 지배계층들의, 그들이 음악, 저술 등의 회의소 같은 약간의 문화관료제, 또는 정당관료제, 또는 노동조합전위관리조직의 형태를 취하든 간에, 의견에 감동을 줄 만큼 대중의 의견을 많이 표현하지 않는다. 아직 지도자들이 군중과의 접촉을 상실하기를 바라지 않는 한, 모든 갈등, 단점, 이따금씩 통재의 부적합성들이 퍼지고 있는 지배계급의 혜택을 위한 내부정보의 흐름을 제공하는 일종의 조직형태가 있어야한다. 그리고 실제로 그러한 의사소통수단은 존재한다. "지방선전관청"(Gaupropagandastellen)-전국에 20개 이상의 사무소를 가지고 있다-을 가진 독일선전상은, 그 관청들이 전자타자기로 서로 연결되었기 때문에, 신속한 접촉수단을 보유했다. 베를린에 위치한 중앙사무소는 동시에 그리고 모든 지방사무소들과 의사소통할 수 있으며 그들 모두로부터 메시지를 수신할 수 있다. 따라서 실제로 거리는 존재하지 않고, 서신왕래로 일종의 회의를 개최할 수 있다. 이 채널들을 통해 지방정당조직은 언론에 나타나지 않은 뉴스를 전달할 수 있고, 실행 불가능한 조치 등을 비판할 수 있다. 규제된 언론-비록 서로 다른 영역이지만-의 장막이면의 통제를 위한 유사한 수단은 공식적인 서적비평의 발간에서 보였고, *전국저술원*(*Reichsschrifttumskammer*)의 지휘아래 수백 명에 이르는 비평가들의 막료들에 의해 입안된다. 새롭게 출간된 도서는 재검되어야하고, 재검토사항들은 판매하지는 않지만 도서를 재검한 모든 신문들과 출판물들에 배분되는 정기간행물에 나타난다. 만일 어떤 도서가 이 공식기관에 의해 심하게 비판받는다면, 일간지의 어떤 필자도 감히 의견이 다르다고 할 수 없으며, 더욱이 어떠한 언론인도 감히 그러한 도서비평을 출간되도록 할 수 없다. 비록 만일 그가 공식조직보다 빠르게 번창한다면, 그는 나중에 왜 그가 그러한 비판이 나타나도록 허용했는가에 관한 질문에 직면할 것이라고 염려하는 여러 이유가 있다. "본능의 결핍"은 그가 두려움을 배워야 할 불명예이다. 개인주택들, 카지노들, 사냥파티들, 상류사회의 회합들에서는 정치적인 저녁파티들에서의 사생활을 제외하는 것처럼, 언론에서 "여론"의 조직화된 외관 이면에는 모든 현대적 기법들과 장비들을 사용하는 현재의 문제들을 논의하고 영향을 주는 준공공의 관료주의가 위치한다.

권력이 장기화할 것인가 여부에 대한 최선의 해결책은 아직까지도 결
113 정되지 않았다. 독재정권이, 보다 오래된 형태들 — 의회, 언론 등 가운데서 — 대신에, 여론을 전달할 수 있는 새로운 형태로 대체되지 않는 한, 최종적인 결과는 붕괴될 수밖에 없다. 때문에 여기서도, 역시, 계획이 없는 독재정권은 퇴보를 야기하는데, 이는 독재정권이 적성의 계층 내에서 이전에 조직된 그러한 예하의 지위들에 조정되지 않은 소규모의 전제(專制)들로 구성되어있기 때문이다.

만일 불원간에 계획된 비판이 독재정권의 구조에 통합되지 않는다면, 바로 이러한 이유로 독재정권은 실패해야한다. 불만족이 사회조직, 즉, 폭동과 반혁명, 에 더 이상 재융합될 수 없는 그러한 형태가 발생하거나, 또는 지배집단들이 사회생활의 중요한 조직과의 접촉을 상실하고 너무 관료적이어서, 일상생활의 활동에서 기인한 통찰력이 불가능해 질 것이다. 비현실적인 조직화 양식은 붕괴되고, 종국에는 "계획"의 수단에 의해 경제 및 문화적 생활의 질서 있는 기능화가 작용하지 못하게 한다.

이 모든 논의에도 불구하고, 모든 것이 이 대중사회단계에서는 희망이 없지는 않은 것인가 여부, 그리고 우리가 불가피한 사회 및 문화적인 몰락으로 이동하고 있지 않는가 여부의 질문이 제기될 수 있다. 이것은 결코 우리 자신의 견해가 아니다. 우리의 의견으로는 자유대중사회가 그 발달에서 지속적인 표류로 인해 파멸로 인도하는 지점에 도달
114 했다는 것이다. 우리는 문화영역에서 조차 계획이 없이는 성공할 수 없을 것이고, 일정한 수정이 없이는 대중교육을 성공적으로 수행할 수 없는, 소수자민주주의에서 유행한 개인화된 엘리트유형에 적합한 교육체계를 최종적으로 인식해야한다[27]. 우리는, 한마디로, 불충분한 관

---

27) 교육학적인 문제와 관련하여, 제4편 계획수준에 대한 사상, 219쪽 이후, 225쪽 이후, 359쪽 이후 참조.

리로, 그 집단들 자체의 이해관계에 따라 기능하는, 일방적인 권력의 지배를 계획하는 이 집단들이 권력을 가질 때까지 기다려서는 안 된다. 계획은 사회에서 활력 있는 기관들을 자의적인 세력들이 지배하는 것을 의미하지 않음을 물론, 창조적 활동을 대체하는 독재적 의도도 역시 아니다. 계획은, 사회의 전체적인 장치와 그 장치가 작동하는 방법에 대해 철저한 지식에 기초한 사회질서 속에서, 부적응의 근원들에 대한 의식적인 공격을 의미한다. 계획은, 징후들의 치유가 아니라, 결과를 충분히 인식한 전략적 관점들에 대한 공격이다.

이러한 관점에서, 우리는, 문화적 영역(당연히 경제적 영역에서도)에서 사회적 세력들의 교도가 없는 작용과 함께, 예를 들면, 교육의 규제가 항상 존재했던, 절대적인 자유주의는 존재하지 않았다는 것을, 잊어서는 안 된다. 자유국가도, 역시, 다양한 계급들에 공급될 지식의 종류뿐만 아니라, 이 사회의 지속적인 존립을 위해 필요했고 엘리트들이 그 패턴들을 획득하는데 도움을 준, 이러한 모형패턴들을 실제로 도야하는 것을 결정하는 전체적인 제도들을 규제했다. 만일 우리가 가장 만족할만한 장치는 자유롭고 창조적인 창의성의 영역을 계획된 제도적 구조와 조화시킬 수 있다면, 그 장치는, 때문에, 자유민주사회와 반대되는 것은 아니다. 장래에 이 자유롭고 창조적인 활동의 영역은 왜곡과 붕괴의 가능성에 대해 항상 보호되어야한다. 그러나 만일 장래의 사건들이 통제된다면, 문화적 생산과 붕괴에 관한 사회적 과정의 법칙에 대한 지식을 가져야한다. 그리고 그 위에 소수자민주주의에서 조직된 대중사회로의 변천은 자발적으로 일어나지 않고 자체적으로 계획되어야한다는 것을 항상 명심해야한다.

제 3 편

위기, 독재정권, 전쟁

I
사회해체와 인격해체 간의 상관관계

117 제1편에서 우리는 우리사회의 군중행태와 비합리성을 만든 요인들을 관찰했다. 제2편에서 우리는 문화에 유해한 영향을 미치는, 덜 폭발적이며 보다 더 완만하게 작용하는 사회적 장치들을 관찰했다. 만일 우리가 위기, 독재정권, 그리고 전쟁을 조장하는 것과 같은 가장 비참한 형태들의 원인들에 대해 연구하지 않는다면, 사회생활에 대한 이 부정적인 효과들의 열거를 마무리 지을 수 없다. 이 사상(事象)들의 리듬은 모든 사람의 정신 속에 존재하지만; 그럼에도 불구하고, 이 순서의 상호관련성과 필연성은 아직껏 충분하게 생각해내지 못했다. 우리 시대에서 전쟁에 휘말리게 한 경제적, 사회적, 그리고 심리적 요인들의 혼란은 아직껏 충분하게 분석되지 못했다.

최근의 경험들은, 우리에게 사회의 해체와 개별행태의 해체, 그리고 일정수준까지의 인간정신붕괴 간에는 확실히 보다 밀접한 상관관계가 있어야하고, 반대로 사회가 더 강력하게 조직될수록 더 강력한 행태의 형태들과 상응하는 마음가짐이 통합되어야한다는 것을 교육함으로써, 우리 연구의 출발점을 제시했다. 누구든지, 지하세계와 그곳의 악마들에 대한 관심 그리고 악귀에 대한 광범한 공포의 상징적 표현으로서 일반적 공포와 불안으로 발현된 중세질서의 해체를 고찰하기위해, 보쉬[H. Bosch(1450~1516): 창조적 성상화가]와 그뤼네발트[M. Grünewald (1455~1528): 종교주제화가]의 그림들과 같은 시각에서만 검토해야한다. 중세의 질서에는 마왕적인 요소가 있지만, 그 자리를 우주의 계획이 차지했다. 사회질서가 사악한 정신병의 만연으로 진전된 때에는, 악마세력들은 더 이상 우주와 통합되지 못한다. 적절하게 기능하는 사회에서, 신경과민환자는 경계선상의 사례일 뿐이다. 일반적인 해체의 상태에서, 패턴을 설정하는 사람은 바로 그 신경 118
증 환자이다. 그러나 이러한 사회해체와 정신해체 간의 상호관계는 이 일반적인 기술을 사람이 믿도록 하는 것보다도 훨씬 더 정밀해 보인다. 신중한 관찰자는, 관련현상들과의 예비적인 접촉의 바탕에서조차도, 잘 통합된 전통사회에서 양육된, 예를 들면, 인간의 지배적인 연상(聯想)은 조성 또는 변환 중에 있는 사회의 평균인의 그것보다도 더 인습화된 것임을 알 수 있다. 우리가 종종 상상이라고 부르는 것은, 본래 일상의 연쇄적인 아이디어의 일부를 구성하지 않은, 아마도 본질적으로 예기치 않은 정신적 연상과 연계의 특징이 있다. 또한, 미국에서 광범하게 확산된 새롭고 선풍적인 인기를 가진 것들에 대한 증대된 자각은, 사회집단들을 안정시키고, 사회적 관행을 발전시키며, 따라서 정신적 연상의 흐름을 결정하는 것을 매우 어렵게 만드는 사회에 부합되는 것으로 여겨진다. 그 나라의 시인들과 사회적 국외자들에도 불구하고, 영국이 과학과 생활 양면에서 상상에 대한 프리미엄을 줄일수록, 그 상상에 관한 표제(標題)도 역시 감소할 것이다. 상상과 자유연상이 무의식으로부터 발원한 요소들과는 대체로 무관한 것처럼, 어딘가의 개인에 대한 그것들의 과잉이나 억압은 사회에 존재하는 일반적인 압박과 같다. 개별유기체는, 자신의 유전적 장치와 초기생활사에 따라서, 상이한 방법으로 이 압박들을 감내할 수 있지만, 장기적이며 많은 인민을 대처하는 데에서는, 일반적인 원인들이 단일의 지배적 패턴을 만드는데 기여할 것이다. 그러나 다른 징후들도 있다. 비행자(非行者)들, 부랑자들, 그리고 공동체에서 추방되었고 산업 및 도시문화와의 접촉을 끌어들인 원주민들 간에 만연된, 무질서한 행태에 관한 연구는 그 행태가 무질서한 행동과 인격이 가장 자주 발생하는 사회구조의 무질서한 부분이라는 것을 입증한다.[1] 동일한 방향을 지적하는 또 다른 실

119 레는, 자기관찰을 이용한 개인은 그의 심리학적인 조정이, 그가 속한 상이한 사회적 집단들의 억압적 권력에 따라서, 지속적으로 완화된다는 것을 인지할 수 있다. 때문에 가장 전통적이고 가장 규율 있는 사람들도 외국여행을 할 때에는 그들의 고착된 정신적 연상과 습관을 매우 쉽게 포기한다. 이러한 모든 것은, 당연히 보다 신중하게 연구되어야 할 사회적 및 정신적 붕괴의 상이한 형태들이지만, 그 형태들을 종합적 이론의 관점에서 관찰할 때만, 일반적인 사회적 경향의 의미가 노정된다. 보다 거대한 규모의 상응한 현상이, 만일 우리가 유럽대륙에서 사회적으로 붕괴된 지역들에 거주하는 사람들의 급격히 변화된 행

---

1) 일부 도서목록: 파크(Park, R.), "인종적 혼혈의 심성", *Amer. Journal of Sociol.*, 36권, 334~551, 1931년 1월; 토마스(Thomas, W.)와 자니키(Znaniecki, F.), 『유럽과 아메리카의 폴란드 농부』(*The Polish Peasant in Europe and America*, N. Y., 1927); 쉬리케(Schrieke, B.), 『미국의 외국인: 인종관계에 대한 연구』(*Alien Americans: A Study of Race Relation*), 줄리우스 로젠월드 기금(Julius Rosenwald Fund)을 위해 수행된, 미합중국에서의 흑인생활과 교육에 관한 연구보고서, N. Y., 1936년; 스토네퀴스트(Stonequist, E.), 『한계인』(*The Marginal Man*, N. Y., 1936); 파크(Park, R.), "인구이동과 한계인", *Amer. Journal of Sociol.*, 36권, 534쪽; 앤더슨(Anderson, N.), 『부랑자』(*The Hobo*), 노숙인의 사회학, Chicago, 1923년; 윌만스(Wilmanns, K.), 『부랑자의 정신병리학에 대해』(*Zur Psychopthologie des Lnndstreichers*, Leipzig, 1906); 엘리어트(Elliott, M.)와 메릴(Merrill, F.), 『사회적 해체』(*Social Disorganization*, N. Y. and London, 1934); 오말리(O'Malley, M.), "유색인종의 정신병", *American Journal of Insanity*, 71권, 1914년; 돌라드(Dollard, J.), 『남부도시의 카스트와 계급』(*Caste and Class in a Southern Town*), Published for the Institute of Human Relations, by Yale Univ. Press, New Haven, 1937; 알렉산더(Alexander, F.), "정신분석과 사회적 해체", *Amer. Journal of Sociol.*, 42권 제6호, 1937년, 781~814쪽; 에들러(Adler, A.), "개인 및 사회적 해체와 관련한 정신병적 측면", *Amer. Journal of Sociol.*, 제42권 제6호, 1937년 5월, 878~887쪽; 쉴더(Schilder, P.), "사회 및 개인적 해체간의 관계", *Amer. Journal of Sociol.*, 제42권 제6호, 1937년 5월; 블루머(Blumer, H.), "사회적 해체와 개인적 해체", *Amer. Journal of Sociol.*, 제42권 제6호, 1937년 5월, 871~878쪽; 메이요(Mayo, E.), "사회적 해체와 관련된 정신병학과 사회학", *Amer. Journal of Sociol.*, 제42권 제6호, 1937년 5월; 동일 호수의 "사회병리학에 관한 추가적인 발췌된 참고문헌" 참조.

태를 관찰한다면, 우리에게 발현된다. 역사는 우리 목전에서 슬픈 실
험을 연출하고 있고, 기본적인 통합요인들이 행동에서 제외되었을 때,
개인에게 무슨 일이 발생하는가를 보여준다. 역사는 사회학적 및 심리
학적 장치들의 지속적인 상관성에 대한 연구를 위한 최적의 장소이다.
이러한 개인들의 특성변환은 사회적 장치들의 변환과 관련하여 훈련
된 관찰자들의 구체적인 현장연구에서 탐구되어야한다. 그러나 그러
한 연구들은 다음 두 가지 전제조건이 충족되지 않으면 필요한 해답을
우리에게 제공할 수 없다. 즉, 첫째, 우리는, 사회적 영역의 여러 부분
들에 대해 보다 상세한 관찰이 신중하게 배분될 수 있도록, 주요한 발
전추세와 관련하여 보다 광범한 가설을 설정해야한다. 둘째로, 인간심 120
리학과 그것의 사회적 구성과의 관련성에 관한 광범한 오해를 바로잡
아야한다. 지난 수 십 년간의 사상(事象)들의 주요한 추세처럼, 사실들
은 그것들의 내부순서를 재구성할 수 있도록 충분히 잘 식별되어야한
다. 그 순서는, 파시스트국가들이 통과하고 있는, 근본적이며, 사회적
이고, 심리학적인 변환의 최대국면을 기술할 수 있다. 후자, 즉, 우리
가 이전에 사용했던 오류적인 심리학적 추정들처럼, 최근의 심리학 및
사회학의 발달이 우리의 진부한 가정들을 개선하는데 최선을 다할 수
있어서, 우리가 이 변화들의 특징을 기술할 수 있다. 문제는, 이 거대
한 이슈들을 상정함에 있어, 우리는 이 두 개의 상이한 지식의 편린을
결합시킨 일이 없었다는 것이다. 이것이, 현재의 편(編)에서 이 이슈들
을 논의함에 있어 항상 발생하는 일부 근본문제들을 무작위로 검토하
고자 하는 이유이다. 이러한 맥락에서 종종 먼저 제기되는 더 일반적
인 질문으로부터 시작하자. 즉, "전쟁 또는 평화로운 변화의 문제에 대
한 해결책을 만드는데, 심리학이 무엇을 기여할 수 있는가? 필연적으
로 전쟁을 일으키는 인성에 무언가가 있는가? 그렇지 않다면, 고도산
업사회가 전혀 다른 심리상태를 함유한 군사국가가 되는 과정은 무엇

인가?”

이와 관련하여 머리에 떠오르는 또 다른 질문이 있다. 즉, “어떠한 여건 아래서, 이전에는 삶의 수준을 제고하기위해, 경제적 이익을 얻으려고 애썼던 사람들이, 비교적 단시간에 그들의 가치의 규모를 전도(轉倒)하고, 이제는 그들 국가의 명예, 위신, 그리고 영광에 대한 등급을 이전보다 훨씬 더 상향하여 설정하는 것처럼 보이는가? 요컨대, 왜 사람들은, 때로는 총포를 그리고 때로는 버터를 선택하는가? 그리고 마지막으로, 만일 그러한 근본적인 심리적 변화들이 발생하는 것이 전쟁의 근원적인 원인인가, 아니면 사회의 제도적 부적응의 효과인가?”[2]

Ⅱ
인성에 관한 약간의 공리적 신념

121 아주 자주 사회학이나 심리학을 교육받지 않은 다른 분야 전문가의 아이디어이기도 한, 보통사람의 아이디어들로부터 시작하자. 만일 그가 전쟁이 응당 지불해야 할 것은 무엇인가라고 질문을 받았다면, 그의 대답은 인성과 그것의 본능적인 유산 그리고 불변의 공격성에 전쟁의 책임이 있다고 할 것이다.

이 인성보다도 그것들의 결과가 더 위험한 이념들은 거의 없는데,

---

2) 전쟁과 평화의 심리학적이며 사회학적 측면의 모두에 사실상 매우 잡다한 상당량의 문헌이 존재한다. 예비조사는 버나드(Bernard, L.)와 버나드(Bernard, I.)의 『사회학과 국제관계의 연구』(*Sociology and International Relations*), Washington Univ. Studies, New Series, Social and Philosophical Sciences, no. 4, St. Louis, 1934년을 통해 획득할 수 있다. (여기서 나는 대체로 위의 연구에서 언급하지 않았던 연구들을 참고한다.)

이는 그 인성이 전쟁으로 인도하는 공격성에 대한 묵종(黙從)을 만들어내기 때문이다. 그러나 만일 심리학의 최근 논의에서 수정된 하나의 견해가 있다면, 그것은, 사실, 공격성이나 취득성과 같이 어느 정도 명확하게 형성된 본능들이라는 것이다. 오히려, 우리는 변화하는 여건에 순응하고 사회에 의해 구체화될 수 있는, 원래는 약간 모호한, 본능적 성향들이 있다고만 말할 수 있다.

본능주의자들·내분비학자들·정신분석학자들 그리고 행태주의자들(다른 학파들은 언급하지 않는다)간의 논의는, 비록 유전된 염색체들·확립된 신경회로·선(腺)체계가 개인의 가변성을 제한한다고 하더라도, 인간에게는 커다란 유연성이 있다는 결론에 이른다. 비록 양자 모두 인간의 가변성을 믿지만, 행태주의자들이 심리분석가들보다 더 나아간다. 행태주의자는 어린이들이 오직 모호한 본능적 성향으로부터 시작하고, 어린이가 성장함에 따라 이 모호한 성향은 행태형성상황에 의해 점진적으로 제약된다고 생각한다. 시간이 경과함에 따라, 이 주조된 성향은 천부의 반사작용처럼 자발적인 존재로서 나타나는 습관이 된다. 때문에 그 습관은 이러한 성향의 실제적인 형상을 주조하는 서로 다른 사회들에 고유한 상황들이다. 따라서 행태주의자들은, 만일 우리가 사람에게 서로 다른 상황을 제공하도록 사회를 재구성할 수 있다면, 우리는 그 사람의 근본적인 행태와 태도를 재창조할 수 있다고 믿는다.

정신분석가들은, 내가 언급했던 바와 같이, 특정한 근본적 충동에 대 122
한 조형성의 범위에 관해서는, 전체적으로 덜 낙관적이다. 그들의 이론에 의하면, 성(性) 및 공격성과 같은 본능적 욕구들은 인간행동의 근원적이며 불변의 근원이다. 그 충동들에 대한 조형성은 이 근원적인 본능적 욕구에 대한 일정한 변형성이 있을 때에만 관찰될 수 있다. 그 충동들의 대부분은 아마도 초기유년기에 발생하는 병적애착을 너무 강조하는 경향이 있는 반면에, 성인들의 심적인 생활에 영향을 주기 위한 제도들의 능력에 대해 적어도 많은 관심을 기울이고자하는, 나와 같은 의견을 가진, 타인들이 있다. 이 제도들은 억압하는데 필요한 충동뿐만 아니라, 억압된 본능적 욕구를 처리할 통로들의 종류도 역시 결정한다.

소위 공격적 성향을 예를 들어보자[3]. 비록 어떤 사람이 그 성향은 모든 상황을 헤치고 나아가는 주요한 충동이라고 인정하더라도, 공격과 전투의 바탕에서 사회질서를 구축할 필요가 전연 없을 만큼 그 성향 속에는 대변모를 위한 많은 여지가 있다.

보베트(Bovet)는, 그의 저서 『투쟁하는 본능』[4]에서, 완전히 동일한 본능이 약간 상이한 방법들로 표현될 수도 있다는 점을 명확하게 말한다. 그 방법들은 통로화, 복잡화, 편향, 대체, 플라톤화, 승화 등이다. 소위 투쟁본능의 편향은, 예를 들면, 그리스전설처럼 성난 아이아스(Ajax: 트로이 전쟁영웅)가 사람대신 양을 도살한 때, 또는 투쟁의 욕구가 경쟁적 충동으로 전환될 때 발생한다. 그러한 승화의 예는, 이 본

---

3) 공격성과 불안에 대해서는 다른 것들 가운데 다음을 참조. 프로이드(Freud, S.), 『억압, 징후, 그리고 불안』(*Hemmung, Symptom und Angst*), Vienna, 1926년; 존스(Jones, E.), "공포, 범죄, 그리고 혐오", *Intern. Journ. of Psycho-Analysis*, 제10권, 1929년; 이삭스(Issacs, S.), 『어린아이들의 사회적 발달』(*Social Development in Young Children*), A Study of Beginnings, London, 1935년; 글로버(Glover, E.), 『전쟁, 가학성, 그리고 평화주의』(*War, Sadism, and Pacifism*, London, 1933), 3개의 논문; 긴스버그(Ginsberg, M.)와 글로버(Glover, E.), "평화와 전쟁의 심리학에 관한 심포지움", *British Journal of Mental Psychology*, 제14권, 1934년; 윌리암스(Williams, F.), 『소련의 신경증과의 싸움』(*Soviet Russia Fights Neurosis*, London, 1934), 제4장 "혐오". 감정의 심리학에 대해서는 다음을 참조. 캐논(Cannon, W.), 『기아, 공포, 분노의 신체적 효과』(*Bodily Effects of Hunger, Fear, Rage*, 1915); 크릴(Crile, G.), 『감정의 기원과 본질』(*The Origin and Nature of Emotions*, 1915), 그리고 동일저자의 『인간: 적응장치』(*Man, an Adaptive Mechanism*, 1916); 켐트(Kempt, E.), 『자율기능과 개성』(*The Automatic Functions and Personality*), 신경 및 정신병 모노그라프 시리즈, 제28호, N. Y. and Washington, 1921년.

4) 보베트(Bovet, P.), 『투쟁하는 본능』[*The Fighting Instinct*, 영역은 그리그(Greig, L. Y. I.), London, 1923], 82쪽 이후.

능을 사회적으로 유익한 목표에 종속시키는 예수회의 호전적 명령, 구세군, 그리고 보이스카우트와 같은 조직에서도 볼 수 있다. 때문에 그 조직들은, 투쟁에서 발견되는 만족감과 군대체계의 방식들에서 지배적인 사회학적 자극에 관한 단념이 없이 그 본능을 승화 한다[5]. 123

실제로 전쟁을 불가피하게 만드는 소위 투쟁본능이라는 것은 없다. 그 본능의 존재는 왜, 언제 사회구조가 우리에게 특정한 상황을 제시하고, 우리의 심적 장치가 우리를 투쟁할 수 있도록 하거나, 또는 어떤 상황에서는 우리를 공격에 탐닉하도록 강요까지 하는가를 설명할 때만 존재한다. 사회질서라는 바로 그 구조가 교육의 통제에 의해 호전적인 태도의 형성을 예방할 수 있기 때문에 전쟁을 피할 수 있거나, 그러한 태도들이 이미 확립되어 있다면, 그 구조는 그 태도의 구성요소를 해체하여 그 요소를 재통합하거나 그 요소에 새로운 기능을 부여할 수 있다.

누구든지 분노·증오·가학적 충동들이 개인생활에서 스스로 노정되고, 호전적인 태도와 결코 동일하지 않다는 점을 기억해야한다. 이것은 개별심리학자가 간과하는 경향이 있다는 사실이다. 단순하고 즉흥적인 혐오와 훈련된 혐오[6] 사이에는 커다란 간극이 있으며, 때때로의 분노의 폭발과 호전적인 특성의 형성 간에도 커다란 차이가 있다. 나

---

5) 보베트(Bovet, P.), 상계서, 111쪽 이하. 졸리(Joly, H.), 『이그나티우스 로욜라(예수회창립자)』(*Ignace de Loyola,* Paris, 1899); 보베트(Bovet, P.), 『바덴-파웰의 재능』(*Le Genie de Baden-Powell*, Neuchatel, 1921); 바덴-파웰(Baden-Powell, G.), 『소년들의 스카우트활동』(*Scouting for Boys*, London, 1908); 『소녀 가이딩』(*Girl Guiding*, London, 1921); 클라센(Classer, P.), 『인사체계』(*Der Salutismus*, Jana, 1913); 베그비(Begbie, H.), 『윌리엄 부쓰의 삶, 구세군 창설자』 (*The Life of Willim Booth, the Founder of the Salvation Army*), 2권, London, 1920년; 부쓰-터커(Booth-Tucker, F. de L.), 『캐더린 부쓰의 삶』(*The Life of Catharine Booth*), 2권, London, 1892년.

6) 로이스(Royce, J.), 『인종문제, 지방제일주의, 그리고 기타 미국문제』(*Race Quetions, Provincialism and other American Problems*, N. Y., 1908), 48쪽.

는, 적어도 평화로운 태도처럼 호전적 태도를 신중하게 구축하는데도 사회조직에서 많은 에너지를 부담해야 한다고, 과감히 말하고자한다. 더욱이, 평화적 태도는 산업화사회의 방법들과 더 일치하고, 시민보다는 군인처럼 행동하는 것이 우리에게는 부자연스럽다.

여기서 개별심리학이 사회학의 조력을 요구하는 지점에 도달한 것은 분명하다. 사람들의 선천적인 심리학적 소양이 그들을 호전적인 사람이 되게 하거나 또는 평화애호가가 되도록 할 가능성에 똑같이 개방되어 있기 때문에, 대중 속의 인간이 한 종류의 특성을 가졌든 다른 종류의 특성을 가졌든 간에, 그 소양은 사회제도들과 사회정체들의 본질에 좌우된다.

124 완전성을 겨냥하는 전쟁과 평화에 관한 사회학은, 때문에, 다음 두 가지 질문에 답해야한다. 즉, (a) 역사 속의 어떤 사회들이 전체적으로 평화적 태도를 견지했었던가? (b) 어떠한 이유로 그리고 어떤 장치로서 평화적인 현대사회가 호전적 사회로 바뀌었는가?

첫 번째 질문에 대해서는 상세하게 논의하지 않을 것이다. 한때 호전적인 국가들은 전쟁 없이 수백 년을 살아왔다는 것을 기술하는 것으로도 충분하고, 이것은 전쟁이 인간의 본능적 소양에 따른 필연적 결과라고 주장하는 그런 사람들에게는 본질적인 해답이 되기에 충분하다. 무엇보다도 먼저 우리는 소위 원시부족들 가운데서 전쟁 없이 살았거나 적어도 온순한 호전적 태도를 보인 일부 부족을 발견할 수 있다[7]. 이러한 태도들은, 어쨌거나, 협소한 생활여건의 결과라기보다는

---

7) 데비(Davie, M.), 『전쟁의 전개』(*The Evolution of War*), 초기사회에서 그것의 역할에 대한 연구, Newhave, 1929년, 제4장, "어디에 전쟁이 있고, 어디에 없는가", 제15장, "전쟁의 강조", 부록 C참조; 홉하우스(Hobhouse, L.), 휠러(Wheeler, G.), 그리고 긴스버그(Ginsberg, M.), 『보다 단순한 사람들의 물질문화와 사회제도』(*The Material Culture and Social Institutions of the Simpler Peoples*, London, 1930), 228쪽 이후; 페리(Perry, W.), 『문명의 성장』(*The*

오히려 도덕적인 업적이다. 대개, 에스키모들처럼, 전쟁은 당면한 자연과의 투쟁에 따른 고난이고, 공격성으로부터 그들의 자유를 책임지는 북적임이 없다. 일반적으로 평화로운 것으로 알려진 사람들은 채취생활자들과 농업생활자들이다. 더욱이 교역과 상업은 아주 자주 평화를 지향하는데, 어쨌거나, 특정여건 하에서는 동일한 요인들이 전쟁을 일으킬 수도 있기 때문에 일반화하는 것은 위험하다.

우리의 현대문화에서 사람들이 전쟁 없이 수백 년을 살 수 있다는 사실 가운데, 네덜란드가 하나의 사례이다. 비록 호전적인 사람들이 평화로운 사람들보다 훨씬 숫자적으로 우세하더라도, 단지 후자의 존재만으로도, 내가 언급한 것처럼, 인성은 전쟁 없이도 잘 살 수 있다는 충분한 징표가 된다. 때문에, 주요한 문제는 평화로운 태도를 호전성으로 바꾸는 경향이 있는 그러한 장치, 그러한 사회적 과정을 확인하는 것이다.

평화로운 태도가 소여의 사회에서 확립되어지면, *전반적으로* 호전적 태도의 자발적 성장은 집단적 억압의 사례를 표상할 것이다. 때문에, 우리의 다음 과제는, 무엇이 갈등과는 대조적으로 업무에 기초한 사회에서 요구되는 그와 같은 모든 순조로운 작업 성향들을 해체하는 것과 125
같은 그러한 사회적 역행을 발생시키는가?, 이다.

나는, 사회적으로 확립된 태도에 대해 갑작스러운 해체를 가져오는 주요한 원인의 하나는, 사회의 부분적 또는 전체적 해체로 인도하는 모든 종류의 *집단적 불안*이라고 생각한다. 특히 현재의 위기는, 집단적 불안이 역사전체에서 오래된 태도를 급속하게 해체하고 새로운 태도를 창조하는 중요한 요인이라고 우리가 인식하도록 만들었다.

Growth of Civilization), 제10장, "전쟁의 기원과 발달", London, 1937년.

Ⅲ
상이한 불안의 형태들과 그것들의 행태에 대한 영향. 동물과 인간사회의 붕괴

그러나 집단불안이 인성을 급격하게 변화시킬 수 있다는 일반적 진술, 즉, 사람은 역사적으로 특정한 불안의 형태들과 그 형태들이 개인의 심리상태에 반응하는 방법들을 정의해야 한다는 것, 은 충분하지 않다.

이주하거나 이웃을 약탈하게 하는 가뭄, 또는 동물의 유행병에 의해 강요된 유목민들의 불안은 국민들이 현대세계에서 겪고 있는 불안과 여러 면에서 차이가 있다. 그러나 현대사회들에서조차, 우리는 일반적인 불안감정이 도래할 수도 있는 여러 상이한 원인들을 구별해야한다. 자본주의의 첫 번째 단계에서, 절대주의와 성장하는 산업주의 간의 조절불량은, 한편으로는 발흥하는 부르주아와, 다른 한편으로는 지주귀족과 군대 간의 불만과 격렬한 긴장으로 인도했다. 전쟁에서 출구를 모색했던 것은 이 긴장이었다. 독점자본주의단계에서, 자본과 노동 간의 근원적 긴장은, 대군중들의 구조적 실업이 그들의 잠재적 적개심을 절망으로 변환시킬 때 격렬함이 증가한다. 이것이 동요 그리고 전쟁이 내부의 곤경으로부터 관심을 전환시키는 가장 단순한 수단으로 보이는, 부분적인 사회적 붕괴상태까지에도 인도한다. 때문에 우리는 사회
126 의 부분적 붕괴와 사회구성원의 태도와 심리상태에 대한 반응의 의미를 명확하게 이해해야한다.

비록 내가 문제가 되는 현상들에 대한 역사적 특성을 항상 강조하고 있다 하더라도, 내 분석의 아주 시초에 그 생태적 기반들이 동물공동체들을 표상하는 것처럼 인간사회의 일반적인 생태적 기반들을 무

시하는 것을 바라지는 않는다.

동물의 삶을 인간사회의 해석을 위해 무차별적으로 전이하는, 유추에 의해 확실히 많은 폐해가 있었다[8]. 만일 어떤 사람이 아직도 지속되고 있는 양자 간의 공통적인 특성과 관련된 구조 그리고 인간의 특별한 천성에 따른 그 특성의 차이점 간을 명료하게 구별하고자 한다면, 나는 지금까지 부적절하게 기술해 왔던 사상(事象)들에 대해 새롭게 조명할 수도 있다는 것을 아직도 확신한다. 이와 관련하여 사회적 동물들이 그들의 사회조직에서 일어나는 교란에 어떻게 반응하는가를 잠시 관찰하는 것이 도움을 줄 수 있다.

여왕벌이 갑자기 죽고 벌집의 사회적 질서가 교란될 때, 벌들의 행태에서 급격한 변화를 관찰할 수 있다. 이러한 변화들은 너무 급진적이어서 퇴행 또는 격세유전(隔世遺傳)까지도 정당하게 불러일으킨다. 그러한 퇴행은 성적에너지가 작업에너지로 변질되었던 암컷들인 일벌들 가운데서 가장 분명하게 관찰될 수 있다. 사회조직이 교란된다면 이 일벌들은 그들의 본능적 행태에 대한 초기의 생물학적 단계로 후퇴한다. 즉, 그 일벌들은 갑자기 암벌처럼 행동하고 처녀생식적인 알(수태되지 않은 알)을 낳는다. 그 일벌들은, 비록 벌통에서 살더라도, 그들의 조상들이 그들의 성적에너지를 작업 활동으로 바꾸는 노동 분화를 선호하는, 그들의 계통발달의 초기단계를 부활한다. 더욱이, 많은 이 일 127

8) 생물학적 유사성에 대한 의심은 사회를 유기체와 비교할 때 바로 발생한다. 그러한 유사성은 보통 오해를 일으키는데, 이는 비록 유기체와 사회 간에 유사점이 있더라도 차이가 너무 커서 전체로서의 유사성은 하찮은 것이기 때문이다. 예를 들면, 인간사회에서 사람은 자기의 자리를 포기하고 다른 사람의 직무를 수행할 수 있는 반면에, 심장의 기능을 수행하는 세포는 간의 기능을 수행할 수 없다. 그러나 그 유사성은 이 교과서에서 언급한 기술을 후원하는 외부유사점들을 탐색하는 이러한 종류가 아니다. 목표로 삼은 것은 아직도 관련된 인성의 생물학적 기반을 이끌어내고, 또한 인성과 사회의 특징의 차이에 대한 인간사회의 생물학적 구조는 보다 용이하게 개략적으로 기술될 수 있도록 하는 것이다.

벌들은 벌들이 아직 벌통에서 살지 않은 단계에까지 더욱 퇴행하고, 꿀을 모으고 유충을 돌보는 대신 그들은 개별약탈자와 강도들이 된다.[9)]

때문에 사회적 동물들도 본능과 사회조직 간에는 이미 진정한 상관관계가 있는 것으로 보인다. 이 사회조직이 교란되고 일부 또는 전체가 소멸된다면, 사회적으로 이룬 반응들은 그 조직의 소멸과 함께 사라지고, 초기단계의 본능적 패턴에 대한 격세유전적인 반응이 나타나거나 나타날 가능성이 있다[10)]. 개개 벌에게, 이 파국은 그 벌의 본능적

---

9) 상기사례는 번(Burn, R.), 『생물학적 비교에서 프로이드의 집단명예로』(*Biologische Parallelen zu Freuds Trieblehre,* Leipzig, Vienna, Zürich, 1934), 집단충돌의 동학과 경제학에 대한 시험적 기고, 국제 정신분석학 간행물 24쪽에 언급되어 있다. 번(Burn)의 주요한 관심은 프로이드(Freud)가 기술한 것처럼, 예를 들면 억압, 회귀, 대체, 전이와 같은, 주요한 심적 장치에 앞서는 형태로서 생각될 수 있는 동물생활의 사례를 수집하는 것이다. 이론의 전제는 프로이드(Freud)와 하팅베르그(Hattingberg, H. von)의 "전이와 대상선택, 집단명예를 위한 그것의 의미", *정신분석을 위한 국제간행물*(*Internationale Zeitschrift für Psychoanalyse*), 제7권, 1921년, 401~421쪽. 후자에 관한 영어 요약보고서는 *국제정신분석학술지*(*International Journal of Psychanalysis*), 제1권, 1920년, 346쪽 이하에서 발견할 수 있다.

10) 비록 번(Burn)이 기술한 사례는 일벌들의 퇴행이 개별적인 원인인가 또는 벌집에서의 사회적 질서의 해체와 밀접한 관계가 있는가 여부는 문제를 남기고 있지만, 폰 부텔-리펜(von Buttel-Reepen)이 수행한 실험은 사회적 질서의 변호는 주로 이 퇴행들과 관련된다는 나의 가정을 지지하는 것으로 보인다. 폰 부텔-리펜(von Buttel-Reepen)이 벌통에서 여왕벌을 옮기고, 벌들이 이를 알자마자 그들은 큰 흥분을 보이고 실망의 괴상한 소리도 들을 수 있었다는 내용은, 폰 부텔-리펜(von Buttel-Reepen)의 『꿀벌에 반사장치는 존재했는가?』(*Sind die Biennen Reflexmaschinen?*, Leipzig, 1920), 19쪽을 참조. 비정상상황에서 꿀벌들의 특이한 행태에 관한 보다 많은 참고는, "꿀벌 통 속의 비정상적 상황에 대하여", 『프라이부르그 임 브라이스가우의 자연과학학회 보고서』(*Berichte der Natureforschenden Gesellschaft zu Freiburg i. Br.*), 제18권, Freuburg i. Br.과 Leipsic, 1894년; 돈호프박사(Dönhoff, Dr.)의 『꿀벌에 대한 신문』(*Bienenzeitung*), 제8권, 229쪽 이후; 코완(Cowan, Th.), 『영국 꿀벌치기의 지도서』(*British Bee-Keeper's Guide Book*, 제25판, London, 1924), 제23장, "여왕의 상실", 참조.

충동이 그 벌들의 정상적인 목표들을 급격히 빼앗고, 알을 낳는 것과 같은 대체활동들이 끊임없이 발생하는 것처럼 생각될 것이다.

꿀벌사회와 인간사회 간의 유사성은 인간사회 역시 사회질서의 붕괴 또는 부분붕괴는 이전단계의 행태로 회귀를 야기한다는 점에서는 효력이 있지만; 이 회귀는 생태적인 것이 아니고 사회적인 것이다. 인간은, 꿀벌과는 달리, 그의 본능에 대한 역사에서 초기의 생태적 단계로
즉각적으로 되돌아가지 않는다. 인성의 유연성 때문에, 인간은 그의 128
태도에 대한 하나의 역사적-사회적 노력에서, 동일한 본능에 여전히 기초한, 보다 이전의 태도로 되돌아간다. 평화로운 사회가 부분적 붕괴에 의해 불안해지고, 그렇게 애써 확립한 평화로운 태도를 해체하고 사회 내에 아직도 존재하는 그러한 군국주의적 패턴의 사회적 잔재에 의해 대체하고자한다.

이러한 사회의 붕괴와 관련된 태도의 상세한 변환에서조차, 동물생활과 유사성이 있다. 꿀벌의 사례처럼, 예를 들면, 불안과 회귀는, 본능에서 사회질서가 통상적으로 지향했던 객체들의 천성을 박탈하는, 사회질서의 붕괴로부터 시작한다. 벌통에서의 삶을 위한 정상적인 과업특정적인 협력이 깨졌을 때, 꿀벌들의 작업적 동인은 결코 만족감을 갖지 않는다[11].

그러한 사회질서의 부분적 붕괴가 실업이 일반적인 징후가 되었던, 사회불안의 현저한 특징이 아닌가? 인간에게, 어쨌거나, 파국이 단순

---

11) 아마도 이 사례들에서 우리에게 좌절된 음식섭취본능을 일으키게 한다. 여왕벌에 음식을 먹이는 과업을 가진 간호꿀벌들은 여왕벌의 부재를 먼저 인지할 것이다. 꿀벌들이 그들의 충분히 준비된 음식을 치울 수 없는 한, 또 다른 본능이 작동되는데, 즉 봉방(蜂房)을 짓거나 알을 낳는 것 같은 것이다. 이 설명을 제공한, 폰 부텔-기펜(Von Buttel-Reepen)은 "인간은 이 과정이 오로지 반사 능력에 의거하고 있다고 잘 믿을 수 있다. 어떤 종류의 사고도 필요하지 않다." 폰 부텔-기펜(Von Buttel-Reepen), 전게서, 24쪽.

히 노동을 위한 외부기회의 소멸뿐만이 아니라 사회제도들의 원활한 작동과 난해하게 연계된 것처럼, 그의 정교한 감정체계가 이제 자체의 객체-고정이 상실된다는 사실에서도 존재한다. 인간의 노력들이 지향하는 소박한 목표들의 거의 대부분이 갑자기 소멸되고, 그는 이제 직장, 일일과업, 그리고 장기적인 훈련을 통해 형성된 융화된 노동태도를 활용할 기회가 부족할 뿐 아니라, 그의 습관적인 욕구와 충동은 불만족인 상태에 머물게 된다. 비록 생활에서 당면한 욕구들은 실업구제수단에 의해 충족된다고 하더라도, 전반적인 생활조직과 가정의 희망 및 기대는 무시된다. 누구든지, 얼마나 많은 성본능적인 에너지가, 자본주의사회에서 의미하는 것이 무엇인가를 인식하도록, 사회적 야망에 정상적으로 투자되는가를 기억해야만 한다.

129 사회적 척도에서 상승하려는 욕구의 좌절은 생활수준상승에 대한 희망을 포기해야 하는 것일 뿐만 아니라 자기존경과 함께 사회적 존경이 파괴된다. 그러한 일반적 불안의 징후는 영세한 배당생활자, 사무직근로자, 숙련공과 비숙련노동자, 지식계급, 그리고 학생과 같은 서로 다른 계층에 따라 차이가 있을 수도 있다. 그러나 그들의 사회적 차이에도 불구하고, 파손된 자기존중은 그들 모두에게 작용하고 있다. 라스웰(Lasswell)은, "성공적 자아"에 대한 이전의 이상이 교란되고 이전의 태도가 목적이 없이 버려진 때에는, 예전의 충동은 내향화하고, 피학대적 또는 심리학적으로 자기훼손적인 탐닉으로 퇴락하는 자기처벌의 형태를 취한다는 것을 증명했다. 이러한 상황에서, 유태인과 같은 희생양은, 모든 계층에서 좌절된 사람들이 똑같이 환영하는 기회로서, 공격적 성향을 한 번 더 외부화하기 위한 기회를 제공함으로서 진정한 위안을 제공 한다[12].

---

12) 라스웰(Lasswell, H. D.), 『세계정치와 개인불안』(*World Politics and Personal Insecurity*, London and N. Y., 1935)참조. 또한 킹(King, J.), "인간의 감정적

Ⅳ
조직되지 않은 불안에서 조직된 불안으로

이것은 예측할 수 없는 가능성들을 내포한 조직되지 않은 불안의 단계이다. 그것은 일반적인 심리학적 및 감정적 실험의 단계이고; 제도·관습·전통 그리고 역사적으로 확립된 위신에 대한 우리들의 신념이 쇠퇴하는 단계이다. 이것들은 이념들이 가면을 벗고, 확립된 원칙들과 가치들의 타당성이 의문시되는 사회학적 조건들이다. 이는 과학이 과거의 화석화된 사고습성을 파괴하는 것처럼, 아직도 과학에 호의적인 개인에게는 참기 어려운 회의의 순간이다. 이러한 일반적인 실험에서,
스스로 개혁할 수 없는 개인은 소멸할 수도 있지만, 사회기구에서 그 130
것은 새로운 행태유형의 선택과 새로운 대표적인 지배유형의 선택 가능성을 의미한다. 그것이 왜 파시즘, 공산주의, 그리고 어떠한 다른 새로운 사회적 고착이, 심리상태에 관한 한, 특정한 순간들에서는 동등한 기회를 보유한 것처럼 생각되는가에 대한 이유이다. 그리고 게다가, 미첼스(Michels)[13]는, 이태리 파시즘의 발흥에서 한때 사회주의자들이었던 사람들이 종종 파시스트에 가입했다는 것을 관찰한다.

마지막으로, 장기적인 숙려도, 사회의 부분적 해체에 의해 가장 강

삶에 대한 사회적 변화의 형태에 대한 영향", *American Journal of Sociology*, 제9권, 124쪽 참조. 이론사의 파국적 아이디어는 테가르트(Teggart, F. J.)의 『역사의 이론』, (*Theory of History*, New Heaven, 1925), 특히 196쪽, 참조. 웨이츠(Waitz, Th.), "인류학 서론", 콜링우드(Collingwood, J. F.), 편, London, 1863년, 고타인(Gothein, E.), "공포의 사회학",『최초의 독일 사회학자들 집회에서의 토의』(*Verhandlungen des ersten deutschen Soziologentages*, Tuebingen, 1911년, 밸더(Waelder, R.), "군중심리의 원인론과 발전", *Imago*, 1935년, 제21권.

13) 미첼스(Michels, R.), 『사회주의와 파시즘』(*Sozialismus und Faszismus*, München, 1925), 266쪽.

력하게 영향을 받은 그 사회집단들 가운데서 여하튼 중단된다. 개인은 자신의 불안이 단순하게 개인적인 것이 아니고 그의 동료들이 속한 대중에도 공통적이라는 사실을 인식한 때, 그리고 의심의 여지가 없는 기준을 설정하고 그의 행태를 결정하는데 더 이상 사회적 권위가 존재하지 않는 것이 점점 더 명료해질 때, 공포가 최고조에 이른다. 여기에 개인 실업과 일반적인 불안 간에 차이가 있다. 만일 평상시에 개인이 자신의 직업을 잃는다면, 그는 필시 비탄에 빠질 수 있지만, 그의 반응은 어느 정도 규정되어 있고, 그는 자신의 고난에 대해 일반적인 패턴을 따른다. 비록 그가 도적질에 의해 사회를 모반한다고 하더라도, 그의 행동들은 그가 만들지 않은 어떤 특성에 빠질 것이다.

불안상황에서 인간의 고뇌는, 호손(Hodgson)의 "늙고 불행한 황소"와 같은, 사회적 동물들의 고뇌보다 더욱 심각하다.

> 몸과 마음 모두 병들고,
> 그가 이끌던 수 백 마리의,
> 황소들과 암소들의 무리에서 추방되고…

이는 황소가, 널리 퍼진 노동의 분화에 기초한 사회의 구성원들에 의해 방해받지 않은, 육감의 자극에 아직도 의존할 수 있기 때문이다. 그러한 사회는 자발적 반응이 파괴되고; 인간은, 만일 그가 갈망하는 일반적 대상물들이 소멸된다면, 방향을 잃고 방황한다. 인간의 사회적으로 형성된 육감은 여건이 바뀔 때는 쓸모가 없고, 그의 오래된 감정적 갈망은 조직되지 않은 불안의 여건에서는 갈 곳이 없으며, 그의 상식은 비지성적 구조를 보유한 이 비가시적 사회에서 그의 주위에서 무엇이 발생되고 있는가를 이해하기 위한 사고방식으로서는 너무 협소하다.

여기에 사람과 동물 간에 또 다른 차이가 있다. 왜냐하면, 목표를 131
상실한 다음에, 꿀벌은 본능적 반응과 관련된 이전의 생물학적 단계에 의지하지만, 인간은 자신의 원초의 목표가 박탈된다면 상징적 목표들과 상징적 활동들을 고안함으로서 위안을 얻기 때문이다. 이는 인간은 공동체에서 살고 있는 존재로서, 그의 반응은 단순히 본능에만 기반을 두지 않고 기본적인 의사소통수단으로 기능하는 단어·이미지·아이디어와 같은 그 자신의 창조물인 상징들에 기초하기 때문이다.[14)]

이들 상징의 일부, 예를 들면 단어(單語), 는 실제 존재하는 사상(事象)들을 대신하고, 다른 것들은 실제 활동들의 대체물로서 기능하는 상징들이나 상징적 활동들이다. 바람직한 목표들이 우리의 이해범위를 벗어나거나, 실재 사상(事象)들의 완전하고 즉각적인 만족감을 확보하는 것이 불가능하다고 여겨질 때는, 우리는 이 상징들을 대체물로서 사용한다. 실험심리학은 어떻게 대체활동들이 보다 단순한 상황에서 작용하는가를 제시하는 정보를 우리에게 제공한다. 나는 레윈(Lewin)[15)], 오브시안키나(Ovsiankina), 말러(Mahler), 리즈너(Lissner),

---

14) 동물적 생활에서 언어의 속성에 관해 햄펠만(Hempelmann)이 제공한 짧지만 계몽적인 요약에 관해 언급하고자 한다. 그에 의하면 동물의 언어는 생리적 상태의 즉각적인 표현에 불과하다. 그것은 명확한 의미의 소통을 위한 의식적 의도는 전연 발견할 수 없다. 표현은 특정한 반응의 자극이나 신호로서 작용할 뿐이다. 동물들은 대부분 사상(events)의 연관성에 대한 통찰이 없기에 이러한 신호들에 대한 정확한 반응은 적절한 조정의 결과에 불과하다. 햄펠만(Hempelmann, F.), 『생물학 관점에서의 동물심리학』(*Tripsychologie vom Standpunkte des Biologen*, Leipzig, 1926), 530쪽.

15) 레윈(Lewin, K.), 『개성에 대한 동적 이론』(*Dynamic Theory of Personality*)선별논문, 런던, 1935년, 제6장, "대체행동과 대체가치", 레윈은 다음의 기여에 대해서도 언급한다. 즉, 말허(Maher, W.), "다양한 현실성에서의 판단행위", *Psychol. Forsch.*, 1933년, 제18권, 27~89; 리즈너(Lissner, K.), "판단행위중의 욕구들에 의한 긴장완화", *Psychol. Forsch.*, 1933년, 제18권, 218~250; 오프시안키나(Ovsiankina, M.), "중단된 행위의 재개", *Psychol. Forsch.*, 1928년 제11권; 호페(Hoppe, F.), "성공과 실패", *Psychol. Forsch.*, 1931년 제14권, 1~61. 코프카

호페(Hoppe) 등에 의해 수행된 실험과 조사들을 참고로 한다. 교훈적 사례는 레윈(Lewin)에 의해 인용된다.[16] 어린 정신박약아가 멀리 공을 던지고자하고, 비록 그가 실패하더라도, 그가 만든 활발한 움직임으로 대체물을 발견하기 때문에 그는 행복하다. 라자르(Lazar)는 이러한 유형의 어린이를 "몸짓 어린이"(gesture child)라 부르는데, 다른 사람들이 구체적인 목표를 위해 노력할 때 몸짓으로 만족하기 때문이다.

132 조직되지 않은 불안의 시대에, 정상인은, 노동과 사회적 용인의 영역에서 그의 노력에 대한 즉각적이며 실제적인 만족감이 결여되어 있기 때문에, 대체목표들에 존재하고 몸짓들과 상징들에 만족하는, "몸짓 성인"(gesture adult)이 되어가는 경향이 있다.

레윈(Lewin)이 인식한 것처럼, 대체목표나 대체활동이라는 말은 원래 아무런 의미도 없지만, 개인의 원래 의도나 본래의 긴장-체계에 반하여 측정될 때만 의미를 갖는다. 자본주의사회에서 정상적인 작업유인은, 소득수준을 제고하기 위한 욕구인, 취득이기 때문에, 어떠한 목표도 이 분야에서 약간의 실패에 대한 대체물로서 사료될 수 있다. 상징적 대체물은, 본래의 긴장-체계로서 화폐를 얻기 위한 노력이 지속되는 한에만, 비현실적인 것처럼 느껴진다.

원초적인 욕구수준을 변화시키고, 사람들이 상징적 목표들을 제1차적인 목표들인 것처럼 성취되도록 노력하여, 그들이 버터 대신에 국위(國威)를 바라는 것이 가능해지자마자, 그들이 후자를 상징이라고 생각하는 것을 멈추고, 그 목표들을 진정으로 만족시키는 것으로 간주해야한다.

개별심리상태의 관찰들에 의하면, 일단 개별적 긴장체계가 구축되

(Koffka, K.), 『형태심리학의 원리』(*Principles of Gestalt Psychology*, London, 1935), 670쪽 이후 역시 참조.

16) 레윈(Lewin), 전게서, 제7장, "정신박약에 관한 동적 이론", 205쪽.

었다면, 그 체계는 어린이들 경우이외에는 쉽게 변경할 수 없다. 그러나 내 견해로는 어떠한 혁명시대의 특징적 특색도 원래의 기대들에 대한 실패가 무수하게 발생하고, 대체물에 대한 탐구도 동일한 리듬으로 뒤따르고, 무엇이 현실이고 비현실인가 하는 의미가 공통적으로 확립된다. 만일 버터보다 총을 소유하는 것이 좋다고 생각하는 사람이 많고 개인이 독자적으로 체계를 재구성하고자한다면, 현재의 체계 그대로 보다는 하나의 긴장-체계에서 다른 체계로 변경하는 것이 보다 용이할 것이다.

상징체계들이 새로운 현실로의 집단적 변환은 3단계로 이루어진다. 상징의 기능과 의미를 바꾸는 진정한 동적 변환이 이 외관의 이면에서 발생하는 동안에, 상징은 외적으로 변하지 않고 유지될 수 있다. 이 변환의 3단계는 다음과 같다. 즉,

(a) 상징은 순수한 대체적 목표이다;
(b) 상징은 자발적인 집단-통합의 새로운 형태들을 위한 새로운 동인이 된다(이를 우리는 상징의 유토피안 단계라 부를 수 있다);
(c) 상징은 조직집단의 경직된 표상이 된다. 133

첫 번째 단계에서 사람들은, 프로이드(Freud)에 따르면, 성적에너지가 대상이 없이 오랫동안 존재할 때는 언제나 불안이 우리를 압도하는 것을 피하고자하기 때문에, 그들은 상징들에서 도피하고 그 상징들에 집착한다. 망치와 낫, 만(卍)자, 갈흑 셔츠, 적흑기, 쭉 뻗친 양팔, 쥔 주먹, "국가의 자유와 번영"과 같은 관용구는 치환된 에너지를 위한 출구와 목표를 제공하는 허구이다.

그러나 이들 바로 그 몸짓들과 대체목표들에 의해 사람들이 자발적으로 성장하는 집단들로 통합되자마자, 그들은 상징의 발달에서 유토피아단계에 이른다. 유토피아의 상징이 사람들을 행동하게 만들고; 그

상징은 그들이 확립된 관계들의 체계에 반하여 행동하도록 하고, 그 체계에 반하는 행동을 함에 있어, 그들은 이 관계들의 네트워크를 파괴시킬 뿐만 아니라 최초의 열망수준에 대한 의미와 유의의를 평가 절하하는, 상황에 대한 이전의 정의에 대해 문제를 제기한다.

따라서 새로운 상징이 의미를 얻을 뿐만 아니라 그 상징의 현실-명성은 제고되고; 국가의 명예와 영광에 대한 노력은 어디까지나 경제적 이익을 위해 노력하는 기업처럼 보인다. 새로운 상징이 대체물 이상인 것처럼 여겨지고 게다가 새로운 사회적 현실이 되는 또 다른 이유는, 그 상징이 상호 관련된 활동들에 관한 자체의 네트워크를 차례로 창출하기 때문이다. 비록 이 활동들이 어떤 때는 함축성이 없는 모습을 유지하고, 분별없이 끝없는 토론들 또는 집단들내에서의 빈둥거림으로 주로 이루어졌을지라도, 나중에 그 활동들은 준군사적 훈련과 아직도 인정된 사회체제에 종종 압력을 가하는 "압력집단"의 결성으로 인도한다.

유토피아단계[17] 중에, 중요한 변화가 개인들 자체에서 발생한다. 첫 번째 단계에서 상징이 그 개인들의 삶에 단지 임시대체물이었던데 반하여, 이제는 그 상징이 개인들의 전체적인 인격을 재구성하는 요인
134 과, 그들에게 새로운 종류의 집단결속을 가져오는 발효제라는 두 가지 기능을 수행한다. 그러한 상황에서, 개인의 급격한 변화는 약간의 갑작스런 충격이 그의 기정(旣定)의 습관과 기대의 네트워크를 파괴한 곳에서만 발생하고, 그의 새로운 희망과 가치의 안정화는 새로운 집단들의 통합과 밀접하게 연계되어있다는 것은 분명하다. 오래된 전통은 산산이 부서지고, 새로운 형태의 사회적 조정이 발생하는데, 이것을

---

[17] 유토피아의 사회적 기능에 대해, 만하임(Mannheim, K.)의 『이데올로기와 유토피아』(*Ideology and Utopia*, London and N. Y., 1936)에서 "지식의 사회학에 대한 입문", 특히 제4편 "유토피안 심리" 참조.

우리는 사람들과 사회의 재탄생이라고 말한다. 그것은, 고대세계에서 새로운 기독교정신을 생성했고, 후기중세의 분파들에서 유토피아정신의 현대적 형태를 야기했던 것과 동일한, 심리적 구조였을 것이다.

상징적 통합의 유토피아단계에서, 약간의 사회적 분화가 감지된다. 모든 상징들이 모든 사람에게 동등한 호소력을 갖는 것은 아니다. 그 상징들의 성장은 그것들이 속한 특정집단과 밀접하게 연결되어있다. 비록 서로 다른 집단들이 같은 상징들을 소유하고 있더라도, 그 집단들은 상징들의 상이한 측면을 강조하는데, 이는 사회의 불안이전(pre-insecurity)단계의 기억들이 무의식적으로 그 집단들의 정신 속에 아직도 활동하기 때문이다. 따라서 어떤 사람에게는 아마도 안전과 질서의 상징이 호소력을 갖는데, 이는 그 사람이 속한 집단이 침체가 임박한 소규모의 부르주아이기 때문이거나; 그렇지 않으면, 그가 명성을 국가의 성장과 밀접하게 관련시키는 군대나 관료와 같은 집단의 구성원이고, 그가 소중하게 여기는 것이 영광이기 때문이다. 아직도 또 다른 사람들이 있는데, 그들에게는 지방의 독립이나 사회적 관행이 실낙원을 구성하고, 그들의 최고의 가치를 표상하는 것은 평등성인데, 이는 이전의 안정된 사회에서조차 그들은 버림받은 사람들이었기 때문이다. 여러 상징들은 여러 사회계층의 특징들과 바로 일치한다.

그러나 인간의 레크리에이션과 집단의 레크리에이션에서, 이 자발성의 단계는 대중사회에서 그 자발성이 엄격한 조직의 단계에 의해 계승되어져야하는 것처럼 아주 오래 지속되지는 않았는데; 이는 현대 대중사회의 업적들 중에서 확실한 조직들에 의해 보증되거나 사회구조의 바로 그 작용을 통해 지속적으로 재생산될 때만, 그 업적들이 지탱될 수 있기 때문이다. 따라서 열망에 기초한 자발적 활동은 경직된 조직에 자리를 양보하는데, 이는 상징은 생명이 없는 표상에 불과하기 때문이다. 이전의 사례에서, 증오가 사회적으로 효과적이기 위

135 해서는, 훈련된 증오로 바뀌어져야 했던 것처럼, 새로운 감정적 태도와 작용중인 유인책은 이제 계량할 수 없고 집단에 의해 강요되는 경향이 있다[18].

현대국가들이 군국주의적 패턴으로 구체화하고자 하는 인간관계의 이러한 석화(石化)를 통해[19], 사회는 조직되지 않은 불안정의 단계에서 조직된 불안의 단계로 넘어간다. 전체로서 사회는 아직도 불안한데; 이는 사회의 기능화에서 무질서의 원인이 제거되지 않았고, 구조적 실업을 일으켰던 경제적 불균형이 아직도 존재하며, 자급자족을 지향하는 경향들에 의해 확대되기까지 하기 때문이다. 그러나 비록 국가는 불안하지만, 새로운 사회적 조직이, 노동의 잃어버린 벌집(예, 불필요한 도로, 강제노동수용소, 그리고 재무장)을 위해 일정범위에서 심리적 대체물들을 제공하는 한편, 동시에 보다 적은 비용으로 국가경제를 운영하는데 도움을 주는 것을 증강한다. 이제는 집단적으로 교도된 열광을 위해 희생물들을 발견하고 축제들을 만들어서, 약간의 심리적 대체물과 함께 결핍과 관련된 모든 할당량을 균형화 하여서, 저항 없

18) 순수한 감정적 단계에서, 유토피아단계를 거쳐, 조직된 단계로의 통과는 과거에는 제도발생의 전형적 과정이 되었을 수도 있다. 우리들 가운데 새로운 제도의 급격한 성장을 우리가 목격하고 있는 오늘에서야 원시제도에서의 상징적 요소의 중요성을 인식하게 되었다. 우리 제도들의 대부분은 어떠한 상징적 기운(예를 들면 우리의 기업관계 또는 우체국)이 없이 관계와 기능들로 오랫동안 응고되어 왔다. 원시공동체에서 제도의 상징적 칭송은 아직도 널리 보급되어있고, 그것은 원초적 감정에, 마법이나 단순한 관습적 의식을 통해, 호소력을 갖는다.

19) 이 군국주의자모형의 사례에서의 선택에는 특별한 이유가 있다. 우리는, 사회의 구질서가 사라질 때 어떻게 조직되지 않은 불안정의 첫째 단계에서 이전 사회패턴으로의 회귀가 예상되는가를 보아왔다. 내륙 국가들에서 옛날 군대패턴은 자연히 큰 힘을 가졌다. 옛 군대에서 면직된 장교들이 전후에 유산계급사회의 해산된 간부단을 준군대조직으로 재구성하는데 분주했다. 군인정신은 조직화된 안전의 개념이 아니라 전시의 국가의 특징이었다.

이도 생활수준을 점진적으로 저하시키는 것이 가능하다. 빵이 적을수록, 서커스는 많아진다!

이 새로운 사회유형의 근본적 특징은 경제 및 행정활동 뿐만 아니라
새로운 심리학적 조정의 통로를 제공하는 것이다. 정부와 산업이 계획
될 뿐만 아니라, 심적 불안과 일반적인 쇠약은, 그들의 합리적 숙려를
아직도 견지하고 있는 그러한 사람들의 혜택을 위해 신중하게 교도되
어야하고, 그들이 어느 정도 일반적 붕괴의 초점밖에 위치하고 있기
때문에 진지함을 유지할 수 있다. 그들은 전쟁이나 독재까지도 의식 136
적으로 바랄 수 있는데, 이는 전체국민을 위한 경제적 비합리라는 것
이 특정집단-생산업자, 군대지도자, 그리고 관료-에게는 아직도 유익
할 수 있기 때문이다. 그들의 심리상태는, 국가는 멸망하더라도 그들
은 여전히 부유해야하는, 도박의 의미로서 주로 설명될 수 있다. 군대
계급이 전시에 점령지에서 사용했던 것과 같은 방법을 자신의 국가에
사용함으로써 스스로 재창립하는 것처럼, 공업과 산업의 주인들은 조직
된 불안의 단계에 이르자마자, 그들의 국가를 식민지와 거의 동등하게
착취의 장(場)으로 생각한다. 그리고 그들은 제국주의적 팽창을 준비하
기 위해서 새로운 상황을 이용하는데, 이는 그들의 거대한 독점을 위해
서는 그들 국가의 폐쇄된 영토는 너무 협소하기 때문이다.

새로운 유사활동들의 네트워크 내에서, 심리적 재조정이 발생하는 것처럼 보인다. 명예와 서훈에 대한 값싼 새로운 체제들의 제도화를 통해, 사회적 야망은 다시 한 번 더 만족을 제공하고, 일자리를 잃은데 이어 자신의 자존심을 상실한 사람은 타인들을 그의 통제 하에 두는 어떤 조직에서의 자위를 통해 또 다시 만족을 발견한다. 모임에서는 어느 누구도 밑바닥에 있지 않는데, 이는 최저의 아래는 추방자, 즉, 유태인, 가 존재하기 때문이다. 선견과 숙려도, 과업들이 다시 일정한 패턴을 갖춘 것처럼, 복원되고, 축제와 기동훈련은 이에 훨씬 앞서서

준비되어야 한다. 다양한 자기훼손의 형태들에 호소할 이유가 더 이상 없는데; 이는 조직된 국가권력의 지속적인 과시는 항상 그렇게 탕진되기 때문이다.

불안의 조직은, 목적상실의 감정이 더 이상 존재하지 않고, 체제가 기능하고 감정석 및 상징적 분위기가 그 체제의 경직된 군대질서와 중첩되어 있는 한에는, 사람들이 그들의 개인적 선호를 중앙기관의 지시에 기꺼이 복종하고 예속하는 데에 특히 이점이 있다. 이전에 방향을 상실한 그러한 사람들도 조직의 불가피한 자동적인 제어를 즐긴다. 그들에게 특정영역들에서 자유가 소멸된 것은 문제가 되지 않고; 지식계급과 일부 기업가들처럼, 사고의 자유를 이용하고 존중하는 방법을 이전에 학습했던 그러한 사회적 유형의 사람들만 자유의 상실을 슬퍼한다. 대부분의 사람들은, 그들의 뿌리를 전통적 사회의 보다 오래된 유
137 형에 두고 있고, 개인적 창의의 습관과 책임을 지는 능력이 결여되어 있다. 그들은 오히려 지배에 복속되는 것을 갈망하고, 그들이 하나의 잘 정의된 상황에서 다른 상황으로 미끄러지듯 나아가는 것을 반긴다.

그러한 사회에서 지도자들인 그 사람들은, 어떤 날은 높아진 증오의 가능성을 향유하고 다음 날에는 그 증오를 진정시키는 것을 즐긴다. 사회는 어떤 사람이 버튼을 누르면 예상되는 반응이 발생하는 구조가 되어간다. 여러분은 어떤 날은 인접국가에 대한 혐오를 설교할 수 있고, 그 후에는 그 국가와 10년 동안 우호 속에서 지내는 것을 결정한다. 조직된 불안의 국면과 비교하여, 조직되지 않은 불안의 국면에서는 매우 상이한 심리상태로 개인을 특징지을 수 있다. 전자의 국면, 즉, 조직된 불안의 국면, 에서는 사람들의 심리적 반응이 중요했고, 대중의 심리상태가 모든 것을 지배했다. 후자의 국면, 즉, 조직되지 않은 불안의 국면, 에서는, 대중들이, 적어도 공적업무에 관련되는 한, 그들의 개인적인 영적생활을 포기했고, 그들은 언제라도 로버트로 변신할

준비를 갖춘다. 그것은 사회학자가 지도자들의 특정한 심리상태만을 다루는 것과 같다.

조직되지 않은 불안의 첫 번째 단계에서 이 지도자들은 어떠한 중요한 역할도 하지 않는다. 모든 것이 유동적인 한, 수많은 미약한 지도자들이-소멸되는 질서에 기초한 저명인사들이 존재하는 곳에서-발흥하지만, 그 지도자들의 영향은 한시적인 것일 뿐이다. 어쨌거나, 첫 번째 소요이후에, 교도하고 교도된 집단들 간의 차별화가 발생한다. 자발적인 상징-통합이 소규모 공동체에서만 발생할 수 있고; 대중사회들에서는 첫 번째의 자발적인 반응이후에 이 상징들과 그것들과 연계된 감정들에 대해 다소간의 의식적 통제가 필요하다. 이러한 조작은 개인적인 심리적 소질과 태도가 특히 그들이 솔선할 수 있도록 하는 사람들에 의해 수행된다.[20)]

막스 베버(Max Weber)는, 원시공동체에서조차, 심적-병리적 유형들이, 보통 옛날 생활방식을 변경하고 옛날의 주술적 태도를 파손하는, 예언자·구세주·개혁자가 되었다는 것을 인지했다. 그의 견해에 의하면, 이것은, 관습이 주로 주술에 의해 재가 되는 사회에서, 조정되지 않았고 때문에 변화된 상황에 더 이상 적합하지 않은, 이들 오래된 관습을 대담하게 파괴하고, 새롭고 보다 양호한 조정된 태도를 발견할 수 있는 사람은, 정신질환자이기 때문이다. 따라서 공식적인 성직에서 구 138
체화된 그러한 기정(旣定)의 전통적인 태도를 파괴한 사람은 유태인 같은 무아경의 예언자들이었다.

국가의 옛 관료 또는 합리적 숙려의 방법을 훈련받은 이전의 상업 및 산업지도자들이 상징조작의 비밀을 발견할 것이라고 기대되지는 않는다. 그들은 새로운 유형의 지도자와 협력하고, 이 지도자 그리고

---

20) 라스웰(Lasswell)은 그의 저서에서 이 상징관리에 대한 가치 있는 분석을 제공한다.

군소지도자들은, 정상적인 시대에서조차 비합리적 태도가 널리 행해졌고 조직되지 않은 불안의 파국이 가장 심각하면서도 장기적인 사회의 그러한 은밀한 곳에서 주로 나타나야한다. 때문에 지도자는, 사회의 부분적 해체에 따른 충격에 대부분 노출되었던 사람들에게, 일반적인 감정적 리듬이라는 것을 스스로 경험하도록 해야 한다. 그러나 그것만으로는 단순한 감정적 비합리성은 충분하지 않고, 지도자와 대부분의 군소지도자들은, 조직되지 않은 불안이 조직된 불안에 양보하는 것처럼, 더욱 더 예리하게 성장할 숙련의 감각도 역시 갖추어야한다.

상징-조작과 연계된 숙련는, 예를 들면, 상업적 숙련 그리고 여자가 그녀의 남편의 기분을 판단하는데 이미 능숙한 것을, 업무에 거의 사용하지 않는 것과는 동일하지 않기 때문에, 관료처럼 절망적인, 개인은 타인들의 변화하는 술책과 감정을 숙련하고 표현하는데 전문가일 수도 있다. 현대대중사회에서 이 지도자들은 즉흥적인 상징적 태도를 조작된 사고, 정서, 그리고 행동의 조작된 패턴으로 의도적으로 변환한다.

첫 번째 단계에서, 합리적 이익과 소원성취의 꿈과 몸짓을 판별하는 일이 아주 용이한 것은 아니다. 이해관계와 비합리적인 상징적 노력 간의 상호관련성은 일부 추상적 사상가들이 상상할 수 있는 것보다 훨씬 더 심오하다. 고도로 합리적이고 사유적인 연령과 집단의 산물로서, 마르크스주의는 명시적인 경제적 이익에 대한 추진력을 과도하게 추정할 뿐만 아니라, 18세기와 19세기 철학자들과 경제학자들의 상업적 및 자유주의적인 지성이 그래 했던 것처럼, 너무 뚜렷한 대조가 되는 대안들을 제시한다.

합리적 노력에도 불구하고 비합리적 경향이 잠재되어 있고, 글로버
139 (Glover)가, "현실과 주로 자기 보존적 상황에 대한 의식적인 선입견"은 무의식적인 동인들을 취급한다고 아주 자주 말할 때, 그가 틀린 것

은 아니다.[21] 변환되거나 제거된 가학적 태도와 같은 무의식적인 충동들을 통해, 또는 영광을 위해, 우리가 돈벌이와 개인적 편익을 무자비하게 추구하면서도 합리적 숙려에 탐닉하는 경우가 수시로 발생한다. 반대로 미국의 사회학자인 워쓰(Wirth)가, "이해관계들은 활동종류 중 어딘가의 표면아래서 잠들어있고, 오직 특정한 생활영역들, 경제학 그리고 적게는 정치학, 에서만 그 이해관계들이 명시적이고 분명했다"라고 기술했을 때, 그는 핵심을 찔러 말한 것이다.[22]때문에, 나의 견해로는, 중요한 문제는 비합리적 동인들을 합리적 태도 아래 숨기는가 여부, 또는 합리적 행태의 이면에 무의식적 이익이 작동하는가 여부가 아니다. 합리적 및 비합리적인 것이 뒤섞인 것을 당연시한다면, 우리는 어떠한 여건이, 표면아래서 활동을 멈추고 있는, 다양한 형태의 합리적 이익들이 명료해지는가를 밝혀내야한다.

때문에, 소위 합리적 이익이라는 의식을 회복시키는데 도움을 주고, 따라서 우리가 고려했던 그런 사회를 붕괴로 인도할 가능성이 있는 그러한 사회적 요인들은 무엇인가를 자문하지 않으면 안 된다.

우리가 고찰한 것처럼 체제는 생산과 소비·국방서비스·행정을 관리하는 것뿐만 아니라, 규제의 수단에 의해 변화하는 상황에 사람들의 욕구들을 조정하는 것을 돕기 위해서, 상대적으로 큰 탄력성을 보유하고 있다. 그 체제는 과정의 주관적 측면을 통제하고, 경제적 불균형이 아니라면 적어도 심리적 부적응을 보상할 수 있도록 붕괴를 유예할 수 있다.

그럼에도 불구하고, 그 체제에는 그 체제의 붕괴를 가능하게 하는

---

21) 글로버(Glover, E.), 『가학성과 평화주의』(*Sadism and Pacifism*, London, 1933), 133쪽.

22) 워쓰(Wirth, I.)의 만하임(Mannheim, K.), 『이데올로기와 유토피아』」(*Ideology and Utopia*), 전게서의 서문, xxiv쪽.

근본적인 모순이 존재한다. 그리고 이 모순은, 대립되는 충동의 성장
을 촉진하는, 상호 모순적인 장치들의 작용 내에서 발견된다. 조직된
불안의 시기 중에 사회에 첨가된 새로운 조직들은, 경제적 이득과 높
140 은 생활수준을 위한 욕구와 같은 오래된 동인들보다 더 현실성을 가
진, 새로운 가치군과 상징적 노력들을 확립하기에 충분할 정도로 강력
한가 여부에 모든 것이 좌우된다. 이것은 내가 인간의 소망들은 본래
경제인(*homo economicus*)에 부합할 때만 실제라고 가정하고 있음을
의미하는 것은 아니다. 우리 모두는, 예를 들면, 프로이센에서 전제주
의자의 중상주의 체제가, 인민들에게 이전의 낮은 수준을 유지하는 대
신에, 이익추구를 위해 노력하도록 훈련하는 것이 얼마나 어려웠던가
를 알고 있다. 그러나 나는, 자본주의와 결별한 어떠한 새로운 체제도,
일반대중이, 원초적 목적이 경제적 이익인, 보다 오래된 긴장체제와
다시 한 번 신속하게 행동을 같이할 가능성을 고려해야 한다고 확신한
다. 만일 이것이 발생한다면, 명예와 신망에 관한 새로운 기준은 단순
한 대체물로서 다시 한 번 감지될 것이다. 때문에 상징을 통제하는 새
로운 엘리트들의 문제는, 새로운 사회적 기법에 관한 첨가된 제도들의
수단에 의해서, 자본주의사회의 오래된 장치를 억압하는 것이다. 만일
산업체제, 그리고 오래된 일련의 취득욕구를 존속시키는 재산체계의
자취와 관련된 요인들이 있다면, 상징들은 쉽게 실패할 수도 있다.

조직된 불안의 단계에서조차, 실업에 의해 조성된 근원적 위기는, 명예 및 위신과 관련된 동기와 함께 새로운 심리적 조정형태의 기능이 정지되자말자, 자체적으로 감지될 것이다. 전체적인 선전 장치는, 자본주의적 열망이 획기적으로 진전되고, 새로운 상징들이 단순한 상징들의 존재로 느껴지며, 인민들이 상응하는 활동들에 대한 신뢰를 거두어들이자말자, 공허하고 무의미해진다. 일단 이런 일이 대규모로 발생하고 군대계급에까지 침투한다면, 위기는 명확하고 공포는 다시 약진한

다. 그러나 이 단계에서 심리적 붕괴로서 공포는 조직되지 않은 불안정 국면의 공포보다 훨씬 더 위험하다.

그 공포는 일반적인 긴장을 가져오는 목표철회라기보다는 내가 "동기철회"라고 말할 수 있는 것이다. 구체화된 관계인 제도들은 아직도 존재하지만, 그 제도들은 원래 제도들을 통해 작용했던 그러한 동인들과는 분리되었다. 세상의 재화 그리고 그것의 권력으로 부터의 그러
한 소원(疎遠)은 초기기독교인들 사이에서 발생했다. 그러한 소외 또 141
는 동기철회는, 산업사회의 보다 더 근본적인 장치들이 전체주의적인 상부구조에 대해 주제넘게 나서자말자 발생할 수 있다. 잘 알려진 것처럼, 전쟁의 가장 큰 위험은 이제방금 기술한 상황 속에 존재한다. 여전히 사유재산에 기초한 사회의 자본주의적 환경에서는, 위신과 명예에 관한 상징들이, 대중의 평가에서, 그 상징들의 현실성에 대한 명성을 조만간 잃게 될 것이고, 따라서 사회적 장치에 대한 충성도 문제시될 것이다.

조직되지 않은 불안의 단계에서, 목표철회는 심리적 붕괴가 운하화되지 않았기에 전쟁으로 인도되지는 않았다. 혼란은 이전 엘리트의 일부를 파괴하기에 충분할 정도로 심각했지만, 외부공격의 목표들을 도출할 수는 없었다. 감정적 통로들은 확립되었고, 전쟁 장치는 준비되어 전쟁에서의 피난과 사람들의 소외제거에 의하여 증가하는 사회적 긴장으로부터 일반대중의 마음을 전환시키는 것이, 이제 엘리트들에게는 보다 더 용이할 수도 있다.

요약하여, 이 간략한 연구는 전쟁의 원인에 대한 완전한 연구를 제공하기 위한 것은 아니었다. 나의 사례들은 우리 시대에 전쟁을 일으킨 요인들로서 실업, 불안, 그리고 파시즘의 발달에 대한 철저한 연구를 의미했던 것도 아니고, 단순하게 현재의 단계에서 자본주의발달의 경제적 분석을 통합할 수 있다면 구조심리상태를 보다 명료하게 제시

하고자 한 것이다. 이 고려사항들의 의미는, 심리적 과정들이 독립적이고, 때문에 무엇이 발생되어 왔고 발생되려 하는가에 관해서는 궁극적으로 관련된다는 것이 아니라, 경제적 부적응은 그것의 심리적 의미와 결과를 적정한 장소에 주입시키지 않으면 완전히 이해할 수 없다는 것이다. 그 부적응은, 만일 진정한 통제가 이루어진다면, 그것의 주요 국면들을 재구성되어야 하는, 구조적 변화들의 진정한 연쇄로서 구체적인 순서이다.

전쟁자체는, 공격성 같은 어떤 불변의 본능에 따른 결과가 아니고, 일부는 제도를 통한 심리적 성향의 잘못된 노력이며, 일부는 조정되지 않은 제도들의 충돌과 일반적 불안을 가져오는 때에 사람들을 집단공격으로 무모하게 비약시키는 것의 결과이다.

142 누구도 전쟁을 원하지 않는다. 지도자들은 물론 그들의 국민들도 진정으로 원하지 않는, 세상을 파국에 몰아넣는 새로운 방법들은, 사람이 역사에서 목적적 정신역학이라고 부를 수 있는, 가장 비극적인 사례이다. 그 방법들을 주도했던 그런 사람들이 의도했던 것이 아닌, 경제·사회·심리적인 효과들의 축적을 통해 행동하는, 주민들이 확실히 싫어하는 사상(事象)들이 발생한다. 그것은 우리가, 만일 사람들 중에 원하는 사람이 있다면, 아주 소수의 사람만 그들의 마음이 진정으로 원하는 목표들을 위해 그들을 무장시키고 훈련해야 하는 것은 틀림없이 악몽이다. 우리는 거짓말에 사로잡힌 거짓말쟁이다. 공적 발언은 훨씬 신뢰받는다. 우리의 웅대한 이상들의 대부분은 그것들을 장터에서 무차별적으로 사용하는 일보다도 더 불신을 받고, 여전히 우리는 명령이 전달될 때는 언제나 전진한다. 우리의 고독한 시간에 우리 대부분의 무서운 비전은 우리가 비축한 폭탄들의 폭발에 의한 문명의 붕괴이지만, 우리는 공갈이 공갈자들을 처벌할 때까지 전쟁의 위험 속에서 서로 간에 공갈한다. 우리는 전쟁이 있을 것이라는 것을 예상한다.

사람들은 전쟁개시의 날짜를 예측한다. 오직 누가 누구를 위해 그리고 왜 싸우는가는 아직도 알려지지 않았다. 국가주의자의 슬로건들은, 자기들의 가정과 정원을 사랑하는 다른 소시민들을 학살하여, 자기들의 가정과 정원을 사랑하는 소시민들이 영웅이 되는 것을 원한다. 이유에 대한 이해조차 없이, 작은 희생을 덜 기꺼워하고 최고의 희생을 더 하고자했던 세대는 거의 없었다.

누구도 전쟁을 원하지 않는다. 전쟁은 주로 사람들이 그들의 행동에서 여러 제도를 서로 조정하고 진정한 심리상태에 의하여 생각하는 장기적 시각을 취하는 것을 배우지 못했기 때문에 발생하는 재난이다. 그러나 만일 사회과학자들조차도 전체로서 사회구조에서의 조정불량에 따른 논리를 탐지하기 위해 부분적인 관찰의 결과와 상호성을 목표삼지 않고, 만일 그들 역시 실제적인 지식을 의도하지는 않지만 책임을 회피하기위해, 그들의 연구를 방수격실들로 분할하고 그것 자체가 무의식적으로 전쟁을 일으키는 심성의 일부인 어떤 종류의 가공적인 *특별한* 본능-철학을 연구대상으로 한다면, 어떻게 그들이 보다 더 광범한 시각의 바탕에서 행동하는 것을 배울 수 있을까?

우리를 옥죄고 있는 이 네트워크의 해결책은 행동을 통해서만 실현
된다. 그와 반대로 회의론이 너무 자주 제시되는데도 불구하고, 우리 143
는 우리 사회의 작용과 행동이 취할 수 있는 형태에 대해서도 거의 대부분을 모를 수도 있다는 것은 사실이 아니다. 우리는, 만일 그렇지 않으면 우리를 노예로 만드는 상황을 통제하려는 의지와 우리의 시대에 필요한 사고의 유형에 대한 용기를 갖기만 한다면, 사상(事象)들의 주요 방향을 이해하기에 충분할 정도로 인지할 수 있다.

제 4 편

계획수준에서의 사고

I
인간의 사고와 의지에 대한 방향수정

147 인간개조의 주요한 문제는 그의 사고와 행동을 변화시키는 것이다. 장애물들은 한 경제체제에서 다른 체제로, 그리고 하나의 여론에서 다른 여론으로 변화할 때 언제나 발생하는 것처럼, 우리가 새로운 방법으로 생각하거나 행동해야 할 때도 동일한 저항에 직면한다. 우리는 오늘날 유사한 문제를 대규모로 경험하고 있다. 우리의 현재의 곤경에 대한 최선의 해결책은 이 저항들을 충분히 인지하고 어느 정도까지 그것들을 중화(中和)시킬 수 있을까를 숙고하는 것이다.

인간이 완만하지만 중단 없는 진보로서, 자신의 역사를 기록하는 것을 배웠을 때, 그것은 인간의 발전에서 가장 위대한 성과의 하나였다. 그는 자신의 역사를 실험정신으로 살 수 있고, 역사자체를 형성할 지식 및 의지와 관련된 사회적 과정에서 새로운 세력들로 부터 창조될 때, 그는 새로운 발자취를 내딛은 것이었다. 오래된 서사시적 역사편찬의 양식은 최전면에 개인과 개별적 사상(事象)들을 배열했다. 과거와 현재에 관한 사회학적 견해의 참신한 기여는 그 견해가 역사를 실험과 개혁의 필드로서 이해한다는 것이다. 역사에 관한 서사시적 견해에서 사회학적 견해로의 변환에 부합하여, 유사한 사회학적 수준에 관해 새로운 자아분석의 유형이 이제 출현하고 있다. 외부적 사상(事象)들에 대한 분석은 동일한 방법으로 그 스스로 분석하도록 인간에게 곧 박차를 가한다. 어떻게 변화하는 사람에 의해 세상이 변화될 수 있는가를 알고자하는 사람은 누구나, 어떻게 현재의 세상이 현재의 우리와 같은 사람들을 만들어왔는가를 먼저 조심스럽게 관찰해야한다. 자서전의 역사는 이와 관련하여 가장 가치 있는 정보원의 하나인데, 이는

두 가지 사항들을 동시에 관찰할 수 있기 때문이다. 즉, 첫 번째는, 그
리고 간접적으로, 우리는 과거에 사람들의 내성적 태도의 본질-어떤
방법과 어떤 목적으로 그들이 스스로를 관찰 했던가-을 관찰할 수 있
고; 더 나아가 어떻게 상이한 사회적 및 역사적 상황이 상이한 형태의 148
개성을 육성했고, 어떻게 이 상이한 형태들의 내성적 태도들이 특정한
사회적 기능들을 무의식적으로 수행한가를 이해할 수 있다. 이러한 시
각에서 고찰한다면, 자기분석의 현대적인 형태는 사회적 사상(事象)들
의 새로운 태도에 관한 표현이고, 자기관찰의 오래된 형태와 혼동되는
것은 아니다.

역사에는, 적어도 혼동하지 않아야 할, 두 가지 형태의 자기관찰이 있었다. 오래된 형태는 대부분이 일종의 자기중심주의에서 파생되었다. 예를 들면, 성인(聖人)들은 주로 자기구제와 자기완성의 목적을 위해 그들 자신을 관찰했다. 그들의 철학이 이타적임에도 불구하고, 자기관찰의 행동에 있어서, 그들은 자신들에 관심을 갖고 스스로가 혼자 행동했다. 현대적 관찰자〔예를 들면 루소(Rousseau)〕는, 이와 반대로, 그의 심리적 결점들의 기원에 관한 그의 지식을, 전체로서 사회를 위한 보편적 처방으로 그가 사용할 수 있는 한에서는, 주로 그 자신에 관심을 갖는다. 동일한 전통에서, 초기유년기에 환경적 부적응에 관한 죄책감과 열등감과 같은 그 자신의 몇몇 심리적 문제들을 한때 추적하고 있었던, 현대의 사회학적으로 편도 된 심리학자나 정신분석가는 그가 타인들의 유사한 심리적 난점들과 싸울 수 있게 하는 이론을 만들 때 까지는 만족하지 않는다. 이 자기분석의 형태는 인격의 일반적 측면들과 변환을 위한 능력과 관련되기 때문에 평준화의 경향이 있고 개인적 차이를 무시한다. 아마 어느 누구도 이 사회학적 견해가 생시몽(Saint Simon)의 삶을 "실험적"인 것이라고 기술한, 루이 레이보(Louis Retbaud: 프랑스작가, 정치경제학자, 보호무역옹호)를 뒤이은 로렌츠

폰 스타인(Lorenz von Stein: 독일 보호무역론자, 일본 명치유신시대 경제자문관)보다 낫다고 명확하게 말할 수 없다[1].

이 실험적인 자기관찰유형에서, 계획된 사유는 이미 무의식적으로 작용한다. 사람은 인성을 본질적으로 표상된 것으로 받아들이지 않고, 그의 동료들을 신이 준 불변의 선물로 받아들이지도 않는다. 또한 그는 인성을, 범신론의 수준에서처럼 지적으로는 이해할 수 없었을 뿐만 아니라, 경외심을 통해서만 파악될 수 있는 자연의 일부로서, 교감적인 인종(忍從)을 가진 정신으로도 주시하지 않았다. 대신에 그는, 그가 이 세상의 객관적 사실들에 대해 접근하는 것처럼, 실험적으로 스스로 접근한다.

149 이러한 종류의 태도를 이해하기 위해서, 우리는 사고가 독립적이고 추상적으로 이해할 수 있는 사실이 아니고 은밀한 행동과 깊이 연관되어있다는 것을 분명히 해야 한다. 사고의 형태와 내용은 우리가 생각하는 상황에 따라 변한다. 사고는 세상을 창조하지는 않지만, 오히려 주어진 구조를 가진 소여의 세상에서, 주어진 사고의 형태는 특정한 순간에 적절하거나, 또는 부적절하거나, 또는 점차 적절해지는 과정에 놓여 있을 수 있는 도구이다. 특별한 유형의 생명체는 어떤 특정한 생명의 기능을 수행하기 위해 특별한 유형의 구조를 보유한 세상에서 사유한다는, "그와 같은" 사고는 없다.

다음의 문단들에서 우리는 어떻게 사고의 본질에서 변화들이 그 본질의 일부인 품행과 행동의 본질에서 변화와 밀접하면서 직접적으로 관련되어 있는가를 상세히 밝히고자한다. 새로운 품행의 유형이 역사에 출현하자마자, 상응하는 사고의 유형이 필연적으로 그 품행과 동반

---

1) 스타인(Stein, Lorenz von), 『1789년부터 현대까지의 프랑스사회운동사』, (*Geschichte der sozialen Bewegungen in Frankreich von 1789 bis auf unsere Tage*), 신판, 고트프라이도 살로몬(Gottfried Salmon), München, ii권, 141쪽.

한다. 실용주의자들조차, 어쨌거나, 대개 인식하지 못하는 것은, 아주 상이한 행동유형이 있고, 그들이 주의 깊게 판별하지 않는 한 사고의 기본적 변환을 적절하게 기술될 수 없다는 것이다.

우리는 여기서 행동의 반경과 예측의 반경을 구별해야한다. *행동의 반경*으로 우리는 우리의 초기행동에 의해 직접적으로 발생한 인과적 결과들과, 어느 정도 우리의 통제 하에 머물러 있는 범위를 이해한다. *예측의 반경*에 의해 우리는 이 초기행동과 관련하여 주어진 상황에서 어느 정도 정확하게 예측될 수도 있는 인과사슬의 한도를 이해한다. 보통은 모든 행동이 무제한의 인과적 결과들을 만들고, 인간만이 일반적으로 그의 행동에 따른 보다 직접적인 결과들을 예측하고 통제할 수 있다. 때문에 소여의 사회에서 기술적 및 제도적 통제의 정도가 크면 클수록, 행동과 예측 양자의 반경이 커진다.

예를 들면 만일 내가 기술과 사회발달의 특정수준에서 봄에 파종했다면, 상당한 비율이 나중에 곡식으로 발아할 것이라는 점을 합리적으로 정확하게 예측할 수 있다. 어쨌거나, 사회와 자연 모두에, 비계측 요인들이 다수 존재한다. 예를 들면, 나는 나의 작물이 가뭄이나 홍수에 의해 망칠 수도 있을 것인가 여부를 알 수 없다. 또한 일부 인접부 150
족의 전사들이 나의 수확이전의 경작지에 침입할 것인가 여부를 알 수 없다. 그러나 내가 새로운 제도들-예를 들면, 가뭄에 대처하는 관개, 또는 내 경작지를 경호하기 위한 무장수비대-을 도입하자말자, 그 다음에는 나의 행동반경이, 직접적으로 나의 통제 하에 놓이게 되는 인과사슬과 점점 더 연결되는 한에는 그 반경은 확대되고, 이에 부합하여 나의 예측반경도 보다 넓고 보다 더 신뢰할 수 있게 된다.

우리가 어떻게 변화된 사회질서에 대한 욕구들이 상응하는 새로운 사고유형을 창조하는가를 검토하려하기 전에, 그러한 연구에서 준거의 틀을 제공할 수 있는 사고의 역사에서, 다음 세 개의 근본적 단계들의 본질을 명확히 해야 한다.

동물의 행태와 인간사고의 원시적 형태들 간의 관계를 여전히 드러내 보이는, 사유의 첫 번째 흔적들은, 우리가 오늘날 파악할 수 있는 한도 내에서는, 시행착오가 전제된 우연한 발견이라는 사실의 특징이 있다. 자연에 대한 동물의 적응과, 관습 및 전통에 의해 지배되는 원시 집단의 행태, 양자 모두는 우연한 발견(Finden)에 기반하고 있다. 인간이 자연과 직접적으로 투쟁하고 자연도태가 모든 과정을 규제하는 세상에서, 일부 개인이나 집단은 아주 많은 가능성들 중에서, 주어진 상황에 적합한 반응의 종류를 우연히 발견한다. 사고의 성과는 그 당시에 발견되었던 정확한 해결책에 대한 기억 속에 위치한다. 사상(事象)들을 수행하는 올바른 방법을 보유 및 전파할 수 없는 집단들은 필연적으로 소멸한다는 의미에서, 자연도태는 이 성과를 통해 금후로는 조금씩 나아간다. 이 발견을 보전하기 위해서, 성공적 적응을 야기한 환경에 대해 정확하고 숙고적인 지식이 필요한 것은 아니다. 필요한 모든 것은, 부족의 조상들이 그러한 발견에 기초해서 파악했던, 긍정적 처방과 금기를 성실하게 지켜야 한다는 것이다. 만일 환경이나 사회질서가 상당히 변하고, 따라서 새로운 종류의 집단적 행태가 요구된다면, 집단조직에 관한 더 오래된 형태는 파괴하거나 그 범위를 제한하여, 더 양호한 적응들이 개인의 다소간 의식적인 "시행착오"적 실험에
151 의해 다시 발견될 수 있다. 이 적응들은, 동일한 모방 및 금기의 방법에 의해 이번에는 전통이 되고, 인간이 인습에 사회적으로 순응할 수 있는 한 보전되고, 그리고 사회적 질서는 작동하게 할 수 있다. 원시적인 식량채집인들과 수렵인들의 단계는 이러한 사회생활유형의 사례이고, 그 유형은 이제 사회적 및 경제적 조직의 원초적 형태로서 일반적으로 인식되고 있다. 오늘날에서조차, 우리는 많은 상황에서 아직도 "우연한 발견"의 수준에 놓여 있는 사고와 품행의 유형에 따라 반응한다.

대약진은, 획일적인 도구들과 제도들이 의식적으로 수정되었으며 그리고 특정한 목표들을 지향했을 때에, 이 "우연한 발견" 유형의 논거를 넘어서게 만들었다. 사고의 역사에서 이 국면을 *발명*(Erfinden)의 단계라 칭할 수 있다. 이 수준에서 인간은 명확한 목표를 상정했어야 하고, 그 다음에는 고려중에 있는 이 목표와 함께 특정한 시기에 걸쳐 소여의 방법으로 어떻게 자신의 활동들을 배분할 것인가를 사전에 안출해야한다. 그는 그러한 사례들에서 즉시 사용할 수 있도록 과업 이외를 생각해야 하는 것은 아니다. 그러나 그는 적어도 어떻게 그의 사고대상이 인접한 환경과 조화되었는가를 추론할 수는 있어야했다. 그는 또한 사상(事象)들의 가장 개연성이 높은 결과들을 예견할 수도 있어야했다. 쟁기의 사용과 가축의 사육을 통한 가장 단순한 도구들과 장치들에서, 증기와 전기 그리고 나중에는 우리가 보다 정확하게 기술해야 할, 주어진 목표를 달성하기 위한 사고와 행동의 방법들을 신중하게 결합하는, 모든 발명품들로의 전체적인 기술발달은 이 사고유형의 구조 내에서 작용한다. 동일한 의미에서, 인간은 분명한 목표를 가진 결사체를 "발명" 또는 창설하거나, 또는 행정막료를 조직할 수 있고, 그것을 기존사회 속에 배열한다.

일단 이 대상물들, 방법들, 그리고 제도들이 단지 부분적으로 규제된 사회의 구조 내에서 발명되었었다면, 관련된 개인들의 배후에서 작용하고 있는 선택의 과정이 그것들이 생존할 것인가 소멸할 것인가 여부를 결정한다. 이러한 발달의 "발명" 단계에서, 역사적 사상(事象)들은 자연도태의 성과물과 의식적으로 형성되었고 안출해낸 제도들의 성과물로서 이루어진 특이한 혼합체이다. 이것은 무엇보다도 제한된 목표들을 가진 이 사유유형이 그 자체가 자연적 사건의 소산물이라는 것을 의미한다. 인간이 사회를 각지(覺知)하는데 얼마나 성공하고, 무엇을 그가 파악하지 못하고, 무엇이 그가 자신의 목표로 설정한 당면과업들 152

이며, 그리고 무슨 목표를 위해 그 자신과 사회가 준비하는가는 자연도태에 의존한다. 그는 자신의 변덕이라는 점에서보다는, 그들의 차례가 되어서도 관련된 사람들에 의해 창조되지 않은, 개인과 집단의 개작물(改作物)들과 필수품들에 따라서 합리화하고 억압한다. 한편으로는 오성에 의해 통제된 사회적 과정들과, 다른 한편으로는 사회적 과정들에 의해 규제된 지적 성과물이 병존한다. 어떤 순간에는 인간이 우세하고, 다른 순간에는 인간의 오성이 실제적인 사회상황에 머리를 조아린다.

오늘날 우리는 아직도 주로 이 단계에 머물러있다. 그러나 자연도태 세력들의 보다 더 거대한 필드 내에서, 우리의 의식적인 목표들의 기저에 있는 긴장들은 점진적으로 우리가 또 다른 단계로 진전하지 않을 수 없도록 만든다. 인간과 사회가 획일적인 객체들과 제도들에 관한 신중한 발명에서 이 객체들 간의 관계에 대한 신중한 규제와 지적인 지배로 진전할 때, 우리는 *계획*[2)]과 *계획된 생각*(*Planen*)에 관해 이야

2) 서지적인 시각에서 계획을 위해, 계획경제 등에 관해서는 에밀 레더러(Lederer, E.)의 논문, "국가경제", 『사회과학 백과사전』(*Encyclopedia of the Social Science*); 만델바움(Mandelbaum, K.)과 메이어(Mayer, G.), "계획경제의 이론에 대하여", 『사회연구지』(*Zeitschrift für Sozialforschung*), 3권(1934년), 228쪽 이하; 또한 핀들레이(Findlay, M.), 편, 『계획사회』(*Planned Society*, N. Y., 1937); 홀(Hall, R.), 『사회주의국가의 경제체제』(*The Economic System in a Socialist State*, London: 1937); 하이에크(Hayek, F.), 『집산주의자 경제계획』(*Collectivist Economic Planning*, London, 1935); 랑게(Lange, O.)와 테일러(Taylor, F.), 『사회주의의 경제이론에 대하여』(*On the Economic Theory of Socialism*, Minneapolis, 1938), [리핀코트(Lippincott, B.), 편]; 우톤(Wootton, B.), 『계획 또는 비계획』(*Plan or No Plan*), 현존의 사회주의와 자본주의의 경제체제 비교, London: 1934년; 로르윈(Lorwin, L.), "민주주의에서의 계획", 버제스(Burgess, E. W.)와 블루머(Blumer, H.), 편, 『미국사회학회의 출간물』(*Publications of the American Sociological Society*), 제29권 제3호, August, 1935년; 하이만(Heimann, E.), "경제계획의 유형과 잠재력", *Social Research*, 제2권, 1935년 참조. 또한 문헌 I의 2와 v의 1~3 참조. 아직까지 사회구조측면과 관련하여 문화 및 교육계획의 문제에 대해서는 어떠한 사고도 거의

기 할 것이다. 이전에는 이 관계들은 원인과 결과의 무작위적인 작용에 의해 단순하게 관리되었고, 그것들이 그들의 행렬에서 가져온 갈등, 경쟁, 그리고 선택에 의해 규제되었다. 가장 결정적인 변화는, 인 153
간이 현존관계들과 이 변화에 부응하여 발생하는 새로운 사고패턴들 간의, 이 간극들을 규제할 필요성을 각성시킬 때에 발생한다. 첫째, 사고의 패턴은 선형적인 것으로; 개연성이 있는 인과적인 순서의 사슬들은 첫 번째 국면에서만 행동하고 사유하는 주체의 주도에 의해 예측되며, 나머지는 그 사슬들 자체의 법칙들에 따라 스스로의 행로를 취하도록 남겨둔다. 선형적 사고패턴은, 인과적 사슬의 첫 번째 요소들이 추가적 요소들에 의해 보완된 우리의 새로운 사고모형 속에서 균형을 지향하려하고, 모든 요인들이 끊임없는 계승 대신에 동시에 상호작용하는 운동이 있는, 순환적 유동의 형태를 취한다[3].

순환적 유동은 자동적으로 작동하고 그것에 간섭할 필요는 전연 없다. 이 상호관계들의 폐쇄된 순환은 솔직히 아직도 발명적 사유인데,

---

제시되지 않았다. 흥미로운 시도의 하나는 코트쉰히(Kotshnig)의 전게서, 제10장과 제11장에서 발견된다. 교육계획에 유사한 것은 『미국계획협회의 사회연구위원회의 결론과 건의』(*Conclusions and Recommendations of the Commission on the Social Studies of the American Historical Association*, N. Y., 1934)에 포함되어 있다. 계획사회의 많은 심리적 문제는 주로 경제적 측면에 관심을 집중하고 있는 사회과학자들에 의해 취급되지 않았다. 만하임(Mannheim, K.), "사회건설의 현재 추세", 카텔(Cattell, R.), 코헨(Cohen, J.), 등, 편, 『인간사』(*Human Affairs*), 그리고 스파이어(Speier, H.), "자유와 사회계획", *American Journal of Sociology*, 제42권(1937년 1월) 참조.

3) 여기서 우리는 아담 스미스(Adam Smith)의 개념의 바탕에 있는 다음 구상을 참조한다. 즉, 기술적 진보는 이익을 제고하고-증가된 이익은 자본의 증가와 추가적인 노동수요를 의미하고, 그리하여 임금증가가 뒤따르고-임금의 증가는 출산율 등을 제고하고, 장기적으로는 노동공급이 증가하고-노동공급의 증가는 새로운 기술진전으로 인도하는, 노동 분화의 기회를 개선하고-그 결과 순환이 다시 시작한다.[참조 뢰베(Löwe, A.), 『경제학과 사회학』(*Economics and Sociology*, London, 1935) 제4장.

이는 고전경제학의 사례에서 가장 명료하게 고찰할 수 있는 바와 같이 일차원적이기 때문이다. 이 일차원적 패턴이, 발전의 최고단계에서, 이전에는 폐쇄된 순환들로 생각했던 정치학·경제학 등의 분리된 영역들이 서로 상호작용하고 다차원적 구조로 인도하는 때에는, 다차원적 패턴으로 변한다. 이 구조는 정적인 것으로 생각되지 않고, 계속하여 변화에 종속되고, 앞으로는 그 구조의 구성부분들에 대한 변화를 변화하는 전체의 의미에서 이해한다면 적절하게 해석되었다고 느낄 것이다.

이 새로운 사유방법은 새로운 행동방법에 의해 균형을 이룬다. 계획은 인과적 사슬에서 개별적 고리들을 변화시키고 새로운 고리들을 추가할 뿐만 아니라, 모든 상황에 존재하는 *핵심적 상태*에서 전체적인 사상(事象)들의 복합체를 파악하는 것이다. 사상(事象)들의 순환에 관한 장치는, 적절한 핵심적 상태들이 발견되고 새로운 방법으로 처리된다면, 비로소 숙달되고 관리된다. 사상(事象)들의 순환을 중심에서 지
154 휘한 행위는 훨씬 더 효과적인데, 이는 핵심적 상태를 사용함으로써 인과사슬에서 다수의 고리들을 주도, 통제, 또는 우회할 수 있기 때문이다. 당면목표들에 대한 너무 제한된 권력 대신에, 전체를 직접통제하고 개별적 사례들에 대해 보다 더 간접적인 통제유형의 가능성이 여러 사항들에서 이제 출현한다. 전체에 대한 계획이 가능하고 핵심적 상태들이 명료해지자말자 인과사슬의 개별고리들은 기본적으로 더 이상 불변이고 완전하다고 사료되지 않는다.

계획된 접근방법에서 가장 필수적인 요소는, 그렇다면, 개별적 의도들과 제한된 목표들을 잘 생각해 낼 뿐만 아니라, 이 개별적인 의도들이 장기적으로 광범한 목표들에 어떠한 효과들을 갖게 될 것인가도 인식해야한다. 계획된 접근방법은 기계를 제작하거나 군대를 조직하는데만 스스로를 국한하는 것이 아니라, 양자가 전체사회과정에서 일으킬 수 있는 가장 중요한 변화들을 동시에 추론하는 것도 탐구해야한다.

계획된 사유로부터, 당면목표들을 실현하기 위해 합리적으로 노력하는, 발명적 사유를 구분하는 경계는 변경할 수 없는 것은 아니라는 점도 물론 분명하다. 누구도, 확대되는 의식적 규제의 반경가운데, 발명적 사유에서 계획된 사유로의 변이가 발생하는 것에 대해, 어느 정도의 예측과 어떤 점에 대해서는 확신을 가질 수 있다고 말할 수 없다. 이 변이는, 우연한 발견과 발명 사이에서 일어나는 이전의 변이처럼, 아주 모호하다. 가장 원시적인 발견형태는 아마도 두 개의 거의 맹목적으로 상호작용하는 자연적 요인들이 상호 충돌하는데; 이는 상황의 무한한 다양성이 제한된 수의 가능한 반응들과 대치될 때이다. 이들 중에서 어느 정도 올바른 행태는 무의식적인 적응과 선택을 통해 구체화되고 안정화된다. 때문에, 우리는, 더 유리한 상황을 위한 의식적인 탐구에 기초한 발명이 이미 하나의 발명인가 여부, 또는 발명은 요인들이 새로운 방법으로 자발적으로 결합될 때에만 출현하는가 여부에 대해, 질문할 수 있다. 더 이상 변이점을 결정하는 문제를 탐구하는 것은 무익할 것인데, 이는 실제로 불확실한 변이들이 존재한다는 사실로 인해 이 두 사유유형 간에 근본적인 차이가 없어지지 않기 때문이다. 사고와 행동 발달의 새로운 단계로서, "계획"은 이전의 광범한 경쟁의 무대와 결과적인 선택의 과정이 규제적 개입에 의해 점차 좁혀지고, 155
작용하는 힘을 의식적으로 통제하는 한에서만 실현 된다[4].

---

4) 계획되지 않은 사건이 계획사회에 점진적으로 통합함과 동시에, 자연에 대한 기술적 통제에서 중요한 단계에 도달한다. 자연에 대해 새롭게 통제된 범위들은 그들의 원래특성이 상실되고 사회적 과정의 기능적 부분들이 되어간다. 기술에 의해 관리되지 않고 사회적 행위의 영향아래 도출되지 않은 그런 자연의 일부는 일정기간 초사회적인 것으로 머물 것이다. 어쨌거나, 기술의 지배아래 놓여온 자연의 그러한 측면들은 진실이 아니다. 그 측면들은 사회적 상호작용의 영역을 갑자기 끌어들이고, 마치 모든 다른 진정한 사회문제들처럼, 실무자들에게도, 문제가 된다. 두 가지 예시가 자연적 과정들이 사회생활의 문제로 변환하는 것과 관련하여 이 관점을 해결하는데 기여할 것이다.

Ⅱ
계획하지 않은 행동들과 계획된 행동들

어쨌거나, 지금 우리를 지배하는 확고한 법칙이 있다. 한편으로는 자연도태에 의해 규제된 계획하지 않은 영역들과, 다른 한편으로는 신중하게 조직된 영역들에서 *계획하지 않은 영역들이 지배적인 한*에는 마찰 없이 병존할 수 있다. 계획에 따라 작용하는 사회적 과정들의 영역과 시간간격이 크면 클수록, 그 과정들을 비규제 사회와 조화시키는 것은 더욱 더 어렵다. 특정한 대상들과 특정한 제도들(공장, 학교, 정당)을 창조하고 유지하는 계획들이 이 제도들과 다른 것들 간의 접촉을 규제하는 곳에서는 어디서나, 이 계획들은 노선의 어떤 지점에서든 무작위적이며 자의적으로 중단될 수는 없다. 이것은 다음 두 가지 이유, 즉, 첫째로 모든 계획은 개별적 요인들을 경직되고 비적응적으로 만들고, 둘째는 비계획 영역에서조차 변화와 개별적 적응을 위한 기회가 점점 줄어들기, 때문에 사실이다.

156 소정의 목표들을 위해 만들어지고 준비되었던 모든 요소는, 그것이 자유로운 경쟁과 선택의 영역에 진입한 때에는, 그것의 적응성이 상실된다. 이것은 살아있는 생명체들은 물론 기관들에도 타당한 말이다. 작은 경제 단위들, 소기업체들, 그리고 소매상점들은 자체적으로는 재적응할 수 없는 거대하고 신축성이 없는 재벌들보다는, 경제적 위기에서

(a) 출산통제에 의해 규제된 재생산은 더 이상 생물학적인 의미에서 주로 설명할 수 없지만, 사회적 과정의 다른 국면과 관련하여서만 설명될 수 있다.

(b) 노동생산성을 증가시켜오고 그에 따라 많은 사람들을 아사로부터 구제했던, 노동과 기술의 분화에서 발명들의 전체적인 시리즈들은, 생산과 분배의 사회적 과정들이 몹시 복잡해서, 그 과정들의 불가해(不可解)와 적절하게 기능하도록 하는데 대한 그 과정들의 실패의 결과처럼, 자연의 힘이 여전히 통제되지 않을 때 보다는 오히려 인간들이 더 고통을 받더라도 그 발명들의 충격들을 헤쳐 나갈 수 있다.

스스로를 보다 잘 관리할 수 있다. 동일한 원리가, 고도로 합리화되고 특화된 기업에서 근무하는데 적격이고, 자연적인 성장의 노정에서 다재다능해진 그런 종류의 사람보다도 훨씬 더 적응하지 못하는 모습을 스스로 보여주는, 전문적인 훈련을 받은 사람에게도 해당된다. 가정들이 그들의 사회적 지위를 상실한 때에, 기술자 또는 고위관리로 훈련된 아버지는, 어떠한 특별한 훈련도 받지 않고, 바로 이 이유 때문에, 생활패턴이 적응하는데 충분할 정도로 신축적인 어머니보다도, 새로운 직업과 새로운 상황에 훨씬 더 어렵게 순응한다. 특정한 직업을 위해 훈련된 남편은, 그의 훈련과 직업이 부과했던 그의 에너지들에 대한 일방적인 합리화의 결과로서, 그의 적응성이 상실되게 된다. 다른 한편으로, 아내는 전문화된 직종이 없었기 때문에, 조직되지 않은 사회영역에서 가장 필수적인 원초적인 형태의 충동들과 사고를 매우 자주 견지한다. 이 사고의 형태는[5], 사회적 투쟁에 관한 규제되지 않은 영역에 가장 잘 적응되고, 어쨌거나, 필요에 따라 한 번에 한 걸음만을 생각하고, 그 행동을 너무 멀리 체계화하지는 않는다는 사실에 의해 특색을 이루었다.

갈등과 경쟁에 기초한 규제되지 않은 선택이 유행하고 있는 자유로운 비계획 영역에서, 당면상황보다 너무 앞선 사유는 위험할 수도 있다. 특정한 사상(事象)들에 대해 사전에 너무 멀리 그리고 너무 많이 생각하는 사람은, 자신의 상황에서 전례가 없는 변화에 대해 순응하는 것이 점점 더 어렵다는 것을 발견하는 한에는, 자신의 양손을 묶는 격이다. 규제된 영역에서는 다르다. 여기서 규제는 자체의 논리적 결론 157

5) 이 사고와 행동 유형을 가장 완전하게 인지해왔던 영국인들은 이 태도가 묘사되는 특정한 표현들을 만들어 왔는데, “일이 되어가는 것을 보는”(wait and see)것과 “그럭저럭 헤어나다”(muddle through) 같은 것이다. 활동가로서 나폴레옹(Napoleon)은 붕괴상태의 사회적 여건에서 그의 사고와 행위를, “싸움에 뛰어들면 다음에 무엇을 할 것인가가 생각 된다”(On s’engage, puis on verra) 하는 격언에 기초한 것을 같은 의미로 빗대어서 말했다.

에 관한 사고를 바탕으로 수행해야 하고, 성공의 기회는 대부분 사전에 사상(事象)들을 면밀히 생각하는 능력에 좌우된다.

한편으로는 개별적인 탈출의 기회들과 비계획 영역의 탄력적 구조, 그리고 증가하는 계획의 필요성은, 일상생활의 사례에 의해 설명될 수 있나. 교차로에서 매 순간마다 양 방향에서 하나 둘 쯤의 차량이 나타나서 각자의 노선으로 진행할 때는 교통경찰이 필요하지 않다. 이 개별자동차들은 꽤 넓은 가로에서 즉흥적으로 순응할 수 있을 정도로 그 차량들의 움직임은 충분히 탄력적이다. 다른 한편, 여러 방향에서 매 순간 다섯 대나 열대가 나타나자마자 경찰에 의한 계획된 규제가 없어서는 안 된다. 자동차수의 증가에 따른 결과로, 자동차들이 도로의 전체폭원을 채우고, 각자의 방향을 벗어나 이동할 여지가 더 이상 없다. 그러한 혼잡에서는 개별적 적응에 관한 사고는 있을 수 없다. 각 개별자동차는 자신의 목적을 포기하고, 모든 자동차를 보호하고 한 집단을 한차례 보내고 다음 집단은 다음 차례에 보내도록 하는 경찰의 계획에 동의한다. 이 단순한 예증은 어떻게 증가하는 *사상(事象)들의 밀도(Dichtigkeit des Geschehens)*가 경쟁을 통해 또는 상호적응을 통해 자연균형의 가능성을 점점 더 절망적으로 만드는가를 우리가 정확하게 이해할 수 있도록 한다.

목적적 사상(事象)들에 대한 순서의 변화는, 자유주의사상가가 위기국면에서 국가개입에 대한 그의 반대를 옹호하는데 방금 전에 이용했던 사례에 의해서, 아마도 보다 더 선명해질 수 있다. 그는 다음과 같이 말했다. 즉 "만일 내가 등산탐험 중에 갑자기 구름에 의해 등산로가 어두워진다면, 나는 경험 많은 등산가처럼 나의 지팡이나 또는 언뜻 보기에는 약간 건전한 예상도 신뢰하지 않아야 하는데, 이는 나는 이전보다 훨씬 더 악화된 상태에 이를 수도 있기 때문이다. 나는 구름이 걷힐 때까지 기다렸다가 내 앞의 길이 뚜렷해지면 계속 가야한다."

여기서 우리는 상식적 격언이, 자유주의사회에만 타당한 개념들을 가지고 최근의 자본주의여건을 분석하려 할 때는, 얼마나 미흡한가를 이해할 수 있다. 자유주의시대의 경제적 및 사회적 질서는, 대기(大氣)여건의 변화처럼, 경기순환의 상승과 하강을 확실하게 예측할 수 있는 명확한 율동적인 반복패턴을 가진 것처럼 보이기 158
때문에, 규제되지 않은 자연의 과정들과 참으로 유사했다. 일찍이 없었던 광범한 영역에의 경제적 및 사회적 질서에 관한 합리화 때문에, 이러한 대기(待期)의 유형은 매우 비참한 결과를 가질 수 있다. 그것은 더 이상, 한때 그랬던 것처럼, 경기순환에서 호경기국면으로의 재현을 위한 대기의 문제가 아니다. 이는 현재상황의 변화하는 여건아래서 그 국면은 "독자적으로" 출현하지 않기 때문이다. 다른 예증은 현재의 형세에 적합할 것이다. 우리가 계획에 따라서 기계를 만드는 동안 난점들이 발생했고 사고의 모든 신뢰를 상실한 것처럼, 우리는 반쯤 끝난 작업이 스스로 진행되도록 남겨둔다[6]. 오늘날 자동적으로 작동하고, 익숙한 의미에서의 균형을 지향하는 경향이 있는 자연적인 경제적 요소들의 자유로운 이동은 더 이상 없다. 반대로 이 균형을 재확립하려고 하는 요소들은 그들의 노선에서 점점 멀리 일탈한다.

이 "교란시키는" 일탈들은, 일부는 규제를 꾀하는 현명하거나 또는 어리석은 시도들 때문이고, 일부는 정치적·기술적·심리적 요인들의 간섭 때문이다. 이 발전의 단계에서, 경제적 사상(事象)들은, 우리가 그 사상(事象)들과 상당히 독립적인이지만, 그럼에도 불구하고 여러 가지 점에서 그 사상(事象)들과 관련되고 있는 그러한 일련의 요인들과의 연계

6) 극소분자의 자유로운 이동을 통한 통신 용기들에서, 액체들은 그들 자신의 수준들에서 균형에 이르는 경향이 있다. 우리의 현 경제체제에서는 그 과정은 더 이상, 커다란 고정된 결정체들은 유동체에서 더욱 더 뜨게 하고, 마지막에는 함께 순환하는 것을 중지시키는 것과 같지 않다.

를 파악할 때만, 이해될 수 있다. 어쨌거나, 이것은 우리가 일차원적인 경제적 사상(事象)들에 대한 개념대신에, 전체적인 사회적 과정에 대해 다차원적이며 구조적 견해를 창조하고자 노력해야 함을 의미한다.

과거에는 자유로운 사회질서 속에서, 초경제적 요인들이 경제적 영역에 확실히 영향을 주었다. 그 반면에 다양한 영역들의 상호작용은 오히려 임시적이고 변동이 심했다. 이론뿐만 아니라 실제적 사실에 있어서도, 그 때에는 다양한 사회생활영역들에서 아주 분리되어 기능하는 어떤 것이 있었다. 이론은 - 그것이, 특정한 공리들과 명확하게 정의할 수 있는 관점에 따라 순수경제학·순수윤리학체계·순수정치학·순수심리학을 형성했다-독립적 영역들처럼 사상(事象)들의 개별적인 단면들을 구축하려 했다. 이론이 이렇게 했을 때, 이론의 완전성을 방어하
159 는데 항상 사용될 수 있는 논쟁이외에도, 이론은 그 시대의 실제적 상황에서 시행을 위한 제재(制裁)규약을 발견했다. 그 시대에 그랬던 것처럼 사회의 본질 때문에, 인간은 어떤 때는 순전히 경제적으로, 다른 때는 순전히 종교적으로, 그리고 또 다른 때는 순전히 정치적 등으로 행동하면서, 분명히 분리된 영역들에서 그의 업무를 수행했다.

그 시대의 모든 실제적인 금언들과 지배집단들의 이상들은 이전에 널리 보급되었던 풍습에서 변화를 무심코 드러낸다. 개인들은 스스로 개조했고, 그래서 간접적으로 사회를 재조직했다. 개인들의 사적인 업무에 관여하지 않는 "경찰국가"에 관한 아이디어, 경제생활도, 역시, 국가개입이 없어야 하고, 종교가 교육에 영향을 주지 않아야하며, 경험적 관찰은 종교와 형이상학과 독립적인 독자노선을 취해야하고, 법률의 외부적법성은 정신생활과 의식의 영역과 혼돈되지 않아야한다는 요구와 같은, 이 모든 금언들은 서로 다른 영역들과의 완전한 분리와 같은 방법으로 발현되고 있다. 만일 우리가 시대의 특징적 사고와 널리 유행한 생활패턴간의 두드러진 대비(對比)를 노정하는 것 뿐만 아

니라 그 대비를 설명하고자 한다면, 우리는 사회학자들처럼 다음의 질문을 제기해야한다. 즉, 어떤 숨겨진 사회적 장치들이, 오늘날 수행하고 있는 것 이상으로, 다수의 분리된 영역들처럼 기능하도록 그 시대의 생활을 야기했으며, 그리고 어떤 장치들이 그 시대의 사상가들이 그것에 따라서 세상을 생각하도록 했는가?

이 질문에 답하기 위해서 우리는, 먼저 중세사회는 우리 앞에 놓인 그 어떤 사회발달단계 보다도 영역들의 명확한 구분을 보이지 않았다는 점을, 기억해야한다. 중세의 길드는, 본래 정치권력·경제활동·종교·예술 등과 결합했고, 그것들 모두가 불가분의 단일체가 되었다. 그 길드는 기술에서 가격, 종교에서 여가이용에 이르기까지 생활의 거의 모든 것을 규제했다. 도시경제의 협소한 경계 내에서, 전체로서 개인은 물론 그의 삶의 어떠한 단일단계에서도 길드를 벗어 날 수 없었기 때문에 그러한 규제가 가능했다. 조직된 경제생활의 중앙기관은 전체주의적인 기관으로, 그것이 사회생활의 모든 영역들을 지배했고, 모든 영역들이 그 조직에 융합되었다. 이러한 방법으로, 그 중앙기관은 모든 측면에서 개인을 완전히 지배할 수 있었고, 그래서 전체사회를 계획할 수 있었다.

전체주의적 계획은, (순수한 정치·경제·심리적 종류의)행동에 대한 160
효과적인 행동반경과 지배되어야하는 영역범위 사이의 관계가 중앙규제에 유리했기 때문에, 그 시대에서 가능했다. 이것이 결정적 인자였다는 것은, 길드질서를 추종한 자유경제가 도시지배(농촌산업)의 협소한 경계로부터 아주 초기에 탈출할 수 있었거나, 길드내의 모든 규제에도 불구하고 개별적 및 생산적 단위들이 길드의 규제를 무시할 수 있을 정도로 강력한 가운데서 발흥했다는 사실로 볼 때 분명하다.

이 관점으로부터 자유주의는 두 가지 계획된 질서의 형태들- 한편으로는 지방기관들의 형태와, 다른 것에 비해 보다 분명하게 출현했었던 준주(準州)형태- 사이에서 과도기적 국면으로서 등장한다. 자유주의는, 지방기관들의 지배로부터 탈출할 수 있었던 경제주체들이 다른 통제들에 지배당함이 없이 그 주체들 스스로 직접적으로 시장을 조절할 수 있는 자유로운 사회영역에서 출현하고 실제로 존재할 뿐이다[7].

그 경제주체들은, 이 자유지대에 영향을 확대했던 국가가 아직까지 충분히 효과적인 어떠한 영향수단도 발견하지 못하는 한에는, 이 위치에서만 자활할 수 있었다. 최종적으로 영향수단의 반경은, 새로운 통합수준에서, 그 경제주체들이 전체적인 구조를 통제할 수 있도록 거대해졌다.[8]

우리가 자유주의시대의 사회에 관심을 돌릴 때, 우리는 어떻게 그
161 사회의 개별구성원들이 전체적인 사회과정을 분리된 영역들로 해체되고, 단계적으로 *경제인*(*homo economicus*)을 *종교인*(*home religiosus*)으로부터, 다음으로는 *정치인*(*homo politicus*)으로부터 등의 순서로 구별하는, 그들의 활동에 점진적으로 도달하는가를 설명해야 한다. 이 구별들은 처음에는 개인들의 일상생활에서 발달했다. 그 후에만, 만일

[7] 사회학적 관점에서, 자유(freedom)의 가장 추상적 정의는 한편으로는 효과적인 중앙통제범위의 성장과, 다른 한편으로는 영향 받고 있는 집단단위의 규모와의 사이에 비대칭만 있을 수 있다. 조직된 통제가 자동적인 사회적 통합이 지체되는 한, 선택의 가능성과 탈출의 방법이 존재한다. 자유는 본질적으로 자발적 창의를 위한 기회이기에, 모든 것은 주어진 상황에서 개인적 선택의 가능성들이 얼마나 크며, 강요의 장치로부터 탈출하기 위한 이용 가능한 방법들은 무엇인가에 관해 부득이 질문하게 한다. 선택과 탈출에 관한 이 가능성들에서 구체적 요소들은 그 요소들로부터 출현하는 개인들과 집단들의 특성을 다소간 형상 짓는 매트릭스처럼 작용한다. 이 특징들의 구체적인 역사적 형태들은 이 매트릭스라는 의미에서 대부분을 설명될 수 있다. (그러나 문제의 추가적인 세분화는 본서의 마지막 편 참조.)

[8] 절대주의는 다만 외관상으로만 전체주의적이었다. 대부분의 경우, 절대주의는 주권을 가졌던 영토의 주민들의 생활과 관련된 모든 영역을 지배하는 수단을 가진 것을 의미한 것은 아니다.

그들이, 말하자면, 객관적 실제로 인식될 수 있는 사실의 재발견을 따른다면, 그 전체영역들은 순수경제학, 순수정치학등과 같이 서로 정밀하게 분리된다. 사회적 실재의 영역들이 분리되었다는 것은 만연된 환상이다. 적절하게 말하자면, 사회적 실재(實在)의 영역은 없고-오직 인간 활동의 영역만 존재한다. 개인이 일상생활에서 그의 경제적 동인과 품행으로부터 종교적인 것들을 분리하는 그러한 방법으로 행동할 때, 새로운 유형의 개인적 품행이 나타난다. 사회적 척도에 관해서, 이 새로운 유형들의 분리된 행동들이 통합되어 한 개인의 경제적 또는 종교적 행동의 체인이 다른 경제적 행동의 체인에서 그것의 상대방을 발견하기 때문에, 여러 유형들이 객관적 형태를 취하려 한다.

이 변화는 두 개의 요인군의 원인이 된다. 첫째, 도시경제와 관련된 지방기관들로부터 탈출했고, 점진적으로 자유로워지고 이동가능해진, 개인들이 계획되지 않은 다양한 사회집단들과 사회계급들의 일부가 되었다. 여기서 그들은 사전에 규제되지 않았음은 물론 처방되지도 않은 그런 방법으로 행동했다. 대신에, 필요에 따라, 그들은 그때 살았던 환경의 필요에 순응했다.

기동성이 있는 사람이 시장에 등장했을 때, 그는 점점 더 *경제인*(*homo economicus*)처럼 행동했다. 그가 자신의 사생활에서 이웃들과 교제했을 때, 그는 근린성의 윤리를 수용했다. 그가 다른 사회적 및 경제적 관계를 가지고 사람들을 만났을 때, 그는 모든 인적접촉에서 그의 전술을 바꾸었다. 왕왕 그다지 강력하지 않은 국가도 조세, 경찰규제 등의 수단으로 강제적으로 간섭했다. 사생활에서 종교가 어떤 역할을 수행할 수 있고, 게다가 일상생활과 휴일간의 현저한 차이는, 새로운 형태의 품성을 형성하는데 적극적 역할을 수행했던 가정으로부터 사무실과 공장을 분리하는 것처럼, 이 세계들 간의 간극을 나타내는 징조가 되었다. 때문에 사회생활에서 서로 다른 영역들은 자유주의시

162 대에서도, 역시, 개인에게 영향을 미쳤지만, 비록 이 영역들이 병존했다고 하더라도, 그 영역들이 그에게 동시에 영향을 주는 것은 거의 드물거나, 또는 상호간에 직접적이고 영원한 접촉이 이루어졌다.

일단 이 영역들의 분리가 자유주의의 시기에 출현했다면, 그 분리는 두 번째 요인군에 의해 안정화되었다. 아직까지는 개인적 행동들을 광범하게 조직하거나 상대적으로 작은 경제적 단위들을 함께 연결할 수 있는 어떠한 중앙권력도 없었다. 경제적 및 사회적 단위들의 통합은 기업 및 사회생활에서 요구되는 행동의 기준들을 분리하는 것을 점점 더 어렵게 만든다[9]. 예를 들면, 경쟁적인 경제적 및 사회적 단위들이 규모를 증대시킴에 따라, 그 단위들은 가장 다양한 종류(정치적, 사법적, 행정적 선전자들)의 권력을 확보하기위해 그들 스스로 노력하고, 그들 자신의 계획들과 제도들과 조화되도록 하여, 자신들이 유리하도록 상호 조화되는 방법을 모색한다. 때문에 사회발달의 최종단계에서 영역들의 새로운 합병체는 그 영역들 모두에 영향을 미치는 제도들에 의해 발생했다고 말할 수 있다.

인간은, 통합된 사회 및 경제적 단위들을 지향하는 이 경향과, 카르텔에 대한 "정치적 보상" 및 "국가보증" 가격을 획득하기 위한 노동조합들 내부의 시도로부터, 다양한 사회적 요인들을 통합하기위한 그 단위들에서, 투쟁의 전조들을 파악할 수 있다. 이러한 경향은 광고를 통해 그의 욕구를 규제함으로서 소비자선택의 자유를 박탈한 대기업들에서도 똑같이 뚜렷하다. 이러한 방법으로, 자유주의시대에는 단지 특별한 경우였던, 경제영역 속의 비경제활동들에 대한 간섭이, 이제는 경제적 사상(事象)들 자체에 대한 노선을 지시하고 있으며, 그것으로 인해 경제학과 사회학의 오래된 경계는 일소되었다.

9) 통합과 상호의존은 두 개의 상이한 원칙들이다. 어쨌거나 그들은 상호 밀접하게 관련된다.

이 모든 상세함은, 우리가 이전에 지적했던 것처럼, 가장 최근의 사회발달단계에서의 사고유형과 이전단계에서 수용된 사고간의 근본적인 구별이 있다는 것을 명확하게 해야 한다. 현재의 사고(思考)상황에서, 우리가 현대사회의 실재적인 발달에서 관찰했던 것과 동일한 긴장이 발생한다는 것도 또한 분명해지고 있다. 그러한 부분적 사유는 마음이 내키지 않는 합리화의 강요와 영역들의 분리를 통해 연관된 갈등 163
들은 구체적인 정치적 및 경제적 과정들에서 발견된 그러한 갈등들과 동일하다[10].

권력과 통제에 관한 모든 장치를 합리화하고 통합하지만 갈등의 원리가 그 정책의 바로 그 중심에서 지속되는 것을 허용하는 정치적 정책과, 그 활동자체의 범위를 가능한 한 상세하게 숙고하지만 그 활동을 야기하는 세력들의 심리적 성격과 기원을 조사하는 것을 종결시키는 경제활동유형, 양자 모두는 실제로 부분적 합리화에 관한 동일한 오류와 영역들의 분리에 관여한다. 이 결점들은, 그 영역들의 이론가들이 가지고 있는 부분적 사유수단으로서는, 방법론적으로 극복할 수 없다.

우연한 발견, 발명, 그리고 계획의 단계들과 부합하는 특정한 마음가짐들이 있고, 처음에는 이들이 병존한다. 그러나 그 마음가짐들이 상호 조화되지 않는 한, 그리고 그것들 간의 관계가 명료하지 않는 한,

---

10) 이것이 사회과학들 가운데 사회학의 전문화를 위한 유일한 이유라고 주장하는 것은, 어쨌거나, 전적으로 옳지 않을 수 있다. 사회학이, 다른 어떠한 사회과학과도 중첩되지 않았거나 중첩할 것으로 기대하지 않았던 주제문제에서, 하나의 전문 과학이 된 하나의 이유는 사회학의 적법성과 관련한 순전히 학문간 논쟁이었던 것은 아주 확실한 것 같다. 초기의 사회학자들부터 만일 그들이 존재에 대한 그들의 권리를 증명한다면 그들은 어떠한 학문도 다루지 않은 주제 문제를 가지고 있음을 증명했던 것이라고 느낄 것이다. 때문에 사회학자들이 가정, 도시성장, 이민과 동화, 범죄행위, 나태, 그리고 역사학·경제학·인류학·정치학-사회학의 선행 학문들-에서 다루지 않은 기타 주제를 선점했던 미국에서 사회학이 등장했다.

그것들의 행동들이 때로는 발견, 때로는 발명, 어떤 때는 계획에 바탕을 두는 경우에는, 외부세계에서 야기한 것과 동일한 사고의 혼란을 일으킨다.

발견과 발명은, 계획의 출현에 따라, 그것들의 기능들이 결코 상실되지는 않는다. 그러나 계획에 의해서만 해결될 수 있는 사유의 문제들을, 이와 반대로, 계획이 항상 발견과 발명의 단계들에 의지해야하는 것처럼, 발견에 남겨둘 수는 없다. 동일한 방법으로 상호의존성(계획의 하나의 측면)이라는 의미에서의 사유는 추상을 그 사유의 영역분리와 바꾸지 않는다. 그러나 인간은 얼마나 각각의 사고단계가 다른 단계들과 연관되고 얼마나 상호 보완되는가를 정확히 알아야한다. 이 모든 것은, 어쨌거나, 우리가 계획된 사유의 본질을 보다 더 알고 다른 사고유형과 보다 분명하게 판별할 때만 응답될 수 있다.

Ⅲ
이론과 실제 간의 긴장

164 과학적 이론과 실제적 사유간의 대단한 긴장에 놀란 교육받은 문외한은, 사회문제를 다루는 두 종류의 사유와 두 개의 근본적으로 상이한 방법이 공존하고 있음을 처음으로 인지한다.

보통사람은 사회과학자들이 아는 것이 실무자보다 더 명료하고 정확하다는 일반적인 인상을 가지고 있지만, 특정한 사항에 관해서는, 그 사회과학자들은 사회에 살고 있는 실제적인 사람을 정말로 혼란스럽게 하는 그러한 문제들에 대해 어떠한 대답도 하려고 하지 않는다. 여기에 문제가 있다. 첫째, 그러나 우리는 이 감정의 근저에 있는 이론과 실무 사이의 모순을 자세히 이해해야한다. 어떤 의미에서는 실무자가 의심할 여지없이 옳은데, 이는 문제들은 사회적 긴장들이 실제로 발원한 바로 그 수준에서 발생하기 때문이다. 우리가 위에서 다룬 구별이라는 의미에서 문제의 근원을 규명하는 것은 다음과 같다. 즉, 실무자의 불만족은 사회과학들이 아직도 부분적 사유의 단계에 놓여 있다는 사실로부터 발생한 긴장의 징후인데 반해, 사회생활의 실제적인 갈등에 깊이 관련된 실제적인 조정들과 관련하여, 사람들은 상호의존적 사유의 관점에서 그들의 문제들에 대한 해결책을 점점 더 강요한다. 그 들의 접근방법과 준거의 틀 양면에서, 사회관계를 다루는 과학들은, 아직도 인간이 그 과학들을 재생시킬 수 있도록 개별적인 목적물들과 관계들을 이해하고자하는, 역사적 단계에 놓여있다. 전체로서 사회의 수요 때문에 나타난, 실제적인 경제학자 또는 정치인의 현대적 사유는 영역들의 상호작용에서 발생한 갈등과 독립적으로 안출된 프로젝트들 간의 충돌에 의해 점점 더 활성화되어진다. 이론과 실제의 판별은, 과학자들이 순진하게 그렇다고 익숙하게 생각하는 것-즉, 피 165
상적 지식과 보다 정밀한 지식 간의 구별, 그리고 이 구별도, 역시, 아주 많은 진실의 요소를 포함하고 있다고 하더라도, 모호한 개념과 명료한 개념 간의 구별-만은 결코 아니다. 그것은 주로 매우 상이한 현실수준에 관한 태도의 문제이고, 현실을 취급하는 분명한 방법상의 문제이다. 순수이론과 경험적 정확성에서, 사회현상에 대한 과학적 탐구는 높은 수준을 달성했다. 그러나 종합적 관찰의 기법에 관해서는, 지성적인 언론인이나 문제에 관한 지도자가 종종 보다 더 숙련된 방법으로 문제를 기술한다.

우리는 이제 어떻게 발견의 수준에서 부분적 사유가 현대사회학연구의 주요한 성과들에서 전체적인 접근방법과 구조의 기저가 되고 있는가를 입증하는 몇 가지 사례를 고려할 수 있다. 우리는 더 나아가 어떻게 이 준거의 틀이, 과학적 작업을 사회문제에 대한 상호의존적인 접근방법을 보유하고 있는 계획된 사유로 변환되고, 그래서 현대사회에 존재하는 실제적인 삶이 이루어지는 실제세계로의 변환을 촉진할 수 있는 모든 것이 제외되는가를 밝혀야 할 것이다.

사회과학들의 최대성과물들은 무엇이고, 그 성과물들은 무엇에 기반하고 있는가? 상세한 방법론과 논리에 관해서는 여기서 우리가 관심을 갖지 않기 때문에, 우리는 우리의 문제구조 내에 놓여있는 그러한 성과물들에서 가장 두드러진 사고과정을 간략하게 요약할 수 있다.[11] 구체적인 것에서 가장 추상적인 것으로 상승하는 일련의 상황에서, 우리는 다음의 이론적 접근방법의 유형들을 가지고 있다:-

(a) 구체적, 개별적인 사회적 사실들[예, 주어진 조건에서 주어진 가
166 정(家政)의 여건에 대한 정확한 기술 등]에 대한 정확한 기술[12]

(b) 동일 범주에 속하는 다수의 개별적 사회적 사실들에 대한 비교기술. 우리는 어떻게 동일현상들이 변할 수 있는가를 파악하고자 한다. 여러 기간들과 다양한 국가들의 많은 가정들이나 헌법들을 비교하

---

11) 다음의 연구와 관련하여, 사회학의 영역들과 그것들의 학리적 형태를 결정하는데 위에서 주어진 방법론적 개요와 다르지 않는 구조를 사용하고자 했던 『사회학의 현대과제들』(*Die Gegenwartsaufgaben der Sociologie*, Tűbingen, 1932)에서 나의 기술을 참조.

12) 분명히 이 독특한 현상의 순수한 기술은 그것 자체에 보편성과 반복을 향한 경향을 포함한다. 그것은 "과학적" 이거나 또는 "예술적"일 수 있다. 과학적인 기술은 발명적 사고의 수준에 대한 것인데, 이는 상당히 일반적인 특성들을 무의식적으로 식별하고, 그러한 특징들은 목적물의 재생산을 위해 필요하기 때문이다. 그 과학적 기술이 분별없는 기술이 아닌 것은, *모든 것*이 기술되지는 않았지만, 만일 우리가 목적물을 변화시키거나 생산하고자한다면, 우리가 알아야 하는 것을 기술하는 것을 단순하게 의미하는, "목적물의 이해에 필요한" 그러한 특징들이라는, 사실에 의해 이해될 수 있다. 특징에 대한 예술적 기술은 매우 다른 교도원리, 즉, 분위기와 감상, 문화적 가치 등의 촉진, 를 함유하고 있다.

여, 우리는 상응하는 일반적 개념의 범위나 특징을 정확하게 정의하는 데 성공할 수도 있다. 또는 우리가 "유형들", 단지 그것들이 일반개념들보다 덜 추상적이기 때문에 보다 더 적절하게 변화성을 반영하게 될 것들, 을 도입하는 것이 더 유용할 수도 있음을 발견할 수 있고, 비교되는 단일 사실들의 구체적인 개별성에 대해 보다 더 공정을 기할 수 있다. 이 모든 것이 거의 전적으로 관찰과 기술의 의미이지만, 적절한 분석적인 지식은 아니다.

(c) 인과적 관계라는 의미에서 사회적 대상물에 대한 설명의식. 이 대상물들에 도달하기 위해, 우리는 과거의 발전에 따른 결과물로서 현존대상물들을 상정한다. 동시에 우리는 사회적 대상물들을 요소들로 해체하고, 그 요소들에 대한 현재의 결합은 그 요소들에 작용하는 세력들과 인자들 간의 상호작용의 결과물이다. 그래서 우리는 다음에 도달한다:-

(d) 일반인자들의 작용에서 규칙성을 탐구하는 관점. 이것은, 어쨌거나, 다음 두 수준에서 스스로 이루어진다. 즉,

(i) 인자들(세력들)은, 보통 상식적 관찰이 그 인자들을 잘 대처하는 것처럼, 그 인자들의 구체적인 실체성과 직접성에 대한 *기술적 개념들의 수준에 관해* 이해된 것,

(ii) 그 인자들은 보다 *일반적*이고, 보다 *추상적*이며, 보다 *형식화*된 (그 인자들의 증대되는 역사적인 내용의 범위까지 털어내는) 원리들에 이르기까지 축약되는 것.

구체적인 기술의 수준에서 어떤 사람은, 예를 들면, 국가의 시민들과 관료들의 기본 의무들과 권리들에 대한 (계약에 의거한) 제도적 안정화로서, 헌법을 정의할 수 있다. 오직 정확한 분석만이 여기서 적용되는 개념들이 임시적인 개념들이라는 것을 밝히고, 말하자면 상식적 관찰이 그 개념들을 약간 모호하게 만들었다는 점을 설명한다. 그 개

167 념들은, 그것들이 만들어진 더 단순한 과정들로, 더욱더 연구되고 축약될 수 있다. "국가", "계약", "제도화", "의무", "권리", "자유", "책무", "권력" 등은 그 개념들의 실제적 작용을 면밀하게 관찰하고, 세력들의 잠재력 또는 세력들 간의 상호작용으로서 재해석해야 하는, 복합체들이다. 주권을 위해 투쟁하는 공동체 내에서 다양한 집단들 간에 현재의 권력균형에 대한 공식적인 구체화로서 헌법을 생각할 수도 있는, 두 번째 정의는 직접적으로 각지할 수는 없지만, 구체적인 개별헌법들의 특정한 내용들 대부분을 설명할 수 있는 원리라는 점에서, 헌법의 진수를 발견하는데 까지 필시 구체적 사실들을 초월할 수 있다.

이제 어떤 사람은 근본적 세력들을 표상하는 이 원리들을 석명하는데 있어 더욱 더 치밀해질 수 있으며, 다음과 같이 더욱더 심오하게 질문할 수 있다. 즉, 권력은 진정으로 무슨 의미인가? 그 대답, 즉, "권력은 타인들에게 특정한 행동들을 강요하는 모든 행동이다", 은 그 권력의 더한층 큰 추상성과 일반성 때문에, 구체성의 수준에서, 상호간에 아직도 근본적인 차이가 존재하는 광범위한 현상들 가운데서, 공통적 요소들을 추출해야 한다는 것이다. 이 추상으로, 물리적인 강요가 나타나는 매우 분명하고 구체적인 권력 형태들에 추가하여, 경제생활, 행정장치, 그리고 선악을 판단하는 기관들에서도 역시 권력의 요소들이 존재한다는 것은 분명해지고 있다. 그러므로 다양한 집단들의 공권력에 대한 투쟁을 고려하고, 권력의 균형을 정의함에 있어, 이 모든 요인들은 공동규정아래 존치시켜 충분하게 고려되어야한다. 환언하면 다음과 같다. 즉, 올바른 방법으로 추상의 과정을 심화하여, 점점 공식적인 정의(定義)들이, 이전에는 근본적으로 되돌릴 수 없는 사실들로 사료될 수도 있었던, 구체적인 과정들과 현상들을 더욱더 포용한다. (동일한 방법으로, "자유"는 가장 추상적인 원칙들까지 보다 더 공식화되고 환원할 수 있다. 정의를 위한 우리 자신의 시도로 186쪽(원저 160쪽) 각주 참조.

이 모든 사고과정들에서, 구체적인 아이디어들을 보다 더 추상적인
것들로 축약하는 경향(정확성을 추구하는 모든 과학들이 통과해야 하
는 단계)은, 사회현상들의 다양성을 다수의 근본적 과정들과 자명한
개념들로 환원시키려는 시도에서도 역시 발견될 것이다. 이 방법은, 이
자명한 과정들과 관계들에 관하여, 모든 사회적 사상(事象)들을 설명하 168
기 위한 의도이다. 통제와 사회적 교도의 문제들이 걸린 곳에서는, 궁
극적으로 특정한 소망스러운 목표들이 이 기본개념들이라는 의미에서
의 작용에 의해 달성될 수 있다고 기대된다. 동시에 이 환원과정은 양
(量)의 관점에서 그 기초적 인자들을 측정하는 경향을 의미한다.

만일 어떤 사람이 이 프로그램을 보다 면밀하게 검증한다면, 두 가지 사상(事象)들이 확실히 의도적으로 삭제되었다는 것은 분명하다. 하나는 우리가 독특한 상황들("우연적", "역사적")에서 당면하게 되는 개별적 사상(事象)들에 대한 정말로 정확한 지각이고, 다른 하나는 그러한 규칙성들과 상호연계들 그리고 모든 사회에서 작동하는 것은 아니지만, 특정한 사회패턴의 독특한 특성을 정의하는 그러한 *매개의 원리들*에 대한 탐구이다. 우리는 이 *매개의 원리들*에 대해 나중에 더 언급해야 할 것이다. 뒤이은 내용에서 우리가 위에서 기술한 과학적 준거의 틀이 의미했던 것을 지적하려는 것은, 당면한 목표들, 즉, 발명적 사유의 수준에 대한 것, 의 설정으로부터 시작하는 사고의 양식이다. 일반적인 원리에 따라 고립된 개별적 객체들에 대해 관심을 가진 사람만이, 객체의 전체적 범주에서 그 객체들의 기원과 변혁을 지배하는 일반법칙들을 발견하기 위해 노력할 것이다. 그러한 사람은 우연한 발견을 넘어서 대상물들을 발견한 것처럼 그것들을 취득할 수 없는데 까지 진전했고; 그 사람은 그 대상물들의 독특하고 개별적인 특질을 무시하고, 새로운 대상물을 "발명"할 수 있기 때문에 그 대상물을 재결합시키기 위해 일반적 요인들로 되돌아온다. 법칙들과 일반화를 추구

하는 사회학적 사고와 관련하여 가장 관계가 적은 과정에서조차 작동하는 암묵적 의도는, 어떻게 내가 사회적 상호작용에 관한 일반원칙들에 근거하는 수단이나 제도의 도움으로 여러 사회적 욕구를 충족시킬 수 있는가?, 라는 질문이다. 그러나 이 질문은 이 제도가 구체적인 환경에서 배태되는 방법에 대해 보다 깊게 들어가지 않고서도 묻게 된다. 직접적 도약은 직접적인 구상성으로부터 가장 일반적 법칙들과 원리들의 영역으로 들어감으로써 이루어진다. 여기에-특정한 역사적 구조를 초월하는 모든 시도처럼-, 이 사고의 과정들에서, 하나의 사고의
169 유형이 "일반적인 세상"의 구조 내에서 개별적 객체들과 개별적 관계들로 이해되지만, 동시에 이 개별객체들이 기능하기를 기대되는 실제적 구조를 재구축하려 하지 않은 것이 여전히 작용한다는 것은 사실이다. 이러한 논법에서 널리 보급된 외관상의 거대한 추상은, 추상적인 접근유형에 독특한 세상의 광범하고 창조적 개념에서 발생하는 것이 아니고, 오히려, 만일 "세상"에 의해 어떤 사람이 특정한 사상(事象)들을 진정으로 야기하는 다면적 요인들과 함께 특정한 사상(事象)들의 상호의존성을 이해한다면, 세상으로부터의 *원격성*에서 발생한다. 이러한 사고에 관한 고도의 추상방법은, 실무적 및 이론적 양면에서, 단지 고립된 개별적 대상물들, 고립된 개별적 인과적 결과들, 고립된 개별적 소망들의 복합체들을 인식하고자 노력하지만, 이 개별적 객체가 이론이나 실제에 통합되는 구체적인 구조에 대해서는 아직도 감히 관심을 가지지 않은, 접근방법에 대한 최고의 정련(精鍊)이다[13].

---

13) 그것은 특정한 사고유형의 발달은 경험과 사고의 잔존유형들에 대해 의미를 억압하거나 전체적으로 모호하게 하려는 사고역사의 특수성중 하나이다. 우리는 [저서의 제5편, 특히 284쪽(원저 241쪽) 이후 참조]. 어떻게 "발명적" 사유와 최종적으로는 기법의 필요에 기초한 우리의 현대과학발달이 대상물의 직접적인 물리적 및 정신적 접촉과 지각의 사실이 동등하게 타당한 지식의 근원을 제공하는 사실을 모호하게 하는 경향이 있음을 다음에 보여야 할 것이

다음 사회발달단계에서 사회과학자는 그가 개별목적물에 존재하는
실제적인 맥락을 정당하게 평가해야 할 방법들을 모색할 때, 허세는 170
물론 헛된 욕망에 의해 행동하지 않아야한다. 그는 그러한 방법들을 추구하도록 강요할 것인데, 이는 획일적인 목표들을 가진 단순한 군중은 추상적으로 구축되고, 부분적으로 규제된 풍습과 제도들의 축적물

다. 그것은 이들이 어떤 *지식*- 우리가 그것에 의해서 획득하는 지식은 대상물을 "생산하고", "사용하고"자 하는 추상적 발명적 지식과 때문에 기능적 의미에서 그 지식을 생각하는 것과는 전적으로 상이한 유형이다 - 도 제공하지 않는다는 것은 결코 사실이 아니다.

발명적 사고는 그것이 즉각적으로 떠오르는 대상물에 스스로를 국한하지 않는다. 가장 명료한 것에서부터 가장 추상적인 것에 이르는, 이론적 접근방법들에 대한 위의 분류는 이를 분명하게 제시한다. 다른 한편으로는, 제도에 기초한 지식은 가까운 장래에 목적물에 매우 근접하도록 하며, 대상물이 대상물을 발견하는 것처럼 대상물에서 정보를 추출하고자 한다. 발명적 사고는, 어쨌거나, 그것이 보다 더 추상적일 때라도, 대상물의 재생산과 관계된다. 직관적 지식은 이 이유 때문에 말이 없고 비재생산적으로 남는 것으로 운명 지워졌다. 우연한 발견수준에서 작동하는 무의식적 세력들이 그들의 업적들과 비슷하게 조만간 명료해 질 수도 있는 것처럼, 직관에서 의미했던 그 지식을 인식해가는 방법들이 있다. 우리는 직관적 접근방법, 그리고 증가하는 기술적 합리화에 의해 억압받거나 적어도 불분명했던 인간이해의 모든 유형들의 본능적 가치, 를 유지하고자 하는 낭만적인 모든 시도들이라고 기술할 수도 있다. 그것들은, 그렇지 않으면 소멸될 위협도 있는, 지식의 오래된 형태들을 지키기 때문에, 역사적 기능을 가지고 있다. 이들은 괴테(Goethe)의 "색채의 이론", 어떤 의미에서 현대 "현상"(Gestalt)이론, 현상학, 그리고 독일의 "실존철학", 등에 속한다.

상호의존적 사고와 *매개의 원리*와 관련하여 우리가 앞에서 언급했던 모든 것은 직관적 사고의 추세와는 반대된다. 그러나 우리의 목적은 현대의 일반적 합리화 과정에서 탈출하기 위한 그러한 낭만주의(Romantics)는 아니다. 우리는 그것들이 우리로 하여금 명료한 맥락에서 명료한 대상물을 과학적으로 파악할 수 있도록 하는 합리적인 분석의 방법들로 그렇게 정련하고 확장하기를 바란다. 이것은 추상적인 발명의 수준과 영역들의 분리에 대해 아직도 연구하고 있는 조사자의 유형이 상호의존적인 사고가 비합리적 영역에 침입한 것처럼 보이해하는 한 진실이다. 그에게는 그의 추상의 국면 밖에 놓여 있는 사실들은, 그가 낭만주의의 직관적-즉각적 인지와 비합리성을 기꺼이 허용하는,

은 더 이상 순조롭게 작용할 수 없기 때문이다. 어떻게 다양한 행동들이 상호 대립하는가를 처음으로 주목한 실무자는, 이 실제적인 갈등들에 대한 경험으로부터, 그 갈등들에 대해 질적으로 상이한 사유유형으로, 과학자보다도 훨씬 더 빠르게 인도될 것이다. 이와는 대조적으로, 사회과학자는 처음에는 그가 이전의 사회활동단계로부터 물려받았던 정확성을 확보하기 위한 노력을 강화하는 것 이상은 거의 하지 않는다.

이 과학과 실제 간의 불일치(과학적 접근방법은 실제적인 접근방법에 뒤떨어진다)는 사회과학들에서는 극히 중요한 것처럼 보인다. 그 불일치는 기능들에 대한 사회적 분화 때문이고, 따라서 우리의 영역에서 실무적인 사람이 이론가들보다 주관적인 문제에 대해서 더 근접해 있다. 그럼에도 불구하고, 여기서, 노동의 분화에 관한 모든 경우처럼, 일상적 과업에 종사하는 그 사람들도 서로 너무 멀리 떨어지지 않도록 경계해야한다. 어쨌거나, 우리는 이제 우리의 적성을 깨닫는 진보된 차별화단계에서 필수적인 교정은, 단지 우리가 원래의 준거의 틀에 반
171 복하여 복귀하고, 그 준거의 틀을 새로운 상황에 비교하여 취해야할 다음 단계를 발견한다면, 성공할 수 있다.

다른 각도에서 문제를 고찰하자면, 이미 언급한 방법들과는 별개로, 무엇이 지배적인 사고의 방법들과 우리의 과학적 연구에서 가장 중요한 성과들을 구성하고 있는가를 이제 자문해보자. 대답은 주로 *특화*이

이해할 수 없고 비합리적 사실들이다. 그는, 어쨌거나, 두 가지 일, 즉, 이들 *매개의 원리*는 그의 추상적인 협력체계에 의해 측정할 때만 비합리적이고, 다른 하나는 여기서 기술되었던 그 방법은 직관이나 관점(Schau)에 의해서 개인이 파악하려 하지 않고, 합리화된 준거의 틀에 대한 더 깊은 차별화를 통해 파악한다는 것을, 망각한다. 이것이 보였을 때에는, 합리화-계획된 사고의 최고단계는 최종적으로는 직관적 사고-즉, 명료한 맥락에서 명료한 대상을 파악하고자 하는-와 동일한 과업을 가진다는 것을 추가로 관찰하는 것은 흥미롭다. 그러나 직관이 합리적 분석을 회피하기 위해 그것을 하는 까닭에, 계획적 사고는 정련되고 정성스런 사고의 도구와 함께 이루어진다.

다. 과학적 연구에서 노동의 분화와 같은 어떤 것이 있는 한, 특화는 항상 존재한다. 그래서 다음 사항은 결연한 문제들로 남아있다:-

(a) 어떠한 방향에서 그리고 어떤 원칙에 관해서 특화가 처리되는가?

(b) 어느 정도까지 그리고 이후의 어떤 탐구단계에서 특화의 목적들을 위해 구분되었던 현실이 재결합되고 재통합되는가?

과학적 업무의 현대적 특화는 두 개의 노선을 따른다. 첫 번째는 주제적 문제에 관한 업무이고, 두 번째는 방법의 문제에 대한 업무이다. 주제의 특화는 자명한 필연성이다. 단일의 연구자가 사회생활의 가능한 모든 국면에 종사할 수는 없다. 이러한 의미에서, 우리는, 하나의 연구자가 가정, 또는 더욱 더 특화하여, 주어진 기간의 가정, 또는 주어진 사회계급; 다른 사람은 헌법 등등에 스스로 관심을 가질 때, 동의해야한다. 이 특화는, 어떤 사람이 보다 큰 맥락의 부분들을 취급하는 것을 기억하는 한, 어떠한 폐해도 끼치지 않을 것이다.

만일 우리가 방법의 관점에서 특화를 고찰한다면, 우리는 그 특화가 우리가 이미 기술했던 추상의 방법을 따른다는 것을 이해해야한다. 우리는 우리가 당면한 상황의 모든 단편적 측면을 고찰하지 않고, 논리적으로 수행되었을 때는, 소위 "순수영역들"의 창조로 인도하는 추상이론에 의거하여 상황을 고려한다. 어떤 사람은, 예를 들면 정치적·경제적·교육적·생물학적, 또는 심리학적 관점에서, 상이한 현현(顯現)의 가정(家政)을 연구하고; 이 추상의 기반에서, 오직 정치적·경제적·교육적, 또는 심리학적 측면들이 출현하는, 동질적 영역들이 만들어진다. 이 특화의 유형은 전체의 횡단면으로서 부분들을 그렇게 많이는 다루지 않고, 그 특화가 명백하게 정의된 개념들과 함께 추상화를 통해 특화를 수행될 때만 명료하고 일관성을 갖게 된다. 노동의 분화에 대한 172
필연성에서 연원한 전체맥락의 횡단면을 절단하는 이 방법은, 우리가 단편들, 횡단면들, 그리고 실체의 영역들만을 취급한다는 점을 잊어버리지 않는 한 인정할 만하고 매우 실속이 있다.

때문에 사상(事象)들의 유기적 단위는 두개 방향의 분석에 의해 분리되고, 이 구분은, 주제에 대한 특화가 경직된 영역분리와 결합하여, 가정, 헌법 등을 약간의 추상적 관점에서만 탐구하는 경우에, 한층 더 두드러진다. 그것에 의해서 명료한 실체로부터 이중의 제거가 이루어진다. 즉, 주제-문제의 특화를 통해 발생했던 추상화의 정도는 분리된 영역들로의 구분에 의해 강화된다.

그러나, 이것은, 역시, 수용가능하고 정말로 필요까지 한데, 이는 주제-문제에서 예비적 특화 없이는 정확한 관찰이 가능하지 않고; 일부 관점에서의 추상화 없이는 어떠한 개념들도 분석적 목적을 위해 충분히 명료해질 수 없기 때문이다. 우리에게 다른 형태의 질문이 다시 등장한다. 즉, 두 배의 특화행동이 발생된 이후에, 얼마나 멀리 우리의 과학은 재통합하고자 할 것인가? 이다.

여기서 우리는 다음의 소견을 피력할 수 있다. 우리가 주제-문제의 특화수준에 머물고, 누구도 그 파편의 실제구조에 따라 그것들을 결합하려 하지 않거나, 또는, 만일 통합이 이루어진다면, 영역들의 추상과 분리가 아직도 존속하고 통합은 특화된 개별학문분야들에서만 발생하기 때문에, 우리는 순수경제학, 순수심리학, 순수사회학 등을 소유하게 된다. 그러나 어느 누구도 조각들로부터 전체를 이론적으로 재구성하거나, 또는 일상의 구체적 환경에서 영역들의 진정한 상호의존성을 설명하지는 않는다.[14]

14) 미국사회학은 경험적 연구의 새로운 기법들의 형태에서 그리고 특정주제들의 정확한 지식에서 매우 풍요로운 결과를 가진 그것의 철저한 주제적 특화 때문에 세계대전이후의 15년이 지나서 유명해졌다. 대공황이래로, 어쨌거나, 이 특화유형에 대한 증가하는 불만은 분명해졌고, 여러 작업에서 결실했다. 가장 최근에 사회과학연구위원회는, 공황의 사회적 효과에 대한 연구를 위한 위원회를 통해, 주제의 광범한 다양성에 관한 가능한 연구프로젝트들을 개관하고, 이

여기서, 역시, 실체를 분리하는 이 방법은 그 시대에 널리 보급된 실제의 종류에 부합되었다는 의미에서 순조롭게 작동이 계속되는 한, 어떠한 반대도 제기될 수 없다고 말할 수 있다. 다만 가능한 과학적인 사유의 방법으로서, 이 접근방법에 대한 가장 중요한 비판은, 어쨌거나, 재건과 계획의 단계에서 현실은 더 이상 이 보다 오래된 방법들의 독점적 사용에 의해서는 숙달될 수 없다는 사실로부터 발생한다. 173

우리는 발명의 단계를 판별했던 사유의 종류가 없이는 행동할 수 없다는 점은 분명해지고 있다. 이 사고양식이 표현하고 있는 이론적 정확성에 대한 수요는 물론-특화된 관찰의 결과인 상세한 정확성도 역시- 배경에 밀어 붙여서는 안 된다. 그것은, 어쨌거나, 오늘의 사회과학들이 당면한 과업들은 위에서 제시한 탐구의 구조를 훨씬 넘어서고 있다는 것을 동시에 분명히 해야 한다.

Ⅳ
개인과 독특성

개별적인 객체들 및 관계들에 대한 인식과 통제 그리고 당면목표들을 실행하기 위한 도구들로서 일반적인 원칙들의 사용은, 사회가 고립된 상세함이 아니라 전체로서 그 사회의 노선을 의식적으로 관리하기 시작할 때에는, 장애물들에 직면한다. 이 단계에서 처음으로, 모든 객체는 "일반적인 세상"이 아니라, 오히려 점점 더 속박되고 경직되어가

이전의 계획하지 않은 특화를 극복하는데 큰 진전을 나타내는 15개의 모노그라프를 발간해 왔다. 사회과학연구위원회(Social Science Research Council), 『공황의 사회적 효과에 관한 연구』(*Studies on the Social Effects of the Depression*, N. Y., 1937), 회보 27~39 참조

는 구조를 가진, 특수한 세상 속에 존재하는 것이 분명한데, 이는 그 객체가 변화할 수 없는 기반들에 구축되었기 때문이다. 물론, 구체적 실체로서 발견된 것처럼, 개별적 객체는 다수의 일반적이 법칙들의 상호작용에 따른 결과 이상의 어떤 것이라고 이전에는 알려졌다. 어쨌거나, 어떤 사람은 “일반적인 세상”만을 다루었고, 개별적 사례에서의 일탈들도 갈마들어 역시 일반적인 원리들로 부터 발원했던 아직까지도 약간은 불가지(不可知)한 요인들 때문이라고 가정되었다. 개별적
174 사실의 독특성은 불가사의한 것으로 간주되었다. 이는 그 독특성은, 일반적인 법칙들에 반드시 내포된 것은 아닌 *매개의 원리들*에 의해 지배되는, 자체의 특이한 세력들을 보유한 특정한 세상에 존재하는 것이 아니라; 아직도 인지되지 못한 일반적인 인자가 그 발생에 대해 알려진 원리들과 결합되었다고 생각되기 때문이거나, 또는 그 인자의 개체성이 자신의 근원에서 발생한 것이기 때문에 불가사의한 것으로 간주되었다.

특화와 노동의 분화에 기초한 모든 사회는, 실제로는 분리되고 다소간 고립된 제도들과 관계들을 만들지만, 전체적인 사회구조를 창조하지는 않는다. 이는 그러한 사회가 문화와 관련된 특정한 상황 그리고 패턴의 독특한 개별적 특성으로부터 발생하는 그러한 모든 일탈들을 최소화할 수 있기 때문이다. 이러한 발전의 단계에서, 대부분의 제도들은 스스로 성장했고, 단지 매우 점진적 방법으로 의식적 행동에 의해서만 수정된다. 신헌법, 신군사조직, 새로운 유형의 학교와 같은, 어떠한 독립적 발명도 분명히 비할 바 없는 아주 새로운 창조물이었다. 그 발명의 필수적 부분은 완만하고, 전통적이며, 선택적인 발견의 과정으로부터 발원했다. 원래 헌법은 무한한 복합적 갈등들의 직접적 산물이고 사회구조에서 균형에 대한 변화하는 조건들의 표현이었다. 그러한 헌법들이 성문화, 체계화, 제도화된 것은 단지 후대였다. 정확하

게 동일한 일은 신군사조직이나 신교육프로그램에서도 사실인데; 그것들 각각은, 어느 정도 명백한 목표를 예상한 원리들에 따라 의식적으로 수정하기 때문에, 종국에는 새로운 창조의 모습을 취하게 되는, 이미 존재한 것을 사용하도록 만든다. 그러나 이 새로운 사회적 창조의 구축에 사용되는 과도한 추상적인 원리들은 정밀성을 상실할 수 있고, *특정한* 구체적 상황의 *특정한 매개의 원리*에 따라 순응할 수 있으며, 전체적 구조는 그 구조가 존재할 수도 있는 보다 거대한 세상에 이러한 방법으로 순응할 수 있다고, 주로 가정되었다. 추상적 원리들의 산출물은 관례와 실재적 경험을 통해 "길들이기"할 수도 있고, 적어도 기대한 것처럼 개별화될 수 있다. 그러나 우리 사회에서 더욱 철저하게 조직된 노동의 분화와 기능의 차별화가 이루어질수록, "인위적으로" 구축된 사회제도들에 조정을 초래하고 매우 중요한 탄력성을 제공하는, 통제되지 않은 "우연성들"에 보다 덜 의존할 수 있다. 시간이 지남에 따라 개별적 사례조차도, 그 사례의 주위환경에 대해 자유 175
재량적 효과를 보유하지 못한다면, 사전에 안출(案出)되어져야한다. 수공업생산체계에서는, 아직도 개별적인 배합들과 개작(改作)들이 최선의 결과들을 만든다는 것을 알고 있는, 그 체계의 도제들이 물건들을 만드는 기술을 전파할 수 있다. 대규모 맞춤형 공장은 모든 개별적인 개인적 운영을 제외해야한다. 행정의 보다 오래된 형태들은, 각각이 특수한 사례에서 최선의 결정을 하도록, 일반적인 교육과 세속적인 교육과 세소적인 지혜가 결합하여, 전통적인 계급-사고방식을 갖춘, 자의적이고 무급의 행정가들 막료와 함께 작동할 수도 있다. 현대산업사회에서 철저히 조직된 행정장치는, 이전에는 귀족 중에 자의적인 관료들에 의해 충원된 자리들을 점유하기 위해, 기술적으로 훈련된 전문가를 요구한다. 내부적 의도는 물론 공식적 측면 양면에서의 모든 결정들은 규칙들에 따라 이루어져야하고, 개별적 사례들은 가능한 한 완전하게 예측되어야한다.[15] 이러한 방법으로, 사람들은, 여기서도 알려져야 하는 단순한 일반법칙들 뿐만 아니라, 소여의 장소와 시간에서 사회의 특별한 영역들에만 유효한, 그러한 특별한 법칙들을 안출해 내야 하는 과업에 대해서도 역시 그들이 관심을 기울이는 것을, 그들의 의지에 거슬리면서까지 강요하고 있다. 사상(事象)들의 복합성과 상호의존성의 증가, 과정과 제도의 정확한 개별적 형태를 사전에 결정할 필요성, 그리고 이전에 스스로 보살폈던 그것의 개별적 적응은 우리에게 *매개의 원리들*을 강요한다.

사회적 상황에 대한 정확한 기술은 우리가 실제로 부딪치지만 훨씬 덜 절박한 모습으로 문제에 직면한다.[16] 자연에서도, 역시, 우리는 특별한 영역들을 취급한다. 그러한 이유로, 습지는 생태환경, 이러한 특별한 환경에서 함께 사는 생물들의 상호의존적인 물질대사, 그리고 문제가 되는 습지의 역사에 의해 조성되어지는 특별한 조건의 폐쇄체계, 을 제공한다. 그러나 우리는 우리가 우리 사회에 대해 오늘날처럼 행동하도록 강요하는 것과 같이 완전하게 전체적인 자연체계를 만들고 지시할 수는 절대로 없으며, 때문에 우리는 개별적인 자연세계들의 역
176 사와 구조를 절대로 통찰할 수는 없다. 인간은, 비록 자연이 제공한 주요한 세력들로부터 제2의 천성을 창안하는 것을 전연 시도하지 않았음에도, 그의 사회생활전체를 더욱더 규제하고자한다. 우리가 구름의 이동을 조절하고, 개별적 세력들을 규칙적으로 그리고 특정한 경험규칙들에 따라 이용하도록 만들기까지 했던 때; 사회적 요인들을 통제하

---

15) 이와 관련하여, 베버(Weber, M.), 『경제와 공동체』(*Wirtschaft und Gesellschaft*), 제2권, 제3편, 제6장, "관료사회", 650쪽 이하 쪽 참조.

16) 기술과 자연과학의 영역에서, 우리가 기계는 "시운전"되어야 한다고 말할 때, 추상적인 원리들에 의해서는 파악하기 어려운 구성부문들 각각과 외부환경에의 이러한 밀접한 적응을 정확하게 의미한다.

는데 우리에게 필요해지는 것과 동일한 방법으로 기후를 통제했던 때; 그리고 우리가 그들의 구체적인 상호작용에서 생태환경에 관한 모든 법칙들을 우리의 규제구조 속으로 끌어들이려 할 때에는, 우리는 우리가 사회의 세계에서 지금 당면하고 있는 것처럼 자연의 세계에서도 동일한 문제들, 즉, 그것에 독특한 특정원리들에 따라 작동하는 상대적으로 독립적인 전체로서 자연의 총체적 체계에서 특정한 역사적이며 지방적 단계의 처리, 에 직면하게 될 것이다. 그러나 우리는 아직도 멀리 나아가지 않았고 우리가 도대체 그러한 지점에 도달할 수 있을 것인가의 여부에 대해서도 역시 회의적이기 때문에, 우리는, 오히려, 독특하고 부분적인 목표들의 달성을 위해서 일반적 세력들을 결합시킬 목적으로 그 세력들을 관찰하는 것만으로도 우리스스로 만족해야한다.[17] 절대적인 상호의존적 사유를 위해 어떠한 직접적인 수요도 여기에는 없는 것처럼 보이고, 우리는 자연의 독특성은 셀 수 없는 우연적 상황들과 세력들에 의해 만들어졌다는 모호한 기술에 만족할 수도 있다.

이 마지막 명료화는, 어쨌거나, 특정한 삶의 영역에서, 모든 상황들이 우연적인 것은 아니고, 특정한 사실들·세력들·원리들은 특징적이라는 사실을 모호하게 한다. 일반적으로 "우연적"이라는 표현은 어떤 사람이 동시에 어떻게 대비할 목적으로 "항구적"과 "필수적"이라는 말을 정의하는가에 의해서만 의미를 갖게 되는 사실들, 세력들, 그리고 원리들에 적용된다.

만일 문제를 이러한 방법으로 제기한다면 그것은 추상적 사유의 단계에서 가장 명료한 사상(事象)들은 우연이라고 생각되는 것은 분명한

---

17) 여기서 사회적 관계에 대한 우리의 구축에서 자연을 제외한다는 이전의 언급은 중요해지고 있다. 자연은, 예를 들면, 기술적 조작의 일부가 되고 있는 곳에서 그들의 맥락에서 떼어진 조각들에서만 우리의 사회적 규제들에 깊이 파고든다. [179쪽(원저 155쪽 참조)]. 이 관계들로부터 제외된 어떤 것도 사회적 관점에서 문제가 되지 않는다.

177 데, 이는 사람들의 의도는 추상적 대상물의 창조와 그 대상물을 결정한다고 공식적으로 말할 수 있는 요인들에 대해서만 초점을 맞출 수 있기 때문이다. 우리가 명확한 환경을 개조하고자 똑같이 노력했었다면, 우리가 지금까지 불러왔던 "우연적"은 진정으로 우연적인 그러한 사실들· 세력들· 원리들과, 그들의 명료한 형태가 이 특정영역에 진정으로 필수적인 그러한 것들로 구분될 것이다. 환언하면 우리는 관련된 영역에서 매개의 원리들의 수준에서 작동될 수 있다.

V

역사에서 독특성과 일반성 그리고 그것들이 논리에 제시하는 문제들

이제 이 *매개의 원리들*에 대해 보다 더 상세히 말할 때이다.[18] 우리는 그 원리들이 어떤 의미에서는 특별한 사회적 환경 속의 특정한 역

18) 밀(Mill, J. S.)는, 『논리의 체계: 추론적 및 귀납적』(*System of Logic: Ratiocinative and Inductive*), 제2권, 제6책, 제5장, 제5절에서, 매개의 원리(*principia media*)라는 표현을 사용한다. 그 자신은 베이컨(Bacon)으로부터 그것을 도출한다. 특정한 관점에서는, 우리의 *매개의 원리*라는 표현의 사용과 밀(Mill)의 사용과는 유사하지만; 차이점은 우리의 일반 권리들은 그의 것과는 다르다는 곳에서 발생한다. 내가 계획된 사고의 배경에 대해 *매개의 원리*의 이론을 제시했던 본 저서의 독일어판 이래로, 뢰베(Löwe, A.)가 그의 저서, 『경제학과 사회학』(*Economics and Sociology*, London, 1935),에서 그 원리의 주요 측면들의 일부를 효과적으로 더욱 발전시켰다. 그의 표현에 대한 매우 자극적인 비판은 파슨(Parson, T.)의 논문(*American Journal of Sociology*, 1937, 43권 제3호, 477쪽 이하)에서 발견된다. 또한 긴스버그(Ginsberg, M.)가, 그의 저서 『사회학』(*Sociology*, London, 1934)에서 밀(Mill)의 저술들에서 나타나는 *매개의 원리*로서 전통적 환경에서 상응하는 문제들을 논의한, *매개의 원리*에 대한 표현 참조.

사적 국면에 관한 특별한 관계들로서, 규칙적으로 재발되는 특별한 법
칙들의 일종이라는 점을 지금까지 관찰해 왔다. 그 원리들의 특징에
대한 피상적인 통찰은 많은 사상가들이 특정한 역사적 논리를 말하도
록 인도해 왔고, 각 역사시대에서 개별적 운명이 사상(事象)들에 대한
일반법칙들로부터 전적으로 독립적이라고 믿도록 그들 사상가들을 오
도했다. 사가(史家)들은 직접적인 직관(낭만주의)에 의해서만 이해될
수 있는 어떤 것으로서 각 시대의 독특성을 파악하려 했거나, 독특한
역사적 변증법(역사주의, 헤겔주의, 마르크스주의)의 유형으로서 그
독특성을 추론하고자 했다. 첫 번째 해결책은 역사를 연구하는데 과학
적 방법들을 완전히 거부하는 것이다. 두 번째 해결책으로 두 개의 독
립적이며 공존의 논리를 구축했는데, 그것은 일반적인 것을 다루는 일
반화 논리와, 독특한 역사적 이슈에서 사상(事象)들 간의 관계들을 추 178
적하는 논리이다, 후자로서, 이론적 접근방법은 요인들에 관해 일반화
하는 이론으로부터 완전히 독립된 변증법을 만들고, 그 접근방법은 비
과학적 방법들도 사용하는 경향이 있다. 구상적인 형태로서 그 접근방
법은, 특정집단들의 특정한 목표들로부터 역사의 노선에 관한 비전을
도출하는 역사철학에 의해 주로 고취되었다. 우리는 이것에도 불구하
고, 변증법적 접근방법의 옹호자들은, 특정한 역사적 및 사회적 단위
들의 개체적 발달을 과학적으로 연구했어야하고 역사가의 인과적인
서사시적 양식에 단순하게 버려둘 수 없다는 점을 정확하게 이해했다
고, 생각한다. 그들이 범한 오류는, 보편적인 인자들을 고려함이 없이,
사회의 개별적 구조나 개별적 발달을 재건하려 했다는 점이었다.

우리가 논의를 위해 도입하기 바라는 *매개의 원리*들은, 보편적 세력
들이 소여의 장소와 시간에서 작용하는 다양한 요인들 가운데서 통합
-절대 반복되지 않을 것 같은 상황들에 대한 특별한 결합- 되는 것처
럼, 구체적 환경에서 최종적으로 분석되는 그 세력들이다. 그래서 그

원리들은 한편으로는, 그것들에 함유된 일반원리들(즉, 왜, 위에서 기술한, 추상의 방법이 그렇게 많이 성취되었는가 하는 것이다)로 환원할 수 있다. 그러나 다른 한편으로는, 그 원리들은 그것들을 특정한 발달단계에서 우리가 당면한 것처럼 그것들의 구체적인 환경을 취급해야 하고, 그 원리들에만 고유한 어떤 특징적인 하위원리들과 함께, 그 원리들의 개별적 패턴들 내에서 관찰되어야한다.

지성적으로 사회적 세계를 관찰하는 보통사람은 그러한 *매개의 원리들*을 주로 무의식적으로 사용하여 사상(事象)들을 이해한다. 그의 사유는, 어쨌거나, 그가 그 원리들이 특정한 시간이나 특정한 사회질서 속에서 존재하게 되는 것처럼 그 원리들의 구체적 형태들을 사회구조 *그 자체에* 관한 일반원리들과 항상 혼동하는 경향이 있다는 사실에 의해 특징 지워진다. 정태적인 시대에서, 그는, 어떠한 경우에도, 일반적인 추상적 사회법칙과 특정한 시대에서만 획득할 수 있는 특수한 원리들 사이를 판별할 수 없는데, 이는 단지 약간의 변이성이 있는 시대에서는, 이 두 유형들 간의 일탈은 관찰자에게는 명료하지 않기 때문이다. 단일시대에 고유한 실제적인 상수(常數)들과 원리들은 그 시대에 동일한 정도의 불변성을 보유하고 있다.

우리는 이제 일상의 경험에서 *매개의 원리들*의 출현을 보다 더 정확
179 하게 추적하기로 하자. 모든 사람은 가능한 사상(事象)들에 대한 기대 속에서 산다. 이러한 의미에서 모든 인간의 삶은 기대의 지평에 의해 속박된다. 우리의 기대의 지평은, 예를 들면, 특정한 사회적 관습들과 용법들을 신봉해야 하고 특정한 사회계층은 존중되어야 하는 것 등등의 사회적인 보증장치들의 불변성과 같은, 사회적 경험의 항구성에 의존하는 사상(事象)들을 고려한다. 그 기대의 지평은, 어쨌거나, 다수의 예측할 수 없는 사실들도 또한 참작한다. 우리가 열심히 신문을 화제로 삼을 때, 우리는 그 사상(事象)들이 어떻게 될 것인가를 상세히 예

측할 수 없다는 바로 그 이유 때문에, 우리의 관심을 끄는 특정한 종류의 사상(事象)들의 발생을 이미 예비하고 있다. 비록 우리가 예측할 수 없는 사실들에 대해 우리의 지평에 항상 간극이 생긴다고 하더라도, 그것은 우리가 어떤 것을 준비한다는 것- 우리가 모든 사상(事象)들의 범주에 대해 동등한 강도와 집중된 태도를 가지고 있다는 것-을 의미하는 것은 분명히 아니다. 우리는 아마도 신문이 강도사건, 또는 내각붕괴사건, 또는 특정상품가격이 특정지역에서 등락하는 상황을 보도할 것으로 생각한다. 환언하면; 우리는 우리가 "정상"이며 관련된 것으로 기대하는, 특정한 유형의 사실들 및 사실들의 복합체, 특정한 유의의의 질서에 대해 기꺼이 인식하려한다. 단일의 사실들은 변화할 수 있는데; 그 사실들이 꼭 들어맞아야 할 조정의 구조와 체계는, 전체적인 사회적 상황이 안정적이고 그 상황의 발달이 지속적인 한에는, 얼마간 변하지 않는다.

사회구조가 철저하게 변화하고 있는 시대에 살고 있는 사람의 기대의 범주는 아주 다르다. 그는 이전에 결코 경험하지 못한 수많은 개별적 사실들을 고려할 뿐만 아니라-왜냐하면 이 관점에서 그는 정태적 사회에서 사는 사람과 유사하기 때문이고-; 그는 또한 예상하지 못한 형상들이 출현하고 결합되는 새로운 종류의 사실들을 지배하는 원리들에서 가능한 변화도 역시 준비한다. 어떤 사람은, 그래서, 예를 들면, 화폐구매력의 등락뿐만 아니라 화폐체계의 완전붕괴도 역시 고려하고; 어떤 사람은 내각의 변화가능성뿐만 아니라, 비의회정부가 권력을 장악하거나, 또는 어떠한 국가권력도 스스로 안정할 수 없거나, 또는 국가권력이 무력과 선전의 사용과 관련한 자체의 원칙을 변경시킬 수 있다는 것을 고려한다. 누구든지 개인들이 갑자기 신뢰할 수 없게 되고 불성실해질 수도 있을 뿐만 아니라; 경제영역이나 사생활의 전체적인 관계들의 영역들에서 그가 평소에 의존할 수 있었던 이전의 신뢰와 정 180

직성이, 전쟁·혁명·거의 내전에 이르게 하는 분열로 인해, 최종적인 분석에서 보다 더 익숙한 행태가 실제로 의거했던, 사회적 사상(事象)들과 관련된 구조가 갑자기 소멸되었다는 사실을 참작해야한다. 그러한 시기에, 우리는 보다 광범한 기대범위를 위해, 이전의 보다 제한된 "지평"을 포기하는 것에 대해 언급할 수 있다. 그러한 시대들에, 인류의 역사는 훨씬 더 본질적인 형상으로 발현되는데; 그 형상은, 사회사에서 단일시대의 기반과 구조였던, 그러한 *매개의 원리들*에 관해 이제는 변천수준을 이해하게 하는 기회를 관찰자에게 제공한다. 이와 같은 사례들에서, 사회과학자들에게, 그들이 영구적이라고 생각했던 그러한 구조적 법칙들을, 단일의 역사적 사건이나 발달의 단계에서 발견했던 그러한 법칙들로부터, 분리시키는 기회가 주어진다. 처음에는 개별적으로 그리고 명백하게 고립된 모습으로 출현했고, 보다 오래된 구조와는 조화되지 못했으며, 그리고 조직에 관한 새로운 원리 및 이 사실들의 집단화에서 출현하는 새로운 구조적 법칙에 관한, 새로운 원리를 암시하는 그러한 사실들을, 정확하게 진단할 수 있는 가능성이 더 존재한다.

우리가 *매개의 원리들*이라고 부르는 것에 대한 보다 정확한 모습을 묘사하기 위해서, 우리는, 위에서 언급했던 보다 더 복잡한 법칙들과 대비하여, 분명한 역사적 구조에 깊이 관련된, 더 진전된 *매개의 원리*에 관한 유형을 인용할 것이다. 법칙의 사회학에 관한 최근의 연구들에서,[19] 모든 사례는 가능한 한 예외가 없고, 자본주의의 자유주의-경쟁적 국면에서만 획득할 수 있으며, 막스 베버(Max Weber)가 믿었던

19) 노이만(Neumann, F.), 『단결의 자유와 제국헌법』(*Koalitionsfreiheit und Reichsverfassung*, Berlin, 1932), 53쪽, 헤데만(Hedemann, W.), 『일반약관에서의 도피』(*Die Flucht in die Generalklauseln*, Tűbingen, 1933); 가일러(Geiler, K.), 『경제정의에 대한 기고』(*Beitrage zum Wirtscjaftsrecht*, Manheim, 1932)에서 인용한 사실들과 관련한 것 참조.

것처럼 일반적인 자본주의에서는 달성하지 못한, 논리적인 소전제에 기저한 일반적인 합리적 교훈에 따라서 판단되어야한다는, 형식적 법칙의 근본원리를 다시 한 번 확증 한다[20].

이 기본원리의 목적은 자본주의의 당사자들이 소송의 결과를 사전에 추정하기 위해 계약을 허용하는 것이다. 자본주의발달의 보다 초기단계에서 계약당사자들은 마음대로 할 수 있는 대략 동등한 힘을 가지고 181
법 앞에 출두하지만; 독점자본주의의 후기단계에서, 당사자들은 불평등한 정치적 및 경제적 권력아래 놓이고, 우리는, 공적인 법률의 낡은 원칙들의 적용을 면제하고, 법관의 재량에 사건의 결정을 일임하는 법적인 방식의 형태에서 사법적인 비합리성의 요소가 증가하는 것을 발견한다. “공공정책”, “성심”의 고려, 또는 “기본적 관심사”에 대한 이해관계와 같은 그러한 조항은, 재판관에게 법률의 공식적이며 평등주의적인 적용을 무시하게하고, 사회에서 권력의 실제소유자들의 영향에 편의를 제공하도록 한다. 그 회사법이 소액투자자들의 침해에 대한 적용이 점차 증가하고 있는 것은, 권력을 소유하지 못한 다수인에 비해 이미 권력을 소유한 소수자에 유리한 이러한 발달의 징후와 유사하다.

이러한 방법으로, 외견상으로는 자본주의지배하의 독점자본주의단계에서, 파시즘이 공개적으로 선포되었던 상황이 발달하고 있는데, 그것은 법 앞에 불평등이다.

자유경쟁자본주의 대 공적 법률간, 그리고 독점자본주의 대 증가되는 법적 비합리주의 사이의 상호관계들은 (그것들이 옳다고 증명될 수 있는 한) 역사적으로 제한된 *매개의 원리들*이다.

사실 단지 하나의 매개의 원리라고 보여 질 수 있는 또 다른 심리적 일반화가 있다. 강제실업은 항상 반항적인 태도를 만들 수도 있다는

20) 그의 『경제와 공동체』(*Wirtschaft und Gesellschaft*), 제2권의 “국가사회학” 참조.

점이 일반적으로 용인되곤 했다. 그러나 이것은 우리가 살고 있는 후기자본주의시대의 고용상 특징은 아니다. 우리가 알고 있는 것처럼, 만성적 또는 구조적 실업은 대부분 그 실업의 희생자들 마음속에 반항보다는 냉담을 만들어낸다. 이의 주요 사유는 현대의 실업은 개인의 "인생계획"을 파괴하기 때문이다. 이 상황들 아래서 반항과 공격은 그들의 목적과 사회적 방향을 상실한다.[21)]

인간의 모든 행태에 적용되지는 않지만, 사회의 특수한 상태에 깊이 관여하는, 또 다른 매개의 원리를 예로 들어 보자. 후기자본주의단계에서, 보다 초기의 경제 형태들에서 가장 전형적인 계급들(소규모 소
182 매상인들, 기술공들, 소농들)은, 사회적 출세에 대한 그들의 희망들이 완전히 소실되지 않고 그들의 무산계급화가 아직까지도 막바지까지 추진되지 않는 한, 반(反)무산자이다. 그 계급들에게, 현대의 대규모경영의 산물이고 최근의 기원에도 불구하고, 하위중산계급의 오래된 유형과 유사한 방법으로 행동하는 경향이 있는, 새로운 사무직근로자계급을 추가해야한다. 그러나 오래되거나 새롭든 간에 하위중산계급을 항상 반무산자라고 추론하는 것은 오류일 수 있다. 그들이 어떻게 행동하고 누구와 협력하는가는, 그들의 역사적 상황에 전적으로 의존한다. 그러나 아무리 많더라도 특수한 역사적 환경의 명확한 표현으로서, *매개의 원리들*과 상응하는 개념들("후기자본주의", "구조적 실업", "하급중산층이념", 등)을 우리가 많이 고려해야 하지만, 우리가 하고 있는 것은 추상적이며 일반적인 결정인자들(일반요인들)을 차별화하고 개별화하는 것이라는 점을 명심해야한다. *매개의 원리들*은 어떤 의미에서 그 원리들이 단일의 인과인자로 작용할 만큼 밀접하게 뒤엉켜 있는 일반적인 요인들의 임시집단에 불과하다. 우리가 여기서 역

21) 나는 우리가 여기서 다루어 왔었던 생각들의 순서에 관한 방법론적 문제와 관련시키기 위해 우리의 논의과정을 다루어왔던 사례들을 의도적으로 인용한다.

사적이며 개별적 환경에서 일반적인 요인들을 필수적인 것으로 취급하는 것은 우리의 사례에서 명백하다. 우리의 첫 번째 관찰은 자유롭게 계약하는 법적인격들과 함께 사회질서의 기능화에 대한 일반원리를 의미하고; 두 번째 관찰은 대체로 실업의 심리적 효과에 관한 것이고; 마지막은 사회적 진보에 대한 희망들은 그들의 실제적인 사회적 지위를 모호하게 하는 방법으로서 그들에게 영향을 미치려하는 일반법칙을 의미한다. 특수심리상태의 역사적 환경 속에 처해있는 사무직노동자들의 그 심리상태는, 후기자본주의시대의 이 사회적 유형의 특정한 심리상태가 인간정신의 일반원칙들을 완전히 상세하게 고려함이 없이 작동할 수 있다고 믿는 것보다는, 사회적 발달의 일반심리라는 의미에서 완전하게 설명할 수 있다.

이 사례들은 *매개의 원리들*은 일상의 사유에서 항상 작동하고, 그 원리들은 보통사람의 지평도 충족시킨다는 것을 보여준다. 현대인의 불안은-우리가 보아온 것처럼- 의외이고 신기한 것의 과도한 사건으로부터 발생하지는 않는다. 그는 개별적 사실들의 변이들에 분명히 익
숙해졌다. 그의 불안은 그가 오히려 매우 급격하게 그의 "기대의 지 183
평"에 관한 "원칙들"을 변환해야 했다는 사실 때문이다. 만일 그가 이것에 실패한다면 그는 실망하고, 헤벨(Hebbel: 19C 독일의 사실주의 극작가)이 "세상은 나로서는 알 수 없다"라고 겨우 말할 수 있었던 특성과 유사하다. 자신의 *매개의 원리들*을 적시에 개정하지 않고, 현대의 문제들에 대한 통찰력을 획득할 수 없는 사람은 누구라도, "그를 벗어난" 세상을 발견할 수 없을 뿐 아니라 그 세상을 진정으로 압도할 수 없다.

현대의 시작이래로, 각각의 새로운 시대에 관한 *매개의 원리들*을 이해하는 것이 사회 사상가들의 특별한 과업이 되어왔다. 마키아벨리(Machiavelli)와 토마스 모아(Thomas More)와 같은 사상가들의 존재

는 봉건세계의 붕괴와 새로운 자본주의사회구조의 출현에 의해 처음으로 가능하게 되었다. 아담 스미스(Adam Smith), 생시몽(Simon, St.), 로렌즈 폰 스타인(Lorenz von Stein), 그리고 칼 마르크스(Karl Marx)의 성과들은 사회발달의 노정에서 중요한 변화들에 대한 지적반응의 표상이다. 우리 시대도, 역시, 그러한 지식의 획득을 위해, 더욱 더 결의를 가지고 노력해야한다. 그러나 우리의 현재상황은, 그 원리들의 맥락에 대한 준거 없이 그러한 새로운 *매개의 원리들*을 단지 발견만하는 것은 더 이상 문제가 아니고; 우리는 그 원리들의 상관관계들에 대해 항상 연구해야하고 우리의 실제적 행동에서 그 원리들에 약간의 영향을 행사하기 위해 노력해야한다.

우리가 사회에 대한 연구에서 전체상황을 강조하면 할수록, *구조*의 개념이 우리의 분석에 더욱더 불청객으로 등장한다. 신기원은 단순히 단일의 *매개의 원리*에 의해서가 아니라 그 원리들의 전체적인 시리즈에 의해 지배되고 있다. 다수의 상호 관련된 *매개의 원리들*이, 어쨌거나, 구조를 만들고, 거기서 요인들의 구체적인 패턴들이 다차원적 방법으로 상호 밀접한 관계를 맺는다. 이 다차원성에 대한 우리의 빈번한 언급에서, 우리는 경제적, 정치적, 그리고 이념적 영역들에서 (상이한 관찰자들에 의해 취한 횡단면들에 따르면) 각각은 전체로서 사상(事象)들의 단일적 측면을 표상하지만, 현존하는 사실의 진실은 많은 그러한 영역들과 그 영역들에 작용하고 있는 구체적인 *매개의 원리들* 간의 상호관계들로 구성되어 있다는 것을 의미했었다.

모든 사상(事象)들의 구체적인 복합체 - 예를 들면, 내각들의 변화나 경제순환의 부침 - 은, 본래 모든 적절한 분석이 문제의 개별적 사상(事象)들을 어느 정도 정확하게 추적할 수 있어야하는, 전체구조의 일부분이다. 모든 중요한 사상(事象)들의 복합체는, 이와 반대로, 현존구조의
184 의 일부분일 뿐만 아니라, 동시에 이전의 단계를 약간 넘어서는 다차

원적 패턴을 유지한다. 개별적 사상(事象)들을 축적하는 세력에 의해 야기된, 구조적 변화는 사상(事象)들 자체에 대한 모든 적합한 기술도 역시 고려되어야한다.

다수의 상호 관련된 *매개의 원리들*은 구조를 형성한다. 다수의 *매개의 원리들*에서의 상호의존적인 변화는 구조적 변화를 형성한다. 그러나 우리의 사회에서 발생되고 있는 구조적 변화들의 조직과 추세를 한 사람의 과학자나 한 사람의 정치인들에 의해서 일견하여 발견될 수 있다고 가정하는 것처럼 잘못된 것은 없다. 소위 형상에 대한 직관적 인식(Gestaltschau: 형상관찰)은 단일의 심리적 행동-이전에 분석적으로 이해되었던 요소들의 단순한 합계가 아닌 단일행동-속의 근본적 현상을 파악할 수 있도록 요구할 수도 있다. 어떤 사람은, 전체로서 즉각적으로 인지되지만 그것에 함유된 단일의 음색과 음정의 단순한 합계가 아닌 것처럼 즉각적으로 인식되는, 멜로디에 관한 잘 알려진 사례를 이와 관련하여 상기하게 만든다. 그러나 단지 시각과 청각의 영역에서만, 이러한 의미에서 전체들은 단일의 심리적 행동으로 즉각적으로 표현하고 인지할 수 있다. 신기원에서 모든 사회적 및 역사적 사상(事象)들의 구조는, 이와 대조적으로, 일견하여 이해되기에는 너무 난해하다. 그 구조는 직접적으로 인지할 수도 없다. 그 구조는, 그것의 모든 요소들을 주목하고, 비교하고, 결합하는, 원대한 사고이후에만 점진적으로 파악될 수 있다.

오늘날 우리가 진정으로 볼 수 있는 대부분의 것은 정치적, 경제적, 기술적, 그리고 심리적 영역들에서의 다양한 *매개의 원리들*에 관한 상호의존적인 변형이다. 이 변형들은 상호의존적으로 고찰되어야한다. 즉, 요점은, 예를 들면, 정치적 영역에서의 변화들은 경제적 영역에서의 변화들과 관계되는 곳이고, 이 양 객체적 영역들에서의 변화들은 새로운 심리적 태도의 형태로서 주체적 변화가 발생하는 곳에서 발견되어야 한다는 것이다. 그 변화들은 그것들을 지배하는 개별적 사실들과 일반적인 추상적 법칙들을 인지하는, 완만한 발달의 시대들에 대한 자랑스러운 요구이지만; 우리는 그 변화들이 출현하는 것처럼 그 변화들 속에서 발생하고 있는 더 종합적인 관계들과 근본적인 변화들을 발현시킬 기회를 가지고 있다.

모든 탐구방법은, 내가 다른 곳에서 지적했던 바와 같이, 정확성에
185 대한 자체의 독특한 기준을 보유하고 있으며, 하나의 문제에서 다른 문제로 이 기준들을 무차별적으로 전이하는 것보다 오류는 없다. 어떤 사람이 고립된 개별객체들과 그 객체들이 출현하고 기능하는 방법을 분석하고자 할 때에는, 구상적인 현상을 가장 추상적인 요소들로 환원하고 이 요소들을 가능한 한 측정 가능한 형태로 표출시키는 것이 최선일 것이다. 구체적인 "추세"나 일부 다른 *매개의 원리*에 대한 결정의 문제가 있는 곳에서, 이 양적인 정확성의 유형은 아주 점진적으로만 획득할 수 있지만 아마도 절대로 완전하게는 획득할 수는 없다. 최초의 어림셈처럼, 문제는 이 *매개의 원리들*에 대해 질적 분석을 하고, 다양한 요인들과 경험들을 판별하며, 그리고 무질서한 사실들을 세력들 간의 복합적인 상호작용에 대한 정확한 기술로 변환하는 것이다. 이상적인 측정가능성에 부응하지 않았거나 적어도 아직까지는 충족하지 않았다는 이유 때문에서만 이 질적 분석을 부인하는 것은 매우 잘못된 것일 수 있다.

수학적 및 가측적 방법들의 강제부과는, 어떤 특정한 학문들이 숙지의 가치가 무엇인가에 대해서는 더 이상 묻지 않지만, 무엇이 측정가능한가에 대해서만은 알만한 가치가 있는 것처럼 사료되는 상황으로 점진적으로 인도했다.[22] 이러한 관점에 반하여, 우리는, 사회과학에서,

---

22) 때문에, 사회과학들의 많은 경험적 조사들은 단지 자료들이 즉시 이용가능하기 때문이고, 조사자들이 그들이 해결하고자하는 문제들에 직면했기 때문에

우리가 총체적인 사회상황에 의해 표상된 직접적인 과업에 관심을 갖도록 반드시 관여할 결심과, 이 과업은 질적 분석을 통해서만 적절하게 파악될 수 있다고 역설해야한다. 이것이 해결되었을 때만, 누구든지 어떻게 복합적인 문제가 더 단순한 요소들로 분석될 수 있는가를 고찰할 수 있다. 이것도 역시 달성되었을 때에, 우리는 어떻게 성과들이 단순화된 요소들에 의해 입증될 수 있고, 어떻게 광범한 원초의 테제들이 우리가 입증한 개별적 견해들을 필연적으로 추종하는가를 탐구해야한다. 양적 분석은 질적 분석이 완료되기 이전까지는 이루어질 수 없다. 사회적 사실들의 복합체를 가측적인 요소로의 단순한 환원은 과학적 통찰을 증명할 수 없다. 그러나 질적 분석이 양적 통제를 수용한다는 관점에서 우리의 지식을 입증하는 것은 진정한 과학적 작업이다.

이러한 방법으로 우리는 다음과 같이 주장할 수 있다. 즉, (a) 개별적 사실들과 그 사실들을 만드는 요인들은, 만일 그것들의 질적 분석이 계수가 사실들을 추상적으로 기록하는 것이 아니라 명료하게 작성된 가정들을 입증하도록 충분하게 발달되었었다면, 측정에만 따라야 한다. (b) 수량자체의 추상적 결정들은, 상이하게 동시에 존재하는 *매개의 원리들* 때문에, 일반법칙들로부터의 일탈을 고려하지 않는 한, 대체로 부정확하다. 186

추상적인 법칙들만을 추구하고, 단위들의 특수한 역사적 맥락에 관계없이, 그것들의 기술만을 겨냥하는, 계산과 측정에 따른 문제에 착수하는 연구방법 때문에, 이 *매개의 원리들*에 대한 경시된 연구가 오류의 근원이다. 이 영역에서 최고의 정밀성조차도 역사적 구체성에 관한한 정확성에 관해서는 성공하지 못한다. 만일 사회적 연구가 정확성에 대한 그 연구의 요구에 충실해지기를 바란다면, 비록 발산적 방법

이루어진다.

들이라 할지라도, *매개의 원리들*의 발견으로 인도하는 모든 단계를 기
꺼이 받아들여야한다. 이 원리들은, 부정되지는 않지만, 처음에는 매우
모호하다. 그 원리들의 상대적 중요성에 관한 결정은, 향후의 발전노
선에 의해 상당부분 증명되거나 거부될 수 있는, 추정치에 처음에는
의존한다. 예를 들면, 직업군인들로 구성된 상대적으로 소규모의 군대
에서 현대와 같은 군사장비의 집중은 이미 권력을 보유하고 있는 집단
들을 강화시키는 반면에, 민간인들의 일반적 자유화와 자율에 관한 기
회들을 약화시킨다고 주장하는 때에, 논제는 군사기술과 정치적 사상
(事象)의 발달에 의해 증명되거나 거부될 수 있다. 여하튼, 역사는 사
회적 과정이 보다 많은 수의 그러한 *매개의 원리들*을 사전에 분석했
을 때만 특정한 *매개의 원리들*의 실존과 관련된 그러한 관찰들을 확
인하거나 거부할 수 있다. 하나나 두 개의 그러한 *매개의 원리들*이 전
체적인 과정을 이해하는데 사용되는 때에만, 탐구자들은 다른 원리에
서 기인한 변화들을 포함하는 위험에 쉽게 희생된다. 이것은, 예를 들
면, 내가 반복하여 강조하기를 바란 것처럼, 그것의 보편원리의 관점
에서, 용이하게 다른 모든 심리적 그리고 정치적 요인들을 완전히 모
187 호하게 하거나 경제적 요인들만을 도출하기 위한 시도로 인도하는, 과
장된 경제적 해석에 따른 위험이 있다. 그러나 이와 반대로, 만일 탐구
자가 그러한 *매개의 원리들*의 풍부한 네트워크를 그의 마음대로 할
수 있다면, 그는 시간이 지나면 더 나은 원리들을 발견하고, 사회적 변
화를 창조하는데 어떻게 그 원리들이 상호작용하는가에 대해 더 정확
하게 주시할 기회가 있다.

한편, 만일 사회적 과정(예를 들면, 주어진 시기에서 경제적 또는 정치적 요인들의 역할을 절대화하는 것과 관련하여)에서의 다양한 *매개의 원리들*과 그 원리들의 중요성을 독단적으로 단정하는 위험이 있다면, 이와 반대로, *그 원리들*이 그것들 상호간을 연계시키는 어떠한 시

도도 없이, 동등하게 유의의한 세력들과 평이하게 병행 배치될 수 있다는 정반대의 위험이 존재한다. 소여의 사회에서 작용하고 있는 세력들은, 불평등한 비중에 처해 있고, *매개의 원리들*의 구조로서, 특히 다차원적인 구조가 전체적으로 기술되는 때에, 그러한 사정이 존재할 개연성이 매우 높다. 모든 요인들과 원리들에 동일한 비중을 부여하고, 기껏해야 그저 누적적인 방법에 반하여, 그 방법들이 "독립변수들"이나 "인과요인들의 *계층*"의 확립을 모색한다는 의미에서, 구조에 축선(軸線)을 제공하는 그러한 방법들은 올바른 괘도상에 놓여 있다는 점은 의문의 여지가 없다. 그러나 그러한 "계층"은 경험적으로만 구축될 수 있음에 반하여, 대부분의 이론가들은, 지배적인 과학적 풍조이거나 소여의 사회계급과 관련된 이해관계인의 특징인, 특정한 기대들과 편견들에 의해 무엇이 중요한가를 결정하는데, 교도되고 있다. 기술자는 역사의 기술적 해석에, 경제학자는 경제적 해석에, 정치학자는 폭력이론에, 그리고 탈속적인 학자는 이상적인 것에 의존한다. 그들의 갈등은 다양한 관찰자들의 견해를 통합하는데 "철학"에 의한 것이 아니라 경험적으로 해결할 수 있다.

VI
*매개의 원리들*의 발견에 대한 장애물

새로운 *매개의 원리들*의 발견과 관련한 주요한 난점은, 아직 형성과정 중에 있으며 우리의 모든 실제적 관심들과 밀접하게 관련되어 있는 객체들 중에서 그 원리들을 탐구해야하고, 게다가 우리가 그 원리들을 188
관찰하려고 하는 관점은 자체적으로는 전적으로 안정적이지 않다는 것이다. 우리스스로가 발달의 중간에 서있고, 이 활동적 세력들과 상호작용한다. 개별적인 *매개의 원리*가 어떤 행로를 취하고, 정확하게 무슨 구조를 사회가 수용할 것인가를 미리 아는 사람은 누구나, 새롭게 출현하는 변화들의 경험적 관찰을 위한 그의 능력을 바로 시초부터 약화시키고, 마치 그 원리가 이미 최종적인 형태를 갖춘 것처럼 생성의 과정에서도 구조로 취급된다고 믿는다. 발전하는 역사과정을 기술하기 위한 과학적 기법은 안출되어야한다. 이 기법은, 현존추세를 발견하고자 노력하고, 개방적 대안들이라는 의미에서 장래의 사상(事象)을 다루기로 결정한, 즉, 개방적인 마음으로 모호한 사실들에 접근하는, 그러한 사람들에게 도움이 되어야한다. 이러한 사유유형은, 무엇이 본질적으로 모호한 과거인가에 관해 명확한 묘사를 하고자하는 역사가가 감지하는 안전에 대한 수요와 대립하고, 적대하는 정치적 집단들의 확실성에 대한 욕구와도 충돌한다.

우리자신의 관점이 명료해지도록, 우리는 역사에 대한 두 개의 상반된 견해들의 현저한 특징들을 상기하고자한다. 첫 번째는 전문화된 역사가의 사후(事後)의 관점이다.

그 관점은, 현재가 아직도 출현과정 중에 있기 때문에 과학적으로 연구될 수 없고, 어떠한 일련의 사실들이 정말로 중요한가를 알 수 없다는 생각에 기반하고 있다. 발생기(*in statu nascendi*) 접근방법과 비교하여, 사후(事後)의 관점에 대한 강조는 문제에 대한 객관적 난점들로부터 발생하는 것이 아니라, 오히려 학자의 주관적 불안들로부터 출현하는 것처럼 보인다. 과거의 사상(事象)에 대한 연구에서, 어떤 사람이 현재의 즉각적인 관찰에 도움이 되는 인간관계들의 상세한 네트워크를 파악하는데 실패할 위험은, 현재의 요인들을 평가하고 계량하는데 오류를 범할 위험보다 훨씬 더 큰 것으로 보인다. 사실상, 현재를 이해하려는 의지를 가지고 과거에 접근하지 않은 어떤 사람도 아직까지 과거로부터 현재를 진정으로 이해하지 못했다. 정상적인 과정은 다음과 같다. 즉, 우리는 우리자신의 현재 세상에서 발생하는 유사하거나 모순되는 양태에 의해 과거의 상황을 이해한다. 생활을 *실제로(in actu)* 간주하고 그것에 의해서 과거에 실제성을 부여하는, (단어의 최선의 의미에서) 현실성에 대한 감각은 모든 역사적 및 사회적 지식에 189
관한 사상(事象)들의 신경(*nervus rerum*)으로 남는다.

사후(事後)의 관점은, 일련의 사상(事象)들이 발생된 이후에, 어떤 요인들과 *매개의 원리들*이 중요했던가를 결정하려 할 때는 전적으로 잘못이다. 사후(事後)적인 역사의 관점에 과실이 있다는 것의 가장 근본적인 오류는, 그 관점이 발생되었던 모든 사상(事象)이 일어날 수 있었던 유일한 사상(事象)이라고 사료하는 것이다. 때문에, 그 사후관점은, 모든 역사적 사상(事象)에서 다수의 요인들이 상호작용하고, 아주 자주 하나의 요인이 나머지 요인들을 결코 병합하지 않은 외형적 승리이지만, 보다 즉각적으로 인지할 수 있는 유의의를 가진 그러한 요인들보다는, 표면에서 그 요인들을 단지 보다 분명하지 않게 만드는, *발생기(in statu nascendi)*의 주제를 연구하는 합리적 관찰자에게는 항상 명료한 것을 모호하게 한다. 놀랄만한 새로운 상황들의 갑작스런 출현은 아주 종종 전면에 등장하고 있는 이전에 억압되고 모호했던 그러한 요인들에 불과하다. 혼돈의 시대에, 기대들의 "지평"은, 우리가 고찰한 것처럼, 모든 현대의 *발생기의 매개의 원리들(principia media in statu nascendi)*을 들추어내고, 미래전체에 대한 불확실성을 통해 다양한 가능성들과 관련된 풍요를 강조한다. 진정한 과학적 관찰의 과업은 다중의 가능성들로서 *매개의 원리들*을 기술하려는 것이다.[23)]

---

23) 예를 들면, 우리가 소수자규칙을 만들기 위한 권력의 수단의 집중에 관한 대립되는 원리들과 그 규칙을 무력화하는 근본적인 민주화를 시도했던 것처럼; 또는 비합리성의 성장을 만들기 위한 전형적인 상황들의 기술을 시도했던 것

역시 과학적 태도와 대조적인 것은 정치적 집단들로, 그 집단들은 현재에 대한 그들의 견해에서, 마치 그 집단들이 그 원리들의 결과가 무엇이 될 것인가를 알았던 것처럼, *매개의 원리들*을 취급한다. 때문에 그 집단들은 예언적 태도를 지지하는 실험적 태도를 거부한다. 이것도 사후(事後)접근방법이고, 역사학자들의 접근방법과 기본적으로 관련된다. 발생되고 있는 사상(事象)들에 대한 유의의를 파악하고 실제로 문제적인 것을 문제없는 것으로 묘사할 것을 요구할 때 그 접근방법이 진정으로 하는 일은, 그 접근방법 자체의 소망이라는 점에서 무엇이 발생할 것인가를 더 이상 모순적으로 기술할 수 없다는 것이다. 그 다음에, 아직 실현되지 않은 장래여건으로서 이 기반에서, 무엇
190 이 아직도 발전의 과정에 있는가에 대한 의미를 제공한다. 사상(事象)들은, 따라서, 이 예상된 미래라는 의미로 해석된다. 이 관점은 정치적 행태에서는 이점들을 가질 수 있다. 어떤 사람이 어떤 길을 따라야 하는가를 확실성을 가지고 주장하는 것처럼 가장(假裝)할 수 있다는 사실은, 그의 태도가 중대한 상황들에서 결연한 개인들은 물론, 광범한 집단들에게도 때때로 영향을 줄 수 있다. 이를 수행함에 있어 사람은 역사를 예언할 수 있을 뿐만 아니라 부분적으로는 역사를 만든다. 하나의 바람직한 가능성에 대한 이 확고한 충실성의 정치적 이점은, 어쨌거나, 위기의 시기에는 오류들이 폭로되고, 과도하게 독단적인 정치인은 쉽게 재순응할 수 없는 불이익들을 갖게 된다. 이 상황들 아래에서, 집단행동에 필수적인 자기교정은 심각한 좌절과 모진 희생 후에만 이루어질 수 있다.

역사에 대한 사후(事後)접근과 단호한 정치가들의 예언적 태도 이외에, 우리는 발생기이고 실험적 태도라는 의미에서 진행되는, 제3의 관

과 같다. 본서의 제I편 참조.

찰방법을 간구해야한다. 하나의 접근방법은 기대들의 지평을 개방적인 지평으로 취급하고, 이미 확립된 사실들을 도표로 나타내는 지도가 아닌 것처럼 발전시켜야한다. 그 지도는 여행자의 왕림을 위해 이미 준비한 길을 걷는 그에게만 도움이 된다. 우리 역사의 새로운 단면을 횡단하는 시점에 있는, 우리는, 어쨌거나, 스스로의 길을 발견해야한다. 그러나 우리는 우리가 만족하는 것과 똑같은 우리의 노선들을 구축할 수는 없다. 역사는 우리에게 장애물들이 가득한 세상을 제공한다. 그러한 장애들과 직면하여, 마법의 시대에 살고 있는 사람들은 그들이 바란 것처럼 비밀세력들이 행동하도록 강요했다. 만년의 종교적 숙명론은 개별적인 업무들의 수행에서 활발했음에도 불구하고, 모두가 신의 수중에 있는 것처럼 사상(事象)들을 위임하고자한다. 계획시대의 본질적인 태도는 이 두 접근방법의 유형을 통합하는 것처럼 보인다. 다시 한 번, 그 태도는 근본적인 세력들의 상호작용에 개입하는 용기를 드러내는데, 한편으로 그것은, 이들 세력들의 창조자로라기보다는, 오히려 적절한 순간에 표면에 등장하고, 중요한 결정들이 이루어져야 할 그러한 지점에서 그 가능성들을 보강하기위해 도래하는 새로운 가능성들을 탐지하기위해 사회에서 작용하는 요인들을 단지 감시만 하는, 전략가로서, 행동하는 것을 위장하지 않는 종교적 정신의 겸손함과 관련된 어떤 것을 물려받았다.

Ⅶ

설립, 계획, 그리고 행정의 개념은 서로 구별되어야 한다

마지막 문장은, 우리에게 *설립*(*establishing*) 또는 창립(*Grűndung*) 191
과 *계획*(*planning*) 간의 명확한 구별을, 강요한다. *설립*은 개입에 관한 가장 진보된 단계의 하나이다. 그러나 우리의 정의(定義) 의미 안에서, 그것은, 사실, 계획이 아니다. 우리는, 사회를 새롭게 건설하기보다는 *재건하는* 사회라고 말했을 때, 여기에서 발생하는 문제를 이미 간단히 언급했다. 만일 사회적 세계가 어떤 사람이 단일의 문제들이나 즉각적인 목표들을 다루는 것과 같은 방법으로 형성할 수 있고, 공장을 합리화하거나 도시를 건설하거나, 또는 환언하면, 추상적인 법칙들과 눈대중에 따라 개별적 물건들을 만들 수 있다면, 계획은 본질적으로 새로운 사고의 유형이 아니다. 그러나 계획은 중심점들에서 지금까지 상호간에 단지 간접적으로만 관련되었던 개입지역들에까지 일찍이 없었던 정도로 깊숙이 침투하는 것을 의미하고; 최종적으로 아직도 계획되지 않은 이 영역전체를 통제하는 것과 관련되기 때문에, 발명적 사유의 단계에서 도출된 행태는 이 계획되지 않은 영역에서는 재난적인 효과만을 가져올 수 있다. 임시 이주된 인민들을 도시전체에서 발견했을 경우는 우리의 의미에서는 계획이 아니다. 그러한 기업은 계획과 매우 유사하지만, 두 개의 본질적인 관점에서 계획과는 상이하다.

도시의 식민화, *창설*, 또는 *설립*은 추상적인 환경에서 도시를 건설한다는 사실에서 먼저 계획과 구별된다. 그 도시는 필요에 따라 때때로 도시자체의 숙려에 의해 주변지역들을 고려하지만, 그것만으로 그 지역들을 계획하는 것은 아니다. 사상(事象)들의 내부노선과 관련한 최대한의 경계(警戒)에도 불구하고, 전체적인 구조는, 외부세계와 관련되는 한, 계획 없이도 설립되고, 특정한 상황아래에서는 타 도시들과 다른 외부적 난점들과의 경쟁에도 아랑곳없이 모든 역사적으로 "발달한" 도시처럼 받아들여질 수 있다. *설립*이 계획과 구별되어야할 두 번째 방법은, 설립에서는 건설재료들을 처음에 수집하여 서로 간에 사전에 결정된 관계에 따라 배치하는 것이다. 건설될 주택은 처음에는 도
192 면에 존재한다. 만일 완성된 건물이 청사진과 차이가 있다면, 청사진

이나 또는 그것의 집행에 오류가 있는 것이다. 이것은 *설립*이 꼭 창조의 행위라는 것을 의미하지는 않다. 만일 재료들의 내부속성과 물리적·화학적·기타 규칙성들이 건설업자 자신에 의해 창조되었을 때만 창조가 될 수 있고, *설립*이나 *창립*에는 계획입안자가 본래 주어진 세력들을 사용하도록 만드는 것으로 충분하다. 그러나 그러한 방법으로 그 계획입안자가, 아주 초기에서부터 자신의 건물에 필요한 모든 요소들을 수집하고, 자신의 직접적인 목표에 따라 그 요소들을 조직한다는 의미에서, 무언가 새로운 것을 산출한다. 이 정의에 따라, 예를 들면, 대규모조직, 합리적으로 윤곽을 그린 철도와 우편서비스 체계는 *설립*의 특성을 가질 수 있다.[24)]

이러한 의미에서 전체로서 사회는 절대 *설립*되거나 *창립*될 수 없는데, 이는 구축된 요소들은 특정한 역사적 관계 속에서 항상 발견되기 때문이다. 그 요인들은 순수한 세력들로는 절대 발견되지 않지만, 특정집단 그리고 항상 변화하는 사회에서 상이한 수준들에 대해 상호작용하는 *매개의 원리들*과 연계되어있다.

이 모든 것이, 계획은 불가능하지만, 오히려 *설립*이나 절대적 혁신과 동일한 존재로서 생각되어서는 안 된다는 것을 의미하지는 않다. *설립*은 그것이 시행되기 이전에 창립자들의 정신들 속에 존재하는 고정되고 완료된 시안에서부터 진행되고, 피히테(Fichte, J.)의 관념과 같이 그 설립은 이 초감각적 조건에서 실제적 사실로 번안된다. 실행의 문제는 단지 적절한 수단의 문제이다. 계획은, 다른 한편, 즉각적으로 이용 가능한 것의 사용과 함께 시작한다. 계획의 목표들, 수단들, 그리

---

24) 그것의 순수한 형태로서 *확립*은 식민화에서만 아마도 가능하다. 그러나 이것조차 그것의 이론적 가능성을 지적하기에 충분하다. 예를 들면, 우리의 교통시설들은 그 시설들이 철도체계의 발견에서 합리적으로 규제된 개입의 모든 단계를 통과했다는 의미에서 전통적으로 실제로 성장해 왔다는 사실은 이 이론적 개연성에 거슬리는 것은 없다는 것을 증명한다.

고 기반들은 동일한 수준의 역사적 현실에 존재한다. 즉, 사회 속의 사람들과 사상(事象)들이 함께 북적이는 것이 계획의 기반이다. 이 기반이 수단을 제공하고, 오직 이 기반에서 우리는 우리의 다음 목표를 달성할 수 있고, 올바른 방법으로 사회에 대한 주조에 착수한다.

*매개의 원리들*을 취급함에 있어, 우리는 어떠한 자유롭고 무제한적인 처분권도 보유하고 있지 않다. 이것 대신에, 우리가 필요한 것은, 계획을 발견할 수 있는, 가장 유리한 통제점에 따라, 이 원리들이 움직
193 이는 사조와 동조하거나 또는 반대로 작동하는, 올바른 *전략*이다.

계획의 주요한 특징들을 올바르게 이해하기 위해서는, 계획을, 더 이상 정치적이 아닌, *행정*과 구별해야한다.[25] 이 후자, 즉, 행정은, 사회구조가 계획의 단계에서 완전히 조직된 국가로 변하자마자, 그리고 투쟁에서 발생한 전체 또는 대부분의 역사적 세력들이 전략을 통한 통제아래서 발생되자마자, 출현한다. 우리는, 물론, 이 단계도 역시 계획이라고 기술하는 것을 결정할 수 있다. 우리는, 어쨌거나, 사회적 과정에 대해 아직 조정되지 않은 *매개의 원리들*의 통제아래 두고자 노력하는 예측전략을 위해, 이 단어를 보류하고자한다. 계획은, 역사적으로 발달된 사회를, 특정한 중심적 위치들에서 인간에 의해 점점 더 완전하게 규제되는 단일체로 재건하는 것이다. 계획의 년대는 그저 행정의 연대에 뒤따르게 될 것이라는 것도 물론 가능하다. 차후의 단계에서 우리가 지금 역사라고 부르는 모든 것들, 즉, 통제하지 않은 사회세력들의 예측할 수 없고 숙명적인 지배가 종말에 이를 것이라는 것도 또한 가능하다. 행정과 대조적으로, 계획은, 때문에, 역사의 구조 내에서 아직도 작동하는 행위의 한 형태이다. 우리가 행정을 이해한 것처럼, 계획은 인간사에 신중하게 적용된 예측이기 때문에, 사회적 과정은 더

25) 행정의 속성에 대한 더 이상의 내용은 351쪽(원저 294쪽) 이하 참조.

이상 단순하게 갈등과 경쟁의 산물이 아니다. 우리가 언젠가 충분히 성공할 것인가 여부는 여기서의 이슈가 아니다. 우리가 인식해야 할 것은, 우리는 이 과업, 즉, 지금 진보하고 있는 인간의 자발성과 사유에 대한 재 지향에서 발생하는, 우리 시대의 모든 긴장된 분위기와 이러한 추세에 대한 인식이 없이는, 우리는 우리가 살고 있는 시대를 이해할 수 없다는 점에서 벗어날 수 없다는 것이다.

Ⅷ
계획의 의지적 및 감정적 측면들

이와 함께 우리는 사회계획이 결코 실제생활과 연계되지 않은 공허한 이론이 아니라는 것을 의미한다. 이것이 우리가, 이전에, 계획의 전 194
략을 말한 이유이다. 만일 계획이 사회과정에 관한 궁극적인 *매개의 원리들*이 사람의 의지를 굽히게 하는 그러한 핵심적 입장들의 발견과 관련된다면, 계획은 계획하려는 의지의 존재와 개입이 요구되는 바로 그 사항에서의 개입하는 권력을 의미한다.[26]

---

26) 프레어(Freyer)가 그의 『경제와 계획』(Wirtschaft und Planning, Hamburg: 1933)에서 계획은 순수하게 이론적인 행동이 아니고 권력이 없이는 상상할 수 없다고 말한 때는 적절하다. 이 주장은 모든 사고는 실제상황과 의지에 의해 결정된다는 지식의 사회학에 기초한 우리의 취지와 의견이 일치한다. 프레어의 형식화에서 파시스트적 요소는, 어쨌거나, 권력에 대한 과도한 강조는 권력과 폭력이 실제로 확고한 계획의 단계들이라는 사실에서 보였다. 사람은, 어떤 사람이 권력을 가진다면 계획은 스스로 나타난다는, 금언에 국한한다. 이것은 발견과 발명의 수준에서 특정한 정당성을 갖지만, 현재의 수준에서는, 심각한 위기로 이끄는 태도인데, 이는, 독재정권 독자적으로는, 존재하는 갈등들을 결코 폐지할 수 없기 때문이다. 대신에, 그것은 새로운 적응들을 발견할 최선의 기회들을 이전에 가졌던 그러한 요소들의 활력을 북돋는 이동성을 중지시킨다.

이제 이 모험적인 "계획하려는 의지"는 개인에만 국한시킬 수 없다. 그것은 다른 한편으로는 원래의 자극을 제공한 다수파일 필요는 없다. 소수파들이 이제 집단적 의지의 결정들과 사회재건의 수행을 주도할 수도 있다. 현대의 경제적, 정치적, 행정적, 그리고 문화적 제도들이 집중화하는 경향이 있다는 사실 때문에, 권력을 잡은 소수파들이 이 장치를 사용할 수 있다. 우리는, 어쨌거나, 신사회의 실현을 추구하는 그러한 집단들이 오래된 사고방식을 아직도 견지하고, 그들 스스로나 그들이 대표하는 집단들을 위해 일방적으로 계획하려하는 것은, 재건시대의 모순이라는 것을 이미 제시했다. 이 때문에 그 집단들은 그들의 구상안속에 이중의 모순을 만든다. 첫째, 그 집단들은, 특정한 세력에 대한 혜택을 위해, 즉, 특정집단들의 특정이익들에만 아주 유용할 가능성이 있는 계획을 작성하는, 전체주의체제를 바란다. 둘째로, 그 집단들이 최대한으로 권력을 위한 경쟁과 갈등을 강화하기 위해, 전형적인 비계획적이며 비합리적인 적자생존과정으로 나아간다. 이 모순들은, 가상적인 것은 아니지만, 특히 계획에서 핵심적 지위들을 위한 이 투쟁이 다른 어떤 것보다 독재정권하에서 더 활발하게 수행되기 때
195 문에, 사상(事象)들로부터 직접적으로 논증되고 있다. 이 일방적인 통제의 단계가 우세하는 한 어떤 사람도 성공적인 계획에 관해 말할 수 없는데, 이는 서로 다른 사회집단들 사이에서 한때 형성된 경직된 갈등이 이제는 정상에 집중되기 때문이다. 긴장들은, 그것들이 세계무대는 물론 국내의 정치적 및 사회적 단위들내에 존재하는 것처럼, 권위의 위치들에 초점을 둔데서 발생한다. 문제는, 이제 이 갈등이 종료되고, 주도권을 위한 격렬한 투쟁을 종식시키는 방법으로, 계획이 달성

폴 틸리크(Tillich, P.)의 저서, 『사회주의의 결정』(*Die sozialishische Entscheidung*, Potsdam, 1933), 에서는 많은 점에서 이 문제들에 대해 바른 접근방법이 발견되고 있음으로 참조.

될 수 있을 것인가 여부이다. 이러한 점점 더 통합된 관계들의 네트워크가 반대가 아니라 공조를 확보하는데 사용될 수 있는가?, 또는 환언하면, 이 사회체제가 즉흥적이거나 또는 계획과 인도로서 우리의 충동들을 지도하여, 지배적인 적대감을 공조로 바꿀 수 있는 어떠한 기회가 있는가?

새로운 사회적 상황은, 그들의 충동들을 새로운 방법으로 사유하고 통합할, 새로운 인간들을 절대로 만들어낼 수 없을지도 모른다. 새로운 사회적 상황은 적정수의 요구된 인간의 유형들을 절대로 생성할 수 없을지도 모른다. 그러나 소수파들에 의해 올바르게 교도된 사회체제는 사고와 의지의 변화를 초래하는 것이 가능하게 하는 경향들이 있을지도 모른다.

이론적으로, 기본적인 인간의 충동들에 관한 표현의 변화가능성에 대해 어떠한 반대도 있을 수 없는데, 이는 우리가 역사에서 이러한 변화들 보다 더 거대한 변화들을 경험했기 때문이다. 계획된 통제조차 없어도, 부르주아유형은 봉건적 환경 속의 관련된 고립집단들에서 점진적으로 창출된다. 그리고 경쟁을 대체한, 현대산업관료제는 대규모 산업기법의 성장에 대한 응답으로 발흥했다.

충동들과 관념들에 대한 그러한 방향수정과정은, 반대집단들이 권력을 장악할 때는 언제나, 우리 자신의 세대와 환경 내에서 작용하고 있다는 것을 감지할 수도 있다. 새로운 입장에서는, 오래된 문제들도 새로운 모습으로 나타나고, 무의식적으로 문제들에 대한 집단의 태도는 완전하게 변화한다.

변환의 비율은, 만일 교육에서의 신중한 변화가 동일방향에 있는 평행하는 사회적 추세들과 부합되게 계획된다면, -우리가 이후에 고찰하게 되는 것처럼- 정말로 촉진될 수 있다. 참조할 실재상황이 없을 때 196
에는 교육은 공허한 설교가 되는 까닭에, 교육이 동일한 방향으로 움직이는 사회적 세력들과 깊이 연관되어 있을 때, 변환의 과정은 촉진된다. 여기서, 역시, 단호한 질문은 인간의 변환에서 *매개의 원리들*은 사회체계의 *매개의 원리들*과 성공적으로 조화되는가 여부이다.

이 경우와 관련하여, 우리는 현재의 사회발달단계에서 통합적인 경향들로 작용하는 공식적인[27] 장치만을 설명하고, 개방적 대안들이라는 의미에서, 이 문제도, 역시, 사유하기를 바란다. 갈등은 매우 큰 통합으로 인도할 수 있기 때문에, 마지막에는 소수만 잔존하고, 극단적인 사례들에서는 개별국가와 국제체제 내에 두 개의 대립되는 권력집단들만 남을 것이라고 생각할 수 있다. 명료함을 위해, 우리는 그 갈등이 정치적 집단들 내와 그 집단들 간에 발생하는 것처럼, 이 과정을 분리하여 고려해야 할 것이다. 만일 대규모 단위들이 아직도 계획되지 않은 사회의 오래된 원리에 따라, 즉, 갈등에 의해 통합된다면, 이와 같은 어떤 일, 즉, 갈등은 지금까지 분열은 물론 통합의 수단이 되었다는 것, 이 발생할 것이다. 때문에, 폭력의 사용 지점까지 더욱 더 강렬한 집중화를 야기하게 될 것이라는 점은 불가능한 것은 아니다. 극단적인 사례로 오직 두 강력한 적대자들만이 남게 된다. 이어지는 통합은 타 정당을 완전하게 제압하는, 한 정당의 승리 형태를 취한다. 그러한 사례에서, 정복된 집단은 승리한 집단의 일부 권력을 간접적으로 흡수할 것이고, 그 이후에는 그 정복된 집단 자체의 이익을 위해 계획에 영향을 미

---

27) 우리가 여기서 하고 있는 것처럼-문제의 일부분을 취하는 현실의 반대자들을 무시하는-그러한 공식적 및 추상적 방법에서의 권력통합의 문제를 해석하는 것을 전적으로 정당화되는 것은 아마도 아니다. 그러나 우리의 변명은, 한편으로는, 사물들이 현재 조우했던 일반적 흐름에서, 구체적인 권력집단들은 미리 결정될 수 없고, 다른 한편으로는, 정치적 예언들은 우리의 과업이 아니라는 것이다. 우리의 문제에 대한 검사를-어떠한 사회적 세력들과 상황의 종류가 과거나 장래에 적의를 합리적 통찰과 협력으로 바꿀 수 있는가-위해, 사상(事象)들의 대략적인 개요는 충분하고, 역사적 및 구체적 형태들과 매우 밀접하게 견지하는 분석보다는 기본세력들의 설명을 종종 더 도울 수도 있다.

칠 기회가 아직도 있다. 어쨌거나, 투쟁은 교착이나 상호소멸로서 종료될지도 모른다. 국가의 경계 안에서 발생하는 갈등에서는, 외부로 부터의 압력이 관계자들에게 평화로운 타협-그들의 난점들에 대한 중재와 같은 것-을 강요할 가능성이 아직도 있다. 대규모의 통합권력단위들 국가들 ·또는 대륙들· 또는 기타의 결사집단들의 유형이 상호 대립하는 곳에서, 국제적 규모의 갈등들은 훨씬 난해한 문제이다. 여기서는 오직 갈등의 원리만 작동하기 때문에, 거대한 대립집단들 중 한 집단이 전체 영역에서 승리할 것이고, 이 승리를 통해 단일화된 계획을 시행하게 될 개연성이 상당히 있다. 훨씬 더 가능한 것은, 어쨌거나, 또 다른 개연성, 즉, 그러한 최종적인 싸움은 상호파괴로 인도할 것이라는 점이다. 197

아직 또 다른 방법이 열려 있는데- 그것은 통일된 계획은 이해, 합의, 그리고 타협을 통해 실현될 것이고, 그러한 마음의 상태는, 고립된 장소 내의 평화가 그러한 방법들에 의해 구축된, 소여의 국내집단 내에서만 지금까지 가능했던 것이, 국제사회의 핵심적인 지위들에서의 계기가 될 것이다. 그러한 사고방식의 변화는, 실제로, 세계사에서 진정한 혁명이 될 것인데, 이는 그러한 변화가 처음에는 공포나 강요가 아니라 이해에 바탕을 둘 수 있는 주요한 위기에 대한 해결책을 표상할 수 있기 때문이다. 그러한 변화는 지금까지 두 대립집단들이, 만일 그들이 공동의 적을 두려워했다면, 그들 자신의 자유의지에 의해 겨우 화해할 수도 있는, 갈등에 대한 속성의 일부가 되었다. 만일 우리가 우리의 희망들을 갈등의 원리에만 의지한다면, 어떤 외부의 적, 예를 들면, 그들의 잠재적 위협 때문에 아직도 적대적인 집단들이 타협할 수 있게 하는 화성의 주민들, 을 날조하여 세계적인 통합과 관련하여 끝에서 둘째 단계가 필요할 수도 있다. 그러나 또 다른 세계에서는 그러한 적을 고려할 수 없기 때문에, 우리는, 또 다른 방법으로 갈등의 필드에서 폭력과 억압을 배제할 수 있는 이해에 도달하는 것이 가능한가 여부를 발견하려 해야 한다. 그 이후의 방법은 이론적으로는 가능하지만, 작동을 보장할 수는 없다.

이전의 모든 전쟁들에서 전투원들 중의 한사람은 항상 타인들을 절멸시킬 수 있기를 바란다. 이와 대조적으로, 현대의 전쟁은 그들 양자를 멸망시킨다는 것이 점점 분명해지고 있다. 미래의 전쟁이 보유한 잔혹한 파괴적 힘은 실제적인 적임에도 불구하고 마치 두려워하며 행동할 정도로 강력하다. 이 사례에서, 도래할 대량도살의 공포로부터
198 타협에 이를 수 있고, 국가들은 모든 나라들에 계획을 수행할 수도 있는 중앙조직에 그들 스스로를 복속시킬 수도 있다.

종종 이상사회들이라고 불리는 것들을 건설하는 것보다 우리의 의도에서 이격된 것은 없다. 그러나 우리가, 대립하고 있는 당사자들이 어떤 사회적 장치에 의해 변화를 초래함이 없이 즉흥적인 마음의 변화에 의해, 전환을 "갑자기" 경험했다고 가정할 수만 있다면, 그것은 이상사회들의 문제가 될 것이다. 우리는, 어쨌거나, 공포가 통찰의 이면에 있는 운동충동이었다고 가정했고, 그것은 우리가 제안한 방법으로 작동할 상황들이 나타날 수도 있다는 희망을 단순하게 피력했다. 그래서 일반적인 전쟁이나 또는 그 전쟁이 표상하는 특정한 파괴가 공동의 적처럼 동일한 유형의 공포를 위태롭게 할 것인가 여부는 문제로 남는다. 적에 대한 공포는 특정한 상황에서 마음의 변화를 이끌었고, 말하자면, 타협에 의해 토의와 해결을 통한 변증법적 이해를 불러일으켰다. 우리가 언급한 보기에서, 현대의 군사무기가 일반적으로 보유한 무서운 힘은, *제2의 천성*처럼 행동할 가능성이 있다. 원시인들이 자연의 적의에 대항하여 함께 단결하고 이러한 방법으로 노동에 대한 조직화된 분화에 도달한 것처럼, 끔찍한 폭발력을 가진 이 폭약덩어리가 한때 자연에 의해 행해졌던 부분을 움직이게 할 수도 있다.

확실히, 현시대 특히 지금에, 우리가 권력에 대한 비합리적 탐색과

그 권력의 행사에서 가장 압도적인 회귀를 목격하고 있는 때에, 이러
한 가정(假定)에 대해서 많은 지지는 없다. 그럼에도 불구하고, 후기산
업발달단계에서, 대규모적인 비합리성들의 증가하는 영향들과 과도한
불안감은 위축될 수 있고, 일종의 "정신적 정화"가 발생할 수도 있다
는 것이, 개연성의 한계를 완전히 초월한 것은 아니다. 물론 이 긴장의
용해는 무기력으로도 인도할 수 있다. 그것은, 어쨌거나, 예를 들면,
일반적으로 종교적 광신행위와 비합리성이 어떤 의미에서 초월적이었
던 때인 **종교의 전쟁들** 이후에, 이러한 비합리주의의 거대한 파고에
뒤이어 이성에 귀를 기울이는 새로운 대비가 이제 출현해야 한다는 것
은 아주 가능하다. 이 비교에서, 우리는 이성에 대한 경외와 계몽에 대
한 용인은 제한된 엘리트의 집단들에 국한된다는 것을 명심해야하지
만, 그럼에도 불구하고 각성자체는 오히려 널리 확산되었다. 여기에,
그 시대에서 단지 소규모 엘리트집단들에서만 발생했던 변화들을, 현 199
대사회의 대중들도 원칙적으로 인식될 수 있다는 사실을 추가해야한
다. 이는, 특히 이 사례에서, 우리는 우리가 "근본적 민주주의"라고 불
렀던 것을 이미 경험해온 계급들을 다루고 있기 때문에, 대중들도 그
러한 변화를 인식할 수 있다.

대중들의 새로운 활력과 그 활력의 행렬에서 가져오는 비합리성의 파도는, 본서의 제1편에서 우리가 언급했던 것 이외에, 가능한 발달의 관점에서 평가될 수 있다. 어떤 사람은, 처음으로, 광범한 인간집단들이 정치적 실험의 영역에 말려들어 정치적인 생활의 구조를 이해하는 것을 점진적으로 학습하는 일반적인 계몽과정의 첫 번째 단계처럼, 이제 발생하고 있는 사상(事象)들을 사료할 수 있다. 이러한 맥락에서 고찰할 때, 현대의 대중적 열광은, 지금까지 정치적으로 무관심했던 계급들의 정치적인 삶으로 침투하는 첫 번째 징후라는 것과, 극단적으로 긴장된 분위기와 과정에 대한 통제를 모색하는 그러한 사람들의 의지

에 반함에도 불구하고, 정치적인 사유에서 대중들에 대한 정치적인 교육은 우리의 안전(眼前)에서 발생되고 있다는 것을, 완전히 상정하지 못하는 것은 아니다. 사회적 과정을 지향하는 그 운동의 자세가 전형적으로 합리적인 노동운동은 기계파괴운동으로서 시작되었다는 것을 잊지 않아야 한다. 우리의 신기원에 대한 대립되는 경향들에 포함된 것은 분명히 개연성들뿐이고, 예언들처럼 이 사고방식들을 제시하는 것보다 여기서 우리의 의도들과 이격된 것은 어떤 것도 없다. 어쨌거나, 만일 출현하는 몽상적 개혁가에 대한 공포 때문에 어떤 사람이 특정한 현존의 요인들을 언급하지 못했고 그 경향들이 인간변혁의 가능성을 의미한다는 단지 그 이유 때문에 발전에 관한 특정경향들을 억압했다면, 그것은 용서할 수 없는 오류가 될 것이다.

Ⅸ
변환하는 인간의 문제

우리시대의 직접적인 과업은, 동적인 의미에서 그리고 그 경향들이 더 이상 대립하지 않도록 하는 현재 지배적인 경향들이 조화되도록 하는 전략에 따라, 우리의 경제조직을 숙고해야 할 것처럼 생각된다. 정치적 문제는, 때문에, 인간의 충동들이 그것들의 에너지가 올바른 전
200 략적 지점들을 향하도록 하고, 전체적인 발전과정을 바람직한 방향으로 조종하는, 그러한 방법으로 그것들을 조직하는 것이다. 만일 이 충동들이 문제라면, 어떤 인간이 오늘의 모습인가라는 기조에서 "일반적인 사람"을 생각하는, 정태적인 심리학이 잘못된 궤도에 들어서있는 것이다. 종종 경제적 및 정치적으로 진보적인 사상가들은, 그들의 정

치적 분석들에서, 불멸의 인성은 소여된 것이라고 생각하는 것에 대해 주목할 수도 있다. 이러한 분석을 수행함에 있어, 그 사상가들은 현재의 사회질서 속에서 발견되는 사람과 **인류**를 부지불식간에 혼동한다. 심리적 문제들에 대한 우리의 접근방법에서, 우리는 이 무의식적인 보수주의와 잘못 지시된 유토피아인 이상주의 사이를 중재하는 방법을 발견해야한다.[28] 왜냐하면 인성은, 의지에 의해 형성될 수 있고 무한히 가소적이라고 가정하고 있는 것처럼, 항구적으로 동일한 상태라고 믿는 것이 바로 오류이기 때문이다.

사회심리학의 제 문제에 대한 우리의 접근방법은 역시 지금 지나고

---

28) 헤르쯜러(Hertzler, J.)는, 『유토피안 사고의 역사』(*History of Utopian Thought*, London, 1923)에서, 소위 "유토피안들"의 주요한 특징은 존재하지는 않았지만 언젠가 구축되었던 인성의 유형이 그들의 이상들에 호의적이었음을 가정한다고 생각한다. 참으로, 존재하지 않고 불가능한 인간에 기초한 그러한 건설은 "유토피안"이라고 불릴만한 가치가 있고, 과학적 사회학과 공통적인 것은 없다.

또 다른 질문은, 인간의 존재는 우리가 자본주의 아래서 알고 있는 그러한 형태로서만 생각할 수 있다고 우리도 역시 반드시 믿어야 할 것인가 여부이고, 우리가 인간의 변환가능성에 대한 범위를 보다 정확하게 분석하는 것을 정당화하지 않는가에 대한 것이다. 만일 어떤 사람이 인간은 교정가능하다고 하더라도, 계획된 접근방법은 우리가 우리의 현재사회에서 발견하는 심리적인 반응들의 그러한 형태들로서 시작하지 않으면 안 된다. 출발점이 필요하지 않은 것처럼, 이 현실주의는, 어쨌거나, 상이한 조직유형을 보유한 사회에서 가능한 것처럼 우리의 사회에서는 존재하지 않거나 거의 존재할 수 없다고 간주할 용기를 가진, 그러한 다른 형태의 유토피아에 대한 거부로 이끈다. 계획에서의 모든 시도는, 이 후자의 실증적 의미에서, 공상적인 사회개혁주의자인데; 그 시도는, 새로운 사실들이 그러한 현재 존재하고 있는 장소에서 발생하는 그러한 방법으로 소여의 사실들-심리적인 것들 포함-을 조종하는 것이다.

유토피아의 개념에 대한 이 실증적 의미와 관련하여, 나의 저서, 『이데올로기와 유토피아』[*Ideology and Utopia*, (영역은 Wirth, L.과 Shils, E.), N. Y. and London: 1936], 176쪽 이하; 그리고 문제에 대해 더 많은 문헌이 참조되어 있는, 『사회과학백과사전』(*Encyclopedia of Social Sciences*)에서 나의 논문, "유토피아"; 또한 프레어(Freyer, H.), 『정치적 극락도』(*Die Politische Insel*, Leipzig, 1936), 플라톤부터 현재까지의 유토피안에 대한 이야기가 기술된 내용 참조.

있는 신기원의 그 접근방법과는 많은 차이가 있어야한다. 우리는 "일반적인 인간" 으로부터 우리의 분석을 시작해서도 안 되고, 우리스스로 가장 추상적인 원리들로부터 그 원리들을 연역하는, 순수한 개별적 사례들에 국한해서도 안 된다. 오히려 우리는 그 인간들의 품성에 스
201 스로 반영되어 있는 것처럼 그 인간들의 특정한 사회적 맥락속의 개별적 사실들과 개별적 인간들을 항상 고찰하려고 해야 한다. 발명적 사유가 관련된 특별영역의 *매개의 원리들*을 동시에 고려하지 않고, 역학과 조직의 일반원리들에 따라 개개의 기계를 조립하거나 개개의 조직을 구성하는 것과 똑 같이, 보다 오래된 심리학은 일반적 및 *추상적으로* 인간정신에만 종사하고 있다. 치료학에서는, 특징적 징후들을 일반원리들에 따라 진단하고 처방하는, 치유해야할 개인에 집중했다. 계획시대의 접근방법은 심리학에서의 새로운 발전에 의해서 선도되고 있다. 우리는 더 이상, 소여의 상황에서 개별적으로 필요한 무의식적 적응이나, 우리가 자주 언급한 것처럼, "우연"에 위임하지는 않지만, 오히려 가능한 최선의 조정을 미리 제공하고자 한다. 유사한 발달들은, 추상적인 심리학의 장소에서 사회학적인 관점을 사용하고, 역사적 및 사회학적 방향에 따라 문제를 더욱 상세하게 분할하는 그러한 모든 과학적 관점들(즉, 일반적인 사람을 말하는 대신에; 어린이, 청년 및 보다 구체적으로는 무산계급청년, 소녀노동자, 실업자, 다양한 직업종사자, 등의 정신에 대해 언급하는 그러한 것들)에서 발견되어진다. 때문에 어떤 사람은 수도원, 중세, 그리고 유산계급유형들의 기원을 탐구하고자 한다. 이러한 방법들은 *독립적* 접근방법을 향한 첫걸음들을 표상한다. 인간정신은 본래 어떠한 변이도 없지만, 오직 상황(예를 들면, 가정상황처럼 분명히 특정한 상황들은 특별한 중요성이 있다)에 의해서만 변이성이 결정되었고, 또한 고립되어 발생하는 경제적 또는 사회적 구조에는 어떠한 변화도 역시 없다. 어떠한 경제적 질서도 상응하

는 인간유형이 똑같이 출현하지 않는 한 존재할 수 없다.[29]

심리학이 사회현상들에 관심을 돌릴 때, 그것은 무엇보다도 인접환 202
경-인접상황-을 파악한다. 그러나 심리학은 환경의 변화들뿐만 아니라 일생의 첫봄-즉, 그 심리학의 *매개의 원리들*-을 형성하는 그 현상들의 사회적 세력들로 부터 그 사회사영역이 불가피하게 나타나게 될 것이다. 심리학이 이 사회적 사상(事象)들의 수준에 관심을 집중하는 때에는, 그것은 그 심리학의 인접환경이라는 의미에서 더 이상 변화하는 개인을 단독으로 설명할 수 없다. 심리학은, 우리가 살고 있는 사회와 상응하는 특징들에 따라, 역사적인 인간유형과 관련된 현저한 특징들을 다소 통합할 것이다. 이 두 접근방법유형을 구별하기 위해서, 우리는 "환경사회심리학"[30]과 "구조사회심리학"이라는 표현을 사용할 수 있다.

---

29) 이와 관련하여, 막스 베버(Max Weber)가 그의 칼빈주의(Calvinism)에 대한 고찰을 하도록 촉진했던 사례는 매우 교훈적이다. 전통적인 전망이 우세한 지역에서 성과급의 임금을 도입하려는 시도가 있었다. 그 결과 증가하는 소득에 관한 새로운 원리가 아직껏 실현된 적이 없는 특정한 부문들에서 일하는 가톨릭여성노동자들은 그들의 생계를 위한 관습적 수준에 필요한 만큼 벌자마자 그들의 일을 중단했다. 자본주의조차, 돈벌이가 "더욱 더"의 원리에 의해 지배되는데 상응하는 인간유형을 동시에 창조했을 때만, 기능할 수 있다. 막스 베버(Weber, M.), 『종교사회학에 대한 전체논문』[*Gesammelte Aufsätze zur Relionssoziologie*, Tübingen, 1920, (Parsons, T., 역, 『프로테스탄트윤리와 자본주의의 정신』(*The Protestant Ethic and the Spirit of Cpitalism*, N. Y. and London, 1930), 제i권, 94쪽 이하 참조.

30) 환경사회심리학의 예로서, 나는, 부세만(Busemann, A.), 『교육의 환경학』」(*Pädagogische Milieukunde*, Halle, 1927)과 그의 편집서, 『교육의 환경학개론』(*Handbuch der pädagogischen Milieukunde*, Halle, 1932)를 참조 한다: 두 권 모두에 좋은 참고문헌들이 있다. 우리책의 첫 번째와 세 번째 연구는, 이들 작업들과 대비하여, 구조사회심리학의 연구로 보아야 한다. 환경사회심리학에 관한 문헌의 많은 양은 머피(Murphy, G.)와 바클리(Barclay, L.)의 『실험사회심리학』(*Experimental Social Psychology*, 제1판, N. Y., 1932)과 뉴콤브(Newcomb, T.)와 공저한 제2판(N. Y, 1937)에 요약되어 있다. 두 개의 판 모두에 광범한 참고문헌을 포함하고 있다.

심리학은, 우리의 의견으로는, 특정한 행태의 종류들을, 만약 그렇지 않았다면 차이가 있을 수도 있는 개별적 유형들에서조차, 고도의 정밀성을 가지고 예측되거나 생성될 수 있을 때, 그것이 구조사회학의 영역에서 핵심적 지위들을 발견할 수 있을 정도까지 계획된 사유의 방법들을 양도받을 것이다. 그리고 심리학은 공격적인 충동들을 진정시키고 그 충동들을 승화로 교도하는 법칙들을 탐구할 것이다. 또한 심리학은 인간정신과 사회에 대한 철저한 합리화에서 합리적 충동들과 비합리적 충동들 간의 상관관계에 주목할 것이다. 아울러 심리학은 어떻게 사고와 경험이 사회적 구조에서 발생된 사회적 지위들에 의해 형성되는가를 고찰할 것이다. 시작으로서 이 관찰들과 함께, 심리학은 보다 더 현실적인 방법으로 개인적인 교제를 도야할 수 있도록 할 것이다. 계획적인 접근은 여기서 이미 작동하고, 그 접근으로서 사람들이, 심리학적 태도들과 개성의 유형들은 우리 시대와 우리 사회에서 우리
203 에게 발생되는 형태만을 취할 것이라는, 관념에서 벗어나게 될 것이다. 때문에 우리의 주요한 관심은 광범한 역사적 척도에서 변이성의 범위를 발견하거나 재구성하고, 그 다음에 이 태도들과 유형들이 발생했고 그것들이 속했던 역사적 및 사회적 환경과 관련시키는 것이다.

이러한 노력은, 일반적인 이상적 인간의 형성은 더 이상 아니지만, 차후의 사회발달단계에서는 아마도 필요하게 될 그런 사람을 만들기 위한 목적을 가진 교육의 최근경향들에서 가장 분명히 나타난다. 언젠가, 예를 들면, 과도하게 야심차고 경쟁적인 사람들의 양육을 억제하기 위해 학교에서 등급과 평점을 없앤다면[31], 누구든지 우리사회에서 최고의 신분을 너무 잘 표상하고 타인들과의 경쟁에서 성공하여 그것

31) 커리(Curry, W.), 『학교와 변화하는 문명』(*The School and a Changing Civilization*, London, 1934), 특히 “경쟁과 평점”의 장, 그리고 참고문헌, iii, 7의 “사회기법의 수단으로서 교육”을 각각 참조.

자체를 보상이라고 생각하는 인간유형을 없애게 될 것이다. 동시에 현대교육은, 내재가치들-즉, 타인들로부터의 탈취 없이는 소유할 수 없는 재화-을 획득하려고 애쓰는, 승화하는 능력을 가진 그러한 기존의 인간유형들을 배양해야하고 또 할 수 있다. 집단교육이 이러한 노선들에 따라서 방향이 수정되는 한, 인간은 자신의 주요 동기들이 경쟁과 자연적 투쟁이 아닌, 사회에 적합하도록 변환될 수 있다. 이전에는 교육이라는 것은, 우리가 인간에게 그의 직업을 수행하는데 필요한 기술적 지식을 제공했던, 단지 특별한 기술적 훈련이었다. 이와 대조적으로, 현대교육은 기술·지식·기법에 관한 소통뿐만 아니라, 지금까지 그 원리들에 위임했었고 사회구조가 의존하고 있는 그 원리들조차도 변환될 수 있는, 품성형성과 관련된 *그 매개의 원리들*도[32] 역시, 완만하지만 의식적으로 계획하기 시작하고 있다. 환언하면, 이러한 노력들을 통해, 전체인민이 이 새로운 개성유형들을 사용하여 재형성될 수 있고, 심리학적인 차원에서 사회구조를 변환하는 것도 가능할 것이다.

이러한 시도는, 완전히 새로운 것은 아니고, 그리고 예를 들면, 교회
도 역시 전인교육을 했다고 주장했었다는 점에 대해 -정당성이 없는
것은 아니지만-반대할 수 있다. 그 패턴의 사례에 따라서, 국가가 시
민을 양육했고, 이에 앞서 궁정사회에서는 그 사회의 교육적 이상으로 204
서 "조신(朝臣)"을 설정한 것처럼, 나중에 바람직하다고 생각했던 패
턴에 따라 인간유형을 구성했다. 현대의 시도들과 이전에 이루어졌던
그러한 시도들 간의 주요한 구별은, 어쨌거나, 우리에게는 이중적인
것으로 보인다.

첫째, 이전사회들이 단지 부분적 상황들에 대해서만 조정되었고 거기에서 성공적으로 기능할 수 있었던 유형들의 생성에만 국한한데 반

32) 참고문헌, iii, 1, "인간행태에 영향을 주는 과학" 참조.

하여, 우리는 오늘날 특정한 사회적 환경뿐만 아니라 우리의 사회구조에 관한 *매개의 원리들*에도 적응되었던 유형의 조성을 시도하고 있다. 때문에 그 유형은 아주 시작부터 현대생활에 표상된 모든 다양한 상황들에 보다 더 신축적이고 양호하게 순응할 수 있다.

더욱이, 지금까지 교육적 이상들은 계획하지 않은 우연한 발견과 선택을 통해 구체화되었다고 가정하는 것이 훨씬 더 중요했던데 반해, 숙고는 그 이상들이 수행해야하는 사회적 기능에 따라 우리가 의식적으로 그것들을 선택하고 재형성을 할 수 있는 정도까지 이제 증가하고 있다.

이와 관련하여, 우리는 여러 국가들에서 오래 지속된 금욕주의의 이상에 대한 어떠한 사회학적 의식이 개정되고 재해석 되었는가; 어떻게 영국에서 금욕·검약·억제의 청교도 및 빅토리아의 뿌리가 점진적으로 명백해졌는가[예를 들면, 부틀러(Butler)의 『모든 생물의 길』에서 명시된 정신적 반란]; 어떻게 독일에서 동일한 반금욕주의적 경향들이 니체·마르크스·베버·프로이드의 연구들에서 표현되었는가를 상기할 수 있다. 이 모든 사례들에서, 도덕적 논의는 점점 더 적게 사용되고, 사회학적 및 심리학적 종류의 효용주의적인 분석들에 의해 점차 대체되었다. 예를 들어, 주요한 자본의 축적과 함께 초기 프로테스탄트주의의 금욕주의와 관련한 사회학자들의 시도를 생각해 보자.

우리가 소여의 인간유형을 취급해야 하고, 그러므로 변치 않은 인성의 명령에 따라 우리사회를 지시해야 한다는 것은 결코 사실이 아니다. 우리가 하는 일은 첫 번째 자리에 머물러있는 것처럼 오래된 인간유형을 어느 정도 수용하고, 그래서 아직도 활동하는 동안 그 유형을 현명한 전략에 의해 인도하려한다. 우리는 동적인 환경에서 사람을 만난 때 그를 변환시키고자 하는 것은 유망하고 충분히 현실적이기에,
205 사회적 배경에 대한 변화하는 자극들을 계속하여 참고하여, 인간의 심

리학적 반응들, 행위들, 그리고 생각들의 변화를 촉진할 수 있다. 학교가 실험적인 공동체로 생각되는 때는 언제나, 이러한 종류의 계획된 변환이 작동되는 것으로 여겨진다.

일단 우리가 이 사고의 단계에 도달한다면, 특정한 심리학적 및 철학적 조류들에 관한 진보주의적인 유의의는 갑자기 분명해진다. 이것은 다른 것들 중에서도 실용주의, 행태주의, 그리고 심리-분석에서 특히 사실이다.

뒤따르는 내용에서, 우리는 심리학과 특정한 철학학파에서의 이 근본적인 경향들이, 어떻게 우리시대의 주요한 사회적 추세 속에서 발생했고, 어떻게 그 경향들이 사회과정에서 특정한 기능들을 이행하고 있는가를 탐구하고자한다. 한 시대에 존재하고 있는 서로 다른 철학적, 심리학적, 그리고 교육적 이론들은 개인들의 우발적인 발견들이 아니고 집단적 실험의 결과이며; 이 영역들에서도 인간의 지성은 실재하지만 종종 숨겨져 있어, 사회학자에게만 분명한 상호의존적인 과업들과 직면하고 있는 것을 대부분 인식하지 못한다. 개별 심리학자들, 교육자들, 그리고 철학자들은, 그들이 왜 이 특별한 과업들이 역사의 노정에서 스스로 발현되는가를 이해할 수 없을 만큼, 그들의 특수한 과업들에 완전하게 순응되었고, 그들의 특별한 영역들의 난점들과 상세함을 신봉하였다. 그들은 이 난점들과 문제들을 생성하는 전후관계들을 보지 못하고; 모든 부적응과 모든 갈등을 그것이 발생하는 사회를 표상하고, 결과적으로 사회적 진단이 사회적 상황을 어떻게 분석할 것인가를 일단 아는 것이 최선이라는 점을 인식함이 없이, 그 전후관계들이 승인된 것으로 여긴다. 동시에, 그렇지만, 이러한 철학적·심리학적·교육적 이론들로부터, 그리고 게다가 일반적인 사회과학들에서, 우리는 어떻게 과학자가 자신의 연구와 관련된 객체에 접근하는가를 이해할 수 있게 된다. 타인의 심리상태 그리고 일반적인 사회의 갈등들에 대한 그의 접근방법에서, 그 과학자는 사회에서 즉흥적으로 성장했고 그가 부지불식간에 차용한 특정한 지배적인 사고습관들에 의해 무의식적으로 통제된다. 사회에 대한 과학적 논법의 무의식적인 의미들(예
206 를 들면, 어떻게 이 논법이 이론과 실제에 상호 관련되는가)은 때문에 사회자체의 변화하는 속성의 징후들이고, 어떠한 사회학도, 사회에서 변화에 대한 징후들로서 학문에서의 이러한 변화들을 논의하는데 실패하여, 완전하지 않다.

*실용주의*의[33] 실증적 유의의, 즉, 내가 그것을 이해한 것처럼, 새로운 계획의 시대를 위한 준비로서 새로운 사고양식에 대한 접근방법을 위한 그것의 의미, 는 그것이 사고와 행동 간에 추상적인 장벽을 더 이상 설정하지 않는다는 것이다. 어떤 의미에서, 이것은 상호의존적인 사고를 향한 중요한 발걸음이다. 실용주의는 사고와 관련된 모든 행위를 본질적으로 품행의 일부라고 여기는 유기적(有機的)인 과정으로 인지했고, 세상에서 고립된 특정한 철학자들이 창안했던 행동과 순수이론 간의 오래된 인위적 판별을 거부했다. 은둔생활을 하는 사람들에게만, 사고의 본질이, 삶과 행동에서 자립적이지만 도구적이 아닌, 순수한 관조적인 것처럼 나타날 수 있다. 원초적인 삶에서는, 어떠한 사고도 행동과 직접적으로 연결되지 않았다. 이러한 사고와 품행의 통합을 간과하거나 부인하는 것은, 그 자체의 본성으로서 사고가 상황에 의해 결정된다는 것을 부인하는 것이다. 과학적 관점에서 행동의 창조적 유의의를 다시 한 번 명확하게 하고, 단지 새로운 행동유형만이 새로운

---

33) 실용주의에 대한 문헌 중에서 나는, 제임스(James, W.)의 『실용주의』(*Pragmatism*); 듀이(Dewey, J.)의 『논리적 이론의 연구들』(*Studies in Logical Theory*, Chicago, 1903 and 1909), 그의 중요한 「인간속성과 행위」(N. Y.: 1930년)과 그의 『논리』(*Logic*, N. Y., 1938)을, 인용한다. 또한 미드(Mead, G.)의 『마음, 자아, 그리고 사회』, (***Mind, Self, and Society,*** Chicago, 1935); 『행위의 철학』, (*The Philosophy of the Act*, Chicago, 1938) 참조.

사고유형을 탄생시킬 수 있다고 인지하는 것은 매우 건전하다. 이 정신은, 새로운 변환기법에 의해 오래된 추상적인 설교하기를 대체하려는 시도로 이해할 수도 있는, 교육에서 결실을 맺었다. 이 정신은, 어린이들이 그들이 배웠던 원리들을 실습할 수 있는 창조적 상황들 속에, 존재한다. 단순한 충고와 권고는 포기되었다.

비록 사고와 행동의 통일성을 파괴하는 이상적 추상을 거부하는 실용주의에 건전한 요인이 존재함에도 불구하고, 그 실용주의의 현재 형태에 내재된 한계는, 사유가 발생하는 행동의 맥락과 관련하여 너무 협소한 개념을 가지고 있다는 것이다. 만일 행동에 의해 누구든지 사상(事象)들의 실제적인 일상적 처리만을 이해하고, 그 사람의 관심을 그의 직접적인 과업들과 제한된 이익들에만 초점을 맞춘다면, 그 사람 207
은 우연한 발견 수준에서의 사고-실제적, 직접적, 그리고 종종 무의식적인 순응행동들의 형세가 제1차적인 것-만을 다루고 있다는 점을 분명히 해야 한다. 이 단계에서 사유는, 건설적 힘이 결여된 것처럼, 단지 제2차적 역할만을 수행한다. 그 사유는 단지 고립된 "예감들"간의 간극을 매우고, 그 사유의 유일한 과업은, 시행착오과정의 행로에서 출현하는, 사상(事象)들에 대한 유의의를 예시하는 것이다. 먼저 사유하는 것은, 발명이 구축해야하는 객체에 관한 아이디어를 사전에 계획하고, 그 객체자체의 목표들을 진전시키도록 그 요소들을 새로운 객체와 재결합시키기 위해서 이 구체적인 객체를 추상적인 요소들로 분해하는 때에는, 직접적인 우연적 발견과는 다르다. 어떠한 경우든, 이 단계는 추상화의 능력이 우연한 발견의 능력보다 더 높은 수준-즉, 발명적 사고하기의 단계에서-에서 발생한다는 것을 입증한다.

사고가 우연한 발견에서 발명의 단계로 진전되자마자, 사고와 행동간의 연계를 즉각적으로 파악하는 것은 불가능해졌고, 이것은 실제적인 필요성과는 무관한 사고를 상정한 이상주의자철학에 대한 왜곡의 기원이 되었다. 이 사고의 단계는 행위를 예측하고 그것을 인도하는 "아이디어들"에 대해 언급하는 것을 그럴듯하게 만들었다. 고전적인 실례처럼, 주택에 대한 아이디어는 그것이 외부세계에 존재하기 이전에 건축가의 마음속에 존재한다.

일단 사고가 이러한 용어들로 착상된다면, 누구든지 어떠한 경험도 *선험적인* 것처럼 모든 정신적 활동들을 생각하도록 아주 빠르게 유도되었다. 어쨌거나, 이 실무수준에 관해서, 즉, 발명적 사유의 수준에 관해서, 발명하려는 객체를 예측하는 일정한 추상은, 그 객체의 구체적인 활동배경으로부터의 독립을 과도하게 강조하는 것이 위험스러운 것과 똑같이 필요하다는 것을 부정하는 것처럼 오류일 수도 있다. 발명단계에서의 사고는 즉각적 활동에 대한 수요들과는 무관하다. 그 사고는, 그렇지만, 절대적이거나 자율적은 아니다.

제약점의 해결책은, 발명적 사유가 일개인의 활동반경 내에서는 이해될 수 없다는 사실 속에 존재하는 것처럼 보인다. 그 이유 때문에, 만일 어떤 사람이 그 해결책은 개별적 활동의 맥락에 도움이 되는 것으로 확실히 이해할 수 있다면, 절대적인 것으로 여겨진다. 그러나 발
208 명적 사유는 보다 광의에서 행동의 맥락과 아직도 분명하게 연관되어 있다. 이것은 어떤 사람이 그 집단이 발흥한 전체적인 역사적 집단 내에서의 사고와 행동의 망(web)에 대해 관심을 집중할 때 분명하다. 그래서 사고의 실용적 본질은, 개별적 행동만을 고려하는 이 단계에서는 발현되지 않지만, 단지 어떤 사람이 전자(前者), 즉, 사고의 실용적 본질, 의 일부분을 이루고 있는 집단행동에 관심을 집중한 경우에만 발현된다. 발견에서 발명으로의 전환에서조차, 단순하게 개별적 성취에만 귀인 시키는 것이 아니라, 오히려 단체적 순응을 하는 집단은 매우 경미한 노동의 분화(예를 들면, 원시적 사냥과 채집처럼)를 가진 원시적 생산형태에서보다 더 복잡한 노동의 분화로 진전했다. 노동과 사회

기능의 분화에 관한 진전 때문에, 이전에는 전체로서 취급했던 객체들과 제도들이, 집단적 작업에서 자신의 할당만을 생각하고 접근하는 개인들에게는, 단지 단편적인 것에 불과할 것이다. 추상은 결코 객체에 의해 결정되는 것이 아니고, 오히려 알고 있는 주체의 활동형태와 특히 주체가 구성원인 집단조직에 의해 결정된다. 사유는 그래서 "집단을 위한 사유"를 표의한다. 활동의 범위가 광대해질수록, 노동의 분화는 더 확대되고, 동일한 사상(事象)을 상이한 과업들의 관점에서도 명료하도록 만들기 위해, 구성원수가 많아질수록, 사회화된 개인들을 개별적 제도들과 과정들이 순전히 개인적인 관점에서만 등장할 수 있는 것처럼 그들의 관심을 돌리고, 전체로서 집단에서 사용될 수 있는 추상기법을 개발하도록 더욱더 강요한다. 그러므로 마치 역사적 공동체에서 사상(事象)들을 취급하는 집단적이며 능동적인 접근방법들처럼, 많은 가능한 추상형태들이 존재한다. 때문에 노동과 사회적 기능들의 분화는, 어떠한 개인이 실제로 필요한 것보다 어떤 소여의 공동체에서 더 많은 관점들을 만들어 내고, 따라서 그는 실제생활에서 소요될 것보다도 더 많이 학습하는 것이 가능하다. 자체의 언어와 개념을 가진 공동체는, 그 자체의 역사에서 통용된 접근방법들에 부응하여, 경험들과 추상들의 저장소를 구축한다. 이것이, 개인이 이용 가능한 추상개념들의 광범한 집단을 숙고할 때, 왜 그는 사고의 범주들과 과정들을 그가 처음 이 세상에 첫발을 들어 놓을 때 인간에게 부여된 것이라는 느낌을 갖게 되었는가에 대한 논거이다. 즉, 신비롭게 표현된 이 감정은 그의 개념들과 인식들이 이 세상 밖에서 도출된 신념의 형태를 취한다는, 느낌을 갖게 되었는가에 대한 논거이다. 현실적인 사실로서, 209
아이디어들에 대한 현존실체(그리고 동일한 것을 어휘에도 적용된다)는, 문제가 되는 사회에서의 활동지평과 활동반경을 벗어나지 않는다. 때문에 발명수준에서의 사고는 행위의 맥락과는 완전히 무관하다는 환상은, 복합적인 노동의 분화를 가진 고도로 층화된 사회에서, 집단적 행동구조는 이미 관심을 상실했다는 사실로부터 발생한다. 개인은 그가 어떻게 자신의 행동들과 경험들이 집단적인 것들로부터 성장한가를 고찰할 기회를 더 이상 갖지 못하기 때문에, 그가 지적인 독립성의 환상을 보유할 수 있다. 발명적 사유의 수준에서, 실용주의자의 설명은 집단에게는 유효하지만, 개인에게는-적어도 직접적은 아닌- 유효하지 않다.

그러한 개인들의 활동반경은 훨씬 더 단순한 사실들에 의해 확증될 수 있는 집단의 반경과 동일하지는 않다. 사회에서 이루어진 개별적 발명들은, 우연한 영감들에 의해 발생되지 않고, 발견들과 발명적 행위들의 완만한 축적을 통해 나타난다는 것을 종종 관찰해 왔다. 명백하게 고립되어 개발된 개별적인 발명의 구조는 집단적인 이해관계들의 노선을 따라 성장하는데, 그 이해관계들은 그것들의 구성부문에서 비록 많은 중간적 연결점들에도 불구하고 집단생활의 공동행동반경과 밀접하게 관련되어 있다. 이것은 동일한 사회 내에서 독립적인 개인들에 의한 동시적인 발명들에 대해서만 적합한 설명이다.[34] 발견과 발명에 대해 진실인 것은 앎의 형식들과 기법에 관한 것도 역시 진실이다. 자유주의시대의 산물로서, 실용주의의 오류는 개인의 행동만을 고려하고 있다는 것이고, 개인은 전체사회집단의 활동과 경험의 일부만을 확실히 표상한다는 점을 고찰하지 않는다는 것이다. 상황들에 의한 사

34) 이 관점과 관련된 수많은 예증들에 대해, 비르칸(Vierkandt, A.), 『문화교역내의 견실』(*Die Stetigkeit im Kulturwandel*, Leipzig, 1908) 참조. 또한 오그번(Ogburn, W.)의 『사회적 변화』, (*Social Change*, N. Y., 1929), 90쪽 이하 참조. 그리고 보다 최근에 길필란(Gilfillan, S.)의, 『발명의 사회학』(*The Sociology of Invention*, Chicago, 1935), 71쪽 이하 (개인에게 중요하지 않은 것)참조. 또한 국가자원위원회, 『기술적 추세들과 국가정책』, (*Technological Trends and National Policy*, Washington, D. C., 1937) 참조.

고의 결정은, 만일 어떤 사람이 한 개인의 실제적 활동이라는 의미에서 배타적으로 이해를 시도한다면, 절대 논증될 수 없다. 행동이 사고 210
로 양도되는 지점은, 만일 역사적 공동체의 전체적 배경을 고려한다면, 보다 더 용이하게 인지될 것이다. 개인의 명확한 구체적 행동들은, 그것들을 정확하게 평가하기 위해 역사적 조건들과 그 행동들이 발원한 집단의 과업들 및 기능들을 상상력으로 재건되었을 때에만, 지성적으로 이해할 수 있게 된다. 개별계급들 및 사람들의 특별한 기능들과 그 기능들이 부과한 금지들은, 이러한 보다 더 거대한 맥락 속에서만 이해될 수 있다. 지적생활의 사회학적 역사는, 본질적으로 기능적인 단위들의 *사후*재건과 많은 중간의 연결고리들의 도움과 함께, 우리가 왜 이 사람 또는 저 사람이 이 주제 또는 저 주제에 흥미를 가졌고, 왜 그의 관점에서 사물들을 이러이러한 방법으로 이해했거나 왜곡했던가를 설명할 수 있는, 주어진 사회에서의 행동추세에 불과하다.

*계획된 사유*의 단계에서 앎과 행동하기 간의 간극은, 어떤 의미에서는 직접적인 목적들을 지향하는 발명의 수준보다 더 크다. 이는 전체적인 계획이 이전의 수준들보다 직접적인 행동을 훨씬 더 선행하기 때문이다. 우리가 고찰한 것처럼, 역사적 공동체에서 발생하는 모든 사유행동의 종합으로서 사고는, 독자적인 개인들이 자신들의 협소한 경험범위 내에서 해결해야하는 당면한 과업들 때문에, 실제로 요구되는 것 이상을 취급하는 가운데서 발생한다. 다양한 활동들이 상호의존적으로 조직된 복합사회에서, 자신의 경험노선 상에 있는 개인은 그 자신의 행동들이 집단적인 활동 및 조직과 점점 더 관련되는 것을 깨닫게 된다.

자유사회에서 상이한 목표들이 사회에서 상호 보완되는 것처럼, 그 목표들 간의 연계는, 개인이 자신의 일상 업무를 설정하는 것과 같이, 개인의 난점이 추가되기만 할 것이다. 그 자신의 사적동기들-이익추구 등등-에 의해 구속된 개인은, 사회에서 상호 배치되게 개별적으로 행동하는 그 자신과 유사한, 많은 다른 개인들에 불과하다고 이해한다. 어떻게 이 개별적 행동들이 사회적으로 통합되는가는 그의 비전범위 훨씬 밖이다. 자유사회질서 속에서, 사회-경제적 구조의 통합은, 말하자면, 참여자들 몰래 발생한다. 개인은 도래할 보다 거대한 사회와 그 자신의 행동들에 대한 결과를 이해하지 못한 상태로 머무는데,
211 이는 그가 단지 그 자신의 기업영역 만을 이해할 수 있고, 그 자신의 활동들에 대해서만 생각하기 때문이다. 어떤 사람은, 사실, 이 상반되는 행동들이, 외양과는 달리, 자기균형적인 사상(事象)들의 순환을 형성하여, "사전에 확립된 조화" 라는 정교한 시안을 안출할 수 있다.[35)]

개인을 사회에 결속시키는 사슬에서 이 잃어버린 고리들을 완전하게 만드는 것은, 철학자에게만, 또는 나중에는 사회과학자에게만 부여되었고; 게다가 단지 가상적으로만 주어졌으며; 그 개인은 일상생활에서 모든 고리들의 효과들을 찾아낼 수 없었다. 사회가 점점 더 밀접하게 조직된 곳에서는 그것은 별개의 문제이다. 만일 내가 이러한 더 조직된 사회에서 행동한다면, 나의 행동들의 결과들은 그것들이 자유주의에서처럼 압도적으로 광범한 경쟁의 네트워크에 즉각적으로 흘러들어가지는 않지만, 완전하게 조화된 기능분화의 진부한 궤도를 따라 흐르기 때문에, 더 명료하게 보일 것이다. 최종단계를 첫 번째 단계에서 즉각적으로 볼 수 있는 것은 아니지만, 우리의 행동들은, 훨씬 작은 모호함으로, 사회에서 통합된 활동들의 네트워크로 우리를 인도한다는 것은 사실이다. 그러한 사회에서, 개개의 상인들 및 생산자들, 그리고 다른 모든 사회적으로 의존적인 인간들은, 증가된 상호의존성의 결과로서, 그들이 어떻게 행동할 것인가를 결정함에 있어, 정치적 및 심리학적 가능성들을 고려할 것을 강요당한다. 일정범위까지 독립적으로

35) 그러한 접근방법은 만데빌(Mandeville)에서 아담 스미스(Adam Smith)에 이르는 영국의 지성사에서 발견된다.

행동하고- 위기에서는 안전을 위협받는 그러한 의존적 개인들조차도-
선도적 지위에 있는 개인들은, 단지 그들 자신의 직접적인 이해관계
뿐만 아니라 사회자체에 대한 그들의 활동들에 따른 궁극적인 효과들
도 역시 고려해야하는 관점에 대해, 더 격렬한 충동이 주어진다. 이러
한 방법으로 단기에 효과적인 것처럼 보이는 행동들을 더 장기적 시각
에서 조망할 때에는 그들 자신의 목표들을 좌절시킬 수 있다. 이러한
관점을 달성한 개인은, 따라서, 더 거대한 역사적 상황 내에서 자신의
위치를 파악할 수 있게 하고, 이것은 번갈아 전체사회과정에서 작동하
고 있는 세력들의 필드에서, 그 상황의 위치를 파악할 수 있도록 한다.
이러한 방법으로, 그는 자신의 행동들과 집단적 행동들 간의 연계, 그
리고 자신의 지평과 집단적 지평(역사발달의 주어진 단계에서 볼 수
있게 되었던 사회적 관계들의 모든 것을 통합하는, 후자, 즉, 집단적 212
지평의 이해)과의 연계를 적어도 인지할 수 있다.[36] 개인은, 자유질서
속에서, 현대사회체계의 지배적인 모순들조차 이해하기 어려울 만큼
은폐되어있는[37] 더 거대한 맥락에의 의존이라는 측면들로서, 그 자신

[36] 그것은 어떻게 이 집단적 지평이 다양한 사회들에서 실제로 통합되는가 하는 진정으로 중요한 문제들을 끝까지 추적하도록 여기서 우리를 너무 멀리 인도할 수 있다. 특정한 시대들에서, 통합은 진정으로 사회적 경험들의 교환으로만 구성되어있다. 장인과 공업노동자, 농부와 도시거주자는 세상이 그들에게 스스로 제공한 서로 다른 길에 대한 그들의 느낌을 교환한다. 동일한 방법으로, 이 단계에서 과학자들은 서로 다른 전문가들 간의 성과물들을 교환하는 것에 그들 스스로를 한정한다. 이 통합의 종류는, 어쨌거나, 대부분 오직 기계적인 것이고, 그것은 진정으로 이 부분적 단면들로부터 세상에 대한 일종의 심상(心象)이나 아이디어를 전개시키는 건설적 상상의 도움을 받은 지성인의 과업이다. 그러한 체계적 통합의 형태를 전체로서 사회가 소망했는가 여부, 어떤 장소가 철학이나 또는 일반적인 통합적 지식에 주어졌는가, 는 사회의 명확한 욕구들에 근본적으로 의존한다(다음 주석 참조).

[37] 사상(事象)들의 상호의존성과 이 과정과 관련된 개인의 지위에서 연관된 고리들을 추적할 가능성 여부는 실제로 개척되는가 여부와, 그렇지 않다면 왜 그렇지 않는가를, 여기서 질문하는 것은 중요하지 않다. 우리는, 우리가 기능적

의 행위를 발견하거나 적어도 발견할 기회를 갖는다.

때문에 계획접근은, 분리된 개별적 목표들을 추구한 자유주의사회에서, 개인의 즉각적인 행동들보다도 훨씬 더 많은 것을 다룬다. 개별적 행동들과 사유 사이의 긴장은 이전보다 훨씬 더 커진다. 그러나 동시에, 개별행동반경과 집단행동반경 간의 차이는, 한 개인이 자신의 행동들을 집단적 활동들과 통합하는 그의 행동들에 대한 의미를 인지할 수 있는 만큼 점감한다. 그러나 이것은, 만일 계획수준에 상응하는 자기관찰의 새로운 유형이 개발된다면, 겨우 가능해진다. 이 새로운 태도는, 위에서 기술한 과정 속에서, 개인은 사상(事象)들(만일 그가 파
213 괴를 회피하고자 한다면 궁극적으로 그가 인지해야 하는)을 고찰하는 모든 관련 사실들과 모든 관련 방법들뿐만 아니라, 그가 사회적 과정에서 자신의 특별한 지위를 고찰할 수 있고, 그의 사고는 자신의 지위에 의해 형성되었다는 점도 이해하게 될 것이라는 점을 지각할 수 있다는, 사실에 존재한다. 계획에 대한 새로운 가능성들이, 지금까지는 이론적으로도 지각하기 어려운 것에서, 이제 발생한다. 개인은 자기 자신의 지식을 획득할 뿐만 아니라 그의 행위를 결정하는 요인들을 이해하는 것도 학습하고, 때문에 그 요인들을 규제하고자 할 수도 있다.

합리화의 둔화된 효과들을 다루었을 때, 사회심리학의 이 문제를 간단히 언급했다[67쪽 (원저 58쪽 이하)]. 환언하면, 우리가 사회구조의 객관적 속성이 그 사회내의 사상가가 보아도 이의 없이 명백하게 만드는 것과 같은가 여부를 단지 질문하는 것은 유감이다. 우리는 우리가 개인이, 말하자면, 그의 사회체계에 대한 이해와 관련하여 잠재적인 조력자들로서, 객관적 요인들을 인지해가는 것을 방지할 수 있는 금지명령들의 추정을 모색할 때에, 주관적인 기회들이라는 말을 사용한다. 때문에 만일 어떤 사람이 이 구별을 사용하고, 71쪽(원저 61쪽)의 그것과 우리의 분석의 최종결과들과 비교한다면, 사회발달의 가장 최근단계가 자유주의의 사회질서보다 사회적 상황에 대한 객관적 통찰과 관련하여 보다 양호한 기회들을 제공하는 모순이 출현하고, 또한 이 객관적 가능성들을 인식하는데 개인들에게 심리-논리적으로 극도의 어려움을 만드는 기능을 하는 장치들을 조성한다.

어떤 의미에서, 그의 사고는 이전보다 훨씬 더 즉흥적이고 절대적이 되었는데, 이는 그가 이제 스스로 결정할 가능성을 지각하기 때문이다. 다른 한편, 그는 이 단계에 혼자서는 절대 도달할 수 없지만, 단지 그 방향에 대한 사회적 경향을 분담을 통해서만 도달할 수 있다.

그의 이해는 아직도 그와 무관하게 발생한 역사적 과정의 산물로서 남아있다. 그러나 이 결정에 대한 그의 이해를 통해, 개인은 처음으로 역사적 과정-지금은, 이전보다 훨씬, 그 자신의 권력의 주제가 되고 있는 것-을 초월하여 스스로 발돋움한다. 이 단계에서 상황에 의한 사고의 결정은 지각의 수준을 제고시키기 때문에, 그 결정은 교정될 수도 있는 오류의 근원이다. 사람들은, 생활자체가 더 광범해지기 때문에, 그들 자신의 지평에 대한 상대적인 협소성을 초월하고자한다. 그들은, 자신들의 노력들에 의해 그들의 제약들을 극복하고자 도래하는 사상(事象)들을 예측하려 한다. 그리고 그들이, 집단은 물론 개인의 행위와 의견 간 또는 이론과 실제 간의 불일치를 제거하려하기 때문에, 그들의 제한된 지평도 역시 교정한다.

*행태주의*는, 개인적 동인들을 이해하거나 전체적인 인격을 변환시키는 것보다, 대중의 평균적 행동을 실제적 관점에서 숙려하는 것이 더 중요한, 그 대중사회단계에서의 사고에 의한 전형적인 산물이다. 이러한 의미에서 행태주의는 본래 계획의 첫 번째 단계에 속한다. 그 단계의 개별적 행위의 영역에서, 사람은, 어쨌거나, 전체로서 인격을 변환하거나 전체적인 인격을 모든 관점에서 전적으로 변화된 사회에 적응시키려하지 않고, 철저하게 조직된 사회에 "교정"되거나 충당되도록 반응들의 유발을 모색한다.

발명적 사유가 소여된 것처럼 세상에 개별적 객체들과 행동들을 위 214
치시키는데 스스로를 한정하는 것과 동일하게, 행태주의는 어느 정도까지는 그 사유와 관련되고, 거기서 그 사유는 현실의 특정영역들 간의 조화를 모색하고, 이 목적을 위해 모든 타 영역들에 대해 재설계 및 불가지론적인 태도를 가정한다.[38)]

행태주의가 숙려하고 통제를 추구하는, 생활의 영역은 바로 순수한 행동-현상계의 개별적 행태-이다. 더욱이 그 영역은, 실제적 상황들에 상응하여 그 영역을 다루기 위해 정확하게 이해되어야하는 범위에서만, 이 행태주의에 흥미가 있다. 이 목적을 위해, 인간은 품행을 내부동인들로부터 도출하고, 진정으로 이해하기 어려운 그러한 의미의 품행들을 미리 배제해야한다. 카라마조프형제들(Brothers Karamazof)의 핵심인 살인재판에서, 도스토예프스키(Dostojewski)는 어떻게 동일한 행동이 그것의 기저에 있는 상이한 동인들에 따라 완전히 다른 의미들을 가정할 수 있는가를 제시하고자했다. 그것은, 행태주의가 배제하려고 시도한 "오성"의 해석에 의해서만 파악될 수 있는, 의미의 다양성이다. 그 다양성은 취급할 필요가 없기에 그것의 존재는 부정된다. 행태주의는 행동의 체인에서 개별적인 고리들이 아니라, 의존적인 고리들로서만 그리고 단지 사회기구의 일부로서만, 인간에 대해 관심을 갖는다.

---

38) 때문에 그것이 철저하고 일관되는 한에는, 그것은, "이해가 빠른 심리학"이 이해를 추구하는, 마음의 그 차원의 존재 또는 적어도 관련성을 부인한다. 왓슨(Watson, J.), 『행대주의자관점에서의 심리학』(*Psychology from the standpoint of Behaviorist*, Philadelphia, 1919), 그리고 『행태: 비교심리학입문』 (*Behaviour: n Introduction to Comparative Psychology*, London and N. Y., 1925); 왓슨(Watson, J.), 『행태주의의 전쟁』(*The Battle of Behaviorism*, 1928)에 대해 왓슨(Watson, J.)의 해설과 맥두갈(MacDougall, W.)의 공개, 각각 참조. 행태적 기반들 위에 사회학을 구축하기 위한 흥미를 위한 것이고 너무 모순적 시도는 결코 아니다; 대비스(Davis, J.)와 바네스(Barnes, H.), 『사회학 입문』(*An Introduction to Sociology*, Boston and N. Y., 1927)과 그 책에 포함된 상세한 참고문헌 참조. 또한 『미국사회학의 추세』(*Trends in American Sociology*, N. Y., 1929), 또한 『인종심리학과 사회학에 관한 잡지』(*Zeitschrift für Völkerpsychologie und Sociology*) 그리고 *American Sociological Review*과 *American Journal of Sociology*에 수록된, 베인(Bain, R.)과 룬드버그(Lundberg, G.)논문들 참조.

인간의 행태는 기본적인 방법으로 측정가능해지는 그러한 범위에서 단순화된다. 타고난 행태는, 그것이 생체의 적응에 의해 형성된 것처럼, 뛰어난 성공기회를 보유한 정신기술에 의해서 재건될 수 있을 만큼, 그 추상적 구성요소들과 인자들을 신중하게 관찰되고 분석된다.

행태적 사고는, 말하자면, 외부의 행태를 조화시키는데 있어 사회생
활의 추상적 영역의 일부만을 취급하는 것처럼, 그것이 추상적인 한에 215
는, 발명적 사유의 구조 내에서 여전히 작용한다. 행태적 사고는 여전히 조금씩 작동하고, 전체로서 환경과 개인에 대한 이해를 거부하는 것처럼, 그 사고의 접근방법은 확실히 종합적이지 않다. 그럼에도 불구하고, 사상(事象)들의 노선에서 추상적인 단면, 즉, 사회의 모든 단위들의 조직된 외부행위, 을 숙고하고 조작하는 것이 가능하도록 하는 한에서, 그 사고는 이미 계획의 길에 들어선 것이다. 개념은 몇 개의 사회생활영역에서만 상호 조화시키는 것이고, 그 영역들이 행태의 외향적 측면과 조직된 환경의 외부적 측면을 표상하는 한에서만 조화된다는 것이다. 그러나 시도(試圖)가 약간의 전략적으로 우월한 관점에서 한 시대의 *매개의 원리들*을 파악하는 것이기 때문에, 계획은 여기에서 관련된다는 것은 의문의 여지가 없다. 계획에 관한 한, 행태주의는 처음부터 개인과 사회의 진정한 변혁의 필요를 부인하는 것을 스스로 제한했다.

일단 이러한 행태주의의 본질적 특성이 인지되었다면, 그것의 파시
즘과의 유사성은 의심의 여지가 없다.[39] 행태주의 자체는 파시스트가 216

---

39) 파시즘에 대한 문헌적 입문서는 산탄젤로(Santangelo, G.)와 브로칼레(Brocale, C.), 『파시즘에 대한 안내문헌』(*Guida Bibliographica del Fascimo*, Rome, Liberia del Lettorlo, 1928). 같은 출판사에서 발간한 *Bibliographica Fascista*에 의해 보완되어야 한다. 상당한 정보가 로젠스톡크-스톡크(L. Rosenstock-Franck, L.), 『파시스트협동경제의 이론과 실제』(*L'économie dorporative fasciste en théorie et en fait*, Paris, 1934); 파이너(Finer, H.), 『무소리니의 이태리』

아니라, 오히려 정치적 영역에서의 파시즘은 대부분 행태적이다. 파시즘은 행태주의수준에서의 정계(政界)를 계획하고 변화시킨다. 이것은, 여러 국가들에서의 선전유형과 그 선전이 민중을 변화시키거나 계몽하려는 것이 아니고, 오히려 파시즘에 복속시키고 충성하도록 사용되는 방법에 의해 예증되고 있다. 파시즘은, 모든 가능한 행태의 종류를 통합하는 사회적 강요의 장치를 창조하거나, 또는 적어도 폭력에 의해

(*Mussolini's Italy*, London, 1935)와 살베미니(Salvemini, G.), 『파시즘의 추축국들 아래서』(*Under the Axe of Fascism*, N. Y., 1936), 에 있다.

국가-사회주의자적인 출간물에 대한 문헌에 관해서는, 웅거(Unger, E.), 『국가사회주의의 문학』(*Das Schrifttum des Nationalsozialismus, 1919-1934*, Berlin, Heft 1, 1934)에서 "국가사회주의의 학문에 대한 연구보고", 폴록(Pollock, J.)과 헤네만(Henemann, H.), 『히틀러의 포고령들』(*The Hitler Decrees*, Ann Arbor, 1934), 참조. 파리(Paris)에 파시즘을 연구하는 연구소가 또한 있다. 또한 슈만(Schumann, F.),『나치 독재정체』(*The Nazi Dictatorship*, 제2판, N. Y., 1936); 브레디(Brady, R.), 『독일 파시즘의 정신과 구조』(*The Spirit and Structure of German Fascism*, N. Y. and London: 1937); 라우슈닝(Rauschning, H.), 『허무주의의 혁명』 (*Die Revolution des Nihilismus*, Zürich, 1938) [(영역, 『독일의 파괴혁명』(*Germany's Revolution of Destruction*, London, 1939)]참조.

소비에트독재정체와 관련하여, 메네르트(Mehnert, K.), 『소련, 1917-1932』(*Die Soviet Union,* 1917-1932, Berlin, 1933) 참조. 또한, 보다 최근에는, 시드니와 비트리스(Sidney and Beatrice, W.), 『소비에트 공산주의』(*Soviet Communism*, N. Y. and London, 1936), 제2권, 엘킨(Elkin, A.)의 훌륭한 문헌(Politica, 제i권 제4호, 1935년 8월) 그리고 Cambridge, 1935년과 함께 칸토로비츠(Kantorovicz, H.), 『독재정체: 사회학적 연구』(*Dictatorships: A Sociological Study*) 참조.

그들의 시민들에게 시민의 충성을 교육하는 다양한 정치체계에 의해 사용된 방법들과 관련하여, 메리암(Merriam, C.)에 의해 편집된 시카고대학교 출한사의 『시민들을 만드는 연구들』(*Studies in the Making of Citizens*)시리즈 참조. 입문서는 메리암(Merriam) 자신이 집필했고, 『시민훈련방법들에 대한 비교연구』(*A Comparative Study of Methods of Civic Training*, Chicago, 1931)이라고 불린다. 시리즈에서 가장 중요한 단일서는 쉬나이더(Schneider, H.)와 크라우프(Clough, S.), 『파시스트 만들기』(*Making Fascists*, Chicago, 1929)와 코소크(Kosok, P.), 『현대독일: 대립하는 충성심에 대한 연구』(*Modern Germany: Study of Conflicting Loyalties*, Chicago, 1933)이다. (후자의 연구는 국가사회주의지배의 시대를 다루지 않았다). 모든 권들에는 참고문헌들을 포함하고 있다.

외형적인 조화를 초래한다. 이념으로서 파시즘은 남성의 본능적인 완력을 찬양하지만, 사실 그 이념은 인간성의 심연까지는 침투하지 않거나, 또는 그 이념의 진정한 복합성을 정당하게 다룬다. 파시즘이념은, 어쨌거나, 외면적 행태의 규제와 감정의 통합보다 더 광범한 어떠한 목적도 없이, 외부적인 강요와 암시의 최대결합을 통해 인간을 변화시키려는 추상적인 배열원리이다. 파시즘이념의 외부적 조정에서, 그 이념은, 어떠한 종류의 실질적인 합리화에의 접근도 시작하지 않고서도, 최고의 기능적인 합리화단계에 도달한다. 전형적인 파시스트지도자가 예리한 숙고와 비합리적이며 승화되지 않은 에너지를 결합하는 것처럼, 이 특별한 사회유형에서 형식적인 최적의 질서와 무정형의 비합리적 잔재가 무정부에 대한 변함없는 성향과 병존한다.

우리의 분석에서 우리가 기술하려고 했던 것은, 걸출한 파시스트지도자가 그의 프로그램에 대한 윤곽을 그리는데 있어, 다음과 같은 프로그램의 연설에서 매우 생생하게 표현되었다. 즉, “개인들의 기질들, 품성들, 그리고 능력들은 너무 다양하기 때문에 거대군중을 완전하게 단일체로 융합하는 것은 불가능하다. 더욱이 교육에 의해 이 단일체를 교화하려는 정치지도자의 과업도 역시 불가능하다. 그러한 모든 시도는 애초부터 실패하게 되어 있었다. 인성은 개별적 상세함으로 변화될 수 없지만 점진적인 변화의 강도(强度)에 의해서만 변환될 수 있는 소여의 사실이다. 그렇지만 일반적으로, 근본적인 인종적 특성의 변화
는 다른 변화들의 선행조건이다. 만일 정치지도자가 이러한 방법으로 217
그의 목표달성을 추구했다면, 수년이나 수십 년 대신에 영구성이라는 의미에서 생각하고 결정해야 할 것이다. 그는 이상적인 ‘보편적 사람들’이 아니라, 집단에서 스스로 상호적응 함으로서만 조화로운 패턴을 형성할 수 있는, 광범하게 상이한 재능을 가진 사람들을, 그의 운동에 참여하는 것을 기대할 수 있다. 만일 정치지도자가 그러한 인식

에서 주춤거리고, 그의 이상과 관련된 귀감적인 사람들만을 탐색한다면, 그의 계획들은 파탄 날 뿐만 아니라 조직은 곧 바로 혼돈에 빠지게 될 것이다."

만일 우리가 전체로서 인간성은 변화시키지만 그것의 외부행태적인 변화는 바라지 않는다면, 우리는 외형적 행태를 넘어서 외부행동들의 상이한 의미들이 호의적인 이해에 의해서만 파악될 수 있는 그러한 의식영역을 통찰해야한다. 때문에 우리는 접근가능한 표면적인 지표들에서 심리학적 현상들의 보다 심원에 존재하는 배경으로 나아가야한다. 프로이드(Freud), 알더(Alder), 기타 유형들의 정신분석은, 다른 심리학자집단(행태주의자들)이 "오성"의 방법에 대해 완강하게 반대했던 시기에 출현했고, 명성을 얻은 것이 징후적인 유의의가 없는 것은 아니다.

적어도 일반적 접근에서, *정신분석*은[40] 인간을 어떤 주어진 시간에 발견되더라도 불변인 것처럼 사료하는 않는, 이러한 심리학적인 탐구유형들 중 하나이다. 무의식의 발견은, 자아에 대한 보다 더 심연의 수

---

40) 정신분석에 관한 도서에 대한 문헌적 입문으로서, 릭만(Rickman, J.), 『정신분석학 색인, 1893-1926』(*Index Psychoanalyticus*, 1893～1926), International Psychoanalytical Library, 재14권(London: 1928) 참조. 추가하여, 프로이드(Freud)의『수집한 저작물들』(*Gesammelte Schriften*), 정신분석학의 간행물들, 『정신분석학의 국제정기간행물』(*Internationale Zeitschrift für Psychoanalyse*), 『상(像)』(*Imago*), 『정신분석교육을 위한 정기간행물』(*Zeitschrift für Psychoanalysche Pädagogik*), 『정신분석적인 운동』(*Psycho-analytische Bewegung*), 그리고 기타 국제적인 출판사로, Verlag für Psychoanalyse 참조.

개별적인 심리학과 관련하여, 특히 아들러(Adler, A.)와 벡스베르그(Wexberg, E.), 『개인심리학을 위한 국제잡지』(*Internationale Zeitschrift für Individual-Psychologie*)의 저술들 참조.

개성의 문제에서 문헌적 지향을 위해서는, 로벡(Roback, A.), 『품성과 개성에 대한 문헌』(*A Bibliography of Character and Personality*, Cambridge, Mass.: 1927) 참조.

준에 관해, 심리학적 조정을 초래할 수 있는 그러한 숨겨진 장치들을 통해 침투할 수 있도록 한다. 행태주의가 주로 현상계의 행태와 관련되고 정신생활의 보다 더 심연의 수준들을 취급하는데 필요한 "오성" 관찰을 회피하는데 반하여, 프로이드이론과 유사한 관점들은 그들의 218
관심을 개인의 전체적인 심리학적 조직에 영향을 주는 잔존효과로서, 상처들에 그들의 관심을 돌린다. 외부원인들로부터 발생한, 정신적 외상들은 우리자신의 사회에서 그렇게 소중했던 경쟁의 노선에서 발달된, 열등감도 역시 포함된다. 최종분석-그것이 계승되는가 여부를 결정함이 없이-에서, 정신분석은 모든 사람을 변환시키고자한다.[41] 특정한 역사시대와 특정한 사회에서의 전형적인 인간만 따르는 그러한 심리학적 *매개의 원리들*은 물론, 일반적인 심리적 생활을 지배하는 이 최종적인 추상적 원리들을 처방하는 것이 여기서의 문제이다. 추상적 원리들은, 가장 복잡한 심리적 변화들을 충동의 이론에 관한 소수의 근본적인 법칙들, 예를 들면, 쾌감이론·현실이론·죽음본능 등으로 축약하고, 더욱이 억압·승화·투영 등과 같은 근본적인 과정들이라는 의미에서 전체적 장치를 해석하려는 시도가 이루어질 때 달성된다. 특정한

---

41) 이 경향은 바이젝커(Weizsäcker, V. von), 『사회적 질병과 사회적 회복』(*Soziale Krankheit und soziale Gesundung*, Berlin, 1930)에 잘 표현되어 있다. "신경증을 치료하는데 단독치료가 적합하고 그것을 고립하는 것은 적합하지 않은(그리고 그것을 유지하는 정도) 의학적 태도에서, 우리는 종합적인 태도를 요구한다. 그것은, 아주 초기부터 환자와 협력하는 의사는, 말하자면, 마치 그자신이 동일한 지위에 있었던 것처럼 그리고 지식과 판단의 형성과 관련하여 그 자신을 동일한 수준에… 위치시키는 것처럼, 신경증이 작동하고 있는 현장으로 환자와 함께 들어간다는, 사실로 이루어져있다." "개인의 기관들과 기능들의 해부학적 및 심리학적 정상상태와 개인의 건강을 혼돈 하는 것은 더 이상 허용할 수 없다. 이 진정한 우울증의 접근은 한편으로는 한때의 저명한 아이디어에, 그리고 다른 한편으로는 징후에 의해 제시된 그의 인간존재에 대해 보다 깊은 변화를 경험하지 않도록 어떠한 대가를 지불하고서라도 그의 징후들이 치료되기를 바라는 환자에게 소수전문가를 속박 한다."

역사적 신기원에서만 타당한 *매개의 원리들*의 존재는, 특정한 가부장제의 사회에서 감정들이 여가장제(女家長制)사회에서의 그것들과는 매우 상이한 형태를 나타내는 탐구들에서 최근에 예증되었다.[42] 이와 관
219 련하여, 정신생활의 역사적 변이를 기술하는 우리의 노력은 전적으로 새로운 과업으로 표상된다. 즉, 그 과업은 어떤 종류의 억압들과 금기들이, 사회의 권위와 질서를 유지하기 위한 사회의 노력가운데, 개인에게 발생되는가를 파악하기 위해 탐구하는 것이다. 모든 사회질서와 그 질서를 만든 여러 특별한 사회적 형세들은 여러 신경증들을 배양하는데, 그것들의 일부는 억압하고 일부는 육성한다.

변환하고 계획하려는 의지는, 지금까지는 대부분 모호했으며, 그리고 자연의 세력처럼, 즉, 적응과 무의식의 기형처럼, 작용했던 그러한 정신적 생활의 단계들조차 규제하려한 시도와 관련된 대담무쌍함에서 현현된다. 요컨대, 개인의 억제 및 해방 장치들조차도 가능한 최선의 방향으로 인지되고, 분석되며, 조정된다. 꿈들은 연구되고, 정신적 성장이 사회적 상황에서 왜곡된 그러한 남녀들을 완전히 변환시킨다. 원래 정신분석적 접근방법은 순전히 개인적이었고, 약간 추상적인 사회에서 추상적인 상처를 가진 개인만이 인식할 수 있었다. 사회학적 접

---

42) 멜리노우스키(Malinowski, B.), 『노예사회에서의 성과 억압』(*Sex and Represion in Savage Society*, London, 1937), 178쪽 참조. 멜리노우스키는 프로이드이론들(그는 오직 정성화들에만 적용한다)에 추가하여 샌디(Shandy, A.), 『품성의 기반들』(*The Foundation of Character*, London, 1930)에 의해 입안된 근본적인 심리학적 원리들을 사용한다. 동일주제에 대한 인류학적 및 인종학적 연구들 가운데서, 미드(Mead, M.), 『사모아에서의 성년도래』(*Coming of Age in Samoa*, N. Y., 1928) 참조. 후자의 저술과 관련된 여류작가는 사춘기의 단계에서 전형적인 심리학적 위기들은 보다 선진적인 문명들에서는 존재하지 않은 소위 "원시적"부족의 소녀들의 생활을 현저하고 생생하게 관찰했던 것에서 보인다. 사춘기단계에서의 심리학적인 갈등들은 개인의 생물학적 구조 때문이 아니라 현재사회의 분위기에 부과된 갈등 때문인 것으로 보인다.

근방법은, 단지 초기유년기경험을, 여러 가정들(즉, 무산계급가정, 유산계급가정 등)간의 사회적인 구별을 고려하지 않고, 소수의 표준상황에 관해서만 취급되는 범위까지만 신봉된다. 개인은 내부계몽의 과정을 통해, 그리고 사려 깊게 인도된 분석의 정화효과를 통해, 그 자신의 구조 내에서 변환될 수 있었다. 그렇지만, 철저한 계획과 관련하여 부족한 것은, 그 통찰의 가능성들 가운데서도 적어도 정신분석이 거의 탐구하지 않았던, 실용적인 통찰이었다. 그 정신분석은 심리적 기질과 활동이 조화되고, 인간은, 그의 습관적인 부적응들과 상처들의 발현과 함께, 조정되고 계몽된 개인이 올바른 길에 머물 수 있도록, 새로운 환경이 창조되는 때에만 변화될 수 있다는 것을 탐구했다. 더욱이, 그 정 220
신분석은 어떤 부적응들도 전체로서 사회의 변화 없이는 정정될 수 없다고 인지하는 통찰이 부족하다.

정신분석이 창시된 장소, 즉, 의사의 상담실, 에서 긍정적 방법과 부정적 방법으로 사상(事象)들의 시안을 조사했다. 정신분석의 정신의학과의 구체적 관계는 다수의 사례들을 매우 신중하게 관찰할 기회를 제공했지만, 정신분석은 사회적 환경을 매우 모호하게만 인지할 수 있도록 허용했다. 정신분석은, 완전한 계획을 위해 불가결한, 사회적 장치에 대한 사회학적 통찰이 부족했다. 이 재조직이 이전에는 결코 취급하지 못했던 깊이까지 침투했음에도 불구하고, 인간은 개체로서만 재조직되었다. 그러나 발명적 사유의 수준은, 정신분석이 생활의 실제상황에 실제로 조정하지도 않고 개별적 객체 개개인을 순응시키거나 확증을 추구하는 한, 여전히 집착되었다. 계획된 접근방법은, 어쨌거나, 행동의 추상과정들 그리고 교정적 및 비교정적 순응이 개인의 전체적인 정신경제의 관점에서 분석되는 한에서는, 이미 현현하고 있다. 이러한 맥락에서 성적충동(libido)의 경제개념은 커다란 유의의가 있다. 따라서 행태주의가 완전히 무시했던 측면들이 여기서는 중심적인 문제의 수준으로 제기되고 있다. 그러나 정신분석의 최초국면에서 우리에게 여전히 나타나는 모든 것은 자유주의-개인주의적 신기원에서의 접근방법상 특징의 산물이다. 여기서 그 특징을 진단할 때 개인의 전형적인 고립, 사회적 상호의존성에 대한 모호화, 그리고 환경에 대한 개인의 관계에 대한 과도한 단순화- 이 모든 것들이 단계적으로 극복되고, 이미 가시적인 사회학적 재조정과 관련된 새로운 과정을 수정하는 것이다. 이러한 보다 구체적이고 사회학적인 관점 때문에, 여러 중요한 차이점들이 발견된다. 따라서 일반적인 가정(家政)은 소여의 시기와 기간에 소여의 사회적 계급속의 가정에 의해 와해된다. 다양한 발달단계들에서 다양한 인격유형들 가운데 실업에 의해 발생한, 심리학적 위기들에 관한 관찰은 심리학적 연구의 주요한 관심사가 되고 있
221 다.[43] 무산계급 또는 유산계급 어린이에 관한 특별한 문제는 그와 같

43) 이 분야에서의 진지한 작업들은 라자르즈펠트-야호다(Lazarsfeld-Yahoda, T.)와 자이슬(Zeisl, H.), 『마리엔텔 에서의 실업; 추가사항과 함께 실업의 장기영향에 대한 사회지리학적시도: 사회지의 사건』(*Die Arbeitslosen von Marienthal: Ein soziographischer Versuch über die Wirkingen landdauernder Arbeitslosigkeit mit einem Anhanb: Zur Geschichte der Soziogrphie*, Leipzig, 1933). 필그림 트러스트(Pligrim Trust)에서 만든 보고서,『일이 없는 남자들』(*Man Without Work*, Cambridge, 1938). 참고문헌을 위해, 아이젠버그(Eisenberg, P.)와 라자르스펠드(Lazarsfeld, P.)의 "실업의 심리학적 효과들", *Psychological Bulletin*, 제35권 제6호, 358-390쪽, 윌리암즈(Williams, J.), 『실업구제의 인간적 측면들』(*Human Aspects of Unemployment Relief*, Chapel Hill, N. Carolina, 193?); 바케(Bakke, J.), 「실업자」(*The Unemployment Man*, London, 1933); 수더랜드(Sutherland, F.)와 록(Locke, H.), 『노숙자』(Philidalphia: 1936); 카디너(Kardiner, A.), "개인의 적응에서 경제적 안전의 역할", *The Family*, Oct. 1937, 187-197쪽; 그리고 "안전과 문화적 속박", 상게서, Oct. 1937, 183-196쪽 의 매우 가치 있는 문헌적 조사 참조. 또한 라스웰(Lasswell, H.), "정신병학자들과 정치과학자들은 서로 무엇을 배울 수 있는가", *Psychiatry: Journal of the Biology and Pathology of Interpersonal Relations*, 제1권 제1호(1938), 33-39쪽; 그리고 "정신분석과 사회적 분석"(Psychoanalyse und Sozialanalyse), *Imago*, 제19권(1933), 377-383쪽; 또한 레윈(Lewin, K.), 『개성의 동적 이론』 (*Dynamic Theory of Personality*, N. Y. and

은 어린 시절의 추상적인 문제들에서 발생한다.44)

상징들의 형성과정은 개인의 생활뿐만 아니라 다양한 계급들에서도 연구된다. 계급들은 판별 없이는 제대로 취급될 수 없지만, 오히려 역사적 및 사회적으로 층화해서 취급되고, 어떤 사람은 일반적 장치가 가변적인 상세함의 정도로서 여러 역사적인 사회여건들에서의 특별한 장치들을 만드는 방법을 추적한다.45)

이와 함께, 우리는 계획의 수준에 들어간다. 심리학적 장치들을 사회적 장치들과 연결하는 그러한 핵심점들에 대한 이해, 그리고 소여의

London, 1935); 브라운(Brown, J.), 『심리학과 사회적 질서』(*Psychology and the Social Order*, N. Y., 1936); 그리고 모레노(Moreno, J.), 『누가 생존해야하는가』(*Who Shall Survive*, Washington, D. C., 1934) 참조. 또한 *Sociometry: A Journal of Interpersonal Relations*, 1937 .참조..

44) 예증적 문헌으로, 아이크호른(Aichhorn, A.), 『변덕스러운 젊은이』(*Verwahrloste Jugen*, Wien, 1931), (영역: 『*Wayward Youth*』, N. Y., 1936); 홈부르거(Homburger, A.), 『어린이 세대의 정신병리학』(*Psychopathologie des Kindesalters*, Berlin, 1928), 광범한 문헌포함; 프란젠-헬러스베르그(Franzen-Hellersberg, L.), 『젊은 여성노동자』(*Die Jugendliche Arbeiterin*, Tübingen, 1932); 토마스(Thomas, W.), 『조정되지 않은 소녀』(*The Unadjusted Girl*), Criminal Science Monography, 제4호, (Boston, 1931); 루터(Reuter, E.), 미드(Mead, M.), 포스터(Foster, R.), 등, "사춘기에서의 사회학적 연구", *American Journal of Sociology*, 제42권 제1호(July, 1936), 81-94쪽. 참조.

45) 우리는 여기서 이 접근방법에 대해 약간의 사례들만을 언급할 것이다. 프롬(Fromm, E.), 『그리스도교의의 발달』(Die Entwicklung des Christusdogmas, Wien, 1931), 그리고 라이크(Reich, W.), 『파시즘의 군중심리학』(*Massenpsychologie des Faschismus*, Cophenhagen, 1933)에 있는 그의 에세이들, "사회학 연구를 위한 잡지"(Zietschrift für Sozialforschung); 돌라드(Dollard, J.), 『생활사를 위한 준거』(*Criteria for Life History*, New Heaven, 1937); 호르크하이머(Horkheimer, M.) 편, 『권위와 가정』(*Autorität und Familie*, Paris, 1936)의 집단적 연구에 프롬(Fromm, E.)의 기여는 역시 이 방향의 하나의 단계이다. 이 분야의 중요한 연구는 라스웰(Lasswell, H.)에 의해 이루어졌는데, 『세계정치와 개인불안』(*World Politics and Personal Insecurity*, N. Y., 1936)과, *Psychiatry*, 제1권 제1호(1938)에 있는 그의 논문들과 참고문헌 역시 참조. 또한 본서 말미의 참고문헌(III, 1, d와 f) 역시 참조.

시간과 장소에서 심리학적 및 사회학적 유형들을 지배하는 *매개의 원*
222 *리들*에 대한 이해가 점점 더 최전면으로 이동한다. 우리는 이제 어떻게 사회적 요인들의 다양한 집단들을 신중하게 재조직하여 가능한 최선의 인간유형들을 계획할 것인가를 구상할 수 있는 단계에 도달했다. 우리는 과거사회들의 유산이며 더 이상 필요하지 않은 그러한 금제들에 대한 변경을 시작할 수 있다. 이러한 변경은, 미신을 제거하려는 의도를 가진 계몽운동의 의미와, 적어도 충동들을 통제하는 새로운 사회경제와 아직도 필요한 억제력에 대한 새로운 자의식적인 교도에서 무의미하게 예시된 그러한 금욕주의의 형상들에 이미 존재했다. 비록 많은 것이 아직도 모호한 상태이고 아주 많은 주장들이 불확실하더라도; 그럼에도 불구하고 이 접근방법은, 우리가 사회학적 기저와 심리학의 조력으로 인민의 삶들에 대해 계획된 교도를 하고, 우리의 목표를 적어도 논리적으로 예지할 수 있는, 그러한 단계에 도달했다. 이러한 방법으로, 우리는 사회의 최고선과 개인의 정신적 평화 모두를, 최전면에서 보호한다. 듀이(Dewey)와[46] 같은 보다 정교한 실용주의의 형태들과 더불어, 정신분석의 유망한 시작은 바람직한 출발을 제공하고, 믿음직한 결과, 즉, 우리가 아직껏 예견하지 못한 본성, 으로 잘 인도할 수도 있다.

인류의 변환을 일으키려는 우리시대의 시도에서 우리가 불가능한

---

46) 듀이(Dewey, J.), 『민주주의와 교육』(*Democracy and Education*, N. Y., 1916). 또한 러셀(Russell, B.), 『교육과 사회질서』(*Education and Social Order*, London, 1932), 그리고 그의 연설, '민주주의를 위한 교육' (London, 1937) 참조.

더 많은 문헌적 참고서들과 함께, 교육에서 최근의 문제들에 대한 에세이들의 격려적인 수집을 위해, 칼버톤(Calverton, V.)과 쉬말하우젠(Schmalhausen, S.), 편, 『신 세대』(*The New Generation*, London, 1930) 참조. 또한 코헨(Cohen, J.)와 트래버스(Travers, R.), 편, 『민주주의를 위한 교육』, (*Education for Democracy*, London, 1939); 라보드(Laborde, E.), 『현대교육의 제 문제』(*Problems in Modern Education*, Cambridge, 1939) 참조.

것을 얻으려 노력하는가 여부를 우리가 여기서 결정하는 것은 우리의 과업이 아니지만, 사회변화의 사회학적 문제는 우리가 여기서 취급했던 문제들에 대한 정확한 분석이 없이는 절대 해결될 수 없다는 점은 의심의 여지가 없다. 의심할 것 없이 본유의 유전적 특성들과 특정한 사회조직원리들이 지배하는 것 이상의 노선이 존재한다. 이 노선은 미리 알 수는 없지만, 실험들을 통해서만 스스로 발현된다. 사람들의 변환성에 대한 명백한 제약들은 추상적인 철학적 논의의 주제는 아니지만, 현실적인 접근·교육·사회적 연구의 주제이다. 철학적 논의들은, 이 223
미 소멸되고 더 이상 철학적 일반화들을 위한 타당한 기반들을 제공하지 않은 상황들에 대한 분석에서 발생한, 인간성에 대한 존재론적 및 인류적 교의들로 대부분 귀착된다. 그러한 논의들은 우리의 특정사회에서 주조된 인간생활의 형식을 초월하는 노고를 우리에게 경감시키는데 만 기여한다. 사실 철학은, 경험주의 스스로가 받아들이지 않는 경험적 자료와 발견의 원리들에 대한 일반화에 기초하는, 모험을 과학적 영역에서의 신참자(新參者)처럼 종종 무릅쓴다. 과거시대들의 결과들만을 요약한 철학의 은둔체제와는 별개로, 차후의 사회발달단계에서 중요한 연구도구가 되었고, 전문가들이 나중에 상세함을 추가하여 준거의 틀을 설정한 원리들을 만든, 개척자라는 또 다른 유형이 항상 존재했다. 이 사례에 대한 이해를 모색하는데 있어, 현재 진행 중인 경험적 연구들에서 무의식적으로 작용하는 요인들을 분간해내는 것, 즉, 근년에 분산되고 명백히 고립된 철학적·심리학적·교육적 경향들 속에서, 계획하려는 의지가, 비록 대부분의 사례들이 아직은 의식적이지 않지만, 모든 곳에서 작동하고 있다는 것을 예증하는 것이, 우리의 과업이 될 것이다. 오늘날 근본적으로 관련된 개별적인 분산연구들이 상호의 존재를 알지 못하고 진행되어야 한다는 것은 충분하지 않다. 계획은 고립된 사실을 배열하여 조화시키는 것을 의미하고, 그래서 개별

연구자들은 자신들의 발견들 간의 잠재적인 연계를 종종 인식한다.

외형적 행태의 대규모적인 변환이 올바른 시작방법인가 또는 우리가 개인의 완전한 변환과 함께 출발해야 하는가? 이 질문에 대답하는데 있어, 계획은, 건설의 주요한 질료들이 상대적으로 완성된 상태로 발견되고 조립되어야만 하는, *확립*은 아니라는 것을 기억해야한다. 계획은 전략이고, 전략은 행동이 그 자체 내내 행동을 수행하는 수단만을 요구하는 과정이다. 그러한 맥락에서, 행동들은, 주로 가능한 최상의 품질을 획득하거나 보다 유리한 노선만을 추종하는 것을 지향하지 않고, *현상*에서 바람직한 목표로 가장 잘 인도할 것 같고, 그 수단들을 사용하는 사람을 점진적으로 변환할 수단들을 지향한다. 인간에 영향을 미치고 인간을 형성하는, 기본적으로 최상의 심리학적 및 사회학적
224 방법은 전략의 관점에서는 매우 부적절할 수 있다. 여기서, 역시, 개방적인 대안들이라는 점에서 생각하고, 항상 사상(事象)들을 처리하는 각 방법의 찬성과 반대를 비교 고찰하는 것이 최선일 수 있다.

만일, 계획에서, 우리가 전략적 관점을 전면에서 유지한다면, 주어진 사회적 상황을 초월하기 위해서, 우리는 행태주의적인 기법의 사용으로부터 시작해야 할지도 모른다. 어떤 사람은, 인간들의 외형적 행태에서 내면적 행태로 변환시키고, 외부에서부터 적절하게 작용하는 상호의존적인 전체로 조직할 수 있는 과정들로 요약하는 기법과 함께 시작한다. 단지 특정한 질서가 이러한 방법으로 발생되었을 때만, 우리는 이 방법이, "완전한 사람"을 도외시하고 최종분석에서 그 방법을 변형시킨다고 느끼는, 그러한 사람들의 불안을 진정시킬 수 있을 것이다. 이러한 종류의 접근방법은, 인간이 지금까지는 통제되지 않은 성장과 선택의 과정을 통해서 외부로부터 변화되었고, 상황에 대한 진정한 동화와 내부적응이 훨씬 뒤에 일어났다는 사실에 의해 확증된다. 정상적인 방법은, 인간이 새로운 상황을 먼저 스스로 발견하고, 일련

의 다소간 무의식적 행동들을 통해 그 상황에 순응하게하고, 보다 나중에 개인이 상황과 조화하도록 하는, 그러한 내적인 심리학적 변화들을 만드는 것이었다. 단순한 예를 들자면 다음과 같다. 즉, 업무의 노예였던 사람이 그의 삶의 끝자락에서 은퇴하고, 이용가능 하지만 사용하지 않은 엄청난 양의 에너지를 갑자기 발견한 때에, 그 사람은 처음에는 순전히 흉내로서 그의 여가를 전통적인 방법으로 사용할 것이다. 혹독한 위기이후 매우 점진적으로만 그의 정신과 관련된 내면작용은 변환될 것이다. 그 다음에 그는 그의 품성 그리고 상황에 따라 놀이·승화·숙고 등에 대한 그의 능력을 함양할 것이다. 사회적 척도에서 최근에 발흥한 계급들은[47] 동일한 방법으로 자체적으로 개조되었고, 그 계급들의 에너지를 그들의 외부여건들이 변화된 이후에만 노동과 경쟁에서 문화와 승화로 변화되었다.

자연스런 교육과정들은 외부에서 내부로 작동하고, 만일 지적혁명이 "진정한 운동", 예를 들면 새로운 종류의 감정들과 아이디어들을 갖춘 계몽운동에서처럼, 을 선행하는 것처럼 역사에서 종종 여겨진다면, 세상 사람은, 이러한 "아이디어들"이 출현하기 전에도, 변환은 오늘날 우리에게 모습을 드러내지 않는 아주 많은 실제의 상황들에서 이미 발 225
생하기 시작했었다는 사실을 간과한다. 그 운동의 명백한 사회적 결과들과 함께 모든 것을 포용하는 지적추세로서 계몽운동은, 외부에서 내부로 침투하는 사회적 변화들이 특정한 사상(事象)들을 수용하는데 있어 사회에서 개인의 정신들을 미리 준비한 이후에만, 운동으로 통합될 수 있다. 변환의 기법이 외부에서 시작하여 내부로 이동하는 방법으로 입증되는, 추가적인 사실은 나태한 사춘기 젊은이들에 대한 우리의 경험이다. 이 영역에서의 결과들에 비추어볼 때, 예를 들면, 잘 조직된

47) 우리는 이 논제이후에 보다 더 언급해야 할 것이다. 378쪽 (원저 316쪽) 이후 참조

범죄패거리의 개별구성원을 집단에서 탈퇴시키고 혼자서 개과천선하도록 변화하는 것은 거의 불가능하다고 말할 수 있다. 집단전체에게, 지도자로부터 시작하여, 새로운 방향이 제시되어야 한다. 개인은, 그 다음에, 일반적인 흐름에 따라 움직일 것이다.[48]

사회적 변환의 두 번째 전략적 방법은 개인의 내부적 변환과 함께 시작할 수 있다. 단연 최대의 난점은, 이 방법이 현재의 순간에 교육적인 방법들에 존재하는 대규모변화를 위한 정치적은 물론, 제도적, 그리고 경제적 가능성도 아닌, 분명히 극소수의 소수자무리들에게만 적용될 수 있다는 것이다. 이것은 소규모 소수자집단에 대한 실험들을 수행하는 우리의 실험학교들의 특별한 문제들로 남는다. 그러한 실험들-그것들이 실패할지라도-은 그 실험학교들의 방법에 대한 사회학적 의미를 간략하게 설명하기에 충분한 사유로서, 아직도 과감한 과업이 될 수 있다.

각 개인의 인격변환을 통한 사회의 변환은 처음에는 개척자적인 유형들만을 창조할 수 있다. 이 방법들이 완전히 성공한다고 하더라도, 그 방법들은 단지 약간 더 완전한 인간유형들만을 만들고, 이 유형들이 그들 자신의 것과는 매우 상이하게 조직된 실제생활의 중앙에 위치할 때, 그 유형들은 붕괴될 위험이 항상 존재한다. 이 초심자들은, 그들의 내부변환이 사회의 변환과 조화되지 않은 교육에 의해서 발생되었다는 사실로부터, 항상 괴로워할 것이다. 여기서 인성은, 우리의 나태한 어린이들 패거리들에 관한 예시에서 우리가 고찰했던 것처럼, 집
226 단을 통해 변환되어야 한다는 법칙이 동일한 정도로 신봉되지는 않는다. 오직 원시의 유목민적 단결에서 아직도 멀리 벗어나지 못한 사람만이 집단을 통해서만 변환될 수 있다. 이미 개인화된 사회집단들의

48) 드레셔(Thrasher, F.), 『갱: 시카고의 1,313명의 갱들에 관한 연구』, 신판, (*The Gang: A Study of 1,313 Gangs in Chicago*, Chicago: 1937) 참조.

출신인 그 개인들은, 전체는 아니라도, 여하튼, 빈곤한 배경을 가진 나태한 어린이들보다 훨씬 거대한 정도로, 개별적으로 개조될 수 있다. 이것은, 그 어린이들이 인위적으로 고립된 환경 속에 존재하고, 기숙학교 등과 같은 그러한 특수여건아래서 교육받을 때, 특히 사실이다.

역사에서 개척자들의 유의의를 과소평가하지 않은 사람은 누구나, 시대에 앞서서 그 자신을 설정하는 개인의 이 내부변환을 다소간 정당화되는 것을 수용해야한다.[49]. 그리고 더 오래되고, 더 안정적이며, 계층적인 사회들에서, 엘리트에 대한 특수교육은, 특별한 개척자적 과업을 훈련받은 이 소수자들이 그 계급 자체의 독특한 분위기를 가진 자신들의 계급에서 생활하고 자활할 수 있을 것 같지 않은 오늘날 교육보다, 개인에게 훨씬 덜 위험했다는 것을 간과해서는 안 된다.

불평등하고 다소간 성곽 같은 정적인 사회는, 전위(前衛)들처럼 그 사회의 지배계급이 보유하고 있는 인간성들에 대한 함양과 승화를 지지할 수 있다. 이 상황들에서 이 선도 집단들은 지배계급들의 특별한 분위기 안에서만 자신들의 가치를 증명하는 것이 가능하다. 이와는 대조적으로, 단지 교육에 의해 그리고 내부에서 외부로 엘리트를 훈련하는 새로운 방법은, 현존사회의 외형적 구조와 평균적인 여건들에도 불구하고, 철저히 균형을 유지해야할, 발전하고 있는 개척자들의 모순적 과업에, 비록 그 과업이 완전히 성공적인 경우에도, 직면한다. 정적인 사회가 요구하지 않았던 어떤 것을 이 엘리트들로부터 기대하는데, 그것은 그 엘리트들이 불확실한 환경과 완전하게 예측할 수 없는 여건들에도 불구하고 그들의 개성과 특성의 안정성을 유지하는 것이다. 여기서 유일한 해결책은, 이 개척자들이, 교육이 그들에게 부여한 광범한 사고방식과 시대에 앞서는 인간성에도 불구하고, 혁명적인 세상의 부

---

49) 88쪽(원저 75쪽), 98~123쪽(원저 86~106쪽)의 전위(前衛)들의 불가피성을 분명히 한 곳 참조.

침 속에서도 계속하여 존재할 만큼, 유연하고·적응적이며·결단력 있도
227 록 만드는 방법을 발견하는 것이다. 때문에, 목표의 불변성과 선견지
명이 있는 정책을 적응 및 행동을 위한 비범한 능력과 결합하는 것이
필요할 것이다.

더 오래된 엘리트들과 더 새로운 엘리트들 간의 연속성이 여기서는 바람직한 것처럼 보인다. 이 연속성은 보다 오래된 엘리트들뿐만 아니라 새롭게 발달된 사회에도 중요하다. 더 오래된 문화적 유산의 보유자들과 그들의 합리화와 승화의 기법들에 대해 어느 정도 연속성의 확립 없이는, 어떠한 인간도 언젠가 달성했던 문화수준을 유지할 수 없었다. 아무리 급진적이라도 혁명이 생산 장치를 파괴해서는 안 되는 것처럼, 만일 후진적인 생활수준으로 퇴보되는 것이 아니고, 문화적 파국을 회피하고자 한다면, 누구도 축적된 문화유산의 보유자들을 물리칠 수는 없다. 여기서, 역시, 더 오래된 지도자집단들과 더 새로운 지도자집단들을 합병하여, 가능한 최선의 방법으로 더 오래된 엘리트들의 가치 있는 유산과 보다 젊은 엘리트들의 새로운 사고방식을 결합할 수 있는, 계획의 방법들이 있어야한다. 엘리트들의 기능과 역할, 그리고 그들이 사회에 통합되는 그들의 연속성과 매너는, 우리가 문제를 어떠한 각도에서 주시하든 간에, 항상 다시 출현한다. 엘리트들의 기능에 대한 역사적 및 사회학적 고찰도, 만일 보다 젊은 엘리트집단들은 물론 보다 오래된 집단들도 사회에서 그들의 업무를 이해할 수 있다면, 매우 중요하다.

요약하면, 변환에 대한 외형적인 방법의 위험은 진정한 인간의 변환 없이 사회를 외견상으로만 변화시키려한다는 사실에 있다.

결과적으로, 형식적인 질서와 기능적 합리성이 중요한 사회제도들을 훼손한다고 항상 위협하는, 내부붕괴와 방향결핍이 병존한다. 내면적 방법의 위험은, 이러한 종류의 교육 때문에 특정한 정신적 풍요와

개인적 문화를 보유한 소수의 사람들은, 그들이 활동하는 특별한 환경이 갑작스런 사회적 봉기에 의해 파괴되자마자, 저항 없이 분열될 것이라는 사실에 있다. 여기서 우리는, 그 방법들이 사회변환의 모든 단계가 개별적 인격의 변환과 결합된다는 의미에서, 내·외부 접근방법 양자를 사용하도록 하는 상호의존적 행동과 사고에 의해서만 도움을 받을 수 있다. 더욱이, 대부분의 이론적 모순들처럼, 문제는 추상적 사유의 수준에서는 해결할 수 없다. 일방적인 사고의 논리체계들에서 과 228
장된 일관성은, 만일 행동과 조화된다면, 점점 더 적절한 행위패턴과 점진적으로 결합될 수 있는, 그 체계의 맥락적인 사상(事象)들을 훼손한다. 이 이론적 모순들의 해결은, 만일 신중하게 안출된 대안들이 최종적인 양식이 아니라 사상(事象)들의 가능한 추세들을 지시하는 신호대로서 사용된다면, 실제로 항상 가능하다.

우리는 계획된 사유가 사회구조에서 상호의존적인 연계들을 인식하기 위한 새로운 능력에 주로 의지한다는 것을 지금 여러 각도에서 고찰했다. *상호의존*에 의해, 우리는 특정한 요소의 효과들을 먼저 추상적 영역들(경제학, 심리학, 등과 같은)의 하나로 추적하고, 나중에는 영역들의 상호작용 자체가 문제가 되고 있는 것을 추적한다는 것을 의미한다. 이러한 종류의 사유는 다른 모든 것과 동일한 종류의 어려움들을 보유하고 있다. 최대의 난점들 중 하나는 노동 분화의 문제이고, 또 다른 어려움은 통제의 방법이다.

단일의 고립된 객체들을 다루려는 추상적 사유는 스스로 잘 작동하는 노동의 분화를 창조했다. 우리는, 마치 상호의존성의 문제를 무관한 문제인 것처럼 취급해야 하는 개별적 문제들을 항상 해결해야 하는 것과 같이, 이 노동의 분화를 지켜야한다. 일반적으로 타당하고 주어진 사회적 환경에 제한되지 않는 추상적 규칙들에 따라서 주로 취급될 수 있는, 결사의 구조, 학교의 조직, 국가의 헌법 등과 관련된 기술적 문제들이 있다.

다른 한편, 우리는 일반적 규칙들을 구체적 상황에 적합하게 수정해야 하는 지점으로 항상 회귀해야한다. 상황에 한정된 *매개의 원리들*을 반복하여 탐구해야 한다. 주어진 정부형태의 독특성은 추상적인 기능적 원리들만으로는 설명될 수 없다. 당국을 조직하는 방법, 실시중인 경제체제의 종류, 그리고 시민의 탁월한 특징들-이들 모든 것이 조직의 구체적인 작동에 영향을 줄 것이다.

과학들에서 오래된 노동의 분화는, 개별적인 객체들, 과정들, 그리고 제도들처럼 정확하게 연구되는 한, 적절하다. 그렇지만 만일 어떤 사람이 개별적 객체와 그것의 특수한 환경에 대한 구체적 관계들을 자
229 신의 중심적 문제인 것처럼 파악하는 것은 매우 부적절하다. 문제가 이러한 형태로 나타나는 때에는, 한때 분리된 영역들의 통합이 이슈가 된다. 그러한 새로운 통합유형의 필요성에 대한 인식의 장애는 보다 초기의 역사단계에 속하는 철학과 방법론에서 주로 발견된다. 역사에서 종종 발생하는 것처럼, 초기의 사고방식이나 초기의 탐구유형은, 출현하고 있는 새로운 문제들을 해결하는데 자체의 무능을 정당화할 의도를 가진, 철학을 보강한다. 이 사례에서, 예를 들면, 그 문제들의 맥락으로부터 취했던 파편들을 결합하는 것은 과학의 과업이 아니라고 주장되었다. 그렇지 않으면 현실자체의 속성은, 분리된 횡단면들을 사고에서 재결합되거나 재건되어야 하는 사회의 개별적 형태를 허용하지 않는다고 주장되었다.

구체적이며 역사적이고 개별적인 사회들과 그 사회들의 *매개의 원리들*에 관한 한, 과학적 불가지론은 아직은 계획의 수준에 도달하지 않았고, 모든 영역에서의 사고는, 고립된 단일의 객체들에 대한 발명의 구조 내에서 아직도 작동하고 있는, 지식의 단계에 반드시 속한다는 것은, 우리에게는 이미 충분히 명확하다. 본서의 가장 근본적인 목

적은 이러한 사유유형의 절대성에 대한 주장들이, 사회적 과정에 의해 설정된 과업에 의해 무효화 되었고, *독립적 사유*로의 전환이 필요해졌다는 것을 제시하기위한 것이다.

만일 광범한 지식의 영역이 이전의 과학적 노동의 분화아래서 단일의 탐구자에 의해서는 숙달될 수 없다면, 모든 방향에서 독립하여 활동하기 시작하는 이 새로운 사유유형은 더 원대한 노동 분화의 조력 없이도 개별사유인에 의해 성취될 기회는 점점 감소되고 있다. 그 결과는 노동의 분화와 전문화가 이전보다도 더 필요해진다는 것이다. 그러나 노동 분화의 발생을 따르는 노선들은 과거의 그것들과는 완전히 달라야 한다. 새로운 노동의 분화는, 물론 오래된 것도 고려되어야하는 영역들과 주제들을, 새로운 원리들에 따라 정리되어야한다. 이 새로운 원리는, 그렇지만, 선택된 주제들이 기존의 특별한 과학들의 하나 또는 여러 영역들로 나뉘는가 여부와 같은 구체적인 상황을 설명하는데 요구되는, 모든 것을 결합시키데 만 존재할 수 있다. 이 노동의 분화는 상황과 구조에 대한 구체적인 분석들이 되어야할 *문제단위들* 230
에 의해 결정될 것이다.

전체적인 구조의 재현에 실패한 추상적인 발명적 사유는, 그 사유의 원리들과 사실들에 대한 과장된 체계화에 의해 전체적인 상황파악을 위한 인간의 갈망을 만족시키기 위한 대체물을 제공하려했다. 그 사유는 상호의존적인 사회적 사상(事象)들의 전체적 네트워크를 그 사유의 문제로 취급하는 대신에, 일정한 교육적 가치를 확실히 보유한 공식적인 *사회학의 체계*를 구축하려했었다.

이제 모든 추상적 사유는, 그 내용을 몇 개의 경구적 원리들에서 단일의 준거에 따라서 구체적인 역사적 유형들에 도달할 때까지 지시하는, 사고체계의 최고수준에 도달한 것을 부인할 수는 없다. 체계는, 물론, 일정한 제약들 내에서의 칭찬할만한 업적이다. 그러나 공식적 체계화를 향한 이 경향은, 만일 그것이 *상호의존적인 사유*에서 연구종사자들과 이론가들의 관심을 돌린다면, 유해해 질 수도 있다. 상호의존적인 사유는, 모든 관련 요인들-해결되어야 할 문제에 의해 결정되는 그들의 관련성-을 가능한 한 완전히 이해할 때만, 가장 유용하다. 그 상호의존적인 사유는, 외부로부터 주제문제에 대해 부과된 소수의 형식적 원리들에 적용하는 것에 스스로 한정한 때에는, 유용성이 적다. 미국의 교육에서 사용된 교과서유형들의 분류에 대한 선입견과, 독일의 사상에서 그렇게 두드러진, 철학적 체계들의 패턴에 따라 체계화하는 압도적인 경향은, 객체자체를 고찰하는데 어떤 때는 장애가 될 수 있다. 이것은, 예를 들면, 어떤 사람이 공식적으로 명령된 사실들을 기본적으로 현실의 전체로서 이해한다고 믿을 때, 발생한다. 체계와 구조는 완전히 다른 두 가지 사상(事象)들이다. 체계는 지적이며, 독립적인 배열의 원리이고; 구조는 사회현실 자체에 대한 조직의 원리이다. 그 체계는 다른 어떠한 부분적인 사회적 상황보다 항상 보다 더 포용적이기 때문에, 그것은 직접적으로 관찰될 수 없다. 그 체계는 서로 다른 경험적 추세들과 결과들이 결합되는 때에만 접근될 수 있다. 때문에 이론적 고려사항들은, 비록 그것들이 전체로서 사회의 현실적인 구조를 그 사상(事象)들로부터 추출될 수도 있도록 그 사상(事象)들의 모든 일탈과 분화에 대해 순응할 정도로 모순적이 아니고 신축적이라고 하더라도, 여기서 불가피하다.

구체적 상황들에 대한 분석은, 때문에, 처음에는 구조적으로 관련된
231 그러한 사실들과 그것들의 상호연결성들을 강조하는 것에서 시작되어야한다. 관련 요인들에 대한 이러한 선택은 본서의 시작에서 언급했던 사회학적 번역의 수단에 의해서만 달성될 수 있다.[50] 그것은 관찰에

50) 30쪽(원저 26쪽) 참조.

관한 특별훈련과 이론적 분석에 익숙한 지적전통을 전제로 한다. 특정한 사상(事象)들의 유형들은 그것들이 보다 더 오래된 *매개의 원리들*을 새로운 원리들로 변환하는 것을 반영하기 때문에 특별한 의미를 갖는다. 이 유형들은 어떠한 경험적 고구에서도 찾아내야할 사실들이다. 때문에, 마치 어떤 것이 그 다음 것만큼 양호하더라도, 모든 사실들을 무차별적으로 수집하는 것은, 잘못 이해한 경험주의를 차명하는 것처럼 아주 잘못된 것이다. 사실들은, 진정한 사상(事象)들의 노선에 다소간 무관심하고, 행동을 취하지 않는 누군가를 위해 오직 동등한 가치를 가지고 있고, 그래서 사상(事象)들의 주요 추세들은 중요하지 않은 것으로 여긴다. 인간의 지식은, 어쨌거나, 그것의 가장 고립된 영역들에서 조차, 어떻게든지 사회적 과정과 연계되어있고, 만일 사실들에 대한 무의미한 수집과 함께 정리되지 않은 경험주의가 우리가 살고 있는 사회의 실제 속성에 대해 교화된 맹목성을 만드는 것이 허용된다면, 이러한 종류의 지식에는 치명적이다. 이러한 방법과는 대조적으로, 사회를 연구하는 올바른 방법은, 말하자면, 사회적 과정에서 핵심적 지위들을 대표하는, 그러한 유의의한 사실들을 먼저 파악하는 것이다. 일단 이것들이 파악된다면, 그 사실들은 탐구자들이 종합적인 방법들을 사용하도록 거의 자동적으로 강요할 것이다. 사회적 행동의 관점에서 무분별한 경험주의의 무익성을 강조하는 것처럼 중요한 것은, 인간사고에서 행동주의의 중요성을, 질문방법의 탐구에 대한 가치를 독단적으로 부정하는 정도까지, 과장하는 것도 역시 위험하다는 것이다. 최대의 위험은, 최소한의 모순적 사실에 의해서도 항상 검토될 준비가 되어있는 신축적 가설들 대신에, 금언으로서 *매개의 원리들*에 대한 언명들을 취급하는 경향이 있는, 정신에 대한 개방성의 결여이다.

매개의 원리들 영역에서의 발견사항은 일반적 법칙들의 귀납적인 확인과 동일한 기준들로 판단될 수 없다. 그 원리들의 연구에 기여한

사회학자는 전체로서 상황의 분석에 특별한 과학들의 성과들을 이용해야 하지만, 그 연구는 특화된 결과들 자체를 확보하기 위한 그의 작업의 일부는 절대 아니다. 종합적 방법은 특별한 과학들이 귀납법에 의 232 해 수집한 사실들에 주로 기반하고 있지만, 그것은 그 사실들의 추상화에서 자유롭고, 어떻게 그 사실들이 구제적인 환경에서 작동하는가를 제시하는 것은 사실이다. 구체적인 사실들과 비교하고, 관련지우고, 종합하며, 참고하는, 이론들은 여기서 사용되어온 기본적인 방법들이다.

이 과업들에 대처하는 사회학은 어느 정도의 직관들이 관련되는 위험을 수용해야한다. 그러나 마치 진정한 인식이 양적측정을 통해서만 가능한 것처럼, 경멸적 의미에서 "직관적"으로 측정될 수 없는 모든 것을 요구하는 것은 불행한 습성이다. 하나의 표제아래 모든 것이 포함될 수 없을 정도로 참으로 많은 상이한 직관 형태들이 있다. 자신의 상상력에서 객체를 착상(着想)하기 때문에 그 객체가 결국 과장되거나 이상화된 묘사가 되는 시인의 직관은, 세상에 대한 더 심오한 감각이라는 점에서, 경험주의자의 직관과는 매우 다른 수준이 된다. 비록 명백히 측정되는 것은 아니지만 진정한 경험주의자의 상상은, 객체를 사실인 것처럼 잘 지시했어야 함에도 불구하고, 어떤 의미에서 그 상상은 새로운 정밀성의 형태, *고유한(sui generis)*, 을 달성하도록 하여, 세상 사람이 이러한 인식유형의 실제속성을 모호하게 만드는데 만 기여한 시인의 상상력을 사용하기 때문에, 여기서 같은 단어인 "직관"을 사용한다. 이러한 의미에서 경험주의자가, 즉각적으로 출현하지 않은 사상(事象)들을 상기시키거나, 또는 객체를 재건하는 측면들과 그 객체들을 즉각적으로 인지할 수 없는 타 객체들과의 상호관계들에 그의 재능을 사용하는 한, 진정한 경험주의자의 사고과정에는 오직 상상만이 존재한다. 만일 이 용어들을 생각한다면, 우리의 경험주의자적 직관은 분석되고, 그 직관의 요소들로 분류할 수 있고, 그 모든 단계에서 통제와 예증의 방법으로 변환할 수 있는 어떤 것이다. 모든 가능성을 명심하고 새로운 사상(事象)들로부터 학습할 준비를 갖춘, 부단한 비교와 교정적 분석, 신축적이고 모순적이 아닌 가설들은, 직관들에서 배운 것은 무엇이든 사실들에 의해 신중하게 검증되는 것을 보장한다. 게다가, 직관적 접근방법은, 우리가 아직껏 탐구하지 못했던 주제를 다루는 한, 역시, 발명적 사유에서 불가피하다.

*계획된 사유*의 특징적 단위는 "상황"이고, 보다 더 복잡한 형태들이
다.[51] 계획의 수준에서, 전체로서 상황들이라는 의미에서 사유하는 것 233
이 더욱 더 필요하다. 어떻게 사람의 마음을 상이한 일련의 사상(事象)들과 조화시키는가를 알고, 어떻게 개별적 사상(事象)들, 직관들, 그리고 마음의 태도들이 서로 결정되는가를 파악하는 것이, 실제생활 뿐만 아니라 과학자체에도 필수적이다.

우리는, 물론, 목적적으로 제한된 영역에서 귀납적 확실성을 구비한 규칙성들을 예증할 수 있다는 의미에서, 정확한 전문적 지식이 필요하다. 그러나 후자의 사고유형은, 자체의 규범에서는 지극히 정밀하지만, 타 기준에 의해 측정할 때는 극히 부정확하다. 이는 그 지식은 지평이 없고, 그 지식이 작동하는 맥락을 벗어난 개별적 객체를 해체하기 때문이다. 그 지식은 현실과 이격되는데, 이는 그 지식이 개별적 객체가 일부분인 행위의 단위를 파괴하기 때문이다. 바로 이러한 이유로, 상황에 대한 분석은 현실에 대한 올바른 접근방법이다.

전적으로 "본능적"이어야 하고, 스스로에 대한 인식이 없이 최선의 결과를 만들어내야 하는, 발견의 수준에 관한 사상은 필수적이다. 자체적으로 종료되지 않는 사실을 시야에서 놓치는 것은, 추상적이며 전문화된 용어들을 스스로 표현하는, 발명적 사유의 속성이다. 이와 대

---

51) 본서 제5편 357쪽(원저 299쪽) 이하 참조.

조적으로 *계획된, 상호의존적인 사유*는 더 합리적이고 더 숙고적이며, 동시에, 자체의 기능을 항상 인지하고 있고 그 사유의 방법들에 대한 보다 양호한 통제를 확보하기 위해 자체의 방법을 항상 면밀히 조사하는, 발명적 사유보다는 덜 추상적이다. 계획된 사유는, 사고가 전체적인 생활과정의 부분이라는 의미에서, 스스로 착상한다.

우리가 지금까지 취급했던 각 사고양식들의 위험지대는, 소여의 역사단계에 가장 잘 조화된 사고의 종류에 선행하거나 지체(遲滯)된다는 것이다. 특정한 역사시대에서 특정한 사고양식들에 대한 가능성과 필요성은, 해결해야할 문제들의 본질과, 그것이 필히 투과해야할 현실의 수준에 의해 주로 정의된다. 우리는, 어떻게 인간이 방수칸막이들 내에서 사유하고 개별적이고 고립된 목표들만을 고려하여 사상(事象)들의 상호의존성에서 발생한 문제들을 해결하려 했던가를 설명한, 이 지체[11쪽(원저 10쪽) 이후, 188쪽(원저 162쪽) 이후, 그리고 곳곳)의 파멸적인 효과들에 주목했다. 여기서 우리는, 얼마나 크게 사고가 사회생활의 특정영역들에서 우리에게 설정된 과업들을 지체할 수 있는가를, 매우 뚜렷하게 고찰할 수 있다. 우리의 곤경은, 우리가 단일의 제
234 도들뿐만 아니라 그 제도들이 상호 관련되는 방법까지를 규제하는 것이 필요한 시대에 접근하고 있다는 것에 있다.

지체의 위험이외에, 단순한 상황들이 아직도 잘 작동하고 있는 여건들에서 사유하고 행동하는, 복잡한 방법들을 시기상조적으로 사용하는, "앞서 달리기"에 따른 거대한 위험이 동시에 존재한다. 이러한 방법으로 사고에 대한 행동들과 습관들이 상호 무의식적으로 적응하는 본래의 "세력들 간의 상호작용"은 무너진다. 무의식적인 적응과 함께, 이 즉흥적인 행태는 특정영역들에서 이성에 의해 쉽게 능가될 수는 없다. 반대로, 이 영역들에서 반성적인 사유의 모든 행동은 즉흥적인 능력들을 무디게 하고, 그러한 능력들에 대한 서투른 대체물 이상은 아니다.

이것은 사고가 본래 악이라는 의미는 아니지만, 오히려 그것은 특정한 행동영역들에만 적용되는 것을 의미한다. 발견이 아직도 자체의 길을 성공적으로 가고 있는 한, 발명은 단지 사상(事象)들을 훼손시키기만 하고, 우리가 어떤 문제들이 더 단순한 행태양식들을 통해서는 더 이상 숙달될 수 없는 상황에서만 처음으로, 발견에서 발명으로 넘어가는 것도 가능하다. 다른 한편으로, 발명들이 필요로 한 곳에서, 발명적 사유의 온갖 단일행동은 많은 세대의 무의식적인 실험의 장소에서 발생한다.

때문에 역사적 변화들을 통해, 상이한 행동의 영역들이 점진적으로 출현하고, 그 영역들의 차례대로 상이한 행위와 사고의 형태들을 불러일으킨다. 비록 이 행위와 사고의 유형들이 단계들로서 상호 관련되더라도, 이것이 행위와 사고의 보다 더 새로운 양식들은 보다 더 오래된 양식들을 항상 대체해야 하는 것을 의미하는 것은 아닌데, 이는 가장 다양한 역사적 수준들이 병존하는 것이 가능하기 때문이다. 오늘날에서조차 우리가 어떻게 해야 하는가를 정확하게 알지 못하고 매우 단순하게 순응하는 우리의 삶들에 많은 난점들이 존재한다. 오늘날에도 모든 기술적 혁신은 발명적 사유의 수준을 발생시켰고, 만일 추상적 사유가 직접적인 목표들에 초점을 맞춘 그러한 지점들에서 우리가 *계획된 접근*에 유리하도록 그 사유를 억압하고자 한다면, 생산의 사회적 과정은 현상유지에 이를 것이다. 계획된 사유의 실질적인 위험은, 항상 실험하는 대신에, 그 사유가 경직된 체계로 변질되는 경향이 있다는 것이다. 계획수준에 관한 "독단주의"는, 순전히 이론적 시안의 존재로서, 계획에 대한 오류적인 견해에 불과하다. 계획에서 실험적 사 235
고와 행위의 최고수준에 도달된다. 독단적이며, 체계적인 일관성은 단순히 행정적 방법들의 경직성이 달성되었던 곳-또는 우리가 보아온 것처럼, 발명적 사유의 수준에서, 어떤 사람이 구체적 사실들에서 수집된 일반원리들을 체계화하고자 하는 곳-에서만 가능하다. 교조적이며, 경직적인 일관성은 우리가 아직도 모르는 것을 조사할 때는 무용하다. 여기서 계획된 사유에서조차, 적절한 도구가 되기 위해서는, 질의하고 조사하는 태도에 착수해야한다.

만일 계획된 사유가 전략으로 잔류하려면, 상호의존적인 탐구방법이 요구했던 용기와 무모함을 가져야한다. 그러나 그 사유는, 계획의 필수부문인 탐구의 요소를 제외할 정도로, 권위적이 되는 것을 허용해서는 안 된다.

하나의 예시가 이것을 명료하게 만든다. 오늘날 인간의 변환에 대해 스스로 관심을 가지고 있는 사람은 누구나, 심리학이 제공하는 통찰력과, 사회에 대한 연구를 통해 그가 이해하는 것을 학습해온 목표들 및 수단들을 사용할 수 있도록 해야 한다. 그렇지만, 만일 그가 단순히 예상된 범주 속에서 교육받아야 하는 사람들을 포함한다면, 그는 보잘 것 없는 교육자가 될 것이다. 대조적으로, 만일 그가 학생의 진정한 난점들과 갈등들 속에서 스스로를 먼저 침잠시키고, 그 다음에 그의 이론적 지식을 적용하는 것을 기억한다면, 그는 적절한 접근방법을 가질 수도 있다. 이것은, 사유에 관한 한, 우리는 가능하면 사상(事象)들을 숙고해야하지만, 행동 중에도 도래하는데 오랜 시간이 필요한 계획된 사유가 아직 인가받지 않은 영토에서 작동해야 한다는 것을 우리가 지속적으로 인지해야하는 것을, 의미하다.

*매개의 원리들*은 연역될 수 없고, 그것들의 변환들도 미리 예측될 수 없다. 그러나 이것에도 불구하고, 탐구의 정신에서 *지적으로* 전향적이 되도록 압박하는 것은 가능하다. 지적인 관점에서 아직 완전히 이해되지 못한 사실들을 이렇게 고려하는 것은, 오늘날 자체적으로 비합리주의라고 부르는, 무분별과는 결코 혼돈될 수 없는 것이다. 우리의 현재역사상황에서, 계획된 사유는 이러한 성장하고 더욱 더 파괴적인 비합리성을 상쇄한다.

현대인은 역사적 및 사회적 기회에서 발생하는 것을 학습해야 하기
에, 그는 그 시대의 맹목적 세력들에 의해 자의적으로 내몰려서는 안 236
된다. 그는 과학적 분석의 모든 예리함을 가지고, 그의 현재지위를 지
적으로 맞서는 용기를 가져야한다. 그러나 동시에 그는 그 자신뿐만
아니라 자신의 사고의 습관들 까지도 변환시킬 그러한 방법을 착수해
야한다.

사실적 지식의 축적과 독립적 사고의 능력 간 그리고 단순한 상세함의 정리와 상황이라는 의미에서 그 상세함의 해석 간의 구별은, 일상생활에서 오랫동안 명료해졌다. 이 판별이 이제 이론가들의 관심사가 되고 있다. 새로운 과학적인 정확성의 유형으로 당면한 문제를 다루고 있다. 계획된 사유의 수준에서, 처음으로 상식적 표현들이 지향하는 것처럼 "상황을 파악하고", "상황의 지배"가 되도록 하는 것이 진정 과학적으로 가능하다. 발명적 사유의 수준에서 사고의 추상성과는 대조적으로, 계획된 사유는 드디어 구체적이 되는데, 이는 그 사유는 사상(事象)들의 맥락과 함께 출발하고 어떤 사람이 여건이 달랐다면 지식의 분리된 요소를 통합하는 구체적 *상황들*에 들어가기 때문이다.

제5편

자유를 위한 계획

I

사회적 기법의 개념

1. 계획에 대한 우리의 상반된 태도

239 마지막 절에서, 우리는 사고가 사회적 과정에서 욕구들과 계획을 필요로 하는 새롭고 어려운 문제들에 순응하는 것을 고찰했다. 우리의 사유에서 이 변환을 관찰자가 아주 착잡한 감정을 가지고 않고서는 주시하기는 어렵다. 한편으로 그 관찰자는 인간의 지성이 새로운 도전을 수용할 준비가 되어있고 멀리 멀리 앞일을 생각하는 합리적인 긍지로 충만하다. 다른 한편으로 그 관찰자는, 전체적인 사업이 현대정신의 무모한 프로젝트로서 그 자체의 독자적인 기술에 의해 사회사(社會史)의 전체행로를 실제적으로 지휘하는 것이 결정되는 단순한 지적모험이 아닌가 여부를 의문시하는, 억압감이 늘 머리에서 떠나지 않는다. 우리 모두는 어느 정도 계획에 대해 이러한 상반된 태도를 가지고 있지만, 어쨌거나 우리는 그러한 태도에 대해 태연한 모습을 취할 수도 있는데, 이는 우리 모두는 두 종류의 동인들, 즉, 인간사에 간섭하는 것에 대한 자유주의의 염증과, 인성의 새로운 가능성들을 탐구하기 바라는 하나의 사회적 시대를 특징짓는 실험의 열정, 이 결합되는 변환시대의 총아들이기 때문이다.

많은 점에서 우리는 마술에서 괴테(Goethe)의 도제와 같은데, 그는 그의 스승이 집을 떠나자 그의 비밀신앙형식으로 지하세계의 유령들을 불러내고, 그 유령들이 나타났을 때 무서워하며, "내가 부른 유령들은 떠나지 않을 것이다"라고, 울부짖었다. 우리는 우리시대의 최대결정들을 차라리 운명에 맡기는 것을 아주 진정으로 선호해야한다. 마음속으로 우리는 책임지는 것을 두려워한다. 그러나 변화가 매우 깊이

진전된 시대에서, 우리는 책임을 인정하고 싶은가 또는 그렇지 않은
가, 계획을 원하는가 또는 그렇지 않은가 여부를 결정하는 어떠한 권
력도 가지고 있지 않다. 사회학적 분석에 비추어보면, 어떻게 행동하
고 또 생각할 것인가에 대한 결정은 전적으로 개인에게 맡겨지지 않았
고, 그의 태도를 운명에 맡긴 것도 역시 아니다. 얼마나 그 자신과 역
사에 대한 그의 관계를 인지하는가는 그의 연령에서 당면하는 문제들
에 따라 주로 좌우된다. 자연의 영향력을 통제하거나 재앙을 피하게 240
하는 기술적 수단들이 거의 없는 사회에서는, 생활에 대한 지배적인
철학이 맹목적인 운명의 작업처럼 거의 모든 사건을 사료해야한다. 객
관적인 안전의 결여는 두 개의 대립되는 태도들에 의해 이 단계에서
상쇄될 수도 있다. 사회는 개인에게 과감한 원리들과 훈련에 의해 모
험과 위험에 대면하는 방법을 교육하거나, 보다 높고 불가사의한 의지
에 따르도록 그의 수동적 성향을 함양할 수도 있다. 객관적 불안에 대
한 이 반작용들은 개선된 사회적 기법이 특정한 생활영역에 대한 규제
가 가능해지자말자 다른 것들로 대체될 것이다. 비교적 단시간 내에
개인적 책임감은 증가할 것이고, 특히 지금 통제 하에 있는 분야들에
서 그 책임감이 증가할 것이다. 따라서 어느 정도 잘 계획된 장래세대
의 시민들은, 진부한 정신구조의 최후흔적으로서, 새로운 형태의 사회
조직을 만드는 것에 대한 우리의 사회적 운명과 저항을 지적으로 통어
하는 문제를, 우리의 불안으로 사료하는 것이 상당히 가능하다.

일단 우리가 결정주의의 대중성이 우리의 수중에 들어올 사회적 통제들의 수를 고려하여 필연적으로 감소될 것이라고 인식하다면, 오늘날 우리는 우리의 사회적 운명에 대해 숙명적인 견해를 취할 수 없거나 계획에 대한 사고를 거부하는 것이 곧 분명해질 것이다. 전체적인 일련의 규제를 입안하고 인격을 도야하는데 신중하게 간섭한 다음에, 위기가 발생하고 우리의 모든 제도들이 대립되어 있을 때는 물러날 수

없다.

이 증가된 간섭은 사회적 업무와 인간사에 대해 새로운 접근을 초래했다. 표면가치에서 인간과 사상(事象)들을 대하는 수동적이며 관조적인 사고방식대신에, 우리는 적극적이며 관리적 태도를 개발하고 있다. 이 새로운 접근방법은 상응하는 정신의 구조, 즉, 전통적인 사유방법을 점진적으로 대신하는 기능적 사고유형, 에 반영된다. 기능주의는 자연과학의 영역에서 자신의 첫 모습을 드러냈고, 기술적 관점으로서 기술될 수 있다.[1] 그 기능주의는 최근에서야 사회영역에 이전되었다.

241 객체를 고찰하는데 있어 기능주의자가 마음에 견지한 말없는 질문은, "저것은 무엇인가?"나 "그것의 진수는 무엇인가?"는 절대 아니고, 항상 "어떻게 그것은 만들어지는가?"이다. 그는 어떤 것도 기본적으로 끝이라고 결코 간주하지 않고; 그것은 단지 다른 존재들과의 상호관계들에서 그것의 진정한 본질을 드러낸다고 사료한다.

이 두 사고유형들 간의 적대관계는 참으로 신랄해지는 경향이 있지만, 우리는 어느 편을 드는 대신에 그 유형들 각자가 인간정신발달에 대한 특정한 기여를 이해하려고 해야 한다.

낭만주의적 사상가들은 근본적 변화가 우리의 사고방식에서 발생되었다는 것을 최초로 인지했고, 그들은 기술적 정신의 새로운 발흥에 크게 놀랐다. 혁명가들 가운데 팽배한 추상적이고 기술적인 사고유형에 대한 투쟁에서, 그 사상가들은 보다 오래되고, "유기체적"인 사유방법의 존엄성을 보전하고자 했다. 그 사상가들은, 어쨌거나, 한번 이 기술적 접근방법이 자연과학에서 인간사로 이전되었다면, 인간자신에

---

1) 기능주의자적 사고유형의 역사와 그 유형의 철학에 대한 영향을 위해, 슐(Schuhl, P.), 『기계주의와 철학』(*Machinisme et Philosophie*, Paris: Alcan, 1938), 그리고 나의 연구로 *Economic History Review*에 출간될, "유기체의 개념에 대한 사회학적 역사", 참조.

게 반드시 심오한 변화들을 발생시켰을 것이라고 희미하게나마 자각했다. 그 사상가들은, 우리가 기능적 사고패턴을 생명이 없는 물건들이나 우리의 동포에 적용하는가 여부에 따라 크게 달라질 것이라는 점에 대해, 육감을 가졌다. 첫 번째 사례에서 우리는 우리에게 이질적인 사상(事象)들을 다루지만, 두 번째 사례에서는 새롭고 관리적인 태도가 비인간적이 되기 쉬운데, 이는 그러한 태도가 개인적 관계들을 기계적 범주들로 강요하기 때문이다. 이러한 의미에서 전통적인 정신은 이러한 기술적 정신의 팽창에 대해 당연히 항상 반항할 권리가 있다. 낭만주의자들과 그들의 현대 제자들은, 단지 그들이 모습을 나타냈던 것처럼 사상(事象)들을 단순히 수용하고자 하는 열망으로서, 인간경험에 대한 순박한 직접적 접촉을 옹호했다. 인간과 사상(事象)들은 그것들 자체의 권리로서 존재하고, 단순히 타 존재자들의 기능으로서 존재하는 것은 아니다. 다름 아닌 그것들의 존재는 그것들의 내면성의 실현이다. 그것들을 취급하는 유일한 올바른 방법은, 그것들에 직접적으로 접근하고, 대단한 것의 기능처럼, 완곡한 방식에 의한 것은 아니다. 동일한 방법으로, 도덕적이거나 종교적이거나 간에, 한때 초월적 실재들로서 숭배되었던, 정신적 경험들을 현대적인 접근에서는 인공물로 생각할 때, 그 경험들의 진정한 본질이 박탈되고 있다. 기능적 접근은 더 이상 아이디어와 도덕적 기준을 절대적 가치로 사료하지 않지만, 242 사회적 과정의 산물들로서 필요하다면 정치적 실제와 결합된 과학적 교도에 의해 변경될 수 있다.

낭만주의자비판은 의심할 여지없이 심오한 것이고, 장래에도 그 비판의 가치를 계속 보전할 것이다. 그 비판의 과업은 기능적인 접근방법의 제약과 그 접근방법의 위험이 보편화되어가는 위험을 지속적으로 우리에게 상기시키는 것이다. 기능적인 접근방법은 인간정신이 창조했던 많은 것 중의 단지 하나이고, 만일 그 접근방법을 현실에 접근하는 우리의 보다 더 성실한 방법들로 대체한다면, 세상은 점점 더 보잘 것 없어질 수도 있다.

그러나 낭만적 공격은, 만일 그것이 그 새로운 사유방법들의 필요성을 인식하거나 사회적 과정에서 그 방법들이 얼마나 깊이 뿌리박혀있는가를 이해하지 못한다면, 그 방법들의 진가를 인정하지 않은 것이다. 만일 사회를 변화시키려는 충동이 강하면 강할수록 사람들은 한때 기능이라는 점에서 그들이 수동적으로 수용했던 사상(事象)들을 사유하도록 더욱 더 강요된다는 것을 이해하지 못한다면, 그것은 근시안적이다. 우리는, 인간관계에 과학적 방법을 적용하는 것은 전연 자의적이 아니라는 것, 즉, 우리의 사회는 과거로부터 축적된 규제의 유산에 의한 계획을 강요했다는 것, 을 반복해야 한다. 한번 예비적 조치가 취해졌다면, 우리는 우리스스로가 기계의 바퀴 밑에 깔리도록 내버려 두는 대신에 사회기구를 조정하는데 충분한 기술적 기예를 획득하는 과업을 피할 수 없다.

그러나 인간사에 대한 기술적 관리는, 단지 새로운 사고유형을 생산하지는 않고, 역사를 만드는데 있어 기술적 발명들이 동적요인이 된다고 공언한, 철학과도 결합되었다.

과학기술의 유의의는 먼저 경제적 생산의 영역에서 분명해졌다. 마르크스(Marx)에 의하면, 공이 움직이도록 설정하는 것은 이 기술적 발명들이었다. 먼저 그 발명들은 경제적 관계들에 관해 적절하게 감응했고, 나중에 그 발명들의 영향은 잔존하는 사회영역들에도 영향을 주는 변화들로 스스로 변형된다. 인간정신도 이 변환에서 제외되지 않았다. 인간의 변화하는 아이디어들은, 우리가 고찰한 것처럼, 변화하는 경제적 기법에서의 독립변수로서, 사회적 과정의 최종적인 함수들이다.

경제적 생산의 영역에서 기술적 발명들은, 그렇지만, 새로운 기술적 정신에 관한 첫 번째의 실체적인 증거를 그저 제공했다. 그때 이래로

기술적 발명의 범위는 매우 크게 확대되었고, 인간은 군대기술의 영역
과, 사회조직·교육·설득-단지 몇 가지 사례만 언급하는데도-의 영역 243
에서의 개선들은 다 같이 유의의하고, 이 변화들 각각은 사회의 전체
구조에 영향을 주려 한다는 것을 고찰하지 않을 수 없다.

내가 본서에서 옹호해온 기술적 우월성에 대한 신조의 연장은, 비록 그 신조가 역사의 경제적 해석의 사조였던 훨씬 더 단순한 시안을 포기하는 것을 의미한다고 하더라고, 내 의견으로는 불가피하다. 역사의 동학성에 대한 우리의 생각은, 변화의 파고가 더 이상 사회과정의 단일영역에서 기원하지 않았던 때인, 마르크스(Marx)의 생각보다 한층 더 복잡해지고 있다. 왜 기술이 경제적 영역에서만 중요성을 가져야 하고, 사상(事象)들의 구조에 결정적으로 영향을 주는 단독요인이 되어야 하는가에 대해 어떠한 논거도 없다. 우리 모두는 폭발물들과 비행기들의 발명, 탱크들과 가스의 사용, 그리고 군대의 기계화는 가장 광범위한 영향들을 미쳤고, 전체적인 경제 질서를 전복시키고 그 질서의 노선을 완전히 다른 통로들로 전환시킬 수 있는 능력 이상을 가졌다는 것을 반드시 시인해야한다. 전투기법의 변화는 단지 국제전쟁 뿐만 아니라 내전의 형태들도 또한 바꾸었다. 그 변화는 계급체계를 개주하고, 유산계급은 물론 무산계급의 특징도 아니었던, 정신의 유형을 형성할 수 있게 만들었다. 경제적 영역 밖에서의 기술변화는 현대적인 독재체제를 위해 길을 양보했다. 그 체제들의 경제발달에 대한 영향에 의해, 세상 사람이 기대할 수 있었던 것과는 전적으로 상이한 어떤 것을 만든, 이 체제들은 순전히 경제적 진단에 의해 세상 사람을 인도하였다. 따라서 독립적 세력들로서 이 상이한 기법들은, 그것들의 내부속성을 정당하게 평가할 독립된 통찰로서 가치가 있고, 그 기법들의 사회에 대한 영향에 따라 그것들을 분류한다.

2. 사회적 기법의 예비적 분류

이 기법들을 분석하는데 있어, 우리는 기초적인 구별과 함께 시작해야 하고, 그것은 나중에는 우리를 오히려 근본적인 분류로 인도할 것이다. 원래, “기법”, “기술적 발명”은 기계들과 같은 실체적인 객체들에만 적용되었다. 이러한 단어의 의미에서, 발명은 텔레비전, 전화통신, 전보, 무선(정신적 소통의 수단); 철도, 자동차, 비행기(여행의 수
244 단); 총, 폭발물, 탱크(방어와 공격의 수단); 삽, 쟁기, 트랙터(생산의 수단); 건강보전을 위한 위생개선 등 이었다. 이 사물들은 대규모로 사회질서를 구축하고 그 질서가 효율적으로 유지되는 것이 가능하도록 한다. 그러나 그것을 넘어서면 처음에는 우리가 기술적이라고 기술하기를 주저하는 기술적 진보의 또 다른 수준이 존재하는데, 이는 그 진보가 가시적 기계장치가 아니고 사회적 관계들과 인간 자신과 관련되는 것이기 때문이다.

게다가 조직기법에서의 진보는 인간 공조의 형태들에 대한 기술적 개념들의 적용에 불과하다. 사회기구의 부분으로 간주되는, 인간은 훈련과 교육에 의해 그의 반응들이 어느 정도 안정화되고, 그가 새롭게 획득한 모든 활동들은 조직된 구조 내에서 명료한 효율성의 원리에 따라 조정된다. 조직의 기법은 적어도 우리가 기술해온 모든 기법들처럼 중요하다. 이 기구들의 어떤 것도 상응하는 사회조직을 발흥시키지 않고는 공공서비스에 사용될 수 없는 것처럼, 그 기법은 더욱 더 중요하다.

그러나 이 사회적 기법들을 논의하는데 우리가 고려해야 할 것은 테일러화(tayorization)나 기업 관리와 같은 협의의 사회조직은 아니다. 철저히 표준화된 행태를 보유한 합리화된 조직형태들은 발생하고 있는 변화들 중에서 가장 현저한 사례일 뿐이다. 보다 탄력적인 조직들이라는 의미에서 인간집단들에 대한 어떠한 신중한 재건도 사회적 기

법들의 발달에서 또 하나의 시기를 표상한다. 그 재건은, 명료한 계획에 따라 집단들을 구성하고 있는 다양한 개인들 가운데서, 노동의 분화와 (예측, 창의, 그리고 위험들의 추정과 관련된) 책임의 배분을 요구한다. 대중사회의 급격한 성장에 의해 만들어진 무수한 문제들에 대해 다양한 해결책들이 발견되었다. 그러나 우리는 적절한 비교연구들을 대규모로 수행하는데 있어 아직까지 성공하지 못했기에, 정치·공공생활·가정·사회업무·예술·지적영역에서 이 보다 더 탄력적인 조직사조의 형식들이 대비될 수 있고, 그 형식들의 기저에 있는 원리들이 만들
어졌다. 그 조직형태들에서 발견되는 가변적인 자유와 강요의 정도들, 245
그 형태들의 타 구성단위들과의 외형적 관계들, 그리고 경쟁과 협력간의 연계들은 전연 발달하지 않았다. 우리는 가정도, 예를 들면, 국가가 타 국가들을 취급하는 것과 똑 같이 그리고 클럽들과 당파들에서도, 유사한 규칙들을 가지고 있다는 것처럼, 타 집단들을 다루는데 대외정책을 보유하고 있다는 것을 잊어서는 안 된다.

우리가 현대사회의 신속한 동력이 공동체의 분열뿐만 아니라 다른 사회집단들과 제도들의 붕괴를 만든다는 점을 인식하면 할수록, 탄력적 조직의 기법을 대규모로 연구하는 것이 더욱 더 중요하다. 숙련된 재건이 필수적이지만, 그것은 건강한 공동체생활의 원리들에 관한 더 건전한 지식이 없이는 성취될 수 없다. 과거에는 해체된 공동체가 시행착오나 전통적인 패턴들의 수용에 의해 재순응할 수 있었다. 실업과 계획하지 않은 인구이동이 공동체의 삶을 망쳐 버리고 전체 교외들과 도시들을 즉각적으로 건설해야 하는 시대에서는, 어떻게 사회의 세력들을 조정할 것인가에 대한 이해 없이 새로운 질서를 창조하는 것은 불가능하다.

그러나 만일 우리가 공동체조직에 대해 어느 정도 명확한 패턴을 채택한다면, 우리는 우리의 공동목표들을 위해, 우리의 여가를 사용하

고 열정을 만드는 최선의 방법들을 결정하기 위한 준거들을 발견할 수 있어야 한다. 다만 공동체가 합리적으로 추구할 것으로 기대할 수 있는 도덕적 목표들과 공동체정신이 발달할 수 있는 사회적 여건들에 대한 명확한 개념을 우리가 가질 수 있다면, 우리는 이 지극히 중요한 실험으로서 계획에 대한 주도권을 가질 수 있어야한다. 새로운 공동체 센터를 조직하는 것과 관련된 고려사항들은, 의장(議長)이 어떤 논제들은 총회에서 그리고 어떤 것들은 특별위원회들에서 가장 잘 다루어질 것인가를 결정할 수 있는 것들처럼, 명료해져야하는 시기가 도래할 것이다. 이 양자의 사례에서, 우리는 사회적 기법에 관해 더 탄력적인 유형들을 다루어야한다.

사상가들과 학자들이 아리스토텔레스(Aristotle)시대이래로 번성해온 서로 다른 정치적 및 행정적 체제들의 장점들을 논의하거나 또는 영국 헌법의 경이적인 사례와 그것의 실제적인 가능성들에 대한 분석을 처음 시작한 시기로부터, 그들은 탄력적인 사회조직을 지배하는 원리들에 대해 흥미를 보였었다. 그러나 최선의 작동체계를 별견하는 문제는, 실제로 정치에만 국한되는 것은 전혀 아니고, 그것은 일반조직의 문제이다. 독재적 및 민주적 대안들을 그 대안들의 모든 중간적 색조
246 를 함께 고려하더라도, 우리는 입법부와 행정부 간의 단지 법적관계들뿐만 아니라 가정·작업장·학교교실·클럽과 같은 일반적인 집단조직의 문제와도 관련되어 있음을 발견한다. 이는, 우리가 경제적 민주주의의 문제를 검토하고 민주적 조직의 원리가 정치학에만 국한되지 않는다는 것을 발견할 때, 더욱더 명료해진다. 즉, 그 민주적 조직의 원리는 경제학에서도 똑같이 종종 발생하는데, 이는 오로지 그것이 집단규제의 일반원리이고 그것의 요체는 일반조직이론이나 과학적 지침에 의해서만 발현될 수 있기 때문이다. 인간행태의 변환과 형성을 다루는 연구들은[2] 사회적 기법의 또 다른 분야를 표상한다. 비록 이 탐구들과 실험

들이 지금까지는 대부분 실험실에 국한되었지만, 그것들의 진정한 유의의는 그것들이 실제로 발생하는 사회적 맥락에서 연구될 때만 분명해질 것이다. 인위적 실험의 장점은 그러한 여건들 아래서 상이한 요인들을 고립시키고 특정한 자극과 그 자극에 따른 효과 간의 상관관계들을 이해하는 것이 더 용이하다는 것이다. 우리가 그러한 탐구와 실험에 대해 더 많이 알수록 우리의 현장-작업 연구들과 우리의 역사적 탐구들 양자 모두는 보다 명료하고 더 숙련될 것이다.

그러나 사회학자에게는 이 실험들이 단지 예비적인데, 이는 그의 주요 목적이 얼마만큼 사회적 상황들을 특정한 방향에서 행태를 결정짓는 자극들의 복합적 수집물로서 생각될 수 있는가를 발견하는 것이기 때문이다. 모든 새로운 형태의 조직 그리고 인간의 교제에서 모든 변화가, 인간행태의 부분적 또는 전체적 변환과 불가피하게 관련된다는 사실은, 얼마나 이 과학들과 불가분의 관계인가를 보여준다. 그것들이 일치하여 행동할 때만, 인간에 대한 사회적 조건화의 전체적인 영향을 발견하는 것이 가능해질 것이다.

심리학을 교육받은 사회학자는 특정한 행태를 만드는 기법들로서 집단통합과 사회조직에 주목한다. 이 가설을 명심하면서, 그 사회학자는 어떻게 특정한 개별적 반응들이 권위적 정체에 의해 만들어지고, 민주적 정체에 의해 다른 것들이 만들어지는가를 제시할 수 있다. 사람은 어떻게 평균적인 영국인과 평균적인 프로이센 사람이 상이하게 행동하는가 만을 기억해야한다. 전자는 시험적인 언명에, 후자는 절대적 247
언명에 보다 더 반응하는 경향이 있다. 동일한 방법으로 직업적 활동들 또는 적어도 그 활동들이 조직된 방법들은 개인에게 괄목할 만한 효과를 가져 온다. 전형적인 정반대의 경우를 든다면, 산업의 관례 속

2) 참고문헌의 제3편, 1과 4 참조.

에서 일하는 사람의 직업적 태도는 작가나 자유계약 언론인의 그 태도와는 차이가 있을 것이다. 전자는 그의 작업을 표준화하고 그의 시간을 균등하게 나누지만, 후자는 다소간 창조적 분위기에 의해 인도되어 거의 시간에 개의하지 않고 일한다. 후자의 전체적인 정신적 경제는 전자의 그것과는 다른데, 이는 그가 영감의 성쇠에 대해 훨씬 호방한 상태에서 자신의 작업에 대한 기반을 두고자하기 때문이다. 비록 이 모든 문제에서 체질, 습관, 개인차, 그리고 어릴 때 경험의 흔적들이 상당부분 작동한다고 하더라도, 사회에 팽배한 조직체계들에 의해 만들어진 심리학적 문제들을 과소평가해서는 안 된다. 인간은 자신의 적성을 발견한 특정집단조직들의 상대역이 되는 경향이 있는데; 그 조직들은 서로 다른 시간에 그의 삶의 서로 다른 부분들에 영향을 주고 서로 다른 반응패턴을 불러낸다. 각 반응패턴은 그가 반작용의 시기에 종사했던 특정한 집단행동형태의 관점에서 가장 잘 이해될 수 있다.

우리는, 인간을 결정적인 것으로 만드는 이 기법들이 단지 우연적일 뿐만 아니라 전체적인 사회 및 문화적 체제의 일부를 형성한다는 것을, 더욱 더 명확하게 인식하기 시작한다. 그 기법들은, 만일 우리가 이 사실을 명심한다면, 겨우 이해될 수 있고, 순전히 기술적 접근방법에 만족하는 대신에 우리는 그것들의 상호작용과 기능들을 탐구하려고 노력해야 한다.

인간행태와 사회적 관계들을 주조하는 것을 그 기법들의 최종적인 목적처럼 견지하고 있는 이 관습들과 기능들을, 나는 사회적 기법들로서 온전히 그대로 기술할 것이다. 그 기법들과 그것들에 동반한 기계적 발명들이 없이는, 우리시대의 전면적인 변화는 거의 불가능했을 것이다.

마르크스(Marx)가 살았던 시대의 독특성 때문에, 생산영역의 기법에 대한 동적 유의의를 인식했던 것이 그의 명성임에도 불구하고, 그는
248 두 개 부문을 간과한 혐의를 받고 있다. 첫째, 내가 이미 지적한 것처

럼, 그는 비경제적 영역들에서 기술의 중요성을 인지하지 못했다. 둘째로, 그는 경제적 기법이 전체사회구조에 보급된 특정한 사회변화의 중심이 될 수도 있는 것과 똑 같이, 나머지 기법들이 동등하게 광범위한 효과를 가진 영향들을 차례로 발산하는 경향이 있다는 것을 이해하지 못했다. 군사기법, 집단조직, 정부, 또는 선전에서의 어떠한 새로운 발명도 사회의 변화를 돕는다.

그러나 우리는, 왜 마르크스가 정치 및 군사체제의 유의의를-경제체제와는 반대로- 과소평가하고, 그 체제들을 단지 경제적 기법에서 변화들의 부산물들이지만 전쟁과 권력의 기법에서 변화들의 직접적인 결과가 아니라고 사료할 결심이었는가에 대한, 이유들을 제시할 수 있다. 그 이유는 산업혁명에서 경제적 기법이 너무 급격하게 진전되어 다른 모든 것의 유의의를 왜소하게 만들었다는 것이었다. 기술적 발명과 증가된 노동의 분화를 보유한 새로운 경제사회는, 먼저 봉건질서를 그리고 나서 절대국가의 조직을 압도했다. 그것은 마치 경제적 기법이 사상(事象)들의 속도를 결정하고 새로운 사회의 기반을 형성하는 것처럼 일시적으로 보였다. 이것은 군대와 행정의 기법에서 새로운 업적들과 선전 및 설득에서의 심리학적 방법들은 아직껏 완전하지 않았기 때문이었다. 이러한 왜곡된 시각은 당시의 사고체계 대부분에서 나타난 오류적인 흐름, 즉, *경제인(homo economicus)*의 동기들을 실재하는 인간의 동기들과 혼돈 하는 것, 에도 책임이 있다. 경제사회에서 인간의 상대방은 진정한 인간의 모습으로 받아들여졌고, 때문에 매우 일면적인 인간의 개념만을 촉진했다.

이 견해의 협소성과 그것의 특정시기에 대한 구속은 세계대전의 시기에 분명해졌고, 여러 국가의 경제조직이 정치에 완전히 종속되었고, 교역조차 군사적 목적에 양보했던 시기 직후에 훨씬 더 분명해졌다. 군대의 영향에 관한 유의의는 제국주의전쟁들에서 조직에 대한 두 가지 동인들과 두 가지 형태들이 병존하고, 국가들은 경제적 팽창을 위해 종종 재무장한다는 사실에 의해 영향을 받는 것은 아니지만, 이와 반대로 그 국가들의 전체적인 경제적 삶이 군사재무장에 예속된다는 사실에 의해 영향을 받는다. 때문에 어떤 상황에서는, 비록 경제적 관
249 점에서 얻을 것이 분명히 거의 없음에도 불구하고, 전쟁이 일어날 것이고, 다른 사례들에서는 노출된 경제적 이익이 지배적이다. 동인들과 행동들 양자 모두는 개인들이 자각하는 상황 내에서가 아니라 상황으로부터 아주 자주 기원하는 것처럼, 사회의 군사부문이 상업부문과 중첩되는 독점적 자본주의의 후기단계에서, 우리가 군사적 동인과 상업적 동인이 혼재되어질, 개인들을 발견해야 하는 것은 분명하다. 따라서 지배적인 선도 집단들의 유형들 속에서, 군인과 생산업자가 그 자신들에게도 여전히 불명료한 원리에 복종하는 세력들에 가입할 것이다. 그러나 이면을 고찰하는 사람들에게는, 상이한 사회적 기법들과 그 기법들이 만든 사회적 관계들, 제도들, 그리고 전형적인 긴장들의 진보는 그 기법들을 작동시키는 동인들 속에 반영되어진다. 중력의 중심이, 기법의 상이한 필드들에서 진보와 함께, 영역에서 영역으로 이동하는 원리의 중요성이 무엇이든 간에, 경제적 영역은, 비록 그 영역이 수행해야 할 중요한 사회적 기능이 물론 있다고 하드라도, 아주 최상인 것처럼 나타나는 것은 아니다. 한 가지는 분명하다. 사회사에 대한 동적인 조사는 경제적 생산·정치권력·행정·심리학적 영향에서의 기술적 진보와 같은 여러 초점들에서 영향을 처리할 준비를 해야 하는, 다차원적인 사회의 개념과 우리는 전연 다르지 않다. 모든 실제적인 이론적 진전은, 우리가 그러한 특별한 중요성을 제공했던 특수한 역사적 상황을 고려하지 못했기 때문에, 한때 독립변수인 것으로만 믿었던, 현상을 발견하는데 있다.

따라서 경제적 원리에 대한 절대적인 지고성의 신조와 관련한 주장

은 이미 대부분이 구식이고, 잔존영역들과 그 영역들의 기술진보와의 관계에 관한 유의의에 대한 우리의 탐구를 단지 방해만 한다. 오늘날 기술진보와 관련된 다양한 매개의 원리들 각각을 명심하고, 그 진보가 발생하는 것처럼 그 원리들의 개입을 경험적으로 연구하도록 처음에는 다원론적이 되는 것이 보다 더 현명하다.

그러나 비록 독립변수의 존재를 입증하려는 우리의 시도가 조심스러워야 함에도 불구하고, 이것은 상이한 영역들의 상호작용문제가 문제의 종료를 의미하지는 않다. 경제학에서의 최대성과는 동적균형이라는 의미에서 경제적 영역을 이해했던 점이다. 비록 전체로서 사회에 250
변화를 조장하는 본원적인 충동들이 경제학의 변화에서보다는 다른 영역들에서 발생할 수 있고, 그 충동들이 발생하는 신기원과 함께 변화할 수 있다고 하더라도, 그 충동들은 아직도 균형을 이루고자한다. 사회적 동학과 관련한 최대의 논제는 사회의 기본제도들 간의 지속적인 상호조정이다. 비록 중력의 중심이 일시적으로 한 영역에서 다른 영역으로 이동한다고 하더라도, 그것은 모든 상이한 영역들의 재조정과 관련된다. 그리고 변화의 본원적인 근원이 변화할 수 있다고 하더라도, 이 혁신들의 이면에 존재하는 목적에 관한 무의식적인 통일체, 즉, 우리 사회생활의 기저를 형성하는 소수의 중요한 문제의 해결책, 가 아직도 있다.

먼저 집단의 수요를 위한 물질적 공급, 행정의 과업, 그리고 마지막이지만 최소는 아닌, 그 특정사회에서 발생하는 것과의 결합에서 인간 행태를 도야하는 다양한 방법을 가산해야 하는, 전체로서 집단안전의 문제가 항상 존재한다. 우리가 상이한 사회적 기법의 영역들 내에서 이러한 중력중심의 이동인, 이 재배열을 위한 공통분모를 발견해야하는 것은 가능하지만, 이미 오늘날 전체로서 집단의 안전이 다른 어떤 것보다 더 결연해 질 것 같고, 장기적으로 모든 다른 기능들의 기반을 형성할 것이다.

이와 반대로, 우리는 어떠한 수장적인 원리들이 존재하는가 여부를 경험에 의해 결정할 수 있도록 하는, 역사의 광범한 부분들에 대해 아직껏 충분히 연구하지 않았다는 것도 역시 정말일지도 모른다. 이 경험적 연구의 단계에서, 우리는, 이 모든 영역들에서 발견되고 부당한 위험 부담이 없이 확립할 수 있는, 일부 기본원리들을 강조하는 것으로 만족해야한다.

본서에서 사상(事象)들의 노선을 진단하는 세 가지 가설을 과감하게 제안했고, 여러 상이한 영역들에 그 가설들을 적용했다.

1. 우리 시대의 대부분의 징후들은 자유방임에서 계획된 사회로의 전이에서 기인한다.

2. 소수의 민주주의로부터 대중사회로의 전이는 또 다른 변화군을 설명한다.

3. 사회적 기법에서의 변화들은, 우리의 사회생활을 심오하게 수정해온, 세 번째 변화집단을 아직도 책임지고 있다.

251 나는 이 발달의 세 가지 기본추세에 나의 모든 주의를 신중하게 집중했는데, 이는 어떠한 그 이상의 변화들이 발생하더라도, 그 추세의 효과들이 지속할 정도로 근본적이기 때문이다. 이 추세들과 비교하여, 권력을 위한 투쟁(특히 계급전쟁)은 그 변화의 결과로서 순전히 부차적인 것이 되었다. 이것은 내가 그 변화의 유의의를 과소평가하기를 바라는 의도는 아니고, 계급투쟁으로부터 발생하는 여러 요인들은 이 경향들이 취할 수도 있는 구체적 형태를 단지 수정하기만 한다.

다른 방법으로 표현하자면 다음과 같다. 즉, 우리시대의 최대의 논제는 무산계급과 유산계급 간의 투쟁일 것이라는 암시는, 그 투쟁을 불러일으키는 상황이라는 의미에서 이해할 수 있었지만, 단일의 대안에 대한 유의의를 과대평가했다는 것이다. 이러한 왜곡된 시각은 또 다른 언명에도 책임이 있는데, 그것은 그 기본적 가능성들이 경제적 사회의 발달에 의해 지시되었기 때문에 계급대립이 드라마의 주요 특성이 될 수 있다는 것이다. 이 언명은, 우리가 새로운 계급들이 유산계급, 무산계급, 또는 군대카스트처럼 동일한 범주에 위치시킬 수 없도록 성장하는 것을 고찰하도록 만들었기 때문에; 당 조직은 노동자들과 생산자들 간의 경제적 구분을 무시하고 만들어졌다. 이 이슈들은 계속되는 계급긴장의 유의의를 축소시켰다.

그래서 권력투쟁의 문제는 남아 있고, 계급갈등들은 아직도 중요하지만, 그 갈등들이 만드는 구체적인 패턴들은 너무 변덕스러워 미래의 사상(事象)에 대한 영원한 구조처럼 수용될 수 없게 만든다. 그 갈등들과 대조적으로, 자유방임에서 계획으로의 변환, 대중사회의 출현, 그리고 사회적 기법에 대한 증가하는 유의의에 의해 만들어진 논제들은 받아들여져야 한다. 인간은 그 논제들의 존재를 가정하지 않고는 미래를 생각할 수 없는데 반하여, 누구도 어떤 계급패턴, 어떤 계획의 형태가 널리 보급될 것인가를 예측할 수 없다. 때문에, 이론적 관점에서, 이 원리들의 추상성은 결점이 아니라 덕목이다. 그 추상성은 항상 사상(事象)들의 구조를 결정하는 근본적인 원리들을 발견하기 위한 과학적 사유의 과업이 되었다. 나중에야 그 추상성은 사회구조를 단순하게 수정하는 그러한 규칙들로 바뀔 수 있다.

정치인에게는 이 수정들이 근본적인 가설들보다 더 중요할 수 있지
만, 우리는 원리들의 계층을 정의하는 우리의 정치적 관심을 참작해서 252
는 안 된다. 이론적으로 말하자면, 마치 그것이 단 하나의 가능한 결합인 것처럼, 하나의 요인집단만을 취급하는 단점은 다른 구성이 현저해질 때 무가치해진다는 것이다. 나의 가설에 대한 검증, 즉, 내가 제안한 세 가지의 원리들이 더 추상적이고 따라서 우리들이 검토한 것들보다 더 근본적인 검증은 그 원리들을 특별한 계급패턴들이 수정된 이

후에야 감내해야 할 많은 변화들을 충분히 설명하는 것이다. 일단 이것에 합의된다면, 나는 국가들 간의 권력투쟁과 그 투쟁의 계급적 의미의 유의의를 과소평가하고 싶지 않다. 나의 분석이 사상(事象)들의 노정에서 어떠한 특정국면을 검증하기에 충분할 정도로 역사적인 때는 언제나, 나는 변화하는 사회구조에 대해 서로 다른 계급들에 의해서 이루어진 기여를 반드시 언급할 것이다.

때문에, 우리의 세 가지 원리들은 우리사회의 모든 구체적인 문제들을 해결할 것을 요구하지는 않지만, 그 원리들은 그것들이 매우 심화됨에도 불구하고 지금까지 무시되어온 다양한 요인들에 관심을 기울이고자한다. 그렇기 때문에, 그 원리들은 고립된 사상(事象)들의 축적된 효과가 될 수도 있는 것은 무엇이나 영구적일 것 같은 징후들과 문제들을 설명할 것이다.

지금까지 우리는 처음의 두 원리들에 대부분의 관심을 기울였고; 본서의 마지막 부분에서 세 번째의 원리에 대한 분석을 충분히 검토하고자한다.

Ⅱ
사회적 기법 발달의 일부 국면들

1. 숙련수준에서 대중조직으로의 사회적 기법들의 변화

이제 우리의 과업은, 아무리 간단하더라도, 사회적 기법들의 변화들이라는 의미에서 사회사(社會史)에서 가장 중요한 변화들을 해석하는 것이다. 만일 민주국가들이 전체주의국가들로 변환하는 근본적인 원인이 변화하는 사회적 기법들에서 별견되는 것이 사실이라면, 과거의 보다 원시적인 기법들과 그 기법들의 사회본질에 대한 영향에 의해 작동되었던 부분을 고구할 가치가 있다.

부족시대에 발달했고 중세사회에 지속적으로 영향을 미치게 된, 오 253
래된 제도의 형태들은 인간행태에 영향을 미치기 위한 필요성에도 역시 근거를 두었다. 그 형태들은 그와 같은 협소한 범위 내에서 작동했고, 사람들은 그들이 행사했던 압력-공기자체처럼 자연스러운 압력-을 거의 알아차리지 못할 만큼 완만하게 변화했다. 처음에는 가정, 그리고 나중에는 교회와 학교에서의 관습·습관·교육, 공동체생활에서의 풍습, 이 모든 것들을 사회의 이상에 순응할 수 있는 인간유형을 만들기 위한 노력으로 개인에게 영향을 미쳤다.

이전 사회들에서, 이 영향은 경제적 기법의 영역에서 수공업에 부합할 수 있는 단계에 머물렀다. 그 단계의 방법들은 일상의 경험을 무의식적으로 사용하는데서 발견되었다. 그 방법들은 늘 과거로부터 인계받았고 재적응되었으며, 가능한 최선의 결과들 획득하기 위해 좀처럼 예측하지 못했거나 신중하게 생각해 내지도 못했다. 그럼에도 불구하고 그 방법들은 효과적이었는데, 이는 전통사회의 매우 점진적인 발달과 그 사회의 사회적 이동성의 결여 때문이다. 경제적 진보는 이 전통사회가 하나의 세대 내에서는 조금도 변화되지 않을 정도로 완만하였다. 재래가정의 양육, 교회의 이상들, 그리고 일반적인 공공도덕성은 성숙해지고 성공하지 못한 방법들은 포기할 시기가 되었다. 그래서 전통적인 인간유형은 그러한 사고와 행동의 규범이 사회의 원만한 작동을 보장할 정도로 충분히 획일적으로 만들어졌다. 동시에 전문화의 결여 때문에, 사고와 행동에서의 이 습관들은 개인이 예측할 수 없는 상황에서 그 자신의 조정을 개인이 자유롭게 할 수 있도록 맡겨둘 정도로 탄력적이었다.

수제품의 특징적인 모습은 사회제도들에서도 발견된다. 이 특징들은, 개인적 변이를 발휘할 충분한 여지와 기계적 정밀성이 결합된 패턴의 선택이라는 점에서, 심오한 전통주의이다. 그 사회들의 완만한 발달 때문에, 과거의 사회들은 소박한 질서가 침잠된 특징구축의 기법에도 불구하고 그럭저럭 생존했다. 대부분의 사람들은 그들이 성장했던 집단들에서 그들의 삶을 보냈다. 장소에서 장소로 또는 계급에서 계급으로의 이동은 큰 비율로는 거의 이루어지지 않았다. 전통적인 사고방식의 협소성과 상충하는 급격한 변화들은 없었다.

254 비록, 우리가 다른 맥락에서 고찰했던 것처럼, 자유주의시대의 도래는 경제생활의 바로 그 심장에 침투된 거대한 에너지의 유입을 의미했더라도, 사회질서 이외는 여러 측면에서 영향을 받지 않았다. 계몽주의시대에 발생한 심리학적 발흥은 우리 시대의 그 발흥과 약간은 비교되는데; 이는 이 혁명을 일으켰던 인민의 계급은 비교적 소규모였고, 단지 기업가들, 지식계급, 그리고 관료의 일부만 변화에 어느 정도 적극적으로 참여했기 때문이다. 그럼에도 불구하고 민감한 귀는 계몽주의개척자들의 소동가운데서도 청취할 수 있었던 것처럼, 우리 시대의 변화들을 고동치게 하는 동일한 맥박을 들을 수 있을 것이다. 그들의 목적들에서, 어떤 사람은 전통적인 생활 형태들이 점진적으로 합리적 논의의 주제가 되어가는 과정의 시작을 추적할 수 있다. 그러나 전통적 패턴들에 대한 급진적 공격은 없었는데, 이는 경제적 및 정신적 균형은 아직도 소규모의 적응 가능한 사회적 단위에 의해 복원되었기 때문이다. 그 균형은 아직껏 새로운 경제적 및 사회적 질서를 위해 투쟁하는데 참여했던 조직된 대중처럼은 아니지만, 소규모산업단위들과 겨우 조직된 집단에는 존재한다. 이 단위들은, 일단 경직된 조직이 설립되었다면, 관성의 순수한 무게에 의해 질질 끌려가는 우리의 현대대중조직보다도 새로운 수요들을 충족시키기 위해 순응하는데 훨씬 잘 준비되었다. 그때는 새로운 불평분자유형들을, 소규모 단위들 간의 자유경쟁에 기초했던 사회에 병합하는 것이 훨씬 더 용이했다. 그 소규모

단위들은 해직된 장인들, 고립된 지식인들, 성공하지 못한 기업인들, 그리고 황야에서 울부짖고 있는 개혁자들로서, 이들 모두는 짧거나 오랜 투쟁 이후에 사회에서 틈새를 발견했다. 그 단위들의 투쟁의 결과로 사회적 개혁들은 새로운 제도의 모습으로 종종 소개되었다. 전통적이며 완만하게 활주하는 사회생활의 흐름은 작은 돌풍을 격퇴할 수 있고; 파도는 수면에 파고를 일으키지만 강은 제방을 범람하지 않는다.

오늘날 몇 십만의 사람들은 노동시장의 법칙에 복종하여 한 장소에서 다른 장소로 이동되고; 더 많은 구조적 변화들이 앞선 전체세기보다도 지난 십년에 더 많이 이루어졌고, 보다 많은 심리적 유인책들이 이전 삶의 년대들 보다 각각의 주(週)에서 더 많이 만들어지고, 보통사람은 십자군으로 동방에 처음 갔던 기독교 기사들이 아마도 느꼈던 것보다 더 인접한 세계들 사이에서 보다 커다란 긴장을 경험한다. 어떻 255
게 세상 사람이 장인솜씨의 단계와 조화되는 기법을 보유한 그러한 세상에서 일할 수 있는가? 장인의 솜씨가 소규모의 고객들만을 만족시킬 수 있는 것과 똑같이, 특성을 형성하는 전통적인 방법들은 대중시대에는 무척 부적절하다.

대중사회를 조정하는 것이 얼마나 어려운가를 개인적 경험에 의해 처음 학습한 집단들은 문제에 대해서 공정해야할 필요성도 먼저 인식하였다. 누구든 가능한 선구자로서 중세교회를 사유할 수 있지만, 사고와 감정에 대한 계획된 통제를 위한 그 교회의 욕구에도 불구하고, 교회는 좋은 사례가 아니다. 이는 중세교회의 농업환경과 사회적 기법의 미숙함 때문에, 그 교회는 전통적 권위에 너무나 많은 것을 남겨둘 것을 강요했기 때문이다. 게다가 중세교회는 현대적인 사회적 기법의 역사에서 진정한 개척자로 사료될 합리적 방법을 충분히 사용하지 못하도록 했다. 절대국가들의 군대는, 군사훈련의 수단에 의해 인위적으로 획일적인 대중행태를 조장하고 공포를 극복하기위해 다른 장치들을 고안된 합리적 방법들뿐만 아니라, 규정된 방법으로 행동하고 가능하다면 생각하도록, (대부분 최하층 계급들이라고 잘못 알려진) 사람들의 대규모집단을 교육하기 위해서도 이 방법들을 사용한 최초의 거대기관이었다.

이 군대는 복종을 위한 특정한 사회적 및 심리학적 패턴들을 고안했었고, 그 패턴들은 사회적 집단의 강제적 본질을 숨기는 것이 불가능해지자마자 항상 재등장한다. 따라서, 예를 들면, 프로이센 군대에서 널리 보급된 조직의 유형은, 신속한 결과에 관한 한, 대중사회를 통합하는 다른 어떤 방법보다도 항상 더 성공으로 이끌었다. 이것은 민주적인 방법이 실패하는 위기의 시대에는 특히 주목할 만하다. 아직은 장기적으로 엄격하고 전제적인 군대체계가 가장 효과적인 것은 아니다. 폭력에 대한 너무 노골적인 과시는 에너지의 낭비로 인도하고, 통제와 첩보활동을 위한 대규모 관료조직을 필요로 한다. 성장하는 사회는 개척자들을 필요로 하고; 과도하게 집중되고 경직되게 훈련된 대중기법은 개인적 조정의 여지를 거의 남겨놓지 않으며, 따라서 사회팽창에 의해 만들어진 문제와 보조를 맞추지 못한다. 이러한 이유 때문에 미국에서 대중사회의 확립에 사용되었던 조직과 심리적 기법의 형태
256 들은, 군사훈련에 관한 어떠한 주장보다도 그 형태들의 결과들이 훨씬 더 영속적이었다. 미국의 대중선전옹호자들은, 가장 성공적인 심리학적 기법이 교도되어야할 개인들의 즉흥적 행동이나, -그 개인들이 암시와 설득의 봇물에 이전에는 노출되었다는 사실에도 불구하고-그들에게 적어도 자신들의 의사결정을 한다는 환상을 제공한다는 것에, 주로 기초하고 있음을 알 수 있었다. 미국은 봉건체제가 없었고, 이것이 많은 영토적 전통과 관습의 발흥을 막았다. 미국은 이 전통과 관습을 고려할 필요가 없었고, 필요했다면 지방적 전통들과 용이하게 단절할 수 있었다. 새로운 정주지에 쇄도한 다국적 이민자들의 거대한 흐름

때문에, "미국화"는 대중심리학의 문제가 되었다. 그 문제는 단지 어떠한 실제적인 중앙기관의 부재뿐만이 아니라 적어도 이 이민자들의 일정 부분들은 매우 독립적이고 원형적인 유형의 사람들이었기 때문에, 민주적 방법들에 의해 해결되어야했다. 이 기법이 민주국가에서 기원한 것이기 때문에, 그 기법은 독재적 수단에 의해 인민들에게 어떤 특정한 심리학적 사고방식을 부과하는 발명가들에는 전연 존재하지 않는다. 그 인민들은 기존 태도들을 함양하거나 가끔씩 필요하다면 점진적으로 그 태도들을 변화시키는데 만족했다.

러시아의 선전은 불안정한 사회에서 대중적 충동들에 대한 실제적 교도와 관련한 이 새로운 발견들을 사용하게 만들었고, 그 발견들을 대중에 대한 계몽된 독재와 병합했다. 미국에서 새로운 사회적 기법이 직면했던 가장 난해한 두 개의 문제들은 사회복지와, 대중심리에 대한 능숙한 조작에 의한 인간행태의 교정이었다. 가정과 공동체에서의 심리적 영향은 미국사회의 특별한 비침착성에 의해 종종 파괴되었었고; 당국들은 이 기법들에 의해 필요한 사회적 순응이, 비록 그 순응의 증대가 인위적으로 촉진되었다고 하드라도, 일정한 지점까지는 확립되었다는 점을 고찰해야했다. 다른 한편으로 러시아에서의 계몽된 독재의 문제는 믿을 수 없을 만큼 단시간 내에 농민계급을 산업노동자들로 변화시켰고, 그래서 그 노동자들은 그들의 새로운 직업들에 의존할 수 있었고, 더 나아가서 기계시대에 계획국가의 유지에 필수적인 것으로 여겨졌던 세상에 대한 합리적 개념을 그 노동자들이 수용하도록 설득할 수 있었다. 미국에서 선전은, 선거시기들과, 품성이 완전히 다르고 어떠한 공통적 전통도 없는 대중들과 관련한 타경우들에서, 획일적인 257
감정과 행동을 조성하는 문제를 해결해야했다. 러시아의 사회적 기법은 훨씬 더 어려운 문제에 직면했는데; 그 기법은 무상한 감정적 획일성을, 있는 그대로의 인간을 포용해야하고 점진적으로 그 인간을 새로운 사회의 시민으로 변환시켜야 하는, 교육적 캠페인으로 점차 변환시키는 것이었다.

이것은 감정적 선전만으로는 이룰 수 없다. 그것에 추가하여, 새로운 상황에 합치되는 고유한 기법들을 개발해야했다. 감정에 신중하게 호소하는 것은 아주 별개의 문제로 하고, 전체주의국가는 자체의 명령에 의해 모든 여타의 심리적 설득수단을 보유하고 있다. 그것은 단순한 선전의 문제가 아니고; 전체적인 교육체계가 있고, 주로 모방에 바탕을 둔 사고의 표준화 이면에는 국가의 조직된 강요에 의해 주입된, 표준화된 공포의 권력이 존재한다. 목적은 목전의 분위기를 항구적인 정신구조로 변환하는 것이다. 탁아소, 유치원, 학교, 대학교는 일시적인 선전의 효과를 심화하는데 기여한다. 그러나 전문단체들, 신문들, 취미들과 같은 사회생활의 잔존영역들에서조차, 그 기법의 권력을 매우 제한하는 사회적 기법의 개발이라는, 동일한 목적에 종속된다. 이 방법들은 오래된 전통학교들, 교회들, 그리고 모호한 대중적 심리상태와 무제한적인 목적들을 가지고 운영을 시작하는 국립협회들의 그러한 방법들 보다 더 합리적이다. 전체주의국가들은 그들의 기관들이 반대방향에서 작동되도록 내버려 두는 대신에 그들의 자원을 조정하기 때문에 더 효율적이다.

과거의 전통사회들에서, 종교적 영향을 가진 교회는 보통 특별한 철학적 및 정치적 여론군을 보유한 사람들의 수중에 있었고, 이와 대조적으로 공립학교들은 매우 상이한 유형의 사람들에 의해 관리되었다. 자연히 그들은 상호간에 상쇄되었다. 그들의 모든 차이들에도 불구하고 교회·학교·가정에서 개인에게 주입시키려했던, 어떠한 도덕적 교훈들도 "삶"이라고 알려진 것에 의해 효과적으로 좌절시킬 수 있었다. 이것은 단지 생존을 위한 무정부적 투쟁이었고, 그것은 과시를 위한 통제하지 않은 충동에서 발생했다. 순전히 효율적 관점에서만 사료한다면, 자유주의기법은 엄청난 양의 에너지를 낭비했는데, 이는 그 기법과 관련한 계획이 없었기 때문에, 그 기법이 다른 것과 함께 성취한 한쪽의 효과들을 약화시키거나 파괴시키기 때문이다. 목적의 조화는 의문의 여지없이 시간과 에너지를 절약한다. 때문에, 어떤 사람이 고 258
려중인 목적들에 공감하지 않거나, 획득한 것이 상실한 것 이상으로 균형을 맞추었었다고 믿을 때조차도, 많은 것이 허용될 수 있다.

어떠한 사례에서든, 러시아국가는 이러한 인식을 행동으로 변환시켰는데, 이는 그 행동의 조정된 사회적 기법과 함께 그 행동이 진행되어야 하는 한에서는 그 행동은 심리적 영향들의 합리화를 따랐기 때문이다. 한때 심각하게 분리되었던 사회적 세력들에 대한 이러한 거의 기계적인 조정이, 심리적 영향들의 의식적 조작과 함께, 현대사회가 이룩한 가장 중요한 발견이지만; 하나의 방법이나 다른 방법으로 사람에게 영형을 주고자 하는 사회의 단순한 시도로서는 전혀 새로운 것이 없다.

독일과 이태리의 파시스트들은, 러시아로부터 이러한 대규모의 조정을 복사했지만, 양자 간에는 차이가 있다. 확실히 파시즘은 학교들에 자신의 방법을 강요했고 선전에 국한시키지 않았지만, 사고와 행동에 관한 파시즘의 규율을 아주 단순한 이유로 실제적인 계몽 사업으로 전환할 수는 없다. 러시아의 사회주의와 공업화는, 많은 사고의 노선들이 금기시되었음에도 불구하고, 그들의 캠페인에서 더 합리적인 사유를 감내할 수 있다. 그러나 파시즘은 생활의 모든 주요한 국면과 모든 중요한 사회적 관계에서, 비합리적 및 감정적 방법들을 사용하도록 만들었는데; 이는 파시스트체제는 새로운 경제적 및 사회적 구조의 근본적인 난점들을 해결하지 않고 단순하게 그 어려움들을 숨기기만하기 때문이다. 어떤 시각에서는, 그렇지만, 파시스트국가들이 자유주의 국가들보다 우월하다. 그 파시스트국가들이 통과하고 있는 위기는 그 국가들에게 현대대중사회의 심리적인 문제들, 특히, 실업, 을 해결하려는 약간의 시도를 하도록 강요했다. 파시즘은, 영원한 번영이나 보다 높은 삶의 기준을 달성하지 못한 것은 말할 것도 없이, 군수산업의 인위적인 편법에 의한 경제적 위기를 회피하는데 아직껏 성공하지 못한 것도 사실이다. 반대로, 파시즘의 경제적 지위는 점차 악화되고 있다. 그러나 그 파시즘은, 아무리 그 방법들이 잔인하더라도, 항구적인 실업의 심리적 영향들을 적어도 제거하려한다. 그 파시즘의 사회적 기법은 대중들의 계몽을 신중하게 거부하고 가장 원시적인 충동들에 호소하지만, 이 왜곡된 형태조차도 그 기법은 장래의 모든 대중사회가 해결해야
259 할 문제들과 적어도 관련되어있다. 여기가 민주적이며 자유주의 국가들에서 번영하는 대중 국가들은 지체(遲滯)의 위험에 처해있는 곳이다. 그 국가들도, 역시, 실업의 고통을 겪고 있고, 세계의 불황이 지속되는 한, 회복의 전망은 거의 없다. 그러나 그 국가들은 새로운 시대의 심리적 문제의 면전에서조차 아직 관리되지 못했다. 다른 관점들에서, 사회는 상당히 순조롭게 작동하고 있고, 이 비교적 번성하는 국가들의 정책을 결정하는 그 사람들은, 따라서, 그들 지위의 위태로움을 인식하지 못했다. 파시스트의 노동캠프는, 물론 실업과 관련된 심리적 위기에 대한 대단히 부적합한 해결책이지만, 사회적 기법의 관점에서 그 해결책은 실업의 사회적 및 심리적 문제를 실업수당에 의해서 해결할 수 있다고 생각하는 자유주의방법보다도 후기의 단계를 표상한다.

따라서 영국의 중산계급관찰자는 그가 대중사회에서 살고 있다는 것을 거의 인식하지 못한다. 그 관찰자는 가정, 국·공립학교들, 그리고 대학에서 관습과 종교에 의해 품성을 구축하는 전통적 방법들이 아직도 상당히 원만하게 작동하고 있기 때문에, 그 자신의 국가에 있는 대중의 존재에 관한 징후들을 아직도 감지하지 못한다. 경제적 및 사회적 난점들로부터 벗어날 새로운 탈출구를 항상 만드는, 제국의 축적된

부(富)가 대중사회의 문제들과 관련된 많은 추악한 징후들이 곧 바로 분명해지는 것을 예방했다. 이것이 영국과 상대적으로 번영한 다른 국가들은 이 문제들을 항상 경감시켜주는 것을 의미하지는 않지만, 그 국가들은 타국들의 경험을 연구하고, 그 국가들이 사회적 기법에 관한 가구 및 장인의 단계에서 대규모적인 방법들로의 전이를 계획할 수 있을 정도로 아마도 행운이 따를 수도 있다. 이 유예기간은 방법과 수단의 신중한 연구를 위해 사용되어야한다. 그 국가들의 민주적 및 자유적 제도들을 파괴하지 않고 그 제도들을 견지하고자 열망하는, 영국과 같은 국가들이 당면하게 될 새로운 문제들은 대중들을 취급하기 위한 새로운 사회적 기법들의 질문은 예리해져야한다.

2. 민주주의가 전체주의국가들의 사회적 기법 사용에서 배울 수 있는 교훈

일단 사회생활의 기본적 전통들이 내면을 변경했다면, 우리는 이미
토대가 침식된 건물에서 살고 있고, 전통적 질서에서 일시적 혼돈으로 260
의 변화가 경고도 없이 이루어질 수 있다는 것을, 항상 명심해야한다. 따라서 급격한 위기상황에서, 새로운 사회적 기법들의 통제되지 않은 유입은 독재국가들에서 확산되고 있는 것과 아주 동일한 징후들로 인도할 수도 있었다. 때문에 그 징후들이 우리를 압도하기 전에, 이 기법들의 본질을 연구해야하는 충분한 이유가 있고, 그 징후들을 경멸적으로 취급하는 것은 무익하다. 우리는 처음으로 그 징후들의 유의의를 진정으로 이해하기에 이르렀고 독재적 남용에 의해 야기된 일시적 왜곡들로부터 불변요소를 판별했다.

그래서 누구든지 이 새로운 기법들을 단지 선전으로 사료함으로서 모르고 반대하지 않아야한다. 우리는, 한편으로는 소수의 엘리트들을

만들었고 다른 한편으로 대중은 교육받지 않아야한다는 사실을 용인해야하는, 순전히 소수자문화의 귀족적 관점에서 그 기법들을 판단해서는 안 된다. 현대의 사회적 기법은 모든 대규모산업사회에 지극히 중요한 필수품이고; 그 기법은 그 사회의 심리적, 경제적, 그리고 산업적 보전을 위해서도 모두 중요하다. 다른 기법의 종류처럼, 사회적 기법은 장대하면서도 비인간적인 것 모두가 될 수 있다. 그것은 거대한 난제들을 해결하기 때문에 장대하다. 누구든, 모든 대립되는 경향들과 분열의 위험을 보유하고 있는 대중사회가, 만일 그 사회의 전제적인 사회적 기법을 재건하는 위치에 있지 않다면, 지속할 수 있을 것인가를 자문해야만 한다. 인간행태에 영향을 주기 위한 계획된 기법의 발명은, 비록 현재의 형태에서 이 기법이 아직도 단지 미봉책이라는 점을 수용해야 함에도 불구하고, 가정·교회·학교가 모든 영향력을 상실한, 혼돈으로부터의 구출이라는 일말의 희망을 제공한다. 우리는 그 계획된 기법이 진공에서 작동하는 기계이고 본래 선도 아니고 악도 아니기 때문에 비인간적이라고 지칭했었다. 그 계획된 기법의 효과는 대부분 그것이 사용되고 있는 목적에 따라 좌우된다. 독일의 행정당국들은, 그들이 소망한데로 매우 단시간 동안에 폴란드에 대한 혐오감을 제거하는데 성공했을 때, 그 기법의 긍정적 가치에 관한 탁월한 사례들로서 제공했다. 이 혐오감은 모든 집단적 정서에 깊이 뿌리내린 것들 중의 하나이고, 비록 모든 독일인이 폴란드인처럼 갑자기 성장하지 않더라도, 혐오감은, 사회적으로 통합되고 따라서 정치적으로 효과적인 것이 되는 것을 예방하는 방법으로 취급될 수 있다는 의미에서, 사회학적 관점에서는 충분히 유의의하다.

만일 이 계획된 설득의 힘이, 투쟁을 선동하기 위한 것이 아니고,
261 평화·협력·이해에 의존하는 우리의 모든 희망들을 독려하는 행태를 위해 사용된다면, 그것이 얼마나 우리의 일상생활을 단순화할 것인가.

우리는, 평화·이해·품위를 강화하는 인성교육에서 그러한 요소들을 촉진하는 데에 국한시키는 것을 조건으로, 전략적 지점에서의 상당한 간섭에 대해 흔쾌히 동의할 수 있다. 품위와 도덕적 의무에 대한 적어도 최소한의 분별력을 확보하기 위해, 교육과 선전의 조정을 위한 국제적 합의는 어떠한 반대도 제기될 수 없는 일종의 순응이 될 것이다.

만일 우리가 새로운 사회적 기법의 완전한 가능성을 인식한다면, 우리는 그 기법의 현재 형태에서 아주 원시적인 심리학과 함께 아직도 작동해야 하는 그 기법을 기억해야한다. 사회적 기법은 선동자·공무원·도매상인의 경험들로부터 편집된 규칙의 수집물에 의거하고, 그들의 관점에서 채색되어있다. 그 기법의 실제 가치를 우리가 추정할 수 있도록 하는 성실함과 정밀성의 정도에 도달하는 것과는 아직도 거리가 멀다. 선전원은 인간의 가능성에 대해 매우 피상적인 분석을 연구대상으로 삼는다. 그러나 이러한 심리학과 나란히, 보다 미묘하고 보다 더 사회학적인 심리학이 우리의 사회에서 발달하고 있고 아직껏 충분히 평가되지 않았다. 우리는 현대적인 사회사업, 어린이 법정들, 개인과 집단 양자의 교육에서 가공할만한 진보를 사유하고 있다. 우리는 초기유년시절에 발달해온 잘못된 습관들을 고치고, 그곳에서 새롭고 유용한 습관들을 만드는 것이 가능하도록 하는, 행태주의가 개수(改修)라고 지칭하는 시도들을 사유하고 있다. 우리는, 대체로 품성의 결함이나 재능의 결여에서 기인한 대부분의 특질들이 초년의 삶에 대한 불만족스런 환경에서 만들어진다는 것을 증명한, 재교육된 성인들로부터 확보한 결과들에 대해 사유한다. 거의 병리학적으로 구속된 우리의 충동과 정신생활의 발달은 성인교육에 의해 그러한 사례들을 교정할 수 있다.[3)]

---

3) 참고문헌의 제3편 1, 6, 7의 d 참조.

성인교육에서의 실험들은 사람들이 정치에서 행동하는 것과 같은 분별없는 방법을 어느 정도 소명한다. 르봉(Le Bon)의 군중행태에 관한 대중심리학에서 용이한 설명을 발견하는 대신에, 정치적인 책임의 기회를 갖지 못했던 사람들은, 그들이 점차 정치에서 일정한 경험을 얻
262 고 책임있는 성인들처럼 행동하는 것을 학습할 때까지는, 우둔하게 행동할 수밖에 없다는 것을 암시하는 것이 더 현명하다. 왜 인간은 어떠한 예비적인 훈련과 경험도 없이 하룻밤 사이에 훌륭한 정치가로 발달되는 것을 기대해야 하는가? 누구도 그가 배우지 않고 증기기관을 운행하거나 복잡한 기업문제들에 대해서 분별력 있는 의견을 제시하는 것을 기대할 수 없다. 사회적 기법의 정련화 가운데서, 우리는 정신분석에 대한 언급을 잊어서는 안 된다.[4] 무의식적인 정신의 사회적 기법에의 발현 속에서, 그 기법은, 비록 현재는 너무 가정적이지만, 새로운 정신차원에 대한 권력을 우리에게 조만간 제공하게 될 것들을 발견해왔다.

우리가 사회적 기법의 가능성들을 고려할 때, 우리는 매우 혼합된 감정을 가지고 그 기법들을 꾸밈없이 사료한다. 인간정신에 대한 영향이 더 미묘해질수록 우리의 사회적 관계들에 대한 취급이 더 숙련되고, 우리가 함정에 빠질 수도 있는 위험은 더 커진다는 생각에서, 우리 스스로가 자유로워지는 것은 불가능하다. 성취의 긍지가 크면 클수록, 어떤 사람이 다른 사람에 대해 가지는 권력에 대한 공포는 더 커진다. 그러나 합리화로부터의 후퇴가 없는 것처럼, 이러한 증가하는 지식에 대해 우리가 등을 돌리는 것은 불가능하고; 문제는 새로운 가능성들로부터 올바른 결정들을 어느 정도 도출해야한다.

사람들은 이 팽창하는 사회적 기법으로부터 획득할 수 있는 권력을 직접적으로 인식했고, 그들은 그 권력을 남용하기 시작했었다는 것도

4) 참고문헌의 제3편 1의 e 참조.

부인할 수 없다. 이러한 남용의 근원에 대한 근본적인 오류는, 만일 어떤 사람이 사회적 기법의 이 조정된 용도가 기술된 것과 함께 단어를 분석한다면, 명백하게 발현된다. 대중독재의 분위기에서, 비록 두 단어들이 전적으로 상이한 의미를 가지고 있다고 하더라도, 조정이 "통제"(Gleichschaltung)에 의해 표현된다면 그것은 극히 특징적이다.

정확하게 이해했다면, 조정은, 오케스트라의 다양한 악기들을 조화시키는 것과 같이, 누군가의 모든 가처분자원에 대한 분별력 있는 상관관계를 의미한다. 이 상호간의 조화는 단음이나 다성 음악을 만드는데 사용될 수 있다. 조화는 일종의 거위걸음식의 표준화-헛된 일치의 조성-로 해석되어 왔었던 것은 아주 유의의하다. 이것과는 대조적으로, 만일 문제가 적절하게 안출되었더라면, 집중화된 사회적 기법은 263
순응을 수반할 필요가 없고, 양과 같은 사람을 만드는데 반드시 사용되어야 할 필요는 없다는 것은 분명해질 것이다. 현재의 실험들은 단지 조정의 아이디어 속에 함유된 가능성들의 모조품에 불과하다. 사회적 조정은 오케스트라의 하모니와 같다. 사회적 조정은, 단지 우리가 도구들을 우리의 통제아래 두어서는-이 경우 가정·학교·작업·여가 등과 같은 사회적 기관들과 기법들을 상호간에 상쇄되지만 그들의 창조적인 힘들은 서로 조화 시킨다- 안 된다는 것을 의미한다. 그 도구들이 획일성이나 다면적인 개별성들 만드는데 사용될 것인가의 여부는 계획가의 의지에 달려있다.

독재적 평등주의자들은 완전히 별개의 문제로 하고, 이러한 통찰력은, 계획이나 조정에 대한 어떠한 시도도 없이, 사회적 세력들에게 자유를 제공하는 것이 가능하다고 아직도 생각하는 그러한 사람들에 의해서 부인되었다. 이 구식의 자유주의자들은 우리가 이러한 자유의 개념으로는 회귀할 수 없다는 것을 기억해야한다. 대중사회의 단계에서, 사회적 세력들의 자의적인 폭정인, 구속 없는 자유주의는 자유로 인도하지는 않지만, 최초의 진정한 충격으로서 혼돈으로 인도한다. 대중사회에서 그 폭정은, 사회적 기법에 대한 전체적이며 독점적인 통제와 계획은 표준화와 자발성에 대한 억압을 의미하는 신념에 대한 열망으로서, 반동을 야기하는 지배를 위해 최대한 투쟁하는 집단들의 바로 이 혼돈적인 동요이다. 만일 이 초기단계에서 사람들이 사회적 기법에 대한 조정된 통제가 제공할 수 있는 거대한 힘을 인지하지만, 최선의 계획은 순응을 위한 계획은 아니라는 점을 시간이 지나도 인식하지 못한다면, 더 진전된 진보는 불가피하게 인간을 노예상태로 인도하고, 때문에 어떠한 기치아래서 그러한 계획이 발생할 것인가는 거의 무관심한 문제이다. 견고한 기반위에 건설되고 목적과 기능이 건전한 사회질서조차, 조만간 상황에 내재한 위험들을 적시에 알아차리지 못한다면, 사회기구를 작동시키는 기술자들에게 그 사회의 주민들이 단체적인 항복을 통해 머지않아 관료제의 희생자가 될 것이다.

나는, 따라서, 이제 자유 및 민주적 전통을 가지고 있는 국가들은
대중사회의 단계에 도달했고, 그 국가들은 독재정체가 보였었던 것보
다 커다란 오성을 가지고 대중교육의 문제를 해석하는 그러한 전통들
을 사용해야 한다는 것을, 믿는다. 이 국가들은 계몽되고 수용 가능한
풍습과 함께, 개인적 독립, 상호존중, 그리고 페어플레이의 이상에 바
264 탕을 둔, 강력한 의식의 결합을 그 국가들에 제공하는 관습에 의존할
수 있다. 이 뿌리 깊은 태도들은 법률을 규정하기 위한 권위적 성향과
순종에 대한 피학대적 쾌감과는 정반대이다. 민주국가들에서는, 따라
서 계획의 의미에 대한 점진적인 재정의의 가능성이 있고, 그래서 그
계획이라는 말은 정합(整合)과는 관련되지 않지만, 사회적 기법의 도
구들을 조화시키는, 간략히 자유를 위한 계획이라는 의미에서 조정과
관련된다. 우리의 집단적 시대에서, 진정한 자유주의는 개성을 함양할
것 같고 모든 유형의 계획과 사회적 기법을 암시하는 보완자로서 행동

해야 하고, 자유를 희생하여 질서를 획득해서는 안 된다.

계획은 이러한 의미에서 자유를 위한 계획을 의미하고; 사회의 원활한 작동이 의존하는 사회진보의 그러한 영역들을 지배하지만, 동시에 창조적인 진화와 개성을 위한 최대의 기회를 제공하는 영역들을 규제하려는 어떠한 시도도 없는 것을 의미한다.

이 자유는, 오늘날에는 더 이상 존재하지 않는, *방임*, *방종*의 자유는 물론 아니다. 그 자유는, 그 사회의 힘이 미치는 범위 내에서 사회적 기법들에 대해 전체적으로 조정된 체계를 보유하기 때문에, 특정한 생활영역에 대한 독재적 침식에 대항하여, 자발적으로 스스로를 보호할 수 있고, 그 사회의 구조와 체질 내에서 이 거점들의 헌장들을 통합할 수 있는, 그러한 사회의 자유이다.

자유를 위해 계획하는 사람은 누구든, 적어도, 규제된 사회질서에서 자결의 거점을 제공하고, 물론 필요한 순응을 위해서도 역시 계획한다. 자유의 시대는 그 시대의 전체적인 관심을 자유에 대한 아이디어의 전파에 둘 수 있는데, 이는 그 시대에서 중세의 오래된 공동체문화로부터 물려받은 전통적인 순응의 기반을 구축할 수 있었기 때문이다. 우리는 새로운 패턴에 의해 이제 붕괴되고 있는 전통적인 순응의 낡은 패턴을 대체하는데 앞으로 수년 동안 많은 에너지를 낭비해야 할 것이다. 우리는 무제한적인 경쟁의 시대에 우리가 잃었던 새로운 가치들, 즉, 사회에서 다른 구성원의 확인, 집단적 책임, 그리고 우리의 태도들과 행태들의 공통적 배경을 소유하기 위한 필요성, 을 발견해야한다. 그러나 일단 새로운 공동체가 필요한 사고방식의 통일성 - 낙담시켜서는 안 되는 정합 - 을 획득했다면, 왜 규정이 결국 개별적 인격이 되는
점진적 교정을 위해 교육체계와 사회자체의 바로 그 구조의 양쪽에서 265
만들어져서는 안 되는가에 대해 어떠한 논리도 없다.[5] 오늘날 우리는 개성의 성장을 촉진할 수 있는 기회를 조성할 여유가 있는데, 이는 현

대의 사회적 기법은 보다 오래된 유형의 사회들보다도 생활의 기본영역들에서 사회의 원활한 작동을 위해 훨씬 더 건전한 보증장치들을 제공할 수 있기 때문이다.

그러나 대중의 실존이라는 단순한 사실은 장애가 아니다. 그 대중을 창의성과 개성의 여지가 있는 소규모 집단들로 분리시키는 것은 결코 불가능하지 않다. 누구나 상당부분을 그의 행동들에 의존하는 것을 느끼고, 대중의 익명성에 몰두하는 대신에 그 자신의 책임 하에 행동하는 것을 학습하는 이 소규모 집단들에서, 사회적 패턴들은 개성이 거의 확실하게 발전할 수 있게 성장한다. 사회학은 사회적 세력들과 쟁쟁한 인사들의 무리가 역사의 노정에서 개성을 함양했다고 말할 수 있는 단계에 이미 도달했다. 자유를 위한 계획은 개성이 취해야 하는 명확한 형태를 규정하는 것을 의미하지는 않지만, 어떤 종류의 교육, 어떤 종류의 사회집단들, 그리고 어떤 종류의 상황들이, 자기 자신의 특성을 구성하고 자기 자신의 운명을 결정하는, 창의성을 점화할 기회를 제공할 수 있는가를 결정하는 지식과 경험 양자를 보유하는 것을 의미한다.

Ⅲ
사회통제의 개념

비합리적인 것에 대한 합리적 지배로서 계획

사회는 새로운 단계로 이동할 채비가 거의 되어 있다. 우리가 이것

---

5) 나는, 런던경제대학(London School of Economics)에서 시행한, "계획된 사회와 인간개성의 문제"라는 제목의 세 개의 강연들에서, 계획된 사회는 개성의 성장을 제공할 수 있는 기회들이라는 점을 다루어 왔다. 이 강의원고는 아직 출간되지 않았다.

을 인지하지 못한다면, 우리는 사회적 기법들의 조정이 우리의 수중에 들어올 수 있는 무한한 기회를 상실하게 될 것이다.

계획된 자유는 사회적 기법들을 신중하고 숙련되게 처리해야만 달성될 수 있고, 그래서 인간들에 발휘될 수 있는 모든 종류의 영향은 이론적으로 이해되어져야한다. 계획당국은, 가능하다면 사회학적 실험들과 결부하여, 사회의 과학적 연구에 관한 그 기관의 판단에 근거하여, 주어진 상황에서 어떤 종류의 영향을 사용할 것인가를 경험적 바탕에서 결정할 수 있어야한다. 그러한 경향은 특정영역들에서는 이미 명백하다. 예를 들면, 오늘날 우리는 어떠한 방법들이 서로 다른 국가들에서 가장 잘 작동할 것인가를 발견하기 위해 새로운 종류의 과학적 연구, 예를 들면 과세의 사회학[6], 이 발달하고 있다. 동일한 방법으로, 우리는 어떤 전술들을 그 시대의 지배적인 관습을 고려하여 사회의 다른 영역들에서 채택할 것인가를 경험에 의해 결정할 수 있게 될 것이라는 희망을 가질 수 있다. 서로 다른 국가들의 서로 다른 시민들이 세금을 납부할 시기가 도래한 때에 도덕적 의무감을 상이하게 느끼는 것과 똑같이, 그 시민들을 어떤 사상(事象)들은 군대의 질서에 복종하게하고 다른 것은 자유로운 조정의 정신에 따르도록 인도하는, 국가들의 심리학에 상이한 사고의 관습, 관례가 존재한다. 266

올바른 기법들을 숙고하는 사회과학은 분명히 효율성에 대한 가변적인 개념들을 연구대상으로 삼아야한다. "최소의 노력에 의해 최대의 효과를 달성하는 것"으로서 정의될 수 있는 순전히 기술적인 개념과는 별도로, 보다 인간적인 다른 고려사항들을 참작해야한다. 철저한

---

6) 과세의 사회학에 관하여, 술탄(Sultan, H.), 『국가소독』(*Die Stadtseinnahmen*), 정치경제이론의 일부로서 사회학적 금융이론의 실험, (Tübingen, 1932), 그리고 망(Mann, F.), 『금융사회학』(*Finanzsoziologie*), Kölner Vierteljahreshefte für Soziologie, 제12권 제1호(1933) 참조.

과세형태는 가능한 최단시간 내에 최대의 금액을 강탈하기 때문에, 순
전히 기술적 관점에서 당장은 효율적일 수 있지만 심리적으로 그리고
장기적으로는 그 과세형태는 비효율적일 수 있는데, 이는 모든 장래의
세금징수가 좌우되는 납세자의 신뢰를 흔들 수 있기 때문이다. 따라서
모든 경제적, 행정적, 그리고 교육적 법령은 단명한 기술적 효율성뿐
만 아니라 보다 심도 있는 심리학적 효과들도 아울러 고려할 준비를
해야 한다. 이윤이 경제적 생산의 유일한 준거가 아닌 사회에서는, 산
출의 관점에서는 덜 효율적이더라도, 노동자들에게 더 많은 심리적 만
족을 제공하는 방법들에 의해서 노동하는 것을 선호할 것이다. 자본주
의사회라는 우리 자신의 상표조차도, 비록 그 상표가 순전히 경제적
목표들을 획득하기 위해 싸울 준비가 되어 있더라도, 사회복지에 유리
267 하도록 그 사회의 이윤을 삭감하는 것을 강요했지 않았던가? 계획된
사회는 아직도, 전체의 행복에 대한 그 사회의 보다 큰 관심 때문에,
새로운 숙련형태들을 더 발명하려 할 것 같다. 우리가 바로 논의했던
효율성에 대한 변화된 개념은 경제적 영역에만 국한시킬 수는 없을 것
같다. 심리학적, 사회적, 그리고 기술적으로 응용된 수단들은, 그것들
의 순수한 기술적 효율성은 물론, 품성과 개성에 대한 그것들의 효과
에 의해 판단되어야한다. 경제적 의식뿐만 아니라 인간경제도 다룰 수
있는 계획된 경제는 이 관점을 왜 고려하지 않아야 하는가? 우리는 한
층 더 멀리 나아갈 수 있다. 사회적 기법에 관한 더 정확한 지식으로
서, 사회적 키보드(keyboard)에 대한 더 정밀한 지배는 필연적으로 과
도한 간섭으로 귀착되지는 않는다. 나는 계획가의 오성이 많은 영역들
에 대한 간섭을 신중하게 거절하는 것으로 아주 자주 인도할 수 있다
고 믿는다. 나는 보다 소규모의 사례를 제공함으로써, 내가 고려한 것
을 아마도 설명할 수 있을 것이다. 학교활동의 전 범위를 계획할 목적
을 가진, 예를 들면, 실험적 기숙학교는 상세하게 강의요목과 시간표

를 생각해내는 방법으로 운영될 수 있지만, 동시에 여가시간은 어린이들이 자신들의 창의성을 개발할 수 있도록 조언이나 간섭 없이 그들을 멋대로 하게 내버려 두어야했다. 준비는 그들 자신의 도보여행을 떠나는 소년들을 위해 동시에 만들어지거나, 자신들의 개별적 창의성을 자유롭게 즐기면서 공부하여 자신들의 적성을 깨닫도록 해야 한다. 이것이 교육적 영향들은 조심스럽게 통제되어야 한다는 원리에 반하는 것은 결코 아니다. 우리의 현대사회에서조차, 피난지대와 개방적인 전투장은 병존한다. 계획된 사회에서 그 소년들은 아직도 거기에 있을 것이지만, 그들은 품성의 형성과 사회의 효율성 양자모두에 대한 그들의 기여에 관해 보다 더 심오한 이해에 의해 융화를 가져오게 할 것이다.

비합리적인 것의 독특한 매력을 강탈하지 않는, 비합리적인 것에 대한 이 합리적 지배, 즉, 비합리성에 대한 이 신중한 인식, 는 관련된 표준화된 기법들뿐만 아니라, 그 비합리성을 방임할 때 삶에서 발달한 즉흥적 형태들도 철저하게 파악할 때만 가능하다. 우리가 언급한 악기들의 키보드와 다성(多聲)의 하모니는 결코 우연한 은유가 아니다. 유추는, 음악적 기법을 충분히 숙달한 사람만이 음악적 경험의 비합리성을 진정으로 표현할 수 있다는 점까지, 정당화된다. 동일한 방법으로 올바르게 계획된 사회는, 삶의 진정한 역동성들을 억압하거나 그것들 268
을 이지적으로 생각하게 하지는 않지만, 보다 더 원시적이고 비신축적인 통제의 단계에서 가능했던 것보다는 조직적인 세력들의 보다 충분한 이용이 되도록, 상황들에 대해 보다 더 능숙한 취급을 통해 시도한다.

사회적 기법의 최고전문가조차도 그 자신이 기초적인 심리학적 및 사회적 과정을 만드는 것을 상정하지는 못한다. 그의 지식이 크면 클수록, 사회적 기법의 진정한 개선은 원초적 질료에 대한 더 충분한 사용, 더 증가된 지배를 의미한다는 것을, 그가 더 명확하게 이해하게 될 것이다. 진정한 기예는 우리를 비인간적으로 만들지는 않지만, 보다 심오한 의미의 인간을 만든다. 진정한 계획을 반대하고 싶은 사회에서 태어났기 때문에 현재의 사회상태가 "자연적"이라고 느끼는 그러한 사람들만이, 이 주장된 자연성은 사회적 사상(事象)들의 노정 그리고 개인의 발달에서의 돌발적인 간섭-의식적으로 적용되지 않기 때문에 보통 득보다는 실을 많이 주는 간섭-의 우연한 산물이라는 사실을 완전히 간과하고 있다. 상이한 인공의 제도들은 자주 충돌하고 상이한 도덕률들은 지속적으로 갈등으로 인도하는, 우리 사회의 비(非)세련성은 개인과 국제관계에서 비참한 공황들과 위기들에서 발흥하는 신경증의 밀물에 반영되어있다.

만일 사회가 통제될 수 있다면, 우리는 어떻게 인간사에서 우리의 개입기법을 개선할 수 있고, 어디서 그 개입을 시작해야하는가를 자문해야한다. 적절한 공격점으로서, 이 "어떤 곳"의 문제는 우리가 사회통제의 개념을 깨닫게 한다.[7] 과거의 사회들은 여러 형태로 이 통제를

[7] 그 문제에 대해 매우 초기에 관심을 돌리는 것에 대해 장점을 가진 저서로, 로스(Ross, E.), 『사회통제: 명령의 기반에 관한 조사』(*Social Control: survey of the Foundation of Order*, N. Y., 1901) 참조. 그러나 나는 그러한 초기단계에서는 그 문제의 근원적인 의미들을 아직 이해할 가능성이 없었고, 그것은 어떤 사람이 사회적 기법들과 계획의 맥락에서 그 의미들을 논의하자마자 단지 명백해진다. 또한 쿨리(Cooley, Ch. H.), 『사회조직』(*Social Organization*, N. Y., 1909)과 그의 『사회적 과정』(*Social Process*, N. Y., 1918년); 맥이버(MacIver, R.), 『사회』(*Society*, N. Y., 1937), 사회학의 교과서, 특히 제2권 제ii편; 케이스(Case, C.), "강요에 대한 약간의 사회학적 측면들", *Publications of the American Sociological Society*, 제117권(1922), 75~88; 룸니(Lumley, F.), 『사회통제의 수단』(*Means of Social Control*, N. Y., 1925); 버나드(Bernard, L.), 『사회적 통제에 관한 논제들의 객관적 표준의 변천』(*The Transition as an Objective Standard of Social Control Thesis*, Chicago, 1918); "사회적 통제", *Publications of the American Sociological Society*, 제12권(Chicago, 1918); 스미스(Smith, W.), "보다 거대한 사회적 통제를 위한 훈련으로서 학교훈육", *Publications of the American Sociological Society*, 제17권(1923년); 미드(Mead, G.), "자아와 사회통제의 기원", *International Journal of Ethics*, 제35권(1924~5년) 참조. 또한 참고문헌 I, 1 참조.

사용했고, 우리는 가장 중요한 영향들이 발산되는 초점들이 항상 존재 269
했었다는 의미에서 "사회통제의 핵심지위들"에 대해 언급하는 것이 정당화된다. 역사에 대한 새로운 접근방법은, 우리가 이전의 통제체제를 환치한다는 의미에서, 주요한 구조적 변화를 다른 형식으로 바꿀 수 있을 때 달성될 것이다. 전체로서 사회를 고찰하면, 개별적인 통제들의 교체는 오직 직접적인 원인들 때문만은 아니지만, 전체적인 윤곽에서의 변화들에 대한 함수이다.

과거에 통제들이 우연과 병행 성장했는지 여부, 또는 그렇다고 해도 그 통제들이 무의식적으로 조화되었는가 여부, 그리고 장래에 그러한 조화가 신중하게 장려될 수 있을 것인가 여부가 문제로 등장한다. 변화하는 사회적 통제들을 이해하는 핵심은, 일부는 사회적 기법들의 변화하는 속성과 일부는 인간스스로의 변환에 있다.

사회적 통제의 기법이 아직도 유아기에 있는 사회에서는, 영향이 바로 곁인 아버지·이웃·지휘관으로부터 발생한다. 행태의 규범은 반복하여 가르쳐야 하고, 만일 사회가 작동되게 하려면, 모든 사람은 그 규범에 순응해야한다. 협소한 사회적 영향범위를 가진 이 일종의 원시집단은 너무 많은 금기사항들을 부과하려 할 것이고, 뒤르켕(Durkheim)이 "기계적 단결" 이라고 명명한 것을 갈망하며 역설하려 할 것이다.

그러나 노동에 대한 보다 더 정밀한 분화가 발생한 사회에서, 인간의 행위는 더 난해하고 덜 분명한 수단들에 의해 영향 받을 수 있다. 뒤르켕(Durkheim)이 지적한 것처럼, 노동의 분화는 상호보완적인 기능들을 창조하고, 그래서 모든 사람은 그러한 분화가 존재하지 않고 각자가 혼자 힘으로 생산하는 것과 같은 그러한 사회보다는 그의 근린들에 훨씬 더 의존적이다. 노동의 분화와 그 결과로서 일어나는 개인의 사회에 대한 의존 때문에, 새로운 압력의 종류들은 누구도 명령을 내리지 않아도 지속적으로 효력이 발생한다. 특정한 상황들이 항상 재발하고, 탈출할 기회가 거의 없는 압력을 지속적으로 행사한다. 이 "상황들의 압력"은 개인이 그 자신 적응하도록 틀림없이 허용하지만, 가능한 적응의 수는 제한된다. 비록 사회가 이 상황들을 취급할 처지에 있지 않다고 하더라도, 그럼에도 불구하고 그 상황들은 예측될 수 있고 삶의 가장 주요한 영역들에서 쉽게 인지될 수 있다. 이러한 유사성
270 은, 우리가 같은 시대와 계급에 속하는 사람들의 일대기들을 연구할 때, 가장 인상적인 형태로 나타나는데; 그 사람들은 자신들의 상황들이 독특하다고 믿을 때조차도 보통 동일한 유형의 상황에 직면한다. 어떤 특정한 상황들과 함께 대립되는 특정한 사회계급들에 존재하는 사회적 통제는 개인이 직접적으로 영향을 받는 원시사회의 그것과는 근본적으로 다르다는 것은 분명하다. 사회적 구조가 상당히 복합적인 발달단계에 도달한 때에만, 사회적 통제들은 행태들에 대해 융통성 없는 규정을 제정하는 대신에, 전형적인 여건들에 대해 다수의 가능한 반작용들을 유발하기에 충분할 정도로 유연해질 수 있다. 동일한 방법으로 사회적 통제를 지도자들의 중추집단이 행사한 것인가 또는 사회 전체에 민주적으로 전파된 것인가 여부는, 사회질서와 사회적 기법들 양자에 대한 응답에 의해 좌우된다.

이와 관련하여 사회적 통제의 문제에 대한 논의는 전체로서 사회의 작동과 관련되지 않을 때는 희망이 없을 정도로 난해하지만, 경제학, 정치과학, 행정학, 그리고 교육학과 같은 방수구역들로 인위적으로 구분된다는 것은 다시 한 번 분명해진다. 우리가 이 필드들 중 하나만을 전문화하는 한에는, 그 필드의 본질은 우리에게 드러나지 않는다. 우리는, 이 모든 외관상 분리된 과학들이 사실 상호 관련되고, 그 과학들은 최종적인 목적이 사람들의 행태와 태도들을 압박하기 위해 적절한 영향을 초래함으로써 사회질서를 공고하게 한다는 것을, 실감하지 못한다.

일단 이 목적의 통일성이 인지된다면, 모든 인간제도의 정치적 및 사회적 특성은 명확해진다. 그 제도들은 일별하면 단순히 제한된 목표를 달성하기 위해 설계한 것이 아닌 것처럼 보이지만, 사회의 정치적 조직에서는 항구적 요소들이고, 그 제도들은 병행 성장해왔다. 광범한 경제적 측면들은 생산과 소비의 규제를 위한 단순한 장치가 아니고, 그 측면들은 인간행태도 역시 규제하기 위한 효율적 수단이며, 일정한 행동영역에서 그 측면들은 일반적인 사태의 추세에 대한 적응을 돕는다. 행정은 특정한 결정들을 수행하기 위한 목적으로 만들어진 단순한 사회조직의 형태가 아니고; 그것은 정치적 간섭의 도구로 변모되고, 271
규정된 규제들의 집행과 관련하여 사용된 방법들은 사회의 권력균형을 바꾸는 간접적인 수단으로서 기여할 수 있다는 것은 오늘날 점점 더 명확해지고 있다. 법의 작성(입법)과 법의 해설(사법) 사이의 독단적인 구별은 항상 명료한 것 같지는 않고, 우리는 재판과정에서 재판관들이 법을 만들고 있다고 더욱 더 솔직하게 생각한다. 사회학자들은 인문주의나 기술적 전문화 같은 문화의 추상적인 이상들을 실현하기 위한 수단만으로 교육을 사료하지는 않지만, 사람들에 영향을 주는 과정의 일부로서 사료한다. 교육은, 우리가 학생들이 교육받고 있는 사회가 무엇이고 사회적 지위가 무엇인가를 알 때에만, 이해될 수 있다.[8)]

만일, 모든 활동의 분파를 따로따로 연구하는 대신에, 우리가 모든 사회활동을 전체로서 고려한다면, 우리는 사회활동의 유일한 *존재이유*는 사회가 적절하다고 여기는 것처럼 인간행태에 영향을 주고자하는, 사회적 기법들로서 그 활동들을 분류할 수 있어야한다.[9)] 이것은

8) 만하임(Mannheim, K.), "대중교육과 집단분석", 전게서와 참고문헌 III, 4와 III의 7a 참조.

9) 우리는, 우리가 다른 장소에서 설명했던 것-왜, 자유 시대에, 영역들 간에 서로 분리된 경향들이 발생되어야하는가-에 대해 여기서 단지 지적만 할 것이

사회에 대한 관습과 사고방식을 만드는데 필요한 정신에너지의 할당량은 항상 일정하고 단지 구체적인 표현양식만 변한다는 작업가설로 우리를 인도한다. 이러한 의미에서 이 에너지의 변환(변질)을 말할 수 있다.

이제 이 정신에너지의 변환을 보다 더 상세하게 점검해 나가고, 어떻게 동일한 활동(근육노동)이 역사의 연속적인 두 국면에서 서로 다른 방법으로 강요되었는가를 보여주는 사례들을 제시하기로 하자. 로마
272 사회에서, 특히 거대계급(대소유자들)에 관해서, 노동은 노예들에 의해 이루어졌고, 주요한 유인책은 채찍이었다는 것은 잘 알려져 있다. 로마통치의 종말에서, 즉, 중세의 시초에서, 이 노예경제체제는 노예제로 변환되었고, 이제 잔인한 폭력 대신에 여러 방법의 결합이 노동의지를 깨우는데 사용되었다. 먼저, 한때 독신생활로 운명 지워졌던 노예들도 결혼이 허용되었고, 그래서 그들은 막사들에서 사는 대신에, 집과 가정을 소유할 수 있었다. 이것은, 가정과의 연계를 통해 그 노예제를 강화하여 그 노예들의 주인들이 보유한 경제적 이익 속에서 자기보존의 본능을 동원하려는, 어느 정도 신중한 시도였다. 그리고 이 동인은 또 다른 측면으로부터 강화되었고, 한 조각의 땅은 추수에서의 할당량과 함께 그 노예들에게 제공되었으며, 그래서 그들은 산출에서

다. 순수경제학이라는 의미에서의 사유습관, 입법· 행정·사법 간의 의문의 여지없는 구별, 그리고 교육의 자치는, 구조적인 이유 때문에, 견제와 균형을 통해 발생하는 조정에서 사회진화의 특정단계만을 주목한다. 그러나 이 의미에서조차 행동의 상이한 영역들은 그것들이 추상적인 분석에서 나타난 것처럼 단순하고 비정치적인 것이 아니다. 재산의 규제는, 예를 들면, 항상 정치적인데, 이는 그 규제가 특정한 생활수준을 보장할 뿐만 아니라 상이한 영역에서의 인간 활동들을 규제했기 때문이다. 작동하는 사회적 장치의 서로 다른 부분들을 의식적으로 설정하는 어떠한 기관도 없을 때조차 그것들은 서로 항상 영향을 주고받고 균형을 지향했다. 이 균형은, 어쨌거나, 단일의 기계로서 기능하는 이론적 원리에 따라 사전에 계획된 것이라는 의미에서 전체주의가 아니다.

이익을 취할 수도 있었다. 그리고 마지막으로 그 노예들은 법에 의해 농사에 구속되었고, 그래서 사회자체에서 발흥한 야심은 사회적 규제에 의해 억제되었는데, 이는 그 노예들이 국내의 최고장원으로 이주하는 것에 대한 어떠한 희망도 가질 수 없도록 만들기 때문이다. 그들의 이주의 자유에 대한 이 제약들은 통신수단의 결여에 의해 더욱 강화되었다.

노예들의 노예제로의 변환은 노동문제에 대한 이 두 가지 해결책에서 사용된 상이한 유인책들 중 하나의 사례이다. 노예상태에 적용된 잔인한 폭력의 원시적 방법 대신에, 노예제에는 격려책들의 결합이 있다. 혈연, 토지에 대한 감정적 애착, 그 토지에 방치한 법적 무능력과 토지의 산출물에 부여된 이익, 이 모든 것은 필요한 작업의지를 환기시킬 목적으로 기술적으로 균형된 체계를 창조하기 위해 결합되었다. 인간의 창의성이 취하는 특별한 노선 그리고 변화하는 자극제의 형태들은, 다시 한 번 변화하는 사회적 기법들의 함수들이고, 전체적인 사회질서와 관련해서만 완전히 이해될 수 있다. 인민은 단지 그 체제가 그의 업무와 관련하여 보다 예민한 이해관계를 가진 농노를 제공했기 때문이 아니라, 일종의 노예사냥이었던 제국적인 전쟁들이 종료되었고, 그 전쟁들은 노예노동의 공급원이었기 때문에, 보다 더 복잡한 체제에 대한 우리의 예시로서 제시되었다.[10)]

이 실례에서 사회적 에너지의 변형(변질)은, 우리가 어떻게 특정체제들이 동일한 결과를 달성하기위해 서로 다른 압력과 촉진의 방법들을 273
사용했던가에 관해 주목할 때 분명하다. 이 특별한 사례에서 그 변형과의 관련에도 불구하고, 사회적 에너지의 변형에 관한 원리는 단지

10) 막스 베버, (Weber, M.), "고대문화의 몰락에 대한 사회적 기초", 그의 『사회적 및 경제적 변천의 총체』(*Gesammelte zur Sozial- und Wirftschftsgeschichte*, Tübingen, 1921) 참조.

은유이고; 그 원리가 도를 지나치면 잘못될 수 있다.[11] 에너지의 할당량을 측정하려는 것도 역시 우매할 수 있고[12]; 우리가 이론적으로는 무익한 행동에 인도될 수도 있다. 이는 에너지보전의 물리적 원리에서, 핵심요소는 에너지의 할당량들이 다양한 형태로 실제로 발생하는 것처럼 측정될 수 있기 때문이다. 여기서 에너지보전과의 유사성은 단

---

11) 프리드리히(Friedrich, C.), 『입헌정체와 정치학』(*Constitutional Government and Politics*, N. Y. and London, 1937), 12쪽 이후 참조. 그는 권력의 원리에 의해 인간행동을 해석하는 것을 언급하고 있지만, 에너지보전의 아이디어는 측정할 수만 있다면 적절할 수 있다는 것을 강조하는 것을 망각했다. 더욱이, 그는, 그 기법들의 외부적인 차이들에도 불구하고, 우리의 의견으로는, 이행해야할 단일 과제-인간행태에 영향을 주는 것-가지고 있는 사회적 기법들의 통일성에 대한 주요 가정을 무시했다. 단지 어떤 사람이 이것을 그 사람의 연구기초로 만든다고 가정하면, 에너지변형을 말할 수 있다. 그렇지 않으면 동일한 경향에 대한 변화하는 표현을 그 경향의 변이로서 해석하는 것은 불가능하다. 확실히 프리드리히는 그가 이 에너지의 표현으로서 강제적인 활동들뿐만 아니라 즉흥적인 활동들도 사료되는 한에서는 이 방향에서 크게 진일보한 것이었다. 정말로, 혐오스러운 명령에 복종을 얻는 것은 어떤 사람의 의무를 수행하는데 합의나 즉흥적인 욕구를 만드는 것처럼 영향력 있는 행태의 방법이다. 독재적 방법들만이 복종을 얻을 수 있는 경우에 합의를 만드는 바로 이 능력에 민주적 방법들의 보다 큰 효율성이 놓여 있다.

12) 사람을 일하도록 만드는 위에서 언급한 두 가지 방법들에서 소비한 정신적 에너지를 측정하기 위해, 노예노동에 의해 획득한 결과들을, 전체체제가 작동하도록 유지하는데 필요한 에너지와 감독자들에 의해 소비된 에너지를 비교하기 위해, 감독자들에 의해 소비된 에너지와 비교하고, 그 후에 노예들에 의해 생산된 결과들과 비교되어야 한다. 이 할당량들은 측정할 수 없는 것은 분명하고, 그래서, 교재에서 설명한데로, 우리가 그러한 스트레스를 부과하는데 소비된 에너지의 등식이 아니고 무엇을 의미(어떤 사람의 일과 기업에서의 긍지)하고, 그리고 사회적 기법들에 대한 어떠한 결합들을 통해서, 동일한 기능들이 서로 다른 사회들에서 만들어지는가 하는 것이다.

즉흥적 및 독재적 방법들의 심리적 효과들과 관련하여, 다음의 최근 기여물들 참조. 르윈(Lewin, K.)과 립피트(Lippitt, R.), "독재정치와 민주주의의 연구에 대한 실험적 접근: 예비문서", *Sociometry* I, 제3~4권(1934); 르윈(Lewin, K.)과 화이트(White, R.), "실험적으로 만들어진 사회적 풍토에서 공격적 행태의 패턴들", *Journal of Soc. Psychol.*, (1939년 5월).

지 두 가지 중요한 사실을 강조하는데만 도움이 된다. 첫째, 사람이 바람직한 방법으로 행동하도록, 영향력 있는 인간행태로서, 모든 사회적 기법들의 기저에는 오직 단 하나의 원리만 있다. 둘째로, 같은 행태(우리가 바로 분석해온 사례에서의, 근육노동)는 가끔은 직접적인 강제의 단일 행동에 의해, 그리고 가끔은, 전체사회구조의 도처에 팽창하는, 사회적 통제들의 결합에 의해 획득할 수 있다.

Ⅳ
사회적 통제의 분류

일단 우리의 논증이 근거하고 있는 주요한 전제들을 우리가 석명했 274
다면, 우리의 다음 과업은 사회적 에너지의 변형에 관한 일반적 가설을 상세하게 고구하도록 만드는 것이다. 정부의 사회학이 당면하게 될 미해결의 문제는 각국들이 그들의 지배하에 있는 상이한 사회적 통제들을 보유하고 있다는 것을 예증하고, 그 통제들의 작용상 속성을 설명하는 것이다. 인간행태에 영향을 주는 방법들의 변형으로서, 이러한 통제들의 변천은 예비적인 분류시안이 안출된 이후에만 상세하게 연구될 수 있다. 우리는, 어떤 것을 통해 우리 사회의 기능들을 통제하는 것을 우리가 결정할 수 있기 전에, 그리고 우리가 이 통제들에 대한 가능한 최선의 처리를 담보하기 위한 구체적인 계획을 작성할 수 있기 훨씬 이전에는, 아직도 갈 길이 멀다. 그럼에도 불구하고 만일 사회과학이 사회통제의 핵심적 지위들에 관한 건전한 이론적 조사를 할 수 있었다면, 많은 것을 획득할 수 있을 것이다. 여하튼 이러한 조사는 어떠한 사회의 구조에 대한 연구에서도 최선의 접근방법이 될 것이다.

다음 절에서 나는 이러한 방법으로 사회적 통제들을 분류하려 할 것이다. 나는, 그 통제들의 바탕에 있는 주요 원리를 이해하고, 그 통제들의 효과들에 관한 약간의 예증들을 제시하는 것 이상은 할 수 없다는 점을 충분히 자각하고 있다. 이 조사의 목적을 위해, 나는 다음과 같이 인간행태에 영향력을 주는 관련기법들을 분류할 것을 제안한다. 먼저 우리는 두 개의 주요 집단들을 알고 있다. 즉,

1. 인간행태에 영향을 주는 직접적 방법들
2. 인간행태에 영향을 주는 간접적 방법들

1. *인간행태에 영향을 주는 직접적 방법들*

이 방법들은 항상 개인적 영향에 바탕을 두고, 아주 가까이서 작용한다. 따라서 이 영향의 효과는 그 영향을 행사하는 사람과 항상 동일시하고, 보통사람은 자신이 사회에서 필요한 일들에 대한 무의식적인 옹호자에 불과하다는 점을 주목하지 않는다. 그래서 만일 부모들이 어린이에게 특정한 일을 하지 말라고 말한다면, 우리는 그들이 이 특정한 규칙들이 확립되기를 바라는 사람들이라고 믿는다. 사회학자는, 반대로, 일정한 사회는 그 규칙들을 통해 말하고 있다는 것과[13], 그 사회의
275 원활한 작용을 위한 이 규칙들에 다소간 의존한다는 것을 알고 있다. 교장들과 사제들도 동일한 기능을 수행한다. 야당의 지도자는 정부와 똑 같은 정도로 행태에 영향을 주는 수단들을 사용하고 있지만; 유일한 차이는, 특정한 제도들에 대한 그의 혐오 때문에, 그는 그 제도들의 위치에 다른 제도들을 존치시킬 것을 제안한다는 점이다. 사회학적인

13) 태프트(Taft, J.), 『통제된 관계에서 치료의 동학성』(*The dynamics of Therapy in a Controlled Relationships*, N. Y., 1933), 제2장, "7세 소년과의 31개 계약", 참조.

관점에서, 그는 순응에만 관심을 갖는 그런 사람들처럼 인간행태를 변환하는 것을 중요한 기능처럼 이행할 수도 있는데, 이는 그가 역사의 노정에서 필요한 동적인 변화를 조장하기 때문이다.

이러한 개인적 영향들과는 반대로, 우리는 자연적, 사회적, 또는 문화적 환경들에 관한 의식적 또는 무의적 통제에 의해 개인의 행동·사고방식·습관들에 영향을 주는 것이 문제일 때, 간접적으로 인간행태에 영향을 주는 것에 관하여 언급한다.

간접적 영향의 최고의 특징은 그것이 멀리서 작동한다는 것이고, 통제는 원래 가까이가 아니라 먼 근원(根源)에서 발생한다. 먼 곳에 사회적 권위가 있는데, 그것은 자연적, 제도적, 또는 문화적 요인들에 대한 관리에 의해 개인이 그 권위에 만족하는 것처럼 반응하도록 설득하거나 강요한다. 물론, 이 영향집단의 이면에서 일하는 인간들이 있고; 이 제도들은, 아직은 공직에 있지 않은 개인들인 실재하는 인민을 표상하지만, 평균적인 사람이 외부의 뇌물이나 압력 없이 분명하게 그 자신의 의향으로서 그에게 기대되는 것을 하도록 만드는, 상황자체의 보이지 않는 압력을 표상한다.

이러한 상황들에서 개인은 자유에 대한 환상을 가질 수 있고, 게다가 그는 실제로 독자적인 조정을 한다. 그러나 사회학적 관점에서 가능한 해결책들은 상황에 대한 사회적 통제에 의해 어느 정도 미리 결정된다.

이러한 방법들의 다양성에도 불구하고, 우리는 간접적 영향이 그 영향의 마지막 단계에서 직접적 영향을 통해 작용한다고 우리가 이미 기술했다는 것을 잊어서는 안 된다. 만일 사회의 특정한 분야들이 자유경쟁에 의해 규제된다면, 개인은 그 체제에 대해서는 마음을 쓰지 않지만, 가격과 그 자신의 재화를 경쟁시키는 현실의 경쟁자, 또는 보다 저렴한 재화를 원하고 그러한 재화를 다른 곳에서도 구할 수 있다고 생각하는 고객, 에 대해서도 눈을 떼지 않는다. 개인에 관한 한, 경쟁의 추상적인 권력과 압력은 개인적인 거래를 하는 다른 개인들의 실제적인 행동들로 구체화된다.

276 이러한 사유로 인간행태에 영향을 주는 직접적 및 간접적 방법들 간에는 어떠한 진정한 변별도 없는 것으로 일별하여 생각된다. 이는 양 사례들에서 사회적 질서는 구체적인 개인의 입을 통해 말하고 있고, 양 사례들에서 그 사회적 질서가 문제가 되는 개인인 것처럼 여겨져도, 영향의 최종적인 근원이었기 때문이다. 하지만 우리가 문제를 보다 신중하게 조사할 때도, 우리는, 그의 아들을 벌주고 있는 아버지가, 경쟁의 과정이 불러일으킨 것으로부터 상이한 반응을 유발한다고 인식한다. 만일 아버지가 무언가 의견을 건넨다면, 그는 그 의견의 창안자이고, 우리는 사회가 그를 통해 말하고 있다고 아주 일반적인 의미로만 언급할 수 있고; 한편, 만일 내가 경쟁의 법칙에 따른다면, 그러한 의견은 나의 행태를 제약했던 특정한 사회적 상호작용패턴을 지칭할 수도 있다. 이 변별은 계획가에게 절대적으로 중요한데, 이는 만일 그가 입장을 바꾸기를 원한다면, 첫 번째 사례에서 그는 아버지에게 호소하고 두 번째 사례에서 그는 경쟁의 과정을 변경하려고하기 때문이다. 우리는 이 판별에 대해 나중에 더 언급해야 한다.

사회가 더 직접적 영향에 더 의존 하는가 또는 간접적 영향에 의존하는가 여부는 다수의 요인들에 좌우되지만, 특히 그 사회의 규모·범위·조직·소통·사회적 이동성에 의존한다. 예를 들면, 중세사회는 그 사회의 광대성에도 불구하고, 사회적 규제는 이웃과 같은 친절함과 개인적 관계에 바탕을 둔 농업사회였기 때문에, 직접적인 개인적 영향과 의존에 바탕을 둔 그 사회패턴을 존속시켰다. 중세사회는 절대주의국가와 민주적 관료제에 국한된 추상적인 관료주의의 개념을 절대 다루지 않는다. 사회가 성장하자, 중세사회는 누구나 성실성의 속박에 얽

매이게 하는 그 자신의 대군주(大君主)를 보유한 계층적 시안에 아직도 집착했다. 직접적 통제에 대한 강조는 중세사회를 복잡한 피라미드 구조로 가정하도록 강요했을 수도 있다. 사회적 관심사들에 대한 체계적인 일반화와 일반원리의 적용은 봉건시대의 중세적 정신과는 서로 맞지 않았다. 그 정신은 개인적 또는 계급적 특권이라는 의미에서 생각했다. 정의를 행하는 것은 모든 사람이 법 앞에서 평등한 권리들과 일치하는 것을 의미하지는 않았지만, 모든 사람은 그 자신의 권리, 즉, 그의 토지가 그에게 부여한 권리를 보증하는 것을 의미한다. 자유(liberty)는 없고 자유들(liberties)만 있었다. 일반화와 포용의 방법은, 시민권에 대한 아이디어를 통해 모든 인간은 적어도 정치적 영역에서 277
동등해졌을 때만, 효력을 갖게 되었다. 이것이 성취되었을 때까지 법이나 정치조직을 추상적으로 사유하는 것은 불가능했다.

따라서 널리 보급된 사고패턴은 논리적 일반화보다는 상징과 유추라는 의미에서 스스로 표현된다. 권위의 상징적인 표상은 아직도 개인적 접촉이 널리 보급된 세상에 속하고, 최고의 추상화정도는 일반적 개념에 의해서가 아니라 상징들의 수단에 의해서만 도달할 수 있다. 이 상징들에 유입되는 성본능에너지들은, 아직도 개인적인 대군주(大君主)에 충실한 것과 동일한 특질이다. 그들 자신을 위하거나 또는 국가를 위해 체계적인 법적 규제들에 복종하는 것처럼 갑작스런 추상화는 없다.

개인적 영향의 패턴들은, 쿨리(Cooley)가 제1차 집단[14] 이라고 불렀던, 사회의 지방적 단위들, 가정, 근린들, 그리고 마을공동체와 같은,

14) 쿨리(Cooley, C.), 『사회적 조직』(*Social Organization*, N. Y., 1924년), 보다 거대한 마음에 대한 연구; 팍(Park, R.)과 버제스(Burgess, E.), 『사회학의 과학 입문』(*Introduction to the Science of Sociology*, 2nd editon, Chicago, 1924), 제5장, II, C., 제1차 및 제2차 접촉.

그러한 사회적 단위들에서 발달한다. 이러한 개인적 영향은 현대사회, 가정, 보육원·학교·유치원, 근린관계들과 여가시간 중에 존재한다. 그 영향이 대중사회에서는 소멸되지 않지만 특정한 삶의 영역에 국한되는 경향이 있다. 그 영향의 진정한 작용은 소규모의 새로운 집단들이 발흥하는 때인 교우관계, 우애단체, 정치적 분회, 그리고 파벌 가운데서 가장 잘 고찰할 수 있다. 그것은 주로 새로운 관습을 고안하는 이러한 소규모이며 적극적인 단체들 때문이고, 그래서 첫 번째 패턴들은 시행착오의 과정을 통해 만들어진다. 이 집단들의 관습·감정·호감·특이성은, 개별지도자들과 저명한 구성원들의 개인적 독특성에 의해, 보다 크고 보다 항구적인 공동체들에서 훨씬 많이 결정될 것이다. 이 변동이 심한 집단들이 보다 안정적이고 제도화되면 될수록, 더 빠르게 이 개인적 독특성들은 폐기되거나 비인격적인 전통으로 자동적으로 변환될 것이다.

자각에 대한 어떠한 수단과 어떠한 수준에 의해 개인적인 영향감각이 효과적인가하는 문제에 대한 상세한 연구는, 심리학에 관한 완전한 논문을 요구할 것이다. 따라서 우리는 단지 직접적 영향의 특정한 중요측면들만을 지적할 것이다. 무엇보다 먼저 훈련에 의해 조건 지워지
278 고 사회구성원들 가운데 특정한 순응-합리적 및 감정적 판단과는 대체로 독립적인 순응-을 보장하는, 전체적인 습관의 장치가 있다.

어떤 사람은 보통 두 종류의 습관들을 판별하는데, 그것들은 소여의 사회 전체에 걸쳐 동일한 습관들과 특정한 제도들과 공조적인 시안들에 따르는 습관들이다. 예를 들면, 어떤 사람이 먹기·일하기·잠자기에 약속된 시간들과 관련하여 습관을 습득한 때에, 그는 일반적인 사회활동들 속에서 한몫 끼는 것을 학습하지만; 만일 그가 특정한 직업습관이나 특정한 사회계급의 매너들을 습득한다면, 이것은 특정한 제도들을 위한 준비로서만 사료될 수 있다.

교육의 주요한 목적은 보통 기본적인 사회적 순응성을 달성하는 것이고; 교육은 직접적인 전통에 의해 사회가 항상 과거에서 탐구하고 있는 행태패턴들을 전파하는 것이다. 원시부족들 간의 낚시탐험과 같은 어떤 집단적 활동을 수행하는 관습적 방법들, 그리고 협력을 촉진하고 이기적 동인들을 억제하는 기법들은 이 범주로 구분된다. 우승을 승인하는 기술처럼 하찮은 일에서조차, 어떠한 사소한 술책이 개인적 교류에서 허용가능한가, 무엇을 말하지 않고 내버려두는 것이 최선이고, 그리고 무엇을 어떤 희생을 치르더라도 억눌러야 하는가를 인식하는 직관력은 사적인 보기로 의사소통된다. 따라서 평범한 상황에 대한 숙련된 처리에서부터 집단조직의 전통적인 일상적 과정에 이르기까지, 모든 것이 동일한 법률의 주제이다. 그러나 공공연한 행태뿐만 아니라 감정적 및 의지적인 반응들도 같은 방법으로 전파된다.

어떻게 자기통제에 관한 영국식 형태가 후세에 전해지고, 어떻게 감정적 리듬이 독일인들, 프랑스인, 그리고 미국인들이 서로 다른가에 대해 누가 말할 수 있는가? 정상적인 자기표현의 방법들은 다른 사회적 습관들과 똑 같이 개인적 접촉에 의해 개방적으로 전파된다. 이것은, 지적수준에 관해서도 똑같이 사실이고, 쓰기와 말하기 양쪽의 유형에도 적용한다. 우리는, 통제에 따른 책임에 시달리지 않고서, 거의 기계적으로 양도되는 사고의 수준이 존재한다는 것을 입증하기위해, 사유의 관습이라는 용어를 사용하는 것이 정당화된다. 우리는 행하는 것처럼 사유하는데, 이는 사실들에 대한 오랜 고려가 여러 가지 결론으로 우리를 인도했기 때문이 아니라, 우리의 소신은 유년시절에 우리에게 직접적으로 주입되었기 때문이다.

그러나 비록 우리가 어느 날 우리의 모든 편견을 재고하고, 우리의 모든 지론을 독자적인 힘으로 안출하기로 결정했다고 하더라도, 우리 279
는, 이러한 직접적인 전달방법들의 강도 때문에 무의식적인 금지를 특정한 지점에서만 자각하게 만들 수 있고, 우리가 더 이상 나아가는 것을 방지할 수 있다는 것을 발견해야한다. 정신에서 억제된 분야들은, 많은 영역에 존재하고, 그 중에서 성적 영역이 유일하게 잘 알려져 있다. 공산주의자가 그의 의지에 반하여 무산계급의 선택된 숙명과 관련된 교조에 대해 비판적 분석을 그의 의지에 반하여 그 자신에게 심하게 강요할 수 있는 것처럼, 애국자는 자기집단에 대한 집단적 자기도취를 거부하는 것이 억제된다. 두 사람 모두 그들 삶의 중요한 국면들에서 특정한 사고의 습관들을 수용했을 뿐만 아니라 *접촉해서는 안 되는 것(noli me tangere)*처럼 반응하는 특정한 규제된 자각의 분야들도 확립했다.

그러나 정신의 경로에서 이 조건반사 된 반작용들인, 이 관례(慣例)들은 종종 변화에 노출된다. 우리가 획득한 감정들의 일부에는, 호의적인 여건 아래서 우리의 전체적인 습관들의 체계를 경련시킬 수도 있는, 숨겨진 정신적 폭발물들이 있다. 소규모의 숨겨진 원한들, 억압된 갈망들이 재활성화 될 수도 있다. 이러한 의미에서 모든 대화, 모든 교육방법은 그러한 정신적 모반들을 격려하거나 낙담시킨다. 낙담의 사례에서, 공포와 불안에 관한 은익요인들은 그의 제한된 행동영역의 경계를 초월하기 위해 노력하는 개인에게 주입시키고 억제한다. 따라서 재고(再考)는 절대 단순한 지적인 행동은 아니다. 그 재고는, 이전의 정신적 습관들에 걸린 마법을 깨뜨리는 용기에 선행되어야하기 때문에, 그것은 감정적이고 의지적이다.

세상에 대한 특정한 개념을 확립하고, 따라서 순응을 확립하는 많은 방법들 중의 하나는, 상황에 대한 정의(定義)라고 부른다. 상황에 대한 특정한 해석들, 특정한 수용된 평가들, 그리고 널리 보급된 특정한 이념들은 당연시된다. 우리는 가정·보육원·학교에서 그 방법들을 채택하고, 그 방법들과 동거하고, 그 방법들과 우리의 직접적인 경험 간의 긴장이 너무 거대해질 때만, 우리는 점진적으로 그 방법들을 수정한다. 우리는 보통 혼자 힘으로 이것을 하려는 어떠한 시도도 하지 않지만, 유사한 지위에서 자신의 현재위치를 깨닫는 그러한 사람들과 협력하고, 확립된 정의에 집단적으로 반항한다. 처음에는 사람들이 단지 불평하는 경향이 있으며 일반적으로 불만을 품게 되고, 나중에는 그들의 사소한 비방들 280
중에서 상황에 대한 새로운 가치와 새로운 정의가 발생한다.

우리의 가장 작은 매너리즘들(mannerisms) 뿐만 아니라 우리 개성의 통합된 패턴도 역시 우리의 직접적인 환경 그리고 발휘된 직접적인 영향에 의해 형성될 수도 있다. 이상적인 인간들·영웅·신사·정직한 중개인은 소여의 사회구조에서 이러한 방법으로 유명해졌다.

만일 어떤 사람이 어떻게 이 생소한 기준들이 알려지고, 어떻게 바람직한 행태가 만들어지는가를 묻는다면, 폭력에서부터[15] 자발적 행동에 이르는, 완전한 방법들의 척도가 주어질 수 있다. 척도의 한쪽 단면에서는 고통과 공포를 야기하는 모든 수단들을 가진 폭력적인 강요가 있다. 다음 단계에서 우리는 비폭력적 강요, 사랑의 중단, 태업[16], 냉대하기, 그리고 무관심을 발견한다. 우리는 이윤과 진보의 욕망을 촉진하여 즉흥적 행동을 일으키는 만족감들도 역시 독자적으로 검토해야한다. 칭찬, 아첨, 그리고 설득은 즉흥적인 반응들을 만들기 위해 사용될 수 있고, 그 행동은 그 반응들이 실체적인 재산보다는 그것들의 결과들이 더 확실한가의 여부에 대한 사회적 맥락과 확립된 풍습에 의존한다. 보상에 바탕을 둔 기법을 채택하는 장점은 그 기법이 자유선택의 환상을 만들어 준다는 것이다. 여기서 나는, 사회가 보상의 희망을 만들 뿐만 아니라, 사회와 동행하려는 욕망들을 조장해야한다는

15) 케이스(Case, C.), 『비폭력적 방법의 일부 사회학적 측면들』(*Some Sociological Aspects of Non-Violent Coercion*, N. Y., 1923); 도한 본서의 참고문헌 III, 2a와 c 참조

16) 룸리(Lumley, F.), 『사회적 통제의 수단들』(*Means of Social Control*, N. Y., 1925).

사실을 강조해야한다. 만일 사회가 어떤 사람도 노력할 각오가 되어있지 않은 새로운 만족감들만 제공한다면, 그 사회는 어떠한 반응도 얻지 못한다. 만일 사회가 도덕적 견지에서는 달성할 수 없는 기대들을 조장한다면, 사회는 불만을 만들고 최종적으로는 반역을 야기할 것이다. 주관적 관점에서 자유선택과 사욕이 없는 동인들은 실재(實在)하지만, 사회학적 관점에서 그 동인들은 주로 사회에 의해 배양된 것이고, 이러한 관점에서 폭력에 의해서 만들어진 반응들과는 전적으로 다르다. 만일 개인이 그 자신의 정신을 연구한다면, 그의 반응들은 즉흥적이지만, 사회가 제공하는 목표를 위한 투쟁과 관련된 그의 지식도 없이, 사회는, 예전에 그랬던 것처럼, 그를 제약해왔다는 사실을 변경하지 않는다고 사유하는 것은 이치에 맞다. 확실히, 개인이 해야 하기
281 때문에 무엇인가를 하는가 여부, 또는 사회가 개인이 기예를 탐내거나 그의 영예가 걸려있다고 느끼는 그러한 기예와 더불어 그 사회의 감정적 가치를 조정했는가 여부는, 사용된 사회조직의 형태에 따라 종종 좌우된다. 마크 트웨인(Mark Twain)의 *톰 소여*(*Tom Sawyer*)는 제한된 환경에서 이 점을 아주 잘 예증한다. 톰(Tom)은 정원울타리를 페인트칠하는 벌을 받았고, 그는 다른 소년들이 페인트칠을 하는 특권을 갖게 하는 대신에 여러 종류의 선물들을 바치도록 처리한다. 그래서 우리는 실제로 많은 것이 사회적으로 제공되는 방법에 의존한다는 것을 다시 한 번 깨닫게 된다. 서로 다른 환경에서의 처벌은 보상이 된다.

비록 보상과 처벌 둘 다 사회적인 유인책이고, 우리가 얻으려고 애쓰는 보상들은 사회적으로 결정된다고 하더라도, 그럼에도 불구하고, 주로 명령과 처벌에 바탕을 둔 사회는 보상에 기초한 사회보다 더 폭력적이라는 것은 사실이다. 사람들의 욕망들을 유발하여 그 사람들을 분기시키려는, 이 방법들은 개념에서는 훨씬 더 교묘하고 효과에서는 보다 더 순응적이다. 그 방법들의 효율성은 고립된 사례들의 반응속도

를 주목하는 것만으로는 정확하게 평가할 수는 없다. 우리는 명령을 기다리는 긴장 그리고 처벌의 공포가 개인적인 자발성 및 반응의 일반적 권력 양자 모두를 파괴하고, 그 때문에 이것들은 그 방법들이 필수적인 영역들에서 위축되었다.

사회 스스로 소망들을 주입시키고 가능한 만족감들의 범위를 결정하고, 그것들로부터 발원한, 동적인 긴장은 변화하는 사회질서자체의 욕구들과 완전하게 상호관련 된 것으로 보인다. 그 기대들이 상이한 사회계층에 존재하는 것처럼, 상이한 기대수준들은 여러 집단들이 행동하도록 하고 그 집단들에게 방향을 제시하는 노력의 직접적인 표현이다. 때문에 그 기대들은 사회가 그 구성원들의 정신에 영향을 줄 수 있는 가장 중요한 심리적인 핵심점이다.

계획된 사회는 서로 다른 계급들 가운데서 이 기대수준들에 영향을 주고자 자연적으로 노력할 것이다. 그러한 사회는, 충족 가능한 욕망들에 대한 기대들의 수준을 조절할 수 있기 때문에, 자유사회와 관련된 많은 난점들을 회피한다. 만일 그 사회가 충분한 부(富)를 창출할 수 없다면, 그 사회는 극기의 미덕을 만들거나 경제자체에 만족을 조성할 수 있다. 자유사회에서는, 이와 반대로, 기대의 수준이 보통 통제될 수 없는 외부여건들에 의해 만들어지고, 서로 다른 사회계급들이나
전체로서 사회의 욕구에 따라 조절하는 방법이 전연 없다. 우리의 이 282
론은, 그래서, 욕망들과 기대들의 창조는 물론 보상들의 안출도 사회적 과정의 산물이고, 우리를 일하고 희생하도록 강요하는 동적인 충동들의 기원은 기대와 보상 사이의 긴장에서 탐구되었다는 것이다. 호의적인 사례들 속의 이러한 창조적 긴장은 과거에는 즉흥적으로 만들어졌다. 현대사회에서는, 그렇지만, 급격한 변화와, 그 기대들을 만족시키는 수단들을 동시에 창조하지 않고, 그 기대를 발생시키는 경쟁의 장치 때문에, 일반적인 불만이 자연스럽게 나타날 것이고, 만일 그 불

만을 장래에 회피할 수 있다면 지침과 계획이 필요해 질 것이다. 보상은 특정한 사회적으로 제약된 기대들과 상호관련 된다는, 이 이론은, 물론, 물질적 이익은 결코 최종적인 것이 아니고 사람들은 주로 물질적 만족에 열심이지는 않는다는 것을, 이미 고찰한 그러한 사람들만이 이해할 수 있을 것이다. 나이트(Knight)가 이미 고찰한 것처럼, 음식에 대한 우리의 흥미도 생물학적 수요보다는 주로 사회적 규범의 문제이다[17]. 여기서 우리는 동일한 규칙의 또 다른 사실을 경험한다. 사회는 보상을 기대의 수준과 조화시킬 뿐만 아니라, 민감성의 발단조차도, 우리가 이미 언급해온 것처럼, 서로 다른 사회에서는 서로 다르다. 영국의 가정교육은 비판에 대한 최소한의 차이에서도 민감한 섬세함을 일으키지만, 한편 많은 타국들은 가장 야비한 욕설과 과장이 저지력처럼 필요할 수 있다는 점은 괄목할 만하다. 어린이들과 어른들 모두를 다루는데 있어, 영국의 꾸지람은 무심코 해버린 말로 종종 숨기거나, 행간을 읽는 것처럼 해야 한다. 따라서 영국에서의 개인적 교류는 매
283 너의 가장 작은 변화를 주목하고, 기분 좋은 조소와 놀림이 날카로운 거절인 것처럼 느끼도록 사람을 가르친다. 이것은 보상과 처벌의 기법에서 커다란 절약으로 인도하고, 삼가서 말하는 일반적인 영국의 경향

17) 나이트(Knight)는 이 사실을 매우 분면하게 인식했었다. 그는 경제적 이익들은, 대부분, 최종적이 아니지만, 다른 가치들은 분명하게 물질적인 것들에 소용되고, 그리고 인간의 투쟁은 이 고유한 가치화들 주변에 진정으로 돌고 있다는 것을 올바르게 강조해왔다. 일단 이것이 이해되었다면, 어떠한 조건하에서 이 평가들이 물질적 재화에 애착을 갖게 될 것인가 하는 새로운 문제가 발생한다. 언제, 예를 들면, 음식과 주택이 사회적 위신을 갖게 되었고, 그리고 언제 위신에 대한 욕구가 배지와 직함에 의해 만족될 수 있는가? 나이트(Knight, F.), "국가주의의 경제이론", 그의 저서, 『경쟁의 윤리학』(*Ethnics of Competition*), 31쪽 참조. 위신의 문제에 관해, 니콜슨(Nicholson, H.), 『위신의 의미』(*The Meaning of Prestige*, Cambridge, 1937); 스파이어(Speier, H.), "명성과 사회적 구조", *Social Research*, 제2권(1935년) 참조. 또한 본서의 참고문헌 IV, 4 참조.

은 단지 심리적 만족과 비난에 대한 사회의 교묘한 등급화의 특수한 표현이다. 그러나 아마도 이 유형의 개선된 기법은, 민감성이 초기유년시절에 정신에 각인된 것으로, 어느 정도 정적인 사회에서만 가능하고, 얼마간은 전체적인 사회질서에 적용된다. 여기서 다시 우리는, 어떻게 특정한 사회에 필요불가결한 여러 미묘한 자질들이 개인적 접촉수단을 통해 우리의 직접적인 환경에 주입될 수 있는가에 대한, 하나의 실례를 알고 있다.

만족시키는 것들을 폭력적 강요와 절대적 자발성의 중간에 놓여 있는 것처럼 간주할 수 있도록 취급한 이후에, 우리는, 폭력에 대한 자발적 행위와 순종사이에는 어떠한 종류의 인간영역도 전연 존재하지 않는, 단순한 모방으로 나아가야한다. 많은 사상(事象)들은, 특별한 만족감이나 강요 때문이 아니라, 사람들이 어떤 단순한 해결책들을 발견하고 그 해결책들을 조건반사나 모방으로부터 채택하기 때문에 사회에서 이루어진다. "그것은 항상 이루어졌다"와 "그것은 단순히 이루어지지 않았다"는, 그러한 해결책들이 가능하도록 도움을 주는 슬로건들이다. 사회적 이동성의 결여는, 풍습들에 대한 제고도 없이, 모방에 의해 대부분의 풍습들이 전달될 수 있도록 만든다. 만일 타국들이나 타 사회계층들에서 동일한 사상(事象)들이 다른 방법으로 이루어질 수 있고, 동일한 문제들이 다른 방법들에 의해 해결될 수 있다는 것을 제시하는 다양한 경험이 없다면, 많은 것들이 순전히 일상적인 과정과 타성에 의해 해결될 수 있다. 그래서 경제적 영역에서도 역시, 만일 그 조건들과 비교할 다른 가능성들이 없다면, 인간은 현재의 조건들에 만족할 것이다. 따라서 지드(Gide)는 그의 저서 『소련으로부터의 귀환』에서, 러시아에서는 모조품들도 군말 없이 수용되고 있다고 정확하게 언급한다. 나의 이웃이 나보다 더 부유하지 않는 한 나는 안심이라고, 그는 덧붙인다. 바람직한 행태를 전통이나 모방에 방치하는 대신에 강요나

보상의 체계를 수용할 필요성은 명확한 사회적 여건들에 의해 좌우되
는 것으로 여겨진다. 보상과 처벌은 단지 전통이 과업을 감당하지 못
할 때만 필요하다. 상세한 관찰과 실험은 이러한 관점에서 필요하지
만; 어떤 경우든 명확한 행태유형을 발생시키려고 사용되는 다양한 방
284 법들은 그 방법들이 발견된 국가들과는 관계없이 추상적으로 해석될
수 없다는 점은 점점 더 분명해지고 있다. 동적 사회는, 많은 습관화된
전통의 패턴들을 해체하고 대체하기 위하여, 새로운 유인책들과 자격
들을 도입하려고 지속적으로 강요되고 있는 것처럼 보인다. 그러나 새
로운 이익을 위한 이 영구적 탐색은 삶을 훨씬 더 어렵게 만드는데,
이는 새로운 쾌감에만 반응하는 사람들은 일상적인 것에 의해 지배되
는 그러한 사람들 보다 통제하는데 무한히 더 어렵기 때문이다.

그러나 동적인 사회는 그 사회의 구성원들이 단지 보상을 위해 일하도록 장려하지 않아야하고, 그 사회는, 특히 지배엘리트에게서, 신선한 창의성과 즉흥성도 또한 발전시켜야한다. 여기서 우리는 직접적으로 인간행태에 영향을 주기 위한 기법들의 척도에서 다음 위치에 도달한다. 사회학적 관점에서, 사회가 사람들이 그들의 창의성을 사용하고 경험을 즐기도록 설득하기 위해, 유인책을 제공할 수 있다는 것은 괄목할만하다. 우리 모두는, 조용하게 사는 것을 선호하고, 어떠한 모험정신도 없으며 책임을 좋아하지 않는 인간유형이 있고; 이와 반대로 그의 창조성을 발휘할 여지를 제공하는 직업에만 행복해하는 인간유형이 있다는 것을, 알고 있다. 그러나 이러한 유형의 차이들은, 생리학과 유전에만 원인이 있는 것이 아니라, 대부분은 초기의 조건 붙이기에 근원하고 있다. 즉각적인 영향의 구조 내에서 교육에 의해 창의성을 촉진하거나 단념시키는 방법들에 관한 전체적인 시리즈가 있고; 서로 다른 사회들이 불안과 안전의 감정들을 취급하는 방법은 그 사회들의 교육전략에 대한 유의의한 배경을 형성한다. 만일 사회가 주로

강요와 군사적 명령에 의해 지배되는 것을 계획한다면, 불안에 관한 일반적 감정은 고양되고 위협은 그 사회의 주요한 기법들의 하나가 된다. 전통적인 종교들은 이 공포장사하기를 상당히 사용했고 죄책감을 만드는데 최선을 다한다는 것을 부인할 수 없다. 다른 한편으로, 만일 사회가 영웅들과 개척자들을 필요하다면, 그 사회의 시민들은, 죽음은 물론 예측하지 않은 일이 그 시민들에게 어떠한 공포도 견지하지 않도록 교육받는 것을 이해할 것이다. 회교가르침의 주요한 특징 중 하나는 죽음에는 공포가 없다는 것이다.

그러나 우리는 한 걸음 더 나아갈 수 있다. 완전한 수동성에서 진취성에 이르는 척도의 한쪽 끝에서 창조적 상상력을 위한 훈련-창의성에 대한 욕구를 촉진할 뿐만 아니라 상상을 빠르게 하거나 적어도 필요한 마음의 구조를 발흥하도록 하는 것-의 가능성이 있다. 여기서 285
우리는 무엇이 창조적 기능인가를 인식해야한다. 다른 자질들 가운데서, 그 기능은 확실히 흥미롭고 예상되지 않은 심리학적 결사들을 위한 선물을 의미하지만, 이 선물은 사회에서 금기시되거나 또는 환영받았다. 만일 사회가 인습에 얽매이지 않은 연상에 가치를 부여한다면, 그 사회는 그 연상에 대해 심미적, 도덕적, 또는 과학적 포상금을 설정할 것이다. 일부 원시인들은 그들의 어린아이들에게 몇 개의 단조로운 게임을 하는 것만을 촉진하고 나머지는 상상력을 배양하는 게임들을 촉진한다는 것을 우리는 알고 있다[18].

개인적 접촉에 의해 인간행태에 영향을 주는 응용기법들은, 만일 그 기법들이 그들의 맥락과는 별도로 연구된다면, 충분히 이해될 수 없다는 것은 이 예증들로부터 다시 한 번 분명해진다. 영향을 주는 사람과

18) 미드(Mead, M.), 『뉴기니에서의 성장: 원시적 교육의 비교연구』(*Growing Up in New Guinea: A Comparative Study of Primitive Education*, London, 1931), 6쪽, 93쪽 이하 참조.

영향을 받는 사람 모두의 행태를 이해하기 위해서는, 아버지와 어린이, 선생과 학생, 배우와 관객 간의 관계를 고려하는 것만으로도 종종 충분하다. 그러나 일반적으로 조건 지우기와 설득의 과정은, 만일 우리가 보다 폭넓게 사회적 형상들을 일별한다면, 충분히 이해될 수 있다. 이 변화하는 행태의 최종적인 근원은, 그러한 사례들에서, 개인적 관계 밖의 초점과 관련된 사회적 통제이다. 이 통제의 유형은, 영향을 실제로 행사하는 사람에서가 아니라, 보다 폭 넓은 사회적 맥락의 최종적인 피난처에서 근원하고, 그래서 멀리 떨어져서 행동하고 있다. 이러한 사유로, 우리는 인간행태에 영향을 미치는 간접적 방법들을 언급해야한다.

2. *인간행태에 영향을 주는 간접적 방법들*

우리는 이 간접적인 영향을 5개의 절에서 다룰 것이다.

(a) 조직되지 않은 대중들에 영향력 있는 행태

(b) 구체적 집단들에 영향력 있는 행태

　(α) 전통적인 제도들, 관습들 등에 의한 공동체들

　(β) 합리화된 행태에 의한 조직된 제도들

(c) 필드-구조들에 의한 영향력 있는 행태

(d) 가변적인 상황에 의한 영향력 있는 행태

(e) 사회적 장치들에 의한 영향력 있는 행태

286 마지막 절은, 인간행태에 영향을 주는 간접적 방법들에 관한 한, 그 행태는 개인적 반응들을 최종적으로 조건 붙이는 사회적 행동들의 객관적 맥락이고, 가정교사·아버지·남편·아내·근린에 대한 것처럼, 즉각적으로 인식 가능한 영향은 아니라는 이론에 바탕을 두었다. 많은 사

례들에서 직접적 및 간접적 영향들은 손을 맞잡고 작동하지만, 그 영향들 간에는 종종 갈등이 발생한다. 젊은이의 경쟁적 경향들은, 예를 들면, 그 경향들을 항상 자극하는 형제 또는 좋은 모범을 설정하는 가족과 동거하면서, 개인적 접촉에서 발생될 수 있다. 그러나 만일 그 젊은이가 소매상인이 된다면, 이 경향들은 시장터의 외적인 사회적 패턴에 의해 안정화되고, 약간의 개조 후에 그 경향들은 사회의 외적맥락에서 자신들의 지위를 차지한다. 재건은 심리학적 충동들-질투, 자기주장, 탁월하려는 욕구-을 조화시키는 것이고, 그 충동들이 사회에 가치 있는 객관적 목표를 위해 사용될 수 있도록 그 충동들을 새로운 방향으로 돌려보내는 것이다. 대항에서 이 충동들은 순전히 그의 동료들을 제압하기 위한 주관적 목적에 기여하는데 반하여, 경쟁에서는 그 충동들은 객관적 성취로 인도된다.

그러나 일단 이 재건이 성취된다면, 개인은 그의 직접적인 환경이라는 의미에서는 더 이상 설명될 수 없지만, 단지 경쟁적 장치가 이행되도록 설계된 객관적인 사회적 과업이라는 의미에서는 설명될 수 있다. 이 시간부터 그의 반응들은 그 자신의 품성보다는 장터의 사회적 배경에 의해 결정된다. 그의 경쟁적 태도는 자동적이 되고, 그 태도가 몰두했던 변동하는 사적 동인들에서 출현하는 경향이 있다. 그 경쟁적 태도는 그의 생활 중에서 기업적 측면에 병합된다. 그때 이래로, 소년의 행동은 그의 주관적 무의식 또는 그의 직접적인 환경에 대한 수요 및 촉진보다도, 그의 경쟁적 환경에 비추어서 해석되어야한다. 이 환경은 완전히 소멸하는 것은 아니지만, 그의 삶은 여러 상이한 국면들을 가지게 되고, 그 삶의 직업적 측면은 상대적으로 독립적이 되기 쉽다. 예증에 주의를 돌리면, 아마도 본질은 다르지만 동일한 원리를 전달한다. 즉, 합창단 소년은, 원래 의미가 없지만, 만일 어떤 사람이 합창단 전체가 함께 노래 부르는 것을 듣는다면 이해될 수 있는, 한 부분을

노래한다. 노등분화의 맥락에서 발달하는 대부분의 인간행동들은 그
287 러한 특질을 가지고 있다. 그 행동들의 의미는, 만일 어떤 사람이 개인적인 동인의 주관적 측면에 관심을 집중한다면 명료하지 않지만, 그 행동들을 집단적 목적을 가진 객체적 맥락에서 이해할 수 있을 경우에만 명료해진다. 예증으로서, 물물교환의 객관적 의미는 어떻게 그것이 전체적인 노동의 분화를 본의 아니게 규제하는가를 고찰하는 사람에게만 명백하다. 주관적으로, 모든 사람은 단지 그 자신의 이익을 위해서 일하고 있다. 이윤에 대한 주관적 욕구는 물물교환과 경쟁의 전체적 구조에서 발생하지만, 전체과정의 의미를 원래 포함하지 않는다. 사회의 관점에서, 물물교환과 경쟁은 객관적인 통제로서 작동하고, 사람들을 그들이 적합하다고 생각되는 대로 행동할 것을 항상 강요하는 장치들이다.

얼마나 많은 이 사회적 고안품들이 거기에 존재하는가?

아주 많은 사회적 통제들이 있지만, 우리는 그것들을 상술하지 않고, 오직 그것들이 분류될 수 있는 근본적인 원리를 안출하고자한다. 가시적 통제로서 행동하는 가장 단순하고 가장 용이하게 인지할 수 있는 사회적 단위들은 집단(集團)들이다. 이 집단들은 매우 수가 많고 상술할 필요가 없는데, 이는 그 집단들이 우리가 일상생활에서 마주치는 형태로 잘 알려졌기 때문이다. 그 집단들은, 가정에서 국가, 클럽에서 주식회사에 이르는, 모든 구체적 집단을 포함한다. 그 집단들은 목적과 기능에 따라 변하는 자체의 통제수단을 가지고 있다. 이와 같이 잘 정의된 집단은 별문제로 하고, 한편으로는 통합되지 않고 조직되지 않은 특별한 심리적 규칙들에 의해 지배되는, 일시적인 대중들과 군중들이 있다. 다른 한편으로 구체적 집단들과 군중들의 윤곽을 초월한 활동의 형태로서, 기능적 단위들이 있다. 그것들의 맥락에서 우리는 상황들, 필드구조들, 그리고 사회적 장치들을 아주 상세하게 논의해야한

다. 계획된 사회의 관점에서 이 통제수단들은, 아주 자주 기술된 구체적인 사회집단들보다도, 점차 훨씬 더 중요해지고 있다. 사회가 빠르게 성장하여 그 통제수단들이 기능할 수 없게 되자말자, 그 수단들은 정치적이 되는 것을 멈추었다. 그것은 사회가 사회적 영향에 관한 가장 관련성이 많은 초점들로 그 통제수단들을 더 이상 사용하지 않음을 의미한다. 부족(部族)이 한때 가정을 정치적 기관처럼 여겨서 훼손하고 국가가 번갈아 부족을 훼손한 것과 똑 같이, 구체적 집단들은 기능적 사회단위들로 대체되는 경향이 있고, 더 추상적인 사회적 형태들이 288
진정한 통재기관들이 되고 있다. 우리는 통제의 보기들로서 이 기능적 단위들에 특별한 관심을 기울여야하는데, 이는 일부는 그 단위들이 이전에는 이러한 시각들에서 적절하게 탐구되지 않았기 때문이고, 일부는 대중사회가 그 단위들을 통해 스스로 재조직하려는 증가되는 경향을 제시할 것으로 여겨지기 때문이다. 그러나 우리는, 아직껏 구체적 집단에 통합되지 않은 일시적인 대중과 군중과 같은, 그러한 사회적 집합제의 형태들과 함께 시작해야한다.

(a) *조직되지 않은 대중들에 영향력 있는 행태*

인간행태에 대한 사회적 조건 붙이기의 관점에서, 군중이나 대중은 극단적인 사례이다. 정상적인 사회에서 군중이나 대중은 집단통합의 두 가지 형태 사이에서 과도기적인 단계를 표상한다. 보다 오래된 집단의 유형들이 파괴되는, 혁명의 시기에 개인은 자신의 행태가 집단의 내부조직 때문이 아니라 대중속의 인간들에 의해 규정된다는 것을 종종 발견한다. 군중은 아직은 어떠한 사회적 목적이나 기능을 가지고 있지 않고, 그래서 개인의 품행은 군중 속에서 그의 기능에 의해 결정되거나 또는 그 군중의 구성원들의 상호통제에 의해서 규제될 수 없는데, 이는 이 구성원들은 아직껏 개인적인 관계들을 맺지 않았기 때문이다. 개인에 대한 군중의 영향은 순전히 전염성이고; 그 영향은 개인의 충동들을 기능적 과업들에 복속시키지 않는다. 이 군중행태의 특별 유형은 통제되지 않은 것으로 올바르게 기술되었다. 우리가 군중 속에서처럼 행동하는 이유는, 우리의 가정·근린들·업무와 연관된 금지를 잊어버리기 때문이고; 대중 속의 익명성에서, 진지한 시민들은 돌을 던지고, 겁먹은 고용자들은 경찰에 발포한다.

대중의 행태에 대한 잘못된 기술의 대부분은, 사회학적으로 훈련되지 않은 시각에서는, 모든 대중들이 똑같다는 사실 때문이다. 우리는, 단지 조직되지 않은 대중만이 군중행태에 관한 약간의 증거를 제공하고, 사회적으로 조직된 활동의 모든 특이한 형태는 인간품행에 그 활동자체의 특별한 효과를 가지고 있다는 것을, 본서의 이전 편(編)들에서 고찰했다. 그것은, 다양한 방법으로 개인에게 반응하는, 관련된-또는 적어도 주요한 것은 아닌-사람들의 수뿐만 아니라, 그 사람들의 행동들을 인도하는 목적과 그 목적과 함께하는 내부조직이다. 여기서 집단의 극단적인 사례로서 군중을 언급하기에 충분하다. 그 군중은 그들의 행동이 아직 조직되지 않았고 어떠한 특수한 기능도 취득하지 않는 사람들의 무리이다.

289 나는 대중행태의 중요성을 여기서 더 이상 상세하기 분석하지 않을 것인데, 이는 그것을 **제3편**에서 보다 신중하게 기술했기 때문이다. 일시적인 사회적 실체로서 군중의 기능은 그 행태들의 상이한 패턴을 결합하기 위해 오래된 행태의 형태들을 와해시킨다는 점을 암시한 것은 연구하지도 않을 것이다. 우리는 이제 군중에 반대되는 집단에 의해 행사되는 사회적 통제에 관심을 돌리고자한다.

(b) *구체적 집단들에 영향력 있는 행태*

구체적 집단들에 관해서 말하자면, 우리는 그 집단들의 윤곽이 공간과 시간에서 명확하게 정의된 그러한 사회적 단위들을 의미한다. 그 집단들의 존재에 관해서는 보통 의문의 여지가 없는데; 그들의 명칭들, 기능들, 그리고 구성원들은 알려졌다. 가정·씨족·클럽은, 새로운 아이디어나 유행에 대한 심취에만 관심을 가지고 결집하는 문학, 종교, 또는 예술에서 무선프로그램에 귀 기울이거나 사회적 운동의 일부를 형성하는 모호하고 무한한 공중과 비교하면, 아주 구체적이다. 상황들, 필드구조들, 그리고 기구들처럼, 이 변동하는 공중(公衆)들은 사회적 단위들을 형성하지만, 그 공중들은 사회에서 어떠한 고정된 위치에 할당되거나 어떠한 명확한 형태를 갖기에는 아직도 너무 형태가 없고 불분명하다.

구체적 집단들은 보통 두 개의 부류들로 구분되는데, 그 들은 공동체들과 결사체들이다[19]. 첫 번째 부류는 가정·부족·마을 공동체를 포함하고, 많은 점에서 살아있는 유기체와 유사하다. 이 집단들은 절대 계획되지 않았고, 구성원들의 삶과 관련된 모든 측면을 포용한다. 회원자격은 출생의 문제이고, 신중한 선발의 문제는 아니다.

다른 한편으로 관료제나 주식회사와 같은 결사체들은 약간 명확하고 실현될 것 같은 합리적 목표에 의해 의식적으로 조직된다. 그 결사체들은 그들 구성원들 삶의 모든 측면을 포용하지 않고, 사람은 마음대로 그 결사체들에 가입하거나 탈퇴할 수 있다.

(a) *전통적인 제도들로 공동체들을 통한 영향력 있는 행태*

공동체는 보통 약간 특별한 통제의 형태에 의해서 지배되고, 관습·습관·풍습과 같은 불문법들에 의해 관리된다. 권리들과 금지들은, 비록

19) 맥이버(MacIver, R.), 『사회: 사회학의 교과서』(*Society: a Tetbook of Sociology*, New York, 1933); 퇴니스(Tönnies, F.), 『공동사회와 이익사회』(*Gemeinschaft und Gesellschaft*, Leipzig, 1877) 참조.

제재력(制裁力)을 구비한 선출된 관료들이 없음에도 불구하고, 상당한
290 압력을 행사한다. 규범은 사람이 상호통제라고 지칭할 수 있는 것에 의해 유지된다. 그 통제는 공동체의 대표자처럼 행동할 것 같은 사람의 상황에 아주 자주 의존하고, 규칙들은 준수되어야 한다고 주장한다. 보기를 들어보자. 젊은 남자가 결혼하고자하고; 그는 노모를 봉양해야 하지만, 부인은 부양할 여유가 없다. 여동생, 숙모, 또는 이웃이 그 문제에 대해 여론에 호소할 것이다. 심리학적인 용어로, 이것은 누구도 초자아(超自我)를 표상할 수 있고 집단의 옹호자가 될 수 있다는 것을 의미한다.

이 집단들의 구성원들 간에는 명성과 관련한 명확한 전통적인 계층이 존재한다는 사실에도 불구하고, 이것은 진실이 아니라고 할 수는 없다. 다른 한편 결사체에는 법령, 규제, 그리고 규정이-집단 밖에 있는 구성원들의 일상생활에는 영향을 주는 어떠한 방법도 없는 규정들 - 지켜지도록 감시하는 행정막료들이 있다. 규정된 행태의 패턴은 공동체의 유형과 관련된 결사체에 따라 크게 변한다.

공동체들과 결사체들은 서로 다른 집단적 행태의 유형들을 만들고, 이 변이는 제도적 및 합리적 반응들 간의 구별과 대략 일치한다.

나는 무의식적인 전통의 산물인 그러한 조정된 활동패턴들을 "제도들" 또는 "제도적"으로서 기술해야 하고, 약간 명확한 목표를 의식적으로 지향하고, 그 목표에 다소간 엄격하게 순응된 그러한 조정된 사회적 활동들을 "합리적"이라고 기술해야하는 것은 단지 정의를 위한 것이다. 제도들은, 그것들의 기능은 별문제로 하고, 특정한 상징적 및 직관적 가치들을 구체적으로 표현한다. 이 가치들은, 추상적 논구에 의해서는 영향을 받지 않은 채로 있고 무의식에의 직접적인 호소에 의해서만 활동시킬 수 있는, 인간정신의 요소들에 호소한다. 입회식, 결혼식, 죄인판별식, 또는 대관식에서 실행된, 제식과 의식은 이 패턴에

따라야 한다. 그것들은 원래 시행착오의 과정 속에서 발견된 인과적 활동들로부터 발달했고, 관습이 완만하게 변하는 정적사회에서는 습성이 되었다. 제도가 사회적 수요에 대한 단순하고 직접적인 대답은 절대 아니라는 것을 일부 사상가들에 의해 올바르게 가정되었다. 그 제도는 과거에서 유래되고, 그 제도의 역사와 관계지우지 않고는 완전히 이해할 수 없다.

집단적 조정에 관한 이 전통적인 형태에 반하여, 합리화된 집단적 291
행태는, 현재상황의 필요에 의해 배타적으로 판단된, 관련기관의 기능에 필수적인 그러한 것들을 위한 전통적인 상징적 요소들의 폐지로부터 시작한다.

집단적으로 수용한 이 전통적인 제도들은, 숨너(W. G. Sumner)[20]가 그것들을 사회의 습속이라고 부른, 지배적인 관습의 구성요소가 된다. 계획된 사회가 공동체의 삶을 규제하는 관습들을 변화시키는 것을 삼가 해야 하는가 여부는 지난한 질문이다. 관습들을 너무 강력하게 공격하는 것은 현명하지 못한데, 이는 관습들은, 물질적 재화를 사람들로부터 탈취될 때보다도 습관들이 교란될 때에 종종 보다 더 격렬하게 반응하는, 사람들의 그 습관과 감정에 깊이 뿌리내리고 있기 때문이다[21]. 또 다른 사실은, 관습과 종교에서 존속된 것처럼, 전통적인 태도와 제도의 파괴에 대해, 크게 반대한다는 것을 증명한다. 정상적인 조건아래서는 다른 가치들로 하룻밤사이에 대체하는 것은 극히 어

---

20) 숨너(Sumner, W.), 『습속』(*Folkways*, a Study of the Sociological Importance of Usages, Manners, Custms, Mores, and Morals, Boston, 1907) 참조.

21) 이는 우리가 이미 언급했던 것을 쫓아서 우리를 놀라게 할 필요는 없는데, 이는 물질적 재화에 관한 한, 생활의 규범은 주로 전통적인 개념이라고 우리가 고찰했기 때문이다. 일단 가장 기본적인 욕구들이 충족되었다면, 사람들이 그들의 전통적인 관습들에 따라 더 이상 살수 없기 때문에, 물질적 소유의 상실은 단지 예상하지 못한 동요를 만들어낸다.

려운데, 이는 인간품성이 정도를 벗어나지 않도록 하는 것이 그 가치들이기 때문이다. 그 가치들의 파괴는 사회구조와 개인 행태체계에 간극을 만들고, 현대의 대중선전은 파열을 토해낸다.

이와 반대로, 우리는 그 가치들을 파괴하는 사람은 일반적으로 계획가가 아니라는 것을 기억해야 하는데; 산업사회 자체가 삶의 대부분 영역들에서 오래전에 이 관습들의 실체를 실제로 해체했고, 그것이 대중적 방법들로 새로운 가치를 주입시키는 선전이 그렇게 용이한 이유이다. 이 살아있는 조직이 요구하는 모든 예방책을 강구한 이후에도, 사람은 아무리 그것이 깊이 스며들어있다고 할지라도, 이 습관체계를 변화시키는 것을 전체적으로 단념시키는 것은 현명하지 않다는 것을 말하지 않을 수 없다. 이는 우리가 종종 사람들과 그들의 풍습들의 변화 없이는 사회질서를 재건할 수 없기 때문이다. 우리는 교육·가정·보육원·구
292 식학교에서 이 전통적인 관례들에는 종종 미신이 가득 채워져 있고 왜곡된 정신을 조성한다는 것을 부인하려고 해서는 안 된다. 만일 우리가 이 사태를 변경하지 않는다면, 조직된 개혁은 희망이 없다.

해결책은, 아마도 개혁이 수행되어야 할 단계들을 더 정확하게 정의하는, 전략의 일종인 발명일 것이다. 무엇보다 먼저 폐지되어야 할 유해요소들과, 아직도 사람들을 단결시키는데 도움을 주면서 사상(事象)들의 노선에 영향을 미치는 힘을 가지고 있는 그러한 요소들은, 서로 구별되어야 한다. 만일 우리가 그 요소들을 근절시킨다면, 우리는 살아있는 형태들을 독재정권과 대중포고령에 의해 주입시킨 고도로 인위적인 가치들로 대체만 하고 있다. 지난 십년의 경험을 본받아서, 오늘날의 지식계급들은 풍습과 전통적인 제도들에 반하여 이성의 이름으로 계몽에 의해 전쟁을 수행한다는 것을 점점 더 분명하게 고찰해야 한다. 그 계몽은 전통적인 방법들이 조잡하다고 입증된 곳으로 진전되어야하고, 만일 문제가 단순하고 모호하지 않다면, 더 합리적인 통제형태에

의해 잘 대체될 수 있다는 것은 적절하다. 이와 반대로, 전통에 대한 이
전쟁은, 새로운 사회적 세력들이 새로운 풍속들에 의해 오래된 것들을
대체하는 위치에 있지 않은 곳에서는, 희망 없는 무력함으로 인도했다.
외견상으로는 행태의 새로운 패턴들은 특히 느린 템포로 만 만들어질
수 있고, 계산된 사고와는 거의 반대되는 진정한 상상력이 요구된다.

민속에서 상징적인 요소들은 자체적인 독특한 매력-정신의 무의식
적인 요인들에 대한 매력-을 가지고 있다. 심리학이 아직껏 적절하게
설명하지 못한 사유 때문에, 현대적인 의식은 새롭고 확실한 상징수단
들에 의해 무의식의 심연을 자극하는데 좀처럼 성공하지 못했다. 이것
이, 왜 가톨릭교회가 통례적으로 이교도의식들을 이어받고, 그 교회의
체제에 그 의식들을 통합하고, 그 의식들에 기껏해야 새로운 해석을
제공하는가에 대한, 논리가 될 수도 있다. 가톨릭교회는 부족시대의
진정한 초기원형들에 반대하는 것은 무력하다고 스스로 여겼다. 이러
한 선견지명이 있는 정책이, 어떻게 원형들, 습관들, 그리고 전통적 제
도들의 보다 오래된 체제를 완전히 파괴하지 않고, 이 영역에서 르네
상스를 일으켰는가를 우리에게 제시했었다. 원초적인 형태의 매력은
보다 이전의 제도들에 새로운 의미를 부여하고 그 제도들을 새로운 삶
의 방법으로 흡수함으로써 종종 보존될 수 있다. 이것은 새로운 단계
에 도달한 이후의 사회에서도 아직 가치를 보유하고 있는 그러한 전통
들에서 특히 사실이다. 이것을 우리의 중심적 문제인 민주적이며 입헌
적이 되어야 할, 계획된 사회를 고안하는 것에 적용한다면, 앵글로-색 293
손 국가들은, 고대보통법에서부터 현대까지 거의 파손되지 않았고, 다
만 권위적 패턴에 의해서 그것들을 대체만 하고, 사회적 관계들의 기
조(基調)를 유지해 온 그들의 전통들을 파괴하려 해서는 안 된다. 그
전통들은, 재건보다는 파괴가 보다 용이하지만, 언젠가 다시 필요해질
전통적인 유산을 형성한다.

(β) 합리화된 행태로 조직체들을 통한 영향력 있는 행태

결사체들은, 우리가 고찰한 것처럼, 확인할 수 있는 윤곽들을 가진 구체적인 집단들이고, 특정한 합리적 목표들을 위해 화해한 구성원들로 이루어진다. 그 결사체들은 행태에 대한 합리적 규제로 인도하는 정신에 의해 훈련되었는데, 이는 필수적 행동이 오로지 그 결사체들의 중심적 목표들에 의해서만 결정되기 때문이다. 극단적인 사례들로서, 이 행태는 완전하게 조직되고, 결사체는 조직으로 발전한다. 따라서 우리가 결사체들에 관하여 말 하는가 또는 조직들에 관하여 말 하는가 여부는 주로 정도의 문제이고; 그것은 적용된 합리화의 양에 의존한다.

만일 어떤 기관이 공식적인 법령들과 규제들에 의해 지배되고 이 규정들이 지켜지는가를 감시하기위해 행정막료를 유지한다면, 그리고 아직도 여러 가지의 결정들을 위한 여지가 남아있다고 한다면, 우리는 합리화된 행태지만 합리적으로 조직된 행태는 없는 것에 대해 언급해야한다. 클럽모임이나 업무회합에서의 과정은 이러한 종류의 행태이다.

그러나 만일 규제가 더욱 진행되고, 이 조정된 행동에 참가한 개인들의 행태가 신중하게 계산되고 완전히 사전에 결정되며 그 행태의 효과성이 다소간 양적 의미로 평가될 수 있다면, 우리는 합리화되고 조직화된 행태에 대해 말해야 할 것이다. 모든 가능성 속에서도, 인구와 기술의 성장, 그리고 조직에 의해 취급되어져야 할 다수의 과업들과 증가하는 활동들에 대한 표준화의 필요성 간에는 높은 상관관계가 있다. 이러한 강하게 상호 관련된 행동체계의 급격한 발달 때문에, 그 활동들은 분리된 범주에서 고려되어야한다. 군대들과 공장들은 보통 이러한
294 조직유형에 의해 지배된다. 그 활동들의 기본적 과정뿐만 아니라 근본적인 목표들 그리고 그 목표들을 달성하기 위해 사용된 수단들도

역시, 미리 숙려되었고 이러한 의미에서 조직된다.

행정은 조직에 대한 현대적 현상의 가장 중요한 예증이고, 우리는 그 현상을 분석하는 데에만 국한해야하는데, 이는 행정이 이 분야와 응용의 분야들에서 새로운 문제의 범위를 명료하게 예시하기 때문이다. 행정은 무작위로 만들어질 수 없고, 그것은 사전에 규정된 목적을 의미한다. 사회적인 관심사에서, 행정은 활동들이 더 이상 정치적이 아닌 곳에서만 설립될 수 있다는 것을 의미한다. 정치적 활동들에 대해서 말하자면, 우리는 보통 궁극적인 의견과 가치를 얻기 위해 싸우는 일종의 집단행동을 의미한다. 행정은, 목표들을 위해 싸우지 않고 결정하지는 않지만, 단지 그 목표들을 성취하기 위한 수단이다.

만일 우리가 행동·과세·교역의 정치를 고려한다면, 우리는 "행동"에 의해 발달의 추세를 결정하는 대항 집단들과 기관들 사이의 투쟁을 의미한다. 정책을 통제하는 그 사람들-내부집단들이나 엘리트-은 조직을 지휘하는 적성을 깨닫게 된다. 만일 목표들과 수단들 모두가 사전에 임시로 결정되었다면, 궁극적인 목표들에 대한 갈등은 자연히 종결되고, 이 목표들을 담보하기위해 채택되어야 하는 수단을 변경할 수 없도록 규제할 수 있다. 행정막료는 결정들을 집행하기위해 설치될 수 있고, 우리는 집단적 행동의 행정적 분야로서 그 결정들에 관한 부서를 요구할 수 있다. 이것은 타 집단들에 대해 그 집단의 대외정책을 결정하는 집단의 상층부에 있는 정치적 부서와는 아주 다른 속성을 가지고 있다. 본질적으로, 모든 소규모집단, 가정, 그리고 정당이, 예측·결정·위험에 대한 숙고가 요구되는 자체의 전술들, 활동들, 그리고 정책들을 보유하고 있기 때문에, 이러한 정치적 측면이 있다.

사회적 기법들이 점점 더 난해해지고 있는 현대사회에서, 한때 갈등을 겪은 소규모단위들이 경제 및 권력의 영역 양쪽에서 보다 큰 집단들로 합병된다. 따라서 그 집단들은, 공동지도자, 공동정책, 그리고 고립지역이 점점 더 광범해지도록 만드는, 비정치적, 행정적 행동영역을 습득한다. 사회적 활동들의 이중적 성격(정치적 및 행정적) 때문에, 우리는 두 종류의 사람들을 훈련시켜야한다. 어떤 사람은 정책을 지휘할 능력을 가져야하고, 보다 광범한 의미에서 정치적인 창의성을 가져야 하며; 다른 사람은 의문의 여지없이 효율성을 가지고 이 정책을 정확하게 수행할 수 있어야한다. 이러한 자질들을 종종 한사람이 겸비했
295 고; 그 자질들은 정부 관료들, 소규모 기업단위들의 관리자들에게서 발견되었지만, 행정의 성장은 그들로부터 그러한 자질들을 분리하는 경향이 있다.

이 보기는, 소여의 사회에서 널리 보급된 사회적 유형들의 창설은 그 유형들이 작용하고 있는 행동과 관련된 집단들과 영역들의 본질에 주로 좌우된다는 것을, 다시 한 번 분명하게 제시하고 있다. 입법적 행동과 집행적 행동 간의 간극이 확대됨에 따라, 정책을 세우고 그것을 수행하는 양면을 다 수행할 수 있었던 보다 오래된 유형의 인간은 점점 더 희소해질 것이고, 그러한 유형의 인간은 창의성을 가진 소수와 집행적 행동만을 할 수 있는 다수를 위해 자리를 양보할 것이다.

조직과 행정[22]은 전형적인 현대적인 사회통제의 형태들이다. 그 조직과 행정은 국가의 핵심적 지위에서 그것들의 운영을 지휘할 수 있도록 주의를 가지고 고구되었다. 전체로서 공중은 현대적인 관료제의 의미에 대해 익숙해야한다는 것은 매우 중요하다. 여기서 역시 새로운 가능성들에 대한 진정한 사회학적 탐구가 건전한 정책의 첫 걸음이다.

(c) *필드구조에 의한 영향력 있는 행태*

구체적 집단들, 공동체들, 또는 결사체들에 집중됨이 없이, 인간행동의 상호의존성에 바탕을 둔 사회적 통제들이 있다. 이것은 우리의

22) 본서의 참고문헌 Ⅲ, 4, a~c 참조.

행동들은, 비록 그 사람들이 구체적 집단의 구성원이 아니더라도, 타인들의 행동에 의해 통제될 수 있음을 의미한다.

이 통제가 작동하는 사회학적 범주를 필드구조라 부를 수 있는데, 그 구조는 구체적인 유기체적 집단과 거대한 조직들 사이의 어딘가에 위치하고 있다[23].

만일 인간의 행태가 그의 지방집단에 의해 조건 지워지고 그는 그 집단의 관습들과 신념들에 동화된다면, 우리는 이 집단의 영향을 즉각적으로 인식한다. 우리는 어떻게 개인과 그의 습관들이, 그의 직접적인 환경에서 쇄도하고 있는 영감들에 상응하는, 제도적 패턴에 의해 296
각인되는가를 알고 있다. 우리는, 무엇이 언제, 제도에 관한 전통적이며 신축적인 인상 대신에, 인간이 기계화된 조직패턴들에 노출되는 일이 발생하는가도 역시 고찰할 수 있다. 환언하면, 우리는, 인간이 한편으로는 지방적인 관습들과 습속들의 쇄도에 의해, 다른 한편으로는 그 사무소를 국가가 소유했든 민간 기업이 소유했던 간에, 행정 사무소에서 그의 활동들에 의해서 어떻게 조건지울 수 있는가를 이해한다. 그러나 분명하게, 아래의 보기에서 보여 주는 것처럼 이 영향들에 상응하지 않은 특정한 인간자질이 있다.

상인 그리고 차후의 무역상이 후기중세의 도시들 내에서 순전히 지역적인 이익들만을 가지고 발달한 때에는, 이 사람들의 사고방식은 지방공동체의 전통적인 사고방식의 일부방법들과는 차이가 있었다는 것

---

23) 르윈(Lewin, K.)은 물리학으로부터 심리학에 필드의 개념을 도입했다. 브라운(J. Brown)은 사회학에서 그것을 최근에 사용해 오고 있지만, 우리의 접근방법은 그의 것과는, 우리가 사회통제들의 체계와 관련 지위 현상들을 논의하는 한에서, 다소 다르다. 단지 이 맥락에서, 그것의 의미가 분명해지고 있다고 나는 생각한다. 르윈(Lewin, K.), "사회심리학에서의 필드이론과 실험: 개념과 방법들", *Amer. Jornn. of Sociol.*, 제 44권(1938년); 브라운(Brown, J.), 『심리학과 사회질서』(*Psychology and the Social Order*, New York, 1936) 참조.

을 인지했다. 시작부터 무역상은 특이한 사회적 유형을 표상했다. 그가 그의 국제적 관계들에 의존할수록, 그는 다른 사람들처럼 그의 공동체시민이 아니었던 것은 더욱 더 분명해진다. 그의 동료시민들 대부분은 공동체의 개인적인 영향들에 의해 각인되지만, 그는 그러한 영향들에 단지 부분적으로만 영향을 받고, 그의 반응들의 보다 큰 부분은 우리가 상업의 세계라 부르는 필드-구조에 반응했다. 이것은 독특한 현상으로, 후기중세에서조차 현세의 상업중심지들을 포용한, 상호의존적 활동들의 독특한 네트워크이다. 시장들에서의 경쟁과 상호의존성도 중요했지만, 그것들은 아직도 고립된 인자들일 뿐이었다. (그 시장들이 기본적으로 단위들인 한에는, 우리는 그것들을 **사회적 장치들**이라는 제목아래 분리해서 취급해야 할 것이다.) 필드구조로서 상업은 이 장치들의 합계보다 더 크다. 새로운 교역, 경제적 거래, 교통, 상업적 여행, 통신, 부기, 그리고 투기는 응집력 있는 활동들의 한 부분을 형성했고, 구체적 집단들의 세계를 분명히 초월한 행태의 새로운 유형들을 형성했다. 공동체의 의미에서나 결사체의 의미에서도, 구체적 집단으로, 우리가 고찰한 것처럼 나타내지 않은 이 세계를 기술하기 위해, 우리는 물리학에서 자기장으로 알려진 개념을 도출해야 한다.

만일 우리가 집단적 제도들이나 조직의 기계적 패턴들에 의해 개인
297 의 행태를 설명할 수는 없지만 단편적인 영향들의 압력에 어느 정도라도 자유롭게 조정할 수만 있다면, 우리는 개인의 품성에 대한 필드구조의 영향에 관해 말해야한다[24]. 필드에 널리 퍼진 압력은 전체로서 소여의 사회를 아주 종종 초월한 개인들의 상호의존적 활동들에 의해

[24] 우리는 전체적인 개성에 영향을 주지 않지만, 필드구조의 영향을 받는 개인들의 특정한 반응군들에 만 영향을 주는 그러한 영향들의 단편에 의해 이해한다. 교과서에서 보여 주게 될, 후자는 원거리초점에서 발사되는 자기광선과 같이 사회를 관통한다.

전달된다.

사회가 동심원들로 팽창하는 대신에, 구체적 집단들의 경계를 횡단하는 새로운 행동영역들을 발달시키는 때에는 언제든지, 우리는 필드구조에 관해 말한다. 새로운 시장들은 해외의 경제적 또는 정치적 정복 후에 획득되어야 하는 곳, 신산업들이 국내에서 새로운 교역을 창시하거나 또는 생소한 일에 착수하기 위해 사람들을 설득하기 위해 선전이 필요한 곳에서는, 구체적 집단들에 의해 채택된 사전에 결정된 패턴들은 실패하기 쉽다. 갈등과 경쟁이 한창 진행 중이고 개인들이 그들 자신의 조정을 해야 할 때는 언제나, 그리고 사상(事象)들의 추세를 예측할 수 없을 때는 언제나, 필드구조의 전자파를 지배하는 법칙들은 확립된 관습이나 합리적 조직보다는 인성에 더 효과적이다.

이 필드구조들의 단편적인 영향들 아래서는, 경제인의 새로운 독특한 특징들이, 그의 유기체적 공동체의 이상들과는 다르게 발달되었다[25].

갈등과 경쟁이 통상적인 조정의 형태들인 영역들에서 사회적 통제가 가능할 것인가 여부의 문제가 발생한다. 여기에서도 규제가 가능한데, 이는 대규모의 갈등과 경쟁은 혼돈으로는 인도하지 않지만 동적균형의 과정 속에서 결합하기 때문이다. 만일 어떤 사람이 사상(事象)들의 즉흥성에 대해 폭력을 행사하지 않고 이 필드들을 간섭하고자 한다면, 특별한 종류의 규제가 필요하다. 필드구조의 본질에 적응된 규제들은 사상(事象)들의 노선에서 특정지점에서만 개입한다. 그 규제들은 관습이나 행정처럼 미리 행동의 노선을 결정하지 않는다.

---

25) 브렌타노(Brentano, W.), 『역사에서의 관리적 인간』(*Der Wirtschaftende Mench in der Geschichte*, Leipzig, 1923); 좀바르트(Sombart, W.), 『부르주아: 현대 경제인의 정신사』(*Der Bourgeois, Zur Geistesgeschichte des mordernen Wirtschaftsmenschen*, München, Leipzig, 1920); 만하임(Mannheim, K.), "경제적인 성공을 위한 노력의 특성과 의미" *Archie für Sozialwissenschaft*, 제63권(1930년) 참조.

298 어떻게 법이 종종 이 형태를 취하는가를 리프만(Lippmann)[26]이 인지한 것은 그의 영예이다. 법적 규제와 행정적 규제 간의 차이는, 행정이 무엇이 이루어져야하고 무엇이 표준패턴을 만드는가를 사전에 규정하는데 반해, 법은 당사자들이 자유롭게 행동하고 언제 재판관이 난국을 해결하도록 요구할 것인가를 결정하는 것이라고, 밝힌 사람도 리프만(Lippmann)이었다. 그러나 리프만(Lippmann)은, 우리가 특정한 행동들을 자신들의 생각대로 행하도록하고, 법적과정 이후에만 그 행동을 제소할 것인가, 또는 아주 초기부터 행정적 통제까지 그 행동들을 포기할 것인가 여부는, 우리에게 달린 것은 아니라는 점을 고찰하는데 실패했는데; 이는 법은, 상대적으로 독립적인 소규모단위들이 사회생활의 새로운 영역을 정복하기위해 경쟁하고 있는 한, 소급규제라는 의미에서만 적용될 수 있기 때문이다. 이 단위들이 크기가 증대되자마자, 소수의 수중에 권력이 집중되어 강화된 경제적 및 사회적 기법들은, 자유로운 필드-구조를, 그 구조의 정점에 하나의 지도자 또는 소규모의 지도자무리들이 있는, 독점적이고 조직화된 구조로 변환한다. 정책은 이제 고정되고, 점점 더 필드에서 오직 행정적 규제들만 유효하다.

따라서 우리는, 서로 싸우는 사회적 원자들이 갈등과 경쟁 같은 사회적 및 자연적 법칙들에 의해 규제되는 한, 필드-구조에 관해서만 논의해야 한다. 그 원자들의 행동들은 그 다음에 즉흥적인 조정에 의해 조화되고, 체제내의 흠결들은 경기순환에서 불경기들과 같은 일련의 파고들에서도 주효하다. 이 세력들의 상호작용은 재산법들 또는 계약법들과 같은 특정한 규정들에 따라서 작용하고 있는 게임을 예방하지는 못하지만, 보통 이 규정들은 체제의 구조만을 정의하고 게임에서 개인적 움직임을 규정하지는 않는다. 권력과 주도권이 소수의 수중에

26) 리프만(Lippmann, W.), 『좋은 사회』(*The Good Society*, London, 1938), 316쪽 이후 참조.

집중되는 한, 우리는 필도-구조보다는 완전히 조직된 영역에 대해 말하는 것을 선호해야한다.

완전한 자유(자유방임)와 전통적 및 합리적 규제 사이의 소박한 대안을 고찰하는 것에만 훈련된, 우리의 정신은 필드-구조를 지배하는 통제들을 거의 인식하지 못했다. 이 통제들은, 사회적 원자들의 즉흥적인 조정과, 중앙당국에 의한 게임의 규칙들에 대한 신중한 적응의 결합이다. 계획된 사회는 경쟁과 즉흥적 조정이 탁월할 수도 있는 그러한 사회의 구조필드들을 통합하는데 성공할 수 있지만, 한편으로 최종적 통제들은 이 필드들내의 전략적 지점들에서 행사될 수 있다. 중앙 299
기관이 사회나 민주적으로 합의된 중앙계획에 유해할 수도 있는 결과들을 예방하기 위해 게임의 규칙들을 수정할 것을 강요했을 때, 그 기관의 영향이 미치게 할 수 있다. 그러한 해결책은, 혼란상태속의 모든 사회활동을 방치하지 않고 행동하는, 개인들의 창조적 충동들을 촉진할 수 있다.

(d) *상황들에 의한 영향력 있는 행태*

사람들의 삶들에 결정적인 영향을 주고, 그들의 행동들에 대한 숨겨진 주요 동기를 형성하는 또 다른 사회적 패턴은 상황(狀況)이다. 상황에 관해서 말하자면, 나는 특정한 사람들 사이의 상호작용과정에서 형성된 독특한 형상이라고 이해한다. 비록 상황에의 참여자들이 마음속에 뚜렷하게 어떠한 공동목표도 반드시 가질 필요는 없더라도, 그들의 행동은 그들의 노력의 본질을 정의하는 약간의 공동논제와 관련되어야한다. "상황의 압력"이라는 말은 상호작용의 과정에서 특이한 형상들이 우리의 행태에 대한 통제처럼 행동할 수 있다는 사실을 암시한다. 우리는 명확한 금기사항들과 명령들을 통해 소여의 방법으로 행동하는 것을 강요할 수 있지만, 후자가 없어도 오직 상황의 압력을 통해서 소여의 방법으로 행동하는 것을 강요할 수 있다. 상황들은, 진공에서 출현하는 것은 아니고, 오히려, 특정한 사회적 세력들에 의해 지배되는 과정 속에서, 사상(事象)들 흐름속의 역류(逆流)들이다. 진취적인 친구들의 집단에서 상호 관련된 행동들 가운데서, 다수의 상황들이 긴장들·경쟁들·관련된 감정적 연계들에서 출현하고, 만일 소수만이 눈에 띄는 것처럼 보인다면, 그것은 이 상황들이 공동의 행동을 지배하는 동적인 추세를 보다 더 조명하기 때문이거나, 또는 그 상황들이 사상(事象)들의 노선을 변경하기 때문이다. 비록 상황들이 독립적은 아니지만, 말하자면, 이 과정의 부산물들이지만, 그 상황들은 자체의 통제력을 가진다. 만일 어떤 사람이 하나의 상황에 관련된다면, 그 사람은 전적으로 자유롭지 않고; 위기에 처한 물질적 및 도덕적 요인들 그리고 관련된 타인들의 의지들, 양자에 의해 표상된 세력들의 결합은 개인에게 제동을 거는 것처럼 행동한다. 내가 이미 지적한대로, 상황들은 그것들을 눈에 띄게 하는 경향들에 따라서 분류될 수 있다.

300 먼저 몹시 생생한 파국적인 상황들이 존재한다. 그 상황들은, 관련된 요인들의 조정이 불가능하기 때문에, 더 이상 계속되기 어려운 관계의 실패를 나타낸다. 따라서 희망 없는 연예사건은 자살로 귀결될 수 있거나, 기업은 파산할 수도 있다. 이 두 상황들 모두 다수의 삶에 영향을 미치고, 물질적 및 도덕적인 많은 상이한 요인들을 이용한다. 그래서 한 파트너가 긴장을 견딜 수 없게 된 후에, 권력의 균형을 바꾸고자하는 반항적인 상황들이 있다. 만일 어린이에게 이제 더 많은 자유가 주어져야한다는 것을 그의 부모가 인식하지 못했기 때문에 그가 청년기에 그의 가정으로부터 도망간다면, 우리는 반항적 상황을 다루고 있는 것이다.

비록 상황들이 세력들의 갈등을 반영하지 않으면 그것들이 대개 눈에 띄게 된다고 하더라도, 조화로운 상황들과 보다 높은 수준에서 새로운 균형의 확립에 의한 재조정을 일으키는 그러한 상황들을 간과해서는 안 된다. 선물의 교환, 또는 공동의 축제들에 의한 행복한 결혼, 또는 긴밀한 우정의 축하는 친족관계에서 달성된 균형을 상징한다. 그러한 사례들에서, 하나의 상황이, 조정을 통해 달성된 행복을 표상하는 것을 강조하기 위해, 많은 상황들 중에서 신중하게 선택된다. 재조정의 상황들은, 아직까지도 적응하지 못한 정신적 및 물질적 요인들 양자모두가 분명하게 가시적이 되고, 사례의 욕구들을 충족시키기 위해 재정리될 수 있는 때 이후에 도달된다. 플란트(Plant)[27]가, 그의 새로운 저서에서, 작용하고 있는 사회적 세력들을 진단하는 최선의 수단으로서, 파국적 상황들-"인과적 붕괴"-을 선택한 것은 올바른 것이다. 이것은, 인위적으로 정적인 조건하의 순전히 기술적인 필드-작업에서부터 집단생활로의 동적인 침투의 첫 번째 발걸음이다. 만일 우리의 보기에서 어린이가 그의 가정으로부터 탈출한 후에 청년이 되어 자신의 지위를 확립하는데 성공했다면, 또는 만일 파산한 무역상이 새로운 재정적 계획에 그의 채권자들이 동의하는데 성공한다면, 재조정의 상황이 발생했다.

상황들은 우리에게 특별한 흥미를 제공하는데, 이는 필드-구조나 장치들(나중에 논의될 것)과 같이, 아직 개인에게 영향을 미치는 그 상황들이 구체적 집단들의 그것들과는 다른 통제들을 표상하기 때문이다.
그 필드구조는 중요했는데, 이는 영향의 자기파들과 그것들이 구체적 301
집단들의 경계들을 넘어서 확장되고, 말하자면, 그 집단들과 독립적이며 핵심적인 통제점이기 때문이다. 집단을 통해 사출하는 이 자기파들은, 개인의 환경에서 작동하는 정상적인 통제들을 회피하는 한편, 그 개인에게 영향을 준다. 또한 상황들은 구체적 집단들의 통제를 피하지

27) 플란트(Plant, J.), 『개성과 문화적 패턴』, (*Personality and the Cultural Pattern*, New York, 1937).

만, 이는 전적으로 서로 다른 이유들 때문이다. 그 상황들은 어느 정도 자율성을 확보하는데, 이는 그것들이 구체적 집단들보다 더 종합적이기 때문이 아니라 정확하게는 가끔 더 근시안적이기 때문이다. 그 상황들의 독특성과 무한한 다양성 덕분에, 그 상황들은 집권된 집단통제의 경계로부터 보다 용이하게 벗어날 수 있다. 그 상황들의 상대적 독립성은 사회적인 원자들의 삶에 침투하는 어려움 때문에 혜택을 받고 있다. 비록 그 상황들의 이동과 변화가 일반적인 세력들에 의해 인도된다고 하더라도, 그 상황들의 예측되지 않은 결합들은, 항상 전적으로 새로운 것을 만드는 창조적 진보로 나아간다. 따라서 진정한 상황들은 표준화된 지침의 형태를 피하는 독립적 통제들을 생성하기 위해 결합한다.

이 새로운 통제들은 구체적 집단들에서 발산하는 그러한 통제들 보다 더 널리 확산되지만, 그 집단들이 그들의 독립에 따른 혜택을 입는 것은 이 확산성 때문이다. 비록 상황들이 자체의 본질 때문에 동학적이며 독특함에도 불구하고, 그것들이 사회화되자말자-말하자면, 사회의 구조에 붙박이 된 것-그것들은 특정한 범위까지 표준화되는 경향이 있다. 따라서 우리는 패턴을 갖춘 상황들이라고 불리는 것과 패턴을 갖추지 않은 상황들이라고 불리는 것들 사이를 구별해야한다.

패턴을 갖추지 않은 상황들은 개척자들이 처녀지를 개척하는 곳에서 가장 잘 연구될 수 있고, 예측되지 않은 상황들은 어떠한 확립된 패턴들도 존재하지 않은 데서 발생한다. 지도자들의 교도아래, 새로운 조정의 형태들이 발견되어야한다. 이것은, 구제도들이 파괴되고 선례가 없는 상황들이 항상 발생하는, 혁명이나 전쟁 후에 보다 소규모로 발생되는 것이다. 그러나 일단 새로운 질서가 새로운 상황들 주변에 확립되었다면, 그 상황들을 보다 더 익숙한 상황들과 조화시키려 할 것이다. 사회는, 장기적으로, 예측할 수 없는 것을 감내할 수는 없고, 삶의 변이성을 정당하게 다루려하지 않는다. 그 상황들을 분류하여,

어느 정도의 일치성을 부과하는 패턴에 의해, 이 상황들의 비규칙성을 제거할 것이다. 따라서 우리는 패턴을 갖춘 상황들의 현상을 획득하게 된다. 사회적 과정은 두 극단, 즉, 스스로의 통제 하에 있는 상황들을 302
만들거나 또는 외부에서 그것들을 통제하는, 사이에서 계속하여 움직이고 있다.

사회가 상황들의 변이성을 제한하고자 할 때, 그 사회는 자신의 모든 권력수단을 사용한다. 먼저 그 사회는 자체의 경제적 및 정치적 토대들이 가능한 한 견고하게 보장하는 실제적 방법들을 사용하도록 만든다. 음식을 저장하고, 제방을 건설하고, 자본을 축적하여, 사회는 경제적 불안을 제거하는데 도움을 준다. 군대와 경찰력을 모집하여, 사회는 정치적 질서를 안정화하려한다. 입안중인 규칙들과 획일적인 행태의 확보에 의해, 그 사회는 가능한 상황들의 수를 사전에 제한한다. 추가하여, 상황들의 변이성을 상쇄하는 지적인 방법이 있다. 상황이 인지된 범주로 밀고 들어가서, 사회는 그 상황의 독자성을 무시하는 대가로 그 상황의 신기함을 인정하지 않을 수 있다. 입센(Ibsen)의 연극에서, 노라(Nora)의 남편은, 그의 부인의 문제들을 구식의 결혼과 구식의 주부와 관련한 그러한 문제들로는 해석될 수 없다는 점을 인정하는 것을 거부한다. 여기서 그는 그의 배후에 사회의 전통적인 세력들을 보유하고 있다.

사회는, 어느 정도, 이러한 방법으로 행동하는 것을 강요했는데, 이는 이러한 부분적으로 사실이며 확증된 유사점들은, 아무리 인위적으로 만들어졌고 지적으로 지나치게 강조되었다고 할지라도, 사람들에게 그들의 난제들을 처리할 기회를 제공하는 것은 분명하기 때문이다. 만일 그 사람들이 항상 새로운 문제들에 직면했고 그 문제들의 신기함을 충분히 인식했다면, 그들은 단순히 어리둥절해 질 것이다.

우리의 과업이 가능한 많은 동적 통제들, 좀 더 정확히 말하자면,

사회의 변화와 개별성을 정당하게 평가하는 통제들, 을 탐지하는 것처럼, 우리는 우리의 사회생활에서 이 요소들에 대해 신중한 관심을 보여야 한다. 우리를 당혹스럽게 하는 질문은, "어떻게 사회가 이 새로운 상황들을 지금까지 취급해 왔는가?, 사회는 그 통제들을 전적으로 간섭하지 않는가?",이다.

보다 면밀한 고찰에 의거하여, 우리는, 아무리 무의식적이라고 하더라도, 상황에 대한 사회적 통제들처럼 행동해온 자동장치들을 확립하는데 일반적으로 성공했다는, 놀라운 결론에 도달했다. 사회적 상황에서 작용하는 지극히 중요하고 조정되지 않은 세력들은 종종 갈등의 형태를 가정한다. 갈등들의 관리는, 때문에, 상황들을 통제하는 특별한 방법이다. 주요한 과업이 갈등을 조정하는 기법을 연구하는 그러한 직업들이
303 있다. 재판관과 중재인까지도 국내에서 전형적인 조정자로서 기술될 수 있고[28], 외교관은 국가들 간의 어떠한 마찰도 제거하려 한다.

갈등을 관리하는 기법은 그 갈등이 원래 발생하는 채널로부터 긴장을 돌리는 데에 있다. 많은 조정되지 않은 감정적 에너지들은, 만일 그것들이 또 다른 영역에 출구가 제공된다면, 만족한다. 투쟁과 시련은 분개를 야기하는 열정과 복수의 열망에서 그 분개의 정화를 찾아내는 해결책으로 인도하기 때문에, 그것들이 유용하다고 입증되었다. 국회와 법원에서의 논쟁들에서조차, 소여의 상황에서 반드시 전개될 불만족의 감정에 대해, 의견을 제시하는 출구가 제공된다. 아주 종종 재판관은, 일반적인 법의 원리라는 의미에서 상황을 단순히 재정의하여, 양 당사자들이 정당하다고 주장하는 경계상의 소송문제를 해결한다. 그러한 소송에서, 그 재판관은 물질적인 요구들에는 만족하지 않을 수도 있지만, 재조정하려는 의지는 단지 지적 불확실성을 제거하는 데에

28) 프리드히(Friedrich, C.), 『입헌정체와 정치』(*Constitutional Government and Politics*, New York, 1937), 제i부, 제5장과 제7장 참조.

만족할 것이다. 사회사업가들은, 많은 가정의 갈등들은 현대사회에서 사춘기연령이, 성장의 사실을 성년식들에 의해 공적으로 표명하는 원시부족들처럼, 명료하게 결정되지 않기 때문에 발생한다는 점에 주목한다[29]. 만일 이 동적 변화를, 우리 사회처럼 정의하지 않고 방기한다면, 부모와 어린이들 모두가 그들 자신의 이해관계에 따라서 정의하려 할 것이다.

우리가 지금까지 기술해온 갈등들을 제거하기 위한 이 방법들은, 재조정의 심리학적 측면만을 다루었다. 그 방법들은, 갈등성장에 책임이 있는 보다 심연의 세력들을 다루지 않기 때문에, 오히려 불만족스럽게 보인다. 비록 그 방법들이 기본적인 물질적 요인들을 재조정하려고 하는 통제들보다 아주 종종 덜 유의의함에도 불구하고, 그 방법들은 가볍게 처리해서는 안 된다. 우리의 조정불량에 관한 많은 부분은 심리학적이고, 우리가 사회적 문제들은 물론 심리학적인 문제들도 대처할 수 있어야한다. 갈등의 법적조정에 대한 어떠한 신중한 분석도 심리학적 재조정의 영역에서 그 갈등들의 문제들을 자주 취급한다는 점을 입증해야한다. 정말로 자주 재판관은, 가능한 한 소송들의 새로움을 무시하고, 범죄에 대한 확립된 범주라는 점에서 모든 변화들을 기존의 규제구조 속에 비집고 들어가게 하고, 그 변화들을 정의하는 데에 국 304
가의 권력과 권위를 사용하는, 주술사처럼 행동한다. 그러나 유망한 새로운 추세는 이제 발달하고 있다.

질서가 과거에는 현실에 폭력을 행사하는 대가로 확보된 곳의 많은 영역들에서, 보다 더 현실적인 실험들이 이제 이루어지고 있다. 조정위원회들과 조정재판소들은 동적상황들을 다루는 새로운 기법을 표상한다. 다른 사람들 중에서도, 피구(Pigou)는 그 실험의 유의의에 관심

29) 포스터(Foster, R.), "사춘기에 대한 사회학적 연구", *American Journal of Sociology* (1936년) 참조.

을 가졌다[30]. 이 기관들은, 그 기관들이 제거하기 위해 설립된 해약들의 사회적 기반에 대한 그 기관들의 보다 심오한 지식과 함께, 징후들의 치유보다는 해결책들을 더 발견하고자한다. 엄격한 의미의 사회학 영역에서 이러한 종류의 가장 흥미로운 실험의 하나는 흑인폭동에 대한 시카고 위원회(Chicago Commission)의 보고서였다[31]. 이 폭동의 발발이후, 그 위원회는, 소동에 책임이 있었던, 모든 크고 작은 원인들을 발견하는데, 사회학적 지식을 사용할 수도 있도록, 설치되었다. 비록 누구든지 이 보고서의 한계를 인지하였더라도, 그 보고서는 어떻게 집단적 조정불량이 과학적 지식에 기초한 중재에 의해 하루 만에 처리될 수 있었던가에 대해 약간의 암시를 제공한다. 이 갈등들에 대한 과학적 재건과 사회학적 재조정을 비교하여, 탁월한 법적과정들은 많은 관점에서 아직도 마법의 수준에 놓여 있는 것처럼 보인다. 해악의 원인을 치유하는 대신에, 그 과정들은 기본적으로 일관된 행태를 매도하는 명칭을 제공한다. 아주 종종 사회는 환자이고, 우리가 보통 처벌할 만하고 병리학적인 반작용들을 요구하는 것은, 보다 더 면밀하게 관찰할 때, 건강하지 못한 사회적 상황에 대해 건강한 유기체의 건강한 반응이 되어야 한다는 것을 분명하게 말할 수 있었다.

우리가 논의했던 특별한 사례, 즉, 통제처럼 행동하는 상황들, 와 같이 권력의 집중뿐만 아니라 권력의 분산도 사회에 중요하다는 것을 인식하는 것이 가장 중요하다. 분산된 권력의 가치는, 당국들이 사회적 단위들의 사회활동과 연락을 유지하고, 구체적 상황들과 관련된 변화하는 요인들을 정당하게 평가하는데 도움을 주는 것이다. 집권된 권력

30) 피구(Pigou, A.), 『실제의 경제학』(*Economics in Practice*, London, 1935), 117쪽 참조.

31) 인종관계에 관한 시카고 위원회, 『시카고의 흑인』(*The Negro in Chicago*』, a Study of Race Relations and Race Riot, (Chicago, 1922).

은, 일단 주권이 보장된다면, 중재가 오래된 법령들 아래에서 새로운 사례들에 대한 관습적인 포섭뿐만 아니라, 그 사례들이 개인적 갈등들에서 명확하게 반영된 것처럼 사회의 실제적 수요에 대한 직접적 표현 305
속에 있어야하는, 지방 및 전문 기관들에게 그 권력의 많은 기능들을 즉시 위임해야한다. 그 기관들은, 법령들이 어떠한 구체적 환경에서도 작동하고 생활의 질료에 관한 창조적인 경향은 무엇인가와 같은 방법으로, 중앙입법기관에 지속적으로 보고해야한다.

구체적인 상황들과 집단에 귀속된 그러한 통제들과는 반대로, 원격 통제들의 유의의는 교육적 영역에서는 동등하게 인상적이다. 현대교육방법의 근본적인 변화는, 품성의 형성과 인격의 통합에 관한 중요한 실마리가, 학생에 의한 상황의 통어에 있다는 것을 발견한데서 연원한다. 단지 권위적인 교육은 고립된 자질들, 태도들, 그리고 습관들을 발달시키고, 진부한 지식을 주입하여 시민이 집권된 명령에 보다 잘 반응할 채비를 갖추도록 하는 것이다. 독립적 판단과 즉흥적인 협력을 할 수 있는 시민을 양성할 목적을 가진 모든 교육은 상황들에 반응하도록 학생들을 훈육할 것이다. 상황은 어린이가 자신의 판단을 사용하고 일상생활의 기초적인 갈등들과 직면하도록 가르칠 수 있는 가장 단순한 맥락이다.

상황에 관하여 사유하도록 정신을 훈련하는 직업들이 있다. 어떠한 선량한 재판관이나 사회사업가도 사회가 다양한 특징적 상황들로 구성된 것처럼 자연스럽게 사유하는 경향이 있다. 그러한 사고방식-그것이 일반화되어야한다- 의 단점은, 사회의 작용 밑바탕에 있는 더 종합적 원리들에 절대 도달할 수 없거나, *매개의 원리들*이나 전체로서 사회구조라는 의미에서 사유한다는 것을 절대 학습할 수 없다는 것이다. 하룻밤사이에 사회를 변화시키고자 열망하는 혁명가는 그의 관심을 오로지 더 광범한 원리들에만 너무 초점을 맞추고, 전체적인 사회구조·필드구조·구체적 집단들의 집권된 통제들을 너무 역설하려고 한다. 나의 의견으로는, 만일 사회가 배타적이 된다면, 이 접근방법들 중 어떤 것도 만족스럽지 못하고, 두 접근방법의 사리분별력이 있는 결합만이 사회를 정당하게 다룰 것 같다.

집권된 규제의 매우 큰 약점을 가진 과도하게 조직된 사회의 위험은,
306 그 사회가 전투지대들의 철폐와 삶의 과정이 발달할 수 있는 모든 상황의 부재로 인도할 것이라는 점이다. 그러나 현대교육이 훈육(실험학교를 위한 것이지만 일단의 계획된 상황들?)에서 계획된 상황을 신중하게 사용하게 만드는 것처럼, 계획된 사회는 그 사회가 그렇게 하도록 여유를 가질 수 있는 곳은 어디서든 동적 상황들을 존속시키도록 주의해야한다.

(e) *사회적 장치들에 의한 영향력 있는 행태*

이 통제유형의 가장 좋은 예증들은 경쟁, 노동의 분화, 권력의 배분, 사회적 계층과 거리를 만드는 방법들, 그리고 사회적 척도에서 우리가 진보할지 몰락할 것인지 여부를 결정하는 장치들이다.

사회적 장치들을 상황들 및 필드-구조들과 구별하는 것은 지난한데, 이는 주로 그것들이 서로 배타적이 아니고 그것들의 경계들이 중첩되는 경향이 있기 때문이다. 상황들과 필드-구조들은 양자 모두 사회적 장치들에 의해 부분적 또는 전체적으로 만들어 질 수 있다. 경쟁은, 예를 들면, 기본적으로 장치이지만, 만일 그 장치가 교역을 일으키고, 한 국가의 교역이 다른 나라의 시장들에 의존적이 된다면, 관련된 개인들의 반응들을 조건지우는 동질적 영역이 형성되고, 그래서 우리가 고찰해온 것처럼, 우리는 필드-구조에 대해 언급해야한다. 다른 한편, 경쟁은 상황들을 발흥하게 할 수 있다. 경쟁과정 가운데서, 경쟁적 상황들이 출현한다. 우리가 관련된 인자들의 과정과 약간 특수한 결합, 말

하자면 상황들, 의 단일단면에 관심을 집중할 것인가 여부, 또는 우리가 그것의 모든 누적적 효과들과 함께 장치로서 경쟁의 전 과정을 연구할 것인가 여부는 순전히 강조상의 문제이다. 경쟁은 사회의 기본적 과정으로 합법적으로 사료될 수도 있다. 이것은, 그 경쟁이 방해받지 않고 기능할 수 있는 한, 항상 동일한 효과들을 만드는 경향이 있다는 사실에서 고찰할 때, 분명하다. 만일 경쟁의 사회적 장치가, 예를 들면, 사회생활의 기존영역에 도입된다면, 그 경쟁의 결과들은 즉각적으로 고찰되어질 것이다. 만일 상업적 활동이 철도를 국내의 원격지에 도입됨으로서 촉진되어진다면, 사람은 경쟁의 효과들을 주시할 수 있고, 어떻게 그 경쟁이 항상 새로운 야망들을 발생시키고, 오래된 관습들을 파괴하고, 집단의 단결이 부서지는가를 주시할 수 있다. 경쟁은 종종 순전히 경제적 과정으로 혼동되었다. 사실 경쟁은 절대로 경제적 영역 307
에만 국한하지는 않았다. 행정의 구조 내, 군대, 과학, 사랑, 또는 사회활동들의 모든 타 영역에서도 경쟁이 있을 수 있다. 관료, 군대 또는 과학적 단체의 수장은 어떤 결과는 경쟁에 의해 최선으로 달성될 수 있는 것을 결정할 수도 있다. 이는 그들의 업무, 그들의 동료들, 이용가능한 자원에 대한 행정 등에 대한 그의 부하들의 태도를 꼭 변화시킬 의도이다. 이 사례들에서 경쟁의 장치는 자체의 초점과 영향을 가진, 새로운 종류의 통제처럼 작용한다.

누구든지 경쟁처럼 장치들의 심리학적 효과들을 더 면밀하게 검토하면 할수록, 우리의 직접적 영향과 간접적 영향간의 이전의 구별은 확충이 필요하다는 것은 점점 더 분명해진다. 개인적 영향으로서, 기술적 기예들·창의성·신뢰성에서 부모들과 이웃들에 의한 어린이의 교육을 고려하는 것이 아직도 합법적으로 남아있음에도 불구하고, 상황들에 의해 촉진되고 통제까지 한, 이러한 교육을 발견하는 것은 항상 가능하다. 그 교육은 이 장치들, 즉, 경쟁, 노동의 분화, 사회적 기능들의 분화, 권력의 분화, 명확한 활동유형들을 위한 수요와 기회 양자를 창조하는 계층, 이 궁극적으로 본질이다. 창의성 그리고 위험들과 책임을 무릅쓰는 능력을 육성하거나, 복종과 순종을 조성하는 것은 이 장치들이다. 후자의 견해, 즉, 장치들이 근본적인 통제라는 것, 를 취하는 것은, 만일 교육적으로 유해한 영향들의 일부를 교정하려는 것 때문에 어떤 사람이 그 장치들은 개인적인 영향들의 형태를 단순히 개작하여 변경될 수 없을 뿐만 아니라 그것이 발생하는 상황의 본질을 바꿈으로서만 가능하다면, 특히 중요해진다. 이것이 나의 견해로는 정신-분석과 정신의학에서 최근에 나타나는 사회학적 추세와 관련된 유의의이다. 따라서 카렌 혼니(Karen Horney)가, 예를 들면, 신경증적 경쟁성은 우리의 경쟁체계와 엄밀하게 연결된다고 기술한 것은 올바르다[32]. 여기서 개별적인 치료적 접근방법은 한계에 도달한데, 이는 결과들을 달성하기 위해서 경쟁과 관련된 전체적인 사회적 장치를 변경해야하기 때문이다. 현재의 우리 논의수준에서, 비록 특정한 교육적 목적들을 위해서는 대부분의 직접적인 영향들이 자율적이었던 것처럼
308 행동할 가치가 없음에도 불구하고, 장치들은 개인적 영향들의 이면에서 작동한다는 것이 점진적으로 분명해진다는 것을 우리가 인식한다.

또 다른 보기, 즉, 사람들이 사회적 척도에서 진보해야 할 것인가 또는 쇠퇴해야 할 것인가를 결정하는 장치를 들어 보자. 때때로 이 장치는, 아주 자주 또 다른 장치인, 경쟁에 의존하는 것처럼, 완전히 독립적인 장치는 아니다. 그러나 예를 들면 사회적 척도에서 상승이 고참자의 원리에 의존하는 때에는, 독립적인 또 다른 사례들도 있다. 여기서 진보의 장치는 직접적 통제처럼 행동할 것이고, 단순히 경쟁의 부산물이 아니다. 따라서 이 사례들에서, 사회적 척도 속의 상승과 하

[32] 혼니(Horney, K.), 『우리시대의 신경증적 개성』(*The Neurotic Personality of Our Time*, London, 1937).

락의 원리에 대한 신중한 규제는 독특한(*sui generis*) 통제이다.

비록 두 장치들이 서로 독립적인가 또는 의존적인가 여부를 결정하고, 따라서 현존장치들의 전체목록을 정성들여 만드는 것이 종종 매우 중요함에도 불구하고, 모두가 동일한 중요성을 갖는다고 생각하는 것은 잘못일 것이다. 그런 까닭에 사람은 이 장치들 중 어떤 것이 최고인가 여부를 항상 적절하게 질문할 수 있다. 자유주의 이론가들과 마르크스주의 이론가들 양자 모두가 노동 분화의 우월성을 강조하고, 재산의 제도, 전체적인 법적 체계, 그리고 계급층화를 규제하는 방법을 지적하는 것은 정당했다. 나는, 일정한 시대들이 지나면 강조점이 하나의 장치에서 다른 장치로 이동될 수 있고, 그리고 이 이동은 기본적으로 사회적 기법들의 변화하는 속성에 의존할 수 있다는 사실은, 비록 중요한 문제라도 바꿀 수 있는 어떠한 방법도 없는 교황의 지상권문제라는 것을 다시 한 번 강조하고자한다. 만일 군사기법들의 중요성이 증대된다면, 노동의 분화는 군대의 수요들에 따라 규제될 것이다. 사회적 진보는 경쟁에 의해서가 아니라 군대방식의 수요들에 따라서도 통제될 수 있다. 사람들은, 그들이 군대에서처럼, 사회적 척도에서 단순히 상승할 것이다.

사람은 두 극단들, 즉, 작고 의존적인 장치들에 관해 독점적으로 관심을 집중하는 것과 전체사회구조를 규제하는 주요 원리들에서만 고찰하는 것, 으로부터 방호해야한다. 보다 작은 장치들에 대한 지식이 없는 사회구조에 대한 연구는 가치가 없다. 주요한 동적 과정들에 대한 감각이 없이 더 작은 장치들을 연구하는 것은 근시안적이다.

파시즘은, 전체로서 사회에 대한 그 장치들의 반응을 조금도 암시하 309
지 않고, 분리된 장치들을 몹시 왜곡하는 경향이 있다. 예를 들면, 파시스트들은 정당을 조직된 선동수단으로 그리고 인종차별을 사회적 상속의 수단으로 취급하여 사회적 진보의 장치를 통제한다. 따라서 그들은 얼마나 이 장치들이 무한히 강력할 수 있고, 그 장치들의 장기적 효과들과 그것들이 일으키는 불공정에 대해 그것들을 적용하는 것과는 관계없이 얼마나 많은 해악이 이루어질 수 있는가를 보여주었다.

사회적 진보에 대한 규제에서 가장 유망한 가능성은, 다양한 직업들에 대해 보다 더 양호한 수급의 조정과 보다 더 공정한 후보자들의 선정을 담보하는 희망일 것이다. 고용이 너무 운, 불공정한 경쟁, 후원, 이면공작, 그리고 친척등용에 의존적이어서는 안 된다. 진정한 난제는 객관적인 선발방법들에 대한 현재의 인위성에 있다. 검증과 실험은, 단지 단순하고 정적인 자질들을 종종 드러내고, 구체적 상황들을 취급하는데서만 분명해지고 있는, 복합적이고 통합된 특질들에 대해 정당하게 평가할 수 없다는 것이다. 이 영역에서도 역시 약간의 개선가능성이 있다. 숙련된 아동심리학자는, 그의 지식을 검사결과에만 국한하지 않을 뿐 아니라, 놀고 있는 어린이들을 주시하고 일상적인 교제에서 그들의 개인적 특성을 연구하는 것과 똑 같이, 검증방법도 상황을 다루는 후보자의 능력을 신중하게 탐구하여 보완할 수 있다. 와워케 캠프의 실험(Wawokye Camp Experiment)은, 기계적 검증과 즉흥적 상황에서 어린이들의 행태를 자연스럽게 관찰하는 것을 결합하는, 이 공동방법들에 대한 흥미로운 보기를 제공 한다[33].

이 보기들은 학술적인 방법이 더 현실적이고 적응적이 될수록 개선되고 있다는 것을 설명한다. 기계적 방법들과 실생활의 변화하는 조건들 간의 간극은 꾸준히 감소하고 있다. 장치들은 인위성에서 벗어나고, 적절하게 적용될 때에는 생활 질료의 가장 심오한 세력들을 발전시키는데 사용될 수 있다.

---

33) 뉴스레터(Newsletter, W.), “와워케 캠프”(Wawokye Camp), 집단조정의 실험, *Proceedings of the American Sociological Society*, 제25권(1930년), 또한 본서 참고문헌 III, 1, d 참조.

우리가 이미 기술한 다양한 통제들은 소모적이 아니고, 어떠한 단일의 분류원리에 기반 하지도 않았다. 사회적 통제들에 대한 어떠한 통합된 분류의 결여와 부단한 중첩에 대해서도 보다 심오한 논리가 있다. 통제들은 객체적 존재이지만, 그것들은 우리에게 서로 다른 측면 310
들-일반적 시안에서 우리 자신의 지위와 함께 변하는 측면들-아래서 나타난다. 산맥은 자체의 구조를 가진 실제의 구성물이지만, 구경꾼에게 나타나는 그 형상은 그가 서있는 곳에 의해 좌우된다. 사회적 관심사에서도, 우리의 관점이 단지 수동적 관찰에 의해서가 아니라, 우리의 관심이 바뀌는 방향에 의해 결정된다. 우리의 일상 활동들의 본질은 어떠한 사회적 장치들이 단일의 단위로 취급되어야 하는가를 결정하고; 사회적 관심사에 대한 우리의 개입의 본질은, 우리의 행동반경을 규정하고, 이것은, 차례로, 단일체로 인식될 것 같은 사상(事象)들의 윤곽을 명확히 정의하는 것이다. 어떠한 새로운 통제유형도 사실들 간의 숨겨진 관계들-이전에는 주목하지 않고 지나간 관계들-을 드러낸다. 따라서 능동적인 정신은, 실제로는 전연 단위들이 아니지만 인위적인 수준에서 관찰되기 때문에 그렇게 보이는, 그러한 단위들에 아주 자주 집착하는 관조적 정신보다도, 객체의 본질에 더 깊이 침투한다, 여기에서 우리는 현대생리학에 유사성이 있음을 이해한다. 이 영역에서 간, 비장, 심장과 같이 콤팩트한 기관들을 이전에는 유기적 단위들로 사료되었다. 보다 더 예리한 분석 후에, 설탕생산처럼, 특정한 목표들을 위해, 광범하게 분리된 부분적 단위들(비장, 심장, 신경체계의 부분들)은 단일단위처럼 조화되었고, 사실로는, 그 단일단위가, 비록 일별해서는 그 부분적 단위들이 진정한 실체로만 보였다고 하더라도, 이 기능적 단위를 형성한 구체적으로 큰 기관은 아니었다는 것이 이윽고 분명해졌다. 단일의 형상을 이루는 요인들의 종류는 사회에 영향을 미치는 우리의 방법들과 우리의 통찰의 속성과 깊이에 다소 의존한다.

여기서 다시 한 번 우리는, 아주 종종, 객체가 취급되는 방법이 제1절을 결정하는, 직업의 속성을 파악할 수 있다는, 우리의 이전 서술의 진실을 이해할 수 있다. 재판관이나 외교관은 상황이라는 의미에서 사유하려 할 것인데, 이는 개별적 갈등들을 해결하는 것이 그의 직업이기 때문이다. 그러나 입법자들은 장치들과 필드구조에서 사유하고 주요한 핵심지위에서 조정하는 경향이 있다. 간략히 말하면, 사회구조가 구분될 수 있는 범주들은 우리 시대에서 가능한 사회적 통제들에 의존
311 한다. 사회적 기법이 변화하자, 사람들은 다른 전략적 지점에서 개입할 것이고, 다른 단위들의 의미에서 전체과정을 조직화할 것이다.

V

사회통제의 필드에서 변환의 법칙들

사회통제와 그것의 사회적 과정과의 연계에 대한 연구는 여러 상이한 점들에서 유의의하다. 무엇보다 먼저, 그 연구는 현재의 통제들이 최종적이며 변경 불가한 것처럼 사료될 필요는 없다는 것을 보여준다. 둘째로, 그 연구는, 규격화와 조직화 같은 경직된 통제들만이 존재하고, 통제는 획일성을 반드시 강화해야한다는, 아이디어의 어리석음을 우리가 깨닫게 한다. 셋째로, 분석은, 통제기법의 진보가 그 연구를 기계적이 덜되도록 하고, 그 연구의 비인간적인 이탈을 보상하는 데에 있다는 것을 제시했다[34]. 만일 삶이 동적통제의 의미를 이해하는 진정한 지성에 의해 지배된다면, 열의 없는 규제를 허용한 때처럼 우리 시대에 광범하게 확산된 그 삶을 진부하게 만들 필요는 없다. 유해한 통

34) 사회적 기법들과 비인간화에 대해, 또한 본서 참고문헌 II와 IV 참조.

제들을 유익한 통제들로 바꾸어, 우리는 얼마나 자유로운 사회가 작동하는가를 먼저 인식해야한다. 우리는, 계획되지 않은 사회에서조차 하나의 통제형태에서 다른 통제형태로 대체하는 문제가 언제나 존재하지만, 여기서 이 변화들은 상황들의 축적을 통해 무심결에 발생한다는 것을, 학습한다.

사회적 통제들을 기술한 후에, 다음 문제는, 따라서, 하나의 통제에
서 다른 통제로 대체하는 것을 관리하는 변이의 법칙들을 연구하는 것 312
이다. 본질적으로, 개인들의 행태와 사회적 특성의 변환은 주로 통제
방법들의 변화 때문이었다. 그래도, 그 통제들은, 물론 마음에 어떠한
명확한 목적도 없고 변화에 따른 보다 큰 결과들에 대한 인식도 없이,
무의식적으로 바뀌었다.

하나의 직접적 또는 간접적 영향형태에서 다른 형태로 이동가능성들이 있는 것처럼, 통제들을 전환하는 데는 많은 방법들이 있다. 완전한 기술은 그것 자체로도 한권의 책이 필요할 정도인 것은 분명하다. 이 방법들의 대부분은 추가적인 관찰에도 역시 개방되어 있다. 여기서 우리는 변이과정의 본질과 문제들을, 몇 개의 보기들에 의해 지적할 수 있을 뿐이다.

1. *직접적 영향에서 간접적 영향으로의 통제들의 변환*

가장 중요한 변이의 형태들은, 우리가 직접적 영향의 광범한 범주를 버리고, 간접적 영향을 취할 때 자연히 발생한다. 환언하면, 일정한 주입교육의 형태대신에, 우리가, 사회스스로 그 사회의 패턴과 관계들을 통해 개인이 그의 행태를 변경하는 것을 강요하는, 영향의 형태를 선택했을 때, 인류에 영향을 미치기 위한 권력에 중요한 발전이 있다. 위협·암시·감정적 호소·설교·선동, 그리고 보다 오래된 단어의 의미로서

교육까지도, 직접적인 주입교육의 방법들로 너무 광범하게 사용되었다. 이 방법들은, 훈련의 수단으로서 사회적 영향의 간접적 방법들을 사용할 기회를 갖지 못했던 사회에 의해 아주 자주 채택된, 단지 일시적인 해결책들이다. 교육이 더 서투르고 덜 적응할수록, 그 교육의 효과에 대해, 학생 스스로 반응하도록 학생에게 일임하는 대신에, 학생의 마음에 직접적으로 더욱 더 각인하려 할 것이다. 듀이(Dewey) 등이 어린이가 그 자신의 조정들을 촉진하는, 말하자면, 실험교육은 현대 민주주의에 필수적이라는 그들의 신념은 옳았다[35]. 동일한 방법으로, 자연적 조정에 바탕을 둔 현대사회는, 가능한 많이 경험에 의해 시민들이 학습하도록 허용해야하고, 다른 사상(事象)들 가운데서 충격적 방법들의 불필요한 사용을 피해야한다.

증가된 계획이 자연스러운 업무 상태로부터 우리를 점점 더 멀리 이격시킨다고 주장하는 그러한 사람들이 전체적으로 잘못되었다는 것을 313 보여주는 또 다른 사례가 여기에 있다. 건전한 원리들에 근거하여 계획했던 사회는, 그 사회의 사회적 기법들을 서투르게 취급한 비교적 원시적인 사회보다는, 그 사회의 조정방법들에서 훨씬 더 자연스러울 것이다. 부분적으로 관리된 어떠한 사회도 중간점에 대해 충실할 것이고; 그 사회는 계획된 사회가 할 수 있는 것-이것이 전체로서 사회를 위해 바람직하고, 엄격한 제약 내에서 그리고 타 대안들이 부재한 곳에서, 개인에게 실험의 취미를 제공하는 것-을 하도록 할 여유가 없다.

이후에 수반되는 내용에서, 나는, 보다 차후의 발달 상태에서, 합리화가 더 자연스러운 생존으로 인도하고, 과도한 규제의 비인간화된 효과들을 의식적으로 중화시키려한다는 점을 지적하기 위해, 몇 가지 보기들을 제시하고자한다. 산업화사회의 본질에 대한 소박한 지식을 가

---

35) 본서 참고문헌 III, 7 b 참조.

진, 예를 들면, 빅토리아시대(Victorian age)는 비자연적인 것을 숭배하는 마음을 조장했지만, 현대대중사회는 그 사회의 보다 거대한 조직에도 불구하고, 시민들을 체계적인 자연적 문화, 스포츠[36], 그리고 신선한 공기의 수단에 의해 자연으로 되돌아가도록 촉진하는 경향이 있다. 여기서 사회가 공업주의와 도시화의 첫 번째 과실들이었던 초기괴물들처럼 주시하는 것은 어떠한 완화제도 발견되지 않았던 새로운 여건들의 급격한 성장 때문이었다. 이 영역들에서 적어도 보다 많은 계획과 보다 큰 사회기법의 사용이 보다 더 자연스러운 여건으로 인도되었다. 다음의 보기는, 또 다른 맥락에서, 어떻게 계획이 올바른 과학적 통찰과 결합하여, 억압받고 자연스러운 직관을 자유롭게 할 것인가를 제시한다.

현대 심리학과 정신의학은, 신경증이 시행착오로부터 배우는 어린이의 천부적 능력이 쇄도하는 억제에 의해서 마비된다는 사실에서 아

36) 또 한편으로 스포츠는 원래 많은 상이한 심리학적 만족에 바탕을 둘 수 있다는 것을 사람은 인지해야한다. 그것은, 예를 들면, 팀 작업에 호감을 가진 사회적 게임으로부터 경기기록들에 대해 열광하는 것으로 악화될 수 있다. 대중사회에서 일반적이고, 만일 어떤 사람이 사람들을 공동체의 소일거리들의 진정한 즐거움들을 향유하도록 의식적으로 가르친다면, 올바른 상태가 될 수 있는, 심리학적인 퇴보의 과정이 있다. 스포츠의 상이한 의미들과 그것의 심리학적 함축에 대해, 클로에렌(Kloeren, M.), 『스포츠와 기록』(*Sport und Rekord*), H. Schoeffler, ed., Kölner Anglistische Arbeiten, 제23권(Leipzig, 1935); 그리고 쇼에플러(Schoeffler, H.), 『영국, 스포츠국가』(*England, das Land des Sports*), Hefte zur Englandkunde, 제9권(Leipzig, 1935) 참조. 앞선 책은 역사적 문헌이 포함되어있다. 다음 저술들도 약간의 제시가 포함되어 있다. 피터스(Peters, K.), 『스포츠의 심리학』(*Psychologie des Sports,* Leipzig, 1927); 리제(Risse), 『스포츠의 사회학』(*Soziologie des Sports*, Berlin, 1921); 함메르(Hammer, F.), 『대중스포츠』(*Die Massensport: Versuch einer soziologischen Analyse seiner Bedingungen und Erscheiningsweise*), Ph. D. diss.(Heidelberg, 1933); 크라프트(Krafft, E.), 『대중스포츠의 경기기록에 관하여』(*Vom Kampfrekord zum Masssport*, Berlin, 1925); 굴릭(Gulick, L.), "운동경기와 문명", *The Child*, 제i권, 제17호(1911년).

주 자주 기인한다는 것을 관찰해 왔다. 우리는 어린애가 다양한 상황에서 그의 몸을 실험하는 것을 허용한다. 처음에 우리 모두는 즉흥적
314 경험을 지지한다. 어린이의 지능이 발달하고 그 애가 질문할 수 있을 때만, 우리는 지적금기사항들에 의한 실험적 태도의 자연스러운 성장을 중단시킨다. 많은 가운데서, 우리는 어린이에게, 인위적 이념과 함께 성과 출산 그리고 나중에는 남성다움과 남성다움의 문제, 죽음이라는 사실, 인생에서 돈과 성공의 문제를 숨긴다. 이는 그가 이 모든 것에 대해 유년기와 청년기 모두에서 독립적인 판단이라는 그의 권능을 평생 불신하는 마음이 발생하기 쉽게 만든다. 이것은 단순히 좌절된 발달뿐만 아니라 깊이 뿌리박은 불안의 감정으로도 인도할 수 있고, 그래서 그의 삶의 목표에서 이 문제들을 그의 정신으로부터 떼어 놓을 수 없게 한다. 종종 분석과 재교육에 의해서 이 공포를 제거하는 것만이 그에게 그 자신의 의사결정능력을 제공할 것이고 삶에 관한 실험에 의해 지식을 융합할 것이다[37]. 여기서 우리의 보다 더 세련된 지식이, 자연적인 조정능력을 자유롭게 하여, 인간의 원초적 능력을 복원하는 것을 돕는다.

그러나 간접적인 영향에 대한 보다 더 숙련된 사용이 직접적 영향의 과업들을 경감시킬 수도 있다는 것을 입증하는 또 다른 사례들에 대해서도 논의하도록 하자. 예를 들어, 소비자의 습관들을 고려해 보자. 사회가 이 습관들과 관련하여 어떠한 선견지명도 보이지 않는다면, 사회는 작용할 수 없다. 원시적 단계에서, 이 습관은 특정한 유형의 소비를 주입하는 형태를 취하려 할 것이다. 취미의 형성은 도덕적 통제에 지배당하고, 개인은 그의 욕구범위를 규정하기 위해 특정한 매

[37] 쉴더(Schilder, P.), "정신요법적인 방법, 특히 집단치료, 로서 이념들의 분석", *American Journal of Psychiatry*, 제 93권(1936년)과 그의 논문, "사회적 및 개인적 해체 간의 관계", *American Journal of Sociology*, 제42권(1937년).

너들과 관습들을 준수하도록 양육될 수 있다. 이 욕구들은 가정경제 또는 그것드의 변형들, 즉, 도시경제, 에 의해서 충족될 수 있다. 그러나 자본주의사회의 출현은 종종 소비자의 습관을 통제하는데 사용된 방법들에서 변화를 일으켰다. 공업경제가 확산되자, 소비에 대한 이전의 습관들은 바뀌었고, 욕구들은 폭동으로 변했다. 새로운 열망들에 대한 그 경쟁의 인위적 촉진과 함께, 더 무정부적인 개별적 경쟁이 될수록, 소비자선택에서의 비통제적인 파동들을 예측하고, 가격장치를 통해 시장을 조정하는 것은, 더욱 더 어려워진다. 산업경제의 자유체계가 붕괴하는 이유들 중 하나는 소비자선택의 절대적 자유가 생산과 315
소비를 조정하는 것을 어렵게 하는 것이었다.

자본주의의 현재단계에서조차, 무한한 선택에 의해 만들어진 일시적 혼돈을 넘어서는 경향이 있다. 대규모산업재벌들과 백화점들은 수요의 표준화에 양자 모두 동등하게 흥미를 가지고 있고, 끊임없는 선택의 다양성을 촉진하는 대신에 소비자들이 소수의 조심스럽게 고려된 모형들만을 원하도록 설득하는 광고의 유형을 만든다. 사람은 자동차들, 가스, 무선전신, 그리고 전기에 대한 현재의 광고들만 생각해야 한다. 이 유발수요의 방법은, 엄밀하게 말해서 계획되었지만 조직되지 않은 사회가 목표로 삼은, 즉, 권위나 주입에 의해서가 아니라 개인에게 자신의 의사결정을 하는 모든 기회를 허용하는, 숙련된 인도에 의해서 순응으로 유인하는 것이다. 계획된 사회는 투자를 지시할 수 있고, 통계적으로 통제된 효율적인 광고수단으로, 조정된 생산을 향한 소비자의 선택을 인도하기 위해 그 사회의 권력이 미치는 모든 것을 할 수 있다.

영향에 대한 직접적 방법에서 간접적 방법으로의 변화를 관찰할 수 있는 또 다른 필드는, 사람을 일로 유인하는 동인들이다. 놀라운 것은 우리의 동인들과 같은 우리의 가장 내밀한 경험들조차 사회적 및 심리학적 조작에 항상 노출되고 있다는 것이다. 현대사회는, 물론, 동인들에 대한 조작을 창안하지는 않았지만, 그 조작이 단지 더 자각적이 되도록 만들었다.

막스 베버(Max Weber)는 자유사회에서 사람을 일하도록 유인하는 동인들은 서로 다른 사회적 계급에 따라 변한다는 것을 이미 관찰했다. 따라서 무산계급은 주로 살기위해 일하는 한편, 중산계급들은, 한때 그들의 주요한 욕구사항들이 충족되었고 안전욕구도 충족되었지만, 이제는 주로 증강된 권력과 신망을 위해 일한다. 이 새로운 동인의 도입은 주로 중산계급의 특징적인 사고방식에 원인이 있다. 우리가 지식계급이라 부르는 집단은 자체의 동인들에 의해 작용하고 있다. 이 집단의 구성원은, 그의 특별한 관심사와 능력을 유지하기위해, 일을 할 때만 행복해한다. 미숙련노동자는 그의 불안정을 제거하기위해서 어
316 떠한 일도 원하고, 학술적 훈련에 의해 전문화된 사람은 그의 지식뿐만 아니라 그의 경력의 선택에서 그리고 일종의 자존과 조화되는 심리학적 보상을 갈구하는데 특화되어 있다.

이러한 의미에서, 서로 다른 사회적 계급의 사람들을 일하도록 조정시키는, 동인들에 대한 등급별 척도가 보통 존재한다. 사람이 더 높은 계급으로, 미숙련노동자에서 숙련노동자로, 소상인에서 대규모 기업인으로, 대단찮은 관리에서 저명한 전문가로 상승할 때는 언제나, 한때 엘리트의 계급에 있었다면, 그는 하나의 동인세트에서 다른 동인세트로 바꾼다.

이제 하나의 동인세트에서 다른 동인세트로의 전이와 그 세트와 동행하는 충동들의 점진적인 승화가, 계획된 사회가 다루어야 할 문제들의 하나를 구성할 것이다. 그 사회는 사람들이 일하도록 강요하는 동인들의 이러한 변환을 단지 지휘할 뿐만 아니라, 시민들이 그의 여가와 일일작업이 완료된 때 잔존한 잉여에너지의 사용을 교도하는 것을

강요할 것이다. 부(富)가 보다 공평하게 배분되고 경기순환의 부침이 소멸되었을 때, 시정인(市井人)은 그를 일하도록 강요하는 상황에 대해 즉각적인 압력을 느끼지 않을 것이고, 그의 정신은, 이전에 유한계급들에만 있었던 것과 동일한, 새로운 길들에 따라 발달할 수 있다.

이러한 발달은 외부상황 때문만은 절대 아니다. 잉여에너지가 사회적으로 유용한 승화채널들로 인도될 수 있는가 여부는, 사회에서 작용하고 있는 교육 세력들과 정신의 보다 더 정교한 사용에 대한 하나의 보기로서 설정한 엘리트들의 지침에 주로 의존할 것이다[38].

잉여에너지의 승화를 지배하는 사회적 조건을 발견하는 문제는 아 317

38) 여가사용의 다양한 형태의 심리학적 의미에 대하여, 패트릭(Patrick, G.), 「휴양의 심리학」, (*The Psychology of Relaxation*, Boston, 1916); 스피츠(Spitz, R.), "반복, 리듬, 무료함", *Imago, Zeitschr, für psychoanalytisch Psychologie*, 제 23권(1934); 페니첼(Fenichel, O.), "지루함의 심리학", *Imago*, 제20권(1934년); 빈테르스타인(Winterstein, A.), "새로움 앞에서의 걱정", *Neugier und Langweile*, 제2권(1930년); 그루스(Groose, K.), "정화로서 놀이", Zeitschr. f. päd. Psychol. u. Exper. Pädagogik, Dez. 7, 1908년; 스톱스(Stoops, T.), "행위의 억압된 이상으로서 '내면생활'", *International Journal of Ethics*, 제30권(1919~1920년); 스튜어트(Stewart, H.), "사치와 여가의 윤리학", *American Journal of Sociology*, 제14권(1918~1919); 한(Hahn, K.), "여가를 위한 교육", (Oxford, 1938) 참조. 여가의 사회학적 의미에 대한 문제를 위해서는, 룬트베르그(Lundberg, G.), 코마로위스키(Kormarowsky, M.), 그리고 멕이베르니(McIverny, M.), 『오락: 교외의 연구』(*Leisure: a Suburban Study*, N. Y,, 1934); 체이스(Chase, St.), 『기계시대의 여가』(*Leisure in the Machine Age*); 프랑크(Franke, P.), 『기계에 의한 여가』(*Machine-made Leisure*, 1932); 발케르(Walker, L.), 『분산된 여가』(*Distributed Leisure*, N. Y. and London, 1931년); 스피저(Spizer, J.), 『여가의 상업화』(*The Commercialization of Leisure*, 1917); 블루머(Blumer, K.), 『영화와 품행』(*Movies and Conduct*, N. Y., 1933년) 참조. 또한, 페이네 기금(Payne Fund: 의장; Charters, W.), "영화와 젊은이", 전시리즈; 스퍼(Spurr, F.), 『기독교인의 여가사용』(*The Christian Use of Leisure*, 1928); 번즈(Burns, D.), 『현대세계에서의 여가』(*Leisure in the Modern World*); 듀란트(Durant, H.), 『여가의 문제』(*The Problems of Leisure*, 1938); 보드(Boye, W.)와 오길비(Ogilvie, V.), 『여가의 도전』[*The Challenge of Leisure*, London(New Education Fellowship), 1935]; 스턴하임(Sternheim, A.), "전체주의국가에서의 여가", *Soc. Reviw*, 제30권(1938년) 참조.

마도 일반적인 문제가 될 것인데, 이는 소규모엘리트뿐만 아니라 모든 계급도 정신분석학자들이 리비도경제학(libido economy)이라고 부르는 문제와 직면하게 될 것이기 때문이다. 여가사용에 대한 비교연구들은 일견하여 보다 높은 지위, 보다 많은 수입, 그리고 증가된 안전은 문화에 필연적으로 인도하는 것은 아니라는 것을 밝히고 있다. 물질적 진보가, 개인적 예증과 여가사용을 위한 지적인 규범의 존재에 의해 행사된 설득과 결합되지 않는다면, 그 진보는 권태, 신경증, 그리고 일반적인 타락으로 귀결될 수 있다. 승화와 교양은 훈육되어야 하는 과정이다. 보통시민은 그의 여가에 대한 새로운 용도들을 고안하지 못한다. 만일 옛날의 방법들이 와해되고 전통이 시행착오의 과정으로 다른 방법들을 개발하지 못한다면, 혼돈과 만행이 수반될 것이다. 이것은 최근의 경험들에 의해 확증되었다. 슬럼거주자가 현대적 아파트로 이주된 때에, 그가 그의 삶의 전체적인 방법을 변화된 여건들에 조정하려는 어떤 노력도 없다면, 그는 의기소침으로 고생할 것이다. 교외에 사는 가정주부는, 그녀의 존재에 대한 참을 수 없는 무료함과 어떠한 공동체생활의 형태도 없기 때문에, 신경증환자가 된다.

만일 그 기법들에 바탕을 둔 일반적인 안전이 없다면, 사람은 교육과 개인적 영향을 통해서 승화의 기법들을 유산으로 남길 수 없다. 다른 한편, 그 기법들이 개인적 영향과 교육에 의해 인도되지 않는다면, 안전만으로는 잉여에너지들을 어떠한 특정방향으로 몰아넣는 것도 보장할 수 없다. 불안으로부터의 안전과 자유는 잉여의 인적에너지가 흐를 수 있는 많은 채널들을 개방한다.

은자들과 수사들조차도, 그들이 타고난 부나 토지로부터의 소득이든 간에, 최소한의 안전이 확보된 때에만, 사람이 내면생활이라고 칭할 수 있는 것을 승화하고 개발할 수 있다. 중세의 탁발수도회는 농경공동체에서의 구걸이 지방도시에서도 성공적일 수 있다는 원리에 기반을 두었다. 그러나 안전 또는 기본적으로 삶에 유익한 규범에서조차 명상의 발달에는 충분하지 않다. 후자, 즉, 명상을 방해하는 진정한 세력은 갈등과 경쟁이다. 이것이 왜 교회가 수사들에게 상업적인 활동들을 제외한 모든 종류의 활동들도 허용했는가에 관한 논거이다. 우리가 고찰한 것처럼, 구걸조차도 명상적 삶과 조화될 수 있다고 생각되었다. 자연경제에서, 자선은 확실한 소득원을 제공하기에 신뢰받을 수 있었고, 비록 이 자선이 간소한 살림만을 부양해 주지만, 그것이 안전을 가져왔고 경쟁과 투쟁의 장치들을 회피하고 정신적 생활에 대한 그 자선의 효과들이 가능하도록 만들었다. 318

그러나 사회는 특정한 동인들이 승화되어야한다고 그저 요구할 뿐만 아니라, 때때로 특정한 승화들은 파괴되어야한다는 것도 요구한다. 프로이드(Freud)는 그의 인상적인 연구에서, 적나라한 욕구에 대한 특정한 승화와 회귀의 유형에 대해 거부를 일으키는 것은 보통 전쟁이라고 지적했다[39]. 그에 의하면, 타인들의 고통과 죽음에 대해 문명화된 조건하에서 우리가 일반적으로 느끼는 동정심은, 승화와 일체화의 결과이다. 그러나 이것은 일반인의 생활과 관련된 평화로운 조건들 아래서 작용한다. 전시에 생존하기 위해서는, 우리는 우리의 동료로부터 우리의 일체감을 철회하고, 우리의 원시적인 자기주장 속에서 타인의 고통에 냉정해지는, 보다 더 원시적인 정신 상태로 반드시 되돌아간다. 만일 우리가 우리의 사회통제문제라는 관점에서 동인들의 이러한 승화와 탈승화의 과정을 고찰한다면, 우리는 그 과정의 성공은 직접적 및 간접적 영향의 방법들을 조정하는 것에 의해 좌우된다는 것을 알게 된다.

---

39) 프로이드(Freud, S.), 『반성』(*Refletions*), 브릴(Brill, A.)의 영역; 쿠트너(Kuttner, B.), "전쟁과 죽음에 대한 유행", (*Sammlung Kleiner Schriften zur Neurosenlehre*, N. Y., 1922)에서 발췌.

과거의 사회는 직접적 영향을 통해서만 승화와 같은 그러한 미묘한 변화들을 규제했다. 현재의 조건들 아래에서, 이 과정은, 만일 그것이 직접적 및 간접적 영향의 두 수준들, 즉, 우리의 보기에서 간접적 통제(부, 안전 등의 창조)를 통해 승화의 일반적 전제조건들을 만들고, 지근의 보기들로부터 바람직한 승화의 형태들을 위한 구체적 모형들을 제공하는 것에 동시에 작용한다면, 효율적이다.

2. *간접적 영향의 영역 내에서 통제들의 변이*

319 우리는 이제 간접적 영향의 영역에서 이 통제들의 변이에 관한 법칙을 연구해야 한다. 이 영역에서의 문제들은 다음과 같다. 즉, 어떻게 그리고 언제 군중행태가 조정된 집단행태로 변환될 수 있는가? 얼마나 많이 조직된 행태에 의해 제1차 집단들과 공동체들의 영향을 대체하거나 또는 그 반대가 이루어질 수 있는가? 조직된 통제의 새로운 가능성들과 새로운 종류의 관료제를 향한 경향은 여기서 특별히 중요하다. 그러나 유사한 문제들은, 관료제가 아니라, 상황들, 필드구조들, 그리고 장치들에 의해 통제된 영역들에서 발생한다. 언제 상황에 의한 통제가 필드구조나 사회적 장치를 통한 통제에 의해 대체되어야 하는가? 이러한 문제들의 다양성으로부터, 주로 직접적 압력에 의존하지 않는 새로운 종류의 계획의 관점에서, 필수적인 것으로 여겨지는 몇 개의 문제가 선택될 수 있다. 우리가 먼저 심리적 영향들의 신중한 교도는 보다 큰 기계화와 인위성으로 반드시 인도되는 것은 아니라는 것을 증명했던 것처럼, 간접적 통제들의, 특히 집중화와 분산화라는 의미에서, 조직에 대한 의식적인 관리와 관료제의 제도는, 만일 적절하게 인도되었다면, 비인간화를 예방하고 특정한 태도들의 관리를 보장한다는 점을, 인식하는데 똑 같이 중요한 것으로 생각된다. 이것이 왜

내가 이제, 조직의 모든 가능성들 가운데서, 분산화와 새로운 형태의 관료제에 관한 두 가지 문제를 단독으로 취급해야 하는가에 대한 논리이다. 나는 원격통제에 관한 계획된 조작이 이 영역에서 얼마나 효과적인가를 이러한 방법으로 입증되기를 바란다.

분산화의 문제에 관해서는, 사회적 기법들의 현대적인 속성은 집중화를 유발하지만, 이것은 우리의 유일한 준거가 기술적 효율성이 될 때만 비로소 사실인 것은 분명하다. 만일 다양한 이유들 때문에 주로 인격의 유지와 관련된 것들이라면, 우리는 특정한 한계 내에서 특정한 행동들을 분산시키기를 신중하게 바라고, 우리는 그렇게 할 수 있다. 그러한 종류의 신중한 분산은, 전(前)산업문명의 황금기를 칭송하는데 몰두한 순수한 낭만주의자나, 또는 기계의 출현에 대한 수세공인의 적의와는, 차이가 있을 것이다. 우리는 소규모의 기술적 단위들로 이루어진 전(前)산업시대로 복귀할 수는 없지만, 상대적으로 자율적인 단 320
위들을, 전체적인 산업체계에서, 타당한 곳은 어디에나 신중하게 삽입할 수 있다. 여기서 우리가 새로운 산업기법들에 대한 약간의 간과된 가능성들을 탐구하자마자 우리는 성공할 것이다. 예를 들면, 전기의 발견은, 여러 산업단위들에 공급하고 따라서 집중화된 기관처럼 행동하는 전력센터들 때문에, 처음에는 집중화를 촉진한다는 것은 잘 알려졌다. 그러나 소형모터의 발견은 공업영역에서, 장래에는 지방 센터들이 지역전력센터로 독립적으로 발달할 수 있는 새로운 기회를 제공한다. 이 사례들에서, 우리가 기술적 쾌적성을 한 방향에서 사용할 것인가, 또는 다른 방향에서 사용할 것인가 여부에 대한 것은, 오히려 계획집단들의 결정에 의존한다. 동일한 방법으로, 일단 주요 이슈들의 집중화가 보장된다면, 일종의 제2의 분산화의 가능성이 항상 존재하고; 우리가 아직도 대중사회로 변이하는 첫 번째 시대에 놓여 있고, 대규모의 감정적 통합과 직접적인 성공이 극히 중요하기 때문에, 우리는 인간에게 영향을 미치는 집권된 수단들-라디오, 선전, 대중 집회들, 스포츠, 영화, 등-에 그렇게 커다란 중요성이 있다고 여긴다. 그렇지만, 이전의 사례들에서처럼, 순응과 공조의 가장 기초적인 조건들이 보증되자말자, 우리는 어떤 경우든 핵심지위자들로부터 계획과정에 대한 방해 없이 개체성의 여지가 발흥하도록, 지방 유력자들이 스스로의 권리를 재주장할 기회를 다시 한 번 제공해야한다.

그러나 분산화는 집중화, 기계화, 그리고 비인간화의 위험들에 대한 유일한 해독제는 아니고; 또 다른 대안은 관료제에 활력을 불어넣는 것인데, 이는 아무리 많이 분산화가 촉진된다고 하더라도 계획된 사회는 아주 강한 집중화된 관료제에 항상 의존할 것이기 때문이다.

개선된 관료제의 문제는 새로운 조직과학의 분야로 분류되고, 만일 올바르게 생각했다면, 그 문제는 단지 증가된 효율성의 문제뿐만 아니라, 조직의 냉담한 비인격적인 분위기를 제거하는 것도 포함할 것이다. 이 측면을 이해하기위해, 누구든지, 발견과 발명의 중간인 변이단계에서조차, 새로운 사회적 기법들과 제도들의 과업을 제1차 집단들에
321 서의 개인적 접촉에 의해서, 이전에 제공한 특정한 서비스를 조직된 관리(管理)에 이양했다는 것을 기억해야만 한다. 그래서 우리는, 예를 들어, 국가 관료의 모든 직무는 그들 상사들의 부하들이었던 관리들에 의해 한때 수행했었다는 것을 명심해야한다. 동일한 방법으로, 소상인의 개별적 관심은 대형백화점들의 가게들로 대체되었고, 사회복지사업은 사적인 자선으로부터 종종 발달되었다. 그 과정에서 필수적인 요소는, 가정이나 근린과 같은 제1차 집단과 원래 깊이 관련된, 사랑·배려·상호구제에 대한 근원적인 태도들이다. 발달의 첫 번째 단계에서, 우리는 이 태도가 유기체적인 사회 환경에서 더 인공적인 환경으로 변환되어야 한다는 것을 유감스럽게 생각하는 경향이 있다. 우리가 주목해야할 첫 번째 사항은, 어떻게 뚜렷하게 비인간적인 우리의 사회적

관계들이 그러한 변화의 결과처럼 되었는가, 어떻게 모든 감정이 제거되었는가, 하는 것이다. 정말로, 사회조직의 방법들이 먼저 채택된 것은 인간외적인 효율성을 위한 것이었다. 그 조직은, 왕의 개인종복들은, 우리가 고찰한 것처럼, 인간외적인 문제조차도 왕에게 개인적으로 의존하고, 작업장과 대기업 양쪽 모두에서의 활동들을, 서비스에 관한 아이디어가 아직 발달되지 않은 효율성·편의·효용성에만 열중하는 제도로 변환하게 만드는 일종의 비인간적인 관료제로 발달한 것은, 새로운 과업들의 지속적인 성장 덕택이다.

이 발달의 중간단계에서, 단지 이 주요 기능들에 대한 합리화된 조직의 부정적 결과들만 분명해졌고, 인민을 사상(事象)들인 것처럼 관리하는 새로운 방법으로서 관료제라는 말은 대중의 적개심을 불러일으켰다. 그러나 관료제에 대한 이 초기의 반감들은 새로운 체제에 대한 약간의 보다 분명한 장점들에 의해 중화되었다. 첫째, 광범위한 군중들을 더 효과적으로 만족시킬 수 있었고, 더 오래된 방법들의 임의성은 더 계산된 효율성으로 대체될 수 있었다. 둘째로, 새로운 관료제는 인간사에 새로운 객관성을 가져왔다. 거기에는 비호·정실주의·인격적 지배를 향한 원래의 학습을 무력화하는 것을 도와주는 관료적 과정에 무언가가 있다. 객관성을 지향하는 이 경향은 주로 지배계급층에서 선 322
발된 관료제에 아직도 존재하는, 계급의식의 요소가 정의와 불편부당성을 향한 열망에 의해 거의 완전히 대체할 수 있을 정도로, 호의적 사례에서도, 몹시 강해질 수 있다.

우리는 관료제가 출현하기까지는 비인격적 및 계급차별 없는 정의(正義)에 대한 아이디어는 발생조차 할 수 없었다는 것을 잊어서는 안 되는데, 이는 계층적 사회에서 자유(freedom)는 다양한 지위들의 등급화 된 특권들로서 “자유들(liberties)”이라는 의미로 정의(定義)되기 때문이다. 이 새로운 객관성의 성장은, 그렇지만, 첫눈에 보인 것처럼,

인간관계들이 비인간적이고 비감정적이 되어야한다는 것을 반드시 의미하지는 않았다. 객관적 정의(正義)에 대한 새로운 개념은, 감정이 사례의 취급에는 애착을 갖지만, 도움을 받는 개인에 대해서는 애정을 갖게 되지 않는 그러한 방법으로 발달될 수 있다. 객관성과 감정은, 상호배타적이 되는 대신에, 결합된다. 조력은 제도화 되었고, 결과적으로 현대인은, 개인적으로 호의를 받기보다는, 명확하게 정의된 그의 권리들과 의무들을 소유하는 것을 선호한다. 우리는, 매우 친밀하고 상냥하게 어떤 사람을 개인적인 간호로서 호의를 베푸는, 병원의 간호사를 선호한다. 따라서 관료제의 발흥은 이전에는 전연 알려지지 않은 수요 -우리의 개인적 업무들의 많은 것은 비인격적으로 취급되어야하는 수요-를 만들어낸다.

이 사례들의 분석은, 느낌과 감정의 새로운 혼합이, 개인의 고립된 경험들에 의한 것들이라기보다는, 오히려 한 집단의 기능들이 점진적으로 또 다른 집단에 전이되는, 종합적인 사회적 과정들에 의하여 종종 만들어 진다는 것을, 우리에게 가르쳐준다.

현대사회가 제1차 집단들의 많은 과업들에 대해 양도를 강요하는 관료제를 만들었다는 사실은, 감정과 초연함의 결합과 같은 약간 신기한 느낌의 통합을 일으켰다. 실제적인 감정융합은, 그 국가들의 사회적 발달의 속성에 따라서, 국가들 간에 크게 변할 수도 있다. 이와 관련하여 비록 백화점이 모든 국가의 모든 산업사회에서 등장했다고 하더라도, 그 백화점은 매우 상이한 정신에서 설립되고 조직되었다는 것을 인지하는 것은 흥미롭다. 영국과 독일에서 소비자는 다소 비인격적인 서비스를 받지만, 프랑스에서는 개인적인 서비스유형을 선호한다. 프랑스에서는 점원이 고객을 계산대 그리고 가끔은 출입문까지 바래다드릴 것인데, 이는 프랑스는 아직도 소매상인의 땅이고, 백화점은 모든 점에서 그 비인격적 조직에 서로 맞지 않을 수도 있다는 마음가

짐을 물려받았다. 323

이 태도들에 대한 만화경적인 혼합은 우리 행동들의 변화하는 기능들과 부합된다. 그 혼합은 보다 큰 탄력성을 만들고, 제도의 직접적인 결함들은, 새로운 마음가짐들을 일으키는 요소들의 새로운 결합들에 의해, 나중에 제거될 수도 있다는 희망의 근거를 우리에게 제공한다. 태도들의 창조적인 결합의 예증으로서, 우리는 이전의 보기를 참고할 수 있다.

현대의 공동체관료제에서, 조직의 능력은 집행적인 기업능력과 결합될 수 있고, 경쟁과 상업적인 효율성은 이익에 대한 개인적인 탐욕이 없이 촉진될 수 있다는 것을 증명해 왔다. 더욱이, 상업적 생활은 서비스정신이 대기업에 통합될 수 있다는 것을 입증했다.

사회적 영향들에 의한 인간의 태도들과 그것들의 변환에 관한 더 종합적인 연구에서, 영국은 스스로에게 하나의 장(章)으로서 보상받을 가치가 있다. 본질적으로 매우 개인적인 "친절"을 그렇게 객관적으로 취급한 것은 아마도 다른 어떤 곳에도 없을 것이다. 이러한 객관적 친절은, 근린들 간에 존재하는 천부의 의무가 있는, 원시공동체에서의 상호협력에 따른 결과였다. 사회의 점진적 확대 때문에, 이 태도는 사람의 동료동향인들이나 그 나라에 살고 있는 외국거주자에까지도 확대될 수 있다. 개인적 요소는 변환될 수 있지만, 그것의 진정한 특성은 상실되지 않는다. 근린성의 감각은 친밀성의 흔적이나 보다 깊은 의무감도 없이 잔존했다. 이 비인격적 친절은 그럼에도 불구하고 미덕이고, 그것의 새로운 기능은 현대사회에서 상당히 많은 부분에 작용하고 있는, 관계들에 대한 감내할 수 없는 추상성을 보상하는 것이다.

마지막으로, 새로운 제도의 욕구를 충족하기 위한 이 태도들의 혼합은 우리의 현대사회복지사업의 발달에서 고찰할 수 있다. 사람은, 한편으로는 물질적·행정적 업무를 수행하고, 다른 한편으로는 새로운 형태의 자비를 실행하는, 그러한 색다른 심리학적 유형인 사회사업가만을 생각해야한다. 이 새로운 사회복지사업들은 단순하고, 물질적인 자비의 개념을 신속하게 보충하고, 점점 더 심리적인 사업이 되는 경향이 있다. 사회사업가는 단지 물질적 도움뿐만 아니라 정신적 치
324 유까지도 제공한다. 그는 개인적으로 관계되거나 소속되지 않고, 일상의 교제에서 감정과 생명력의 기운을 가미한다. 실행하는데 한정된 기능들을 가지고 있는 이러한 모든 새로운 형태의 조직된 사회복지서비스에, 연고관계 속의 감정적 요소에 대한 거의 의식적인 조작이 존재한다.

이는 어떻게 탄력적으로 조직된 활동이 될 수 있고, 어떻게 조직에 관한 보다 더 중요한 원리가 새로운 마음가짐을 만들어내는가를 다시 한 번 보여준다. 만일 새로운 유형의 사회사업이 성공적인 것이 된다면, 그 뒤에 오는 사회적 과정들은 작동되어야만 한다. 한때 광범위하게 분리되었던 활동들은 이제 결합되어야하고, 공식적인 관료제는 제1차 집단들의 자비로 진정되어야한다. 그 위에, 적절한 훈련이 제공되어야하고, 직원은 아직 비인간화 되지 않은 계급들에서 그리고 애정과 특정한 제한이 상호배타적으로 느껴지지 않은 분파들과 소규모집단들에서, 현명하게 선발되어야한다[40]. 그것은 별개의 문제로 하고, 선호는, 목표를 가진 업무만을 수행할, 인간의 감정적 유형을 입증해야한다.

수행할 명료한 기능들을 가진, 조직된 사회복지사업의 이 모든 새로운 형태들에서, 관계 속의 감정적 요소에 대한 거의 의식적인 조작이 있다. 공무원이 사회적 종복으로 꾸준히 발전하고 있는 현재의 발달단

40) 나의 제안으로 한 논문이 이 문제들에 대해 저술되었다. 투르헬(Truhel, K.), 『후생위원』(*Sozialbeamte*), 관료정치의 사회적 분석에 대한 기고(Ein Beitrag zur Sozioanalyse der Bürokratie), Thesis, Frankfurt/Main, Sagan(Benjamin Krause Hofbuchdruckerei), 1934년 참조. 또한 본서 참고문헌 III, 6 참조.

계에서, 우리 시대는 소규모집단들의 시대에서는 불가능한 것으로 보일수도 있었던 어떤 것을 학습해 왔는데; 그것은 이 감정적 요인들이 개인통제내의 일정지점에 위치하고, 종종 객관성 및 격의(隔意)와 제휴하고 있다. 보다 노년세대의 구성원에게는, 환자와 분석가들 간의 정신분석적 관계가 전체적으로 부자연스럽고, 선정적인 태도들에 대한 거의 터무니없는 조작으로 보여 져야만 한다. 그 구성원에게는, 그 관계가 누구라도 "감정전이"가 필수적인 서비스를 공적으로 제안해야 한다는 의미에서, 자가당착으로 여겨져야 한다. 반드시 치유가 이루어질 수 있는, 감정전이는 내밀한 연고관계들에서만 발달할 수 있는 어떤 것으로 나타나고; 한편으로는, 그것이 실제 발생한 것처럼, 그 감정
전이는 내밀성과 객관성, 근접성과 거리, 견인과 반발, 우정과 소원의 325
기묘한 결합이다. 그 감정전이는 명백한 지침이 없이 도움을 준다. 정신-분석의 사회학은, 이러한 인격적 요소들과 비인격적인 요소들의 흥미로운 혼합에 대한 즉각적인 수용이, 그와 같이 전적으로 새로운 결합들로 감정과 초월의 혼합이 가능하도록 만들었던, 이전의 사회적 발달들이 없어도 생각할 수 있는가 여부를 밝혀야한다.

이 모든 보기들은 관료제의 성장에 따른 보편적인 경보는 제도들과 조직들이 완전히 경직되고 새로운 마음가짐을 개발할 수 없다는 오래된 신념에 대중이 고착되어 있는 한에서만, 정당화된다는 것을 입증하고 있다.

악은 관료제 자체에 있는 것이 아니라, 여기저기서 이미 인식되고 있는 새로운 가능성들의 부적절한 개념 속에 존재한다. 관료제에 대한 논의는 두 개의 상이한 노선을 취하는 경향이 있다. 어떤 사람은 관료제를 기본적으로 악으로 간주하고, 또 어떤 사람은 그 관료제의 가능성들을 파악했다. 모든 관료의 공공연한 적인, 선량한 자유주의자는 완전히 자유로운 개인들이 그들 간의 균형을 유지할 수 있도록, 상호

통제에 의해 보편적인 관료적 통제를 대체하려 할 것이다. 이 체제는 현재의 사회기법단계에서는 작동할 수 없을 것 같은 그러한 급진적 분권화로 분명하게 인도할 수 있다. 그러나 아직도 또 다른 난점이 있다. 대규모산업의 결과처럼, 경제적 또는 그 반대의 거의 모든 거래가 사회적 특성(대규모산업의 작동에 있는 모든 흠결이 공동체를 헤치기 때문에)을 지니게 되는 곳에서, 공익과 계획의 이익 중에서 사익을 위한 욕구를 억제하는 것이 점점 더 필요해지고 있다. 오늘날 그것은, 어떠한 경향이 가장 성공할 것 같은가-중앙규제에 의해 자본주의의 과도함을 점진적으로 억제하는 것이 좋은가, 또는 경쟁을 위해 기회들을 만들고 그리고 경쟁구조 내에서 보다 인간적 조직을 제고함으로써 생기를 북돋을 것인가 여부 - 라는 미결문제가 아직도 존재한다.

나는 이 적대가 오늘날 아무리 극복할 수 없을 것 같더라도, 사상(事象)들의 노선에서 일소될 것이라고 믿는데, 이는 만일 민주국가들이 독재정체와 보조를 맞춘다면, 그 국가들의 산업들에 상당한 정도의 통제를 당하게 될 것이기 때문이다. 이것은 자본주의전통과 국가사회주의전통 사이의 연합, 즉, 행정사무조차도 새로운 가능성들을 개발해야
326 할 과정, 으로 자동적으로 인도할 것이다. 이러한 개발은, 아마도 직면하게 될 문제의 유형이, 정도의 차이를 가지고 행정과 경쟁의 두 원리들의 합병을 통해, 발생할 것이다. 그러나 본질적인 질문은 다음과 같다. 즉, 이 원리들의 어떤 것이 다른 원리를 통합되는 구조를 제공하는가?, 계획된 사회는 특정장소에서 작동하도록 설정되어진 구조이며 장치인가, 또는 갈등과 경쟁에 의해 결정되는 기본관계들이며, 고립된 장소에서 발생해야 하는 행정인가?, 이다. 우리의 의견으로는, 해결책은 이전의 방향에 있고, 비록 그것이 전환기 중에 가능하더라도, 진보는 미국에서처럼 후자에서 시작할 것이다. 거기에는 경쟁이 아직도 우세하지만, 계획된 개입도 증가하고 있다.

많은 것들이, 이 점에서, 결의안들과 전쟁들이 계획을 향한 발전에 박차를 가하는가 여부, 즉, 어떤 사례에서 중앙의 관료적 요소들이 우월해야 하는가, 에 좌우된다.

그러나 중요한 문제는, 통제하고 조정하는 기관으로서, 국가가 자체적으로 통제되는가 여부, 즉, 계획의 원리가 자유와 민주주의와 조화시킬 수 있는가 여부이다. 의회제도의 역사는 이러한 점에서 통제의 대한 통제의 역사이다. 우리의 관점에서 정부의 역사는 인류의 통제가 다시 한 번 인간통제를 받는 특별한 사회적 기법의 역사로서 재해석되어야한다.

만일 어떤 사람이 종합적 견해를 취한다면, 이 기법은 국가조직의 영역에서만 의심할 여지없이 명백하다는 것은 단지 우연에 불과하다. 일단 통제에 대한 통제의 원리가 발견되었다면, 그 통제행동에 대한 범위와 본질은, 잔존하고 있는 통제들에 대한 그 통제의 관계는 물론, 정부에 의해 대부분은 규정될 수 있다. 이러한 환경에서, 그 통제는 확실히 정치적 문제이지만, 그것의 사회적 및 기술적 측면들에서도 또한 논의되어야 할 하나의 문제가 있다. 어떤 사람은, 훨씬 더 나아가, 그 통제의 기술적 의미들이 안출될 때까지, 정치적 문제를 적절하게 정리하는 것은 불가능하다고 말한다.

헌법적 발달의 역사는 진실로 한때 독립적인 통제센터의 광범한 집중에 불과하다. 이 집중은, 새롭고 통합된 사고방식을 보유한 중앙집권기관들에 호의적인 그 단위들의 부분적 목표들을 포기하도록 권력투쟁을 하고 있는, 경쟁자 단위들을 강요한다. 주권의 유의의는, 어떤 327
방향으로 집중된 권력이 이동해야 하는가를 결정하는 것이고, 따라서 주권자가 왕, 인민, 인민의 대표자들, 또는 지도자조차 되어야 하는가 여부는, 이 관점에서는 문제가 아니다. 사회적 통제에 대한 원래의 초점들-왕자, 도시국가들 같은 영토적 권력들 또는 귀족계급, 성직자들,

그리고 하원의원들 같은 기능적 계급단위들-은 우연히 성장했다. 결정해야할 다음 업무는 이 통제들이 집중되어야 하는가 여부와 순전히 객관적 근거들에 기초한 권력의 재배분이 되어야 하는가 여부였다.

Ⅵ
사회통제의 역사로서 의회 및 민주정치의 역사

1. *통제들의 통제에 관한 발달의 3 단계*

만일 우리가 통제의 집중과 통제들을 통제하는 기법의 역사를 하나의 장(章)으로서 민주정치를 연구한다면, 우리는 우연한 발견, 발명, 그리고 계획의 3 단계에 다시 직면하게 된다. 이 연속된 단계들과 관련된 구조적 변화들은 헌법사의 현재 국면들과 일치하지 않다는 사실을 강조할 필요는 없다. 그럼에도 불구하고 우리는 이 유형이 정치적 변화에서 필수적 요인들을 설명하는데 도움을 줄 것이라고 믿는다[41].

통제들이 아직도 무정형이지만, 우리는 우연한 발견의 단계에 머물러 있다. 집단이 정부의 기능을 수행하는데 특별한 조직을 갖고 있지 않는 한, 통제들은 사회전체에 확산된다. 그 통제들은 노동규제, 종교
328 축제의 조직, 또는 서로 다른 성별과 세대 간의 관계를 통제하는 규칙들과 같은, 행태의 상이한 측면들을 취급하는데, 그 측면들이 요구될 때는 언제나 모습을 드러낸다. 이 무정형의 단계에서 통제들은 아직도

41) 본서의 말미에 입헌정치에 대한 참고문헌. 본서 참고문헌 III, 4, c; V, 1, 그리고 내가 이 장(章)의 자료를 정리할 때 도움이 된, 『사회과학의 백과사전』(*Encyclopedia of the Social Sciences*)에서 쉐파드(Shepard, W.)의 정부에 관한 논문 참조.

수의적이다. 거기에는 강제하는 권력을 가진 특별한 관리들도 없고, 대표할 관리들을 위한 구체적인 기관들도 없다. 공동체의 임의적, 비합리적인 도의심을 표현하는 관습들은 정오(正誤)의 경계들을 정한다. 이 행태의 규범은 공동체의 직접적인 압력에 의해 강요된다. 관습에 의한 규제는, 전제적이며, 대체로 말하면, 민주적, 양자 모두이다. 따라서 그 규제는, 현대사회가 신중한 계산에 의해서가 아니라 직관적 동의에 의하여 목표로 설정한 이상(理想)에 도달한다. 관습들은 우리가 공무는 물론 사적관계들이라고 이제 불러야 할 것을 지배한다는 점에서 전체주의적인데, 이는 이 단계에서 이 두 영역들은 하나로 통합되기 때문이다. 따라서 거기에는 현대적 의미에서의 자유가 없고-이러한 전체주의적 규제를 피할 수 있는 권력도 없지만, 이것은 어떠한 갈등들과 어떠한 개인적 일탈도 없다는 것을 당연히 의미하는 것은 아니다. 동시에 관습법은 모든 사람이 다소간 그 법을 승인하고 그 법을 제정하는 것을 도왔다는 의미에서 민주적인데, 이는 그 규정들은 점진적인 선택과정의 결과이고, 많은 세대들은 그 규정들이 건전할 것이라고 느꼈기 때문이다. 그 법의 해결책들은 그것들 자체의 품위를 보유하고 있는데, 이는 그 해결책들이 집단의 집합적 발견이기 때문이다. 전 공동체가 이 발견에 참여하고, 규정들은 새로운 상황에 직면한 개인들에 의해 점진적으로 약간 변경된다. 따라서 종속과 권위, 자유와 압력, 합의와 변화는 병존한다.

발명의 단계는, 특별한 제도적 기관이, 재가(裁可)에 의해 강요된, 지배를 위한 명확한 권위와 함께 설립될 때에 도달했었다. 사회적 기능의 분화를 수반하는 새로운 원리 때문에, 한때 결합된 그 원리의 요소들이 이제는 서로 분리된다.

(a) 더 이상 어떠한 만장일치의 의견합의는 없지만, 민주체제아래서 합의는 다시 한 번 도달되어야 하거나 또는 그 합의는 권위-왕, 소수

의 독재자 등-에 의해 대체될 것이다.

(b) 합리화된 법은 관습과 점진적으로 구별되기 시작하고, 머지않아서 기본법과 보통법 사이에 불일치가 발생한다. 이 합리화의 과정은, 현대헌법에서 기본법이 사회의 법적구조를 지배하는 조직의 기초 원리를 결정할 수도 있고, 개별법들은 기본법에서 추론되거나 또는 두
329 법을 조화시키기 위한 어떤 시도가 이루어질 때까지 진행될 수 있다. 여기서 우리는 발명의 단계에 도달했는데, 이는 사회조정의 구조가 신중하게 안출되었고 제도를 형성하기 위해 조직되었기 때문이지만; 우리는, 이 체제의 유형이 그 체제의 관할구역을 넘은 인간행태와 관련된, 많은 타 영역들이 존재한다는 것을 여전히 용인하는, 계획의 단계에는 아직 도달하지 못했다. 이것은 틀림없이 자유헌법이 기초하고 있는 원리로서; 그 원리는 발명의 단계에서 정부에 대한 가장 명료한 보기인데, 이는 헌법적으로 결정된 특정한 기본적 관계들은 별문제로 하고, 규제는 *자유방임*을 지지하여 포기되었기 때문이다. 이것은, 물론, 모든 것이 혼돈의 상태에 있다는 것을 의미하는 것은 아니고, 단지 다른 형태의 규제와 통제를 파열구(破裂口)에 쏟아 붓는 것을 의미하며, 이 형태들은 종종 정부와 정부의 합리화된 법적체계와는 완전히 독립적이다.

따라서 우리가 관습이라고 부르는 무정형의 통제들은, 그것들이 우연한 발견의 단계에서 한 것처럼, 합리화된 형태로 보전되고, 인간행태의 더욱 많은 부분을 결정한다. 자유입법은 습속들과 관습들의 권력을, 합리적인 법을 수반하지만 제정하지는 않는, 근본적인 합의를 야기하는 효소로서만 사용하고, 거의 다루지 않고 남겨둔다.

행태에 대해 규제하는 이 단계에서, 경쟁은, 특히 경제적 필드에서, 행동의 특별한 형태, 즉, 자유로운 조정에 의한 이윤추구, 의 근원이 된다. 이 행태는 이전 관습의 산물이 아닐 뿐만 아니라, 자유주의국가

가 그 관습들의 영역 내에서 간섭을 신중하게 삼가 하는 것처럼, 현대
의 합리화된 법적 및 행정적 절차의 산물도 아니다. 조정의 과정은, 물
론, 완전히 통제가 없는 것은 아니지만, 경쟁의 장치들과 교역의 세계
라 부르는 필드구조에 의해 인도된다. 따라서 상업체계는 이상적인 의
미의 경제인과 함께 창조된다. 만일 정정당당한 경기태도와 같은 특정
한 도덕적 의무들과 사적재산 및 계약의 신성불가침을 지배하는 것들
과 같은 특정한 법적규제들이 관찰된다면, 비록 교역장치가 특별한 경
제법칙들 및 체계적 압력과 함께 겨우 작동되었더라도, 그 장치는 그
럼에도 불구하고 상호통제를 확보하기위한 자동장치처럼 작용했고,
우리가 언급한 다른 두 체제들의 범위 밖에서 잔존했다. 만일 우리가 330
정부의 관점에서 자유주의체제를 고찰한다면, 그 체제가 한편으로는
그 체제의 통제, 전통적 습관, 그리고 관습에서, 다른 한편으로는 독립
적 시장들의 필드구조에서 벗어난, 두 체제를 내포했다고 우리는 말할
수도 있다. 이것들은 현대의 조정된 계획체제에 의해 차후에 흡수될
분야들이다.

자유주의시대의 최대성과(물론, 이전 세기들이 기여했던 것)는 사회의 법적구조에 대한 의회통제의 제도였다. 우리가 이미 지적했던 것처럼, 그 제도는 민주적인 방법들에 의한 통제들의 통제에 대한 발견이었다. 그러나 이 발견은, 우리가 방금 고찰했던 것처럼, 시장의 관습들 및 법칙들처럼 많은 것들이 중앙집권정부의 반경 밖에 있기 때문에, 모든 통제에 적용될 수는 없다. 관습들에 대한 중앙통제는 실패했는데 -이는 일부는 지방과 직접적인 영향과 관련된 기법들에 너무 밀접하게 관여되어 있기 때문이고, 일부는 사회학과 심리학의 결합된 학문들은 의식적 및 합리적 방법으로 그 관습들에 영향을 주기에는 아직도 너무 미숙하기 때문이다. 이 분야는 전통이라는 익명의 힘에 위임되었다. 교회는 중앙에서의 교도를 약간 시도했지만, 사상(事象)들의 노선

을 통제하는 데는 아직까지도 진정으로 효율적이지 못했다. 대규모의 구조적인 연계관계들을 안출하고 그 관계들의 사회적 함의를 인식하는데 요구된, 강력한 집권된 기법과 지식의 결여 때문에, 경제적 과정도 역시 영향 받지 않았다. 우리가 정부영역을 계획하는 단계에 도달한 것은 겨우 우리 시대에서이고, 그래서 여기서도 역시, 중앙집권 된 개입은 이론적으로 가능해지고, 민주적 통제의 통제기법은 모든 영역을 다룰 수 있도록 확장되어야한다.

이것은, 집권 된 당국에 *사실상* 지배를 받지 않는, 모든 통제는 중앙에서 지배해야 하지만; 중앙통제는 더 자주 간섭할 수 있고, 그렇지 않은 때에는 중앙의 권력들을 사용하는 것을 신중하게 포기해야한다는 것을-우리가 항상 반복했어야 하는 것과 같이-의미하는 것은 아니다. 우리의 다음 문제는 이 통제의 장치를 지배하는 필수적 과정들과 그 장치를 계획된 사회에 전가하는 난점을 고려하는 것이다.

2. *작업질서에서 의회 및 민주체제를 유지하는 필수적인 사회적 기법들의 분석*

331 (1) 첫 번째 단계는 국가의 주권을 확립하는 것이었고, 이것은 절대주의시대에서 영향을 받았다. 그 주권은 지방 및 특별자치단체들로부터 법과 권위의 문제들에 대한 결정과 관련된 궁극적인 권력을 회수하는 것에 존재한다. 이것은, 비록, 우리가 고찰했던 것처럼, 그 통제들 중 많은 것이 다루어지지 않고 남겨졌음에도 불구하고, 기존의 사회통제들에 대한 광범한 통합 및 조정과 관련되었다. 사회적 기법이라는 점에서 보아, 법과 질서의 영역에서 국가주권은 왕실군대와 관료제-이 새로운 집권화의 가시적 대행자들-의 동시적인 창조와 부합한다. 이것들이 없이는 다른 주권요소들은 집중될 수 없었다. 국가는 이제 자체

의 군대와 관료기구를 유지할 수 있는 재정체계를 확립하기 위해 노력했다. 그러나 여기가 절대주의가 실패한 곳이다. 먼저, 화폐는 신산업들과 그 산업들의 수출을 통해서만 획득할 수 있지만, 이 산업들은 그것들의 제한된 경제적 기법들 때문에 집권될 수 없다. 중상주의는 국유기업들을 설립하고 국가통제를 행사하려 했지만, 이 제조업의 시기 중에는 오직 소수의 재벌들만 이익을 낼 정도로 초보적이었다. 더욱이, 경제는 새로운 발명과 국내·외에서 새롭게 정복된 경제지역들이 문제의 직접적인 원인이 되었고, 전체적인 개척자적 엘리트들 계급인, 다수의 독립적인 지성인들을 기본적으로 요구한, 팽창의 시대를 통과하고 있었다. 이것이, 왜 절대주의가, 경제에 관한 한 유산계급에게 하나의 명료한 분야를 제공했었고, 군대와 관료제에서 달성되었던 집권화가 경제적 분야에는 전이 될 수 없었는가에 관한, 주요한 논리이다.

이것들과는 별도로 주권에 대한 민주적 통제는 점점 더 가능해졌다. 그러한 시각에서 주권을 고찰한다면, 자유주의(liberalism)의 원리는 두 가지 형태들의 자유(freedom)로 발달했다. 하나의 형태는 상호통제들이 우월했던 영역(무역과 관세의 분야)의 존재에서 생각하는 바를 털어놓은 것이고, 두 번째 형태는 집중화를 받아들이지만 그 형태를 민주적으로 통제하고자했다. 새로운 기법 때문에 경제 분야는 군대와 관료부문들처럼 집중화되고 있는 현재의 상황에서, 자유는 집권된 민주적 통제를 첫 번째 분야에 적용하는 문제에 직면한다. 이 민주주의 332
가 그 시대에는, 물론, 상당히 광범위한 과두제였지만, 이 형태에서조차 그 민주주의의 성과는 민주적 통제의 새로운 패턴을 만들었다.

(2) 민주적 통제는 두 가지 중요한 사상(事象)들을 달성했다. 첫째, 그 통제는 주권의 새로운 대표자들이 그들의 권력을 남용하지 않고 무책임한 독재자들로 발전시키지 않는다는 것을 보장한다. 이것은 행정이 입법권에 종속하거나 또는 가장 극단적인 사례로 입법부·집행부·사

법부가 그들의 업무를 방수격실에서 수행하도록 강요하는 삼권분립에 의해 성취되었다. 그 삼권분립은 각 권력을 타 권력들에 대해 서로 반목시켜 자유를 보장하는 오래된 책략이지만, 주권확립이전에 그 권력들 간에 균형을 유지한 것은 지방당국자들이었음에 반하여, 이제 서로를-입법부, 행정부, 그리고 사법부-저지하는 것은 기능적 단위들이다.

(3) 민주적 및 의회적인 정체도 역시 의회에서 선출된 통제집단들 간에 권력의 균형을 유지하고, 어떤 정당들 중의 하나 또는 어떠한 특별의회집단이 *쿠데타*에 의해 의회가 전복될 수 있을 정도로 강력해지는 것을 방지하고자 몹시 노력했다. 이것은, 왜 체제가 정치적 단위로서 어떠한 계급이나 직업을 조직하는 것이 위험스러웠던가를 의미했고, 독자적이며 구속되지 않은 고립된 개인이 그의 관심사항들을 어떤 때는 한 정당 또 다른 때는 다른 정당에 의해 표상되는 것을 발견한 그에게 최종적으로 호소하는가에 대한, 이유이다. 모든 계급이나 전문조직은 단호하게 그것에 속박된 개인을 지배했고, 따라서 주권을 위태롭게 했던 방법으로 권력을 축적했다. 자본주의의 현재단계에서 이러한 위험은 증가되었는데, 이는 사회적 기법의 집중화된 경향들의 결과로서 카르텔들, 신탁들, 그리고 노동조합들 같은 대규모결사체들은 국회 밖에서 그들 자체의 권위를 행사하고 위기 시에는 권력의 균형을 위협한다.

(4) 추가적인 문제는, 합리적인 조작에 의해, 적대적 집단들 간에 한
333 때의 즉흥적인 합의로 교체하는 것이다. 상반되는 이해관계들 간의 일련의 타협은 체제 내에서 동적균형을 유지한다. 따라서 의회는 갈등을 화해시키기 위한 새로운 기법으로 간주될 수 있다. 의회는 지적 및 심리학적 차이들을 제거하는 방법인데, 이는 토의가 정화제로서 기능하기 때문이다. 동시에, 세력에 대한 진정한 시험만이 끊임없는 반목들 간에 순간의 유예를 만들어 낼 수 있고; 이제 의회는 권력의 균형을

복원했고, 그래서 상층부를 감축하는 대신에 그것을 중요시한다고 적절히 언급되었다. 권력의 차이들은 더 이상 행동의 검증에 집중하지 않지만, 투표에 의해 표현된 일종의 숙려에 의해 발현된다. 교섭에서처럼, 야당들은 합의에 도달될 수 있는 지점에서 그들의 최대요구사항들을 축소하려고 할 것이다.

(5) 의회제의 특별한 장점은 어떠한 거래과정에서도 나타나는 우유부단하고 대립되는 동인들을 분리시키는 것이다. 두 사람이나 두 집단들이 거래에 개입된 때는 언제나, 양자 모두 그 거래 중에 최고를 획득하고자 하는 동인과, 그와 같은 거래를 확보하고자 하는 동인이 끊임없이 변동한다. 그러나 의회제도들은 이 두 집단의 동인들을 완전하게 분리할 목적을 가진 심리적 발명으로 생각할 수 있다. 한편 선거의 기능은 거래의 유지에 관심을 가지고 있는 그러한 동인들을 강화하고 통합하는 것이다. 유권자는, 정부의 선출에 의해, 국가에서 거래의 이행과 기본적인 사회관계들의 유지에 대해 사전에 입장을 분명히 한다. 이와 반대로 국회포름을 통해, 공적인 정강이 의회자체 내에서 사적이해관계들을 표출하기 위해 제정되었다. 봉건제도의 특징이었던 단순한 물물교환이나 사적계약들에서는 이해관계들 간에 갈등이 항상 존재했다. 양 당사자들은, 대부분의 사례들에서, 그들 자신의 방법으로 그 이익을 모두 갖고자 결심했거나, 또는 그것이 실패한다면 계약의 실패와 기존제도들의 파괴의 위험을 수용할 결심을 했다. 그것과는 대조적으로, 서로 다른 이해관계들이 의회에서 표상되었다고 하더라도, 합의의 욕구는 당연한 것으로 여겨질 수 있다. 정당거래와 지방적인 이해관계들의 공적인 대표는, 입법과정의 이면에서 합의를 위한 근본적 소망처럼 의문의 여지를 남기지 않는 방법으로, 수행된다. 경제적 거래도 역시 민주적인 교섭의 형태이고, 가격은 양 당사자들이 거래를 확보하기 위해 그들의 요구 중 일부를 포기한 때의 불안정한 균형점을 334

나타낸다. 경제가격의 문제가 제기되는 때에는, 전체적인 사회적 행위가 잠재적으로 위태로워지는데, 이는 만일 거기에 최소한의 일탈이라도 있었다면 이 사회적 행위는 발생하지 않을 것이기 때문이다. 의회의 타협은 균형의 표현과 똑 같지만, 그 타협은 사회적 행위의 성과가 문제를 일으킬 만큼 불일치가 진행되는 위험을 예방하기 때문에 더욱 더 견고하다. 오늘날 우리는, 어떻게 합의의 욕구와 부분적인 이해관계들의 제도적 표상 사이의 간극이 갈등의 긴장을 완화했던가를, 어느 때보다도 더 날카롭게 인식한다. 이 의회제의 심리학적 측면은, 만일 어떤 사람이 그 체제를 양면가치의 감정들에 의거하여 업무를 수행하고 사랑과 증오의 두 극단들 사이에서 망설이는 사람과 비교한다면, 훨씬 더 분명해진다. 숙련된 심리학자는 한때는 증오하고 또 다른 때는 사랑을 안출하는 기회를 만들 수 있다. 그것은 적어도 그의 한정된 삶의 기간 중에 그가 일관성을 보일 수 있게 한다. 개인의 동요하는 태도들에 대해 그러한 숙련된 분리가 가능한가 여부는 여기서의 관점 밖이고, 이상하게 보일지 모르지만, 그 분리는 합의와 불일치를 분리하고, 제도들에 의해 자기표현의 기회를 그들에게 제공하는 바로 그 기법에 의해, 장기적인 행동과 협력을 가능하게 하는 의회기관들에 의해 대규모적으로 달성될 수 있다.

이 두 유형의 동인들을 더 장기간에 걸쳐 배분하여, 의회기관들은 장기적인 행동의 가능성을 단순히 만드는 것뿐만 아니라, 그 기관들이 분노의 표현을 억제하는 것처럼, 감정적 긴장도 줄인다. 어떻게 좌익과 우익 양쪽의 독재정체들이, 반대의 감정들을 배출할 수 없을 뿐 아니라 건설적 비판으로도 변환시킬 수도 없다는 사실로부터 고통을 받고 있는가를 우리가 고찰한 때에만, 우리는 의회적인 기법의 완전한 성과를 인식할 수 있다. 아래로 부터의 태업과 위로부터의 추방은 의회제도들의 빈약한 대체물들이다.

(6) 의회제는, 적어도 정치적 분야에서, 선도적 엘리트들의 선발과
순환을 역시 보장한다. 선거들은 권력을 행사하는 사람들의 출세를 돕
고, 더군다나 그 선거들은 명성을 남용하고 시사문제의 수요와 부합되 335
지 않는 정책을 추구하는 사람들을 제거하는 합리적이고 평화로운 방
법을 제공한다. 따라서 지속성과 탄력성 양자가 확보된다.

(7) 민주적 통제는 또 다른 위험, 즉, 대중심리상태, 으로부터 보호해야한다. 우리는 증가하는 사람들은 기본적으로 민주주의의 위험이 아니라는 것을 본서의 다른 부분에서 종종 고찰했다. 우리가, 단순한 군중이 아니라, 집단들로 조직되고 사리에 밝은 사리사욕이나 또는 아이디어에 의해 활성화된 다수의 개인들을 만나기 때문에, 우리는 그들이 그들의 거래에서 더 이상 단순히 감정적이 아니고 합리적이라는 것을 인지한다. 군중경제의 위험은, 조직되지 않은 군중들이 비숙려적인 감정의 파고에, 특히 위기의 시기들에, 노출되었을 때만 발생한다. 경기순환의 리듬이 불황기에 군중들의 안전을 위협하면 할수록, 그들은 더욱 더 암시감응적이고, 특정한 여건들 아래에서, 그들은 그들의 최고의 특권들, 특히 그들의 민주주의에 대한 권리, 을 흥분의 열정 속에서 포기까지 할 것이다. 민주주의의 아버지들은 이 위험을 항상 고려했고, 감정적 풍조나 찰나의 선전이라는 스트레스 아래에 있는 그 체제를 변경하는 것을 방지하는 신랄한 기준들을 제공하여, 보통 헌법자체를 변경하는 것을 어렵게 만들었다. 동일한 목적에 기여는 것으로, 리프만(Lippmann, W.)[42]이 "다면적인 유권자"라고 재기 넘치게 기술한, 작용 중에 있는 또 다른 영향이 있다. 이것은 같은 유권자가 여러 상이한 집단들에 소속하는 것을 의미하고; 그 유권자는 국가, 지역, 전문조직 등의 구성원이다. 여기서 우리는, 독신남자의 동인들 및 욕구

42) 리프만(Lippmann, W.), 『좋은 사회』(*The Good Society*, London, 1938), 254쪽.

들은 그것들이 표현되고 있는 집단들에 따라 변할 수 있다는, 심오한 사회학적 발견을 했다. 그러나 군중의 암시 감응성(suggestibility)을 중화하고 정신병적 반응을 약화시키는 또 다른 방법들이 있고, 이것들은 전문가들에 의해 의견을 감별하거나 중요한 문제들에 대해 위원회들이나 의회에 회부하는 것을 포함한다.

3. *자유- 민주국가들과 전체주의 국가들 간의 증가하는 유사성*

대단히 교묘한 민주적 통제기구는 철저히 계획된 사회의 뜻대로 되
336 고, 그 사회가 독재정체로 퇴보하는 것을 방지할 수 있다. 사회적 기법들과 관련되는 한, 유일한 진정한 문제는 민주적 책임과 합리적 계획을 결합하는 것이다. 우리는 민주적 기구가, 발명단계에서의 민주정부와 계획단계에서의 전체주의정부 사이의 차이를 우리가 인식할 때까지, 계획된 사회에서 작동할 것인가 여부를 결정할 수 없다. 모든 통제들을 정부자체의 수중에 들어가도록 시도한다는 의미에서, 정부가 전체주의적이라는 것은 파시스트국가들이나 공산주의국가들에만 국한되는 것은 아니다. 현재의 발달단계에 있는 서구민주국가들은 자유주의 개념의 정부에서 사회적인 개념의 정부로 점진적으로 변환되고 있다. 이것은 주로 국가는 더 이상 자체의 관심을 입법·행정·사법의 3개 분야에만 국한하지는 않지만, 사회복지국가로 변화하고 있기 때문이다. 이 변화는 전쟁에 대한 보편적 준비에 의해 급격하게 촉진되고 있다.

변화의 진수는 자유와 재산의 소극적 보호에서 생산과정과 사회복지사업에 의해 예증된 부의 분배에 관한 적극적 영향에 진력하는 것이다.

자유주의적 의미에서 비(非)개입의 전통은, 국가가 사회개혁을 책임지고, 간접적으로 과세를 통해 소득에서 형평성의 증가를 가져오고, 부자로부터 가난한 사람에게 재산이전을 시도한 때에 포기되었다. 따

라서 사회보험의 방향에서 모든 조치는, 모든 사람이 그 자신의 이익
들을 보살펴야 한다는, 이전(以前)원리의 파기이다. 사회보험은 적극적
인 개념의 국가를 지향하는 거대한 진전이다. 이러한 경향은, 국가가
진원지에서부터 경기순환을 지휘하거나 또는 경기순환의 불건전한 효
과를 중화하는, 국가의 시도들을 매번 강화한다. 대기업들과 은행들의
붕괴이후, 보조금이나 공적지원의 여러 형태들, 공공토목사업의 조장,
확대되는 공공시설의 개념과 함께, 상이한 통화조작의 유형들, 그리고
사회사업가의 발생은, 입헌국가에서 사회복지에 기초한 국가로의 변
환을 나타내는 징후들이다. 추가하여 민주국가들은, 전체주의 국가들
처럼, 계획에 따라 모든 심리학적 기법들을 탐구하고 있다. 선전, 무선,
그리고 위락은 국가가 그 취급을 억제할 수 없는 공적인 관심사가 되
고 있다. 방송제도는 집권화된 선전을 위한 기회의 전형적인 보기이 337
다. 영국방송공사(B.B.C.)에서 아무리 민주적으로 프로그램이 계획되
었다고 하더라도, 그 프로그램은 군중들의 여가에 영향을 미치고 있
다. 무엇이 제작되고 무엇을 억압할 것인가에 대한 단순한 선택은 사
람들의 취향들과 조건들에 영향을 미칠 것이다. 라디오프로그램들, 영
화산업들, 그리고 위락센터들 때문에, 레저의 조직체는 점점 더 국가
와 기업재벌들의 수중으로 넘어간다. 이러한 의미에서, 구조적 변화가
모든 국가들에서 발생하고 있고, 이 집권된 영향의 이용에서 새로운
가능성들이 발명되지 않는다면, 레저의 질은 안내자들과 안내받는 사
람들의 최저공통분모로까지 격하될 것이다. 자유주의국가와 비교하여,
현대국가는, 사람이 그 국가를 좋아하든 말든 간에, 거의 완전한 통제
력을 보유하고, 그 국가가 국가의 장점을 취하려고 의도하고 있는가와
국가 활동들을 공익사업으로 변환하는가의 여부는, 거의 전적으로 국
가자신의 선의의 욕구에 좌우된다. 이 과정 중에 국가의 권력은 국가
가 사회와 거의 동일시 될 때까지 증대할 것이다. 국가를 병합하는 것

은 사회가 아니고 바로 주변의 다른 방법이다. 국가는 사회를 병합한다. 만일 현재의 추세들이 억제되지 않는다면, 국가는 쇠약해지는 대신에 점점 더 야심차고 강력해질 것이다.

의회가 자신의 제도들을 단지 사회변화세력들의 운하망으로 간주하는 동안에, 현대국가는 이 세력들의 흐름을 자체적으로 규제할 것이다. 이전의 국가들은 변화를 일으킨 경제적 및 사회적 과정들을 조작하지 않았지만, 경기순환의 문제는 이러한 종류의 관리와 관련된 시도이다. 자유주의국가의 관점에서 경기순환은 그것의 모든 효과와 함께 아직도 움직일 수 없는 자연의 힘-기껏해야 어떤 사람은 여기저기에 댐을 건설하고, 흐름을 돌리기 위해 도랑을 팔 수 있다. -이지만, 현대국가에서 그 경기순환은 실험의 영역이다. 서구제국들이 보편적 안전에 대한 이 근본적인 문제-경기순환의 관리-에 착수하자마자, 그 국가들은, 독재국가들이 시도했던 것처럼, 모든 사회통제에 대해 조작하는 것을 점진적으로 강요할 것이다. 그 국가들은 서로 다른 계급들과 개
338 인들의 사회적 진보와 쇠퇴에 영향을 줄 것이고, 실업의 심리학적 효과에 그 국가들 스스로 관심을 기울일 것이다. 그것은 파산된 기업들에게 신용을 제공하고 정주자들을 위한 주택들을 건설하는 것과 같은 단순한 문제가 아니고, 문제들의 순환과 관련된 사람들의 심리학적 조건들을 포함한다.

4. *전체주의가 되어가는 국가에서 주권의 민주적 통제가 가능할 것인가? 사회적 및 기술적 그리고 정치적 및 실제적 관점 간의 일탈*

만일 누군가가 이 논쟁들이 납득되지 않는다면, 전체주의국가들의 존재는 전쟁준비로 인도한다는 것을 그가 기억하도록 하자[43]. 다음 전

쟁은, 조정의 기법을 사용하도록 만드는 것을 거부하는 모든 국가는 붕괴하게 될, 전체주의의 전쟁이 될 것이다. 이 전체주의국가들과의 경쟁은 민주주의국가들이, 적어도 약간은, 그 전체주의국가들의 방법들을 사용하도록 강요한다. 이것은 현대의 반(反)전체주의적인 민주주의국가들도 분명히 전체주의국가들과 동일한 기본구조를 가지고 있다는 것을 다른 각도에서 우리에게 다시 보여준다. 왜냐하면 거기에 현대사회의 바로 그 구조를 변경하고 있는 그 사회의 기본패턴이 있기 때문이다. 정치적 조직체들은, 변화하는 구조에 의해 표상된 문제들에 대처하기 위한, 어느 정도 효율적인 실험들이다. 따라서 전체주의가 되어가는 과정은 촉진되지만, 전쟁을 위한 보편적 준비에 의해 주도되는 것은 아니다.

이 공동의 구조적 경향이 더 명백해질수록 다음의 질문을 하는 것이 더욱 더 중요한데, 그것은, 현대국가의 민주적 통제가, 모든 종류의 사회통제에 대해 전체주의적인 감독을 행사하는, 사회복지사업의 조직으로 변모되는 것이 이제 가능한가? 또는 전체주의적 주권은 독재정체와 필연적으로 관련되는가?, 이다.

민주주의와 계획이 서로 배타적인 영국에서의 이론적인 조류와는 반대로, 우리는 민주적 통제가 가능하다고 믿는다. 차별 없이 모든 국가에서 발생하고 있는 증가하는 사회적 통제의 집중 가운데서, 만일 우리가 개입이 필요하고 바람직한 여론을 조성할 준비가 되어 있는 필드들에 대한 명확한 이론적인 이해를 했다면, 이 통제에 대한 민주적 교도는 진보할 수 있다.

상호 상반되게 만드는 계획 또는 민주적 기구의 본질에는 알맹이가 339
없다. 의회민주체제는, 그 체제를 공공통제의 아이디어와 결합하는, 주

43) 본서 참고문헌 Ⅲ, 2, c, d 참조.

권의 집중을 위한 방법을 만들어냈다. 따라서 민주주의와 자유의 수호자들을 위한 가장 현명한 전술은, 계획을 방해하는 것이 아니라, 민주적 통제가 제도적 안전장치들을 통해 유지될 수 있는 계획의 유형으로 발전시키려는 것이다. 이것은, 물론, *자유방임*의 진부한 공식이라는 의미에서는 성취될 수 없고, 계획의 구조 내에서 자유와 자결을 위한 범위를 만들고 보전하기 위한 견해를 가진, 훨씬 더 의식적인 기법들의 관리에 의해서만 달성될 수 있다.

이 보호 장치들을 확립하기 위한 적절한 순간과 그 장치들의 최종적인 성공의 기회, 양자 모두는 단순한 사회적 기법의 문제들이 아니고 사회적 및 정치적 요인들에 주로 의존한다는 것을 나는 결코 부인하지 않는다. 만일 계급들 간에 극복할 수 없는 적대가 그러한 보호조항들을 무의미하도록 만들어야 한다면, 그 다음엔 어떠한 기술적 지식도 우리를 도울 수 없다. 그러나 다른 한편, 만일 어떻게 그 기술이 전체공동체의 이익에 가장 건전하게 적용될 수 있을 것인가를 우리에게 보여주는 기술적 지식을 우리가 보유하지 않았다면, 가장 절대적인 권력조차도 무의미하다는 것도 역시 잊어서는 안 된다.

우리가 계급투쟁시대에 살고 있고, 사회적 및 기술적 고려사항들은, 그 중요성이 전연 없는, 정치적 이론은 계획과 민주주의가 양립할 수 있는가 여부의 문제에 대한 합리적인 논의를 유예했다. 이러한 태도에 대한 응답으로, 우리는 사회의 기술적 문제들이 전술들이나 계급투쟁만으로는 해결될 수 없다는 점을 주장해야한다[44]. 이론적 분석의 수준에서 어떠한 통합도 가능하지 않는, 민주주의냐 또는 계획이냐 하는, 잘못된 대안들을 믿도록 성장된 세대들에게 무서운 운명이 닥쳐오고 있다. 따라서 우리 자신의 것과 동일한 이론적 분석에서, 기술적 타당

44) 더 이상은 본서 408쪽(원저 341쪽) 이하 참조.

성의 문제는 정치적 고려사항들과 전술적 고려사항들을 명확하게 구별해야 하는 것이 필수적이다. 우리 시대의 불안정성 때문에, 요인들의 결합은, 오늘날에는 그럴 것 같지 않은 어떤 것을 정치적으로 가능한 것이 항상 발생할 수도 있다. 전술적인 상황들의 다양성은 거대하고, 이 무수한 요인들 때문에, 계획은 만일 그것이 독재적 노선에서 수 340
행된다면, 가능할 것이라는 미망아래 대중을 방치하는 것은 오류가 될 수 있다.

다음 절에서, 나는 정치적 및 기술적 고려사항들 그리고 사회적 및 기술적 고려사항들 사이를 예리하게 구별할 것이고, 민주적 통제의 필수적 준거의 견해에서 우리가 이미 논의했던, 이 사회적 및 기술적 요인들은 계획과 양립할 수 있다는 것을 증명할 것이다.

5. *계획된 사회에서 그것들이 달성될 가능성과 관련하여 민주적 통제의 준거들에 대한 정치적 및 기술적 분석. 이와 관련한 전쟁과 계급전쟁의 일부 측면들에 대한 논의.*

우리가 기술했던 거의 모든 통제[45]가, 수정과 함께, 계획된 사회에 미칠 수도 있다.

우선 첫 번째로 제1의 준거인 *주권*의 확립은, 계획된 국가에서, *당연히* 통제의 집중을 의미하는 것은 분명하고, 그것은 일부 핵심지위들이 아직 통제되지 않았던 사회질서에서보다도, 국가의 주권을 확립하는 것이 더 용이하다. 그것은 어려움을 반드는 주권의 단순한 존재가 아니고, 민주적 통제와 선도 집단들의 교체를 확보하는 문제이다. 일단 이 문제가 평화적으로 해결된다면, 어떠한 잘못된 정책도 대중의 대표자들을 변경하여 교정될 수 있다.

---

45) 본서 396~401쪽(원저 331~335쪽) 참조.

왜 민주적 통제의 형태가 계획된 사회에 양도되지 않아야 하는가에 대해서 어떠한 이론적 논거도 없다. 계획된 사회가 19세기의 사회와 다른 유일한 점은, 점점 더 사회생활의 분야들 그리고 최종적으로 그 분야들 각각과 모두는, 국가통제를 받고 있다는 것이다. 그러나 만일 소수의 통제들이 의회주권에 의해 견제될 수 있다면, 많은 것을 견제할 수 있다. 그것은 기구전체를 대체하는 것이라기보다는 그것을 개조하는 문제이다. 예를 들면, 기능적 노선들에 의한 권력분립의 원리는 자유주의민주사회보다 계획된 사회에 더 용이하게 적용할 수 있다. 계획된 사회에서 다양한 계획의 분야들이 상호의존적이라는 사실이, 이 원리의 가치를 떨어뜨리지는 않는다. 환언하면, 왜 계획된 사회에서 주권이 독재정체의 형태를 취해야 하는가에 대한, 어떠한 필연적인 논리도 없다.

물론, 어떠한 부서도 독립적으로 남아 있고 자신의 길을 가는 것을
341 보장하지 않는, 이 기능적 균형은 아직도 보다 강한 권위, 즉, 이 조정을 지휘하는 주권, 에 복속되어야한다. 민주국가에서, 주권은 민주적 통제를 포기하지 않고 전권(全權)에 의해 무한히 강화될 수 있다. 만일 자유주의이론가들이 계획은 독재자의 전능을 의미한다고 믿는 것에 집착하고, 때문에 어떠한 유형의 계획도 반대한다면, 그 이론가들은, 현재의 모든 계획사회들은 독재적이라고 이해하면서 계획과 독재정체는 필연적으로 분리할 수 없다고 결론내리는, 상식적인 관찰자들과 똑같이 오류이다. *그러므로 이를 위하여(post hoc, ergo propter hoc)*라는 의미에서 주장하는 사람보다도 더 헛된 논의는 없다. 사실들은 본래, 기능적 분석이 그것들의 의미를 밝히지 않는 한, 아무것도 아니라는 것을 알았다. 민주주의와 계획의 양립성이나 비양립성에 대한 기능적 분석만이 기존의 실험들을 설명할 수 있다. 그러나 만일 우리가 사회적 현실은 단일의 원리에 기초한 하나의 체계라는 가정과 함께 시작

한다면, 우리는 아주 초기부터 그러한 분석을 위한 방법을 봉쇄한다. 성공적인 사회체계들은 항상 혼합된 유형을 보유했다. 그리고 비록 정당독재가 기존의 계획된 국가들에 실제로 널리 보급되어있다 하더라도, 그 독재는 기능적인 이유들 때문에 그렇게 하지 않는다. 이에 반하여, 이 정당독재는 그것의 기원과 안정성이 정치적 요인들로 부터 혜택을 입었지만, 민주적 통제를 상실하지 않고도 정부전체에 걸친 행동력을 제공하는 기능적인 불가능성에 대해 빚을 지고 있는 것은 아니라는 점을 제시할 수 있다.

의회기구가 재건의 시대에 계속하여 진보할 수 있다는 논쟁에 반대하는 두 개의 주장이 있다. 첫 번째는 계급전쟁의 존재와 국제전쟁들의 가능성이다. 첫 번째 이론에 의하면, 의회제는 지금까지 지배집단들 간의 계급적대가 진정으로 심화되지 않았기 때문에; 즉, 그 계급들의 갈등은 단지 가짜이기 때문에, 성공할 수 있었다. 그러나 이제 진정한 적대가 발달되었으므로, 민주적 의회제의 한계들도 비할 바 없이 명료해질 것이다. 나는, 이것은 민주체계의 유지가능성에 반하는 가장 심각한 주장이고, 그 체제에 대한 나의 논의는 계급전쟁의 실제기회가 어떠한 다른 고려사항보다도 점점 더 강해지지 않다는 것을, 입증하는 것이 목적이 아니라는 점을 강조하고자한다. 그러나 내가 다시 한 번 강조하고자하는 것은, 이 기회가, 비록 그것이 아주 강한 것이라고 하더라도 단지 하나의 대안이고, 지난 수십 년 동안 독재정체의 작용에 342 관한 인상을 제공한, 어떠한 현존계급들도 그 독재체제의 절대적인 승리를 위해 그 체제를 진정으로 희생하려 하지 않았다는 것이다. 일단 독재정체가 수립되었다면, 현재의 사회적 기법과 관련한 여건 아래서 그 독재정체를 제거한다는 희망은, 패전국들에서 전후를 제외하고는 아주 요원하다는 점을 우리가 인지한다면, 우리 모두는 대안적 가능성들을 보다 더 호의적으로 고찰하는데 진정한 흥미를 가져야 할 것이다. 이러한 의미에서 나는, 계급전쟁은 민주적 기반에서의 계획발달에 반드시 반작용한다는, 진술의 절대성을 제한하려고 한다.

무엇보다 먼저, 그 진술은 계급투쟁이 지금까지는 단순히 거짓이었다고 말하는 이전의 갈등들에 대한 유의의를 과소평가한다. 일부 국가들에서 혁명적 수단들에 의해 자웅을 겨루었던 동일한 이슈가, 혁명적 변환의 노정에서 다르게 성취되는 상황들이 있었고, 이 상황이 발생하든가 안하든가 여부는, 국가의 경제적 부 뿐만 아니라, 개혁을 통해 사상(事象)들이 해결될 수 있다는 신념이 적어도 중요한 요인이라는 점 가운데서도, 많은 다른 심리적 요인들에도 의존한다.

두 번째로, 사회학적 관점에서 절대적인 계급적대는 없고, 마르크스주의이론은 절대적인 충돌의 한계적 상황을 정상적인 것처럼 생각한다. 하나의 통합에서 조화되지 않을 것처럼 보이는 계급들이 또 다른 상황에서는 동행할 수도 있다. 그 계급들이 공조할 것인가 여부 또는 그들이 혁명적 방법들을 선호할 것인가 여부는, 다른 요인들 가운데서 장래의 기회들과 과거의 경험들에 의해서 좌우될 것이다. 그리고 이러한 맥락에서, 혁명과 뒤이은 독재정체로부터 발생할 수도 있는 손실이, 보다 더 완만한 의회의 조정에서 발생하는 가능한 불이익 보다 더 중요하지 않은가 여부에 대한, 논의의 심각한 이슈가 점차 될 것이다. 그러한 맥락에서, 계급반목에 의해 발생한 동적변화와 의회의 조정사이에, 어떠한 진정한 비(非)양립성도 존재하지 않는다는 것을 파악하는 것은 다시 한 번 유용하다. 국제전쟁 또는 전후시대에 권력의 혁명적인 쟁취만이 성공적이라는 주장처럼, 전쟁 중과 후에 작용하는 변화된 사회적 및 군사적 기법들을 주목해야한다. 만일 그러한 전쟁이 사
343 회의 일반적 붕괴로 귀결된다면, 승자들과 패자들 간에 차이가 없을 것이고, 억압된 계급들은 혁명을 완성하는데 성공할 수도 있다. 그러나 일반적인 혼돈의 상태에서 전쟁장치의 일부를 통제하고 있는 군대

의 무리들은 그들 자신의 권력을 확립할 수도 있다는 것도 역시 가능하다. 만일 전쟁종료가 교착상태에 빠지거나 일부 국가들이 완전히 통합된다면, 진단은 다른 형태를 취해야한다. 전시에 필요한 계획은 전후에도 바로 유지될 것 같다. 확실히 자유방임의 질서로 회귀할 가망성은 전연 없을 것이다. 이러한 견해에서, 어떠한 전시전략은 첫 번째는 계획의 견해에서 일관성을 유지하고, 두 번째는 의회의 통제가 심각하게 감소되지 않도록 살피기 위해, 집중되어야한다. 우리가 어느 단계에서든 혁명적 방법에 대한 기회들을 지속적으로 감시해야할 합당한 이유를 가지고 있는가를 모든 것이 다시 한 번 증명하고, 우리의 관심이 민주적 통제방법을 계획된 사회로 전이할 가능성에 대해 순전히 기술적 분석에 다시 한 번 지향하도록 해야 한다.

기술적 관점에서 논의할 다음 보기는, 계획된 사회에서 쿠데타 또는 특별한 의회권력들의 행사에 대한 예방가능성은, 정부기법들이 이미 조정되었던 국가에서는 매우 간단하다. 국가는 공격과 전복에 대해서 의회조직을 방어하기에 충분할 정도로 강력해야한다. 모든 사회에서, 독재정체들에서조차, 교섭과 타협은 결정의 기반이고, 중재인들이 정당들 위에 위치해야 한다는 점을 유의해야한다. 장기적으로, 독재자 주변의 파벌들 중에서 이해관계자들의 집결에 의하여, 상이한 그들을 대표하는 보다 더 원시적이고 인위적인 방법과 난제(Gordian knot)의 강력한 해결이, 고도로 균형된 의회정부체제보다 더 합리적이고 완전하게 조직된 사회와 금후로 양립될 것인가 여부는 회의적이다.

우유부단하고 이기적인 집단이익들 간의 합의에 대한 제도적 분립과, 의회제에 의해 적개심을 건설적 비판으로 승화하는 것은, 현대사회에서 합리적 행태의 성장을 촉진하는 것과 같다. 그 위에 해결책의
발견을 매우 어렵게 만드는 것은, 계획과 민주주의의 기능적 비양립성 344
이 아니고, 정치적 및 전술적 요인이다.

더욱이, 계획이 경기순환의 조작·공공토목공사의 배치·남녀의 재교육·사회진보의 규제·사회복지사업의 조정과 같은 한때 완전히 규제하지 않았던 과정들과 관련이 있는 곳에서, 조정과 통제를 강요하는 현대사회의 자연스러운 경향이 있고, 이것은 조금도 민주적 책임을 포기하는 것을 의미하지는 않는다.

마지막으로, 민주주의의 원활한 발달에 아마도 최대장애인 민주주의의 최대위험은 통제되지 않은 군중행태의 분출이다. 그러나 우리가 대중행태에 대해 보다 큰 지식을 보유하고, 제도들과 심리학적인 영향력 사이에 보다 큰 조정이 이루어 졌을 때-이전 사회들에서는 존재하지 않았던 가능성-, 그 위험조차도 크게 피할 수 있다.

요약하면, 의회장치가, 계급전쟁과 다른 사회적 조절불량이 존재하기 때문이 아니라, 개혁하려는 의지와 능력이 결여되었기 때문에, 작용을 멈추었다고 말하는 것이 훨씬 그럴 듯하다. 그것은, 말하자면, 우리가 사회에 보다 더 광범한 변화를 위해서 사회적 및 경제적 장치들을 제공하지 않고, 우리는, 이 구속받지 않은 조정불량들이 민주주의와 의회제도의 정치적 구조가 그러한 사회를 결합하기에는 너무 무력할 정도로 강력해질 때까지, 사회제도들과 계급이익들이 충돌하는 것을 허용한다. 통제들이 합리적으로 조정되는 곳에서, 통제들의 통제는 합리화된 노선들에서 조만간 작용할 것이다. 민주적인 의회기관은 사회통제에 대한 이 합리화과정의 일부를 분명히 형성한다. 때문에 왜 민주적 의회국가에서, 제한된 수의 핵심적 지위들을 성공적으로 다룰 수 있는 통제의 통제 형태가, 조작된 대중사회에서 보다 더 많은 수의 통제들이 적용되어서는 안 되는가에 관해서는 어떠한 논리도 없다.

6. *민주적, 의회적인 통제들을 계획사회로 양도하는데 따른 약간의 사회적 및 기술적 난점들에 대한 논의*

민주주의와 계획의 이론적 일관성과 관련한 우리의 낙관주의가, 만일 사회의 전체적인 장치가 민주적으로 통제되어야 한다면, 발생하는 345
난제들에 대해 우리의 판단력을 잃게 해서는 안 된다

여기서 나는, 새로운 사회질서로 변환하는 가운데 항상 발생하는 경향이 있는, 우리가 이미 언급한, 정치적 및 전술적 난점들에 대해서 말하고 있는 것은 아니지만, 사회의 훨씬 더 광범한 필드들에서 이 통제들을 양도하는 결과로서 발생하는, 순전히 기술적 및 기능적 어려움들에 대해 말하고 있는 것이다. 우리는, 물론, 이 난점들 중 소수만을 다루어야 하고; 이것은 최종적인 해결에 도달하기 위한 희망에서가 아니라, 사회학자의 새로운 과업이 적어도 사회조직을 지배하는 근본적인 원리들을 발견하는 것이다. 일단 이 원리들이 발견되었다면, 그 이상의 사고와 실험이 어떠한 다른 분야의 기법처럼 양호한 성공의 기회를 갖는다. 기술적 발명들은 항상 기초적 원리들의 명확한 적용의 결과이다. 만일 그 원리들이 충돌한다면, 동반되는 경험적 과정들도 역시 충돌할 것 같다. 따라서 이제 원리들의 기반에서 난점들을 논의하는 것이 아마도 유용할 것이다.

(a) *계획된 사회의 최종적인 목표가 민주적으로 결정될 수 있는가?*

민주적 노선에 기초한 전체주의계획의 최대장애는, 전체계획의 궁극적 목적이 사전에 결정되어야 한다는 점이라는 것이, 종종 관찰되었었다. 이론적 및 철학적 관점에서, 민주적 원리들에 기초한 현대사회에서는 어떠한 궁극적인 목표라도 거의 달성할 수 없다고 생각하는 그러한 사람들은 더할 나위 없이 정확하다. 우리시대는, 너무 개인적이고, 단일의 공통분모로 환원될 수 있는, 각각이 절대론을 목표로 삼는 집단들과 분파들로 너무 강하게 분화되었다. 발명의 단계에 부응하는, 자유주의사회가 공식적인 규제에 의해 궁극적인 목표들을 결정하는 것을 억제하는 한에는, 이 문제에서 벗어날 수 있다. 이것은, 삶에 대한 종교와 철학의 제(諸)문제에서, 그 사회의 관용을 의미한다. 이것도 역시, 도덕률의 내용에 대한 어떠한 결정도 회피하려하고, 형식적인 일관성의 아이디어로서 저작인격권(著作人格權)의 준거를 작성하는, 그러한 사고종류의 형식화에 의해 사리 분별하는, 신기원의 대표적인 사고에서 대부분의 도덕적 이슈들을 형식화하는 논리이다. 따라서 예
346 를 들면, 계몽시대의 윤리에서는 자유의 내면적 본질을 목적적으로 정의하지 않고 방치한다. "무엇을 위한 자유인가?" 라는 단순한 질문에 어떠한 답도 주어지지 않는다. 대신에, 개인의 사생활에서, 또는 개별적인 행동의 자유는 타인의 자유를 잠식하는 것을 방지하는데 필요 하는 한에서만 제약한다는 격언과 같이, 자유의 범위를 그저 제한하는 금언의 형태로, 국가의 비(非)개입처럼 부정적 의미로 기술된다. 이 모든 방법들은 자유주의국가가 사회적 과정에서, 그 방법들과 관련된 사회동학들의 목적들과 사고방식의 차이들, 양자 모두를 방치하고 그래서 중요한 의사결정에 대한 책임 자체를 회피한다는 것을 의미한다.

독재적 및 전체주의적 국가들에서는 상황이 매우 다르다. 소규모 돌격대무리들의 도움을 받는 독재자들은, 그 국가들에 통일된 목표가 없기 때문에 혼돈으로 표류하는 징후를 보이는 획일 국가의 노선으로 불가사의하게 복귀했다. 이 기적은, 물론, 강제수용소, 표준화, 폭력, 그리고 선전의 수단에 의하여 초래되었다. 이제 자유와 박애를 존중하는 그 독재자들이, 단일목적을 고안하는 이 방법에 너무 고가를 지불했다고 느끼는 것은 자연스럽다. 우리는, 따라서, 사회적 목적들의 전적인 모호함과 폐쇄된 교조들의 체계에 대한 전제적 과세라는, 양극사이에서 평균을 발견하는 것이 가능하지 않을 것인가 여부를, 자문해야한

다. 이 교조들은, 종종 독재자, 또는 그들의 권력에 대한 접근 이전에는 괴짜들로 알려진, 그 독재자의 추종자들 가운데에서 어느 정도 교육받은 일부 지식인들의 단지 상스러운 이념들이다.

계획이 민주국가들에서 가능할 수도 있는 하나의 사례는 전쟁의 경우라고 종종 언급되었다. 그래서-논쟁은 그렇게 계속 된다-승리를 목표로 하는 위기의 시대에, 단일의 목표와 궁극적 가치에 대한 대중의 승인을 확보하는 것은 용이해질 수 있다. 문제는, 계획된 사회, 특히 현재의 전환기에서, 전쟁할 필요가 없이 필연성에 의해 분명하게 결정된 다수의 중대한 목표들을 안출할 수는 없는가?, 이다. 따라서 모든 가치들이-적어도 현재의 순간에-상대적인 것으로 생각되는, 이론적 수준에서는 전혀 해결할 수 없을 것 같은 문제가, 실제로는 즉시 해결될 수 있다. 철학적 진퇴양난은, 우리의 전체사회가 거의 비상사태의 347
군사국가에 처해있다는 사실을 깨닫는 것에 의해, 상당히 단순화된다.

경기순환에서 상승국면이 분명해질수록, 집단들과 개인들의 많은 욕구들은 안전에 대한 수요로 융합되는 것이 훨씬 더 빨라질 것이다. 미래국가의 슬로건은 "안전과 정의를 최우선으로"가 될 것이고, 안전과 보다 큰 정의를 약속할 수 있는, 그 사람들은 무산계급과 파시즘에 대한 최근의 부정적인 경험들 이후에, 중산층들과 그들 편에 있는 조직된 엘리트들 가운데 합리적인 분대들을 보유하게 될 것 같다.

(*b*) *실제적 경험에 의해 결정될 기본적 목표들의 계층*

만일 안전에 대한 갈망이, 지속적인 전쟁의 공포에 의해서 강화된, 긴 일련의 불운들(특히 경기순환의 붐과 슬럼프에 의해 야기되는 것들)에서 발원한다면, 우리는 이러한 사상(事象)들과 관련된 가장 단순한 규제들을 입안하는데 우리를 인도할 약간의 지표들을 이미 보유하고 있다. 경기순환의 조작은, 사회적 의미는 물론 경제적 의미에서도,

명확한 함의들을 가지고 있으며, 이 함의들은 필요한 행동을 조직하기 위한 계층과도 관련된다.

산업의 재조직 그리고 투자의 촉진 및 억제와 관련된 모든 것은 다른 것들에 비해 우선권을 차지할 것인데, 이는 전체적인 순환에 대한 효과는 개인적 욕구들의 만족보다 더 중요하기 때문이다. 만일 군사적 준비들이 시안에 포함된다면, 욕구들의 척도는 군사적 성과의 우월성에 의해 결정될 것이다. 유감스럽지만, 이 척도는 아마도 요구조건들에 대한 강제적인 계층을 설정하는 민주국가들에게 강요하는 요인들 중 하나일 것이다. 동일한 기본적 상황이, 우리가 다음 문단들에서 제시하는, 두 개의 추가적 논점들에 대한 의견의 수정으로 귀착된다. 사람들이 소비자의 선택을 신성시하지 않고, 기업인은 만일 중앙계획에 의해 그의 투자가 인도될 수 있다면, 자신의 기업에 대해 더 많은 통제를 받는다는 것을 깨닫게 될 것이다.

(c) *소비자선택의 제약*

경제적 장치의 이 이중적 조작은 아마도 많은 소란이나 선전 없이 상황들의 압력 아래에서 점차 달성될 것이다.

선택과 관련된 절대적인 자유의 부인은-만일 그것이 필요해져야 한다면-소비자에 대해 너무 무거운 비중을 두지 않으려는 것인데; 이는
348 주로 인구의 거대한 부분은 이 선택의 자유를 결코 향유하지 못했고, 빈곤으로 인해 규격화된 재화를 강요했기 때문이다. 진정한 과학적 진보를 특징짓는 그러한 기술적 발명들과 다양성에 대한 갈망을 단순하게 만족시키는 그것들 사이에 세상의 모든 차이가 존재한다. 이 사치품들은 우리의 기술적 장치를 재조직하는 것이 항상 필요하도록 만들고, 그것들은 아마도 어떤 방법으로든 제한될 것이다. 대중취향의 이러한 부단한 변화들에 대한 예측의 불가능성은, 적어도 부분적으로는

조정된 생산과 소비의 난점에 책임이 있고, 따라서 조정불량의 주요한 근원이다. 취향에 대한 상대적인 획일성을 조성하는 것은 상당한 희생들이 수반될 것이지만, 만일 그 희생들이 보다 큰 사회적 안전을 제공할 수 있다면, 이것들은 너무 크게는 여겨지지 않을 것이다.

더욱이 민주사회에서, 우리가 고찰한 것처럼[46], 장래의 소비와 관련한 무수한 다양성 중에서의 이러한 축소는, 만약 생산과 신중하게 조정된다면, 광고캠페인에 의해 달성될 수도 있다. 이것은 자유주의의 시대에서만 무시된 순응으로서, 우리의 기본욕구들에서 순응을 제고하는 새로운 수단들을 그저 발명하는 것이다. 전통주의자의 시대들에서는, 어떻게 목표 없는 변화보다 더 기품 있는 변화가 될 정도로 의복·음식·주택에서 순응을 향유하도록 습관과 관습을 통해 인민을 유인할 것인가에 대해 항상 이해했다. 이 다양성에 대한 구속되지 않은 열망은, 인성에 깊이 스며든 것이 아니라, 무질서한 경쟁에 의해서 발생한 부단한 자극의 산물이다. 추가적인 수익을 만들기 위해, 어떤 사람은 새로운 욕구들을 만들어내야 하고, 그래서 기존의 패션은 곧 폐물이 된다. 자유주의이론가들의 교의들에 따르면, 소비자의 선택은 범할 수 없이 신성한 것이고 그것에 모든 진보가 좌우된다. 지적인 저작에서 사고의 자유는 우리의 제1차적 수요들에 대한 표준화와 완전하게 조화된다. 리프만(Lippmann)은, 자유주의시대에서 소비자의 입장과 메뉴에 따라 식사할 수 있는 레스토랑에 있는 고객과, 계획사회에서 그가 공동식사메뉴를 감내하도록 강요하는 것을, 재치 있게 비교했다.
그러나 타협도 가능하다. 지적으로 계획된 사회에서는 메뉴들의 전체 349
시리즈들을 모든 분야의 고객에게 제공될 수도 있다. 이것은 개별적 특이성들에 따른 혼돈적인 불확실성을 회피하고, 상이한 수요유형들

[46] 그것들이 직접에서 간접적인 통제로 변형되는 것과 관련되는 것처럼 동일한 문제의 특정측면들을 우리가 논의한, 본서 377쪽(원저 315쪽) 참조.

에서 상대적인 변이의 양을 아직도 허용한다. 사상(事象)들은 많은 주의를 끌지 않고 이 패턴을 따르는 경향이 있다. 대중사회는, 필요한 어떠한 정신적 개선도 이루지 않고서도, 주택·음식·의복에 관한 한, 그 사회에 잇달아 대량생산을 이끌었다. 우리는, 민주적으로 계획된 사회에서, 계획을 위해 표준화해야하는 분야들과 전체계획을 엉망으로 만들지 않고도 개인적 자유가 허용될 수 있는 그러한 분야들 사이에 분리선을 그리는 것이 확실히 가능하다는 중요한 원리를 잊어서는 안 된다. 지적으로 표준화되지 않고도, 표준화된 주택에서 살고, 표준화된 무선을 소유하고, 그리고 표준화된 자동차를 운전하는 것은 아주 용이하다. 동일한 방법으로 표준화된 건물에 수용되고 시계장치처럼 일하는 행정을 갖춘 대학교는, 그 교육이 아직도 전적으로 개인적이고 진부하지 않을 수도 있다. 어떤 것이 사회에서 너무 조심스럽게 계획되고 조직된 때에는 언제나, 이 표준화가 모든 것을 포용하게 되는 관념적 경향이 있다는 것은 사실이다. 그러나 이것은 우리가 이 세력들에 속박되어 완전히 무력할 때에만 적용된다. 우리가 우리 계획의 한계를 결정하자마자, 그러한 경향들을 억제하는 방법들과 수단들이 항상 존재한다. 그러나 어떤 사람들은 다음과 같이 질문할 것이다. 즉, "만일 구매하는 대중의 선의를 위해서 경쟁하지 않는다면, 어디서 개선을 위한 충동이 발생하는가? 지금까지의 여론은 가격에 의해서만 의중을 털어놓고, 이것은 새로운 발명 및 일반적 취향과 더욱 일치하는 재화의 생산에 대한 궁극적인 자극이다."

나는, 이론적으로 해결할 수 없을 것 같은 많은 다른 것들처럼, 이 문제가 기법들의 현명한 결합에 의해 해결될 수 있다고 믿는다. 나는, 무분별한 대규모투자의 위험을 무릅쓰지 않고서도, 소비재에 관한 한, 대중이 생산의 장래추세를 결정하는 것을 허용해야 할, 적어도 두 개의 사회적 및 기술적 쇄신들이 존재한다고 믿는다.

오늘날 우리는 산업박람회를 개최한다. 그 박람회는, 발명가와 계약자가 그들의 새로운 모형들을 전시회에 내 놓을 수 있고, 과학적으로 행해진 공공투표와 아울러 전문가들로 구성된심사원들이 어떤 제품들 350
이 대량생산되어야 하는가를 결정할 수 있는 경우, 약간 유사한 것도 발명될 수 있다. 개선된 표본추출의 방법들을 가진 통계학은 비교적 잘 선택된 소수의 표본들에 대한 고찰로도 다수인들의 의견들과 욕구들을 정확하게 반영한다는 것을 입증해왔다[47].

여론은 생산이 개발해야 할 분야들을 결정하는 것을 도와야 한다. 그 여론은, 인위적이지만 기술적으로 완전한 모형들을 인가만 할 수 있는, 전문가들의 위원회-길드와 다르지 않은- 에 의해 인도되어야 하고, 그 위원회의 판단은 우리가 방금 기술했던 민주적 투표에 의해 점검될 수 있다.

여기서 우리는, 자본에 대한 중앙통제가 불가피하게 증가될 것이고, 기업인이 소유한 특정한 권리들이 축약되는, 지점에 도착했다. 이 경향들은 현대사회에서 재산개념에 대한 완만한 변환을 반영하고 있다.

(*d*) *재산개념의 현대적 변환*

사물에 대한 제한 없는 사용으로서, 재산의 오래된 개념은 로마법(Roman Law)에서부터 기산되고 최근까지 유지되었지만, 이제 점진적인 변환을 겪고 있다[48]. 소득과 이자의 기쁨과 자본처분권은 두 개의 매우 상이한 사상(事象)들이라는 점이 점점 더 분명해지고 있다. 장래에 사상(事象)들은 적절한 과세와 강제적인 자선에 의해 이러한 제약 없는 사용은 감축되고, 자본의 처분은 중앙에서 신용통제에 의해 교도

---

47) *The American and British Institute of Public Opinion Analysis*는 도래하는 선거들의 결과들을 성공적으로 예측했다.

48) 본서 참고문헌 Ⅰ, 3 c 참조.

될 만큼 발달하는 것이 가능하다. 외국신용도 또한 최종적으로 통제될 것이다. 만일 투자된 자본이 중앙에서 올바른 채널들로 점진적으로 지휘된다면, 많은 것이 수용에 의지하지 않고도 달성될 수 있다. 파시즘은 자본주의자들의 용인되지 않은 수용(收用)에 대해 흥미로운 실험을 마지못해 하고 있다. 그 파시즘은 이전의 산업엘리트를 그들의 자리들에서 추방하지 않고 처분의 권리를 사회화하여 관리하였다.

원래의 자본주의형태에 대한 변환은 사유재산의 요구사항들을 폐지하는 데에 있지 않고, 자본주의자들의 자산으로부터 자본의 소유에 관한 특정한 기능들을 회수하는데 있다. 기업가는 아직도 그의 조직기능
351 을 보유할 수 있고, 상대적으로 더 높은 소득을 갖고, 그의 사회적 위엄을 유지할 수 있지만, 봉건영주가 루이 14세의 법정에서 그의 정치적 권력을 박탈당했던 것과 똑 같이 그의 권력은 빼앗길 것이다. 주요한 차이는 프랑스왕실법정에서 귀족들은 그들 명성의 위대함에 의해 권력의 상실을 보상받았는데 반해, 최근의 발달추세에 따르면 기업인은 그가 이행해야할 새로운 행정적 과업들에 의해 보상받게 될 것이다. 보다 오래된 엘리트들과 절대 필요한 전문가들의 절멸이 문화적 수준 및 생산의 질에서의 일반적인 저감에 주로 책임이 있는 러시아의 경험을 기억한다면, 진보적 집단들은 기술적 및 조직화된 엘리트들을 소외시키기 보다는 설득하려 할 것이다.

(e) *계획된 사회적 진보와 사회복지사업의 확대*

다른 한편, 만일 그러한 발달이 발생된다면, 신진계급들은 이전의 지배엘리트의 부분들을 유지하는데 만 동의할 것이고, 만일 헌법적 보증인들과 효과적인 호위병들이 과도제의 창설에 반대하고, 계획이 가장 유능한 사람들이 최상부에 오르는 것을 보장한다면; 합리적인 시간의 범위 내에서(만일 다음 세대에 가능하다면) 최고의 지위들은 공적

에 따라서만 배분될 것이다. 이것은, 보다 광범한 기회들이 필요한 교육을 받는데 제공되어져야하고, 직업들은, 지적무산계급의 성장을 방지하도록, 수급의 기반에서 계획되어야 한다는 것을 의미한다. 입학허가할당수(*numerus clausus*)는, 특정집단들에 대한 차별에 기초한 것이 아니라, 일에 대한 높은 자격부여와 적성에 의해 제공된, 과밀한 직업들에 도입될 수 있다.

가장 유능하고 최상의 자질을 갖춘 사람들의 출세를 보장하는 것과 병행하여, 모든 사람에게 최소의 생활규범이 주어져야 한다는 것 역시 보증되어야한다. 연금, 보건, 그리고 실업보험은 계획이 수행해야할 첫 번째 과업이다. 이것은 일단 자유방임경제가 교정되었다면 상당히 가능할 것처럼 보인다. 후자는 트러스트들과 카르텔들의 시대에 존재하는 왜곡된 형태 속에 경제적 질서의 조정불량들에 책임이 있다. 직업들은 352
재능인들에게 개방되고 근본적인 안전이 제공되는 것에 대한 보증과는 별도로, 사회복지사업의 확대는, 고도로 발달된 사회기법들이 보다 오래된 근린구조의 형태들을 대체하는 시대에서, 바로 계획의 진수이다.

사회복지사업들은 합리적 조정의 형태라고 부를 수 있다. 그 사업들의 목표는 현대사회의 황야에서 자신들의 목표를 잃은 집단들과 개인들에 대해 재조정을 일으키는 것이다. 이 재조정은, 산업시대의 처음 시기에는, 물질적 도움에 국한하는 순전히 외부적인 것이었지만, 이제 그것은 심리적 구조를 망라하도록 확대되고 있다. 현대사회는 시민의 정신적 활동들을 방해하고 경제적 인도에서 심리학적 인도로 진행하는 증가하는 경향을 보이는 것은 여기이다.

(*f*) *지적 분야에서의 자유는 사회생활의 기본적 조건들처럼 강요와 결합되는가?*

교조적 사상가들은 "이런 일 다른 일" 이라는 의미로, 이 질문에 답하려 한다. 그 사상가들은 계획된 사회에 대한 첫걸음은 완전한 간섭을 의미한다. 다른 한편, 우리는 계획가가 어디서 그만두어야 하는가를 결정할 수 있다고 생각 한다[49]. 우리는, 심리적 자유는 근본적인 사회적 관계들이 조직되기 전까지는 불가능하다고, 여긴다. 이제 계획된 사회의 유지를 위해 필수적인 특정한 기본적 미덕들이 있고, 우리가 교육의 모든 자원을 그 미덕들을 창조하기 위해 사용해야 한다는 것은 필요하다. 이 기본적 미덕들은, 세계의 모든 종교들의 윤리, 그중에서도 특히 기독교, 가 중요하게 고수한 협력·형제적 구조·예절과 같은 것과 크게 다르지 않다. 이러한 교육은, 특정한 과장된 태도들을 인위적으로 교화하는데 기초하고 있는, 자유자본주의의 심리학적 무정부상태를 파괴하는데 주로 필요하다. 이 태도들 중 하나는, 객관적 성과와
353 공동체 서비스를 위한 욕구가 아니라, 순전히 자기중심성이지만 아주 자주 신경증적인 불안에서 발생한, 경쟁에 대한 열광이다. 민주적으로 계획된 사회는 새로운 형태들의 자유를 철저하게 발달시켜야 하지만, 일단 발달했다면 그 사회는 어떠한 사회도 그 사회의 근본적 원리들을 방어하는 것과 같은 열의를 가지고, 그 형태들을 방어해야한다. 민주정체는, 그 체제가 내부의 사병들에 의해 파멸될 때까지 무기력하게 기다리는 대신에, 그 자체의 가치를 그의 시민들에게 가르쳐야한다. 일단 기초적인 인간관계들의 분야에서 통합과 균형이 달성되었다면, 우리의 보다 높은 수준의 정신적 생활에 대한 아주 원대한 자유, 특히 지적 토의를 위한 자유, 가 있어야한다. 그러나 사고의 자유는, 단지 그것이 기본적으로 미덕 때문에 확립될 수 없는 것이 아니라, 제약받

[49] 이 주장은 우리가 "소비자선택의 제약"이라는 제목아래 논의했던 것과 부분적으로 유사하다[415쪽(원저 347쪽) 이하]. 그러나 그것이 경제적 생산의 분야에서 필요한 최소한의 순응의 문제와 관련되기 때문에, 우리는 기본적 순응의 일정한 양은 보다 높은 수준의 자유와 양립할 수 없는 것은 아닌 것으로 보이는, 그와 같은 지적 분야를 이제 다루고 있다.

지 않은 의견의 교환이 사회진보의 유일한 보장책이기 때문에 확고히
해야 한다. 행동의 자유를 계획에서 보존되어야 하는 것은 지적생산에
서 필수적이다. 그 이상까지도 필요하다. 연구는 상당한 재정지원이
필요하기 때문에, 그 연구발달의 진행에 대해 일정한 압력을 항상 행
사할 수 있는 소수의 기관들에 의해, 연구가 독점될 수 있는 경향이
있다. 이것은 독립적 사상가가 불가피하게 불이익을 당하게 되고, 수
당으로 비전속활동을 조장하는 것이 한결 더 필요하다. 이 수당들은,
공공기관들의 견해들을 대표하지는 않지만 이 거대한 독립적인 기구
들로부터 탈피한 지적생활에서의 변화를 정당하게 평가하는 심사위원
들의 합리적인 비율의 구성을 포함한, 혼합된 심사원단에 의해 배분되
어야한다. 기관들의 도움 없이 독자적으로 그들의 방법으로 연구했고
사회생활에서 새로운 수요와 조류에 대한 감각을 개발했던, 그러한 사
람들만이 필요한 새로운 접근방법을 개발하고 진정으로 창조적인 장
려책들을 생산할 수 있다. 연구와 관련된 모든 방편들을 통제하고 제재
(題材)들에 대한 접근을 보유하고 있는, 거대기관들은 이러한 자극에
의해 이익을 얻을 수 있는데, 이는 그 기관들이 기득권들이라는 점에서
의 반작용, 그리고 자급과 궁극적인 경직이 되어가는 위험이 항상 존재
하기 때문이다. 동일한 방법으로, 선구적인 아마추어집단들은, 투자된
자본의 양이나 관련된 기법의 본질이 중앙의 통제독점을 매우 가능하
게 하는 시네마나 무선과 같은 필드에서, 새로운 아이디어들과 그것들
의 대중에 대한 효과를 실험하는 가치 있는 작업을 수행할 수 있다. 자
유롭고 민주적인 문명의 최대장점들 중 하나는 공적재능의 자원을 이 354
용하려는 그 문명의 준비다. 이러한 장치들은 계획된 사회의 구조에
쉽게 통합될 수 있다. 성인교육은 노동계급들의 더욱 거대한 부분들에
서 발생했고 그 계급들의 독학을 촉진하는 것을 용이하게 했다.

독학은 지적일 뿐만 아니라 종교적 및 예술적이다[50]. 예술가들과

노동자들이 혼합된 개척지와 식민지에서는 자기표현의 새로운 형태들을 발견할 수도 있을 것이다. 이 생소한 종류의 공동체생활의 결과로, 노동과 위락에 대한 새로운 평가가[51] 출현할 것이다. 일단 근본적인 사회적 일치성이 확보되었다면, 가소성·예측·진취성·활력·새로운 현실감을 제공하는 것이 두 배로 필요하다. 새로운 기회들과 유인책들을 신중하게 창조하는, 이러한 건설적인 유형의 계획은 확실히 모순은 아니고, 존재하는 유일한 진정한 계획의 형태이다. 이러한 맥락에서 어떤 사람은 의식의 세밀한 관찰을 크게 강조했지만, 철학적 신조들-심미적 부분들조차 인가되었다-에는 아주 관대한, 고대 브라만계급의 사람들(Brahmins)을 생각나게 한다. 사회학적인 석명은, 일단 사회가 의식의 수준에서 또는 기본적 일치성을 조성하는 무언가 다른 문제와 제휴되었다면, 보다 높은 수준에서 자유와 가소성을 허용하는 것이 매우 용이하다는 것이다. 이제 철학적으로 말하여, 자유와 창의력이 필수적인 분야로부터 이 일치성의 영역을 구분하는, 미개척분야들은 실제로 절대 도출될 수 없다. 나는 이 경계선들을 정확하게 정의하는 어려움을 과소평가하거나, 즉각적으로 발생하는 문제들을 용이하게 잊게 하고 싶지 않다. 일단 우리가 이 기본적 덕목들을 도출하려한다면, 이 덕목들과 유사한 문제들에 대한 우리의 태도를 결정해야한다. 사회가 금욕적 법칙들을 그 구성원들에게 부과할 권리를 가져야하는가 또는 금욕적 덕목들은 단지 특정한 종교들과 동맹되어야만 하는가? 군사덕목들은 촉진되어야하는가 또는 모든 시민들은 형제애적인 평화주의 정신에서 성장되어야하는가? 비록 우리가 이러한 현재 매우 심각한 난점들과 같은 이슈들에 동의한다고 하더라도, 그 이슈들에 대해 전혀
355 의견을 제시하지 않는 것은 극히 위험하다. 현대사회는, 만일 그 사회

50) 벡(Beck, M.), 『철학과 정치』(*Philosophie und Politik*, Zürich, 1938).

51) 본서 참고문헌 Ⅲ, 7 d와 Ⅳ, 2, 5 참조.

가 혼돈 속에 표류하지 않으려면, 이 점들에 대해서도 결심해야한다. 다행스럽게 그러한 문제들은 이론 보다는 실제에서 보통 더 쉽게 해결될 수 있다. 자유주의사회에서조차, 학교들과 교회들은 이 점들에 대해 억지로 결정하도록 했으며, 결정에 이르는데 절대 실패하지 않았다는 것은 기억되어야한다. 왜 계획된 사회는, 그 사회의 뜻대로 되는 전문가의 조언이 있고, 사회복지사업들이 개인들에 대한 그 사회의 규제들의 영향에 대해서 알려야하는 때에, 그 사회 자체의 결정들을 하지 않아야하는가? 경계선상의 사례들에서, 기능적 고려사항들이 널리 보급되어야 한다는 것[52]-말하자면 그 규제들은 사회질서의 유지에 기여한 도덕적 규제들의 가치를 산정하는 원리들에 기초해야한다는 것-을 일반규칙으로 수용될 수도 있다. 만일 전쟁이 임박했다면, 영웅적인 미덕들이 필요할 것이다. 만일 소비가 생산을 능가한다면, 제약들, 그리고 금욕적 제약들조차 필요할 것이다. 그리고 우리는 기본적 미덕들은 일반적으로 습관의 문제이고, 아주 드물게 개인의 조심스러운 숙고 및 결정과 관련된다는 것을 잊지 않아야한다.

(g) *일시적 이슈들로부터 장기정책의 분리필요성 및 급격한 결정이 필수적인 곳에 지도력원리의 도입필요성*

비록 그것이 쉽지 않더라도, 우리는, 사회의 바로 그 구조와 관련되고 장기정책과 관계되는 그러한 제도들 및 프로그램들과, 단지 일시적이며 변동이 심한 변화들을 반영하는 그러한 제도들 및 프로그램들 사이를, 분명히 구별해야한다. 전자는 헌법적 보장 장치들에 의해 보호되어야하고, 그래서 그 장치들은 목전의 분위기들에 노출되거나 또는 단지 국민투표로 뒤집힐 수 없다. 사회적 문제들에 관한 다양한 부서

52) 내 논문, “대중교육과 집단분석”, 코헨(Cohen, J.)와 트레버스(Travers, R.), (편), 『민주주의를 위한 교육』(*Education for Democracy*, London, 1939).

들은 그 문제들의 중요성과 가소성에 따라 등급 매겨져야한다. 장기정책과 관계를 맺어온 이슈들은, 변동이 심한 욕구들의 조정을 일으키는데 도움을 주는 그러한 이슈들과, 명확하게 분리되어야한다. 이것이 동적인 요인들조차 통제하지 않고 남겨두지 않는 사회에서 의식적으로 계획하는 사회변화를 의미한다.

계획된 사회의 작동을 위해 필요한 최소한의 조직 량(量)과, 자유와
다양성이 보급되어야 하는 분야들 간의, 이 예리한 구분은 그것이 전
체주의 국가들의 더 의식적인 정책과 그 국가들의 보다 더 신속한 의
356 사결정의 권력들과 경쟁하는 유일한 방법이기 때문에, 더욱 더 필요하
다. 이러한 이유 때문에 지도력의 원리는 특정한 장소들과 특정한 문
제들의 유형을 취급하는데서 채택되어야한다. 지도력의 원리에는 기
본적으로 오류가 없고; 반대로 그 원리는, 보다 오래된 제도들이 퇴락
되었을 때 출현하는 새로운 집단들을 취급하며, 그리고 비상시에 전격
적인 결정을 해야 하는 상황에 이를 때, 채택하는 올바른 방법이다. 그
원리가 민주적인 재가나 책임이 없이 운영되거나, 또는 그것이 절대적
이고 제거할 수 없게 만드는 기회를 포착한 때에만 악이 된다.

(*h*) *대중사회시대에서의 국민투표 감정의 교육에 대한 문제.*

우리는, 특정한 민주적 장치들을 기본적으로 신성불가침한 것처럼 사료하는 대신에, 대중사회에 진정한 민주주의원리를 기필코 적응되도록 해야 한다. 만일 우리가 민주주의에서 국민투표의 요소를 고려한다면, 지난 신기원의 경험들 후에, 모든 민주적 제도들 중에서 그것이 체제의 파괴에 최대로 기여했다고 말하는 것은 당연하다. 국민투표의 원리는 인민을 군중심리상태라고 우리가 기술했던 것으로 내몬다. 이 군중심리상태는 두려워해야할 주요한 악들 중 하나이고, 민주주의가 위치한 곳 전면에 있는 절벽이다. 국가운명의 전환점 보다는 소극(笑

劇)의 특징이 더 많은 상황에서, 국민투표를 시행하기 위해 전 주민을 동원하는 것은, 일단 사회적 배경과 사회적 기법들이 변경된다면 무의미해질 수 있는, 그러한 민주적 관습들이다. 국민투표는 소규모공동체의 시민들에게 적용될 때만 합리적이다. 그런데 대중감정의 관리된 표현으로서, 나폴레옹 3세(Napoleon III)에 의해 처음 겉모습을 드러낸 이래로, 국민투표는 민주사회에서 연출되는 공정한 부분이 더 이상 아니다. 현대의 국민투표는 개인을 구경꾼으로 취급하는 반면에, 보다 소규모의 민주집단들에서 개인은 지방자치체(commune)의 적극적이며 협력적인 구성원이다[53]. 구경꾼은 완전히 무책임한 것으로 알려졌 357
고[54]; 그는 단순히 쇼를 보기위해 그곳에 있고, 사실들을 평가하거나 경기의 의미를 파악하려는 의도는 가지고 있지 않다. 국민투표는, 자체의 고유한 기능을 상실했고; 구체적 집단들에 속해있는 개인들에게 더 이상 호소력을 갖지 못하거나, 또는 그들의 관심을 구체적 문제들로 돌리지 않고, 불명확하고 감정적인 대중의 구성원들에 역점을 둔다. 민주주의의 목적은 민중들의 감정에 작용하는 것이 아니라, 국민의 합리적이며 숙고된 의견들의 좌절에 따른 동요하는 대중감정의 반작용들을 예방하는 것이다.

국민투표의 장점들과 결함들을 논의하는데 있어 민주적 제도들에 관한 새로운 과학은 너무 독단적이어서는 안 된다. 오히려 그 과학은 철저하게 현실적이어야 하고, 변화된 사회의 새로운 사회학적 및 심리학적 배경과 관련하여 민주적 원리들의 변화하는 의미를 논의해야

---

53) 린드세이(Lindsay, A.)는, 저서『민주주의의 본질적 요소들』(*The Essentials of Democracy*, William J. Cooper Foundation Lectures, London, 1935)에서, 민주주의가 원래 작용한 사회적 조건을 가장 설명적으로 분석한 것을 제시한다.

54) 구경꾼의 심리학에 대해, 비에르칸트(Vierkandt, A.),『사회학』(*Gesellschaftslehre*, Stuttgart, 1923), 제5편, 45절 참조.

한다.

그래서 대중사회의 맥락과 관련하여 국민투표의 기능이 완전히 전도되었다는 것은 명백해질 것이다. 그것은 국민투표가 더 이상 시민들의 숙고된 의도들의 표현으로서 일반의지를 해석할 수 없기 때문이지만, 오히려 그것은 교묘한 선동의 결과이며 강력한 선전기계이다. 국민투표는, 대중사회에서 민주원리가 두개의 방향에서 개혁되어야한다는 점을 추종한다. 한편으로, 우리가 대중사회에서 감정들의 통합적인 유의의를 재발견해야하는 한, 우리는 계몽주의와 합리주의시대의 한계를 초월해야 한다. 다른 한편으로, 우리는 새로운 수준에서 감정과 이성을 조정해야한다. 새로운 사회에서 감정의 기능에 관해, 민주국가들은, 대중사회의 감정적 통합이 소규모공동체들의 민주주의나 상류계급들에 국한되었던 18세기와 19세기의 민주주의에 적응되었던 기법들에 의해 영향 받을 수 없다는 것을, 전체주의국가들로부터 배워야 한다. 그러나 현대사회에서 감정이 수행해야하는 역할의 수용은 우리를 현대의 전체주의기법들이 사용한 정신의 수용으로 인도하지는 않는다. 그 정신에 대해 말하자면, 단지 대중들의 감정에서 최소한의 공통분모를 활용하고, 요동치는 감정적 반응들에 대해 시민의 협력을 제한하는 것이다. 우리에게 감정의 유의의는 새로운 의미에서 재발견되어야하
358 고; 보다 큰 강조는 집단들을 궁극적으로 통합하는 이 기본적 이슈들에 대한 이해, 공동체의 역사적 삶의 산물인 그러한 근본가치들, 그리고 사회의 공명정대한 재건을 목적으로 하는 새로운 이상들에 대해 두었다.

파시즘은 감정적 분야에서 주로 효과적인 집단통합의 형태이다. 이러한 감정의 흐름을, 이성, 판단, 그리고 책임 있는 행동과 협력할 수 있는 곳의, 통로들로 향하도록 하는 어떠한 시도도 없었다. 지적재능들의 발달을 억제하는 이러한 방법으로 이 감정들을 착취하는 대신에, 현

대의 민주교육은 대중들의 재교육에서 필요한 예비행위로서 감정적 요소를 사료해야한다. 계몽시대에서 있었던 것과 같은 사고방식에서 과도하게 지적인 것과는 동떨어지게, 현대의 사고이론은 발견과 추론의 과정, 그리고 더욱더 집단교육의 분야에서 감정의 유의의를 인정한다.

오늘날 우리는 어느 정도의 열정이 없이는 어떠한 지식도 융화할 수 없고, 특정이슈들의 유의의는 궁극적으로 집단의 무의식적 노력들에 기원이 있는 집단적 과정들의 맥락에서만 인식될 수 있다는 것을 알고 있다. 물론, 이것은 감정이 기본적으로 목표 또는 진실의 시금석이거나, 또는 집단교육은 감정들에 대한 호소에 불과하다는 것을 의미하지는 않는다. 숙련되게 다룬다면, 감정들은 고도의 정신적 재능들로의 진보, 즉, 집단교육에서 그 재능들의 기능은 궁극적으로 합리적 판단을 수월하게 하는 것, 를 방해하지 않는다. 만일 우리의 교육기관들이 조정되고 계획된다면, 그 기관들은 감정적 단계에서 감정들의 숙달로 점진적으로 진전할 것이다. 대중들의 교육은, 만일 그것이 민주적으로 계획된다면, 신조의 주입과는 관련되지 않지만, 완전한 감정적 동의가 있고, 개별적 수준의 보다 비판적인 자제(自制)로의 점진적인 진행이 있는 곳의, 특정한 이슈들과 함께 시작한다.

그러나 그 교육은, 집단들과 그들의 전통적인 삶의 붕괴가 너무 진전되지는 않은, 그러한 민주국가들의 제1차 집단들에 대한 감정적 일치성에서부터 시작하는 것만이 가능하다. 만일 그 교육이 기본적인 일치성을 일으키는 과업을 보유했다면, 교육계획은 분명히 더욱 더 어려울 것이다. 공동체의 재조직과 붕괴된 인격들에 대한 의식적인 재조정의 359
시도는 필요할 것이다[55].

그 기본적 통합이 성취된 때에만, 인격의 성장을 위한 기회를 만들

55) 본서 참고문헌 Ⅲ, 7d, Ⅳ 5 참조.

고 태도들을 차별화하는, 과업에 착수하는 것이 가능할 것이다. 그러한 배경에 반대하는 것만이 그 과업이 성공할 것이다. 그러한 주요한 의식적 재통합의 과정에서, 선전이 소중한 역할을 수행할 수도 있다. 만일 정확하게 이해했다면, 선전은 반드시 잘못된 신조들의 주입을 의미하는 것은 아니지만, 우리가 살고 있는 집단들에서 아직 구체화되지 않은 충동들과 욕구들을 다루는 가장 성공적인 방법이다. 그것은 곧 가장 단순하고 가장 피상적인 재통합의 형태이다. 그러나 파시즘에서 선전의 정신이 모든 타 기관들에 주제넘게 나서는데 반하여. 현대의 계획된 민주주의에서, 그 정신은 교육적 영향들의 계층(階層)에서 단지 한 국면만을 표상해야한다. 그 파시즘의 목적은, 가장 피상적인 감정의 수준에서조차, 가능하면 빨리 그것들을 재조직하기 위해, 분열된 집단들과 개인들을 공력하기 위한 것이 되어야한다. 그러나 민주주의가 인민의 점진적 교육 그리고 판단과 순화의 양육을 의미하는 것처럼, 제1차적인 통합은 다른 교육기관들에게 전이되어야하고; 그 교육기관들의 다양한 등급들은, 상이한 수준에서 동일한 독단을 주입하기 위한 것이 아니라, 대중의 감정에 대한 개인의 의존에서 벗어나 그를 교육할 수 있도록, 조심스럽게 안출되어야한다. 일단 그러한 재교육이 대규모로 수행되었다면, 국민투표는 민주사회에서 진정한 기능을 다시 한 번 확보할 수도 있다.

(*i*) *현대사회에서 객관주의와 정치적 요소의 감소를 지향하는 일정한 경향*

대중사회에서 국민투표적인 요소에 대한 최근의 강조는, 우리가 다른 맥락에서 이미 당면했던, 우리시대의 보편적인 모순을 반영한다. 조직의 성장과 제도들의 일반적인 상호의존은 합리성과 초월의 증가를 조장한다. 이와 반대로, 대중감정들은 예측과 숙려의 모든 자취들을 일소한다.

인민들이 공공업무의 방향에 대해 그들 자신이 기여해야 하는 것이 360
민주주의를 위해 중요한 것처럼, 이 기여들은 단지 정부의 지시로서 공헌할 뿐만 아니라, 그 기여들의 조잡한 상태가 즉각적으로 실제에 주입되어서는 안 된다는 것도 똑같이 중요하다. 많은 것은, 우리의 새로운 사회적 기법들이 사회질서 속에서 공동체의 이 진정한 충동들을 승화시키고 통합하는가 여부에 좌우된다. 정부업무에 대한 군중감정들의 간섭에 따른 불길한 영향은 독재사회들에서도 역시 문제를 일으키고, 그 사회들은 두 개의 상이한 방법으로 그 문제를 다룬다. 그 사회들은 화려한 구경거리와 스포츠에 여론을 돌리기 위해 모든 기법을 사용하여 의사결정에 참여하려는 욕구를 중화시키려하거나, 그렇지 않으면 그 사회들은 의사결정이 이루어진 이후에 "즉흥적" 예증들을 무대에 올린다.

다행스럽게, 현대사회는, 단지 그 장치들을 사용하기만 한다면, 그 사회의 마음대로 되는 다른 장치들을 가지고 있다. 선거는, 대중의 소망들을 이행해야하는 상담기관들의 기본적인 지시처럼, 지침으로서만 사료될 수 있다. 이러한 방법으로 공공업무의 궁극적인 방향이 정치적 문제로 취급되고 감정적 이슈로 남을 수도 있는데 반하여, 일반적으로 이 정책을 실무로 변환하는 것은 점차 순전히 기술적 문제가 되어가고 있다.

정치적 요소의 환원은, 감정들과 집단평가들의 지속적인 과시가 계획의 집행을 방해하는 것처럼, 어떠한 계획의 형태에도 필수적이다. 따라서 일단 필수적인 주요 결정들이 이루어졌다면, 대부분의 주제들을 비정치적인 것으로 만드는 경향이 있는, 우리의 사회 속의 모든 그러한 요인들을 주시할 가치가있다. 이것은 특히 경기순환의 조작에 적용된다. 그 경기순환의 붐과 슬럼프를 회복시키고 그것이 끼친 손해를 복구하는 과업은, 부분적으로는 정치적 문제이지만; 그것은 주로 과학과 기법의 문제이다. 핵심적 지위들에서의 어떠한 개입도, 지지자가 어떤 집단들을 도우는 것이 타 집단들에게 손해를 끼치고, 이 손해들에 대한 어떠한 보상도 훨씬 깊은 충격들을 갖는 한에는, 정치적 중요성이 있다는 것은 분명하다. 하지만 일단 정책의 주요 문제들에서 타협이 이루어졌다면, 그 문제는 자유경쟁시대에 그랬던 것보다 문제의 과학적 및 기술적 측면들에서 훨씬 더 배타적으로 제한되었는데; 이는 그 당시의 사회는 적대하는 원자들로 구성되었고, 사회적 장치는 사례
361 의 진정한 수요들에 순응할 수 없었기 때문이다.

경기순환의 조작에 따른 또 다른 결과는 관료제의 확산과 전문직의 승진에 대한 계획이 될 것이고, 그것은 이번에는 정치적 요소의 감소를 의미한다.

경기순환이 실업(지적 및 육체노동자 양자 모두)을 가장 중요한 이슈로 만들면 만들수록, 문제의 해결은 자연스런 경쟁 장치라기보다는 특정한 원리들에 따라 기존의 직장들에 대한 배분에 더욱 더 의존할 것이다.

사회복지서비스의 성장 때문에, 조만간 임용부서들과 직업교도국들이 필드를 지배할 것이라는 것은 매우 그럴 듯하다. 그러한 기관들은 단지 후보자들의 등록만을 책임지고 있는 것이 아니라, 그들의 선발, 재교육, 그리고 훈련도 맡고 있다. 만일 이 경향들이, 모든 최고의 기회들을 정당구성원들 중에 배분하는, 엽관제도의 새로운 형태로 발달되지 않는다면, 많은 부분은 검증을 위한 객관적 방법을 개선하는데 사용될 것이다. 배분이 후보자들의 객관적 검증에 바탕을 두어야한다는 요구는 민주주의를 위한 중요한 정치적 이슈가 되어야한다. 기회의 균등이라는 오래된 민주원리와 최고의 적합자의 선발은 장래에는 더욱 더 중요해질 것인데, 이는 우리시대에는 기존직업들의 공정한 배분

이 과거보다 더욱 더 중요하기 때문이다. 오늘날 실업의 공포는 모든 시민이 정당조직이나 국가에 완전히 의존하도록 공갈하는데 사용될 수 있다. 그러한 엽관제도의 방지는, 그것이 기본적으로 불공정하기 때문만이 아니라, 성취를 배경에 밀어 넣음으로써 그 제도가 사회적 부패로 이끌기 때문에 필요하다. 영국은 계획된 승진체제로 잘 진행하고 있는데, 이는 여기서는 적어도 장학금증여와 경쟁적인 검증들의 수단에 의해 적어도 일부 중요한 공석들을 채우는 것에 의해, 금권정치의 원리를 시정하려는 시도가 있었기 때문이다. 이 체제는 확장될 수 있다. 그러나 만일 승진이, 재능과 성과 같은, 객관적 준거에 의해 규제되었다면, 우리 공동생활의 가장 중요한 분야들 중의 하나는 정치적이 되지 않을 것이다. 만일 경기순환의 규제가 또한 점진적으로 비정치적이 되었다면, 그 규제는 모든 것을 더욱 더 정치적인 것으로 이해하고 362
결과적으로 점점 더 생활의 분야들이 순전히 기능적 표준들에 의해 관리되는, 계획의 첫 번째 단계들이라는 것을 주장할 수 있을 것이다.

그 논리는 계획의 첫 번째 국면에서 이 분야들이 정치적인 것이 되어야 하는 것으로 생각되는데, 이는 모든 정당들이 오로지 그들 자신의 제한된 이익들의 만족을 위해서 기존장치들을 사용하여, 권력의 절대적 독점을 추구하고 있기 때문이다. 그 정당들은 계획하려 하지만, 오직 그들 자신의 이익을 확보하기 위해서 계획하려한다. 그러한 집단이기주의의 종류는 전혀 새로운 것은 아니고, 그것은 이미 과거에도 존재했는데, 이는 사람들이 전리품에서 자신들의 몫을 증대시키기를 항상 바라기 때문이다. 새로운 것은 모든 집단이 이제 절대적인 독점을 갈구하고, 전체로서 사회적 장치라는 의미에서의 사유에 의해 그 집단의 목적을 달성할 수 있다. 비록 처음에는 새로운 추세가 매우 비참하더라도, 모든 부분들이 그들의 적들에 대한 완전소멸을 겨냥하기 때문에, 그 추세에 내재한 모순들이 해결책으로 인도할 것이라는 실낱 같은 희망이 있다.

무엇보다 먼저, 모든 정당들이 독점을 위해 투쟁하는, 절대주의는 새로운 권력의 균형으로 종말을 고할 수 있는데, 이는 그 방향에서 어떤 한 집단의 어떠한 현저한 진전도 나머지 인구를 동원하고 그 인구가 협력하도록 강요하기 때문이다. 그래서 독재집단들조차 전체적인 사회적 장치라는 의미에서 사유하는 것을 학습해야 한다는 사실은, 장기적으로 계획이 부와 기회에서 보다 더 노골적인 차이들을 철폐한 이후에만 순조롭게 작동할 수 있다는 것을-아마도 오랜 기간의 갈등이 후에야- 인식하는, 정신유형의 성장을 조장한다. 그러한 경향은 계급전쟁을 상이한 개혁시안을 위한 적법한 투쟁으로 궁극적으로 변환시킬 것이다. 다시 한 번, 이러한 발달은 필수적인 것은 아니지만 가능하다. 따라서 그 방향에서 작용하고 있는 모든 경향을 강화하는 것은 더욱 더 중요하다.

만일 이 이론이 옳다면, 계획의 두 번째 국면은 다수의 순전히 정치적 이슈들이 점진적으로 감소되고, 사실상 해결책들이 우세할 것이다. 과거에도 이 과정은 보다 소규모로 이미 이루어졌다. 국가의 성장과 함께-우리가 이미 고찰한 것처럼-, 많은 지방 및 부분적인 이익들은 보다 큰 전체의 이익에 종속되었다. 사회적 기법들의 응집력 있고 조
363 화된 체제의 성장과 함께, 한때 의견과 목적의 문제로 여겨졌던 많은 사소한 결정들이 조정과 관련한 기술적 문제에 대한 해결에 주로 의존한다는 것은 곧 분명해졌다. 그러나 정강들은 정견에서 아직 사라지지 않았고; 그 정강들은 이제 일상생활의 기조보다는 핵심지위들과 관련된다.

위생이나 보건 문제는 보통 비정치적 수단들에 의해 해결되고; 그 문제는 사용할 최선의 과학적 방법들의 문제이고, 정치적인 차이들은 상상할 수 없다. 같은 방법으로 과학적 계획은 비정치적인 문제들의

수가 증가하는 것으로 간주되는 경향이 있다. 그러나 위생문제들은 한 때, 질병의 합리적 취급과 감염으로부터의 도피가 특정한 철학적 및 미신적 신념들 때문에 불법으로 금지되었던 시대에서는, 역시 비 기술적 관점에서 고려되었다. 전통적 태도들에서 어떠한 일탈도 이단으로 취급되는 한, 합의에 이르는 것은 불가능하다. 일단 특정한 과정들이 감염의 위험을 피할 수 있다는 과학적 정확성과 함께 증명된다면, 단지 가치들의 문제-삶은 구조할 가치가 있는가 여부-만 남고, 이 문제에 관한 합의는 큰 어려움 없이 도달할 수 있다. 위생문제들과 관련된 가치들은, 정치적 및 철학적 함의들이 다른 어떤 곳보다 더 순수한 사실들과 밀접하게 뒤얽히어 있는, 사회과학들의 그 문제들보다는 훨씬 더 단순하다[56]. 그러나 이러한 가치들 간의 갈등을 조정하는 것이 분명하게 불가능성한 것은 근본적으로 정치에 뿌리를 두고; 정치- 적어도 우리 시대의-는 희귀재들의 불공평한 배분과 대부분 연계된다는 것을 입증할 수 있다.

전인민이 준비되어있고, 안전이 사회복지서비스에 대한 보편적 요구인 근본적 권리로 사료되는 한, 논쟁점은 소멸될 것이고, 그래서 모든 사람이 자신의 장점들에 의해 사회적 시안에서 공정한 지위의 권리가 주어진다. 계획의 수레바퀴들을 방해하는 것으로부터 정치를 막을 필요성은, 장기적으로, 계획된 사회에서 기회의 평등을 만드는 요인들 중 하나이다. 따라서 계획은 궁극적으로 근본적인 평등이라는 의미에서 민주주의의 확산을 인도한다. 때문에 계획은 스스로 만든 일정부분
의 위험-핵심적 지위들의 독재적 독점-에 반작용하는 경향이 있다. 그 364
러나 양 경향들은 계획에 고유한 것이고, 그 계획은 강화되어야 할 정책의 문제이다. 평등을 지향하는 이 경향은 재산과 권력의 불평등한

56) 자연 및 사회과학들에서 가치평가의 속성의 문제와 관련하여, 데비스(Davis, K.), "개인적 관계들의 사회과학에의 적용", *Am. Soc. Rev., Ap.*, 1936년 참조.

배분을 계획하는 누구도 막지 않는다. 사회는 민주주의의 형태라는 점은 물론 계층의 형태라는 의미에서도 계획될 수 있다. 그러나 계급이나 재산의 불평등에 기초한 계획은 오래 지속되지 못하는데, 이는 이 불평등들은 체제의 작용과 관련하여 불가결의 조건(*conditio sine qua non*)인 최소한의 암묵적 합의의 확립조차 불가능하게 하는 커다란 긴장을 사회에 조성할 것이기 때문이다.

만일 우리가 이 경향들을 요약한다면, 우리는, 상당한 어려움들에도 불구하고, 사회조직에 대한 오래된 원리를 새로운 원리에 조정할 개연성이 항상 존재한다는 것을, 인지한다. 이 과정에서, 자유방임적 자유주의의 오래된 원리와 계획 간에 타협하는 것이 아주 불가능한데 반하여, 계획과 민주주의는 단순히 양립할 수 있을 뿐만 아니라 보완적일 수도 있다고 우리는 과감하게 말할 수 있다. 자유주의 파멸에서 어떤 것도 구제할 수 없지만, 자유주의의 가치들 중에서 자유인격의 신념은 구제될 수 있다. 그러나 자유방임에 기초한 자유주의의 기법은 영원히 사라진다. 그것의 희망을 사회적 세력들 간의 즉흥적 조정에만 두는 사회적 기법을 양도받는 것은 불가능한데, 이는 우리의 사회는 소규모 단위들에 의한 원자적 단계의 훨씬 후면에 방기되었기 때문이다. 따라서 자유에 대한 오래된 이상은 자유를 위한 계획의 기법에 의해서만 달성될 수 있다,

자유와 민주주의는, 사람들을 효과적으로 만드는 사회적 기법들과, 그들이 실제에 적용하게 될 정치적 및 전술적 방법들에 대해, 전적으로 무지한 사람들에 의한 추상적인 원리들에 대해 헛된 칭찬만으로는 더 이상 보전될 수 없다. 만일 본서에서 우리가 전술적 이슈들보다 기법들에 대해 더 많이 언급했다면, 그것은, 사회적 조건들과 사회적 기법들에 관한 한, 우리사회의 재건에 창조적인 기여를 하도록 하는데 사회학에 진정한 기회가 있기 때문이다. 그러나 정치적 전술의 필드에

서 과학자가 어떠한 타당한 예측을 하거나 어떠한 건전한 조언을 하는
것도 극히 어려운데, 이는 전술은 정치적 권력의 투쟁에서 변화무쌍한
형상을 다루기 때문이다. 어떤 사람은 서로 다른 사회체계들과 기법들 365
의 양립성과 그들의 가능한 효과들에 타당한 분석을 제공할 수 있지만; 비록 목적들에 대한 합의가 있다고 하더라도 그 사람은 제한된 기간 동안만, 즉, 집단과 계급의 상대적 지위가 불변인 한에만, 전술적 조언을 제공할 수 있다. 어떤 집단이, 계급투쟁과 이 국제필드에서, 권력의 쟁취나 유지에서 공조하고 공조해야 할 것인가는, 우리가 고찰했던 것처럼, 적의 속성과 공격의 진원에 의존하기 때문에, 절대로 기술될 수 없다. 미래의 전쟁에서 어떤 형태의 연합이 채택될 것인가를 암시하는 어떠한 이론적 고려사항들도 없는 반면에, 우리사회의 재건에서 기술적 문제를 합리적으로 분석하는 것은 가능*하다*.

전술적 이슈들에 대한 이론화의 난점은 사람들을 정치의 분야에서 비합리적이 되도록 종종 설득하는 것이다. 그들은 정치가 단지 권력의 문제라고 가정하기에는 너무 준비되어있다. 그들이 종종, "우리가 권력을 가질 때 까지 기다려라- 나머지는 저절로 도래할 것이다" 라고 말한다. 아직도 파시즘에 대한 우리의 경험들은, 사회학적 지식이 없는 권력은 눈 먼 것이고, 사회를 시민의 형무소로 만들거나 우리를 혼돈에 휘말리게 하여 종말에 이르게 하는 것을, 우리에게 가르쳤다. 만일 우리가 도래할 수십 년 동안에 도대체 무언가를 배우려고 한다면, 권력은 기본적으로, 그것이 사회적 상황에 대한 인간적인 이해는 물론 과학적 이해와 연결되지 않는 한, 충분하지 않다. 만일 자유주의, 공산주의, 그리고 파시즘의 이상들에서 실제적인 퇴락을 경험했던 시대의 일반적인 환멸로부터 어떤 창조적인 것이 출현한다면, 그것은 오직 사회적 업무들에 대한 새로운 실험적 태도들, 역사의 모든 교훈들로부터 학습할 준비일 것이다.

그러나 만일 어떤 사람이 이성의 힘에 대해 신념을 가졌다면, 그는 겨우 학습할 수 있다. 잠시 라디오의 제약들을, 특히 사회적 업무에서, 고찰하는 것은 유익했다. 사유는, 만일 그것이 사회적 맥락에 기여된다면, 강력하지 않고, 아이디어들은, 만일 그것들이 어떠한 실제적 기능도 없고 사회적 구조에 엮어지지 않은 아이디어들의 확산은 무용하다는 사회적 배경을 갖는다면, 겨우 강력하다고 인지하는 것은 건전하다. 그러나 아이디어들에 대한 이 사회학적인 해석은, 확실히 일상의 관심이 될 이슈들에 대한 사유로부터 개인을 낙담시키는, 완전한 절망으로도 인도할 수 있다. 새로운 사회의 사상가들이며 선구자들로서 그들의 적절한 기능을 너무 급격한 포기로 내 몰수도 있는, 지식계층의 이러한 낙담은, 역사의 다른 시기보다, 선도엘리트들이 마음에 간직할
366 수 있는 것에 보다 더 의존하는 사회적 환경에서, 훨씬 더 비참한 것이 될 수도 있다. 사고는 사회적으로 조건 지워지고 역사의 서로 다른 시기들에 변한다는 이론은, 만일 그 이론의 함의들을 우리 자신의 시대에 완전히 인식되고 적용된다면, 교훈적이다.

완전히 발달된 기법들의 시대에서 엘리트의 의견들은, 비록 이것이 양다리를 걸친다고 하더라도, 덜 중요하다. 억압된 소수자들의 아이디어들은 자동적으로 관련성을 상실하지만, 선도엘리트들이 보유하고 있는 아이디어들의 힘은 그 효율성이 증가할 것이다. 러시아의 공산주의본질에 관해서, 레닌(Lenin)이나 나중에 스탈린(Stalin)이 집착했던 아이디어가 중요성이 작은 문제는 아니었다. 비슷하게 독일에서의 이교사상이나 반유대주의는, 사회의 실제적 여건들에 대한 현재의 차원에서 직접적으로 출현한 것이 아니고, 이제 권력에 오른 보다 작거나 거대한 집단들이 이전에 보유한 아이디어들에 주로 의존한다. 이러한 사실은, 만일 그것을 우리가 우리자신에 적용한다면, 현재의 자유로운 탐구와 연구의 조건아래에 있는 변혁의 시대에, 우리가 도달할 수 있

는 결론들은, 사회의 계획이 우리 시대의 주요한 추세들에 의해 주조된 인민들에 의해 수행하게 될, 도래할 시대에 커다란 유의의를 갖게 될 것이라는 점이다. 오늘날에서조차 아이디어들은 독자적으로는 어떠한 새로운 세상들을 만들 수 없지만, 건전한 사유가 오늘날까지 계속되든가 여부, 그리고 그것이 지배엘리트들에 이르는가의 여부가, 장래의 사상(事象)들에 결정적이라는 것은 확실이다. 이 고려사항들은, 무엇이 최선의 계획형태이고 어느 정도의 계획을 자유의 요소와 결합하는 것이 실제적인가를 고려하는, 현재의 재건시대에서는 더욱 더 바람직하게 만드는 경향이 있다. 추상적 원리들에 대한 오랜 탐구 후에, 더 많은 사람들이, 비록 그들이 그들 자신의 고통으로부터 배워야 한다고 할지라도, 사회의 재건은 모든 시민의 생사문제이고, 일단 정치는 편견에 의해서는 절대 해결될 수 없지만 사회에 대한 점진적이고 의식적인 연구에 의해서만 해결할 수 있는 문제들의 집단을 형성하고 있다고 한다면, 우리의 재난들의 대부분은 제거될 수 있다고 인식할 때, 재건시대는 도래할 것이다.

제 6 편

계획 수준에서의 자유

자유에 대한 진정한 이해: 행동을 위한 서곡

369 계획은 다음과 같은 근본적인 철학적 의문들을 제기한다. 즉, "이상적으로 계획된 사회는, 계획되지 않은 사회에서 많은 계급들에 의해 인도된 거의 견딜 수 없는 삶과 비교하더라도, 감옥이나 구속복(拘束服)이 아닌가? 후자, 즉, 계획되지 않은 사회, 에서 많은 인민들은 불안에 의해 위협당할 수 있지만, 개인은 아직도(적어도 잠재적으로는) 자유계약자이고 스스로 그의 어려움들과 대처할 수 있다. 사회적 기법의 지속적 발달은 개인을 완전한 노예상태로 인도하지는 않는가?" 질문은 너무 정당화되었고, 만일 우리의 현재문제들에 대한 인간적인 해결이 조금이라도 가능하다면, 해답은 발견되어져야한다.

이전 시대를 본보기로한 자유의 개념은, 우리 문제들에 대한 어떠한 진정한 이해를 하는데도 장애물이고 새로운 행동유형으로의 전환을 방해하는 것처럼, 고도로 발달된 사회적 기법의 시대에서 자유의 가능성을 고려하는 것이 한결 더 필요하다. 시정인과 실제 정치인 모두는 자유에 대해 모호한 개념을 가지고 있고, 그래서 그 용어에 대한 역사적 및 사회학적 설명은 무익한 사색은 아니지만 행동의 전주곡이다.

우리는, 사회적 기법의 발달을 인도했던 현대의 세력들이 단순하게 그 기법의 환경뿐만 아니라, 후자, 즉, 그 기법자체, 를 통해 통제하고자하는 인간정신의 욕구를 표현한 것이라고, 점차 인식하게 되었다. 마음이 내키지 않은 기법들은 인류를 노예상태로 인도하고; 충분히 고려된 기법들은 보다 높은 수준의 자유로 인도한다.

자유의 문제가 인간의 종교와 철학의 역사에서 가장 회귀하는 것 중 하나였다는 것은 결코 우연이 아니다. 역사의 경로 중에 그 문제를 해결하기위해 기울였던 모든 노력에도 불구하고, 결정주의와 자유의

지의 문제는 우리에게 너무 추상적인 형태로 항상 표현되었던 것처럼 보인다. 과거의 철학들이 문제의 주관적 측면들을 다루는 한, 그 철학들은 자아의 가장 심오한 수준들을 통찰했다. 그러나 객관적 측면들에 370
대해서는 동일하게 말할 수 없다. 외부세계와 관련하여, "사람은 자유로운가?"라는 질문은, 만일 어떤 사람이 전체로서 세계를 생각하지 않고, 자유의 형태들은 주어진 사회와 그 속에 존재하는 사회적 기법들과 관련지울 때만 형성될 수 있다는 사실을 인지하게 된다면, 겨우 명확해질 것이다. 하나의 사회에서 가능한 자유의 유형을, 다른 사회에서는, 그 사회의 지배하에 있는 또 다른 형태의 자유를 소유할 수 있기 때문에, 합리적으로 요구할 수 없다. 간략히 실제적인 자유의 형태는 대부분 사회기법의 수준에 의존하고, 또한 다음의 요인들에 의해 결정된다:

1. 기존사회구조의 틀 내에서 사회문제들에 대해 행사될 수 있는 통제
2. 주어진 사회적 패턴에서 가능한 예측의 유형
3. 현재의 발전단계에서 정부의 과학에 대한 욕구의 강도; 그것은 사회문제들을 처리함에 있어 가장 공정하고 가장 효율적인 방법들로서, 어떠한 기존 또는 잠재적 지식도 그들 스스로 이용할 수 있는 지배엘리트들의 열의를 의미한다.

구체적인 역사적 상황과 관련 없이 일반적인 의미에서 자유를 생각하는 소박한 정신에 대한 추상적 접근과 관련하여, 자유는 아직도 통제되지 않거나 통제할 수 없는 사회적 여건들에 영향을 미치고자하는 욕구로서, 인간의 주도권과 관련된 강도와 부합한다. 이 정의는 모호하기 때문에, 어느 정도 그리고 어떤 형태의 주도권이 소여의 사회에서 가능할 것인가라는 질문은 사회구조의 본질에 따라서 여러 상이한 답변들을 받아들일 수 있다. 그 정의는, 또 다른 질문, 즉, 얼마만큼 명확한 사회적 환경의 유형이 변화될 수 있고, 개입할 최선의 지점은 어

디인가? 와 관련하여, 똑 같이 애매하다. 이 문의들에 대한 대답은 역사적 상황의 본질에 또 다시 의존한다.

나는, 가능한 자유유형들은 서로 다른 사회들에서 변한다는 것을 증명할, 두 개의 단순한 보기들을 제공하려한다. 우정에 관해서, 만일 나에게 항상 나의 파트너들의 소망들에 반대할 기회가 주어진다면, 나는 스스로를 자유롭다고 생각한다. 만일 타협의 필요성이 있다면, 내가 자발적으로 이 타협에 동의한다는 조건으로, 나는 여전히 자유를 느껴야 할 것이다. 그러나 만일 나의 파트너가 물리력 또는 심리적 강요, 예를 들면 최면술, 에 의해, 자신의 길을 취했다면, 나는 더 이상 자유
371 를 느낄 수 없다. 따라서 우정과 같은 상당히 단순한 사회적 관계에서, 자유는 어떤 사람의 파트너가 바라는 소망들과 함께 지속적인 자발적 타협과정가운데, 빈번한 저항의 기회, 예를 들면 주도권을 취할 연속적인 가능성, 로 표현된다. 동일한 수준에서, 강요는 영속적인 종속, 주도권의 영속적인 희생과 일치한다.

만일 우리가 소규모의 조직된 집단을 상정한다면, 상황은 매우 다르다. 그 집단의 자유는, 그 집단의 구성원들이 그들의 자유의지를 위해 진력하고, 그 집단에 의해 취해진 모든 조치는 서로 다른 충동들 간에 항상 불안정한 타협이 되어야 하는 것을 요구하는 것이라고 믿는 것은 무분별할 수도 있다. 만일 조직된 행동이 필요한 때 개인들이 규정된 규칙들에 복종한다면, 조직된 집단은 오로지 집단적으로만 행동할 수 있다. 그리고 조직에 가입함으로써 어떤 사람은 모든 주도권과 자유의지를 필연적으로 포기하지만, 그것보다는 무한한 개인적 자유의 희생에도 불구하고, 자유로운 조직과 권위적 조직 간의 구별은 집단적 행동을 규제하는 방법들에서 파악될 수 있다는 것을, 아직도 인간은 인지하지 못한다. 전자, 즉, 자유로운 조직, 에서의 자유는, 행동이 가능하고, 규제된 영역들을 관리하는 규칙들에 대한 완전한 민주적 통제와

관련한, 완전한 자유가 있는 곳의 영역들에 대한 명확한 정의에 존재한다. 그러나 만일 조직이 행동의 모든 분야들을 규제하려는 지속적인 노력을 하고, 개별구성원들이 조직의 활동목적과 조직에 대해서는 어떠한 말도 허용하지 않는 한편, 조직의 관리들은 선출되지 않고 상부에서 독단적으로 지명한다면, 우리는 조직이 자유롭다고 더 이상 말할 수 없다. 이 보기는, 하나의 사회적 관계를 다른 사회적 관계의 의미에서 해석하고, 어떠한 자유의 형태가 소여의 사회적 환경에서 가능한가를 사유하는 대신에, 추상적으로 자유의 결여를 말하는 것이 얼마나 분별없는가를 입증하기에 충분할 것이다.

우리의 다음 보기에서 우리는 자유의 또 다른 측면을 취급할 것이다. 여기서도 역시 우리는, 집단형성의 상이한 단계들과 서로 다른 사회적 환경에서, 문제를 고찰할 것이다. 그러나 이번에는, 우리가 행동의 자유라기보다는, 자기표현의 가능성이라는 의미에서 자유를 이해해야 한다. 만일 보다 강한 친구가 다른 사람이 자신의 느낌들을 자발적으로 표현하는 것을 절대 허용하지 않지만 위선자처럼 행동하는 것을 그에게 강요한다면, 우리는 자유로운 우정이라고 말할 수 없다. 우리는, 만일 감정의 지속적인 주고받기가 있다면, 상황들과 사상(事象)들에 대한 즉흥적 토론의 결과로 나타나는 공동의 사고방식에 기초한 감정 372
적 조화로서, 자기표현의 자유가 존재했다고 말해야한다.

조직에서 이러한 종류의 감정적 자유는 문제 밖이다. 하나의 조직된 집단은, 만일 그 구성원들이 시작부터 특정한 제도적 태도들에 익숙해진 경우에만, 작용할 수 있다. 명령에 대한 순종은 충분하지 않고, 감정은 적어도 특정영역에서의 통제에 복종해야한다. 첫 번째 보기에서 발견될 자기표현의 완전한 자유 대신에, 교육과 훈련은 특정한 항구적인 마음가짐들을 조성했고, 따라서 적어도 어떤 방향들에서든, 이 자유가 억압되었다.

두 번째 단계에서, 사회적 관계들은, 비록 그것들이 아직도 민주적으로 통제될 수 있다고 하더라도, 제도들이 절대 필요할 정도로 복합적이다. 그러나 동일한 원리가 적용되고, 조직이 그 구성원들의 인간성을 제멋대로 빼앗고 그들을 로봇으로 변모시키는가 여부, 그리고 감정적 통제가 권위나 합의에 의해 확립되는가 여부를, 우리는 아직도 결정할 수 있다.

특성구축이 이 단계에 도달했을 때, 모든 영향을 폭정으로 사료되지는 않지만, 그러한 특수한 환경의 현실적인 필요를 고려하여, 집단의 승인 없이 소수자에 의해 부과되거나 자기표현을 공인되지 않은 정도까지 방해하는 것들만을, 폭정으로 간주하였다. 어떠한 사례든, 자기표현의 자유는 하나의 사회적 환경에서 다른 사회적 환경으로 전이된 규범들에 의해서는 측정될 수 없다. 가정에서의 자유와 놀이터에서의 자유는 별개이고; 종교분야의 자유는 정당의 그것과는 다르며, 따라서 자유에 대한 사회적 담보물들은 그 개념이 달라야한다.

그러나 자유의 개념에서 이 사회학적 변동들은, 우리가 문제를 어떤 소여의 사회에서 상이한 집단들과 환경들과의 단순한 관계에서가 아니라, 우리가 이미 논의했던 사회적 기법발달에 대한 3단계들의 관점에서 고려할 때만 유의의해진다.

시행착오의 우연한 발견단계에서, 자유는 환경의 자극들에 대한 직접적인 행동과 반작용에 의중을 드러내놓는다. 만일 어떤 사람이 그의 소망들을 그것들이 발생하는 데로 만족시키는데 필요한 조치를 취하는 것을 방해한다면, 자유의 결핍을 느껴지게 된다. 이 단계에서, 바라
373 는 대로 자신의 몸을 사용하는 것을 막았을 때 방해받은 것을 느끼는 동물과 다르지 않게, 인간은 그가 바라는 대로 사상(事象)들이나 사람들을 다루는 것이 허용되지 않을 때, 그의 자유가 위태로움을 느낀다. 자유가 이 단계에서 의중을 드러내는 것처럼, 직접적인 접촉은, 인간

이 단순한 도구들의 사용을 학습했을 때는, 본질적으로 변화되지 않는다. 차이점은, 이 도구들에 대한 일체화에 의해, 마치 그 도구들을 그의 육체의 연장(延長)인 것처럼 사용하거나 소유하는 것을 거부당했을 때, 그가 좌절을 느낀다는 점이다. 비록 단순한 도구들의 사용이 우연한 발견의 단계를 초월하지 않는다고 하더라도, 그것은 진보를 나타내는데, 이는 조정의 과정이 더 활발하기 때문이다. 인간과 그의 욕구들 그리고 그의 환경 간의 균형은 이제 자체적으로 제공하는 어떠한 쾌락도 강탈하지 않고 환경의 일부를 변경하여 발생된다. 이 환경들에 관한 때때로의 변경에 대한 어떠한 방해도 자유에 대한 위협으로 사료된다.

환경에 대한 이 적극적인 조정의 과정에서, 우리는 두 번째 단계-발명의 단계-로 넘어간다. 도구들과 그것들의 결합사용들에 대한 축적된 지식 때문에, 우리는 우리자신들과 아직도 매우 모호한 일부 궁극적인 목표 간에 더 중간적인 목표들과 수단들을 설정할 수 있다. 발명의 단계에서, 우리는 그 여건들이 우연히 발생한 것처럼 자연적 여건들로부터 점점 더 자유롭게 되는 것을 우리스스로 배우고, 그래서 중간목표들에 대한 이 증가된 지배는 우리의 자유에 대한 가장 중요한 표현이 된다. 고용자, 재산가, 관료, 그리고 장(長)은 그들이 기업의 목표들과 그 목표들을 성취하기 위한 방법들 양자를 결정할 수 있기 때문에, 그들의 부하들보다 더 큰 자유를 보유하고 있다. 자신의 운명을 결정하고 자신의 재산을 처분하는 자유와는 별개로, 자유는 어떤 사람이 집단적 행동에 의해 실현될 수 있는 목표들을 결정하는데 진력할 수 있는 영향에 좌우될 것이다.

기법은, 자연의 포학으로부터 우리를 자유롭게 하는 동안에, 두 개의 새로운 의존의 형태를 발생시킨다. 기법에서의 모든 진보는 추가적인 사회적 조직과 깊이 관련된다. 만일 내가 사냥탐험이나 토양을 보다 비옥하게 만들기 위해 관개하는데 더 좋은 무기들을 사용한다면,

무기의 생산이나 수로의 건설과 같은, 필요한 준비행동들은 집단적인
374 노동 분화의 수단에 의해서만 완성될 수 있다. 따라서 기법이 나를 자
연으로부터 자유롭게 만들자마자, 그 기법은 협력을 필요로 하는 불가
피한 사회적 강제에 대한 동일한 조치에 내가 순종하도록 한다.

그러나 왜 기법이 새로운 형태의 결정주의를 만드는 경향이 있는가에 대한 또 다른 논리가 있다. 그 기법은 목표의 선택에, 그리고 궁극적으로 인간의 심리에 의도하지 않은 영향을 보유하고 있다. 환경에 대한 기술적 변경을 향한 첫 걸음, 즉, 사람이, 예를 들면, 잠자기 위해 맨 바닥에 눕거나 또는 가장 가까운 동굴에 가는 대신에, 편안한 침대를 만들기 위해 나뭇잎을 수집하는 첫 번째 충동, 은 직접적인 반작용들을 불러 일으켰다. 인간은 그를 더욱 품위 있게 만든 일련의 행동들을 시작했고, 이러한 문명의 과정이 그를 변화시켰다. 우리가 모든 발명이 인류의 변화에 도움을 주었다는 사실을 고려할 때, 우리 자신의 시대는 변화하는 환경에서 인간이 스스로 변화한 것이 처음은 아니라는 점은 곧 명료해지고 있다. 그는 그 변화를 과거에는 항상 매우 무의식적으로 수행했다. 우리가 이 과정의 역사를 더 고려할수록, 특성의 형성은, 과거에서조차, 결코 배타적으로 개인의 내면발달에만 의존하지 않았다는 것도 더욱 더 분명해지고 있다. 문명의 누적적 효과는 단지 자연에 대한 우리의 관계뿐만 아니라 우리 자신의 특성도 역시 변경한다.

두 번째 단계(발명의 단계)에서, 훨씬 더 복잡한 "두 번째 천성"이 첫 번째 천성을 대체한다. 이 "두 번째 천성"은 기법이고- 기법의 숙달이 요구하는 조직된 관계들이다. 기법이 우리를 여건의 독단적인 세력으로부터 자유롭게 만들면 만들수록, 우리는 우리스스로가 만든 사회적 관계들의 네트워크 속에 더욱 더 빠져든다. 인간의 관점에서 이 "두 번째 천성"은, 이 관계들에 대해 그들의 전체성을 파악할 수 없고

따라서 통제될 수 없는 한, 첫 번째 천성 못지않게 무질서하고 위협적이다. 인간이 기아와 지진 또는 전쟁과 혁명으로 인도하는 사회적 부적응, 즉, 비록 최초의 재난이 첫 번째 사례에서는 자연적 원인들이고 두 번째 사례에서는 사회적인 원인들에 기인했음에도 그 효과는 아주 동일한 재난, 에 의해 파멸될 것인가 여부는 대수롭지 않다. 전체로서 사상(事象)들의 노선은, 자연적 사상(事象)들이 연구되기 전에는 예측할 수 없는 것처럼, 예측할 수 없다. 우리는 개별적 도구들을 생산하고 조작하거나, 특정한 조직들을 고안하고, 그리고 상세하게 그 조직들을 계획하는 데는 자유롭지만, 이 단계에서 대중심리학, 또는 경기순환, 375 또는 조정불량기관들의 누적적 효과들을 이론적 및 실제적인 양면에서 숙달하는 데는 무력하다.

이 맥락에서도 자유의 의미는 상황에 따라 변하고, 인간의 자연과의 직접적인 투쟁에서 자유는 그의 "두 번째 천성"과의 싸움에서의 자유와는 무언가 전적으로 다르다는 것은 명백하다. 첫 번째 수준에서, 인간은, 만일 그가 주어진 상황에 즉각적으로 순응할 수 있다면, 자유롭다. 그가 정말로 우연한 조건들에 직면하여 있는 한, 그는 그의 자유에 대한 완전소유상태에 놓이지만, 만일 누구라도 상황에 대한 그 자신의 실험수행을 방해한다면, 그는 좌절을 느낀다.

어떤 사람이 조정하는 것을 훼방하지 않는, 직접적인 의미의 자유는, 차후의 사회기법발달단계들이 결정주의 및 자유에 대한 새로운 형태를 조성할 때까지, 유지될 수 있다. 이 제1차적 자유는, 사람들이 그들의 직접적인 욕망들을 성취하고 자기표현의 즉흥적 형태들을 발견하는데 열중하는 한, 더 복합적인 사회구조에도 불구하고 유지될 것이다. 발명의 단계에서, 자유의 검증은 단지 자발적 행동이 아니고, 사상(事象)들을 그 본래의 모습대로 단순히 수용하는 대신에, 사회적 조정이 가능한 여건들을 만들고자 하는 욕구이다. 인간은 그가 자신의 질료를 만들거나 선택할 수 있거나, 또는 고려중인 어떤 명확한 목표들을 가지고 조직을 설립하거나 또는 적어도 그 조직의 행정에 참가할 수 있을 때, 간략히 그가 발명에 자유로울 때, 자유를 느낀다, 이 자유를 위해 사람들은 행동에 대한 그들의 제1차적 자유(liberty)를 기꺼이 버리려한다. 만일 그들이 제도가 작용하도록 만드는 필요한 기계적 조치들을 취해야 하거나, 또는 구상 중인 목표들을 결정하거나 그 목표들을 결정하는데 의견을 제시하는 권리를 갖는 것을 조건으로, 자기표현의 특정형태를 포기한다면, 그들은 좌절을 느끼지 않을 것이다. 그들은 특성에 대해 신중하게 영향을 행사하고, 시행착오나 즉흥적 성장과정의 결과가 아닌 관습이나 이상을 체계적으로 주입하는, 교육적 및 종교적 기관들을 허용한다. 물론 제도들에 의해 인간스스로 형성되도록 방치하는 것이 새로울 것은 없는데, 이는 인류는 항상 관습과 습관에 의해 형성되었지만, 과거에는 이러한 형성은 역사의 무책임하고 비가시적인 손 때문이었다. 현시대에서 결정적 요인은 학교 및 훈련협회와 같은 고립된 기관들이 목적을 위해 신중하
376 게 설립된다는 것이다. 그러나 이 기관들의 방대한 상호작용에 대한 규제는, 전연 시도되지 않았고, 두 번째 단계에서는 순전히 대담한 행위로 사료될 것이다.

비록 이 규제되지 않은 태반의 제도들이, 자연자체처럼(만일 상이한 수준에서라면) 완고하고 통제할 수 없음에도 불구하고, 사람들은, 그들이 보다 초기의 단계에서 자연의 힘을 통제하는 것은 불가능하다는 것을 수용했던 것과 동일한 체념으로, 이 결정주의를 받아들인다. 만일 발명의 단계에서 지배적인 교육적 경향들에 의해 형성되었던 사람들이, 조정된 사회적 기관들에 의해 그들이 혼돈에서부터 질서를 가져올 수 있었다면, 그들은 이것이 단지 무모한 제한이 아니고 인류의 자유에 대한 공격이라고 느꼈을 수 있다.

비록 사회적 세력들의 맹목적인 놀이가 인간성을 파괴함에도 불구하고, 그 세력들은 이 파괴를 그들 자유의 본질적인 부분이라고 사료하는데, 이는 단순히 그것이 익명이고 역사의 눈에 보이지 않는 손에 의해 지시되기 때문이다. 보다 이전시대에서는 자연의 변덕에 대한 완전한 복종이 개인의 자유에 필수적인 것으로 사료되었다. 미개인은, 의사가 예방접종에 의해서 맹목적으로 작용하는 전염병의 힘들로부터 그를 구할 때, 그의 자유가 위협당하고 있다고 느낀다. 우연한 발견의 단계에서, 만일 사람들이 자연의 세력들에 도전하기 위한 기술적 장치들을 완전하게 사용하도록 한다면, 그들이 자유로울 수 있다고 확신시키는 데는 엄청난 노력이 필요하고; 인간규제의 도움으로 사회적 세력들의 무지와 싸우는 것이 사람을 그 이전보다 더 자유롭게 만든다는 점을, 재교육을 통해 그 세력들에게 확신시키는 것이 요구될 것이다. 자유의 새로운 형태들은, 인간들이 그 형태들을 정신적으로 준비했었고, 사회적 실존의 보다 초기단계라는 의미에서 생각하지 않을 때까지, 항상 거부될 것이다.

새로운 자유의 개념은 가능한 한 사회적 환경의 효과들을 통제하고
자 하는 욕구를 만든다. 이것은 조금도 백일몽이 아니고, 사회적 기법
의 거대한 진전은, 구체적인 계획에 따라 핵심지위들로부터 사회업무
를 수행하는데 영향을 미치는 것을 우리에게 허용한다는 사실에 기초
하고 있다. 일단 우리가 이것을 이해했다면, 삶에 대한 우리의 사고방
식은 바뀔 것이고, 우리는 이 제도들의 혼란스러운 엉킴이 지속되는
동안에는, 우리가 더 이상 자유롭지 않다는 것을 느껴야 할 것이다. 이
혼란을 해결하기 위해서, 우리는 우리가 첫 번째 단계에서 두 번째 단
계로 나아가는 것처럼, 만약 그렇게 하는데 우리가 전체적인 사회 환 377
경의 통제를 확보했다면, 우리는 우리의 이전자유들(liberties)을 기꺼
이 포기해야한다. 많은 분야들에서, 우리는 개인이 그의 발명력들을

전체로서 사회에 대한 결과를 고려함이 없이 그 자신의 목표에 대한 수단들로서 사용하는 것을 허용한 그러한 자유의 형태들을 포기했었다. 이 자유의 제1차적 형태에 대한 희생은 우리가 기꺼이 그 형태의 추가적인 함의를 수용하고, 따라서 전체적인 사회적 네트워크를 규제하려고, 즉, 민주적으로 인지된 계획에 따라 집단의 공동자유를 확보하도록 모든 사회적 관계들을 규제하려고, 노력하지 않으면 우리를 완전한 노예상태로 인도할 것이다. 앞으로 사람들은, 그들의 개인적 삶의 많은 측면들이, 만약 그것이 그들 스스로 선택한 질서라면, 집단에 의해 규정된 사회질서에 따라 결정되도록 허용하는, 보다 높은 형태의 자유를 발견할 것이다.

우리가 이제 도착한 단계에서, 우리는 우리 스스로 선택한 건강한 사회에서의 계획에 대한 요구를 수용하는 것보다는, 조정되지 않았거나 서투르게 조직된 사회를 선호하게 하는, 보다 거대한 노예상태가 될 것으로 보인다. 공정하고 민주적인 계획은 우리의 자유를 양도하는 것과 관련된다는 인식은, 계획하지 않은 자본주의사회는 자유(liberty)의 최고 형태에 기초하지 않는다는 것을 보여주는, 그러한 주장들의 주요 동기이다.

자유자본주의사회의 "자유들(liberties)"은 부유층만 종종 이용가능하고, "무산자들"은 여건의 압력에 복종하도록 강요되었다는 것을 올바르게 지적했었다. 이 사회의 진정한 대표자는, "자유로운"시장에서 그의 노동력을 팔거나, 또는 만일 그가 선호한다면 투쟁을 포기하고 굶주리는 권리를 가진, 자유노동자일 수 있다. 필요한 교육을 받기 위한 시간은 물론 수단들도 갖지 못한, 빈곤한 사람을 가르치고 학습하는 자유의 용도는 무엇인가? 만일 우리사회의 사회적 기구들이, 우리가 건전하고 합리적 결정을 하는 것을 방지하는 불안정·불안·신경증들을 만든다면, 어떤 용도가 우리자신을 평가하는 우리자신의 삶의 철학을 선택하는 것에 관한 자유인가?

발명의 단계에서 통용된 자유의 형태들에 고착된 그런 사람들은 다
음과 같이 반박하다. "만일 사회질서가 단순히 개인에 부과되고 그가
그 질서로부터 탈출할 수 없다면, 어떤 용도가 최선의 사회질서인가?
만일 내가 나 자신의 삶을 사는데 자유롭지 않다면, 어떤 용도로 사용
하는 것이 제도들 중 가장 현명한 것인가? 나는, 아무리 교묘하게 설 378
계되었다하더라도, 상황의 주형(鑄型)을 강요하는 것보다는, 어려운 형
세에 대해 아무리 부적합하더라도 오히려 나 자신의 해결책을 안출할
것이다."

이 적대감은, 두 번째 단계의 자유의 개념이 세 번째 단계의 개념에 적용되었기 때문에, 문제를 해결할 수 없다는 것을 분명하게 보여준다. 개인이 발명의 단계에서 조정의 순수한 자발성에 대한 그의 욕구를 보전하는 것처럼, 임의적인 간섭의 쾌락을 먼저 기술하지 않고는, 합리적이며 계획된 사회를 바라는 것은 불가능하다.

자유의 담보물들은 세 개의 단계들에서 전적으로 서로 다르다. 첫 번째 단계에서 자유는 탈출의 자유와 참으로 동등하다. 폭정으로부터의 도망, 자승자박에서 벗어나고, 직접적인 압력으로부터의 도피가능성, 이것들은 자유의 가장 분명한 징표들이다. 증가하는 수의 고립된 기관들이 사회의 구조를 채우고, 광의로 말하여, 각자가 자신의 길을 가는 것이 허용되는, 두 번째 단계에서 자유의 가장 중요한 담보물은 이 기관들을 서로 대항하고 반목시켜 어부지리를 얻고자한다. 이것은 견제와 균형의 정치이론에 반영되어있다. 이 단계에서 권력의 균형은 개별기관들의 상호감시와 통제에 의해 보장되는 것으로 여겨진다. 모든 보다 작은 권력들을 복속하게 하는 보다 높은 권위가 없는 곳에서, 자유는 다소간 예속된 권위들의 균형에 의해서만 보장될 수 있다.

세 번째 단계인 계획의 단계에서 자유는, 개별기관들에 대한 상호통

제에서는 존재할 수 없는데, 이는 이것이 절대로 계획된 협력으로 이
끌 수 없기 때문이다. 최고의 단계에서 자유는 계획에 의해 확보될 때
만 존재할 수 있다. 그 자유는 계획가의 권력을 제약하는 데는 존재할
수 없지만, 계획자체를 통해 자유에 관한 필수적인 형태들의 존재를
보장하는 것은 계획의 개념 속에 존재할 수 있다. 제한된 권위들에 의
해 부과된 모든 제약들은 계획의 통일성을 파괴할 수 있기 때문에, 사
회는 경쟁과 상호통제에 관한 이전단계로 회귀할 수 있다. 주권이 개
인, 또는 집단, 또는 민주의회에 존재하는가 여부는, 그 주권은 그것의
계획에 내재한 자유를 위해 완전한 범위를 허용하는 민주적 통제에 의
379 해서 강요되어야한다. 일단 인간행태에 영향을 주는 모든 도구들이 조
정되었다면, 자유를 위한 계획은 남아있는 자유의 유일한 논리적 형태
이다.

이 자유를 위한 계획은 신중하게 고려되어야하는데, 이는, 만일 우리가 자유에 대한 헌법적 보증장치들을 계획자체에 포함시켜야하고, 진정한 정치적 안전장치들은 그 계획의 유지를 위해 확립해야한다고 주장하는 대신에, 자유는 계획의 통일성을 제한하여 보장할 수 있다고 지속적으로 사유한다면, 잘못된 전술들을 쉽게 채택할 수도 있기 때문이다. 사회의 핵심적인 논점들이 이미 결정된 곳에서, 자유는 그 논점들로부터의 전략적 지시에 의해서만 획득할 수 있고, 그 논점들의 파괴에 의해서는 확보할 수 없다.

자유의 문제가 -자유방임에 반하여- 계획된 구조 내에 자유지대들을 조성하는 데에 존재하는 것으로 여겨지자마자, 전체적인 문제가 보다 더 상세해진다. 통합되고 추상적인 개념 대신에, 구체적인 이슈들이 발생한다. 이동의 자유, 표현의 자유, 판단의 자유, 결사의 자유, 변덕과 포용의 자유와 같은 자유에 대한 다양한 역사적 해석들은 새로운 사회에서 충족시켜야 할 모두 다 특별한 의무들이다. 자연스럽게, 계

획된 자유의 출현은 자유에 관한 이전의 모든 형태들은 폐지되어야한다는 것을 의미하는 것은 아니다. 우리는, 본서의 앞부분들에서 보다 높은 사회적 수준으로의 진전은 행동, 사고, 그리고 자유에 관한 앞선 형태들의 보전을 제외하지 않는다는 것을 고찰했다. 반대로, 고대의 자유들(liberties)에 대한 계획된 보류는 계획에서 과장된 독단론에 대항하기 위한 보증장치이다. 우리는, 사회가 많은 영역들에서 새로운 단계로 진전할 때까지도, 일부 오래된 조정의 형태들은 아직도 계속될 수 있다는 점을, 인식하는 것을 학습했다. 그 조정이 가능하고 계획이 위태롭지 않은 곳은 어디서나, 모든 노력이 자유의 제1차적 형태-개인적 조정을 위한 자유-가 유지되도록 해야 한다. 이 자유는 발명의 단계에서 합법적으로 존속되었고, 증가되는 기계화에도 불구하고, 그것은 생명력을 보전하고 주도권을 강화하는 것을 도왔다. 따라서 계획된 사회에서 자유의 보장 장치들 중 하나는, 조정에 대한 개인의 능력을 유지하는 것이어야 한다. 동일한 방법으로 발명의 두 번째 단계에서 달성된 자유는, 가능한 곳은 어디서나 계획된 사회 속에서 존속되어야한다. 헌법규정은, 중앙집권된 관료제의 수요들보다 지방사회들의 380
수요를 충족하기 위해, 소규모집단의 주도권을 통해 새로운 제도들을 만들 수 있도록 해야 한다. 병원, 학교, 그리고 대학교와 같은, 대부분의 공공기관들은 국가에 의해서 유지되는 것이 아니라, 일반적으로 그것들의 존재에 대한 필요성을 증명하기 위해 자급되도록 강요되고 있는 것은 앵글로-색슨 전통의 가장 큰 장점들 중 하나이다. 이 회사주도의 원리 그리고 소규모집단들에 의해 견지되어야 할 책임과 위험의 이 개념들은 발명의 단계의 특징들이고 진정으로 건전하다. 그것들은 중앙집권화를 향한 지나친 경향들을 완화할 수 있는데, 이는 이 기법이 관료제에 대한 안전장치이고, 실제여건들을 다루는데 계획기관들을 유지시키는 것을 돕기 때문이다. 물론 일단 사회가 계획의 단계에 도달했다면, 분리주의와 지방자치는 발명의 단계에서처럼 최종적인 말을 하여 상대를 봉쇄하는 것을 허용할 수 없다. 비록 미래 기업들이 새로운 제도들을 제안하는데 있어 주도권을 취해야 한다고하더라도, 중앙집권된 통제는, 전체로서 계획과 상충할 것 같은 어떠한 경향들이라도 비판하기 위해서, 필수적이다. 이러한 비판은, 객관적 비판의 내밀함이 이 기관들의 자연적 성장을 반대할 수도 있는, 독단적인 관료제로 다시 한 번 용이하게 인도할 수도 있다.

그러나 만일 관료제보다 더 거대한 어떠한 권력도 없다면 이러한 비판이 발생할 수도 있는데, 이는 계획된 사회에서 민주헌법의 문제는 주로 관료적 절대주의를 회피하는데 있기 때문이다.

우리가 계획된 사회에 민주적, 의회적인 통제를 전이시키는 방법을 발견할 수 있는가 여부에 모든 것이 좌우된다. 만일 이 통제가 계획된 사회를 확립하기 위한 노력으로 소멸된다면, 계획은 치유가 아니라 참사가 될 것이다. 다른 한편, 새로운 자유에 대한 감시 장치를 통합한, 공동체통제하의 계획은 사회적 기법의 현재단계에서 가능한 유일한 해결책이다. 이러한 새로운 사회를 달성하기 위한 기회들은 확실히 제한되어있다. 그 사회는 절대적으로 사전에 결정되지 않는다. 그러나 이것이 우리의 새로운 자유가 시작되는 바로 그 사회이다. 우리는 자유의 질이 시대뿐만 아니라, 행동의 자유(liberty)에 대해 상이한 범위들을 제공하는 단일사회의 범위들 내에서도, 변화한다는 것을 고찰했다. 우리의 현재사회는 확립된 관계들의 네트워크 내에서 한 종류의 자유를 제공한다. 그러나 현재사회는 그 관계들 밖-우리의 세계가 아
381 직도 이루어지고 있는 그러한 분야들-에 또 다른 정도의 자유를 우리에게 제안한다.

확립된 관계들의 구조 내에서, 우리는 이미 쌓여진 담장에 오래된 벽돌들을 대체하는 벽돌공의 범위에서만 너무 자주 행동하는, 그러한

상호의존적 체계의 압력에 의해 부담을 받고 있는 것처럼, 아주 작은 세목들만 점진적으로 바꿀 수 있다. 그러나 핵심적 지위들에서 새로운 활동이 요구되는 것은, 새로운 사상(事象)들이 이루어져야했던, 담장 부근의 공간이 있다. 여기서 제1차적 자유가 군림했던 첫 번째 단계처럼, 우리의 행동에서 많은 즉흥성이 요구된다. 여기가 개척자들을 위한 범위인데, 이는 장래의 가능성 앞에서 우리 각자는 무엇을 강화할 수 있고 무엇을 무너뜨리려 하는가를 선택해야한다. 따라서 인간의 자유는 우리가 대중사회에 도달한 때 소멸되는 것이 아니라; 반대로 이 대중사회는 그 자유의 진정한 활력이 필요한 곳이다. 만일 우리가 요구되는 삶의 부분에 대해서만 정관하고자 한다면, 우리는 오늘의 인간은 과거의 비사회학적인 윤리가 우리로 하여금 믿도록 한 것보다도 그의 운명을 결정하는데 훨씬 더 자유를 보유했다고 이해해야한다. 왜 상실된 자유에 대한 낭만적인 동경을 가지고 과거를 탐구하고, 만일 우리가 보여져야하는 것을 보고 말해져야 하는 것을 말하고, 이루어져야 하는 것을 하는가에 대해 용기를 가질 수만 있다면, 언제 그 자유가 이제 그 자신의 모습을 드러낼 것인가? 정확하게 이해했다면, 대중사회에 대한 최근의 경향들과, 사회학적 요인들의 결정주의에 대한 우리의 더욱 증가하는 인식은, 우리를 미래에 대한 책임을 면제하지 않는다. 즉, 책임은 역사노정의 진전과 함께 증가하지만, 오늘날처럼 그 책임이 막중한 때는 없었다.

참고문헌*

Ⅰ. 계획의 의미

(1) 사회통제의 이론

American Academy of Political and Science: Education for Social Control, Annals for 1933.

American Sociological Society, Social Control: *Publications of the American Sociological Society,* vol. 12. Chicago, 1908.

Bernard, L. L., *The Transition to an Objective Standard of Social Control*, Chicago, 1911.

Briffault, R., "Taboos on Human Nature", in *The New Generation*(Ed. by Calverton, V. F. and Schmalhausen, S. D.), London, 1937.

Bruno, F. J., "The Dynamic Aspects of Liberty and Control", in *Family Life Today*(Ed. by Rich, H. E.), Boston, 1928.

Case, C. M., "Some Sociological Aspects of Coercion", *Publications of the Amer. Sociological Society*, 1922, vol. 17, pp. 75~88.

Cooley, C. H., *Human Nature and Social Order*, New York, 1902.

____________, *Social Organization: A Study of the Larger Mind*, New York, 1912.

____________, *Social Process*, New York, 1918.

Dewey, J., "Social Science and Social Control", *New Republic*, vol. 18, 29th July, 1931.

Dowd, J., *Control in Human Societies*, New York, 1936.

Faris, E., Origin of Punishment: *Intern. Journ. of Ethics*, vol. 1915.

Guignebert, Ch., *L'évolution des dogmes*. Bibl. de philos. scientific, Paris, 1910.

Harvard Tercentenary Publications, *Authority and the Individual*, Contribution by Mitchell, W. C., Robertson, D. H., Copland, D. B., Rappard, W. E., Chapham, J. H., McIver, R. M., McLean, Andrews Ch., Dewey, J., Corwin, E. S., Kelsen, H., Jaeger, W., Gine, C., Meinecke, F., Hazard, P., Jones, H. M., Dent, E. J., Cambridge(Mass.), 1937.

Herrick, C. J., "Self-control and Social Control", in *The Child, the Clinic, and the Court,* 1923.

* 이 참고문헌의 개요는 목차(xviii~xix)에서 발견할 수 있다. 각 편의 말미에 있는 숫자들은 동일한 주제에 약간의 관계를 가진 참고문헌의 다른 부분들에 관계된다. 특정한 중요한 항목들은 부드러운 독서를 촉진하기위해 반복되었다. 전쟁발발이후 이 참고문헌이 완성된 것처럼, 도서관들에의 접근상 난점들은 일부 참고문헌들에 대한 점검이 불가능하도록 만들었다.

  참고문헌은 순전히 개인적으로, 그것은 완성을 목적으로 한 것도 아니고, 가능한 최선의 선책을 제공하는 요구도 아니다. 이 방대한 분야들을 지향하는 시도는 저자의 개인적 이해관계들과 본 저서의 주관적 문제에 의해 인도되었다.

Hobhouse, L. T., *Morals in Evolution, A Study in Comparative Ethnics*, 2vols. London, 1906.
Jones, A. J., *Principles of Guidance*, 2nd ed., New York-London, 1934.
Kelsey, C., "War as a Crisis in Social Control", *Publications of the Amer. Sociological Society*, vol. 12, 1918.
Knight, M. M., Peters, L. L., and Blanchard, P., *Taboo and Genetics*, London and New York, 1920.
Lewis, W. P., *The Art of Being Ruled*, esp. Part II, London, 1926.
Lumley, F. E., *Means of Social Control*, New York, 1925.
Malinowski, B., *Crime and Custom in Savage Society*, New York, 1926.
Mannheim, H., *The Dilemma of Penal Reform*, London, 1939.
Margold, C. W., *Sex Freedom and Social Control*, Chicago, 1926.
Mauss, M., "La réligion et les origines du droit pénal", *Révue de l'histoire des réligions*, vol. xxxiv, 1896.
May, G., *Social Control of Sex Expression*, London, 1930.
Mead, G. H., "The Psychology of Punitive Justice", *Amer. Journ. of Sociol.*, vol. 23, 1918.
__________, "The Genesis of the Self and Social Control", *International Journ. of Ethics*, vol. 35, 1925.
Merriam, C. E., *New Aspects of Politics*, Chicago, 1925.
______________, *The Making of Citizens: A Comparative Study of Methods of Civic Training*, Chicago, 1931.
______________, (ed.), *Studies in the Making of Citizens*, Series including 10 volumes, Chicago, 1929~1933.
______________, *The Role of Politics in Social Change*, Chap. 5: Strategic Controls, New York University Press, 1936.
Prasanta-Kumara-Sena, *From Punishment to Prevention*, London, 1932.
Ross, E. A., Social Control, A Study of the Foundations of Order, New York, 1901.
__________, *Sin and Society: An Analysis of Latter-Day Iniquity*, Boston-New York, 1907.
Rusche, G. and Kirchheimer, O., *Punishment and Social Structure*, Publications of the International Institute of Social Research, New York City, New Yo가, 1939.
Sadler, G. T., *The Relation of Custom to Law*, London, 1919.
Smith, W. R., "Social Discipline as Training for the Larger Social Control", *Publications of the Amer. Society*, vol. 17, 1923.
Snedden, D., *Educational Sociology*, esp. Chap. XVI, London, 1923.
Sumner, W. G., *Folkways: A Study of the Sociological Importance of Usages, Customs, Mores and Morals*, Boston, 1907.
Thomas, W. I., *Sex and Society, Studies in the Social Psychology of Sex*, Esp. Chap. 2: "Sex and Primitive Social Control", London, 1907.
______________, "Crisis and Social Control", *Source Book for Social Origins*, Chicago, 1909.
Unwin, J. D., *Sexual Regulations and Human Behaviour*, London, 1933.
Wallas, G., *Our Social Heritage*, London, 1921.
Westermarck, E., *The Origin and Development of the Moral Ideas*, 2 vols. London, 1906~8.
V. also I, 2; III, 1, a-c; III,2, a-b; III, 7; III, 7, a-c.

(2) 계획 대 경쟁 및 갈등

Addams, L., *Social Consequences of Business Depressions*, Chicago, 1931.

American Academy fo Political and Social Science, *National and World Planning*, Philadelphia, Annals for 1932.

______________________________, *Government Expansion in the Economic Sphere, A Review of the Increasing Economic Functions of Government*, Philadelphia, Annals for 1939.

American Sociological Society, Social Conflict, vol. xxv of the *Proceedings*, Chicago, 1931.

Allen, B. W., "Is Planning Compatible with Democracy?", *Amer. Jorun. of Sociology*, vol. 42, June, 1937, pp. 510 seqq.

Balogh, T., "The National Economy of Germany", *The Economic Journal*, 1938.

Baster, A. S. I., *The Twilight of American Capitalism*, London, 1937.

Braunthal, A., "Types of Adjustment in Relation to Types of Economic Structure", *Social Research*, vol. 2, No. 1, February, 1935.

Brooks, E. O. and L. M., "A Decade of Planning Literature", *Social Forces*, 1934.

Bruck, H. F., *The Road to Planned Economy: Capitalism and Socialism in Germany's Development*, Cardiff, 1934.

Brutskus, B., *Economic Planning in Soviet Russia*(Translated from German by Gilbert Gardiner), London, 1935.

Browader, E. R., Is *Planning Possible under Capitalism?*, New York, 1933.

Burns, A. R., T*he Decline of Competition, A Study of the Evolution of American Industry*, New York-London, 1936.

Clark, C., *A Critique of Russian Statistics*, New York, 1939.

Clark, J. M., *The Social Control of Business*, Chicago, 1926.

Colm, G., "Is Planning Compatible with Democracy?", in *Political and Economic Democracy*, Ed. by Ascoli, M. and Lehmann, F., New York, 1937.

Congrés des Économistes de la Langue Fran¢aise, *La reprise allemande*, Paris, 1938.

Cooley, C. H., "Personal Competition. Its Place in the Social Order and Effect upon Individuals", *Amer. Economic Association, Economic Studies*, vol. 4, New York, 1899.

Deutsches Institut Fuer Bankwissenschaft und Bankwesen, (ed.), *Probleme des deutschen Wirtschaftslebens. Erstrebtes und Erreichtes*, Berlin-Leipzig, 1937.

Dobb, M., "Economic Theory and Socialist Economy, A Reply", with Rejoinder by Lerner, A. P., *The Review of Economic Studies*, vol. 2, No. 2, 1934~5.

Franck, L. R., *L'experience Roosevelt et le milieu social américain*, Paris(Alcan), 1937.

Freyer, H., *Herrschaft und Plannung*, Hamburg, 1933.

Guillebaud, C. W., *The Economic Recovery of Germany*, London, 1939.

Hall, R. L., *The Economic System in a Socialist State*, London, 1937.

Hayek, F. A. von et al., *Collectivist Economic Planning*, London, 1935.

Heimann, E., *Mehrwert und Gemeinwirtschaft*, Berlin, 1922.

__________, "Types and Potentialities of Economic Planning", *Social Research*, vol. 2, 1935.

Hekscher, E. F., *Planned Economy: Past and Present*, Stockholm, 1934.

Heyer, F., *Das neue England, Volkswohlfahrt und Volkswirtschaft im Umbau*, Jena, 1936.

Holcombe, A. N., *Government in a Planned Democracy*, New York, 1935.
Homan, P. T., "Economic Planning: The Proposals and the Literature", *Quarterly Journ. of Economics*, vol. 47, 1935.
Keynes, J. M., *The End of Laissez Faire*, London, 1926.
Knight, F. H., *The Ethnics of Competition and Other Essays*, New York, 1935.
Landuer, C., *Planwirtschaft und Verehrswirtschaft,* München, 1931.
Lange, O., "Marxian Economics and Modern Economic Theory", *The Review of Economic Studies*, vol. 2, 1934~5.
_________, "On the Economic Theory of Socialsim", *The Review of Economic Studies,* vol. 2, 1936~7.
Laufenburger, H., *L'Intervention de l'état en matière économique*, Paris,1939.
Lawley, F. E., *The Growth of Collective Economy*, vol. I: The Growth of Collective Economy. vol. II: The Growth of International Collective Economy, London, 1938.
League of Nations, *The Course and Phases of the World Economic Depression*, Revised ed., 1932.
_________________, *World Economic Survey*, (Yearly Publication, 8th ed., 1938~9), Geneva, 1939.
Lederer, E., "National Planning", in *The Encyclopedia of the Social Sciences*, New York, 1933.
Lerner, A. P., "Economic Theory and Socialist Economy", *The Review of Economic Studies,* vol. 2, 1934.
____________, "A Note on Socialist Economics", *The Review of Economic Studies,* vol. 4, 1936~7.
Lippmann, W., *The Good Society*, London, 1938.
Löwe, A., "Economic Analysis and Social Structure", *Manchester School*, vol. 7, 1936.
Mackenzie, F., *Planned Society: Yesterday, Today, Tomorrow*, New York, 1937.
McNamara, K., *Bibliography of Planning*, 1928~1935, Harvard University Press, Cambridge, 1936.
Mandelbaum, K. and Meyer, G., "Zur Theorie der Plan wirtschaft", *Zeitschrift für Sozialforschung*, vol. 3, 1932, p. 4.
May, M. A., "A Research Note on Co-operative and Competitive Behaviour", *Amer. Journ. of Sociol.*, vol. 24, 1937.
___________, and Dobb, L., *Research on Competition and Co-operation. Social Science Research Council*, Bull., 25, New York, 1937.
Mead, M, (ed.), *Co-operation and Competition among Primitive Peoples*, New York, London, 1937.
Merriam, C. E., "Planning Agencies in America", *American Political Science Review,* vol. 29, pp. 197~212, 1935.
Miser, L. von, *Socialism*, Translated by J. Kahane, London, 1936.
North, C. C., *Social Problems and Social Planning*, 1932.
Ogburn, W. F. and Thomas, D. S., "The Influence of the Business Cycle on Social Factors", *Journal of the American Statistical Assoc.*, vol. 18. 1932.
Opie, R., "The Webbs on Soviet Communism: A New Civilization?", *The Quarterly Journ. of Economics,* vol. 1, 1937.

Pigou, A. C., *Socialism versus Capitalsim,* London, 1935.
Pirou, G., *La crise du capitalisme, etc.,* 2nd ed., Paris (Sirey), 1936.
________, *Essais sur le corporatisme,* Paris, 1938.
Political, *Economic Planning, Planning. A Broadsheet issued by P. E. P.,* London.
Poole, K. E., *German Financial Policies, 1932～1938,* Cambridge(Mass.), 1939.
Robbbins, C. L., *Economic Planning and International Order,* London, 1937.
Rogin, L., "The New Deal: A Survey of the Literature", *The Quarterly Journ. of Economics,* 1935.
Roos, Ch. F., *N. R. A. Economic Planning,* Bloomington, Indiana, 1937.
Rosentock-Franck, L., *L'économie corporative fasciste en doctrine et en fait,* Paris, 1934.
Schumpeter, J. A., *Business Cycles. A Theoretical, Historical and Statistical Analysis of the Capitalistic Process,* vols. i～11, New York, 1939.
Social Science Research Council, Research *Memorandum on Social Aspects of Consumption in the Depression,* by Vaile, R. S., New York.
Soudek, J., *Die sozialen Auswirkungen der Konjunkt-urschwankungen,* Bonn, 1929.
Soule, G. H., *A Planned Society,* New York, 1932.
Speier, H., "Freedom and Social Planning", *Amer. Journ. of Sociol.,* vol. 42, Jan. 1937.
Stamp, Sir Josiah Ch., *The Science of Social Adjustment,* London, 1937.
Tilimann, A., *L'organisation économique et sociale du III Reich,* Paris(Sirey), 1935.
Thomas, D. S., *Social Aspects of the Business Cycle,* London-New York, 1925.
Tugwell, R. G., "Experimental Control in Russian Industry", *Political Science Quart.,* vol. 44, 1928.
____________, The Trend of Economics, New York, 1928.
Weil, F., "Neuere Literatur zum 'New Deal'", *Zeitschrift für Sozialforschung,* vol. 5, 1936.
Welk, W. G., *Fascist Economic Policy. An Analysis of Italy's Economic Experience,* Cambridge(Mass.), 1938.
Wootton, B., *Plan or no Plan? A Comparison of Existing Socialist and Capitalist Economic Systems,* London, 1934.
V. also III, 1, g; III,2, c; III, 7, e; IV, 5; V, 1-3

Ⅱ. 사회적 기법들

기법의 유의의

Bernard, L. L., "Invention and Social Progress", *Amer. Journ. of Sociology,* vol. 29,
Boissonnade, P., *Life and Work in Medieval Europe,* Fifth to Fifteenth Century, Transl. by Power, E., London, 1927.
Diehls, H., *Antike Technik,* 3rd ed., Leipzig and Berlin, 1924.
Durkheim, E., *On the Division of Labour in Society,* Transl. by Simpson, G., New York, 1933.
Engelhard, V., *Weltanschauung und Technik,* Leipzig, 1922.
Espinas, A., *Les Origines de la Technologie,* Paris, 1899.
Fourgeaud, A., *La rationalisation, États Unis-Allemagen,* Paris(Payot), 1929.
French, Ch., *Origines et évolution des outils,* Paris, 1913.

Friedmann, G., *Problèmes du machinisme en U. S. S. R. et dans les pays capitalists*, Paris, 1934.

Gerhardt, J., *Arbeitsrationalisierung und persönliche Abhängigkeit*, Tübingen, 1925.

Giese, F., *Bildungsideale im Maschinenzeitalter*, Halle a.d.S., 1931.

Gilfillan, S, C. *The Sociology of Invention*, Chicago, 1935.

Glotz, G., *Le travail dans la Grèce ancienne*, Paris, 1920.

Goldstein, J., "Zur Soziologie der Technik", *Aus dem Vermächtnis des XIX. Jahrhunderts*, Berlin, 1922.

__________, "Die Technik", vol. 40, of *Die Gesellschaft*, Frankfurt, 1912.

Klatt, F., *Die geistige Wending des Maschinenzeitalters*, Potsdam, 1930.

Merton, R. K., "Fluctuations in the Rate of Industrial Invention, *Quarterly Journal of Economics*, vol. 49, 1935.

__________, "Science, Technology and Society in Seventeenth Century England", *Osiris*, vol. iv, pp. 360～632, 1938.

Mumford, L., *Technics and Civilization. On the Social Influence of Machinery*, London, 1934.

National Resources Committee, *Technological Trends and National Policy. Including the Social Implications of New Inventions*, Report of the Sub-committee on Technology to the National Resources Committee, June, 1937, Washington, D. C., 1937.

Ogburn, W. F., "The Influence of Inventions on American Social Institutions in the Future", *Amer. Journ. of Sociology*, vol. 43, 1937.

__________, "Technology and Society", *Social Forces*, vol. 17, No. 1, 1938.

Park, R. E., "Cultural Trends and Technique", *Publications of Amer. Sociol. Society*, vol. 19, 1924.

Paulhan, F., *Psychologie de l'invention*, Paris (Alcan), 1901.

Randall, J. H., *Our Changing Civilization. How Science and Machine are Reconstructing Modern Life*, London, 1929.

Rugg, H. O., *The Great Technology: Social Chaos and the Public Mind*, New York, 1933.

Salter, T, A., *Modern Mechanization and Its Effects on the Structure of Society*, London, 1933.

Schuhl, P. M., *Machinisme et philosophie*, Paris (Alcan), 1932.

Schumacher, F., *Schöpferwille und Rationalisierung*, Hamburg, 1932.

__________, *Der Fluch der Technik*, Humburg, 1935.

Scott, H., et al., *Introduction to Technocracy*, New York, 1922.

Usher, A. P., *A History of Mechanical Inventions*, New York, London, 1929.

Veblen, Th. B., *The Instinct of Workmanship and the State of Industrial Arts*, New York, 1914.

Vierendeel, A., *Esquisse d'une Histoire de la technique*, Bruxelles and Paris, 1921.

Weiller, J., "La crise et les controverses sur le progrès", *Annales de droit dt des sciences sociales*, vol. 1.

Weinreich, H., *Bildungswerte der Technik*, Berlin, 1928.

Wells, H. G., *The Work, Wealth, Happiness of Mankind*, 3rd ed., London, 1934.

Wendt, A., *Die Technik als Kulturmacht*, Berlin, 1906.

Wyer, S. S., *Man's Shift from Muscle to Mechanical Power*, Columbus, 1930.

Zschimmer, E., *Deutsche Philosophen der Technik*, Stuttgart, 1937.
V. also IV, 1.

Ⅲ. 1. 영향력있는 인간행태의 과학

(a) 행태

Allport, F. H., *Institutional Behavior, Essays toward a Re-interpreting of Contemporary Social Organization,* University of North Carolina Press, Chapel Hill, 1933.

Anderson, J. E., "The Genesis of Social Research in the Young Child", in *The Unconscious,* ed. by Dummer, E., New York, 1927.

Bernard, L. L., I*nstinct: A Study in Social Psychology*, London, 1925.

Burrow, T., *The Biology of Human Conflict: An Anatomy of Human Behaviour, Individual and Social*, New York, 1937.

__________, "Altering Frames of Reference in the Sphere of Human Behavior", *Journ. of Social Philosophy*, vol. 2, No. 2, 1937.

Carrel, A., *Man the Unknown*, New York and London, 1935.

Case, C. M., "Instinctive and Cultural Factors in Group Conflicts", *Amer. Journ. of Sociol.*, vol. 28, July, 1922.

Cooley, Ch. H., *Human Nature and the Social Order,* New York, 1912.

Craig, W., "Appetites and Aversions as Constituants of Instincts" *Biol. Bull.*, vol. 34, 1918.

Dewey, J., *Human Nature and Conduct. An Introduction to Social Psychology*, London, 1922.

Douglas, A. Th., "Habit Clinics for Children of the Pre-School Age", *Mental Hygiene,* vol. 13, 1929.

__________, "Habits, Their Formation, Their Value, Their Danger", *Mental Hygiene*, vol. 16, 1932.

Foster, S. and Stebbens, D., "Problems Presented and Results of Treatment in 150 Cases seen at the Habit Clinic for Pre-school Children in Boston", *Mental Hygiene,* vol. 13, Jan., 1929.

Garrett, H. E., "Personality ad Habit Organization", *Jorun. of Abnormal Psychol.*, vol. 21, 1926.

Guthrie, S., *The Psychology of Human Conflict*, New York and London, 1938.

Harvard Tercentenary Publications, *Factors Determining Human Behaviour*, contributions by Adrean, E. D., Collip, R., Lowell, A. L., Malinowski,,B., Cambridge(Mass.), 1937.

Herrick, C. J., "Control of Behaviour, its Mechanism and Evolution", *Amer. Journ. of Psychiatry*, vol. 93, 1935.

Hocking, W. E., *Human Nature and its Remaking*, New Heaven, 1923.

Jennings, H. S., *The Biological Basis of Human Nature*, London, 1930.

Kardiner, A., "The Role of Security in the Adaption of the Individual", *The Family,* Oct., 1936.

___________, "Security, Cultural Restraint, Intrasocial Dependencies and Hostilities", *The Family,* Oct. 1937.

Luria, A. R., *The Nature of Human Conflicts or Emotions, Conflict and Will. An Objective Study of Disorganizations and Control of Human Behaviour,* New York, 1933.
McDougall, R., "Habits and Social Order", *School and Society*, vol. 3, 1916.
McDougall, W., Shand, A. F., and Stout, G. F., "Symposium on Instinct and Emotion", *Proceedings of the Aristotelian Society*, vol. 15.
Masson-Oursel, P., "La mâitrisevdes réflexes selon "l'Occident et l'Orient", *Psychol. et vie*, vol. 5, 1931.
Overstreet, H. A., *Influencing Human Behaviour*, London, 1926.
Parmelle, M., *The Science of Human Behaviour*, New York, 1913.
Paton, S., *Human Behaviour*, New York, 1921.
Sapir, E., "The Unconscious Patterning of Behaviour in Society", *The Unconscious: A Symposium*, New York, 1928.
Sherrington, C. S., *The Integrative Action of the Nervous System*, New York, 1906.
Straus, E., *Wesen und Vorgang der Suggestion*, Abhandlungen aus der Neurologie, Psychiatrie und ihren Grezgebieten, Heft, 28, Berlin, 1925.
Strehle, H., *Analyse des Gebahrens.* (Die Lehr von der praktischen Menschenkenntnis, Ed. by the Psychological Laboratory of the "Reichswehrministerium"), Berlin, 1935.
Thomas, W. I., "The Behaviour Pattern and the Situation", in. *Personality and the Group,* ed. by Burgess, E. W., Chicago, 1929.
__________, *Primitive Behaviour. An Introduction to the Social Science*, New York-London, 1937.
Thouless, R. H., *The Control of the Mind*, esp Chapter III: "How Habits May be Formed and Broken", London, 1922.
Watson, J. B., *Behaviour: An Introduction to Comparative Psychology*, London, New York, 1925.
__________, *Psychology from the Standpoint of Behaviorist*, Philadelphia, 1919.
Young, P. C., "A General Review of the Literature on Hypotism and Suggestion", *Psychol. Bull.*, vol. 24, 1927 and vol. 28, 1931.
V. also III, 1, b; III, 1, d, e; III, 7,d.

(b) 태도들, 감정들, 동기들, 소망들 등

Allport, F. H., "Suggestibility with and without Prestige in Children", *British Journ. of Psychology*, vol. 12, 1931.
Allport, G. W., "Attitudes", in *A Handbook of Social Psychology*, ed. by Murchison, C., Worcester(Mass.), London, 1935.
__________, and Schranek, R. L., "Are Attitudes Biological or Cultural in Origin?", *Character and Personality*, vol. 4, 1936.
Bartlett, F. C., "The Psychological Process of Sublimation", *Scientia*, vol. 43, 1928.
Brenner, B., *Effect of Immediate and Delayed Praise and Blame upon Learning and Recall*, A Thesis, Teachers College, Columbia University, New York, 1934.
Bridge, J. W., "A Reconciliation of Current Theories of Emotion", *Journ. of Abnorm. Psychol.*, vol. 19, 1924.
Cannon, W. B., "The Significance of the Emotional Level", *The Journ. of the Missouri State Med. Association*, 1934.

Clark, J. A., "The Structure of Responsibility", *Ethnics*, vol. xlix, No. 4, July, 1939.

Dodge, R., "Mental Nearness", *Journ. of Abnormal and Social Psychology*, vol. 28, 1933.

Dollard, J., "Hostility and Fear in Social Life" (with Discussion), *Social Forces*, vol. 17, No. 1, 1938.

Dollard, J., Doob, L. W., Neal, E. M., Mowrer, O. H., and Sears, R. R., *Frustration and Aggression*, Publ. for the Institute of Human Relations by the Yale University, New Heaven, 1939.

Droba, D. D., "Topical Summaries of Current Literature: Social Attitudes", *Amer. Journ. of Sociol.*, vol. 39, 1934.

Faris, E., "Attitudes and Behaviour", *Amer. Journ. of Sociol.*, vol. 34, 1928.

________, "The Concept of Social Attitudes", *Journ. of Applied Soc.*, vol. 9, 1925.

Farnsworth, P. and Behner, A., "A Note on the Attitude of Social Conformity", *Journ. of Social Psychol.*, vol. 2, 1931.

Fluegel, J. C., "Sexual and Social Sentiments", *British Journal of Medical Psychology*, vol. 4, 1924.

Folsom, J. K., "Wish Frustration and Personality Readjustment", in *Social Psychology*, New York, London, 1931.

Frank, J. O., "Some Psychological Determinants of the Level of Aspiration", *Amer. Journ. of Psychology*, vol. 47, 1935.

Frank, L. K., "The Management of Tensions", *Amer. Journ. fo Sociol.*, vol. 33, 1928.

Gates, G. S., "The Effect of Encouragement and of Discouragement upon Performance", *Journ. of Educ. Psychol.*, vol. 14, 1923.

Goodenough, F. L., "The Diagnostic Significance of Children's Wishes", *Mental Hygiene*, vol. 14, 1923.

Guilford, I. R., and Bradey, K. W., "Extroversion and Introversion", *Psychological Bulletin*, vol. 27, 1930.

Harms, E., "Rural Attitudes and Social Structure", *Social Forces*, vol. 17, No. 4, 1939.

Hart, H., "The Transmutation of Motivation", *Amer. Journ. of Sociol.*, vol. 35, 1930.

Hartmann, G. A., *The Influence of Customs and Traditional Idealism on Social Behaviour*, A Master's Thesis, Ohio, 1934.

Hartshorne, H. and May, M., *Studies in Deceit*, New York, 1928.

Hiller, E. Th., "Social Attitudes and Social Structure", in *Principles of Sociology*, New York, London, 1933.

Hohman, L. B., "Formation of Life Patterns", *Mental Hygiene*, vol. 11, 1927.

Janet, P., "The Fear of Action", *Journ. of Abnorm. Psychol.* vol. 16, 1921.

Jastrow, J., *The Psychology of Conviction*, Boston, 1918.

Jones, E., "Rationalization in Everyday Life", *Journ. of Abnorm. Psychol.*, vol. 3, 1908.

________, "The Significance of Sublimating Processes for Education and Re-education", *Papers on Psycho-analysis*, 3rd ed., London, 1923.

________, "The Theory of Symbolism", *Papers on Psycho-analysis*, London, 1923.

Lasker, Br., *Race Attitudes in Children*, New York, 1929.

Lewin, K, "Experiments on Autocratic and Democratic Atmospheres", *Social Frontier*, vol. iv, 1938.

Lightenstein, A., *Can Attitudes be Thought?* A Thesis, Reprinted from "The John Hopkins Univ. Studies in Education", No. 21.

Lund, F. H., *Emotions, their Psychological, Physiological and Educational Study Implications*, New York, 1938.
Maller, J. B., *Co-operation and Competition. An Experimental Study in Motivation*, Teacher's College Contributions, No. 384, (Columbia University Press), New York, 1929.
McDugall, W., "Organization of the Affective Life. A Critical Survey", *Acta Psychologica*, vol. 2, 1937.
Martin, A. H., "An Empirical Study of the Factors and Types of Voluntary Choice", *Archives of Psychology*, vol. 51, 1925.
Merriam, C. E., *The Written Constitution and the Unwritten Attitudes, Lectures*, New York, 1936.
Moore, H. T., "The Comparative Influence of Majority and Expert Opinion", *Amer. Journ. of Psychol.*, vol. 32, 1921.
Pallister, H., "Negative or Withdrawal Attitude", *Arch. of Psychol.*, No. 151, 1933.
Park, R., "Human Nature, Attitudes and Mores", in *Social Attitudes*, ed. by Young, K., New York, 1931.
Phillips, M., *The Education of the Emotion*, London, 1937.
Putnam, J. J., "Human Motives", in *Mind and Health Series*, ed. by Bruce, H. A., London, 1915.
Ravitch, J., "Relative Rate of Change of Customs and Beliefs of Modern Jews", *Publications of the American Sociological Society*, No, 19, 1925.
Root, W. T., "The Psychology of Radicalism", *Journ. of Abnormal Psychology and Social Psychology*, vol. 19, 1924.
Ryan, J. A., "Introduction: Causes and Lessons", *Publications of the Sociological Society*, vol. 17, 1923.
Saadi, M. and Farnsworth, P., "The Degrees of Acceptance of Dogmatic Statements and Preferences for their Supposed Makers", *Journ. of Abn. and Soc. Psychol*, vol. 29, 1934.
Shand, A. F., *The Foundations of Character: Being a Study of the Tendencies and Sentiments*, London, 1914.
Sheffield, A. D., "What Happens in Ordering and Forbidding", *the Inquiry*, June, 1930(reprinted in Occasional Papers).
Sherif, M., *The Psychology of Social Norms*, New York, London, 1936.
Solomon, M., "The Mechanism of the Emotion", *British Journ. of Medical Psychology*, vol. 7, 1927.
Swift, W. B., "Mental Attitudes in Debates", *Journ. of Applied Psychology*, vol. 3, 1919.
Tessenberg-Wesierska, F., Wesen und Bedeutung des Zwefelns, Breslau, 1928.
Thorndike, E. L., *The Psychology of Wants, Interests, and Attitudes*, New York, 1935.
Troland, L. T., *The Fundamentals of Motivation*, London, 1938.
Traw, W. C., "The Psychology of Confidence", *Archives of Psychol.*, No. 151, 1923.
Vaughan, W., *The Lure of Superiority, A Study in the Psychology of Motives*, New York, 1928.
Weiss, A. P., "The Biosocial Approach to the Problems of Feeling",in *The Wittenberg Symposium, Feelings and Emotions,* Worcester(Mass.), 1928.
Wells, F. L., "Mental Regression: Its Conception and Types", *Psychiatr. Bulletin*, vol.

9, 1916.
__________, "Social Maladjustment: Adaptive Regression",in *Handbook of Social Psychology,* ed. by Murchison, C., Worcester(Mass.) and London, 1935.
Wheeler, D. J. H., "Change of Individual Option to Accord with Group Opinion", *Journ. of Abnormal Psychol.*, vol. 24, 1929.
White, R. K., "Democratic and Autocratic Group Atmospheres", (Report at meeting of the American Psychological Association, 9th September, 1938), *Psychol. Bulletin,* vol. 3, 1938.
White, W., The Unconscious Motives Determining Social Attitudes, *Proceedings, National Conference of Social Work,* 1923.
Wolf, Th. H., T*he Effect of Praise and Competition on the Persisting Behaviour of Kindergarten Children*, Institute of Child Welfare, Monography No. 15, Minneapolis, 1938.
Wolfe, A. B., *Conservatism, Radicalism, and Scientific Method. An Essay on Social Attitudes*, New York, 1923.
Wolff, W., "Selbstbeurteilung und Fremdbeurteilung im wissentlichen ind unwissentlichen Versuche", *Psychoogische Forschungen*, vol. 16, 1932.
Wright, H. W., "Rational Self-Interest and Social Adjustment", *Intern. Journ. of Ethics,* vol. 30, 1919~1920.
Young, K., (ed.), *Social Attitudes*, New York, 1931.
Young, P. Th., M*otivations of Behaviour. The Fundamental Determinants of Human and Animal Activity,* New York, 1936.
Znaniecki, Fl., *The Law of Social Psychology*, esp., Chapter IV: "Social Sublimation", Chicago, 1925.
Zubin, J., *Some Effects of Incentives. Study of Individual Differences in Rivalry, etc,* A Thesis, Teachers College, Columbia University, New York, 1932.
V.also III, 1, a~f; III, 2. d; III, 3, b; III, 6; III, 7, b; III, 7, d; IV, 1 and bibliography on substitute activities (p. 131, nn. 2~3).

(c) 개성

Alexander, F., *Psychoanalyse der Gesamtpersönlichkeit,* Leipzig, Wien, Zürich, 1927.
Allport, F. H., "Self-Evaluation: A Problem in Personal Development", *Mental Hygiene,* vol. 11, 1927.
Allport, G. W., *Personality. A Psychological Interpretation*, London, 1938.
American Psychiatric Association Committee on Relations with the Social Sciences, *Proceedings of the First Colloquium on Personality Investigation*, Baltimore, 1928.
____, *Proceedings of the Second Colloquium on Personality Investigation*, Baltimore, 1930.
Binswanger, L., "Lebensfunktion und innere Lebensgeschichte", *Monatsschrift für Psychiatrie und Neurologie*, vol. 48, 1928.
Boisen, A. T., "Personality Changes and Upheavals Arising out of the Sense of Personal Failure", *Amer. Journ. of Psychiatry*, vol. 5, 1926.

Bovet, P., "Les conditions de l'obligation de conscience", *L'Année Psychologique*, 1912.
Burgess, E. W., "The Family and the Person", *Publications of the American Sociological Society*, vol. 22, 1927.
____________, "The Cultural Approach to the Study of Personality", *Mental Hygiene*, vol. 14, 1930.
____________, *Personality and Social Group*, Chicago, 1929.
Carpenter, J. and Eisenberg, P., "Some Relations between Family Background and Personality", *Journal of Psychology*, vol. 6, 1938.
Dollard, J., *Criteria for the Life History, Institute of Human Relations*, Yale University, New Heaven, 1935.
Elsenhans, Th., *Wesen und Entstehung des Gewissens*, Leipzig, 1894.
Fauconnet, P., *La responsabilité Étude sociologique*, Paris(Alcan), 1920.
Freud, A., *The Ego and Mechanisms of Defence* (Translated by Cecil Baines), London, 1937.
Goodenough, F. L. and Healy, A. M., "The Effect fo Certain Family Relationships upon the Development of Personality", *Pedagogical Seminary*, 1927.
Grover, E. R., *Personality and Social Adjustment*, 2nd ed., New York, 1931.
Hartmann, P., *Der Character*, especially Chapter III, Basel, 1925.
Hartmann, H., "Ich-Psychologie und Anpassungsproblem", *Intern. Zeitschr. für Psychoanalyse*, 1939.
Hartshorne, H., May, M. A., and Shuttleworth, J. K., *Studies in the Nature of Character*, New York, 1930.
Hartshorne, H., *Character on Human Relations*, New York-London, 1932.
Healey, W., *Personality in Formation and Action*, London, 1938.
Heath, A., G., *The Moral and Social Significance of the Conception of Personality*, Oxford, 1921.
House, F. N., "Development in the Theory of the Social Personality", *Social Forces*, vol. 6, 1927~1928.
Hughes, E. C., "Personality Types and the Division of Labour", *Amer. Journ. of Sociol.*, vol. 33, 1928.
____________, "Institutional Office and the Person", *Amer. Journ. of Sociol.*, vol. 43, 1937~8.
Johnston, J. C., *Biography-The Literature of Personality*, New York, 1927.
Kerris, F., *Integration und Disintegration der Persönlichkeit bei Janet und McDougall*, (Aus dem Psychol. Institut der Universität Bonn), Wuerzburg, 1938.
Krueger, E. T., "Personality and Life History Documents", *Publications of the American Sociological Society*, vol. 19, 1924.
Lichtenberg, J. P., "The Social Significance of Mental Levels" *Publications of the Amer. Sociol. Society*, vol. 15, 1920.
Mead, G. H., "The Social Self", *Journ. of Philosophy, Psychology, and Scientific Method*, vol. 10, 1913.
Murray, H. A., *Explorations in Personality*, Oxford University Press, 1938.
Park, R., "Personality and Cultural Conflict", *Publications of Amer. Sociol. Society*, vol. 26, 1931.
Plant, J. S., "Social Factors in Personality Integration", *Amer. Journ. of Psychiatry*, vol.

9, 1929.
________, *Personality and the Cultural Pattern*, New York, 1937.
Rice, St., "Sereotypes: a Source of Error in Judging Human Character", *Journal of Personnel Research*, vol. 45, 1926.
Roback, A. A., *A Bibliography of Character and Personality*, Cambridge (Mass.), 1927.
Rundquist, E. A. and Stetto, R. F., *Personality in the Depression*, (Univ. of Minnesota Press), Minneapolis, 1936.
Schettler, C., "Topical Summaries of Current Literature: Personality Traits", *Amer. Jorun. of Sociol.*, vol. 45, 1939.
Stoker, H. G., *Das Gewissen*, Bonn, 1929.
Symonds, P. M., *Diagnosing Personality and Conduct*, New York, 1931.
White, A. K. and MacBeath, A., *The Moral Self, Its Nature and Development*, 1923.
Woodard, J. W., "The Relation of Personality Structure to the Structure of Culture", *American Sociol. Review*, vol. 3, No. 5, 1938.
Woodard, W. E., *Relations of Religious Training and Life Patterning to the Adult's Religious Life*, Teachers College, Columbia University, New York, 1932.
Wirth, L., "Some Jewish Types of Personality", *Publications of the Amer. Sociol. Society*, vol. 43, 1926.
Young, K., "The Integration of Personality", *Pedagogical Seminary*, vol. 30, 1923.
________, "Topical Summary of Current Literature on Personality", *Amer. Journ. of Sociol.*, vol. 43, 1926~7.
V. also III, 7, b; III, 7, d; and the bibliography on personality disorganization, pp. 118~9.n.

(d) 사회집단들에서의 행동

Allport, F. H., "The Influences of the Group upon association and Thought", *Journ. of Experimental Psychol.*, vol. 3, 1920.
Balderstone, C. C., *Group Incentives*, Ed., by University of Pennsylvania Press, 1930.
Bartlett, F. C., "Group Organization and Social Behaviour", *Intern. Journ. of Ethics*, vol. 35, 1924~5.
Blondel, C., *Introduction à la psychologie Collective*, Paris, 1928.
Brown, B. W., *Social Gruops*, Chicago, 1926.
Busch, H. M., *Leadership in Group Work*, New York, 1934.
Christenses, A. E., *Politics and Crowd Morality: a study in Philosophy of Politics*, translated from the Danish by A Cecil Curtis, New York, 1915.
Coyle, G. I., *Social Process in Organized Groups*, New York, 1915.
________, (ed.), *Studies in Group Behaviour*, New York, 1937.
Deanes, W., "The Methods and Presuppositions of Group Psychology", *University of California Publications in Philosophy*, vol. 6, No. 1, Univ. of California Press, Berkeley, California, 1924.
Dewey, F. A., *Some Aspects of Behaviour in Social Groups*, New York, 1915 (Thesis Columbia Univ.).
Elliot, T. D., "A Psychoanalytic Interpretation of Group Formation and Behaviour", *Amer. Journ. of Sociol.*, vol. 26, 1920.

Geiger, T., Die Masse und ihre Aktion, Stuttgart, 1928.

Kornhouse, A. W., "Attitudes of Economic Groups", *Public Opinion Quarterly*, vol. 2, 1938.

Madge, Ch. and Harrison, T., (ed.), *First Year's Work, 1937～38, by Mass Observation*, With an essay on A Nation-Wide Intelligence Service, by Malinowski, B., London, 1938.

________________, *Britain by Mass Observation*, London, 1939.

Malinowski, B., "The Group and the Individual in Functional Analysis", *Amer. Journ. of Sociology*, vol. 44, No. 6, 1939.

Mannheim, K., "Mass Education and Group Analysis", in *Educating for Democracy*, ed. by Cohen, J. I. and Traers, R, M. W., London, 1939.

Marsh, C. L., "Group Psychotherapy in Psychiatric Clinic", *Journ. of Nervous and Mental Diseases*, vol. 82, 1935.

Michels, R., "Psychologie der antikapitalistischen Massenbewegungen", *Grundriss der Sozialökonomik*, ix, Tübingen, 1926.

Moede, W., *Experimentelle Massenpsychologie. Beiträge zur Experimentalpsychologie der Gruppe*, Leipzig, 1920.

_____, "Die Masseb- und Sozialpsychologie im kritischen Ueberblick", *Zeitschr. f. päd. Psychol.*, vol. 10, 1915.

Newstetter, W. I., "Wawokye Camp: An Experiment in Group Adjustment", *Proceedings of the American Sociological Society*, vol. 25, 1930.

Newstetter, W. I., Feldstein M. J., and Newcomb, T. M., *Group Adjustment: A Study in Experimental Sociology*, Cleveland Western Reserve University, 1938.

Palanti, G., "L'esprit de corps. Remarques sociologiques", *Revue Philosophique*, vol. 48, 1899.

Park, R. E., "Human Nature and Collective Behaviour", *Amer. Journ. fo Sociol.*, vol. 32, 1927.

Reaney, M. J., "The Psychology of the Organized Group Game, with Special Reference to its Place and its Educational Value", (Thesis, London), *The British Journal of Psychology, Monogr.Supplement*, No. 4, 1916.

Simmel, G., "Exkurs über die Negativität kollektiver Verhaltingsweisen", in *Soziologie*, Leipzig, 1908.

Thie, T. M., "The Efficiency of the Group Method", *English Journ.*, vol. 14, 1925.

Thrasher, F. M., *The Gang. A Study of 1,313 Gangs in Chicago*, Chicago, 1937.

Vaerting, M., "Der Korpsgeist bei Herrschenden und Beherrschten", *Archiv für system. Philos. und Soziologie*, vol. 31, 1928.

Vincent, G. E., "The Rivalry of Social Groups", *Amer. Journ. of Sociology*, vol. 16, 1910.

Whitemore, J. C., "The Corporative Consciousness", *Journ. of Abnorm. Psychol.*, vol. 20, 1925.

Wirth, L., "Social Interaction: The Problem of the Individual and the Group", *Amer. Journ. of Sociol.*, vol.44, No. 6, 1939.

V. also III, 1, f; III. 2, b; III, 2, d; III, 7, d; bibliographies on crowd behaviour (pp. 60 and 107). On group disintegration and its effect on personality.cf. also the bibliography on pp. 118～19 n.

(e) 상이한 심리상태들

Achilles, P. S., (ed.), *Psychology at Work*, New York, 1932.

Adler, A., *Practice and Theory of Individual Psychology* (Translated by Radin, P.), London, 1924.

Arnold, V., *La psychologie de Réaction en Amerique*, Paris (Guillon), 1926.

Bartlett, F. H., *Sigmund Freud,* A Marxian Study, London, 1938.

Bibring, E., "Versuch einer allgemeinen Theorie Heilung", Part of a Symposium on Therapeutic Results, *Intern. Zeitsch für Psychoanalyse*, vol. 18, 1937.

Child, C. M., Koffka, K., Anderson, J. E., Watson, J. B., Sapir, E., Thomas, W. I., Kenworthy, M. E., Wells, F. L., White, A. W., and Dummer, E. S., (ed.), T*he Unconscious. A Symposium.* New York (Knopf), 1938.

Dewey, J., *Human Nature and Conduct. An Introduction to Social Psychology*, London, 1938.

Ellis, W., (ed.), *A Source Book of Gestalt Psychology*, London, 1938.

Ferenczi, S. and Rank, O., *Development of Psychoanalysis*, New York, Washington, 1925.

Freud, S., *A General Selection from the Works of Sigmund Freud*, ed. by Rickman, J., London, 1937.

________, *Introductory Lectures on Psychoanalysis*, Translated by Rivière, J., London, 1922.

________, *New Introductory Lectures*, Translated by Sprott, W. J. H., London, 1937.

French, T. M., "Interrelations between Psychoanalysis and the Experimental Work of Pavlov", *Amer. Journ. of Psychiatry*, vol. 12, 1933.

French, T. M., "Die Beziehungen der Psychoanalyse zur Biologie", *Bericht über den II. Allemeinen ärztlichen Kongress für Psychotherapie in Bad Nauheim* 27～30, April, 1929.

Goldstein, K, Die gnzheitliche Betractung in der Meizin. Einheitsbestrebungen in der Medizin, Dresden, Leipzig, 1933.

__________, *Der Aufbau des Organnismus*, Haag, 1934.

Healy, S., Bronner, A. F., and Bowers, A. M., *The Structure and Meaning of Psychoanalysis as Related to Personality and Behaviour*, New York, 1930.

Heldereder, E., *Seven Psychologies,* New York, 1933.

Horney, K., *New Ways of Psychoanalysis,* New York, 1939.

Jung, C. G., *Psychological Types: or the Psychology of Individuation*, Translated by Baynes, H. G., New York,1923.

________, *Psychology of the Unconscious*. Translated by Hinkel, B., 2nd ed., London, 1916.

Karpf, F., *American Social Psychology: Its Origins, Development, and European Background*, New York, 1932.

Koffka, K., *Principles of "Gestalt" Psychology*, New York, 1935.

Kronfeld, A., *Das Wesen der Psychiatrischen Erkenntnis. Beiträge zur allg. Psychiatrie,* Berlin, 1920.

Kubie, L. S., "Die Beziehung des bedingten Reflexes zur psychoanalytischen Technik", *Intern. Zeitschrift für Psychoanalyse*, vol. 19, 1933.

Lasswell, H. D., "Psychoanalyse und Sozialanalyse", *Imago*, vol. 10, 1933.

Lewin, K., *A Dynamic Theory of Personality*, Selected Papers, New York,-London, 1935.
________, *Principles of Topological Psychology*, New York, 1936.
Lewis, C. I., *The Pragmatic Element in Knowledge*, Berkeley, 1926.
Lovejoy, A. D., "The Thirteen Pragmatisms", *Journ. of Philosphy*, 1908.
Luria, A. R., "Die moderne russische Psycholgie und die Psychoanalyse", *Intern. Zeitschrift für Psychoanalyse*, vol. 12, 1929.
McDougall, W., *An Introduction to Social Psychology*, 2nd ed., 1926.
McDougall, W. W., Murchison, C., Tufts, J. H., and House, F. N., "A Symposium on Pareto's Significance", *Journal of Social Psychology*, vol. 1, 1935~6.
Mead, G. H., *Mind, Self, and Society*, Chicago, 1934.
__________, *The Philosophy fo the Act*, Chicago, 1934.
Miller, E., *Modern Psychotherapy*, London, 1930.
Meyer, A., "Genetich-dynamische Psychologie versus Nosologie", *Zeitschrift für die Gesamte Neurologie und Psychiatrie*, vol. 101, 1926.
Murchison, C., *Psychologies of 1925*, 1st. ed., Worcester (Mass.), 1925; 2nd ed., Worcester (Mass.), 1928.
___________, *The Psychological Register*. (A list of Psychologists and their Work), Worchester (Mass.), 1929.
Murphy, G., *A Historical Introduction to Modern Psychology*, New York, 1932.
Pareto, V., *The Mind and Society*, Translated by Bongiorno, A. and Livingston, A., 4 vols., New York, 1938.
Pavlov, I. P,, *Lectures on Conditional Reflexes*, London, 1928.
Prinzhorn, H., (ed.), *Auswirkungen der Psychoanalyse in Wissenschaft und Leben*, Leipzig, 1928.
Pfister, O., *Psychoanalysis in the Series of Education*. (Trans. by Dr. C. Payne and F. Gschwind, revised by B. Low), London, 1922.
Rank, O. and Sachs, H., *Die Bedeutung der Psychoanalyse für die Geisteswissenschaften*, Wiesbaden, 1913.
Reuter, E. B., "Relation of Biology and Sociology", *Amer. Journ. of Sociol.*, vol. 32, 1926.
Rickman, J., "Index Psychoanalyticus", (1893~1926), in *International Psychoanalytical Library*, vol. 14, London, 1928.
Riley, I. W., *American Thought from Puritanism and Beyond*, New York, 1935.
Schilder, P., *Introduction to a Psychoanalytic Psychiatry*, Nervous and Mental Disease, Pub. Co., Mon. Series No. 50, New York-Washington, 1928.
_________, "Psychoanalysis and Conditioned Reflexes", *The Psychoanalytic Review*, vol. 24, No. 1, Jan., 1937.
_________, *Psychotherapy*, London, 1938.
Stevens, S. S., "The Operational Definition of Psychological Concepts", *Psychol. Review*, vol. 42, 1935.
Swisher, W. S., *Religion and the New Psychology*, London, 1920.
Wexberg, E., *Individual Psychology*, London, 1930.
Wheeler, W. M., "Present Tendencies in Biological Theory", *Scientific Monthly*, vol. 28, 1929.
Woodworth, R. S., *Contemporary Schools of Psychology*, New York, 1931.
Young, K., *Social Psychology*, New York, 1930.

V. also III, 1, f; III, 7, a; and the bibliographies on psychology and biology (pp. 127, n. 1~2; 131,n.).

(f) 심리상태의 사회학적 측면들

Alexander, F., "The Sociological and Biological Orientations of Psychoanalysis", *Mental Hygiene*, vol. 20, 1936.

Allport, F. H., "Psychology in Relations to Social and Political Problems", in *Psychology at Work*, ed. by Achilles, P. S., New York, 1932.

Anderson, J. E., "The Development of Social Behaviour", Amer. Journ. of Sociol., vol. 44, 1938~9.

__________, (Chairman), T*he Young Child in the Home: A surveyof Three Thousand American Families*, (Report of the Committee on the Infant and Preschool Child, White House Conference on Child Health and Protection), New York, 1936.

Bain, R., "Sociology and Psychoanalysis", Amer. Sociol. Review, vol. 1, No. 2, 1936.

Bartlett, F. C., Ginsberg, M., Lindgren, E. J., Thouless, R. H., (ed.), *The Study of Society*, London, 1939.

Bernard, L. L., "A Classification of Environments", *Amer. Journ. of Sociol.*, vol. 31, 1925~6.

Birnbaum, K., *Sociologie der Neurosen. Die nervösen Störungen in ihre Beiziehungen zum Gemeinschafts und Kullurleben*, Berlin, 1933.

__________, *Grundzüge der Kultur-psychopathologie*, Berlin, 1934.

Brown, J. F., *Psychology and the Social Order*, New York, 1936.

Brown, M. W., and William, F. E., *Neuro-psychiatry and the War. A Bibliography with Abstracts*, New York, 1918.

Burrow, T., *The Social Basis of Consciousness*, London, 1927.

Davies, A. E., "Social Implications of Psychiatry", *British Journal of Psychol.*, vol. 12, 1932.

Dunn, M., "Psychiatric Treatment of the Effects of the Depression. Its Possibilitiesand Limitations", *Mental Hygiene*, vol. 18, 1934.

Edman, I., *Human Traits and their Social Significance*, Boston, 1920.

Eliot, Th. D., "The Use fo Psychoanalytic Classification in the Analysis for Social Behaviour", *Proceedings of the American Sociological Society*, vol. 21, 1927.

__________, "Psychiatrische Soziologie und soziologische Psychiatrie", *Kölner Vierteljahrshefte für Soziologie*, vol. 9, 1930.

Ellwood, C. A., *Sociology in its Psychological Aspects*, New York, 1912.

Essertier, D., "Psychologie et sociologie. Essai de bibliographie critique", *Publications du Centre de Documentation Sociale*, Paris, 1927.

Faris, E. L, "Standpoints and Methods of Sociology in the Study of Personality and Social Growth", *Fourth Conference on Research in Child Development*, 1933 (Appendix).

Faris, E. L. and Dunham, H. W., *Mental Disorder in Urban Areas. An Ecological Study of Schizophrenia and Other Psychoses*, Chicago, 1939.

Flugel, J. C., *The Psychoanalytic Study of the Family*, London, 1921.

Frank, L. K., "Physiological Tensions and Social Structure", *Publications of the American Sociological Society*, vol. 22, 1928.

French, Th. M., Social Conflict and Psychic Conflict (Read before the Chicago Society for Personality Study as a part of a Symposium on *Psycho-Analysis and Sociology*, 22nd Feb., 1939, Chicago, 1939.

Freud, S., *Group Psychology and the Analysis of the Ego*, Translated by Strachey, J., London, New York, 1932.

Fromm, E., "Die Gesellschaftliche Bedingtheit der psychoanalytischen Therapie", *Zeitschr. f. Sozialforschung*, vol. 4, 1935.

Geck, L. H. A, "Social Psychology in Germany: A Bibliographical Introduction", Translated by Norovkin, B. V., *Sociology and Social Science*, July, and Nov., 1920.

____________, *Sozialpsychologie im Auslande*, Berlin, 1928.

Ginsberg, M., *The Psychology of Society*, London, 1921.

____________, "Psychology and Sociology", *Further Papers on the Social Sciences*, ed. by Dugdale, J. E., London (Le Play House Press), 1937.

Glover, E., "Psychology and Social Sciences", F*urther Papers on the Social Sciences*, ed. by Dugdale, J. E., London (Le Play House Press), 1937.

Hellpach, W., *Nervenleben und Weltanschauung*, Wiesbaden,1906.

Hopkins, P., *The Psychology of Social Movements*. A Psychoanalytic View of Society, London, 1938.

Issacs, S., *Social Development in Young Children*, London, 1933.

Janet, P., "Les sentiments sociaux dans le délire de persécution", *Journal de psychologie normale et pathologuque,* Nos. 3∼4, 5∼6, 1932.

Jones, E., "Social Aspects of Psycho-Analysis", *Lectures Delivered under the Auspices of the Sociological Society*, London, 1924.

Kornilow, R. N., "Psychology in the Light fo Dialectic Materialism", in *Psychologie of 1930*, ed. by Murchison, C., Worcester (Mass.), 1930.

Kunz, H., "Die Psychoanalyse als Symptom einer Wandlung im Selbstverständnis des Menschen", *Zentralblatt für Psychotherapie und ihre Grenzgebiete*, vol. 4.

Lasswell, H. D., *Psychopathology and Politics*, Chicago, 1930.

____________, "What psychiatrists and Political Scientists can Learn from one Another", *Psychiatry: a Journal of the Biology and Pathology of Interpersonal Relationships*, vol. 1, 1932.

____________, "Selected References on Social Psychiatry", *Amer. Journ. of Sociology*, vol. 42, 1937.

Malamud, J. T., "Psychological Approach to the Study of Social Crises", *Amer. Journ. of Sociol.,* vol.43, 1937∼8.

Mallnowski, B., "Psychoanalysis and Anthropology", *Nature*, vol. 92, No. 2818, 1923.

Mannheim, K., "The Sociology of Human Valuations: the Psychological and Sociological Approach", *Further Papers on the Social Sciences, Their Relations in Theory and in Teaching*, ed. by Dugdale, J. E., London (Le Play House Press), 1937.

Moreno, Th., *Who Shall Survive?*, Washington, D. C., 1934.

Mueller, B., "Psychoanalytische Gesichgspunkte zur Genese der Moral, insbesonderedes moralischen Aktes", *Imago*, 1921.

Murchison, C., *A Handbook of Social Psychology*, Worchester (Mass.), 1935.
Murphy, L. B., and Murphy, G., *Experimental Social Psychology. An Introduction of Research upon the Socialization of the Individual*, Revised ed., New York, 1937.
Osborn, R., *Freud and Marx*, London, 1937.
Plant, J. S., "Sociological Factors Challenging the Practice of Psychiatry in a Metropolitan Community", *Journ. of Psychiatry*, vol. 8, 1939.
Reiner, B., Bericht über die bisherigen Ergebnisse der Gemeinschaftsarbeit zwischen Psychotherapeuten und Sozialfürsorgen, *Z. für Wohlfahrtspflege*, 1933.
Robinson, V. P., *A Changing Psychology in Social Case Work*, (Univ. of North Carolina Press), 1930.
Sapir, E., "The Contribution of Psychiatry to an Understanding of Behaviour in Society", *Amer. Journ. of Sociol.*, vol. 42, 1937.
Sossett, M., "Les Influences sociales dans les nouvelles méthodes psychopathologiques", *Révue de l'Institut de Sociologie*, vol. 1, 1933.
Stratton, G. M., *Social Psychology of Internal Conduct*, New York, 1929.
Syz, H., "The Social Neurosis", *Amer. Journ. of Sociol.*,vol. 42, 1937.
Taft, J., *The Dynamics of Therapy in a Controlled Relationship*, New York, 1933.
Waelder, R., "Die Bedeutung des Werker Sigmund Freud's für die Sozial- und Rechtswissenschaften", (*Révue Internationale de la Théorie du Droit*), Année x, No. 2, 1936.
__________, "Aetiologie und Verlauf der Massenpsychose", *Imago*, vol. 21, 1935.
Wallas, G., *Human Nature in Politics*, 3rd ed., London, 1924.
Weizsacker, W. von, *Soziale Krankheit und Soziale Gesundung*, Berlin, 1930.
Wetzel, W. A., *Soziologie der Schizophrenie Bumkes Handbuch der Geisteskrankheiten*, vol. 9.
White, W. A., "Some Suggestion Regarding Practical Contacts between Sociology and Psychoanalysis", *Publ. of the Amer. Sociol. Society*, vol. 16, 1902.
__________, *Twentieth Century Psychiatry, Its Contribution to Man's Knowledge of Himself*, London, 1936.
Williams, F. E., *Some Social Aspects of Mental Hygiene*, Philadelphia, 1930.
Williams, J. W., *Principles of Social Psychology*, New York, 1930.
Wirth, L., "Some Characteristics of the Sociological Approach to Personality", *Fourth Conference on Research in Child Development*, 1933.
Wolfe, W. B., "Psychoanalysing the Depression", *Forum*, 87, April, 1932.
Young, K., "Contributions of Psychiatry to the Study of Group Conflict", in *Group Conflict Papers Presented at the 28th Meeting of the American Sociological Society*, vol. 25, 1930.
Cf. also III, 1, d; III, 2, d; III,6; III, 7; IV, 1; and the bibliographies on unemployment(p. 220 n.)and psychology and biology (pp. 127. n. 1～2, 131,n. 1), and the psychological implications of leisure (316 n.).

(g) 경제학에서의 심리학적 및 사회학적 요소들

Clark, J. M., "Economics and Modern Psychology", *Journ. Pol. Econ.*, vol. 26, 1918.
Dickinson, Z. C., *Economic motives. A Study in the Psychological Foundations of Economic Theory*, Harvard Economic Studies, vol. 24, Cambridge (Mass.), 1922.

Florence, P. S., *Economics and Human Behaviour.* A Rejoinder to Social Psychologists, (Psyche Miniatures).

Harney, L. H., "The Social Point of View in Economics", *Quarterly Journ. of Econ.,* vol. 28, 1913.

Hasbach, W., *Die allgemeinen philosophischen Grundlagen der von Fr. Quesney und A. Smith begründeten politischen Oekonomie,* Leipzig, 1890.

__________, *Untersuchungen über Adam Smith und die Entwicklung der politischen Oekonomie,* Leipzig, 1891.

Knight, F. H., Ethics of Competition, New York, 1935.

Loewe, A., Economics and Sociology. A Plea for Cooperation in the *Social Sciences, Lo*ndon, 1935.

__________, "Economic Analysis and Social Structure", *Manchester School,* vol. vii.

Mannheim, K., "Ueber das Wesen und die Bedeutung des wirtschaftlichen Erfolgsstrebens", *Archivfür Sozialwissenschaft,* vol. 63, 1930.

Mitchell, W. C., "The Rationality of Economic Activity", *Journ. of Polit. Econ.,* vol. 18, 1910.

__________, "Human Behaviour and Economics. A Survey of Recent Literature", *Quarterly Journal of Economics,* vol. 29, 1914～5.

Parker, C. H., "Motives in Economic Life", *Amer. Econ. Review,* vol. 8, Suppl., March, 1918.

Parsons, T., "Wants and Activities in Marshall", *Quarterly Journ. of Econom.,* vol. 46, 1931～2.

__________, "Economics and Sociology: Marshall in Relation to the Thought of his Time", *Quarterly Journ. of Economics,* vol. 46, 1931～2.

__________, Some Reflections on "The Nature and Significance of Economics", *Quarterly Journal of Economics,* vol. 48, 1933～4.

__________, "Sociological Elements in Economic Thought. I,, Historical; II, The Analytical Factor View", *Quarterly Journal of Economics,* vol. 49, 1934～5.

Roche-Agussol, M., *La psychologie economique chez les Anglo-Americains,* Montpellier, Paris, 1919.

__________, *Éludes bibliographiques des sources de la psychologie économique chez les Anglo-Americains,* Montpellier, Paris, 1919.

Tarde, G., *Psychologie économique,* 2vols., Paris (Alcan), 1902.

Vebeln, Th. B., "The Preconceptions of Economic Science", in *The Place of Science in Modern Civilization,* New York, 1919.

Weber, M., "Soziologische Grundkategorien des Wirtschaftens", in his Wirtschaft und Gesellschaft, vol. 3, of the *Grundriss der Sozialökonomik,* Tübingen, 1925.

Zeyss, R., Adam Smith und der Eigennutz, Thesis, Tübingen, 1899.

Cf. I, 2; III, 3, b;III, 3, c; III, 4, a～b; V, 1～3.

Ⅲ. 2. 사회적 기법으로서 군사방법들과 권력의 적용

(a) 권력의 원리

Becker, C., *Progress and Power,* Standford Unvi. Press, Standford University, 1936.

Case, C. M., "Some Social Patterns of Coercion", *Proceedings of the American Sociological Society*, vol. 17, 1922.
Dewey, J., "Forces and Coercion", Intern. *Journ. of Ethics*, vol. 26, 1916.
Goldhamer, H. and Shils, E. A., "Types of Power and Status", *Amer. Journ. of Sociology*, vol. 45, 1939.
Hadfield, J. A., *The Psychology of Power*, London, 1933.
Kraus, O., *Der Machtgedanke und sie Friedensidee in der Philosophie der Engländer*, Leipzig, 1926.
Lewin, J., *Power Ethics*, New York, 1931.
Macperson, W., *The Psychologyof Persuation*, Especially Chapter 3: Group Pressure and the Source of Power, London, 1920.
Menzel, A.,"Kallikles: Eine Studie zur Geschichte der Lehre vom Rechte des Stärkeren", *Zeitschrift für Öffentliches Recht*, vol. 3.
Merriam, C. E., *Political Power*, New York, 1934.
Miller, H. A., *Races, Nations, and Classes. The Psychology of Domination and Freedom*, Philadelphia, 1924.
Neely, I. E., "Sources of Political Power", *Amer. Journ. of Sociol.*, vol. 33, 1927, 1928.
Murchison, C., *Social Psychology. The Psychology of Political Domination*. (International University Series in Psychology), Worchester (Mass.), 1929.
Parsons, E. C., *Social Rule: A Study of Will to Power*, New York, 1916.
Parsons, T., *The Structure of Social Action. A Study in Social Theory with Special Reference to a Group of Recent European Writers.* New York-London, 1937.
Russell, B., Power. *A New Social Analysis*, London, 1938.
Vaerting, A., *Soziologie und Psychologieder Macht.* I: Die Macht der Massen, Berlin, 1928.
Vierkandt, A., "Machtverhältnis und Machtmoral", *Philosophische Vorträge in der Kanggesellschaft*, No. 13, Berlin, 1916.
Weber, M., "Die Typen der Herrschaft", in his Wirtschaft und Gesellschaft, *Grundriss der Sozialökonomik*, vol. 3, Tübingen, 1925.
Cf. also III, 1,b; III, 2, b～d.

(b) 사회적 압력의 약간 구체적 형태들

Bentley, A. F., *The Process of Government. A Study of Social Pressure*, Chicago, 1908.
Bourgin, G., "Blanqui's Anweisungen für den Strassenkampf", *Grünbergs Archiv für die Geschichte des Sozialismus*, vol. 15, 1930.
Foster, W. Z., *Strike Strategy.* (Trade Union Education League), Chicago, 1924.
Greer, D., *The Incidence of Terror During the French Revolution*, Cambridge (Mass.), 1935.
Gumbel, E. J., *Verschwörer Bieträge zur Geschichte und Soziologie der deutschen nationalistischen Geheimbünde*, Wien, 1924.
Hiller, E. T., *The Strike. A Study in Collective Action*, Chicago, 1928.
Kllen, H. M., "Persecution", *Encyclopedia of the Social Sciences.*
____________, "Radicatism", *Encyclopedia of the Social Sciences.*
Lasswell, H. L., "Bribery", *Encyclopedia of the Social Sciences.*
Liman, P., *Der politische Mord im Wandel der Geschichte. Eine historich-psychologische*

Studie, Berlin, 1912.
McIver, R. M., "Social Pressures", *Encyclopedia of the Social Sciences.*
Maschke, R., *Boycott, Sperre und Aussperrung*, Jena, 1911.
Muste, A. J., "Factional Fights in Trade Unions", in *American Labour Dynamics*, ed. by Hardman, J. B. S., New York, 1928.
Pouget, E., *Sabotage*, Chicago, 1913.
Cf. also I, 1; III, 2, a; III, 2, c~d; V, 4.

(c) 현대전투와 전체주의전쟁

Belli de Pino, A. von, *Der Krieg der Zukunft im Urteil des Auslandes*, Preussische Jahrbücher, Schriftenreihe, No. 28, 1936.
Belloc, H., *A General Sketch of the European War*, London, 1915.
Caspary, A., *Wirtschaftsstrategie und Kriegsführung*, Berlin, 1932.
Claremoris, M,, *Lo Spirito della guerra moderna*, Cremona, 1932.
Delbrueck, H., *Geschichte der Kriegskunst im Rahmen der politishcen Geschichte, Fortgesetzt von Emil Daniels ind Otto Haintz*, 6 vols., Berlin,1900~1936.
Demeter, K., *Das deutsche Offizierskorps in seineen historisch-soziologischen Grundlagen*, Berlin, 1930.
Douhet, G., *La Guerra integrale*, Rome, 1936.
Foertsch, H., *Kriegskunst Heute und Morgen*, Berlin, 1939.
Franke, H., (ed.), *Handbuch der neuzeitlichen Wehrwissenschaften*, Berlin (W. de Gruyter), 1936~9.
Fuller, J. F. Ch., *War and Western Civilization, 1832~1932. A Study of War as a Political Instrument and the Expression of Mass Democracy*, London, 1932.
Haldane, J \. B. S., *A. R. P.*, London, 1938.
Kähler, A. and Speier, H., *War in our Time*, New York, 1939.
Kenworthy, J. M. (Lord Strabolgi), *The Real Navy*, London, 1927.
______________, *New Wars, New Weapons*, London, 1930.
Lampe, A. *Allemeine Wehrwirtschaftslehre*, Jena, 1938.
Liddell Hart, B. H., "An International Force", *International Affairs*, vol. 12, 1933.
______________, *Europe in Arms*, London, 1938.
______________, *The Defence of Britain and of the West*, London, 1939.
Lucendorft, E., *Der totale Krieg*, München, 1935.
______________, *The Nation at the War*, trans. by Dr. A. S. Rappoport, London, 1936.
Mathias, W., Die staatliche Orgnaisation der Kriegswirtschaft in Frankreich, Grossbritannien, Italien, Tschechowakei und des Vereinigten Staaten von Amerika, Berlin,1937.
Maurin, L. F. T., *L'armée moderne*, Paris, 1938.
Merton, R. K., "Science and Military Technique", *The Scinetific Monthly*, vol. 41, 1935.
Piatier, A., *Economic de la guerre*, Paris, 1939.
Possony, S. T., *Tomorrow's War: Its Planning, Management and Cost*, London, 1938.
Rosinski, H., "The Past and Future of Warfare", *Round Table*, 1938.
______________, "Command of the Sea", *Brassey's Naval Annual*, 1939.
______________, *The German Army*, London, 1939.

Schmitt, C., "Totaler Feind, totaler Saat", *Voelkerbund und Voelkerrecht*, vol. 4, No. 3, 1937.
Schwertfeger, B., *Das Weltkriegsende, Gedanken über die deutsche Kriegsführung, 1918*, Postdam, 1937.
Vogt, A., *History of Militarism*, New York, 1937.
Wehberg, H., *Theory and Practice of International Policing*, London, 1935.
Weil, F., "Neuere Literatur zur deutschen Wehrwirtschaft", *Zeitschrift für Sozialforschung*, vol.7, 1938.
Wintringham, T. H., *How to Reform the Army*, London, 1939.
Cf. also III, 2, a; III, 2, b; III, 2, d; III, 4, b; V, 4, and the bibliography on War (p. 124 n.).

(d) 현대 군국주의의 심리학적 측면들. 사기

Bartlett, F. C., *Psychology and the Soldier*, Cambridge (England), 1937.
Brousseau, A., *Essai sur la peur aux arnées, 1914～1918*, Paris (Alcan), 1926.
Campaneo, *Essai de psychologie militaire individuelle et collective*, Paris, 1902.
Demeter, K., *Das deutsche Offizierskorpsin seiner historisch-soziologischen Grundlagen*, Berlin, 1930.
Elert, W., *Zur Geschiche des Kriegerischen Ethos*, 1928.
Endres, F. C., "Soziologische Struktur und dazugehörige Ideologie des Offizierskorps vor dem Weltkrieg", *Archiv für Sozialwissenschaft*, vol. 58, 1927.
___________, *Generalship: its Diseases and their Cure. A Study of the Personal Factor in Command*, London, 1933.
Goddard, H., *Morale*, New York, 1918.
Hall, G. S., *Morale*, New York, 1920.
Juenger, E., (ed.), *Kreig und Krieger*, Berlin, 1930.
Kehr, E., "Zur Genese des preussuschen Reserveoffizier", Die Gesellschaft, 1929.
Lasswell, H. D., "Morale", *Enc. of the Social Science*.
Monceau,E. (Emile Mayer), *La Psychologie du Commandement*, Paris, 1923.
Munson, E. L., *The Management of Men. A Handbook on the Systematic Development of Morale and Control of Human Behaviour*, London, New York, 1921.
Pintschovus, C., *Die seelische Widerstandskraft im modernen Kriege*, Oldenburg, Berlin, 1936.
Plsut, P., "Psychographie des Kriegers", Beiheft zur *Angewandten Psychologie*, vol. 21, Leipzig, 1920.
Psychologisches Laboratorium des Reichskriegsministeriums, (ed.), *Abhandlungen zur Wehrpsychologie, Vorträge aus einem Fortbildungskurs beim P. L. d. R-K-M.*, Berlin, 1936; Berlin, Leipzig, 1936.
Sumner, W. G., *Discipline and Other Essays* (Purposes and Consequences, Power and Progress, Liberty and Responsibility), from the Collected Works of W. G., Summer, Yale University, New Haven, 1923.
Wardle, M. K., "Note on Fear in War", *Army Quarterly*, vol. 4, 1922.
Waelder, R., "Psychological Aspects of War and Peace", *Geneva Studies*, vol. 10, No. 2, Geneva, 1939.

Cf. also III, 1, b; III, 1, d; III, 4, b; IV, 1; IV, 4; IV, 4; V, 6 and also the bibliographies on fear, aggressiveness, anxiety(p.122 n.).

Ⅲ. 3. 사회적 기법의 수단으로서 법, 재산

(a) 법적 제도들: 그것들의 사회학, 주요 추세들

Allen, C. K., *Law in the Making,* 2nd ed., Oxford, 1930.
Cairns, H., *Law and the Social Sciences*, New York, 1935.
Cardozo, B., T*he Nature of the Judical Process*, Yale University Press, (Storr Lectures), London, 1921.
________, *The Growth of the Law*, New Heaven, London, 1924.
Cohen, M., *Law and the Social Order*, New York, 1933.
Commons, J. R., T*he Legal Foundations of Capitalism*, New Yrok, 1924.
Darmstadter, F., *Das Wirtschaftsrechtin seiner soziologischen Struktur*, Berlin, 1928.
Dicey, A. V., *Lectures on the Relation between Law and Public Opinion in England during the Nineteenth Century*, 2nd edition, London, 1914.
Duguit, L., L*e droit social, le droit individuel et la transformation de l'état*, Paris, (Alcan), 1911.
________, Les transformations generelles du ddroit prive depuis le Code Napoleon, Paris, 1912.
Duguit, L, *Law in the Modern State*. With an Introduction by H. Laski, Translated by F. and H. Laski, New York, 1919.
Ehrlich, E., *Fundamental Principles of the Sociology of Law*, Translated by Moll, W. I., Cambridge (Mass.), 1936.
Frankel, E., Zur *Soziologie der Klassenjustiz*, Berlin, 1927.
Gurvitch, G., *Le Tempts Présent et l'Idée du Droit Sociol.*, Paris, 1931.
Harvard Tercentenary Publications, *The Future of the Common Law*, Cambridge (Mass.), 1937.
Huber, M., *Beiträge zur Kenntnis der soziolooischen Grundlagen des Völkerrechts und der Staatengesellschaft*, 1928.
Kantorowicz, H. U., *Rechtswissenschaft und Soziologie*, 1911.
Keeton, G. W. and Schwarzenbeger, G., *Msking International Law Work*, London, 1939.
Laski, H. J., "The Judicial Functions", *Politica*, vol. 2, 1936.
Levy-Ullmann, G. L., *The English Legal Tradition, its Source, its History*, Translated by Mitchell, H., London, 1935.
London School of Economics and Political Science (Univ. of London), (ed.), *Modern Theories of Law*, 1931.
McMillan, H. P., *Two Ways of Thinking. A Comparison of the English Type of Legal and Political System with those Derived from the Roman System* (The Rede Lecture), Cambridge, 1934.
Maine., Sir H. J. S., *Ancient Law,* London, 1931.
Menger, A., *Das bürgerliche Recht und die besitzlosen Klassen*, 5th ed., Tübingen, 1927.
Morin, G., Le Sens des transformations contemporaines du droit, *Rev. de métaph et morale,* 34, 2.

Neumann, F., "Der Funktionswandel des Gesetzes im Recht der bürgerlichen Gesellschaft", *Zeitschrift für Sozialforschung*, vol. 6, 1937.
Pound, R., "Scope and Purposes of Sociological Jurisprudence", *Harvard Law Review,* vols. 24~5, 1911~12.
Radbruch, G., *Der Mensch im Recht*, Tübingen, 1927.
Renner, K., *Die Rechtsinstitute des Privatrechts und ihre soziale Funktion*, Tübingen, 1929.
Sinzheimer, H., *Diesoziologischen Methoden in der Privatrechtswissenschaft*, 1909.
Timaseff, N. S., "The Sociological Place of Law (with a Discussion)", *Amer. Jorun. of Sociol.*, vol. 44, No. 2, 1938.
Vingogradoff, P., *Historical Jurisprudence*, Oxford,1920.
Weber, M., "Rechtssoaiologie", in his "Wirtschaft undGesellschaft", *Grundriss der Sozialökonomik,* vol. 3, Tübingen, 1925.
Cf. also III, 3, b~c; III, 4,c.

(b) 재산

Aron, R., Obolenski-Ossingky, V. V., Franck, L. R., Vaucher, P., Polin, R., Prache, G., Lefranc, G. and Deat, M., *Inventaires II, L'Économiqueet le politique*, Introduction by Bougle, Ch., Paris (Alcan).
Beaaglehole, E., *Property: A Study in Social Psychology*, London, 1931.
Berle, A. A. and Means, G. C., *The Modern Corporation and Private Property,* New York, 1933.
Bowley, A. L. and Hogh, M. H., *Has Poverty Diminished?*, London, 1925.
Clark, C., National Income and Outlay, London, 1937.
Ely, R. T., *Property and Contract in Their Relation to the Distribution of Wealth,* 2 vols., London, 1914.
Friedmann, G., *De la Sainte Russie à l'U. R. S. S.*, Chap. IV, Niveaux de vie, Paris (Gallimard), 1938.
Hirsh, F. W., *Economic Freedom and Private Property,* London, 1935.
Hobson, J. A., *Property and Improperty*, London, 1937.
Laidler, H. W., "The Trend Towards Public Ownership", in Page, K., A *New Economic Order,* New York, 1930.
Larkin, P., *Property in the Eighteenth Century with Special Reference to England and Locke*, Dublin, 1930.
Lavergnect, H., *La Richess de la France, fortune et revenus privés*, Paris, 1908.
Lecarpentier, "Revenus et fortunes privés en France et en Grande-Bretqne", *Reveue Politique et Parlemantaire*, October,1937.
Noyer, G. R., *The Institutions of Property*, New York, 1936.
Orth, S. P., (ed.), Readings on the Relation of Government to Property and Industry, Boston, New York, 1915.
Property: Its Duties and Rights, Essays by various authors, London, 1915.
Robson, W. A., (ed.), *Public Enterprise. Developments in Social Ownership and Control in Great Britain*, London, 1937.
Schmidt, W., *Das Eigentum auf den àltesten Stufen der Menschheit,* vol. 1: Das Eigentum und Volkskultur, Münster I W., 1937.

Stamp, Sir Josiah, *The National Income and other Statistical Studies*, London, 1937.
Statistical Abstract of the United States, Washington, 1938.
Tugwell, R. G. and Hill, H. C., *Our Economic Society and its Problems. Study of American Levels of Living and how to improve them*, New York, 1934.
Veblen, K,, *Absentee Ownership and Business Enterprise in Recent Times*, New Yrok, 1936.
Ville-Charbolle, "La concentration des entreprises en France depuis la guerre", *Bulletin de la statistique générale,* Avril, 1933.
Wedgwood, J., *The Economics of Inheritance*, London, 1939.
Cf. I, 2; III, 3, a; III, 3, c.

(c) 사회계급들과 그들의 심리상태

Aron, R., Halbwachs, M., Vermeil, E., Franck, L., Vaucher, P., Marjolin, R., Polin, R., Gravier, R., Yovanovitch, D., Feldman, V., and Mougin, H., *Inventions III Classes Moyennes*, Paris (Alcan), 1939.
Aynard, J., *La bourgeoisie francaise. Essay de Psychologie*, Paris (Perrin), 1934.
Beard, Ch. et M. R., *The Rise of American Civilization*, New York, 1930.
Bouton, A., *La fin des rentiers. Histoire des fortunes privées en France depuis 1914*, Paris (M. P. Trémois), 1932.
Carr-Saunders, A, M. and Jones, D. C., *A Survey of the Social Structure of England and Wales*, London (Oxford University Press), 1927.
Cole, G. D. H. and M. I., *The Conditions of Britain*, London, 1937.
Corey, L., *The Crisis of the Middle Class*, New York, 1935.
________, *The Decline of American Capitalism*, London, 1935.
Descampes, P., *La hierarchie des classesen Angleterre. Bibl. de la Science*, 1911.
Dollard, J., *Caste and Class in a Southern Town*, New Heaven, 1937.
Dreyfuss, C., *Beruf und Ideologie der Angestellten*, Tübingen, 1925.
Fahlbeck, P. E., *Die Klassen und die Gesellschaft: eine geschichtlich-soziologishe Studie über Entstehung, Entwicklung und Bedeutung des Klassenwesseins*, Jena, 1922.
Ferre, L. M., *Les classes sociales dans la France contemporaine*, Paris, 1934..
Geiger, Th., *Die soziale Schichtung des deutschen Volkes*, Stuttgart, 1932.
Greaver, H. R. G., *Reactionary England*, London, 1936.
Gretton, R. H., *The English Middle Class*, London, 1917.
Groethuysen, B., *Les origines de l'esprit Bourgeois en France*, Paris (Gallimard), 1927.
Grundriss der Sozialökonomik, vol. ix (on Social Classes), Tübingen, 1929.
Halbwachs, M, *Les Classes Sociales,* Paris (Alcan), 1937.
Hobson, J. A., *The Evolution of Modern Capitalism*, London, Felling-on-Tyne, New York, 1926.
Marschak, J., "Zur Modernen Interessendifferenzierung", in *Soaiologische Studien zur Politik Wirtschaft und Kulture der Gegenwart, Festschrift Alfred Weber gewindmet*, Potscam,1930.
Marshall, T. H., (ed.), *Class Conflict and Social Stratification*, Third Conference on the Social Sciences, London (Le Play House Press), 1939.
Meusel, A., "Proletariat", *Encyclopedia of the Social Sciences.*

Mitgau, F., *Fanilienschicksal und soziale Rangordnung*, Leipzig, 1928.
__________, "Grundlagen des sozialen Aufstieges", in *Alfred Weber Festschrift*, Potsdam, 1930.
Nietz, J. A., "The Depression and the Social Status of Occupations", *Elementary School Journal,* vol. 35, 1935.
Palem, F. C., *The Middle Classes, Then and Now*, New York, 1935.
Ranulf, S., *Moral Indignation and Middle Class Psychology*, Copenhagen, 1938.
Sombart, W., *The Quintessence of Capitalism: A Study of the History and Psychology of the Modern Business Man*, Translated by Epstein, M., London, 1915.
Sorokin, P., *Social Mobility*, New York-London, 1927.
Spohn, M. E., *Zur Grundlegung einer Theorie des sozialen Aufstiegs,* Rost. Phil.. Diss. Rostock, 1934.
Taswney, R. H., *Acquisitive Society*, London, 1938.
______________, *Religion and the Rise of Capitalism*, London, 1932.
Tobis, A., *Das Mittelstandsproblem der Nachkriegszeit und scine statistische Erfassung,* Leipzig, 1932.
Warnotte, D., "Les vertues bourgeouses leurs orgines, leur signification", R*evue de l'institut sociologique,* Bruxelles, 1939.
Weber, M., "Klassen, Stand Parteien", in his "Wirtschaft und Gesellschaft", vol. iii of *Grundriss der Sozialökonomik*, Tübingen, 1925.
__________, *The Protestant Ethic and the Spirit of Capitalism*, Translated by Parsons, T., London, 1930.
Cf. also I, 2; III, 1,a～b; III, 1, d; III, 1, f; III, 7, c; IV, 1; IV, 5; V.

Ⅲ. 4. 사회적 기법의 수단으로서 사회조직의 과학

(a) 산업조직과 기업경영

Baungarten, Fr., *Psychologie der Menschenbehandlung im Betriebe*, Halle, 1930.
______________, "Der Fayolismus", in *Industrielle Psychotechnik*, vol. 4, 1927.
Becjerath, H. V., *Modern Industrial Organization*, New York, 1933.
Briefs, G., "Betriebssoziologie", Art. in *Handwörterbuchder Soziologie*, ed. by Vierkandt, A., Stuttgart, 1931.
Dubreuil, H., *Á Chacun sa chane, L'organization du travail sur la iberté*, Paris, 1935.
Fayol, H., *Industrial and General Administration*, Translated by Conbrough, J. A., Paris, 1935.
Florence, Ph. S., *Economics of Fatigue and Unrest and Efficiency of Labour in English and American Industry*, London, New York, 1924.
______________, *The Logic of Industrial Organization*, London, 1933.
Gsblrntz, G. H., von der, "Industrieburokratie", *Schmollers Jahrbücher* 50, jahrg, 1926.
Gide, Ch., *Les colonies communistes et coopératives, Assoc. pour I'enseignement de la coopération*, Paris, 1930.
Hildage, H. T., Marple, T. G., and Meyenberg, F. I., *The New Management*, London, 1938.

Hunt, E. E., *Scientific Management Since Taylor*, New York, 1924.
International Labour Office, *Social Aspects of Rationalisation*, Geneva, 1931.
Jost, W., *Das Sozialleben des industriellen Betriebes, Eine Analyse des sozialen Prozesses im Betrich, Schriftenreihe des Instituts für Betriebssoziologie*, vol. 2, Berlin, 1932.
Jovanović, D., *Le rendenment optimum du travail ouvrier Étude sur les stimulants modernes de l'achtivité outvrière*, Paris, 1923.
Kimball, D. S., *Industrial Economics*, New York, 1929.
Man, H. de, *Joy in Work*, (Translated by Paul, E. and C.), London, 1929.
Mayo, E., *The Human Problems of an Industrial Foundation of Management*, Chicago, New York, 1933.
Means, G. C., "The Distribution of Control and Responsibility in a Modern Economy", *Political Science Quarterly*, vol. I, No. 1, March, 1935.
Metcalf, H. C., *The Psychological Foundations of Management*, Chicago, New York, 1927.
Miles, G. H., The *Problem of Incentives in Industry*, London, 1932.
Modlin, G. M., and McIsaac, A. M., *Social Control of Industry*, Boston, 1938.
Palewski, J. P., *Le rôle du chef d'emtre[rose dams ;a gramde omdistroe Étude de psychologie econnomique*, Paris (Les Presses Universitaires), 1924.
Patterson, S. H., *Social Aspects of Industry*, New York, 1929.
Reuter, F., *Handbuch der Rationaliserung*, Berlin, 1930.
Roberton, D. H., *The Control of Industry*, Cambridge, 1936.
Roethlisberger, F. J., and Dickson, W. J., *Management and the Worker, Technical versus Social Organization in an Industrial Plant*, Harvard School of Business Administration Studies in Industrial Research, Boston, 1934.
Rosenstock, E., *Wertstattaussiedlung, Untersuchungen über des Levensraum des Industriearbeiters*, Berlin, 1922.
Taylor, A. J, T*he Principles of Scientific Management*, New York, London, 1911.
Todd, A. J., *Industry and Society*, New York, 1933.
Tugwell, R. G., *The Industrial Discipline and the Government Arts*, University of Colorado Press (Boulder), 1933.
Tead, O., *Instincts in Industry*, Boston, 1918.
Veblen, Th. B., *The Theory of Business Enterprise*, New York, 1904.
Ware, C. T. and Means, G. C., *The Modern Economy in Action*, New York, 1936.
Ward, H. F., *In Place of Profit*, New York, London, 1933.
Whitehead, J. N., *Leadership in a Free Society*, Cambridge, 1936.
Woldt, R., *Die Lebenswelt des Industriearbeiters*, Leipzig, 1926.
Yovanovitch, D., D*as grossindustrielle Beamtenlum*, Stuttgart, 1911.
Cf. also 1, 2; II; III, 4, b; IV, 1.

(b) 일반사회조직, 행정, 관료화의 문제

Allen, C. K., *Bureaucracy Triumphant*, London ,1931.
Barker, E.,, T*he Development of Administration Conscription, Taxation, Social Services, and Education*, vol. 5 of *European Civilization*, ed. by Eyre, E., London, 1937.
Barthlémy, H., "Comparison des principes du droit administratif francais aux pratiques administratives des pays anglosaxons", *Bulletins de la société de législation*

comparée, vol. 51, 1931.

Beards, C. and W., "The Case for Bureaucracy", *Scribner's Magazine*, vol. 93, April, 1933.

Bogdanow, A., *Allgemeine Organisationslehre*, Berlin, 1926.

Bushee, F. A., *Social Organization*, New York, 1930.

Dessauer, Fr., *Recht, Richtertum und Ministerialbütokratie*, Mannheim, Berlin, Leipzig, 1928.

Dickinson, J., *Administrative Justice and the Supremacy of Law in the United States,* Cambridge (Mass.), 1927.

__________, "The Perennial Cry of Bureaucracy", *Yale Review*, Spring, 1935.

__________, Administrative Law and the Fear of Bureaucracy, Part I and II, *American Bar Association Journal*, Oct., Nov., 1928.

Gooch, R. K., *Regionalism in France*, University of Virginia, Institute for Research in the Social Sciences, Institute Monograph, No. 12, New York, 1931.

Grabowsky, A., *Die Reform des deutschen Beamtentums,* Gotha, 1917.

Finer, H., The Civil Service in the Modern States, *American Political Science Review*, vol. 19, 1925.

Friedrich, C. J. and Cole, T., *Responsible Bureaucracy, A Study of the Swiss Civil Service*, Harvard, University Press, Cambridge, 1932.

Galloway, L., *Organization and Management,* New York, 1913.

Golebel, O., *Taylorismus in der Verwaltung*, Hannover, 1925.

Gowin, E. B., *The Executive and His Control by Men*, New York, 1915.

Hart, J. K., *Community Organization,* New York, London, 1936.

Herring, E. P., *Public Administration and the Public Interest,* London, 1936.

Hill, N. L., *International Administration*, New York, 1931.

Koettgen, A., *Das deutsche Berufsbeamtentum und die parlamentarische Demokratie,* Berlin, Leipzig, 1928.

Lafeuiliare, J., *Les grandes lois de l'organisation, Le XVIII siècle, L'évolution militaire orgnique*, Paris, 1937.

Laird, D. M., The Psychology of Selecting Men, New York, 1925.

Laski, H. J., The Limitations of the Expert, (Fabian Tract No. 235), London, 1931.

__________, "Bureaucracy", *Enc. of the Social Sciences.*

__________, "The Problem of Administration Areas", *Smith College Studies on History,* Northampton, 1918.

Lindsay, A. D., "The Organization of Labour in the Army in France during the War and its Lessons", in his Christianity and Economics, London, 1933.

Lindsell, W. G., Military Organization and Administration, 16th ed., Aldershot, 1936.

Mosher, W. F., and Kinsley, J. D., Public Personnel Administration, New York, London, 1936.

National Institute of Public Administrations, A Bibliography of Public Administration, ed. by Greer, S., New York, London, 1926.

Norton, H. K., Foreign Office Organization, A Comparison of the British, French, German, and Italian Foreign Office Organizations with that of the Department of State of the United States of America, (annals of the Amer. Acad. of Political and Social Science, vol. 143, Suppl.), Philadelphia, 1929.

Potter, P. B., "International Organization", Enc. of the Social Sciences.
____________, An Introduction to the Study of International Organization, 4th ed., New York, 1912.
Robson, W. A., *From Patronage to Proficiency in the Public Service, An Inquiry into Professional Qualifications and Methods of Recruitment in the Civil Service and in the Municipal Service*, The Fabian Society, London, 1922.
Sharp, W. R., *The French Civil Service: Bureaucracy in Transition*, New York, 1930.
Sheldon, O., *The Philosophy of Management*, London, 1923.
Simon, Sir E. D., *A City Council from Within*, With a preface by Graham Wallas, London, 1926.
Walker, H., *Training Public Employees in Great Britain*, Commission of Inquiry of Public Service Personnel, Monograph 6, New York, London, 1935.
Weber, A., "Der Beamte", in his *Ideen zur Staats und Kultursoziologie*, Karlsrube, 1927.
Weber, G. A., "Organized Efforts for the Improvement of Methods of Administraion in the United States", *Institute for Government Research, Studies in Administration*, New York, 1910.
Weber, M., "Bürokratie", in his *Wirtschaft und Gesellschaft in Grundriss der Sozialökonomik*, vol. iii, Tübingen, 1925.
White, L., *Introduction to the Study of Public Administration*, New York, 1926.
__________, Bland, Ch. H., Costberg, F. and others, *The Civil Service in the Modern State (Great Britain, Canada, France, Germany, Australia, Japan, etc.)*, Chicago, 1930.
__________, "Trends on Public Administration", *Recent Social Trends Monographs*, New York, 1933.
__________, *The Prestige Value of Public Administration*, Baltimore, 1927.
Willoughby, W. F., *Principles of Public Administration*, Baltimore, 1927.
Widenfeld, K., *Kapitalismus und Beamtentum*, Berlin, Leipzig, 1932.
Cf. also I, 2; III, 2, c; III, 4, a; III, 6; IV, 1; IV, 5.

(c) 헌법과 정부

Arnold, T. W., *The Symbols of Government*, Yale Univ. Press, New Heaven, 1935.
Bagehot, W., *The English Constitution*, Oxford, 1928.
Barthelemy, J., *Le rôle du pouvoir executif dans les république modernes*, Paris, 1906.
Beard, Ch. A., *An Economic Interpretation of the Constitution*, New York, 1913.
Beckerath, V. H., "Politische ind Wirtschaftsverfassung", in *Festgabe für Werner Sombart*, München, 1933.
Bonnard, R., D'Haucourt, G., Couzinct, P., Waline, M., Rousseau, C., Mouskhell, M., Delpech, H., Ledug, C., Weiller, J. and Pradelle, P. de la, "La Réforme de l'état", *Annales du droit et des sciences sociales*, 1934.
Dareste de la Chavanne, F. R., *Les constitutions modernes*, 5 vols., Paris, 1928～1931.
Finer, H., *The Theory and Practice of Modern Government*, London, 1932.
Follett, M. P., The *New State, Group Organization the Solution of Popular Government*, New York, 1918.
Friedrich, C. J., *Constitutional Government and Politics, Nature and Development*, New York, London, 1937.

Gaus, M., White, L. D. and Demock, M. E., *The Frontiers of Public Administration*, Chicago, 1936.
Gooch, R. K., "The French Parliamentary Committee System", *Publications of the University of Virginia Institute for Research in the Social Sciences*, Institute Monograph No. 21, New York, London, 1935.
Hintze, O., "Weltgeschichtliche Bedungungen der Repräsentativeverfassung", *Historische zeitschrift*, vol. 143, 1939.
Holcombe, A. N., *State Government in the United States*, 3rd edition, New York, 1931.
Jennings, W. I., *The Law and the Constitutio*n, 2nd ed., Revised and enlarged, London, 1938.
Laski,H. J., "The British Cabinet: a Study of its Personnel, 1801～1924", *Fabian Tracts*, No. 223, London, 1928.
_________, *A Grammar of Politics*, 2nd edition, London, 1929.
_________, *Parliamentary Government in England*, London, 1938.
Lowell, A. L., *Public Opinion and Popular Government*, New edition, New York, 1916.
McIver, R. M., *The Modern State*, Oxford,1926.
Mitrany, D., *The Progress of International Government*, London, 1933.
Monzie, A. de, *L'état Moderne, L'encyclopédie Francaise*, vol. x, Paris, 1935.
Ogg, F. A., *European Government and Politics*, New York, 1934.
Robson, W. A., *Justice and Administrative Law, A Study of the British Constitution*, London, 1928.
Schindler, E., *Verfassung und soziale Struktur*, Zürich,1932.
Willoughby, W. F., *An Introduction to the Study of the Government of Modern States*, New York, 1919.
Zimmern, A. E., *Nationality and Government*, London, 1918.
Cf. also V, 1～3; VI.

Ⅲ. 5. 사회적 기법으로서 여론, 언론, 선전의 교도

American Society of Newspaper Editors, "Problems of Journalism", *Proceedings*, published annually, 1925.
Angell, Sir Norman, *The Press and the Organization of Society*, London, 1922.
Berneys, E., *Propaganda*, New York, 1928～1936.
Bertkau, F., "Tendencies Toward Financial Concentration in the International Newspaper Field", *Journalism Quarterly*, June, 1933.
Biddle, W. W., "A Psychological Definition of Propaganda", *Journ of Abnorm. Psychol. and Social Psychol.*, vol. 26, 1931.
____________, *Propaganda and Education*, New York, 1932.
Boemer, K., *Internationale Bibliographiedes Zeitungswesens*, Leipzig, 1932.
Childs, H. L., *A Reference Guide to the Study of Public Opinion*, Princeton,1934.
Doob, L., *Propaganda*, New York, 1935.
Handbuch der Weltpresse, *Eine Darstellung des Zeitungswessens aller Läne*r, 3rd ed., Leipzig, Frankfurt a. M., 1937.
Independent Labour Party, *The Capitalist Press: Who Owns It nd Why?*

Institut de Science de la Presse de L'UniversitÉ de Paris, (ed.), *Cahiers de la presse*, Paris.
Institute of Propaganda Analysis, *The Group Leader's Guide to Propaganda Analysis*, New York, 1938.
________________________________, *Propaganda Techniques of German Fascism*, New York, 1938.
________________________________, *The Fine Art of Propaganda, A Study of Father Coughlin's Speeches* (ed. by Lee, A, M. and Lee, E. E.), New York, 1939.
Lasswell, H. D., *Propaganda Technique in the World War*, London, 1927.
______________, Casey, R. D., and Smith, B. L., *Propaganda and Promotional Activities, An Annotated Bibliography*, Minneapolis, 1935.
Lenin, V. I., *Agitation und Propaganda*, Ein Sammelband, Wein (Verl. für Literatur und Politik), 1929.
Lloyd, A. H., "Newspaper Conscience: A Study in Half Truths", *Amer. Journ. of Sociol.*, vol. 27, 1921.
Lueddecke, Th., *Die Tageszeitung als Mittel der Staatsführung*, Hamburg, 1933.
Lumley, F. E., *The Propaganda Menace*, New York, London, 1933.
Macpherson, W., *The Psychology of Persuasion*, London, 1920.
Marx, F. M., "Propaganda and Dictatorship", *Annals of the American Academy of Political and Social Science*, vol. 7179, May, 1935.
Rassack, J., *Psychology de l'opinion et de la propagande politique*, Paris, 1927.
Rosenstock, E., *Abbau der politischen Lüge*, 1924.
Ruethlmann, F., *Die Kunst der Massenbeeinflussung in den Vereinigten Staaten von Amerika*, Berlin, Leipzig, 1924.
Schuler, E., "Recent Works on Propaganda", *Social Forces*, vol. 15, No. 2, Dec., 1936.
Stern-Rubarth, E., *Die Propaganda als politisches Instrument*, Berlin, 1921.
Strong, E. K., "Control of Propaganda as a Psychological Problem", *Scientific Monthly*, vol. 14, 1922.
Wilhelm, D., "The Lobby in Washington", in *Readings in Public Opinion*, ed. by Graves, W., Brooke, New York, 1928.
Willey, M. M., T*he Country Newspaper, A Study of Socialization and Newspaper Content*, London, 1926.
Zimmermann, W., *Die Englische Presse zum Ausbuch des Weltkriegs*, Berlin, 1928.
Young, K. and Lawrence, D., Bibliography on Censorship and Propaganda (Univ. of Oregon Jouranalism Series), vol. 1. No. 1, Eugene, 1928.

Ⅲ. 6. 사회적 기법으로서 사회사업

Achinger, H., "Fürsorge und Weltanschauung", *Zentralblatt für Jugendercht*, 1930～1.
Chapin, F. S., "Research Memorandum on Social Work in the Depression", *Studies in the Social Aspects of the Depression*, Social Science Research Council, New York.
Clement-Brwon, S., "The Methods of Social Case Workers", in *The Study of Society*, ed. by Bartlett, F. C., et al, London, 1939.

Faris, F., Laune, F., and Todd, A. J., (ed.), *Intelligent Philanthropy.*
Haines, A., J., *Health Work on Soviet Russia*, New York, 1928.
Institute for Juvenile Research, Staff of, *Child Guidance Procedures, Methods and Techniques Employed at the Institute for Juvenile Research*, New York, London, 1937.
International Labour Office, *International Survey of the Social Services*, vol. 1, Geneva, 1936.
Karpf, M. J., *The Scientific Basis of Social Work*, New York, 1928.
Klopfer, B., *Bibliographische Einführung in die Heilpadagogik*, Erfurt, 1930.
Koesters, H., Die *Wandlungstendenzen der deutschen und englischen Wohlfhrtspolitik seit der Jahrhundertswende*, A Thesis, Emsdetten, 1935.
Lee, P. R., *Social Work as Cause and Function; and Other Papers*, New York School of Social Work Publication, New York, 1937.
Mclver, R. M, *The Contribution of Sociology to Social Work*, (The Forbes Lectures of the New School of Social Work), Oxford University Press, London, 1931.
Marcus, G., "How Case Work Training can be Adapted to meet the Worker's Personal Problems", *Mental Hygiene*, vol. 11, No. 3, July, 1927.
Myrick, H. L., "The Non Verbal Elements in the Interview", *Social Forces*, vol. 6, 1927～8.
Newsholme, A., *Evolution of Preventive Medicine*, Baltimore, 1927.
Odencrantz, L. C., *The Social Worker in Family, Medical, and Psychiatric Social Work*, New York, London.
Queen, S., *Social Work in the Light of History*, Philadelphia, 1922.
________, "Social Interaction in the Interview, An Experiment", *Social Forces*, vol. 6, 1928.
Richmond, M., *Social Diagnosis*, New York, 1917.
Robinson, V., "Some Difficulties in Analysing Social Interaction in the Interview", *Social Forces*, vol. 6, 1927～8.
________, *A Changing Psychology in Social Case Work, Social Study Series*, University of North Carolina, 1930.
Rushmore, E. M., *Social Workers Guide to the Serial Publications of Representative Social Agencies*, New York, 1911.
Scherpner, H., *Fürsorge und Politik*, Berlin, 1933.
Sheffield, A. D., T*he Social Case History; Its Construction and Content*, New York, 1920.
________, "What Is the Case Worker Really Doing?", *Journal of Social Forces*, vol. 1, 1924.
________, *Social Insight in Case Situations, in The Social Worker's Library*, ed. by Gillin, J. L., New York, 1937.
Simon, H., *Aufgaben und ziele der neuzeitlichen Wohlfahrtspflege*, Berlin, 1922.
Taft, J., "The Use of Transfer within the Limits of the Office Interview", *The Family*, vol. 5, Oct., 1924.
Truhel, K, *Sozialbeamte, Ein Beitrag zur Sozioanalyse der Bürokratie,* A Thesis, Frankfurt a Main, 1933, Sagan (Benjamin Krause), 1934.
Wells, F. L., "The Systematic Observation of the Personality", *Psychological Review*, vol 21, 1914.
Wickwar, W. H., *The Social Services, A Historical Survey*, London, 19386.

Williamson, C. E. A., T*he Evolution and Significance of the Modern Public Health Campaign,* New Heaven, 1923.
Wronsky, S. and Kronfeldt, A., *Sozialtherfpie end Psychotherapie in den Methoden der Fürsorge*, Berlin, 1932.
__________. and Muthesius, *Methoden induvidualisierender Fürsorge in Deutschland, Vorbericht zur Intern. Konferenz für Wohlfahrtspflege und Sozialpolitik in Paris*, 9~13, Juli, 1928, Dritte Sektion.
Young, P. V., *Interviewing in Social Work*, New York, London, 1935.
Cf. also III, 1, d~f; III, 7, d; IV, 5.

Ⅲ. 7. 사회적 기법의 수단으로서 교육

(a) 교육의 사회학

Adams, Sir John, *Modern Development in Educational Practice*, London, 1922.
Anspach, C. L., and Congdon, W. H., *Problems of Educational Sociology*, New York, 1935.
Ashby, A. W., *The Sociological Background of Adult Education in Rural Districts*, London, 1935.
Bear, R. M., T*he Social Function of Education*, New York, 1937.
Busemann, A., *Handbuch der pädagogischen Milieukunde*, Halle a. d. S., 1932.
Certain, C. C., "Some Practical Applications of Sociology to Education", *Publications of the American Sociological Society*, vol. 17, 1923.
Childs, J. L., *Education and the Philosophy of Experimentation*, New York, London, 1931.
Counts, G. S., *The American Road to Culture, A Social Interpretation of Education in the United States*, 2nd ed., New York, 1930.
__________, *Secondary Education and Industrialization* (The Inglis Lecture), Harvard University Press, Cambridge (Mass.), 1929.
__________, *The Social Foundation of Education*, (Report of the Commission on the Social Studies, Part IX), New York, 1934.
Counts, G. S. and Beard, C. H., *Education in the Industrial Age*, Report of the Commission on the Social Studies, American Historical Association.
Cubberlley, E. P., *Changing Conceptions of Education*, Boston, 1909.
Curry, W. B., *The School and a Changing Civilization*, London, 1934.
Curti, M. E., *The Social Ideas of American Educators*, Report of the Commission on the Social Studies, Part X, New York (Scribner), 1935.
Dewey, J., *The School and Society*, Chicago, 1910.
Dobbs, A. F., *Education and Social Movement, 1700~1850*, London, 1919.
Doering, W. O., *Psychologie der Schulklasse, Eine empirishe Untersuchung*, Osterwuck am Harz, (A. W. Zickfeldt, Verl.), 1927.
Durkheim, E., *Education et sociologie*, Paris, 1922.
Evans, J. M., *Social and Psychological Aspects of Primitive Education*, London, 1932.
Finney, R. L., *A Sociological Philosophy of Education*, New York, 1928.
Foster, R. G., "Family Life Education in Democratic Society", *Social Forces*, vol. 17, 1939.

Good, A., *Sociology and Education*, New York, London.
Jacks, M. L., *Education as a Social Factor*, London, 1937.
Judd, Ch. H., *Education and Social Progress*, New York, 1934.
Hoyler, A., *Gentleman Ideal and Gentleman Erziehung voenehmlich in der Renaissance*, München, 1938.
Karsen, F., "Neue Literatur über Gesellschaft und Erziehung", *Zeitschrift für Sozialforschung*, vol. 1, 1934.
__________, "Neue amerikanische Literatur über Gesellschaft und Erziehung", *Zeitschrift für Sozialforschung*, vol. 8, 1939.
Kilpatrick, W. H., T*he Teacher and Society, First Yearbook of the John Dewey Society*, New York, London, 1937.
__________, *Education and the Social Crisis*, New York, 1932.
Krecjenberg, A., Die Schulklasse als Lebensform, *Zeitschrift für pädag, und experimentelle Pädagogik*, vol. 25, 1924.
__________, *Die Schulkasse*, Leipzig, 1926.
Landford, H. D., *Education and the Social Conflict*, New York, 1936.
Lechtenberg, P., *Deutsche Einflüsse auf die Englische Pädagogik*, Osterwick am Harz, 1930.
Leser, H., *Das pädagogische Problem in der Geistesgeschichte der Neuzeit, München*, Berlin, 1925.
Lindeman, E. C., *Social Education*, New York, 1933.
Lownder, G. A., *The Silent Social Revolution, an Account of the Expansion of Public Education in England and Wales, 1895～1935*, London, 1937.
Newlon, J. H., *Educational Administration as Social Policy*, Report of the Commission on the Social Studies, Part VIII, New York, 1934.
Nohl, H. and Pallat, L., *Handbuch der Pädagogik*, esp. vol. 2, Chapter 3: "Die soziologischen Grundlagen der Erziehung", Langensalza, Berlin, Leipzig, 1929.
Patterson, S. H., Choate, E. A., and Prunner, E de S., *The School in American Society*, (Intern. Textbook Company), Scranton, 1936.
Petters, C. C., *Foundations of Educational Sociology*, New York, 1927.
Petters, C., "Sociological Bases of Education for Culture", *Publications of the Amer. Sociological Society*, vol. 17, 1924.
Piaget, J., *Social Evolution and the New Education* (Education Tomorrow), London, 1933.
Rippe, F., *Die Pädagogik Deweys*, A Thesis, Breslau, 1934.
Rugg, H. O., "The Problems of Contemporary Life as a Basis of Curriculum Making", *Twenty-second Yearbook of The National Society for the Study of Education*, Part II, Bloomingyon, Illinois, 1923.
__________, *Culture and Education in America*, New York, 1931.
__________, *Changing Governments, Changing Cultures*, 1934.
__________, *American Life and the School Curriculum, Next Step towards School of Living*, Boston, New York, 1936.
Russell, B., *Education and th Social Order*, London, 1932.
Schairer, R., *Education and the Social Crisis in Europe*, 1937.
Schmidt, T. H., *Das Erziehungsziel als Ausdruck des soziales*, Lebens, 1931.

Schroeder, H., *Soziologie der Volksschulklasse, Vom Gemeinschaftsleben der Volksschulkinder*, Halle, 1928.

Snedden, D., *Educational Sociology*, London, 1923.

____________, "Sociology a Basic Science to Education", *Publications of the Amer. Sociological Society*, vol. 17, 1923.

____________, *Sociological Determination of Objectives in Education*, Philadelphia, London, 1921.

Young, K., Primitive Social Norms in Present Day Education, *Social Forces*, 5th July, 1927.

Waller, W., *The Sociology of Teaching*, New York, 1932.

Weil,H., *Die Entstehung des deutschen Bildungsprizips, Schriften zur Phiosophie und Soziologie*, Ed. by Mannheim, K., Bonn, 1930.

Whitehouse, J. H., *The English Public School*, (A Symposium with Bibliography), London, 1919.

Cf. also III, 1,a~f; III, 7, b~e; IV, 3~5; V, 1~6; IV.

(b) 교육의 심리학

Allen, A. B., in collaboration with Williams, E. H., *The Psychology of Punishment, The New School Discipline*, London, 1936.

Anderson, V. Y. and Kennedy, W. M., *Psychiatry in Education*, New York, London, 1932.

Cohen, J. I. and Travers, R. M. W., "Psychology and Modern Education", in *Educating for Democracy*, ed. by the same authors, London, 1939.

Dewey, J., *Moral Principles in Education*, Boston, 1909.

Gates, A. Y., "Recent Advances in Educational Psychology", At the Request of the American Association for the Advancement of Science, *School and Society*, vol. 29, 1929.

Gray, J. S., *Psychological Foundations of Education*, New York, 1935.

Hutchins, R. M., "Ideals in Education", *Amer. Journ. of Sociol.*, vol. 43, 1937.

Jennings, H. S., Watson, J. B., Meyer, A., and Thomas, I., *Suggestions of Modern Science Concerning Education*, New York, 1918.

Leighton, J. A., *Individuality and Education*, New York, London, 1928.

Lewin, K., "Psycho-Sociological Problems of University Group", *Character and Personality*, vol. 3, 1935.

Nunn, T. P., *Education: Its Data and First Principles*, 2nd ed., London, 1930.

Otis, W. C., Skinner, C. L. E. and Tietz, J. W., *Biological Foundations of Education*, Boston, 1931.

Powers, S. L. and Uhl, W. I, *Psychological Principles of Education*, New York, London, 1933.

Pressey, S. L., *Psychology and the New Education*, New York, London, 1933.

Rickman, J., *Bringing Up Children, A Symposium by Five Psychoanalysts*, New York, 1936.

Rowe, St., *Habit Formation and the Science of Teaching*, New York, 1909.

Schmidt, V., P*sychoanalytische Erziehung in Soviet Russland, Bericht über das Kinderheim Laboratorium in Moskau*, Leipzig, Wien, ZüRICH, 1924.

Stormzand, M. J., *Progressive Methods of Teaching*, Boston, 1924.
Thomas, R., "The New Psychology at Work in the School", *New Era*. July-August, 1936.
Thorndike, E. L., *Educational Psychology*, 3 vols, Teachers College, Columbia University, New York, 1913~14.
Trow, E., *Character Education in Soviet Russia*, Michigan, 1934.
Ulich, R., "Psychology and Education", *Mental Hygiene*, vol. 19, 1935.
Valentine, C. W.,"Educational Psychology in the United Kingdom", in *A Review of Educational Thought, etc.,* University of London, Institute fo Education, London, 1936.
Various Authors,"The Making of the Free Personality", *New Era*, vol. 17, No. 8, 1936.
Voelker, I. F., *The Function of Ideals and Attitudes in Social Educatio*n, An Experimental Study, A Thesis, Teachers' College, Columbia University, New York, 1921.
Cf. also III, 1, a~f; III, 2, d; III, 6; III, 7, a; III, 7, c~e; IV, 4.

(c) 교육과 정치학

American Academy of Political and Social Science, *Education for Social Control*, Annals for 1933.
American Historical Association, *Conclusions and Recommendations of the Commission on the Social Studies*, New York, 1934.
Biddle, W. W., *Propaganda and Education*, Teachers' College, Contribution to Education, No. 521, Columbia Univ., New York, 1932.
Campagnac, E. T., *Education in its Relation to the Common Purposes of Humanity,* London, 1925.
Clarke, F., *Essays in the Politics of Education*, Cape Town and Johannesburg, 1923.
Dewey, J., *Democracy and Education*, New York, 1916.
Dubois, M., *L'aspiration ouvrière vers la culture et les loisirs des travalilleurs*, Paris, 1937.
Ellis, E., (ed.), *Education and Against Propaganda*, National Council for the Social Studies Yearbook, Publ. by the Council of Harvard University, Cambridge (Mass.), 1937.
Hans, N. A., *Educational Traditions in the English Speaking Countries*, London, 1938.
___________, *The Principles of Educational Policy*, 2nd ed., London, 1933.
Hansen, A. O., *Liberalism and American Education in the Eighteenth Century*, New York, 1926.
Hart, J. K., *Democracy in Education, A Social Interpretation of the History fo Education*, New York(Century Co.), 1918.
Hessen, S., Das kommunistische Bildungsideal und seine Wandlungen, *Neue fahrbücher für Wissenschaft und Jugendbildung,* 1930.
Hoernle, E., *Grundfragen der proletarischen Erziehung*, Berlin (Verlag der Jugendinternationale), 1929.
Lunartscharsky, A., *Die Kulturaufgaben der Arbeiterklasse, Allgemeinmenschliche Kultur und Klassenkultur*, Berlin, Wilmersdorf, 1919.
Macmurray, J., "The Christian Movemdent in Education", in *Problems of Modern Education*, ed. by Laborde, E. D., Cambridge, 1939.

National Council for the Social Studies, *Education Against Propaganda* (ed. by Ellis, E., published by the council of Harvard Univ.), Cambridge (Mass.), 1937.
Norwood, C., *The English Educational System*, London, 1928.
Pring, B., *Education, Capitalist and Socialist*, London, 1937.
Reisner, E. H., *Nationalism and Education Since 1789*, New York,1922.
Simon, E. D. and Hubbard, E. M., *Social Systems, Training for Citizenship*, Oxford University Press, London, 1935.
Spranger, E., "Der Zusammenhang von Politik and Pädagogik in der Neuzeit", *Deutsche Schule*, 1914～16.
Sturm, K. F., *Deutsche Erziehung, von der pädagogischen Reformbewegung zur völkischen und politischen Erziehung*, 4th ed., Berlin, 1938.
World Association for Adult Education, International Handbook of Adult Education, London.
Zinsser, H., "What is Liberal Education?", *School and Society*, vol. 45, 1937.
Cf. also III, 2, d; III, 7, a; III, 7, e; V, 1～3; V, 6; VI.

(d) 교육 재교육, 평생교육

Andrews, R. and Peabody, M. E., *Parent Child Relationship*, New York, 1930.
Bazeley, E. T., *Homer Lane and the Little Commonwealth*, London.
Beyer, R., "Menschliche Reife und Unreife in ihrer Beziehung zum Konskreten", *Die Erziehung*, vol. 6, 1931.
Blanchard, Ph. and Paynter, "Changing the Child's Behaviour by Direct Methods", *Journ. of Applied Sociology*, vol. 9, 1924～5.
Blum, E., *Arbeiterbildung als existentielle Bildung*, Berlin, Leipzig, 1935.
Boeke, K., *The Children's Workshop Community at Bilthoven*, Ilford, Essex.
Bovet, P., *Vingt ans de vie, L'Insitut Jean Jacques Rousseau de 1912 à 1932*, Paris, 1932.
Boyd, W., (ed.), *Towards a New Education*, A Record and Synthesis of the discussion on the New Psychology and Curriculum at the Fifth World Conference of the New Education Fellowship held at Elsinore, Denmark, in Aug., 1929, London and New York, 1930.
British Institute of Adult Education, *Adult Education in Great Britain and the U.S. A.*, A Symposium arranged by Williams, W. E., London, 1938.
Burger, E. W., *Arbeitspädagogik, Geschichte-Kritik-Wegweisung*, Leipzig, Berlin, 1914.
Burt, C., *The Young Delinquent*, New York, 1925.
________, *The Backward Child*, University of London Press, London, 1937.
Cameron, A, M., "The Lincoln Experiment", in *Civilization and the Unemployed*, 2nd ed., London, 1935.
Cole, L. *Psychology of Adolescence*, New York, 1936.
Dubois, M., *L'aspiration ouvrière vers la culture et les loisirs des travailleurs*, Paris, 1937.
Ferrière, A., *La liberté de l'enfant à l'école nouvelle*, Bruxelles, 1928.
____________, *The Activity School*, New York, 1928.
The Francis W. Parker School Yearbook, New York.

Freinet, C., "L'imprimerie à l'école", *L'Ere Nouvelle*, Oct., 1936.
Goldstein, J., "Das Irrationale und die Volksbildung", in his *Aus dem Vermächtnis des Neunzehnten Jahrhanderts*, Berlin, 1922.
Glueck, B., "Significance of Parental Attitudes for the Destiny of the Individual", *Mental Hygiene*, vol. xii, 1928.
Häberlin, P., *Wege und Irrwege der Erziehung*, Basel, 1918.
Hamaïde, A., *La méthode Decroly*, (Délacheaux and Niestle), Neuchatel-Paris, 1922.
________, *The Decroly Class, A Contribution to Elementary Education*, London, Toronto, 1925.
Hartmann, G. and Shemaker, A., *A Creative Expression, The Development of Children in Art, Music, Literature and Dramtics*, ed. for the Progressive Education Association, New York, 1931.
Heim, W., *Die Kollektiverziehung*, Berlin, 1931.
Hermes, G., *Die geistige Gestalt des marxistischen Arbeiters und die Arbeiterbildungsfrage*, Tuebingen, 1926.
Honigsheim, P., *Menschenbildung und Industriepädagogik*, Mannheim, Berlin, Leipzig, 1930.
Ichheiser, G., "Zur Psychologie des Nichtkönnens", *Archiv für die Gesamte Psychologie*, vol. 92, 1934.
Jacoby, H., "Die Befreiung der schöpferischen Kräfte dargestelte am Beispiel der Musik", *Das Werdende Zeitalter*, vol. 4, No., 4 (L. Koltz), Gotha, 1925.
Jones, E., "The Significance of Sublimating Processes for Education and Re-education", in his *Papers on Psychoanalysis* 3rd ed., London, 1923.
Kanitz, O. F., *Das proletarische Kind in der bürgerlichen Gesellschaft*, Jana (Diederrichs), 1925.
Kelley, T., "Oddities in the Mental Make-Up", *School and Society*, vol. 24, 1926.
Kilpatrick, W. H., *Montessori Examined*, London, 1915.
________, *Froebel's Kindergarten Principles Critically Examined*, New York, 1916.
________, (ed.), *The Educational Frontier*, New York, London, 1933.
Kleisler, M. E., "The Behaviour of Young Children in Failure: An Experimental Attempt to Discover and to Modify Undesirable Resonses of Pre-school Childres to Failure", *University of Iowa Studies*, vol. 14, 1937.
Landauer, K., "Intellektuelle Hemmungen", *Zeitschrift für Psychoanalytische Pädagogik*, No. 11～12, 1930.
________, *Psychosexuelle Genese der Dummheit, Zeitschr. für Sexualwissenschaft*, 1929.
Lindemann, E. C., *The Meaning of Adult Education*, New York, 1926.
Macmillan, M., *The Nursery School*, London, Toronto, New York, 1919.
Mears, H., *Creative Youth*, New York, 1925.
Miller, E., "Education for Parenthood", in *Educating for Democracy*, ed. by Cohen, J. I. and Travers, R. M. W., London, 1939.
Munro, Th., "Fr. Cizek and the Free Expression Method", *Journ. of the Barnes Foundation*, vol. I, Oct., 1925.
Neill, A, S., *The Problem Child*, London, 1934.
________, *That Dreadful School*, London, 1937.

Ojemann, R.. H., et al., Researches in Parent Education, *University of Iowa Studies*, New Series, No. 270, Iowa City, Iowa, 1934.
Reuter, E. B., "The Sociology of Adolescence", *Amer. Journ. of Sociol.*, vol 43, 1937.
____________, Mead, M. and Foster, R. G., "Sociological Research in Adolescence", *Amer. Journ. of Sociol.*, vol. 42, 1936.
Roman, F. W., *The New Education in Europe*, London, 1930.
Ruehle, O., *Das proletarische Kind*, München, 1911.
Rugg, H. O. and Shumarker, A., *The Child Centered School, An Appraisal of the New Education*, London, 1928.
Schmalhausen, S., (ed.), *Why We Misbehave*, New York, 1928.
Schwarzenberger, S., *Die Bedeuting der modernern Erziehungswissenschfat für das juristische Strafproblem*, Heidelberg, 1933.
Thurston, F. M., *A Bibliography of Family Relationships*, New York (National Council of Parent Education), 1932.
Washbung, C. and Mearns, M., *New Schools in the Old World*, New York, 1926.
Wheeler, O., *The Psychological Bases of Adult Education*, National Union of Teachers, London, 1938.
Wilson, L. L., "Experimental Schools", *School and Society*, vol. 31, No. 809, 1930.
Cf. also III, 1, a~f; III, 6; IV, 2; IV, 3; IV, 5.

(e) 교육계획

Beard, Ch. A., "A Charter for the Social Sciences", (Report of the Commission on the Social Studies), *American Historical Association*, New York, 1932.
Betts, G. L., Franzier, B. W., and Ganble, G. L., Selected Bibliography on the Education of Teachers National Survey on Education of Teachers Bulletin, 1933, No. 10, Washington, 1932.
Board of Education, Reports, London,
Bode, B., "Education and Social Change", *Progressive Education*, 1934.
Brand, H. W., "Equality of Opportunity", *Adult Educational Quarterly*, June, 1935.
Bureau, International D'Education, Geneva, Monthly Bulletina.
Chapin, S., (ed.), "Symposium on Educational Planning", *Journ. of Educat. Sociology*, vol. vii, No. 4, Dec., 1934.
Chapman, J. C. and Counts, G. S., *Principles of Education*, Boston, 1924.
Clark, H. F., *Economic Theory and Correct Occupational Distribution*, Teachers' College, Columbia University, New York, 1931.
Clarke, F. and Others, *A Review of Educational Thought*, London,1936.
Cohen, J. I. and Travers, R. M., (ed.), *Educating for Democracy*, London, 1939.
Cook, R. M. and Reynolds, F. E., *The Education of Native and Minority Groups*, A Bibliography, 1923~1932, U.S. A. Department of the Interior. Office of Education Bulletin, 1933.
Counts, G. S., "Education in Soviet Russia", in *Soviet Russia in the 2nd Decade*, (ed. by Stuart Chase and others), London, 1928.
Educational Policies Commission, *A Bibliography on Education in the Depression*, Social Science Research Council, New York, 1937.
______________________________, *Research Memorandum on Education in the Depression*,

Social Science Research Council, New York, 1937.
Gray, J. L and Moshinsky, P., "Ability and Opportunity in English Education", *The Sociological Review*, vol. 39, Apr., 1935.
______________, "The Measurements of Educational Opportunity", *Adult Educational Quarterly*, Sept., 1935.
Grey, R. A., Bibliography of Research Studies in Education Bulletins, United States Department of the Interior, Office of Education, H. L. Ickes, Secretary, J. W. Studebaker, Commissioner, U. S. Government Printing Office, Washington, 1935.
Hamley, H. R., "Education and Research", in *Educating for Democracy*, ed. by Cohen, J. I. and Travers, R. M. V., London, 1939.
Hans, N. A. and Gessen, S. I., *Educational Policy in Soviet Russia*, London, 1930.
Hartog, Sir Philip, "The Place of Examinations in the Social System",in *Educating for Democracy*, ed. by Cohen, J. I. and Travers, R. M. V., London, 1939.
______________, and Rhodes, E. C., *An Examination of Examinations, International Institute Examination Inquiry*, London, 1935.
H. M. Stationary Office, *Education of the Consumer*, London, 1935.
Institute of Education of the University of London, *Year Book of Education.*
International Institute of Teachers College, Columbia Univ., *Educational Yearbook.*
Jones, E. J., *Some Aspects of Adult Education in Italy*, London, 1934.
Kandel, I. L., *Comparative Education*, Boston, 1933.
______________, *Conflicting Theories of Education*, New York, 1938.
______________, *The Making of Nazis*, New York, 1936.
______________, "Comparative Education", in *Educating for Democracy*, ed. by Cohen, J. I. and Travers, R. M. V., London, 1937.
Keller, F. J., and Viteles, M. S., *Vocational Guidance throughout the World: A Comparative Survey*, New York, 1937.
Kelly, F. J., "The Place of Education in Social Economic Planning", *School and Society*, vol. 36, 1932.
Kilpatrick, W. H.,, *Education for a Changing Civilization*, Three lectures, etc., New York (McMillan), 1926.
King, B., *Changing Man: The Education System of the U.S.S.R.*, London, 1936.
Kotschnig, W. M., *Unemployment in the Learned Professions, An International Study of Occupational and Educational Planning*, London, 1932.
Kotschnig, W. M and Prys, E., T*he University in a Changing World*, London, 1926.
Labode, E. D., (ed.), *Problems in Modern Education*, Cambridge, 1939.
Leeuw, J. J. *The Task of Educating in a World Crisis*, New Education Fellowship, London, 1932.
Lindsay, K., *Social Progress and Educational Waste*, London, 1926.
Marraro, H. R., The New Education in Italy, *Current History*, vol. 38, 1933.
National Resources Committee, *Research- a National Resources, I: Relation of the Federal Government to Research*, Washington, 1938.
Pinkevich, A. P., *The New Education in the Soviet Republic*, New York, 1929.
______________, *Science and Education in the U.S.S.R.*, London, 1935.
Sandiford, P. M., (ed.), *Comparative Education Studies of the Educational System of*

Six Modern Nations, London, Toronto, 1918.
Simsen, A., *Beruf und Erziehung*, Berlin, 1926.
Tawney, R. H., *Education: the Socialist Policy*, London (Independent Labour Party), 1924.
_____________, *Some Thought on the Economics of Public Education*, (L. T. Hobhouse Memorial Trust Lectures), London, 1938.
_____________, *The School Leaving Age and Exemptions*, 1936.
_____________, (ed.), *Secondary Education for All*, London, 1922.
Turoslenski, S. K., Foreign and Comparative Education, A List of References, Foreign and Comparative Education, Bulletin, No. 10, 1934, United States Dept. of the Interior, Washington, 1934.
U. S. A. Dept. of the Interior-Office of Education (Pamphlet No. 37), *Religious Education, Bibliography, Jan.-Dec., 1932*, U. S. Government Printing Office, Washington.

Ⅳ. 사회재건의 일부 문제들

(1) 문명, 탈인간화, 사회적 고립의 영향들, 신에 대한 변화하는 태도들, 자연과 인간의 세계

Adorno, T. W., Über den Fetischcharakter in der Musik und die Regression des Hörens, *Zeitschrift für Sozialforschung*, vol. 7, 1938.
Arnold, M., *Culture and Anarchy*, London, 1869.
Baerwald, R., *Psychologische Faktoren des modernes Zeitgeistes*, Schriften der Gesellschaft für psychologische Forschung, Leipzig, 1905.
Bain, R., "Our Schizoid Culture", *Sociology and Social Research*, vol. xix, 1935.
Bell, C., *Civilization*, London, 1938.
Benjamin, W., "L'œuvre d'art à l'époque de sa reproduction mecanisée", in *Zeitschrift für Sozialforschung*, vol. 5, 1930.
Biese, A., *Das Naturgefühl im Wandel der Zeiten*, Leipzig, 1926.
Black, H., *Culture and Restraint*, 5th ed., London, 1909.
Buisson, F., "Le fond religieux de la morale laïque", *Revue Pedagoguique*, 1907.
Burrow, Tr., "Our Mass Neurosis", *Psychological Bulletin*, vol. 23, 1926.
Chadwick, W. E., *Social Relationships in the Light of Christianity*, London, 1910.
Canat, R., *Une forme du mal de siècle, Du sentument de la solitude morale chez les romantiques et les parnassiens*, Paris, 1904.
Curtis, L., *Civitas Dei*, London, 1938.
Dilthey, W., "Weltanschauung und Reformation", *Gesammelte Schriften*, vol. 2, Leipzig, Berlin, 1914.
Douglass, P. F., (ed.), *Crisis Personality and its Weltanschauung*, Poultne, 1938.
Dychmans, W., *Das mittelalterliche Gemeinschaftsdenken unter dem Gesichtspunkt der Totalität, Eine rechtsphilosophische Untersuchung*, Goerres Gesellschaft, Sektion für Reichts- und Staatswissenschaft, Bonn, 1937.
Elias, N., *Über den Prozess der Zivilisation, Soziogenetische und psychogenetische Untersuchungen. vol. I: Wandlungen des Verhaltens in den weltichen Oberschichten des Abendlandes. vol. 2: Wandlungen der Gesellschaft, Entwurf zu einer Theorie der Zivilisation*, Basel, 1937～8.

Flemming, W., *Der Wandel des deutschen Naturgefühls vom 15, zum 18, Jahrhundert*, 1931.
Freud, S., *Civilization and its Discontents*, London, 1930.
________, *Modern Sexual Morality and Modern Nervousness*, Translated by Robinson, W. J., New York, 1933.
________, *Civilization, War, and Death*, Selection from three works, ed. by Rickmann, J., London, 1939.
Friedländer, L., *Ueber die Entstehung und entwicklung des Gefühls für das Romantische in der Natur*, Lepizig, 1873.
Fromm, E., "Zum Gefühl der Obnmacht", *Zeitschrift für Sozialforschung*, vol. 6, 1937.
Glover, E. G., *The Danger of Being Human. On Psychoanalysis and Social Order*, London, 1936.
Hardman, O., *The Ideals of Asceticism*, London, 1924.
Hazard, R., *La crise de la conscience européenne*, 3 vols, Paris (Boivin), 1934.
Hearnshaw, F. J. C., *Medieval Contributions to Modern Civilization*, London, 1921.
Hellweg, M., *Der Begriff des Gewissens bei Jean Jacques Rousseau. Beitrag zu einer Kritik der polischen Demokratie*, Marburger Beiträge zur Romanischen Philologie, Heft, 20.
Hoffmann-Krauee, E., "Entwicklung des Naturgefühls in der deutschen Dichtung und Kunst", *Studien zur vergleichenden Literaturgeschichte*, Heft 1.
Hoffmann, P. Th., *Der mittelalterliche Mensch*, Gotha, 1922.
Horney, K., *The Neurotic Personality of Our Time*, London, 1937.
Hughes, E. R., *The Individual in East and West*, London, 1937.
Jan, E. von, *Die Landschaft des französichen Menschen dargestellt im französischen Schrifttum vom Mittelalter bis zum Ausgang des 18, Jahrhunderts*, Literatur und Leben Series vol. 6, Weimar, 1935.
Kautzsch, R., Die bildende Kunst und das Jenseits, Jena-Leipzig, 1950.
Kardiner, A., "Security and Cultural Restraints", Th Family, Oct., 1937.
Kowalewski, A., "Studien zur Psychologie des Pessimismus", *Grenzfragen des Nerven- und Seelenlebens*, No. 24, Wiesbaden.
Laforgue, R., *Libido, Angst and Zivilisation*, Wien, 1932.
Lasswell, H., *World Politics and Personal Insecurity*, New York, London, 1935.
Lovejoy, A. O., *A Documentary History of Primitivism and Related Ideas*, The John Hopkins University, Baltimore, 1935.
Manz, L., Der Ordo-Gedanke, Ein Beitrag zur Frage des mittelalterlichen Staatsgedankens, *Vierteljahrsschrift für Sozial- und Wirtschaftsgeschichte*, Beiheft 53, Stuttgart, Berlin, 1937.
Maritain, J., *Religion and Culture*, London, 1931.
Martin, A. von, *Soziologie der Renaissance*, Stuttgart, 1932.
Maus, M., "Les civilisations, éléments et formes", in *Civilisation, le mot et l'idée*, Iére semaine internationale de synthèse, 2me fase., Paris (Renaissance du Livre), 1930.
Mauthner, F., *Der Stheismus und seiner Geschichte im Abendlande*, 2 vols., Stuttgart, Berlin, 1920.
Misch, G., *Geschichte der autobiographie*, vol. 1, Leipzig, 1907.

Park, R. E., "Magic Mentality and city Life", *Publications of the Amer. Sociol. Society*, vol. 18, 1923.
Rainach, Th. et al., *Religions et Sociétés*, 1905.
Robertson J. M., *A Short History of Freethought*, 2nd ed., 2 vols., London, 1906.
Robson, W. A., *Socialism and the Standardised Life*, (Fabian Tract, No. 219), London, 1926.
Roessle, W. (ed.), *Romantische Naturphilosophie*, Jena, 1926.
Rosenhaupt, H. W., *Der deutsche Dichter um die Jahrhundertwende und seine Abgelöstheit von der Gesellschaft*, Berlin, Leipzig, 1939.
Rottweiler, H., Űber Jazz, *Zeitschr. f. Sozialforsching*, vol. 5, 1936.
Routh, H. V., *Money, Morals and Manner as Revealed in Modern Literature*, London, 1935.
Sachs, H., *Űber Naturgefühl*, Imago, 1902.
Scheunert, "Kultur und Neurose im Ausgang des 17, Jahrhunderts", *Cyclos*, vol. 3.
Schilder, P., "The Analysis of Ideologies as a Psychotherapeutic Method, especially in Group Treatment", *Amer. Journ. of Psychiatry*, vol. 93, 1936.
Schneider, H, W., *The Puritan Mind*, New York, 1930.
Strich, W., *Der Irrationale Mensch, Studium zur Systematik der Geschichte*, Berlin, 1928.
Schultze, S., *Die Entwick;lung des Naturgefühls in der deutschen Literatur des XIX, Jahrhunderts*, Halle a. d. S., 1907.
__________, *Das Naturgefühl der Romantik*, 2nd ed., 1911.
Simmel, G., *Die Philosophie des Geldes*, 2nd ed., Leipzig, 1907.
Soddy, F., *Money versus Man*, London, 1931.
Steffes, J. P., *Religion und Politik, Eine religions- und kulturwissenschaftliche Studie*, Freiburg I. B., 1929.
Steinhausen, G., *Der Wandel des Gefülslebens seit dem Mittelalter*, Hamburg, 1896.
Steinhausen, S., "Fachmenschentum und Arbeitsmenschentum als Geistige Typen des letzten Herscheralters", *Preussische Jahrbücher*, vol. 204, Heft 3.
Sumner, W. G., "Religion and the Mores", *Papers and Proceedings of the Amer. Sociol. Society*, vol. 4, 1909.
Thrum, G., *Der Typ des Zerissenen, Ein Vergleich mit dem romantischen Problematiker*, Von deutscher Poeterey Series, vol. 10, Leipzig, 1931.
Toynbee, A. J., *A Study of History*, 6 vols., so far, London, 1935~1939.
Troeltsch, F. *Social Teachings of the Christians Churches*, Transl. by Wyon, O., New York, London, 1931.
Viatle, A., *Les sources occultes du romantisme: Illisiomisme, Theosophie*, 1928.
Weber, A., *Kulturgeschichte als Kultursoziologie*, Leiden, 1935.
Wieser, M., *Der sentimentale Mensch*, Gotha, Stuttgart, 1924.
Wille, W., *Studien zur Deladenz in Romanen um die Jahrhundertwnde*, Dissertation, Greifswald, 1929.
Woolf, L., *After the Deluge*, A Study of Communal Psychology, London, 1937.
Cf. also II; III, 1, b~c; III, 1, f; III, 2, c; V, 5.

(2) 여가의 이용

Boyd, W. and Ogilvie, V., *The Challenge of Leisure*, (New Education Fellowship),

London, 1936.
Cantrell, H. and Allport, G. W., *The Psychology of Radio*, New York, 1935.
Durant, H. W., *The Problems of Leisure*, London, 1938.
Groos, K., "Das Spiel als Katharsis", *Zeitschr, f. Päd. Psychol. u. Exper. Pädagogik*, 7th Dec., 1908.
Gulick, L., "Play and Democracy", *Charities and the Commons*, vol. 18, 1907.
Hahn, K., *Education for Leisure*, Oxford University Press, Oxford, 1938.
Harap, H., "Planning the Curriculum for Leisure", *Journ. of Educational Sociology*, vol. 7, 1934.
Leavis, Q. D., *Fiction and Reading Public*, London, 1932.
London County Council; Educational Committee, *School Children and Cinema*, London, 1932.
Lundberg, G. A., Komarowsky, M., and McInerny,, M. A., *Leisure, a Suburban Study*, New York, 1934.
Lyon, H., "Training for Leisure", *Spectator*, 20th, January, 1933.
King, C. L. and Tichenoy, F. A., T*he Motion Picture in its Economic and Social Aspect*, Philadelphia, 1926.
Pangburn, W., "The Worker's Leisure and His Individuality", *Amer. Journ. of Sociology*, vol. 27, 1921~2.
The Payne Fund (Chairman: Charters, N. W.), *Motion Picture and Youth*, A Series, New York.
Postgate, R., *What to do with the B. B. C.*, London, 1935.
Seanburg, W. M., *The Public and Motion Picture Industry*, New York, 1926.
Social Science Research Council, "Research Memorandum on Recreation in the Depression", Studies in the *Social Aspects of the Depression*, by Steiner, J. F., New York.
____________________________, "Research Memorandum on Social Aspects of Reading in the Depression", *Studies in the Social Aspects of the Depression*, by Waples, D., New York.
Sombart, W., *Luxus und Kapitalismus*, München, Leipzig, 1922.
Steiner, J. F., *Americans at Play. Recent Trends in Recreation and Leisure-Time Activities*, New York, London, 1933.
Sternheim, A., "Leisure in the Totalitarian State", *The Soc. Review*, vol. 30, 1938.
Stewart, H., "The Ethics of Luxury and Leisure", *Amer. Journ. of Sociology*, vol. 24, 1918~19.
Thomson, D. C., *Radio is Changing Us*, London, 1937.
Veblen, Th. B., *The Theory of the Leisure Class*, New York, 1912.
Cf. also IV, 3; IV, 5; V, and the bibliographies on sport (p. 313 n.), and on the psychological implications of the use of leisure (p. 316 n.).

(3) 청년과 청년운동

Bell, F. H., "Age Group Conflict and Our Changing Culture", *Social Forces*, vol. 12,1933.
Bernfed, S., *Trieb und Tradition im Jugendalter*, Leipzig, 1937.
Community on Youth Problems, *Youth- a Contemporary Bibliography with Annotations*, by Exton, E., U. S. Office of Education, Circular No. 152, Washington, 1935.

Frank, L. K, "Childhood and Youth", *Recent Social Trends in United States*, vol. ii, chap. xv, New York, London, 1933.

Hartmann, H., *Die junge Generation in Europa*, Berlin, 1930.

Jungmann, F., "Autorität und Sexualmoral in der freien bürgerlichen Jugendbewegung", *Studien über Autorität und Familie*, ed. by Horkheimer, M., Paris (Alcan), 1936.

Lindsey, B. B. and Evans, W., *The Revolt of Modern Youth*, London, 1928.

Luettkens, Ch., *Die deutsche Jugendbewegung. Ein Soziologischer Versuch*, Frankfurt, 1925.

Mehnert, K., *Youth in Soviet Russia* (translated by Davidsohn, M.), London, 1933.

Messer, A., *Die freideutsche Jugendbewegung*, 5th ed., Langessalza, 1915.

Reuter, E. B., Mead, M., Foster, R. G., et al., "Sociological Research in Adolescence", *Amer. Journ. of Sociol.*, vol. 43, 1936.

Schairer, R., *Not, Kampf, Zeil der Jugend in sieben Ländern*, Frankfurt, 1935.

Thurnwald, R., (ed.), *Die Neue Jugend, vol. v of Forschungen zur Völkerpsychologie und Soziologie*, Leipzig, 1927.

Winslow, T., *Youth- A World Problem*, Washington, 1937.

Cf. also III, 6; III, 7, d; IV, 1; IV, 4～5.

(4) 지도력 그리고 위신 및 명성의 사회학

Bogardus, E. S., *Leaders and Leadership*, New York, 1934.

Bosch, B., "Massenführer und Gruppenführer", *Zeitschrift für Pädagog. Psychol.*, vol 30, No. 6, 1929.

Burr, W., *Community Leadership*, New York, 1924.

Busch, H. M., *Leadership in Group Work*, especially Chapter 5: "Type of Group Leadership", New York, 1934.

Champernowne, H., *The Boss: An Essay upon the Art of Governing American Cities*, New York, 1894.

Clarke, E. L., "The Recruitment of the Nation's Leaders, Part I: Historical: A Study of Motives, Part II: The Way to the University", *Sociological Review*, vol. 28, 1936.

Cooley, Ch. H., Genius, Fame and a Comparison of the Races, *Annals of the Amer. Academy of Political and Social Sciences.*

Davis, J., "A Study One Hundred and Sixty three Outstanding Communist Leaders", *Proceedings of the American Sociological Society*, vol. 25, 1930.

Donham, W. B., "Training for Leadership in a Democracy", *Harvard Business Review*, vol. xiv, No. 3, 1936.

Eichler, G. A. and Merril, R. R., "Can Social Leadership be Improved by Instruction in its Techniques", *Journal of Educational Sociology*, vol. 17, 1933.

Fuelop-Miller, R., *Leaders, Dreamers, and Rebels*, New York, 1935.

Grabo, C. H., "Education for Democratic Leadership", *Amer. Journ. of Sociol.*, vol. 23, 1918.

Hirsch, J., *Die Genesis des Ruhmes*, Leipzig, 1914.

Kluchhorn P., "Berufungsbewusstsein und Gemeinschaftsdienst des deutschen Dichters im Wandel der Zeiten", *Deutsche Vierteljahrsschr. für Literatur, Wissenschaft, and Geistesgeschichte*, vol. 14, 1936.

Leopold, L., *Prestige: A Psychological Study of Social Estimates*, London, 1913.
Luithlen, W. F., "Zur Psychologie der Initiative und der Führereigenschaften", *Zeitschrift für angewandte Philosophie*, vol 39, 1931.
Maas, F., "Ueber die Herkundftsbedingungen der geistigen Führer", *Arch. f. Sozialwissenschaft und Sozialpolik*, vol. 41, 1916.
Man, H. de, *Massen und Führer*, Potsdam, 1932.
Miller, A. H., *Leadership*, New York, 1920.
Morgan, E. L., "The Professional Training of Rural Leaders", *Publications of the Amer. Sociological Society*, vol. 17, 1923.
Mumford, E., "The Origins of Leadership", *Amer. Journ. of Sociol.*, vol. 12, 1927.
Nicholson, H., "The Meaning of Prestige", *The Rede Lecutre*, Cambridge Univ. Press, 1937.
Partridge, E., de A., *Leadership Among Adolescence Boys, etc.*, A Thesis, Teachers' College, Columbia University, New York, 1934.
Pigors, P., *Leadership or Domination*, London, 1936.
Prinzhorn, H., *Das Problem der Führung und die Psychoanalyse*, Akademie Gemeinützgier Wissenschaften zu Erfurt. Abt. für Erziehungswissenshcaft und Jungendkunde, No. 14, Erfurt, 1928.
Ratcliffe, S. C., "Social Structure and Status", *Sociol. and Social Research*, vol. 14, 1929～30.
Rochester, A., Rulers of America, New York, 1935.
Russell, B., "The Role of the Intellectual in the Modern World", *Amer. Journ. of Sociol.*, vol. 44, No. 4, 1939.
Sartre, V., *Georges Sorel: Élite syndicalistes et révolution proletarienne*, Paris, 1937.
Schmidt, R., "Leadership", in *Encyclopedia of the Social Sciences.*
Schneider, J., "Social Class, Historical Circumstance and Fame", *Amer. Journ. fo Sociology*, vol. 43, 1937.
Sheffield, A. D., *Training for Group Experience: a syllabus of materials from a laboratory concise for group leaders given at Columbia University, 1927*, New York, 1929.
Sikorski, H., "Die Auswahl und soziale Zusammensetzung des Führernachwuchses", *Volk und Reich*, 8(2), 1932.
Smith, H. L. and Kruefer, L. M., "A Brief Summary of the Literature on Leadership", *Bull. of the School of Education* (Bureau of Co-operation Research), Indiana University, vol. ix, No. 4, Bloomington, Indiana, 1933.
Speier, H., "Honor and Social Structure", *Social Research*, vol. 2, 1935.
Taussig, F. W. and Joslyn, C. S., *American Business Leaders, A Study in Social Origins and Social Stratification*, New York, 1932.
Tead, O., *The Art of Leadership*, New York, 1935.
Thorndike, E. L., "The Relation Between Intellect and Morality in Rulers", *Amer. Journ. of Sociol.*, vol. 42, 1936.
Wittig, P. A., and Lehman, H. C., "Nervous Instability and Genisu, Military and Political Leaders", *Journ. of Soc. Psychol.*, vol. 3, 1932.
Yarros, V., "Representation and Leadership in Democracies", *Amer. Journ. of Sociol.*, vol. 23, 1917～18.
Zilsel, E., *Die Entstehung des Geniebegriffes*, Tübingen, 1926.

Zink, H., "City Bosses in the Unites States, A Study of Twenty Municipal Leaders", *Duke University Public.*, Durham (North Carolina), 1930.
Cf. also IV, 3; V, 1~3; V, 5; V,6; and the bibliographies on intelligentsia and leadership (pp. 82 n.. 88 n., 91 n., 99 n., 101, 103).

(5) 농촌 및 도시생활, 공동체조직과 해체, 지역주의

Abrcromble, P., *Town and Country Planning*, London, 1933.
Addams, J., "A Function of the Social Settlement", *Annals of the Amer. Acad. of Political and Social Science*, vol. 13, 1899.
Board of Education, Juvenile Organizations Committee, *Report on the Need for Youth Community Centers on New Housing Estates* ,London, 1935.
Burgess, E. W., (ed.), "The Urban Community", *Selected Papers from the Proceedings of the American Sociological Society*, 1925, Chicago, 1925.
Creutzburg, N., *Kultur im Spiegel des Landschaft*, Leipzig, 1930.
Durcant, R., *Watling: A Social Survey of a New Housing Estate*, London, 1939.
Gras, N. B. S., "The Rise of the Metropolitan Community", *Publications of the American Sociological Society*, vol. 20, 1925.
Hansen, G., *Die drei Bevölkerungsstufen*, München, 1889.
Hintze, H., (Guggenheimer), "Regionalism", in the *Encyclopedia of the Social Sciences.*
Jones, D. C. and Others, (ed.), *The Social Survey of Merseyside*, Liverpool,1934.
Le Corbusier, J., *The City of Tomorrow and its Planning*, London, 1929.
_______________, *Towards a New Architecture*, London, 1931.
Lindemann, E. C., *Community: An Introduction to the Study of Community, Leadership, and Organization*, New York,1920.
Lynd, R. S. and Lynd, H. M., *Middletown, A Study in Contemporary American Culture*, London, 1937.
___________________________, *Middletown in Transition. A Study in Cultural Conflicts,* London, 1937.
Marquand, H. A., *South Wales Needs a Plan*, London, 1936.
McIver, R. M., *Community,* 3rd edition, London, 1924.
Mess, H. A., *Industrial Tyneside*, London, 1928.
Mumford, L., *The Culture of Cities*, New York, 1938.
National Council of Social Service, New Estate Committee, *New Housing Estates and their Social Problems,* London, 1936.
The New Survey of London Life and Labour, London, 1930.
New York State Housing and Regional Planning Commission, *Final Report*, New York.
Normann, D., Frank, W., Rosenfeld, P. and Mumford, L., *The Metropolitan Milieu*, New York, 1934.
Park, R. E. and Burgess, E. W., (ed.), *The City*, Chicago, 1925.
Peake, H. J. E., *The English Village*, London, 1922.
Perry, C., "The Neighbourhood Unit", *Neighbourhood and Community Planning*, Regional Service of New York, vol. 7, New York, 1929.
Schimberg, M. E., "An Investigation into the Validity of Norms with Special Reference to Urban and Rural Groups", *Archives of Psychology*, vol. xvi, No. 104, 1928~9.
Schmiedler, E., *The Industrial Revolution and the Home*, A Thesis, Catholic Univ. of

America, 1927.
Simmel, G., "Die Grosstädte und Geistesleben", *Die Grosstadt*, ed. by Petermann, Th., Dresden, 1903.
Social Science Research Council, *Research Memorandum on the Family in the Depression*, By Stouffer, S. A. and Lazarsfeld, P. F., Bulletin 39, New York, 1937.
__________________, *Research Memorandum on Religion in the Depression, Studies in the Social Aspects of Depression*, By Kincheloe, S. C., New York.
__________________, *Research Memorandum on Rural Life in the Depression*, By Sanderson, D., *Studies in the Social Aspects*, New York.
Sorokin, P. A. and Zimmermann, C. C., *Principles fo Rural-Urban Sociology*, New York, 1929.
________. and Galpin, C. J., *A Systematic Sourcebook in Rural Sociology*, Minneapolis, 1930.
Thomas, W. I., "The Problem of Personality in the Urban Environment", *The Urban Community*, ed. by Burgess, E. W., Chicago, 1925.
Ward, E. J., *The Social Centre*, New York, London, 1913.
Williams, J. M., *Our Rural Heritage*, New York, 1925.
Wirth, L., "Localism, Regionalism and Centralization", *Amer. Journ. of Sociology*, 1937.
_____, "Urbanism as a Way of Life", *American Journ. of Sociology*, vol. 44, No. 1, 1938.
Woods, R. A., "The Neighbourhood in Social Reconstruction", *Publications of the Amer. Sociol. Society*, vol. 8, 1913.
Woolf, L., *After the Deluge. A Study of Communal Psychology*, London, 1937.
Woolston, H., "The Urban Habit of the Mind", *Amer. Journal of Sociology*.
Wright, F. L., *Modern Architecture*, Princeton, 1931.
Cf. also III, d; III, 1, f; III, 7, a; III, 7, d; IV, 1~4 and the bibliography on unemployment (pp. 220~1 n.).

V. 사회재건의 일부 일반 원리들

(1) 민주주의와 자유주의

American Historical Association, *Certain Early Reactions against Laissez Faire*, By Hall, W. P. Annual Report for the Year 1913, I: Washington, 1915.
Arnold, Th. W., *The Folklore of Capitalism*, New Heaven, 1937.
Ascoll, M. F. and Lerner, F., (eds.), *Political and Economic Democracy*, New York, 1937.
Bartholemy, J., *La crise de la démocratie contemporaine*, Paris (Sirey), 1931.
Bouglé, C., *Les idées égaligtaires*, Étude sociologique, Paris (Alcan), 1925.
Bryce, J., *Modern Democracies*, London, 1921.
Clark, R. T., *The Fall of the German Republic, A Political Study*, London, 1935.
Cripps, Sir Stafford, *Democracy Up to Date*, London, 1939.
Delaisi, F., *La démoratie et les financiers*, Paris, 1910.
Drucker, P., *End of Economic Man*, London, 1939.
Durbin, E. F. M., et al., *War and Democracy*, London, 1938.
Fulton, J. S. and Morris, C. R., *The Defence of Democracy*, London, 1935.

Hankins, F. H., "Individual Differences and Democratic Theory", *Political Science Quarterly,* vol. 38, 1923.
Heimann, E., *Communism, Fascism or Democracy*, New York, 1938.
Hermens, F. A., *Demokratie und Kapitalismus*, München, 1931.
Hobhouse, L. T., *Liberalism,* London, 1911.
Hobson, J. A., *Democracy and a Changing Civilization*, London, 1934.
Holcombe, A. N., *Government in a Planned Democracy*, New York (Norton), 1935.
Hughes, E. R., (ed.), *The Individual in East and West*, London.
Ilbert, Sir Courtenay, *Parliament, its History, Constitution, and Practice*, London, New York, 1911.
Kandel, J. L., *The Dilemma of Democracy*, The Inglis Lecture, 1934, Harvard Univ. Press, Cambridge (Mass.), 1934.
Landauer, C., "Die Wege zur Eroberung des demokratischen Staates durch die Wirtschaftsleiter", *Erinnerungsgabe für Max Weber*, Müchen, Leipzig, 1923.
Laski, H. J., *Democracy in Crisis*, London, 1933.
Lindsay, A. D., "Individualism", in *Encyclopedia of Social Sciences.*
______________, *The Essentials of Democracy* (William J. Cooper Foundation Lectures), London (Oxford Univ. Press), 1935.
Lippmann, W., *The Good Society*, London, 1938.
Mann, T., *The Coming Triumph of Democracy*, New York, 1938.
McKinley, S. B., *Democracy and Military Power*, New York, 1934.
Marcuse, H., "Der Kampfgegen den Liberalismus in der totalitären Staatsauffassung", *Zeitschrift für Sozialforschung*, vol. 3, 1934.
Martin, K., *The French Liberal Traditions in the Eighteenth Century*, London, 1929.
Michels, R., *Political Parties: A Sociological Study of the Oligarchic Tendencies of Modern Democracy,* New York, 1925.
Middleton, M. J., *The Defence of Democracy*, London, 1939.
Mises, L., *Liberalismus*, Jena, 1927.
Oncken, A., *Die Maxine laissez faire und laissez passer, ihr Ursprung, ihr Werden,* Berner Beiträge zur Geschichte der Nationalökonomie, No. II, 1886.
Ostrogorsky, M. L., *Democracy and the Organization of Political Parties*, Trans. by Clarke, F., London, 1902.
Pirou, G., *Néo-libéralisme, néo-corporatiosme, néo-socialisme*, Paris (Gallimard), 1939.
Rosenberg, A., *The Birth of the German Republic, 1871~1918*, trans. by Morrow, I. F. D., London, 1931.
_____________, *Demokratie und Sozialismus, Zur Geschichteder letzten 150 Jahre*, Amsterdam, 1938.
Ruggiero, G. de, *History of Liberalism in Europe*, Transl. by Collingwood, R. G., London, 1927.
Schatz, A., *L'omdovodiualisme économique et social*, Paris (Colin), 1907.
Schmitt, C., *Die geistergeschichtliche Lage des heutigen Parlamentarismus*, 2nd ed., München, Leipzig, 1926.
Tawney, R. H., *Equality*, (Hallery Stemart Lectures), London, 189.
Tocqueville, A. de, *Democracy in America*, 2 vols., London, 1929.
Zürcher, A. J., *The Experiment with Democracy in Central Europe*, New York, 1933.

Cf. also III, 3, a～c; III, 4, c; III, 7,c ;III, 7, d.

(2) 파시즘, 국가사회주의

Abel, Th., *Why Hitler came into Power. An Answer based on the Original Life Histories of Six Hundred of his Followers*, new york, 1938.
Beckerath, E. von, *Wesen und Werden des fascistischen Staates*, Berlin, 1927.
Beuze, R., *Wegweiser ins Dritte Reich*, Published by the National Socialist, Lihrerbund, 2nd ed., Braunschweig, 1934.
Bibliographia fascista, Rassegna Mensile (Quindicimale), Rome.
Borgese, G. A., "The Intellectual Origins of Fascism", *Social Research*, vol. 1, New York, 1934.
Bottai, G., Arias, G., Masci, G., Papi, G. V. and Fanno, M, et al., Articles on Corporative System in Jahrbücher f. Nationalökonomie und Statistik, 1938.
Brady, R. A., *The Spirit and Structure of German Fascism*, New York, London, 1937.
Dreyer, E. A., *Deutsche Kulture im Neuen Reich, Wesen, Ziele und Aufgaben der Reichskulturkammer*, Unter Mitarbeit der Präsidenten und der Präsidialratsmitglieder der Kammern, Berlin, 1934.
Finer, H., *Mussolini's Italy*, London, 1935.
Gentile, G., *Origini e dottrina del fascisimo*, Rome, 1929.
Goad, H. E. and Currey, M., *The Working of Corporative State, A Study of National Cooperation*, London, 1934.
Haider, C., *Capital and Labour under Fascism*, New York, 1936.
Hsayer, C. J. H., *The Historical Evolution of Modern Nationalism*, New York, 1931.
Heiden, C., *A History of National Socialism*, London, 1934.
Klagges, D., *Idee und System, Vorträge an der deutschen Hochschule für Politik über Grundfragen nationalsozialistischer Weltanschauung*, Leipzig, 1934.
Larson, C., "The German Press Chamber", *Public Opinion Quarterly*, vol. 1, 1937.
Lescure, J., *Le nouveau régime corporative italien*, Paris, 1934.
Leud, E., *The Underground Struggle in Germany*, London, 1938.
Manoilesco, M., *Le siècle du corporatisme, Doctrine du corporatisme integral et pur*, Paris, 1938.
Marschak, J., "Der korporative und derhierarchische Gedanke im Fascismus", *Archiv f. Socialwissenschaft und Socialpolitik*, 1924 und 1925.
Marx, Z. M., *Government in the Third Reich*, New York, 1936.
Mueller, W., *Das soziale Leben im neuen Deutschland unter besonderer Berücksichtigung der Deutschen Arbeitsfront*, Berlin, 1938.
Pollock, T. K and Henemann, H. T., *The Hitler Decrees*, Ann Arbro, 1934.
Rauschning, H., *Germany's Revolution of Destruction*, London, 1939.
Santangelo, G. and Brocale, C., *Guida Bibliographica del Fascismo*, Rome (Libera del Lettorio), 1928.
Schuman, F. L., *The Nazi Dictatorship*, 2nd ed. New York, 1936.
Steilreicht, H., *Der deutsche Arveitslagerdienst,* 2nd ed., Berlin, 1933.
Unger, E., "Das Schrifttum des Nationalsozialismus, 1919～1934", *Forschungsberichte zur Wissenschaft des Nationalsozialismus*, vol. 1, Berlin, 1934.
Cf. also I, 2; III, 2, c; III, 2, d; III,5; III, 7; IV, 2～4; V, 6.

(3) 공산주의

Borkenau, F., *The Communist International*, London, 1938.

Bueharin, N., *Historical Materialism*, New York, 1928.

Curian, W., *Bolshevism: Theory and Practice*, Translated by Watkin, E. I., London, 1932.

Duczinska, H., "Zum Zerfall der K. P. U.", in *Unser Weg*, Berlin, 1822.

Harper, S. N., *The Government of the Soviet Union*, New York, 1937.

Hecker, J., *Religion and Communism, Religion and Atheism in Soviet Russia*, London, 1933.

Lenin, V. U., "Imperialism. Th Highest Stage of Capitalism", in his *Selected Works*, 12 vols., London, 1936.

Lyon, E., *Assignment in Utopia*, New York, 1937.

Malevsky-Malevich, P., (ed.), *Russia-U. S. S. R., A Compete Handbook*, New York, 1933.

Marx, K., *Capital*, Translated from 4 th German Edition by Eden and Cedar Paul, London, Tronto, New York, 1930.

________, *A Contribution to the Critique of Political Economy*, New York, 1904.

________, *Der historische Materialismus, Die Frühschriften*, 2 vols., ed. by Landshut, S. and Mayer, I. P., Leipzig, 1932.

________, and Engels, F., *The Communist Manifesto*, ed. by Ryazanow, D., New York, 1931.

Mehnert, K., *Die Sowjet Union, 1917～1932*, Berlin, 1933.

Peyrel, H., (ed.), "Bilan du Communisme", in Cahiers Economiques et Sociaux, (Librarie Technique et Économique), Paris, 1937.

Rosenberg, R., *A History of Bolshevism. From Marx to the First Five Years Plan*, Translated by Morrow, E. F. D., London, 1934.

Schlesinger, R., "Neue sowjetrussische Literatur zur Sozialforschung I～III", *Zeitschrift für Sozialforschung*, vol. 7～8, 1938～9.

Simon, E. D., et al., *Moscow in the Making*, New York, 1937.

Souvarine, B., *Stalin: A Critical History of Bolshevism*, London, 1939.

Stalin, J., Lenisism, 2 vols., London, 1928～1934.

________, *Doctrine de l'U.S.S.R.*, Paris (Flammarion), 1938.

Trotsky, L., *The Revolution Betrayed*, London, 1937.

__________, *History fo the Russian Revolution*, New York, 1936.

Webb, S. and Beatrice, Soviet Communism, London, New York, 1936.

Williams, A. R., The Soviets, New York, 1937.

Cf. also III, 2, a ～d; III, 3, c; III, 5; III, 6; III, 7, e; IV, 2～4; V, 4～6.

(4) 사회변화의 형태들

Adams, B., *The Theory of Social Revolution*, New York, 1913.

Bain, R., "Cultural Integration and Social Conflict", *Amer. Jorun. of Sociol.*, vol. 44, 1939.

Bernard, J. B., *Sociology and the Study of International Relations*, Washington University Studies, New Series, Social and Philosophical Sciences, No. 4, St. Louis, 1907.

Berth, E., *Du "Capital" aux "Reflexions sur la violence"*, Paris, 1932.

Burgess, E. W., *The Function of Socialization in Social Revolution*, Chicago, 1916.

Bury, J. B., *The Idea of Progress. An Inquiry into Its Origin and Growth*, London, 1921.

Butler, N. M., *The Family of Nations, its Needs and its Problems*, Essays and Addresses, New York, London, 1938.
Carr, E. H., "Honour Among Nations: A Problem of International Cant", *The Fortnightly*, 1939.
Chang, D. S., *British Methods of Industrial Peace: A Study of Democracy in Relation to Labour Disputes*, New York, 1936.
Chapin, F. S., *Cultural Change*, New York, London, 1928.
Colton, E., *Four Patterns of Revolution*, New York, 1935.
Cruttwell, C., *A History of Peaceful Change in the Modern World*, London, 1937.
Dewey, J., "Authority and Resistance to Social Change", *School and Society*, 1936.
Duprat, G. L., "Prévision Sociologique dt structures sociales", Rapport présenté au XI congrès de l'Institut International de Sociologie, *Archives de Sociologie*, 1933.
Eastman, M., *Marx, Lenin, and the Science of Revolution*, New York, 1927.
Elliot, W. Y., *The Pragmatic Revolt in Politics. Syndicalism, Fascism and Constitutional State*, New York, 1928.
Freyer, H., *Revolution von Rechts*, Jena, 1931.
Gottschalk, L., "Leon Trotsky and the Natural History of Revolutions", *Amer. Journ. of Sociol.*, vol. 44, No. 3, 1938.
Great Britain Foreign Office Historical Section, *Schemes for Maintaining General Peace*, Handbook, London, 1920.
Hamel, J. A. von, "Federating as a Motive Power Towards Peace", *Transactions of Gortius Society*, vol. 23, 1938.
Handman, M., "The Bureaucratic Culture Pattern and Political Revolution", *Amer. Journ. of Sociol.*, vol. 39, 1933.
Harvard Tercentenary Publications, *Independence, Convergence, and Borrowing in Institutions, Thought, and Arts*, Contributions by Childe, V. G., Merrill, E. D., Rostowitzeff, M. I., Dodd, Ch. H., Lowicke, F. M., Taylor, H. O., Goldschmidt, A., Bédier, J. Gilson, E., Shi Hu, Anesaki, M. and Peliot, P., Cambridge, (Mass.), 1937.
Hobhouse, L. T., Social Development, London, 1924.
Hyndmann, H. M., *The Evolution of Revolution*, London, 1920.
Jevons, W. S., *Methods of Social Reform. and Other Papers*, London, 1883.
Joint Legislative Committee Investigating Seditious Activities, R*evolutional Radicalism. Its History, Purpose and Tactics*, A Report, Albany, 1920.
Kropotkin, P., *Mutual Aid. A Factor of Evolution*, London, 1902.
Lasswell, H. D., "The Strategy of Revolutionary and War Propaganda", in Public Opinion and World Politics, ed. by Wright, Q., Chicago, 1935.
League of Nations, Secretariat, *Ten Years of World Cooperato*n, Geneva, 1930.
Lenin, N., *Preparing for Revolt*, London, 1929.
Lenz, J., *Proletarische Politik im Zeitalter des Imperialismus und der sozialistischen Revolution, Part I: Grundbegriffe der Marxistisch Leninistischen Strategie und Taktik*, Berlin (Intern. Verlag), 1931.
Loewenstein, K., C*ontrol legislatif de l'extremisme politique dans les democraties Européennes*, Paris, 1939.

MacDonald, J. R., *Parliament and Revolution*, New York, 1920.
McIver, R. M., *Society: A Textbook of Sociology*, (Book 3: "Social Change"), New York, 1937.
Malaparte, C., *Technique de Coup d'État* (trans. by Juliette Bertrand), Paris, 1931.
Manning, C. A., (ed.), *Peaceful Change. An International Problem*, London, 1937.
Mayreder, R., *Der typische Verlauf sozialer Bewegungen*, 2nd ed. Wien, 1926.
Merriam Ch. E., *The Rôle of Politics in Social Change*, New York, 1936.
Meusel, A., "Revolution and Counter-Revolution", *Enc. Soc. Sc.*
Ogburn, W. F., "Stationary and Changing Societies", *Amer. Journ. of Sociol.*, vol. 42, 1936.
____________, *Social Change*, New York, 1922.
Patrick, G. T. W., *The Psychology of Social Reconstruction*, Boston, 1920.
Peaerson, K., *Social Problems. Their Treatment, Past, Present and Future*, London, 1912.
Postgate, R., *How to Make a Revolution*, New York, 1933.
Potter, P. B., *The Relations of Order and Progress in International Security*, Chicago.
Rappard, W. E., *The Geneva Experiment*, London, 1931.
Reeve, S. A., *The Natural Laws of Social Convulsion*, New York, 1933.
Rosenstock-Huessy, E., *Out of Revolution. Autobiography of Western Man*, New York, 1930.
Scheler, M., *Die Ideen des Friedens und des Pazifusmus*, Berlin, 1931.
See, H. E., *Evolution and Revolution*, New York, 1935.
Schman, F., *International Politics*, 1937.
Sombart, W., "Die Formen des gewaltsamen Kampfes", *Kochner Vierteljahrshefte für Soziologie*, vol. 4, 1924.
Sorel, G., *Les illusions du progrès*, 2nd ed., Paris, 1911.
Sorokin, P. A., *The Sociology of Revolution*, Philadelphia, 1925.
____________, *Social Change and Cultural Dynamics*, 3 vols., New York, 1937.
Streit, C. K., *Union Now*, London, 1939.
Sumner, W. G., "Reform and Revolution", in his *Folkways*, Boston, 1906.
Thornton, J. E., (ed.), *Science and Social Change*, Brookings Institution, Washington, 1939.
Toynbee, a. J., Peaceful Change or War?, *Intern. Affairs*, 1936.
Verhandlungen des Dritten Soziologentages, *Das Wesen der Revolution*, Lectures goven by Wiese, L. v., and Hartman, L. M., Tübingen, 1923.
Vossler, O., "Die Smerikanischen Revolutionsideals in ihrem Verhältnis zu den Europäischen", *Hist. Zeitschrift Supplement*, No. 17, Berlin, 1929.
Cf. also I, 2; III, 2, b; III, 3, c; IV, 5; V, 1～3.

(5) 문화생활의 새로운 발전

Bachelard, G., *Le nouvel esprit scientifuque*, Paris, 1934.
Barbussel, H., *Manifeste aux intellectuels* , Paris, 1927.
Barth, K., *Thologische Existenz heute*, München, 1933.
Bauer, O., *Die illegale Partei* (Aus dem unveröffentlichten Nauchlass), Schriftenreich des Sozialistischen Kampf, N. 1, Paris (Edition La Lutte Socialiste), 1939.
Beard, Ch. and M., *America in Mid Passage*, New York, 1939.

Belgion, M., *Our Present Philosophy of Life*, (On Shaw, S. F. ets.), London, 1938.
Benda, J., *La fin de l'érnel*, Paris, 1929.
________, *The Great Betrayal* (trans. by Aldington, R.), London, 1928.
Benn, G., *Der Neue Staat unddie Intellekluellen*, Stuttgart, Berlin, 1933.
Berdyaev, N., **The End of Our Time**, London, 1933.
Bloch, E., *Erbschaft dieser Zeit*, Zürich, 1935.
Boas, G., *Our New Ways of Thinking*, New York, London, 1930.
Briffault, R., *Breakdown: The Collapse of Traditional Civilization*, London, 1935.
Bureau, P., *La crise mroale des temps nouveaus*, Paris, 1907.
Burke, K., *Permanence and Change. An Anatomy of Purpose*, New York, 1935.
Church, Community and State, *The Churches Survey, Their Task* (Series), Reports of the Conference at Oxford, London, 1937～8.
Carr, E. H., *The Twenty Years' Crisis (1919～1939)*, London, 1939.
Chamberlain, J., *Farewell to Reform. The Rise, Life, and Decay of the Progressive Mind in America*, New York, 1933.
Dawson, Ch., *Beyond Politics*, London, 1939.
Dearmer, P., (ed.), *Christianity and the Crisis*, London, 1933.
Delaist F., *Les contradictions du monde moderne*, Paris, 1925.
Döblin, A., *Wissen und Verändern*, Berlin, 1931.
Eastman, M., *Artists in Uniform. A Study of Literature and Bureaucratism*, New York, 1934.
Einstein, A., et al., *Living Philosophies*, New York, 1931.
Eliot, T. S., *The Idea of a Christian Society*, London, 1939.
Ernst, P., *Der Zusammenbruch des Idealimus*, München, 1919.
Esprit (Periodical), Paris.
Fraenkel, A. M., *Die seelische Situaltion der Gegenswart. Probleme der Lebengestaltung*, Erleenbach, Leipzig, 1935.
Friedmann, G., *La crise de progrès. Esquisse d'hostoire des idées 1895～1935*, Paris, 1935.
Friedmann, W., "The Disintegration of European Civilization and the Future of Interantional Law", *Modern Law Review*, vol. 2, 1938.
Gentile, G., *Der aktuale Idealismus*, Tübingen, 1932.
Goebbels, J., *Wird die Kunst untergehen?*, Berlin, 1933.
Groethuisen, B., *Introduction à la pensée philosophique allemande depuis Nietziche*, Paris (Stock), 1926.
Halévy, E., Aron, R., Fruedamann, G., Bernard, E., Marjolin, R., Dennery, E., and Bougle, C., *Inventaires I. La Crise Sociale et lesidéologies nationales*, Avantpropos by Bouglé, Ch., Paris (Alcan).
Hauer, W. Heim, K. and Adam, K., *Germany's New Religion. The German Faith Movement*, Trans. by Scott-Craig, F. and Davies, R., London, 1937.
Hindus, M., *Humanity Uprooted*, 2nd ed., London, 1931.
Horkeimer, M., "Egosismus und Freiheitsbewegung. Zur Anthropologe des bürgerlichen Zeittalters", in *Zeitschrift für Sozialforschung*, vol. 5, 1936.
Huizinga, J., *In the Shadow of Tomorrow*, Translated by Huising, J. H., Toronto, 1936.
Huxley, A., *Ends and Means. an Inquiry into the Nature of Ideals and into the Methods*

Employed for their Relation, London, 1937.
International Literature (Peridical), Moscow.
Jaspers, C., *Man in the Modern World*, trans. by Eden and Cedar Pul, London, 1933.
Kirchwey, F., (ed.), *Our Changing Morality*, London, 1925.
Lee, F. R., "Changing in Social Thought and Standards which Affect the Family", in Rwuter, E. Band, J. S., and Runner, J. R., *The Family*, New York, 1931.
Lindquist, R., *The Family in the Present Social Order*, Chapel Hill, 1931.
Mannheim, K, *Ideology and Utopia*, An Introduction to the Sociology of Knowledge, Trans. by Wirth, L. and Shils, E., London, 1936.
Martin, J. *Le Crépuschule de la Civilisation*, Paris, 1939.
________. *True Humanism*, London, 1938.
Martin, J. L., and Cabo, N, (ed.), "Circle", I*nternational Survey of Constructive Art,* A Yearbook, London.
Maurras, Ch., "L'Avenir de l'Intelligence", Paris, 1909.
Monod, V., *Devalorisation de l'himme. Études d'histoires et de philosophie religieuse*, fasc., 31, Paris, 1936.
Mounier, E., *Revolution personaliste dt communitaire*, Paris (ed. Montaigne), 1935.
Middleton, M. J., T*he Price of Leadership*, London, 1939.
Niebuhr, R., *Moral Man and Immoral Society, A Study in Ethics and Politics*, New York, 1932.
__________, *Reflection on the End of an Era*, London, 1934.
Nietzsche, F., *Kritik und Zukunft der Kultur*, Ed. and introduced by Mayer, P, Zürich, 1935.
Nouveaux Cahiers (Periodical), Paris.
Ortega, Y. G. J., *Revolt of the Masses*, London, 1932.
Plessener, H., *Schicksal des deutshcen Geisted am Ausgang seiner bürgerlichen Epoche*, Zürich, 1935.
Pohl, G., *Vormarsch ins 20. Jahrhundert, Zeitfall und Neubau der Euroäischen Gesellschaft im Spiegel der Literatur,* Leipzig, 1932.
Pozner, V., *Pamorama de la littérature russe contemporaine*, (With a preface by Hazard, P.), 6th ed., Paris, 1929.
President's Research Committee on Social Trends, *Recent Social Trends in the United States*, Report. 2 vols., New York, 1933.
Randall, J. H. and J. H. jr., *Religion and the Modern World*, London, 1930.
________________________, *Our Changing Civilization*, New York, 1929.
Read, H., *Art Now*, 2nd ed., London, 1936.
Robinson, J. H., The Mind in the Making, London, 1932.
Sazonova, J. et Beucler, A., "La littérature sovietique, Textes suivis de débats", *Cahierd de la Quinzatne*, 1933.
Schweitzer, A., *Verfall und Wiederaufbau der Kultur*, München, 1923.
Sociéré, des Nations Institut de Cooperation Intellectuelle, *L'Avenir de la culture*, Paris, 1934.
Sternberger, D., *Panorama, order Ansichten vom 19, Jahrhundert,* Hamburg, 1938.
Strasser, G., **Der Nationalsozialismus, die Weltanschuung des XX, Jahrhunderts**, Berlin, 1931.

Wells, H. G., *The Open Conspiracy,* London, 1930.
Whitehead, A. N., *Science and the Modern World,* Cambridge, 1932.
Zimmern, Sir Alfred, "The Decline of International Standards", I*nternational Affairs,* vol. 17, 1938.
____________________, *Spiritual Values and World Affairs,* vol. 17, 1938.
Cf. also IV, 1; IV, 3; IV, 5.

(6) 독재와 권위의 원리

Adams, D. E., "The Altered Basis of Religious Authority", *Atlantic Monthly,* vol. 138, 1926.
Cambo, F. I., *Les dictatyures,* Paris (Alcan), 1930.
Cobban, A., *Dictatorship, Its History and Theory,* London, 1939.
Dickinson, J., "Social Order and Political Authority", *Amer. Political Science Review,* vol. 23, 1929.
Ellwood, Ch. E., "Intolerance", *Publications of the American Sociological Society,* vol. xix, 1925.
Eikin, A., *Bibliography of Dictatorship.* Appendix to a Study on Dictatorship, by Kantorowicz, H., Cambridge, 1935.
Friedmann, W., "The Growth of State Control over the Individual and its Effects upon the Rules of International State Responsibility", *Brit. Year Book of International Law,* 1938.
Ford, G. S., *Dictatorship in the Modern World,* Minneapolis (Univ. of Minnesota Press), 1936.
Hertzler, J. O., "Typical Cycle of Dictatorships", *Social Forces,* vol. 17, No. 3, 1939.
Horkheimer, M., (ed.), "Studien über Autorität und Familie", *Schriften des Institut für Sozialforschung,* vol. 5, Paris (Alcan), 1936.
Kantorowicz, H., *Dictatorships: A Sociological study,* (Bibliography by Elkin, A.), Cambridge, 1935 (also in *Politica,* vol. 1, No. 4, 1935).
Laski, H. J., *Authority in the Modern State,* New Heaven, 1927.
___________, *The Foundations of Sovereignty,* London, 1922.
Lowenstein, K., "The Dictatorship of Napoleon the First", *South Atlantic Quarterly,* vol. 35, 1936.
Otto, M. C., "Intolerance", in the *Enc. of the Social Sciences.*
Parrish, H., "From Authority to Experience", *Atlantic Monthly,* vol. 138, 1926.
Plant, J. S., "Human Nature under Authority", *Proceedings of the National Conference of Social Workers,* 1929, Chicago, 1930.
Pollock, F., "Theory of Persecution", in *Essays in Jurisprudence and Ethics,* London, 1902.
Ritche, D. G., *The Principles of State Interference,* 3rd ed., London, 1902.
Sabatier, A., *The Religions of Authority and the Religion of the Spirit,* London, 1904.
Schmitt, C., *Die Diktatur von den Aufängen des modernen Souveränitättsgedankens bis zum proletarischen Klassenkampf,* Berlin, Leipzig, 1921.
Stern, L., "The Sociology of Authority", *Publication of the Amer. Sociological Society,* vol. 18, 1923.
Thurnwald, R., Despotie in *Reallexikon der Vorgeschichte.*

Tingsten, K., *Les pleins pouvoirs l'expansion des pouvoirs gouvernementaux pendant et sprès la grande guerre*, Transl. by Sönderlink, E. S., Paris, 1934.
Cf. also I, 1; III, 2, a~d; III, 5; V.

(7) 자유의 원리

Action, J. E., *The History of Freedon and Other Essays*, Ed. by Figgis, J. N. and Lawrence, R. V., London, 1907.
American Academy of Political and Social Science, "Freedom of Inquiry and Expression", *Annals*, ed. by Cheyney, E., 1938.
Barthelemy, J. H., *Valeur de la liberté et adaptations de la république*, Paris, 1935.
Burgess, J. W., *The Reconciliation of Government with Liberty*, New York, 1915.
Caudel, M., *Nos libertés politique, origines, évolution, état actuel*, Paris, 1935.
Clarke, F., "The Crisis of Freedom in Education", in *Problems in Modern Education*, ed. by Laborde, E. D., Cambridge, 1939.
Curtis, J., *A Guide to British Liberties*, London, 1937.
Dewey, J., "The Social Significance of Academic Freedom", *Social Frontier*, vol. 2, 1936.
Duguit, L, *Souveraineté et liberté*, Paris, 1922.
Ephraim, F., *Untersuchungen über den Freiheitsbergriff Hegels in seiner Jugendarbeiten, Part I, in Philosophische Forschingen*, ed. by Jaspers, C., vol. 7, Berlin, 1928.
Freund, M., *Die Idee der Toleranz im England der Grossen Revolution*, Hlle, 1927.
Hadley, A. T., "The Conflict Between Liberty and Equality", *Raymond F. West Memorial Lectures*, Boston, 1925.
Hayek, F. V., *Freedom and the Economic System*, Public Policy Pamphlet, No. 29, The University of Chicago Press, Chicago, 1939.
Hobson, J. A., *Free Thought in the Social Sciences*, London, 1926.
Jordan, W. K., *The Development of Religious Toleration in England*, London, 1932.
Kallen, H. M., (ed.), *Freedom in the Modern World*, New York, 1928.
Knight, F. H., "Freedom as a Fact and Criterion", *Intern. Journ. of Ethics*, vol. 39, 1928~9.
Laski, H. J., *Liberty in the Modern State*, London, 1930.
Lippman, W., *The Method of Freedom*, London, 1934.
Löwe, A., *The Price of Liberty. A German on Contemporary Britain*, London, 1937.
MacMurray, J., *Freedom in the Modern World*, 2nd ed., London, 1935.
National Council of Education, "Thesis on Freedom in Relations to Culture, Social Planning and Leadership", by Counts, G. S. (with a Discussion), 1932.
Pound, R., "The Rejection of Liberalism", *University of California Chronicle*, vol. 31, 1929.
Prabhu, D. S., *The Conception of Freedom in Hegel, Bergson, and Indian Philosophy*, Calcutta, 1914.
Rosenzweigm F., *Religious Liberty*, transl. by Heyes, J. P. Turin, 1901(London, 1912).
Russell, B., *Roads to Freedom: Socialism, Anarchism, Syndicalism*, London, 1918.
Wolff, A., *Der Toleranzgedanke in der Deutschen Literatur seit* Mendelsohn, Berlin, 1915.
Wuntch, D. (ed.), *Epoch Making Liberty Documents*, Tyler, 1936.
Cf. also I; III, 3, a~c; III, 7, a~e; III, 6; IV, 1; IV, 2; V, 1.

찾아보기

주제 색인

ㄴ

ㄷ

ㄹ

ㅁ

ㅂ

ㅅ

ㅇ

ㅈ

인명 색인